8° Li 1 17 E 3

Paris
1846 - 47

Monteil, Amans-Alexis

istoire des Français des divers états aux cinq derniers siècles

Volume 3

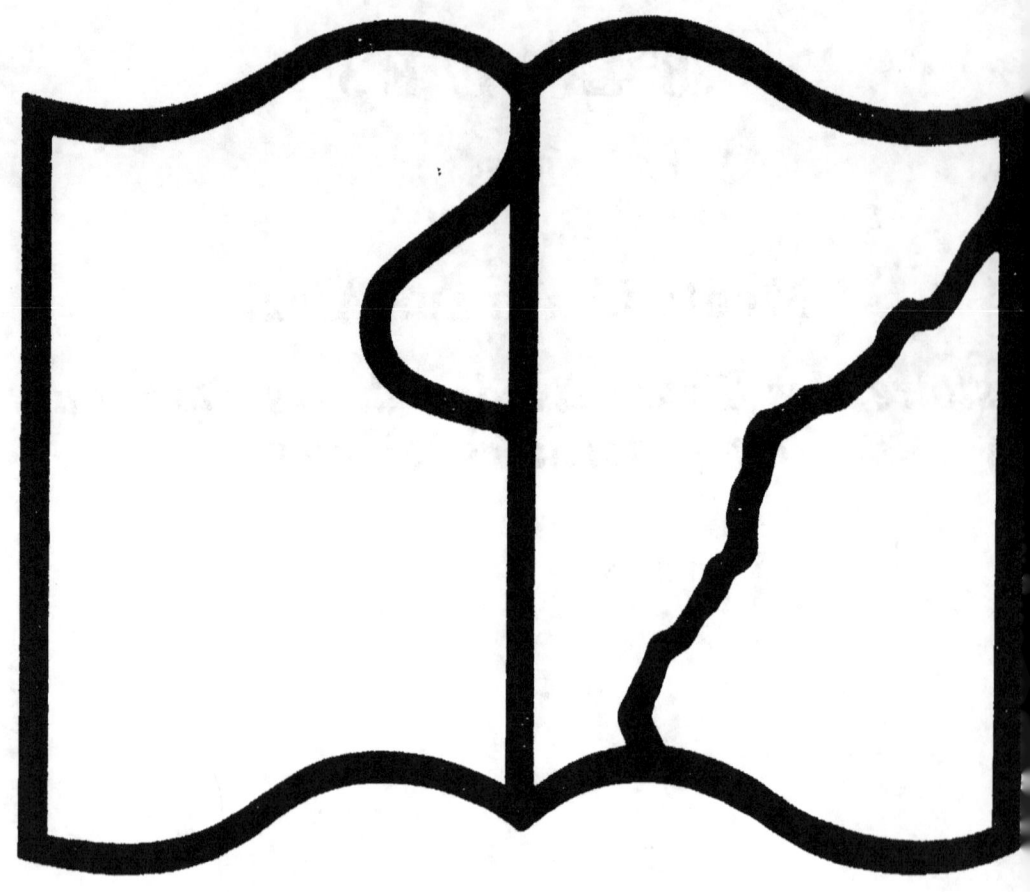

Symbole applicable
pour tout, ou partie
des documents microfilmés

Texte détérioré — reliure défectueuse

NF Z 43-120-11

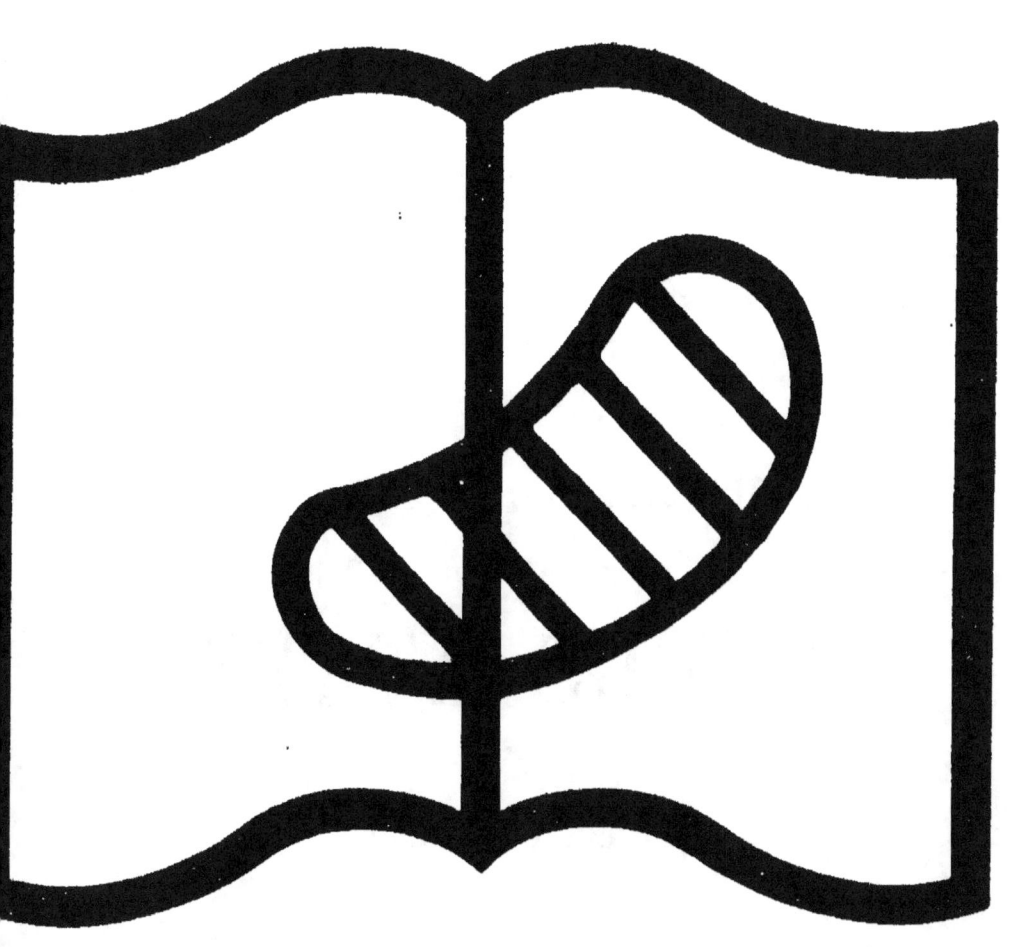

Symbole applicable
pour tout, ou partie
des documents microfilmés

Original illisible

NF Z 43-120-10

HISTOIRE DES FRANÇAIS

DES

DIVERS ÉTATS

OU

HISTOIRE DE FRANCE.

HISTOIRE DES FRANÇAIS

DES

DIVERS ÉTATS

OU

HISTOIRE DE FRANCE

AUX CINQ DERNIERS SIÈCLES,

PAR AMANS-ALEXIS MONTEIL.

TROISIÈME VOLUME.
XVIe SIÈCLE.

Troisième Édition.

PARIS
W. COQUEBERT, — C.-J. GONTIER, ÉDITEURS.

1847

VOYAGE EN FRANCE.

L'ARRIVÉE EN FRANCE.

Station I.

Nous regardons, en Espagne, le pays dont les Pyrénées nous séparent comme un autre monde; cependant quelques heures suffisent pour les passer : on dîne en France après avoir déjeûné en Espagne.

L'aspect de la France.

Il y a en Espagne grand nombre de troupeaux, de pasteurs;
Mais que d'attelages, que de laboureurs en France!
Il y a en Espagne grand nombre de gens d'église, de gens d'épée, grand nombre de mendiants;
Mais que d'artisans, de soldats, que de peuple en France!
Dès qu'on entre en France, on croit que c'est jour de marché, jour de foire;
Dès qu'on rentre en Espagne, on croit que c'est jour de dimanche [1].

L'Espagnol, le Français.

Aux premiers villages, aux premières villes on voit la différence des deux peuples.
L'homme en Espagne marche; l'homme en France court.
L'homme en Espagne médite; l'homme en France pense.
Le superbe Espagnol semble toujours descendre du ciel;
Le glorieux Français semble toujours y monter.

LES AUBERGES FRANÇAISES.

Station. II.

Je me suis surtout aperçu que j'avais passé les Pyrénées, lorsque je suis entré dans les auberges. Quelles bonnes, quelles excellentes auberges! On y est aussi bien et mieux que chez soi. Quelle différence avec les auberges de l'Espagne où l'on est obligé de tout porter, excepté l'huile, le vinaigre et le sel [1]!

Ici, tous les aubergistes, tous les cabaretiers, tous les taverniers ont des lettres du roi [2].

Ici, toutes les maisons où l'on donne à coucher, à manger, portent écrit en gros caractères, HOSTELLERIE ; CABARET, TAVERNE PAR LA PERMISSION DU ROI [3].

Les auberges des voyageurs à pied.

Ici, il y a des auberges où l'on ne loge que les gens à pied.

On lit sur la principale porte, en gros caractères : DINÉE DU VOYAGEUR A PIED, SIX SOLS ; COUCHÉE DU VOYAGEUR A PIED, HUIT SOLS [4].

Les auberges des voyageurs à cheval.

Ici, il y a aussi des auberges où l'on ne loge que les gens à cheval.

On lit sur la principale porte en gros caractères : DINÉE DU VOYAGEUR A CHEVAL DOUZE SOLS ; COUCHÉE DU VOYAGEUR A CHEVAL VINGT SOLS [5].

Un voyageur à pied voudrait dîner, souper splendidement comme un voyageur à cheval : il ne le pourrait ; un voyageur à cheval voudrait dîner, souper sobrement comme un voyageur à pied : il ne le pourrait non plus. Les lois françaises empêchent l'un de trop dépenser, l'autre de ne pas dépenser assez.

Les repues.

Je note que les auberges, marquées pour le dîné des voyageurs, où quelquefois l'on est traité assez peu chrétiennement, où l'on est quelquefois exposé à mettre sous sa fourchette du corbeau, du serpent, du cheval et d'autres viandes de cette espèce que, depuis quelques années, le siège de Sancerre a ajoutées aux aliments en usage [6], sont dans les itinéraires nommées repues [7].

Les gîtes.

Et que les auberges où l'on couche y sont nommées gîtes [8]. J'ai trouvé celles-ci incomparablement meilleures : vastes écuries, vastes remises, vastes cuisines, vastes salles, grandes tables, grands feux, belle vaisselle d'argent, beaux lits de soie [9]. La magnificence de ces auberges s'annonce même à l'enseigne, pendue sous de beaux grillages dorés [10].

Je pensais et je devais naturellement penser que les troncs pour les pauvres [11] étaient plus pleins dans les gîtes que dans les repues : j'ai appris que c'était le contraire. Peut-être, dans la nature humaine, midi est-il une meilleure heure d'aumône que l'heure où l'on se couche, où l'on se lève.

Les aubergistes.

On dit que les Français sont les plus polis des hommes ; on devrait ajouter que les aubergistes sont les plus polis des Français. Dès que vous entrez dans une auberge, vous êtes accueilli par la gracieuse figure de votre ami ; à la vérité, quand ensuite vous ne payez pas votre dépense, l'aubergiste vous fait conduire tout droit en prison, ou du moins vous fait saisir votre cheval [12] : mais aussi pourquoi, sans argent, se mettre en voyage ?

Depuis quelques années les aubergistes sont fort imposés [13] ; ils vous le disent. Plusieurs, à cause des services qu'eux ou leurs prédécesseurs ont rendus à l'état, sont francs d'impôts [14] ; ils vous le disent encore plus volontiers.

Maintenant les aubergistes ne vous désarment plus [15] ; et ce qui est bien autrement important, ils ne sont plus maintenant divisés en royalistes et en ligueurs : vous n'êtes plus obligé, quand vous arrivez dans une ville, de réformer vos opinions suivant que l'enseigne de l'auberge où vous allez loger représente Henri III, le duc de Guise, l'écusson de France, la croix de Lorraine [16].

LES GRANDS HOMMES DE LA CHALOSSE.

Station III.

Il y a donc trois jours que je suis en France.

Aujourd'hui, à dix heures du matin, et par un de ces brillants soleils qui semblait comme moi nouvellement arrivé d'Espagne, je parcourais les verdoyantes plaines de la Chalosse, petit pays qu'on trouve quand on sort de la Navarre et qu'on entre dans l'Agenais ; voilà qu'une troupe de cavaliers, montés sur de grands chevaux, s'approchent, marchent parallèlement avec moi, une haie entre.

Je ne voyais que leurs têtes, coiffées de bonnets rouges, de bonnets noirs, de bonnets bleus, de bonnets blancs. La haie s'étant abaissée, j'ai remarqué aussitôt que la couleur de leurs habits était la même que celle de leurs bonnets. La haie s'étant abaissée encore, j'ai reconnu que ces cavaliers étaient des gens du pays, montés sur de gros bâtons chevillés de distance en distance, appelés échasses [1]. Au moment où j'allais lier conversation avec eux, ils ont subitement pris un autre chemin et ont disparu.

Les vignerons en échasses.

Je voulais absolument parler à un de ces grands hommes du pays. Je regardais de tout côté, j'ai enfin aperçu un vigneron taillant dans les branches des arbres ses hautes vignes [2], se haussant, se baissant sur les chevilles de ses ingénieuses échasses ; j'ai été à lui ; il m'a prévenu : Monsieur, m'a-t-il dit, n'allez pas plus à gauche, il n'y a jusqu'à la côte sauvage [3], jusqu'à la mer, que des landes, des sables, des lièges, des pins, que des maisons noires, enfumées de résine, que des femmes noires, sentant la poix, que du pain noir, que des malheureux, que de la misère [4] ; au lieu que nos maisons, nos femmes sont blanches comme celles des villes, et que notre pain est blanc comme celui de Potensac [5] ; d'ailleurs, ici vous trouverez de belles compagnies de malades, et des eaux au moins aussi minérales, aussi chaudes que celles d'Acqs [6]. Mais, lui ai-je répondu, je ne suis pas malade, je ne viens pas pour vos eaux. Ah ! tant mieux, que vous veniez pour nos vins : ce sont les meilleurs qu'on puisse boire [7] ; et quant à la viande, toujours bon mouton, bon porc ; car nos bouchers jurent sur l'autel de Sainte Quiteyte de ne vendre qu'au mois de septembre de la brebis, de la truie, de la chèvre, de la martre [8] ; enfin ce pays plaît tant de toute manière que tout le monde veut y demeurer. Toutefois, a-t-il ajouté, n'est pas voisin, c'est-à-dire paysan de la commune ou juridiction qui veut ; et souvent je m'aperçois que, dans le fond du cœur, c'est pour acquérir le droit de voisinage, pour être voisins, que les jeunes gens des environs soupirent pour les beaux yeux de nos jeunes voisines [9] ; mais je n'ai pas tout dit.

Les bergers en échasses.

Monsieur, voyez-vous dans la plaine ces troupeaux conduits par des bergers qui, avec leurs longues échasses, vont, viennent, courent plus légèrement que leurs chiens? Ce sont les troupeaux du village; et, comme voisin, je puis y envoyer six vaches, douze porcs, dix-huit brebis [10], soit qu'ils m'appartiennent, soit qu'ils appartiennent à un autre, que je les aie en gazaille, à moitié rapport [11]. Il y a plus; si je suis riche, je puis avoir à moi des troupeaux et les faire pâturer dans tous les champs de la juridiction qui, après le temps des récoltes, deviennent *champ-bestiale* [12], pâturages communs. Il faut cependant vous dire que les bœufs, les porcs, les moutons que mon berger laisserait échapper dans une terre défendue, une terre close, un jeune taillis, ne seraient pas comme dans certaines juridictions, aux termes de la loi, *gracieusement* mis dehors, mais qu'ils seraient *carnalés* [13], pris, tués, rôtis, mangés.

La haute justice.

Voisin! ai-je dit à ce bon villageois, je ne vous laisserai remettre à la taille de votre vigne que lorsque vous m'aurez appris que sont des hommes habillés de rouge, de noir, de bleu, de blanc que j'ai rencontrés tout près d'ici, il n'y a qu'un moment. C'est, m'a-t-il répondu, notre justice que les coutumes appellent la petite cour [14], mais que nous appelons en riant, la haute justice, quand, ainsi que ce matin, elle monte sur des échasses. Elle est composée moitié de gens de robe courte, en habits rouges, du maire et des jurés, moitié de gens de robe longue, en habits noirs, du baile et du sous-baile que vous avez vus accompagnés de leurs sergents et de leurs archers [15]. J'ajouterai, si vous voulez le savoir, qu'elle maintient en crainte et en paix tout le pays. D'abord elle aime la politesse : elle punit sévèrement les démentis donnés devant le maire en habit rouge. Elle aime ensuite l'obéissance : elle punit sévèrement celui qui, rencontrant le maire en habit rouge, refuse de le suivre. Elle n'aime pas les mauvaises odeurs : elle punit sévèrement celui qui étend des cuirs verts sur la voie publique. Elle aime l'ordre : elle punit sévèrement celui qui boit à la taverne après le dernier *Ave Maria*. Elle n'aime pas le bruit : elle enlève, sans autre forme, les armes à celui qui en porte pendant la nuit. Elle n'aime pas les vagabonds : elle fait payer vingt sous par jour à celui qui n'a ni feu ni lieu, et qui s'obstine à demeurer dans le pays. Elle n'aime pas les bannis : elle permet de tuer ceux qui reviennent pendant leur ban. Elle aime la vérité : elle fait percer la langue aux faux témoins. Elle aime les bonnes mœurs : elle fait si fort et si longtemps fouetter la femme coquette et son beau galant [16], que l'un et l'autre s'en souviennent au moins le reste de leur jeunesse. Voisin, lui ai-je dit, en riant, et en pliant les épaules, oh! je n'en suis pas! je n'en suis pas! je m'en vais! je m'en vais!

LE CRIEUR DE MONTAUBAN.

Station IV.

Il était déjà nuit que j'étais encore à plus d'une lieue de Nérac. Je me hâtais ; j'allais bon train ; tout à coup j'ai ralenti ma marche pour entendre la conversation de deux hommes qui me précédaient à une grande distance. L'un parlait si bas que pas un seul mot n'arrivait jusqu'à moi, tandis que l'autre parlait si haut que je me trouvais comme à côté de lui. Il y a apparence que l'homme qui parlait bas venait de dire de quel pays il était, car l'homme qui parlait haut a repris ainsi : Et moi je suis de Négreplisse. Il y a apparence aussi qu'ensuite l'homme qui parlait bas a conté ses aventures de jeunesse et qu'il a voulu que l'homme qui parlait haut contât aussi les siennes ; car, après un assez long espace de temps, pendant lequel je n'ai rien entendu, l'homme qui parlait haut a encore repris : Volontiers! volontiers! je vais, à mon tour, vous faire connaître ma vie passée.

Je me souviens, a-t-il continué, que, dans mon enfance, le maître d'école me disait, surtout quand je récitais ma leçon sans hésiter : Petit, bien! bien! mais plus bas! plus bas! Au catéchisme le vicaire me disait aussi : Petit, criez moins! je ne suis pas sourd! Toutefois à confesse mon confesseur me disait et il me dit encore : Un peu plus haut! je n'entends pas !

Devenu plus âgé, je fus mis en apprentissage, à Cailus, petite ville voisine, chez un tailleur qui tirait grand parti de moi, en m'envoyant rendre les habits à ses pratiques. Je ne leur donnais que les mauvaises raisons de mon maître, mais je les en assourdissais. Un jour j'allai rendre au crieur de la ville un pourpoint : il ne put y entrer ; il se mit à crier ; je me mis à crier encore plus que lui. Aussitôt il me saisit. Je croyais que c'était pour me battre ; c'était pour m'embrasser : Tu as manqué ta vocation, me dit-il, tu ne seras jamais qu'un méchant tailleur, au lieu que tu peux être le meilleur crieur de Gascogne. Je consentis à être son apprenti. Il m'apprit d'abord à crier de bas en haut, ensuite de haut en bas. Quand au sommet de la colline qui domine Cailus, je fus parvenu, avec ma voix, à faire enfuir tous les oiseaux de la vallée et à percer toutes les toitures de la ville, il me reçut maître crieur, en me donnant une grande poussée par les épaules et en me disant : Va-t-en crier ailleurs !

Le crieur avec tambour.

Je n'allai pas loin. Je passais près de Moissac; je vis le peuple assemblé sur l'avenue. Le maire et les consuls adjugeaient au concours l'office de la crie de la ville [1]. Il fallait se faire entendre nettement à la distance fixée; et, pour qu'il n'y eût ni brigue, ni collusion, les concurrents étaient obligés de s'adresser aux étrangers qui passaient sur la route. L'éloignement était grand; personne encore n'avait pu se faire entendre. Je me présente; j'offre de me faire entendre deux fois plus loin. Les consuls refusent d'essayer une chose impossible. Je m'obstine; on me suit. Tout à coup on aperçoit au loin un homme s'en allant fort pacifiquement, ayant l'air de songer à ses affaires; je m'adresse à lui : Habit gris! où allez-vous? Ribault, truand, gagne-denier! habit gris! où allez-vous? Larron, voleur, détenteur du bien d'autrui! habit gris, où allez-vous? Les consuls et tout le peuple de rire : Il n'entend rien! il n'entend rien! Il entend, répondis-je d'un air assuré, mais c'est un homme de bon sens qui ne se fâche pas pour peu de chose. Je repris : habit gris! où allez-vous? Huguenot! parpaillot! maheûtre [2]! hérétique! hérésiarque! excommunié! diable errant! A ces mots cet homme, furieux, rouge de colère, court à moi, le bâton levé. Les consuls et le peuple vont en riant au-devant de lui, et lui disent que c'est un concours de crieurs publics, qu'on le reconnaît pour un brave homme et un bon chrétien. Le voyageur continue sa route, le peuple rentre dans la ville et les consuls me nomment crieur public, malgré les réclamations de mes concurrents qui disaient que je n'avais pas prouvé que je susse battre le tambour, à quoi les consuls répondaient qu'il importait au contraire que je le battisse fort mal, afin que les cuisinières ou les bonnes femmes qui seraient dans leur ménage ne me confondissent pas avec le tambour de la garnison.

Le jour même, j'entrai en fonctions à la pierre de la crie [3]. Je criai d'abord le prix de la nourriture des animaux; je ne me sentis pas très honoré de battre le tambour pour de l'avoine, du foin et de la paille; mais peu de temps après je criai la farine de Moissac, la fleur de la farine de France [4]. Il me semblait que l'abondance générale sortait de ma bouche; j'étais tout glorieux. Bientôt je fus plus glorieux : je criai les hypothèques [5]. J'articulais bien, car je sentais qu'une prononciation peu distincte pouvait ruiner les acquéreurs, les créanciers. Je criai les demandes de permission pour de nouvelles garennes [6]; j'articulais bien aussi; j'animais les opposants par mes réflexions sur la trop grande multiplicité des lapins et des lièvres, ce qui plaisait fort aux gens qui n'en mangeaient pas, je veux dire à mon auditoire. Le jour vint où bientôt je fus plus glorieux encore : la veille, les sergents me rendaient fort lestement mon salut; les greffiers me regardaient à peine ; le prévôt ne me regardait pas; le lendemain, le bail de leurs offices ayant expiré, j'en criai le renouvellement de la ferme [7] : Qui veut être sergent? qui veut être greffier? qui veut être juge? qui a de l'argent? qui a de l'argent? Je criais bien fort afin de leur attirer plus de monde aux enchères, de leur accroître le nombre des surdisants, de faire changer de main leurs offices; et peut-être j'y aidai un peu.

Le crieur avec trompette.

Quel plaisir de se croire élevé, haut! mais quelle peine aussi de se trouver bas, très bas! Un dimanche d'hiver je me rencontrai par hasard, tête à tête, dans une taverne avec le crieur de Bordeaux ; par un autre hasard la conversation vint à tomber sur les crieurs. Le crieur de Bordeaux ne me connaissait pas; il me dit qu'il regardait par-dessus l'épaule tous ces pauvres petits crieurs municipaux qui publient les ordonnances de police aux hôtels-de-ville, en frappant avec un bâtonnet ou une baguette sur les boiseries de la fenêtre [8] pour qu'on fît silence; qu'il ne considérait guère plus tous ces crieurs à tambour qui sont obligés de se geler les mains, de battre leur tambour à la pluie, à la neige. Je ne le connaissais pas non plus. Je lui demandai quel était son état : Je suis, me répondit-il, crieur à Bordeaux, où l'on rirait d'un crieur qui ne sonnerait pas d'une trompette et qui ne sonnerait pas d'une trompette d'argent [9]. Aussi, ajouta-t-il, nous ne crions jamais que de gros poissons, de gros tonneaux de vin ; aussi les ordonnances de police nous font cet honneur qu'elles veulent que les rues les mieux balayées soient celles où le trompette passe [10]. Je voudrais que vous entendissiez ajourner, trois fois, un accusé fugitif, et, avec quelles fanfares et avec quel éclat de voix, on lui crie, à la quatrième, que si dans le temps prescrit il ne se présente, il sera, d'après l'arrêt du parlement, réputé coupable [11]. J'ai, moi qui vous parle et qui choque le verre avec vous, crié à cinq, six trompettes [12], c'est-à-dire à cinq, six différents endroits de la ville, la censure et la brûlure de fort grands livres [13], et, seulement à cause de cela, je m'en crois autant que les crieurs de Dijon qui se vantent de publier, tous les ans, la nuit, dans les rues, le ban des vendanges, au milieu des flambeaux [14], et plus que les crieurs, ou viza, ou trompettes de Montmorillon qui se vantent aussi de percevoir un denier par sac de blé vendu au marché [15].

A l'instant la honte et la douleur me prirent; je me levai, sans achever mon vin, sans dire qui j'étais. J'allai à la municipalité où,

avec de grandes politesses, de grands remercîments, je posai mon
tambour sur la table, et à l'instant même je partis.

Ce n'est point place facile à trouver que celle d'un crieur avec trompette d'argent. Inutilement je suivis le cours de la Garonne, de la Dordogne et du Gers. Partout il n'y avait que des places à tambour, à trompette de bois et tout au plus à trompette de cuivre. Je trouvai pis; je trouvai même des municipalités où le criage était affermé [16]; j'en trouvai même où les profits en étaient partagés avec le seigneur [17]. Cependant à force de courir tous les coins et recoins de la grande Gascogne, je rencontrai une municipalité qui m'offrit, à cause de ma voix, la trompette qui était sinon d'argent, du moins argentée, je ne dirai pas où, parce que c'est le secret de la ville; j'acceptai.

Le crieur avec clochettes.

J'étais partout franc et noble; je me plaisais à passer les ponts, les bacs à péage, car, au lieu de tirer ma bourse pour payer, il me suffisait de tirer de dessous l'habit ma trompette [18] : je vivais heureux; j'avais été habillé de neuf; je gagnais beaucoup d'argent; je faisais grande chère; je recevais chez moi les crieurs, les crieuses [19], tous les gens de mon état; je leur donnais, aux hommes du vin rouge, aux femmes du vin blanc, mais toujours du vin de mon ordinaire, du vin du pays. A la fin je fus obligé de changer de vin : ce fut pour un crieur juré de Paris qui allait je ne sais où. Aussitôt qu'il me dit qui il était, je le fis mettre au haut bout de la table; cependant je m'en tins d'abord à mon vin tant qu'il me parla de l'usage et de la manière de crier les choses perdues, les enfants égarés; mais je lui donnai du vin de Bordeaux quand il m'apprit qu'à Paris les crieurs, ayant une serviette blanche sur le bras, une bouteille pleine dans une main, un verre bien rincé dans l'autre, faisaient, aux funérailles de leurs camarades, boire le public à la santé du défunt [20]; et je lui donnai du vin le meilleur et le plus cher quand il m'apprit ensuite ce que je vais vous répéter : J'étais, me dit-il, moi, un des vingt-quatre crieurs vêtus d'une robe noire, armoriée devant et derrière, qui allèrent au Parlement crier la mort de Charles IX. Dès que nos quarante-huit clochettes se firent entendre, les deux battants de la porte s'ouvrirent à la fois, comme d'eux-mêmes; nous nous rangeâmes contre la muraille, en face des juges, tous en robe rouge, et, après avoir sonné deux fois nos clochettes, nous criâmes : *Nobles et dévotes personnes, priez Dieu pour l'ame de trez hault, trez puissant, trez vertueux et trez magnanime prince, Charles, par la grace de Dieu, roy de France trez chrestien, neuvième de ce nom; priez Dieu qu'il en ait l'ame* [21]! Nous sonnâmes encore deux fois nos clochettes; nous sortîmes et la justice reprit son cours. Ces redoutables paroles : *Nobles et dévotes personnes* me revenaient sans cesse. Je me disais qu'elles pouvaient sortir aussi de ma bouche, que dans mon état ma voix pouvait me mener à tout, que je pouvais être crieur avec clochettes, crieur juré de Paris, comme un autre, plutôt qu'un autre, et que le roi de France actuel pouvait mourir aussi bien quand je serais en charge que quand je n'y serais pas.

Dès ce moment je pris en dégoût ma trompette argentée, et bientôt je trouvai l'occasion de la poser.

Une nombreuse troupe de voleurs épouvantait les campagnes : je suivis volontiers les juges qui faisaient lever et armer le peuple [22] : je sonnai volontiers de la trompette ; je criai volontiers ; mais lorsque ces voleurs furent pris et qu'ils eurent été condamnés à être fustigés au son de la trompette [23], je refusai d'en sonner. Le maire me dit que c'était pour perdre ma place ; je lui fis signe que j'y consentais ; je quittai aussitôt la ville.

Je ne balançai pas longtemps sur ma route. Je me dirigeai vers Paris ; mais les crieurs nous sommes connus au loin : au moment où je sortais de Montauban, le premier consul qui connaissait ma voix et qui peut-être me guettait, m'arrête, m'amène à l'hôtel-de-ville ; on me dit qu'à Paris où j'allais chercher tant d'honneurs, je serais tenu de publier le prix des alouettes, des mauviettes, de publier ce qu'il en coûtait pour les faire plumer, les faire larder, les faire rôtir [24] ; ensuite on me pria de crier, afin de m'applaudir ; on m'applaudit tant que je m'engageai comme crieur avec clochettes. Vous me direz qu'à Montauban je ne devais pas crier la mort des rois ; hélas ! je ne le sais que trop ; et de plus, j'eus d'abord des désagréments qui, plusieurs fois, me donnèrent envie de reprendre ma route ; car lorsque je criais dans cette ville, peuplée moitié de catholiques, moitié de protestants, les fêtes des confréries [25], souvent les protestants m'accueillaient par des huées ; et quand je criais la mort de fort honnêtes protestants, après les noms desquels j'étais obligé, à cause de leur qualité d'anciens consuls ou de notables bourgeois, d'ajouter de bonne mémoire [26], souvent j'entendais à droite et à gauche les catholiques insulter à leur mémoire. Je voulais, comme de raison, prendre le parti de mes morts, et à chaque pas j'avais dispute. Mais depuis l'édit de Nantes, l'édit de pacification, de liberté de conscience [27], on me laisse crier en paix. Toutefois ce qui surtout me retient à Montauban, le voici : quand les portiques de la grande place [28] retentissent du bruit de mes clochettes et du son de ma voix, je suis entendu des gens qui me connaissent, qui m'ont vu naître, des gens de mon pays, venus au marché. Allez-moi dire qu'à Paris, aux lieux du triomphe des crieurs jurés, à la place Maubert, à la grande halle, je pusse être entendu des gens de Négrepelisse.

LES BOHÉMIENS FRANÇAIS.

Station v.

Ceux qui connaissent la ville d'Agen savent qu'il y a, sur la place de la Garonne [1], deux auberges, la bonne d'un côté, la belle de l'autre. Comme de raison j'ai été loger à la bonne, et je n'ai pas tardé à m'en repentir. J'étais à peine assis sur le banc de devant la porte que des Bohémiens sont venus chanter, danser, dire la bonne aventure devant la belle auberge; je comptais qu'ils viendraient ensuite devant la bonne, mais ils s'en sont allés. J'avais grande envie de les voir, de leur parler, de les questionner; je ne me suis pas trop mis en peine de cacher mon dépit : un étranger, assis sur le même banc, à mon côté, m'a offert de m'en apprendre sur les Bohémiens autant et plus sans doute que je voulais en savoir.

Au mois de mai dernier, m'a-t-il dit, je logeais à Bordeaux dans un quartier où un Bohémien avait une vogue générale. Ce n'était pas un de ces Bohémiens ambulants, tels que ceux que nous venons de voir, c'était un Bohémien devin, grand devin dont la maison ne cessait de s'emplir et de désemplir. J'eus beau me rappeler toutes les menteries de pareilles gens, la curiosité l'emporta; je choisis le moment où, chez lui, il y avait le moins de foule et j'y entrai. Je le trouvai en pourpoint bleu à passe-poil jaune, deux plumes au bonnet, et, ce qui me surprit, les cheveux, la barbe coupés [2]. Il me présenta par honneur une chaise à deux places [3]; s'étant ensuite assis vis-à-vis de moi, sur une chaise très étroite, mais très haute, il me parla ainsi : Monsieur, vous voyez un homme qui est pauvre, qui devrait être un des possesseurs de la terre ou du moins un des possesseurs d'une partie de la terre, un homme qui a été séparé de ses longs cheveux et de sa vénérable barbe, qui a été pendant trois années en galère [4], et qui n'en est pas moins de meilleure maison que le roi de France, car les Égyptiens de la petite Égypte que vous nommez je ne sais pourquoi, Bohémiens [5], nous descendons d'Abraham et de Sara; nous sommes seuls leurs enfants légitimes [6]. Nous ne venons dans les pays chrétiens que pour y accomplir la pénitence de sept années à laquelle nous, nos pères et nos fils, avons été condamnés [7].

Mais ce qui rend notre pénitence plus dure et plus humiliante, c'est que des Français qui ne sont pas l'élite des Français et qui se disent Bohémiens, courroucent tellement la justice par leurs méfaits qu'elle ne veut pas nous distinguer, et qu'elle nous punit indistinctement tous.

Les Bohémiens Provençaux.

Assurément, poursuivit-il, ces jeunes gens de la Provence qui parlent un si risible argot[8], qui font sonner l'heure dans un verre, qui jouent à la cordelette, qui font le saut périlleux, qui se disent Bohémiens[9], ne sont pas les jeunes fils de notre père Abraham qui parlait un chaldéen si pur, qui était le plus grave des patriarches. Assurément ces jeunes provençales au jupon court, qui jouent du tambourin, dansent, montrent tantôt une jambe, tantôt l'autre, qui se disent Bohémiennes[10], ne sont pas les jeunes filles de la modeste Sara.

Les Bohémiens Normands.

Et ces maquignons de Normandie, si reconnaissables à leurs yeux bleus, à leurs cheveux blonds, à leur accent nasal, qui font semblant d'avoir comme nous des capitaines, comme nous le haut tribunal de la petite Égypte, qui au lieu de se pendre comme nous, franchement entre eux, ne se pendent que pour rire, pour attirer les villageois hors des villages, ambler alors les chevaux, les mulets, qui se disent Bohémiens[11], comment croire qu'ils sont les descendants d'Abraham qui était si riche en bœufs, en ânes, en chameaux, qui avait une si bonne renommée? Et ces petites Normandes si blanches, si fraîches, qui de leur bouche miellée appellent toutes les poules qu'elles rencontrent hors les maisons, qui les plument sans les faire crier, qui couchent dans les granges, qui se disent Bohémiennes[12], comment croire qu'elles sont les filles de Sara qui mettait, chaque jour, plusieurs moutons au pot et souvent un bœuf à la broche, qui avait des fermes de deux ou trois cents lieues de tour?

Les Bohémiens Gascons.

Comment croire qu'Abraham, l'ami des anciens mages, ait héréditairement transmis son infinie science à ces Gascons effrontés, sortis de la boutique des barbiers ou tout au plus des études des procureurs, qui prétendent découvrir l'empreinte du caractère, de l'esprit et de l'âme sur les diverses parties de la face humaine, qui se disent Bohémiens[13]? Comment croire aussi qu'elles aient hérité des connaissances de Sara, l'amie des anciennes prêtresses d'Égypte, ces petites Gasconnes qui ne savent pas correctement six lignes de leur catéchisme, qui se font montrer les mains, qui se font raconter les rêves, qui, de leur langue légère, trompent le public comme leurs amants, et qui se disent Bohémiennes[14]?

Les Bohémiens Égyptiens.

Monsieur, les vrais Bohémiens ou Égyptiens c'est nous qui, je vous l'assure, sommes en petit nombre, qui tenons toutes nos connaissances de nos pères qui, par transmission, les tenaient de notre père Isaac qui les tenait de notre père Abraham [15].

Après avoir ainsi parlé, il se recueillit un moment, et ensuite il me prit la main ; il en tendit la peau au-dessous de l'index, du medius, et il me dit : La ligne mensale n'est pas positivement contre vous ; j'avoue que la moyenne est aussi un peu douteuse ; mais, ajouta-t-il, après avoir écarté mon pouce, je suis très content de la ligne de ce doigt : c'est la sœur de la ligne de vie [16].

Voilà, monsieur, pour la chiromancie [17].

Voyons maintenant pour la métoscopie [18]. Laissez-moi, continua-t-il, vous envisager attentivement, ce ne sera pas long. Il tourna ma chaise vers la fenêtre, et m'envisagea quelques moments :

Vous n'êtes pas timide, me dit-il, votre front n'est pas spacieux :

Vous n'êtes pas cruel ; votre front n'est pas petit :

Vous n'êtes pas luxurieux ; votre front n'est pas large :

Vous n'êtes pas vaniteux ; votre front n'est pas saillant :

Vous n'êtes pas colère ; votre front n'est pas chauve :

Vous n'êtes pas adulateur ; votre front n'est pas ridé :

Votre front est carré, pur, beau, parfait ; vous êtes prudent, sage, brave, libéral, généreux [19].

Dans le courant de votre vie il vous est arrivé,... il vous arrivera... Je me levai, je lui demandai combien je lui devais ; il me répondit : Un quart d'écu [20] pour la main, un quart d'écu pour le visage ; c'est un prix fait et depuis longtemps fait pour tout le monde ; car l'histoire qui rapporte que nous annonçâmes l'empire à l'empereur Michel Trole, quand il n'était encore qu'un tout petit particulier [21], aurait dû rapporter aussi que nous ne lui prîmes pas davantage.

LES CHEMINS DE LA FRANCE.

Station VI.

J'ai dit, en arrivant en France : Les bonnes auberges ! aujourd'hui je dis : Les beaux chemins ! ils sont plainiers, larges, roulants : que ne puis-je les faire entrer dans l'Espagne, la leur faire traverser et retraverser dans tous les sens !

La construction.

Aussi écrirai-je à mon parrain du Pérou qui veut que je lui fasse connaître tout ce que dans mon voyage je trouverai de bon et de beau, comment ils sont faits :

On trace d'abord l'aire ; ensuite on la borde de quartiers de roc [1] ; quelquefois on la pave, quand c'est sur les côtes [2] ; mais dans les plaines on la remplit de cailloux, de gravier, et dans les plaines basses, boueuses, de pierres [3]. On fossoie les bords, et de vingt-quatre en vingt-quatre pieds on les plante d'arbres forestiers ou d'arbres fruitiers [4], que le peuple aujourd'hui n'arrache plus [5], et puis, fouette cocher ! autrefois, fouette charretier !

Je lui écrirai aussi comment on fait les chemins pavés, les chemins ferrés [6] qui rayonnent autour des grandes villes, surtout autour de Paris. On élève, sur une largeur de deux toises, avec des cailloux, du gravier, du sable [7], l'aire en dos d'âne ; on la pave de gros quartiers de grès ou d'autre pierre de quatre, cinq, six pouces en carré ; on remplit de bon ciment les joints [8].

Je lui écrirai encore comment on fait les turcies, ou turgies [9], ou levées, qui, ainsi que de magnifiques terrasses, couronnent les bords des fleuves, qui servent en même temps de digue et de chemin. On les élève en terre battue comme les remparts, on les revêt de gazon ou de pierre [10].

Les dépenses de construction.

Mais je ne lui écrirai pas comment, en France, on fait faire les chemins.

Vous voyez sur ceux qui sont en construction, de grandes troupes de villageois, d'artisans, porter, mettre en œuvre les matériaux, et par derrière, des huissiers en robe qui les ont amenés ou requis [11], au nom du seigneur, si c'est un chemin de châtellenie [12], au nom du maire, si c'est pour un chemin allant d'une ville à une autre [13], au nom du roi, si c'est pour un chemin royal, un chemin passant par les principales villes, allant d'une extrémité du royaume à l'autre [14].

Il faut cependant convenir que tous les chemins ne sont pas faits par corvée, que souvent les ouvriers sont salariés, et qu'alors on prend l'argent ou, comme en Bretagne, sur les consommations de vin [15], ou, comme dans les provinces des turcies, sur les gabelles [16], sur les tailles [17], ou, comme dans la plus grande partie de la France, sur les péages perçus aux travers, aux barrages, aux lieux où l'on établit, sur deux poteaux, en travers du chemin, une longue barre qu'on lève, qu'on baisse à volonté [18], qu'on baisse, quand on veut arrêter les chevaux ou les voitures de ceux qui refusent de payer les droits. De là, sans doute, cette expression métaphorique, si fréquente dans la langue française, barrer le chemin à quelqu'un, barrer quelqu'un.

Les dépenses d'entretien.

Lorsque les fermiers de ces perceptions, appelés maîtres des chaussées [19], ne se chargent pas de la réparation des chemins, la dépense en est prise sur les impôts [20]; d'autres fois la réparation des chemins est, comme la constuction, faite par corvées [21].

La voirie.

Qui, en France, a la voirie? ai-je demandé ce matin à mon aubergiste : C'est, m'a-t-il répondu, le seigneur dans l'étendue de ses terres [22]. Un homme bien vêtu est entré : Qui, en France, a la voirie? lui ai-je aussi demandé. — C'est le bailli, le sénéchal, dans son bailliage, dans sa sénéchaussée [23], et sous leurs ordres, les petits voyers [24]; mais ce n'est pas tout. Un autre est entré presqu'en même temps : Maître, me direz-vous qui, en France, a la voirie? — Ce sont les élus [25]. Il hésitait et semblait vouloir continuer. Qui, en France, a la voirie? ai-je demandé à un homme richement vêtu que j'ai aperçu près de la cheminée. — Ce sont les trésoriers des généralités [26], m'a-t-il répondu. Alors je lui ai répété les trois autres réponses qui m'avaient été faites : Ces trois réponses sont toutes les trois vraies, m'a-t-il dit; la mienne l'est aussi. Une cinquième, une sixième, une septième personne aurait encore pu vous dire : Ce sont les officiers des eaux et forêts [27]; Ce sont les parlements [28]; Ce sont les états provinciaux [29], car et les uns et les autres ont aussi différentes attributions de la voirie. On a bien senti qu'à tant de voyers il fallait un chef, aussi a-t-on établi un seul grand voyer pour tout le royaume [30]; il est toutefois à craindre que les anciens voyers parviennent à se maintenir dans leur indépendance, et que ce ne soit qu'un nouvel office de plus; car, en France, la correction des abus n'est souvent que l'addition d'un autre.

Les itinéraires.

J'ai acheté tous les Guides des chemins, imprimés depuis un demi-siècle; les Guides des chemins sont aujourd'hui indispensables aux voyageurs.

Ils vous avertissent :

Que sur tel chemin, le pavé commence là, finit là;

Qu'entre telle ville et telle autre, il n'y a pas de grand chemin; et alors ils sont vraiment vos guides : *Prends à main droite, Prends à main gauche; Passe au haut, au bas du village; monte, descends la montagne; suis les prez, va selon les fossez.*

Ils vous avertissent :

Qu'aux limites de telle province les lieues de deux mille cinq cents toises, les petites lieues de France finissent, et que les lieues de quatre mille toises, les grandes lieues de France commencent;

Qu'aux limites de telle autre province est, sur un grand chêne, l'étendard de séparation;

Qu'à cette ville frontière, il faut aller au change des monnaies.

Ils vous apprennent,

Quels sont les mauvais chemins : *Chemin du diable, Rue d'enfer*;

Quels sont les endroits dangereux, et ils les écrivent pour ainsi dire avec de l'encre rouge : *briganderie; ancienne briganderie; passage périlleux; bois de deux lieues; passe vite!*

Ils vous font connaître,

L'agriculture française : pays cultivé; prés, vignes, champs, vergers; pays d'ours; pays de loups; forêts, landes, friches;

Les productions agricoles et industrielles : bons marrons, bons melons, bons chapons, bonnes épées, bons hautbois, bonnes quenouilles;

Les meilleures auberges : maison rouge, maison blanche; bon vin, bon lit, bon hôte;

Les étymologies des noms des villes et des villages : Dreux, ville des Druides, Chevreuse, dans le pays des chèvres;

L'histoire traditionnelle des lieux : château bâti par Ganes; château bâti par Griffon; *Voi le sault du cheval de Régnault de Montauban*[31].

Il me semble que la réunion de ces divers rubans de chemin formerait une belle carte agricole, industrielle, commerciale, historique, un vrai tableau, un vrai portrait de la France.

LES POSTES FRANÇAISES.

Station VII.

Que de ressemblances de caractère, d'esprit, de figure, même de physionomie dans la nombreuse race humaine, éparse sur toutes les parties du globe! Que d'Espagnols qui n'ont jamais quitté, qui ne quitteront jamais l'Espagne j'ai vus en France! j'y ai retrouvé entre autres mon barbier, mon cordonnier, mon tailleur; mais ils tenaient ici un rang bien différent : ils étaient, l'un chevalier du Saint-Esprit, l'autre évêque, l'autre président. J'y ai retrouvé aussi le bon et jovial duc de Médina qui m'honore depuis longtemps de sa bienveillance. Dieu sait mieux que moi comment, dans un relais, il existe un valet de poste, si semblable de corps et d'esprit à un aussi grand seigneur!

Les maîtres de poste.

Il avait pris aujourd'hui envie à mes mules ou à mes gens d'aller fort vite. Un valet de poste, la vraie ressemblance du duc de Médina, nous suivait de fort près; enfin il nous a atteints, et il était près de nous dépasser, lorsque je lui ai adressé la parole : Chevaucheur [1], lui ai-je dit, combien de lieues d'ici à Auch? — Dix. — Et d'ici à Toulouse? — Quinze : Chevaucheur, lui ai-je dit encore, êtes-vous maître de poste [2]? — J'aurais l'écusson du roi sur l'épaule [3], m'a-t-il répondu, mais j'espère l'y avoir bientôt. Monsieur, a-t-il ajouté, regardez-moi bien, je n'ai pas un beau nez; allons, convenez-en! il n'est pas beau. Véritablement ce brave garçon avait un grand vilain nez, fait dans le même moule que celui du respectable duc de Médina. Eh bien! a-t-il continué, je n'en ai pas moins obtenu la main de Marcelle, la fille unique de mon maître de poste dont je vais être le successeur; et pour cela je n'ai eu qu'à raconter l'histoire que je vais vous raconter aussi, sans que ni vous ni moi en donnions un coup d'éperon de moins à nos montures.

Du temps du roi Charles VIII, en l'année 1495, il y a un peu plus de cent ans, il fut défendu aux maîtres coureurs de poste, sous peine de la vie, de se charger d'aucune dépêche du pape [4]. Le père de mon grand-père, pour gagner quelque argent, peut-être seulement quelque indulgence, s'en chargea; il fut surpris. Le prévôt lui accorda la vie; mais il lui fit donner le fouet dans toutes les rues de la ville. Le père de mon grand-père et mon grand-père tâchèrent de détruire toutes les traces de ce jugement; mais mon père fut assez heureux pour en découvrir l'original au greffe. Il en demanda trois expéditions en bonne forme, et il se servit d'une pour épouser, malgré son vilain nez, une jolie fille, à la famille de laquelle il prouva qu'il descendait d'un des maîtres de poste institués par Louis XI [5]. Mon frère aîné qui a aussi un vilain nez, s'est servi d'une autre expédition pour se marier à une jolie, et, qui plus est, riche fille; et moi, dont vous voyez le nez; je suis, au moyen de la troisième expédition, près d'en faire autant.

Les maîtres de relais.

Mais écoutez encore : un jeune maître des nouveaux relais des chevaux à louer, pour le service des voyageurs, pour les voitures des charretiers, pour le hallage, pour le labourage [6], dont le nez était bien fait, en voulait aussi bien que moi à Marcelle à qui on a eu de la peine à faire comprendre que ce beau galant ne lui convenait pas. Il fallait entendre parler ou plutôt entendre rire son père : Les voyageurs qui montent les chevaux de relais, disait-il, ne peuvent, à peine de trente francs d'amende, les faire galoper [7], et cela doit être, car ce sont tous avocats, médecins, marchands ou bourgeois. J'en avais là assez de son histoire; je l'ai interrompu : Chevaucheur! combien ont pour gages les maîtres de poste? — Suivant les relais, cent quatre-vingts, deux cent quarante livres [8] ; les maîtres de poste de la cour en ont trois cent soixante [9]. — Chevaucheur! combien ont pour leurs gages les maîtres de relais? — Il me tardait que vous me fissiez cette question. Rien [10].

Le prix des postes.

Chevaucheur! lui ai-je dit encore, combien paient ceux qui courent la poste? — Qu'ils la courent à trente chevaux, comme plusieurs grands seigneurs [11], ou bien à cent, comme le roi [12], c'est dix sous par poste et par cheval [13]. — Chevaucheur! pourquoi, dans le Livre des postes [14], la grande province de Bretagne est-elle en blanc? — C'est que les états ne veulent pas qu'on y coure la poste [15]. — Chevaucheur! portez-vous les lettres des particuliers? — La poste porter les lettres des particuliers! la poste a été instituée pour porter les dépêches du roi [16] qui nous sont d'ailleurs payées outre nos gages [17] ; elle n'a pas dérogé; elle ne dérogera pas. Ce serait bien beau qu'on vînt crier devant ma porte comme devant les basses fenêtres grillées des messagers : Une lettre pour moi! une autre pour moi! un sac pour moi! un paquet pour moi! un pot de beurre pour moi! un saucisson pour moi! un panier de gibier pour moi [18]! J'aimerais mieux recevoir, dans toutes les rues, le fouet de mon aïeul, ou, qui pis est, renoncer à la belle Marcelle.

Le prix des relais.

Chevaucheur! combien de lieues par jour doit faire un cheval de louage, pris au relais? — Douze, quinze lieues [19]. — Combien par jour paie le voyageur? — Vingt sous, et il peut porter derrière lui une mallette; mais s'il a une malle, il est obligé de prendre un cheval mallier et un guide. — En sorte que le maître de relais confie son cheval au voyageur qui n'a pas de malle? — Sans doute ; seulement le voyageur reçoit un billet qu'il remet avec le cheval au premier relais, où on lui donne un autre billet et un autre cheval ; ainsi jusqu'à la fin de sa route. — Fort bien, pourvu que le voyageur soit un homme honnête et qu'il ne s'enfuie pas sur le cheval. — Oh! le cheval est toujours marqué de la lettre initiale du nom de la ville ou du lieu du relais [20]. Monsieur, a-t-il ajouté, je dois, pour l'acquit de ma conscience, vous dire, avant de vous quitter, que les maîtres de relais sont, comme les maîtres des postes, exempts du guet et du logement des gens de guerre [21], qu'ils ont le même chef, le contrôleur général des postes [22] ; mon rival aurait dû s'en prévaloir auprès de Marcelle ; mais le plus souvent, il n'y a rien de plus bête qu'un joli nez.

LES VOITURES FRANÇAISES.

Station VIII.

Aujourd'hui j'avais dîné, dit grâces ; j'allais partir, quand la porte de la petite salle de l'auberge où je m'étais fait servir en particulier s'est ouverte. Je croyais que c'était mon valet Dominique ; j'ai vu entrer un inconnu : Monsieur, m'a-t-il dit ; il s'est repris en portant les yeux sur mes panaches et sur mon manteau de velours passementé d'or : Messire [1], je viens vous proposer d'acheter un joli petit chariot [2], qui n'est qu'un joli petit coche quand j'y suis, qui deviendra un joli petit carrosse [3] quand vous y serez. Mon ami, lui ai-je répondu, je vais, je viens, je reviens, je tourne, je retourne ; je change de direction comme le vent : les mules me conviennent mieux, je vous remercie. J'ai prononcé ces derniers mots en le congédiant de la tête et de la main. Il s'est assis ; il a continué à parler. Mon ami, lui ai-je dit en l'interrompant assez brusquement, je vois que vous êtes en même temps et faiseur de coches et sellier, mais je n'ai pas non plus besoin de selles. Messire, m'a-t-il répondu, je ne suis ni l'un ni l'autre. — Qu'êtes-vous donc? — Vous allez le savoir, m'a-t-il répondu en s'établissant sur son siége ; mais, avec votre permission, il faut que d'abord je prenne les choses d'un peu haut.

Les messageries.

De tout temps, ou du moins je ne sais depuis quel temps, il y a eu des messagers d'université qui se chargent de conduire les écoliers aux villes où ils font leurs études et de les reconduire chez eux [4]. Je l'ai été, mais j'avais continuellement mes oreilles remplies de latin, de grec, d'hébreu [5] que je n'entendais pas, ou de mauvaises raisons, de mauvaises paroles que je n'aurais pas voulu entendre. Je laissai là cet état, et tous les jours je m'en félicite.

Les messagers des sénéchaussées et des bailliages sont plus modernes. Leurs offices sont aujourd'hui devenus héréditaires. Ces messagers se chargent de porter au parlement les procès qui doivent y être jugés par appel et de les en rapporter [6]. Ils se chargent aussi, depuis l'année 1576, en concurrence avec les messagers des universités [7], de porter les lettres du public, pour chacune desquelles on donne huit, dix, douze deniers, suivant la distance [8]. J'ai encore essayé de cet office. Toutes les semaines j'allais à Bordeaux porter au greffe du parlement, ou en rapporter les sacs des procès. Je m'étendais la nuit, je dormais fort bien sur ces monceaux de chicanes et de mensonges qui empêchaient de dormir tant d'autres. J'étais bien payé; j'avais par sac deux sous par lieue [9]; mais le greffier me dit de lui en rendre deux deniers, sinon qu'il ferait porter les procès par un autre, et que j'aurais un office sans fonctions. Je lui rendis deux deniers. Bientôt il en voulut quatre, bientôt huit. Je les lui rendis. Enfin il voulut douze deniers, c'est-à-dire partager; je refusai. Dans ce temps le roi n'avait pas encore ordonné que ce transport fût exclusivement fait par nous [10], et le greffier l'ayant donné à un autre, j'allais et je revenais presque à vide; je fus donc obligé de quitter mon office pour n'avoir pas voulu me laisser écorcher. Messire, que Dieu vous préserve de jamais passer par les griffes des greffiers!

Les coches.

Vous avez vu, a-t-il poursuivi, ce que j'ai été; vous allez maintenant voir ce que je suis, et comment l'un m'a mené à l'autre.

Nos pères et nos grands-pères s'étaient, jusqu'à nos jours, contentés ou des chevaux de louage, ou des chariots des écoliers, ou des chariots des procès des bailliages. Ils avaient jusqu'à nos jours patiemment enduré le soleil, la pluie, les bruyantes incivilités des jeunes gens, la fatigante mobilité, la fréquente dislocation des sièges faits de paperasses; mais enfin ils se sont lassés, et sur les principales routes on a vu, comme en Italie [11], s'établir des coches ou chariots, rembourrés en dedans, couverts de cuir en dehors, garnis de siéges et de rideaux [12], qui correspondent d'une ville à l'autre [13]. Maintenant, quelque temps qu'il fasse, vous pouvez, avec une valise du poids de quatre livres, aller de Paris à Rouen pour soixante-dix sous, et de Paris à Orléans pour soixante-quinze [14]. Je cite ces tarifs parce qu'ils ont été en général suivis dans ce grand nombre de villes où la dame de Fontaine et d'autres personnes à son exemple ont établi des coches [15]. Quand je suis venu ici, il m'a semblé qu'il pouvait aussi y en avoir un ; il m'a bien semblé, car au bout de quelques semaines, celui que j'avais fait faire, qui est fort bien construit, fort beau, qui est celui que je vous ai offert et que je vous offre encore, s'est trouvé trop petit ; il est même à croire que celui dont je me sers maintenant se trouvera bientôt encore trop petit ; et je vous l'offrirai de même, si vous repassez et si vous en voulez un plus grand. Il s'est levé : Messire, a-t-il ajouté, je ne veux pas vous retenir plus longtemps ; je me borne à vous dire qu'enfin je me trouve aujourd'hui fort heureux ; car lorsque j'ai satisfait aux droits de notre chef, le commissaire général, sur-intendant des coches publics [16], je régis, je gouverne, je suis roi dans mon coche. Les voyageurs ne cessent de me gracieuser. Et quand nous sommes arrivés, ils croient ne m'avoir jamais assez payé de ce que j'ai bien graissé les essieux [17], de ce que je les ai menés doucement, surtout de ce que je ne les ai pas versés. Croyez en toute vérité que souvent, pour recevoir les témoignages de leur reconnaissance, il me faudrait plus de deux mains.

LES RIVIÈRES DE LA FRANCE.

Station IX.

Hier l'eau de la Garonne était claire, limpide ; ce matin elle était encore plus claire, plus limpide ; il y avait plaisir de la voir. Hier il passait de belles embarcations de gens bien mis, élégants ; ce matin il en est passé de plus belles. J'ai fait signe à la plus proche de venir me prendre ; elle est venue, j'ai sauté dedans, et me voilà mêlé à un cercle de jeunes marchands qui étaient sans doute gais, aimables, mais qui, dans ce moment, étaient si fort occupés de la foire de Bordeaux, où ils allaient, qu'ils y étaient déjà arrivés si je puis m'exprimer ainsi. Ils y vendaient, ils y achetaient, ils y disputaient ; sur le bateau ils ne disaient rien.

J'ai tiré de la poche un petit livre intitulé : Fleuves de la France [1] ; et, m'étant un peu mis à l'écart, je me suis amusé à en lire quelques morceaux devant les matelots. Par ce moyen je les ai rendus moins taciturnes que les marchands.

La navigation intérieure.

Ce livre, m'a demandé le patron, dit-il que la navigation des rivières a une plus grande importance au nord qu'au midi, que les bateaux qui ont descendu le Rhône, la Garonne, chargés de tonneaux de vin rouge ou de vin muscat, remontent souvent à vide et que plus souvent ils ne remontent pas, tandis que les bateaux qui ont descendu la Loire et la Seine, chargés de tonneaux de vin, de sacs de blé, remontent chargés de barrils d'huile de Provence, de fruits secs de Languedoc, de beurres de Normandie, de fromages de Hollande [2] ? — Non.

Le curage des rivières.

Dit-il que, d'après les lois, les coutumes, et les arrêts du parlement, les lits des rivières doivent tous les ans être curés et nettoyés [3], que cependant les bancs de sable, les amas de gravier semblent tous les ans grossir ; qu'il semble que pour les péchés des pauvres matelots, comme pour ceux des pauvres rouliers, le Diable se plaise à faire des bosses dans les rivières et des creux dans les chemins ? — Non ; il ne dit pas même que Louis de Foix, architecte mécanicien [4], en redressant l'embouchure de l'Adour, au moyen des digues sur pilotis, en a si bien nettoyé le lit [5], ainsi que je l'ai vu à mon entrée en France, qu'il a été, là, plus diable que le Diable.

Le hallage.

Mais du moins, a continué le patron, aurait-il fallu que ce livre dît que les lois, les coutumes, les arrêts du parlement se sont occupés aussi du hallage ; que la largeur des chemins doit en être de vingt-quatre pieds sur le bord des grandes rivières ; que les chevaux de courbe, que les bœufs qui tirent les embarcations, lorsqu'elles remontent, doivent être habillés, harnachés et en bon point ; que le prix du hallage en est diversement et localement fixé [6] : le dit-il ? — Non.

Le chablage.

Dit-il avec quelle habileté les chableurs stationnés près les grands ponts dirigent, au moyen des cordes passées dans les anneaux des

piles, les plus larges bateaux sous les arches [7], souvent fort étroites?
— Non.

Les pertuis.

Dit-il avec quelle plus grande habileté encore les maîtres de pertuis [8], stationnés près les principaux pertuis, c'est-à-dire près les principales ouvertures pratiquées aux chaussées des grandes rivières [9], dirigent les bateaux à travers ces dangereux passages, tels que celui des Moulins du Basacle de Toulouse [10]? Dit-il que ces maîtres sont choisis, comme les chableurs, parmi les prud'ho-bacheliers du chablage [11]? Dit-il que les lois ordonnent à tous les bateaux d'accourir à leur secours, lorsqu'ils font entendre le cri de détresse : Au cul du bateau [12]? — Non, non.

Les gabares.

Dit-il que sur les gabares de Bordeaux à Langon, la place pour un homme et son cheval ne coûte guère que cinq sous, et pour un homme seul que dix deniers; qu'à ce prix il est défendu de refuser personne, sous peine du fouet; que cependant l'équipage de la gabare doit être au moins d'un gouverneur et de deux tireurs [13]? — Non. — Dit-il que de Bordeaux à Blaye les voyageurs sont toujours sûrs de trouver la gabare l'Anguille [14]? — Non. — Que dans le pays d'Aunis, on passe plusieurs marais dans les gabares [15]? — Non.

Les coches d'eau.

Dit-il qu'il n'est maintenant plus permis de joncher de verdure, de fleurs les coches d'eau [16]? — Non. — Dit-il que les jours de leur arrivée, de leur départ sont maintenant périodiques, comme ceux du corbillard ou du bateau de Paris à Corbeil [17]? — Non, non.

Les ponts.

Monsieur, je me doute qu'il ne dit pas que les ponts de Paris sont bordés de maisons [18], que le pont de Toulouse est couvert [19], qu'il sera bientôt à deux étages, le plus bas pour les charrettes, le plus haut pour les gens à pied [20]; que le pont de Villeneuve présente à la force de l'eau des masses diagonales [21]; que le pont du Saint-Esprit a les piles percées pour donner cours à l'eau [22]; que le pont d'Amboise a des piles mécaniques qui renferment de bons moulins [23]; que le pont de Nevers a dans les piles des batteries de canon qui battent à fleur d'eau les embarcations [24]; que le pont de Chenonceaux qui porte, en travers d'une grande rivière, un des plus beaux châteaux de France, a dans ses piles, non des canonnières, mais des offices, des cuisines [25]; que le pont de Pinci doit être bâti par des capitalistes qui se rembourseront sur la perception d'un péage [26]; qu'il y a une fondation de quatre mille livres pour l'entretien du pont d'Avignon [27]; qu'il y a près de Nîmes un souterrain qui va sous la rivière, qu'il y a un pont sous la rivière [28]? — Il n'en dit rien [29]. — Que dit-il donc? — Il dit quels sont les lieux où les rivières ont leur source, leur embouchure; quels sont les hommes célèbres qui en parlent, quelles sont les villes, quels sont les monuments situés sur leurs bords [30]. — Il ne dit que cela? — Il ne dit guère plus [31].

LES CANAUX DE LA FRANCE.

Station x.

Je n'ai pas voulu avancer au-delà de Marmande. Trois ou quatre heures m'avaient suffi pour aller; j'ai mis toute la journée pour revenir.

J'étais le seul passager sur le bateau, et je me suis douté, aux prévenances, aux civilités, aux égards toujours croissants des matelots, que je serais obligé de payer, à moi seul, le vin et les petites rétributions volontaires que dans les bateaux ordinairement on leur donne. Je n'ai pas entièrement trompé leur attente, et je ne crois pas qu'ils se soient séparés mécontents de moi.

Le canal du Cher.

Mes amis, leur ai-je dit ce soir, un peu avant d'arriver, quelle peine de remonter les rivières! quel plaisir de remonter les canaux! mais, pour en trouver, il faut aller en Hollande [1]. Ils se sont empressés de me répondre que le petit canal du Cher [2], tout petit qu'il est, leur épargne les fatigues et les dangers de ramer contre l'impétueuse embouchure d'une grande rivière

Le canal de Crapone.

Croyez-vous, a continué l'un d'eux, que les sommes jetées à la construction de routes inutiles ne seraient pas plus raisonnablement employées à rendre navigable le canal de Crapone [3], qui alors, en joignant la navigation de la Durance à celle du Rhône, ferait autant de bien au commerce qu'il en fait à l'agriculture de la Provence?

XVI° SIÈCLE.

Le canal de Briare.

Mes amis, ai-je repris, on dit que votre roi va commencer [4], ou peut-être a commencé à ouvrir, sur les plans de Hugues Cosniers de Tours, le canal du Loing ou de Briare [5], et que les eaux de la Loire se joindront bientôt à celles de la Seine. — Monsieur, m'a répondu un autre, rien n'est plus certain ; dans quelques années, les marchandises qui arrivent de Lyon par la Loire ne seront plus portées de cette rivière au Loing par terre [6], mais elles le seront par eau.

Le canal de Languedoc.

Et vous verrez que Henri IV qui aime les canaux, qui vient d'instituer un capitaine des canaux [7], qui sûrement dans l'Orléanais sera victorieux des difficultés qu'offre le canal de Briare, voudra ensuite l'être, dans le Languedoc, des difficultés qu'offrira le canal des deux mers [8] ; vous verrez qu'alors il reprendra le projet d'Adam de Crapone [9] que naguère, dit-on, lui rappelait, du fond de son cloître, le capucin duc de Joyeuse [10]. Mais, monsieur, a-t-il ajouté d'un ton gai, ce canal s'arrêtera à Toulouse. Il nous faudra toujours redescendre la Garonne, toujours la remonter, et, en la remontant, il nous faudra toujours, comme aujourd'hui, deux fois plus peiner, suer, crier, jurer, il nous faudra toujours, comme aujourd'hui, deux fois plus boire.

LE CHASSEUR DES CÉVENNES.

STATION XI.

Je suis venu dans un pays où il fait presque aussi froid qu'en enfer il fait chaud. C'est dans cette haute partie du Languedoc où les montagnes des Cévennes semblent monter sur celles du Gévaudan.

Bien que ce soir il y eût un grand feu dans ma chambre, j'ai mieux aimé aller me chauffer à celui de la salle, avec les autres voyageurs : j'en ai vu un qui ne s'approchait guère. Je me suis douté qu'il était du pays ; je le lui ai demandé : il m'a répondu que c'était vrai, et aussitôt nous avons si bien lié conversation, si bien fait connaissance, qu'il a voulu être connu de moi.

Je suis de Florac, m'a-t-il dit, je m'appelle Jolibois. Lorsque mon père, fondeur de cloches, me châtiait, ce qui arrivait assez souvent, je pleurais, comme vous pensez bien ; mais lui, il chantait en contrefaisant mes continuelles fanfares de chasse ; toutefois il ne faisait que jeter de l'huile dans le feu ; il augmenta si fort en moi le goût de la chasse et le dégoût de son métier, pour lequel il m'avait fait interrompre mes études, qu'ayant atteint ma seizième année, je lui échappai un jour que j'entendis au loin la vénerie d'un grand seigneur des environs. Je me jetai au milieu des chiens ; je les caressai ; ils me rendirent mes caresses ; le maître des chasses [1] me les rendit aussi ; et, m'ayant fait emboucher son cornet, sur lequel je sonnai l'assemblée, l'appel, le rappel des chiens, les abois, la mort du cerf, la curée [2], il m'emmena avec lui.

Le chenil.

Vers la fin du jour, nous arrivâmes à un grand parc de murailles crénelées : au milieu était un beau pavillon, percé de nombreuses fenêtres [3]. Je croyais arriver au château ; j'arrivais au chenil. On ouvre une large porte ; les chiens entrent, se précipitent chacun dans sa loge. Cependant on remplit en toute hâte leurs auges d'un potage de morceaux de viande, de morceaux de pain fait de trois farines, orge, seigle, froment, et l'on crie : à table! à table! Les chiens aussitôt sortent, et chacun devant sa loge trouve son auge pleine. Pendant qu'ils mangent on renouvelle la paille de leur couchette de belle menuiserie à fond grillé ; ils boivent dans un petit ruisseau qui serpentait au milieu de la cour ; ensuite on crie : au lit! au lit! Les chiens rentrent dans leur loge, se jettent sur leur couchette, dorment. Alors les veneurs peuvent se refaire, se reposer [4].

Ce même soir, après que nous eûmes soupé, le maître des chasses me montra l'infirmerie des chiens, les nombreux instruments de leur chirurgie, les nombreux pots de leur pharmacie [5] : je vis que j'étais dans une vénerie des mieux réglées.

Les chiens.

Je le vis bien mieux le lendemain, en parcourant le chenil, divisé par quartiers. Là étaient les chiens qui lancent le gibier, les bassets, les furets ; ici les chiens qui le poursuivent, les limiers, les lévriers ; plus loin les chiens qui l'arrêtent, les chiens d'arrêt, les chiens couchants [6].

Que d'erreurs dont je me délis alors !

Les chiens courants n'ont été amenés en France qu'après la prise de Troye.

Les chiens fauves viennent de la Bretagne, et ne viennent que de la Bretagne.

Les chiens blancs, les greffiers, ne sont connus en France, ou du moins ne sont dans les vèneries que depuis feu le grand sénéchal de Normandie.

Les chiens gris sont les chiens des anciens rois de France.

Les chiens de la célèbre abbaye de Saint-Hubert ont, à la vérité, le poil ordinairement noir, mais il n'est pas vrai qu'ils soient sans exception tous de cette couleur [7].

Que de choses j'appris!

On peut connaître l'intelligence, le caractère des chiens au port de leur tête et de leur queue. On peut même, en les voyant téter aux mamelles les plus près du cœur, présager leur courage [8].

Il y a sept espèces de rage de chiens. Il y a un très grand nombre de remèdes. L'ellébore, la rue, la scamonée, le bain au sel, l'omelette aux petits papiers écrits avec certains caractères [9], sont les plus sûrs. O mon maître! ô mon maître! dis-je au maître des chasses qui me donnait ces divers enseignements, ô mon maître! vous en savez plus qu'Artelouche, Esparron, Fouilloux [10] : vous savez tout ce qu'ils savent et tout ce qu'ils ne savent pas : vous savez tout. Il fut sensible à mes louanges, et il me dit que j'étais moi-même déjà fort instruit pour mon âge, et qu'il n'aurait jamais cru qu'on sortît si habile du collège.

L'éducation des chiens.

D'abord je ne fus chargé que de laver, de bouchonner, de tenir propres les chiens, de les conduire à travers les blés en vert, l'herbe naissante, pour les faire purger; ensuite je fus chargé de leur éducation. Je ne pensais pas qu'il y eût tant de plaisir à les dresser, à leur faire distinguer les animaux domestiques des animaux sauvages, de la venaison, à leur faire connaître les instruments de chasse, la voix des chasseurs; à leur apprendre à être attentifs à obéir, à leur apprendre à quêter, à arrêter, à poursuivre le gibier, à le forcer, à le tuer [11]. J'épiais les leçons que leur donnait la nature; je les leur répétais.

Depuis quelque temps, j'avais été installé aide de vénerie, et un beau matin que me promenant fièrement, la baguette sur l'épaule [12], je ne me serais pas changé contre un procureur ou même un avocat, il m'arriva de mal huer; le maître des chasses qui se trouvait tout près m'entendit et discontinua de battre un gros levrier pour venir me battre. Je me laissai tranquillement corriger, tant qu'il lui plut, soit pour donner l'exemple de la subordination à mes camarades, soit encore plus pour donner l'exemple de la soumission aux chiens.

Les lièvres.

A l'instant même j'en fus récompensé : la fille du maître des chasses me vit, et aussitôt, s'étant ménagé un entretien particulier avec moi, elle me dit naïvement et sans préambule : Jolibois ! vous me plaisez ; je veux que vous soyez mon serviteur ; et comme elle avait lu un peu la mythologie, elle ajouta gracieusement : Je ne suis peut-être pas aussi belle qu'Omphale ; aussi au lieu de neuf travaux d'Hercule, je n'en ordonnerai que six. Ne voulez-vous pas, avec le temps, à mesure que vous deviendrez habile, les accomplir ? Je lui répondis que j'étais prêt à tout entreprendre pour devenir le gendre du maître des chasses, le possesseur de la belle Margeride ; c'était son nom.

D'abord le premier travail fut fait en riant. Elle m'avait ordonné de lui porter la patte droite d'un lièvre. Sans doute cet animal a ses ruses, mais je sus m'en jouer : il ne lui servit de rien d'aller, de revenir, et après cent tours, cent détours, de s'abandonner au courant d'une rivière, de se cacher dans un troupeau, de traverser, de retraverser une haie ; si mes chiens furent quelquefois en défaut, je ne le fus jamais ; il eut beau courir, je le forçai [13] ; je sonnai sa mort [14]. Margeride accourut : aussitôt je lui offris la patte, en mettant un genou en terre, comme c'est l'usage quand on l'offre à un haut seigneur [15]. Ensuite du reste du lièvre je fis la curée aux chiens : c'est encore l'usage [16].

Les cerfs.

Si j'étais roi, le premier édit que je rendrais serait pour restreindre les effrayants progrès de l'agriculture ; car enfin, à ne pas se faire illusion, la France est menacée d'être bientôt sans bêtes rousses, sans grosse venaison. Autrefois les forêts de la France foisonnaient de cerfs. Il y en avait en outre grand nombre de privés et de domestiques. Nos anciennes lois en font mention [17] : eh bien ! aujourd'hui, même dans nos montagnes, ils commencent à devenir rares [18] ; Margeride m'en avait demandé une patte pour le second travail ; je fus obligé de parcourir bien du pays ; à la fin j'en découvris un dans les terres d'une abbaye ; et les moines me permirent de le tuer, de le leur tuer.

La chasse du cerf n'est pas aisée. Il faut assiéger une forêt dont le veneur doit avoir tout le plan figuratif dans la tête. Je pris avec moi le moine le plus leste ; et quand nous eûmes marché quelque temps, je l'arrêtai et lui dis : Dom cellerier [19], voyez ces branches brisées, ces brisées, elles indiquent le chemin du cerf, et aucun chasseur ne peut venir maintenant y courir ; voyez sur l'écorce des arbres l'empreinte des cors de son bois ; voyez sur la terre l'empreinte de tous ses quatre pieds ; voyez-y ses fumées sur lesquelles les plus grands seigneurs ne refusent pas de mettre leur nez : voilà comment cet animal, tout fin qu'il est, a laissé son exact signalement. Je puis maintenant, sans l'avoir vu, vous dire, d'une manière certaine, son âge, sa taille et son poil [20]. Nous avançons encore, et nous rencontrons les autres moines qui, pour observer le cérémonial de la chasse du cerf, avaient formé l'assemblée [21] et déjeûnaient avec de bons pâtés et de bonnes salaisons. Je leur fis mon rapport, et, pour continuer le cérémonial, ils me donnèrent mon vin [22]. Ils se levèrent de table ou plutôt de dessus l'herbe ; je les fis ranger sur un tertre, et, par les manœuvres que je commandai aux piqueurs et aux chiens, je forçai le cerf à venir se faire tuer devant eux. Aussitôt, et après avoir prélevé la patte, ainsi que c'était convenu, je le dépouillai, je le dépeçai, et toujours pour continuer le cérémonial, j'en offris les pièces plus ou moins friandes, plus ou moins honorables [23] à tous les moines, depuis l'abbé jusqu'au sacristain.

Les blaireaux.

Margeride n'aimait pas les œuvres de ténèbres, les œuvres souterraines, et, à cause de cela, elle haïssait le renard, encore plus le blaireau dont elle m'ordonna de lui porter une patte pour le troisième travail. Je montrai que je connaissais aussi cette chasse. J'amenai avec moi plusieurs hommes, munis de houes, de bêches, et, précédé de mes bassets, j'allai à une tanière où gîtait un blaireau qui se montra plus rusé qu'il lui appartenait, et qui disputa sa vie plus longtemps que je devais m'y attendre. Inutilement je l'enfumai : inutilement je le fis houspiller par les chiens. Il s'obstina à se tapir au fond de son tortueux manoir. Alors je fis tailler la terre ; et la lumière y ayant pour la première fois pénétré, je l'aperçus, assis, comme dans une niche, sur ses pattes de derrière, me faisant face ; mais avec une longue tenaille, je le pris par une mâchoire [24] et le transportai au grand jour. Je l'assommai ; je lui coupai la patte.

Les sangliers.

Un jour la belle Margeride était allée respirer l'air frais des ombrages ; elle s'était endormie ; elle rêvait peut-être : voilà qu'un vilain sanglier, par le bruit qu'il fait à travers les feuilles, l'éveille et lui cause une telle frayeur qu'elle voulut en avoir le lendemain matin une patte sur sa toilette : elle l'eut : mais il avait fallu ne pas perdre le temps. J'avais poursuivi le sanglier ; je l'avais vu qui se retirait dans un grand taillis qu'aussitôt j'entourai de toiles [25]. Je sonnai la charge. Je donnai l'assaut. Mes trente chiens se serrent à l'entrée du fort et ne forment, pour ainsi dire, qu'un seul animal à trente gueules : le sanglier n'hésite pas à se jeter tout au travers, et de ses tranchantes défenses, il en tue ou blesse les trois quarts. Je le poursuis : il s'accule à un gros arbre ; pendant quelques instants nous sommes comme deux duellistes ; je tenais à quelques pouces de ses dents, teintes du sang de mes chiens, la pointe de mon épée [26] ; un seul instant de peur, un seul faux mouvement, j'étais mort. Mais le chasseur n'a pas d'instant de peur, il ne fait pas de faux mouvement ; et le sanglier qui a si bon marché d'Adonis, c'est-à-dire d'un beau conteur de fleurettes, d'un beau galant, le chasseur le perce, le tue, le rôtit et le mange.

Les loups.

Je me doutai que Margeride voudrait sûrement aussi que j'attaquasse un loup ; je ne me trompai pas. Il en avait paru un dans le voisinage ; dès qu'elle en fut informée, elle m'en demanda la patte.

D'abord je parcourus les lieux où venait mon loup, et j'y jetai de gros crocs de fer, enveloppés dans des morceaux de viande ; je tâchai ensuite de l'attirer par la traînée d'un animal mort, jusqu'à la porte tombante d'un labyrinthe. Ensuite je voulus l'attirer sur un puisard ou fossé couvert d'un pont à bascule, au-delà duquel était attachée une oie que je faisais crier [27]. Inutilement encore je tentai avec mes camarades de le pousser dans les filets par une battue générale à cor et à cris [28]. Enfin un soir que j'étais avec Margeride, je l'aperçois ; il fuit ; je cours après lui, je le tue : je cours après Margeride qui fuyait aussi ; je lui présente la patte.

Les ours.

J'avais déjà accompli cinq travaux. A chaque travail il m'avait été permis de baiser la main de mon Omphale : au sixième cette main devait m'appartenir.

S'il y eût eu des ours dans le pays, j'aurais pu m'attendre que ma glorieuse maîtresse voudrait que son époux fût vainqueur de ce terrible animal : mais depuis longtemps il n'y en avait plus [29] : toutefois elle n'en demanda pas moins une patte, et il fallait aller la chercher aux Pyrénées [30] ou aux Alpes : j'allai aux Alpes. Ah ! maintenant que j'en suis revenu, je puis dire que dans pareille entreprise il y a assez de dangers pour faire périr plusieurs fois un homme, si un homme pouvait plusieurs fois périr.

Vous saurez d'abord que l'ours ne vit pas de peu, qu'il fait, comme on dit, chère de commissaire, gras et maigre, qu'il est carnivore et frugivore. Cependant sa sobriété est si grande qu'il passe, dans sa tannière, quelquefois quarante jours sans manger ni boire, et qu'alors quand vous l'avez vu, il faut encore tout ce temps pour le revoir. J'aurais péri de froid à l'attendre, si avec de gros draps ou de la feuillée je n'avais su faire des tentes, et surtout d'humidité, si je n'avais su faire aussi des matelas de peaux bien cousues, qu'au moyen d'un petit soufflet d'orfèvre, dont j'étais muni, je remplissais de vent et gonflais à volonté [31].

En échange de cette invention que j'enseignai à des chasseurs du pays, ils m'en enseignèrent une autre qui me sauva la vie. Ils me dirent que lorsque, poursuivi par l'ours, je monterais sur un arbre, il y monterait après moi, et qu'il fallait aussitôt gagner les hautes branches, où je n'avais plus rien à craindre. S'il vous poursuit à coups de pierre, ajoutèrent-ils, n'ayez pas l'imprudence de vous battre de cette manière contre lui, car il en changerait, il finirait par vous saisir, vous étouffer; certains déguisements comme celui de vous vêtir d'une peau de cheval, ou de celle d'un taureau avec les cornes, vous feraient de même périr; l'ours attaque et étrangle ces animaux. Voici comment il faut vous y prendre : lorsque vous aurez quêté l'ours avec vos limiers, et que vous l'aurez lancé avec vos mâtins et vos levriers couvrez-vous de feuillages; figurez un hallier dont vous serez enveloppé, dont la plus longue branche enveloppera votre arquebuse [32]. Ce stratagème réussit. L'ours vint flairer le bout de la longue branche qui vomit aussitôt la mort.

Les fauconniers.

J'étais venu vite tuer l'ours, je m'en revins encore plus vite avec sa patte. En passant devant une fauconnerie, j'allai m'imaginer que le maître des chasses qui plusieurs fois m'avait dit qu'il voulait que son gendre fût un parfait chasseur pourrait bien, avant de signer mon contrat de mariage, m'ordonner aussi, comme sa fille, six travaux pour son compte, et au lieu de six pattes de gibier à poil, me demander six têtes de gibier à plume. La peur me prit, et aussitôt je frappai à la porte de la fauconnerie. Je dis qui j'étais, ce que je désirais, et je montrai ma patte d'ours. Les fauconniers me firent entrer, m'accueillirent fraternellement.

En peu de jours j'appris tout, absolument tout.

J'appris d'abord que les oiseaux de proie se divisent en oiseaux de main, revenant se percher sur la main lorsqu'on les rappelle, et en oiseaux de leurre, ne revenant que sur le leurre, ou figure d'oiseau rouge, garnie de viande; que les uns étaient les faucons ou les oiseaux de la fauconnerie, les autres les autours ou les oiseaux de l'autourserie [33].

J'appris ensuite bien vite à les élever les uns et les autres, car les principes de leur éducation sont les mêmes que ceux de l'éducation des chiens que les oiseaux de proie remplacent dans les airs.

J'appris enfin la chasse de la haute volerie, la chasse avec les faucons, la chasse de la basse volerie, la chasse avec les autours, la chasse combinée, la chasse avec les oiseaux et les chiens.

Dans cette dernière chasse, je me montrai si habile à conduire les chiens, à les huer, et à huer aussi les oiseaux [34], que le chef de la fauconnerie voulut me retenir. Je le remerciai ; je partis.

Et quand je fus en chemin je ne m'en repentis pas.

Vous pourrez, m'avait dit le chef de la fauconnerie, devenir ce que je suis, avoir au-dessous de vous un lieutenant qui aura au-dessous de lui les fauconniers qui auront au-dessous d'eux les aides, les valets, les pages.

Vous aurez encore au-dessous de vous l'autoursier et toute l'autourserie, les gardes des héronnières, les gardes des volières [35], l'oiselier des forêts [36].

Vous ignorez, avait-il ajouté, qu'à la cour, lorsque le faucon prend un oiseau, le chef de la fauconnerie en présente la tête au chef du vol, que le chef du vol la présente au grand fauconnier, que le grand fauconnier la présente au roi ; que le grand fauconnier commande à tous les gentilshommes des oiseaux, à tous les gentilshommes des vols, à tous les vols [37], qu'aux cérémonies royales il porte sur le poing le faucon, et que vous serez dans sa juridiction [38].

Les veneurs.

Ah ! me dis-je aussitôt, pourquoi la civilité m'a-t-elle empêché de lui répondre qu'à la cour le grand veneur commande au premier lieutenant, aux lieutenants, aux sous-lieutenants, aux quatre-vingts et peut-être cent gentilshommes de la vénerie [39] ! à qui ne commande-t-il pas ? qu'il commande au gouverneur des grands levriers [40] ; qu'il commande aux rhabilleurs des toiles, aux conducteurs des chariots des toiles, aux capitaines des toiles, aux archers des toiles, aux gardes des toiles, aux gardes des armes, aux gardes des chiens, qu'il commande à tous les gardes, à tous les forestiers du roi [41] ; que le grand veneur était, s'il ne l'est encore, le chef général de tous les chasseurs [42] !

Tout en remplissant ma tête de la puissance et de la gloire du grand veneur, je n'en allais pas moins vite. A force de journées et de marches, j'arrivai dans le Gévaudan. Au premier cabaret où j'entrai pour prendre des forces, j'appris que le maître des chasses était mort. Je fus tout attristé de cette nouvelle. J'allai encore plus vite, tant il me tardait de mêler mes larmes avec celles de Margeride. Quelques lieues plus loin, je rencontrai dans un autre cabaret un des valets de notre vénerie qui venait d'être renvoyé, et qui m'apprit que Margeride était mariée : Eh! avec qui? lui demandai-je, sans me mettre en peine de contraindre ma fureur, car, à la vénerie, nos amours étaient connus de tout le monde : Avec Janot, me répondit-il ; peu de temps après votre départ il quitta les verges, porta l'épée, le cor et la plume ; d'aide de vénerie il ne tarda pas à être fait chef de relais de chiens, piqueur. Il n'était cependant pas premier piqueur [43], lorsqu'à la mort du père de Margeride, il alla avec elle se jeter aux genoux du seigneur qui lui donna la fille et la place de maître des chasses. Je me lève ; je sors ; je cours, je ne m'arrête qu'au chenil. J'ouvre ou plutôt je jette la porte en dedans. Margeride vient à ma rencontre : Ah! que j'ai de plaisir à vous voir! me dit-elle : on avait assuré que vous aviez péri : que l'ours en une bouchée, vous avait mangé les bras et en une autre la tête. Comme j'ai prié Dieu pour vous! Perfide, lui répondis-je, mes pattes! mes billets doux! et un adieu éternel!

Les chasseurs.

Il est bon d'avoir plus d'une corde, d'avoir toutes les cordes à son arc. Je savais chasser aux chiens, au tir, au vol. Il me restait à apprendre ; et, à peu près dans ce temps, j'appris d'un bon élève du célèbre Moussar, gentilhomme limousin, à tendre les pièges [14]. J'affermai alors le droit de chasse de plusieurs seigneurs ecclésiastiques, ainsi que de plusieurs autres seigneurs qui n'habitaient pas leurs terres ; et, quittant l'état de veneur, de chasseur de la vénerie d'un grand seigneur, je pris celui de chasseur pour mon compte, de simple chasseur, de chasseur ; depuis j'en ai vécu. Dans les commencements, mon nouvel art de tendeur me valut beaucoup, parce qu'à la plupart des terres que j'avais affermées il y avait le droit de fenêtrage [15], ou droit de faire des ouvertures aux bords des forêts pour prendre les oiseaux. Je tuais aussi beaucoup de gibier ; mon arquebuse surtout remplissait ma bourse.

Les braconniers.

Toutefois ma bourse aurait été bien plus pleine, n'eussent été ces bûcherons désœuvrés, ces veneurs réformés, et autres pareilles gens qui, la nuit, se croient seigneurs, ou fermiers des droits des seigneurs ; n'eussent été ces tendeurs de lacets, de collets, de poches, de filets, de rêts, de cordes [16]. Tous ces tendeurs, aussi adroits et peut-être plus adroits que les élèves du gentilhomme limousin, détruisent, pour ainsi dire extirpent le gibier ; mais vous allez voir quelle partie ils jouent.

Le Code des chasses.

Dans l'antiquité les lois romaines [47], dans les temps modernes les lois saliques [48], les capitulaires [49] ont reconnu que le droit de chasse, hors les forêts royales, était un droit naturel : c'est ce que m'ont dit ceux qui ont des bibliothèques. Mais à cette question : Quel est le temps où a commencé la prohibition de la chasse dans les terres seigneuriales? ils m'ont répondu qu'elle existait aux premières croisades, puisque les anciennes coutumes de cette époque parlent des priviléges qu'avaient les habitants de certaines communes, de chasser dans leur territoire [50], ce qui suppose qu'ils ne pouvaient chasser au-delà. Et à cette autre question : Quand les lois avaient-elles défendu la chasse aux bourgeois qui n'étaient pas seigneurs? ils m'ont répondu que c'était sous Charles VI [51]. Ils ont ajouté que depuis elles sont de plus en plus devenues sévères [52]. Je ne leur ai pas demandé à quel point elles le sont aujourd'hui, car je les connais au moins aussi bien qu'eux ; et si vous en doutez, les voici :

On paie une grosse amende la première fois qu'on chasse dans les garennes ou les forêts.

La seconde fois on a le fouet autour de la garenne ou de la forêt ; et il y a des garennes, des forêts fort longues et fort larges.

La troisième fois l'on est envoyé aux galères [53], et pour si longtemps que rarement l'on récidive.

De plus, pour que les bourgeois, qui ne sont pas seigneurs, n'aient pas la tentation de chasser, les armes à feu surtout leur sont interdites [54].

Même les nobles, même les seigneurs, ne peuvent se servir d'armes à feu, si ce n'est à la chasse des oiseaux de passage [55].

Même les nobles et les seigneurs ne peuvent, dans toute espèce de chasse, avoir que des chiens courants [56].

Toutefois les parlements, qui ont le droit d'enregistrer, à quelques égards le droit de modifier, de rendre locales les lois, en ont usé pour conserver les coutumes, les priviléges des villes et des provinces.

Par exemple, ici, le parlement de Toulouse a maintenu les seigneurs, et toutes les personnes autres que les laboureurs et les artisans, dans le droit de chasser à la tirasse et aux chiens couchants [57].

Les capitaineries.

Aussi qu'ont fait les rois pour que leurs lièvres et leurs perdrix, ou plutôt pour que leurs chasses n'eussent rien à démêler avec les parlements? ils ont érigé des capitaineries, des juridictions souveraines composées d'un lieutenant qui a toujours à la bouche de grandes peines, d'un procureur du roi qui ne trouve jamais les peines assez grandes, d'un greffier qui écrit tout ce qu'on lui dit.

Ces capitaineries ou varennes des châteaux du roi sont commandées chacune par un capitaine qui a ses veneurs, qui a ses gardes [58]. On m'a proposé de m'y faire donner une place, mais j'ai refusé; vous allez savoir en deux mots pourquoi.

Quand je vis que Margeride était mariée, au lieu de me jeter la tête contre le mur, j'aimai mieux me la jeter contre un joli, un plus joli minois; et certes Ysabel, mon épouse, est, au dire de tout le monde, cent fois préférable à Margeride. Elle est surtout bonne, surtout sage. Non, me répétait-elle encore hier matin, jamais je ne consentirai à ce que nous allions dans une capitainerie; je craindrais pour vous le grand spectre, le grand veneur de la forêt de Fontainebleau [59]; il fait souvent, dit-on, un mauvais parti aux chasseurs. Je craindrais encore plus pour moi le grand fouetteur de la forêt de Lyons [60]. Il ne fouette pas les hommes, il ne fouette que les femmes; et j'aurais beau, ou ne pas l'avoir rencontré, ou m'être bien défendue, qu'il n'en serait pas moins vrai, au four, à la fontaine, au moulin, que j'ai eu le fouet de main de maître.

LE PÊCHEUR DES CÉVENNES.

Station XII.

Hier au soir, avant de quitter le chasseur, je lui dis : Votre Ysabel a-t-elle la main mignonne? — Oui! — Jolie, potelée? — Oui! oui! — Eh bien! voilà pour elle une paire de gants d'Espagne [1], comme récompense du plaisir que m'a fait votre franche et naïve histoire.

Ce matin, avant mon départ, il est venu à moi un homme que je n'avais jamais vu, qui ne m'avait jamais vu, et qui cependant m'a abordé d'un air de connaissance : Monsieur, m'a-t-il dit, veuillez croire que les femmes des chasseurs n'ont pas de plus jolies mains que les pêcheuses; je suis pêcheur. A la physionomie animée et spirituelle de cet homme, je n'ai pas douté qu'il gagnât ses gants aussi bien que le chasseur : je les lui ai donnés d'avance, et il a aussitôt commencé.

Le nom de ma famille, a-t-il dit, est Pierre ; mon nom de saint est le même. Je suis né dans une jolie petite maison de pêcheur que mon grand-père avait fait bâtir ; et comme elle est sur le bord de la rivière de Coulange [2], et qu'elle ne tient à aucun village, à aucun hameau, je m'appelle et l'on m'appelle Pierre de Coulange. Dès que j'ai pu me servir de mes bras j'ai pêché ; je pêche encore.

Je n'étais pas fort vieux, j'avais vingt-trois, vingt-quatre ans, lorsqu'un bel après-midi d'un bel été, m'étant allé promener en pêchant le long de la rivière, je m'assis près d'un moulin où je voyais une jeune fille de quinze à seize ans piquant la meule : Que d'adresse ! me dis-je ; elle s'aperçut que je la regardais, elle se mit à sasser du blé : Que de grâce ! me dis-je encore ; elle l'emporta avec une légèreté qui me fit aussitôt dire en moi-même : Que de force ! Ses parents vinrent ; elle s'entretint avec eux des soins du ménage avec tant de douceur, de raison et d'esprit, que je m'approchai dès que je la vis seule : Pierrette ! Pierrette ! je ne sais si vous voudriez être à moi, mais je sens que c'est de tout mon cœur que je voudrais être à vous. Je suis le fils d'un pêcheur dont la maison n'est pas excessivement éloignée. Je me nommai ; je nommai mon père : Pierre, me répondit-elle, parlez, avant tout, à mes parents. Je leur parlai : Amenez, me répondirent-ils, votre père et votre mère. Je les amenai ; ils furent bientôt d'accord ensemble. Je le fus encore plutôt avec Pierrette. Je croyais tout réglé, lorsque son père me dit d'un air grave : Mon gendre, je dois vous prévenir d'une chose ; mes parents furent un peu surpris ; j'étais tremblant ; Pierrette avait conservé son air gracieux : Mon gendre, je ne puis vous donner Pierrette qu'avec une double dot, car dans l'état de pêcheur on a toujours le double d'enfants [3]. Véritablement, nous en avons eu un, deux, trois, quatre, cinq, six, et ma femme n'a guère que vingt-deux ans.

Les pêcheurs de rivières.

Avec l'argent que nous donnèrent mon père et mon beau-père, nous achetâmes, après notre mariage, une maison sur une plus grande rivière où nous allâmes demeurer.

Une première chose à laquelle les pêcheurs ne manquent jamais lorsqu'ils entrent en ménage, c'est de se faire recevoir, ou bien à la confrérie des petits pêcheurs, des pêcheurs au hameçon, ou bien à celle des grands pêcheurs, des pêcheurs aux grands engins [4]. Pierrette et moi nous nous fîmes recevoir à la confrérie des grands pêcheurs; et les marguilliers remarquèrent avec plaisir que nos enfants qui, ainsi que tous les enfants des pêcheurs, devaient porter le nom de saint Pierre, patron de la confrérie, seraient enfants de père et de mère qui l'un et l'autre portaient ce nom.

Une seconde chose à laquelle les pêcheurs qui entrent en ménage ne manquent pas non plus, c'est d'enseigner leur femme à pêcher. J'appris d'abord à Pierrette la différence des poissons; je lui fis connaître ceux qu'aujourd'hui on aime, qu'on n'aimait pas autrefois; ceux qu'on aimait autrefois, qu'on n'aime pas aujourd'hui [5]. Pierrette, comme fille de meûnier, les mangeait indistinctement tous.

Je lui appris ensuite à se servir des instruments de la pêche. Elle remarqua successivement qu'ils avaient beaucoup de rapport avec ceux de la chasse, que le hameçon des pêcheurs était la flèche du chasseur, avec cette différence que le chasseur lance sa flèche au gibier, au lieu que le poisson se lance lui-même sur la flèche du pêcheur. Elle remarqua aussi que la tirasse, le labyrinthe, l'oiseau de proie du chasseur étaient notre filet, notre nasse, notre épervier [6].

Nous faisions souvent bonne pêche; mais aussi y a-t-il une pêcheuse comme Pierrette? Y en a-t-il qui ait son adresse à pousser les poissons vers le pêcheur, soit avec le bruit des mains frappées l'une contre l'autre, soit avec le bruit de sa planchette à marteau [7], soit avec le bruit de toute sorte de chansons? Quand nous ne prenions rien, je lui disais en riant : Pierrette, la douceur de ta voix attire les poissons de ton côté; ils ne veulent pas venir du mien; suppose, pour un seul moment, que je te sois infidèle. Ah! c'était alors à voir que la terrible et jolie colère de Pierrette; alors, ou il n'y avait pas de poissons de son côté, ou ils fuyaient du côté opposé.

Quand, pour m'aider, Pierrette, plongée dans la rivière, élevait en souriant sa tête au-dessus des eaux, assurez-vous que l'aurore, aux jours du printemps, est moins belle.

Il y a apparence que les sergents des eaux et forêts l'avaient vue, car ils nous cherchaient dispute sur tout, afin d'avoir occasion de faire la paix avec elle; pensez comme je devais être irrité : Sergents, leur disais-je, vous avez à faire avec un vieux pêcheur, avec le fils d'un vieux pêcheur, c'est tout un. Croyez-vous donc savoir mieux que moi qu'il y a des rivières royales, seigneuriales, des rivières où le roi, où les seigneurs ont, seuls, droit de pêche? mais sachez aussi qu'il y a des rivières allodiales [8] où tout le monde peut pêcher, et que cette rivière est allodiale jusqu'à ce qu'elle entre dans la baronnie voisine, où elle devient, dans une longueur de plusieurs lieues, toujours seigneuriale; ensuite alternativement royale et seigneuriale; ensuite seigneuriale sur un bord, royale sur un autre; ensuite royale, tout-à-fait royale jusqu'à son embouchure [9].

Sergents, leur disais-je d'autres fois, vous vous imaginez que j'ai peur des procès, que je serai obligé, pour solliciter la justice, de mener avec moi Pierrette ; apprenez que j'ai des coquillages, des grenouilles, des écrevisses, des goujons, des perches, des chabots pour les juridictions des verdureries, des gruries [10] ; de la truite, de l'anguille pour la juridiction des eaux et forêts [11] ; des saumons, des brochets [12] pour la souveraine juridiction de la table de marbre [13].

Monsieur, on dit bien que les gend'armes sont les plus libertins ; je crois, moi, que ce sont les sergents des eaux et forêts. Ils voulaient surprendre Pierrette empoisonnant les eaux du roi [14]. Ils voulaient surtout la surprendre pêchant la nuit à la lueur des brandons [15] ; ils surprirent une vieille voleuse pêcheuse, son vieux mari voleur pêcheur, et une douzaine de petits voleurs petits pêcheurs, leurs enfants, qui les assaillirent avec une grêle de gravier et de cailloux ; mais cette famille de voleurs ayant bientôt été investie, arrêtée, fut conduite devant la première juridiction, d'où, après avoir été transférée dans les prisons des différentes autres juridictions, elle comparut devant la table de marbre qui la fit ou qui dut la faire pendre [16].

Les pêcheurs d'étangs.

Pierrette et moi avions beaucoup pêché, beaucoup gagné ; surtout depuis que généralement on ne se fait plus scrupule de manger à collation des truites salées et séchées [17]. Nous achetâmes un champ. Bientôt après, elle me dit : Ah ! Pierre, si maintenant nous pouvions acheter un pré ; quel plaisir d'y voir sauter nos enfants ! Pierrette ne parlait que d'un pré ; la nuit elle ne rêvait que prés fleuris, que prés remplis d'enfants.

Attends, Pierrette ! lui dis-je un jour, faisons-nous pêcheurs d'étangs, nous achèterons un pré, un beau pré. Nous partîmes.

Et d'abord grande joie d'avoir quitté notre rivière : que les sergents viennent maintenant nous dire : Pêcheur ! vos engins n'ont pas les plombs marqués aux armes du roi ; ils seront brûlés [18] : Vous avez pêché la truite en mars, les autres poissons en mai, en juin ; vous aurez au moins le fouet [19]. Tu sauras, ma chère Pierrette, que les propriétaires d'étangs pêchent avec les engins qu'ils veulent, et quand ils veulent ; nous pêcherons avec les engins qu'ils voudront, et quand ils voudront. Il y a, en France, dit-on, dix mille étangs [20] et peut-être dix mille fossés de ville empoissonnés [21], qui sont aussi des étangs ; nous ne manquerons pas de travail. Cependant nous en manquâmes. Le hasard nous mena d'abord à des étangs si grands que nous crûmes être arrivés à la mer. On nous dit que le prix de la ferme en était de six, huit mille livres [22]. On nous dit qu'il y en avait de moindres, qu'il y en avait de cinq, de six cents livres ; c'était encore assez pour y noyer notre maison et notre champ ; aussi ne fîmes-nous pas grand compte de l'obligation où auraient été les habitants du village, lorsque nous aurions pêché, de venir nous assister avec des pinces et des pelles [23]. Nous avançâmes jusqu'aux étangs du Bourbonnais [24], du Poitou [25] ; mais nous trouvâmes, comme aux hauts étangs du Gévaudan [26], des paysans habiles pêcheurs ; et quant aux étangs des couvents [27], les frères pêcheurs, les sœurs pêcheuses nous en auraient appris à moi et à Pierrette.

Toutefois, à cause de sa douceur et de sa grâce, Pierrette se serait fait nommer pêcheuse d'un monastère de Bernardines ; mais aussitôt qu'elle dit qu'elle était mariée, les religieuses, les jeunes comme les vieilles, toutes la poussèrent dehors.

Il m'en arriva autant à un couvent de Chartreux. Le prieur me fit d'abord bon visage, me dit qu'à côté des fourneaux de la grande cheminée était un puits ou réservoir de poisson qui communiquait avec la rivière [28] ; il ajouta, en riant, qu'on tournait la broche dans sa cuisine, qu'on y mettait de grosses et grasses anguilles [29]. Il me mena ensuite promener dans la nacelle de l'étang [30] ; mais quand je lui dis que la maisonnette du pêcheur [31] ne serait pas assez grande pour moi, pour Pierrette et pour nos jeunes enfants, il me ramena aussitôt à bord.

A quelques lieues de là, un gentilhomme que je rencontrai près de son étang, faisant planter des haies autour des fossés à poisson, me demanda conseil sur la largeur des portes, sur l'espacement des pieux du bassin et des grilles qui devaient retenir les gros poissons [32]. Je vis qu'il n'était pas comme le prieur des Chartreux, qu'il n'avait pas peur de Pierrette. Je le vis si clairement que jamais les appointements, qu'il augmenta à plusieurs reprises, ne furent assez grands.

Pourtant, je ne puis dire que dans ces courses je ne gagnai rien. Un héritier qui avait la succession de tout le mobilier voulut y comprendre aussi le poisson : Pêcheur, me dit-il, comment s'y prendre ? Lâchez la bonde, lui répondis-je, le poisson deviendra aussitôt meuble ; il ne sera plus immeuble, il ne sera plus partie du fond [33]. L'héritier n'hésita pas ; je lui poursuivis, à coup de filets, jusqu'à la bonde de l'étang contigu [34], le poisson qui fuyait : je fus bien payé.

Et le poisson des fossés des villes [35], me direz-vous, et le poisson des grandes maisons fossoyées [36] ? j'y renonçai. Je ne suis pas comme la modeste Pierrette, je n'aime pas à pêcher en eau trouble.

Nous retournâmes donc à notre maison ; et voilà qu'une nuit que les cris d'un petit enfant m'empêchaient de dormir, il me vint une idée que je mis aussitôt à profit. Le lendemain, de grand matin, je m'habille le plus proprement que je puis, et je vais au château du seigneur d'une des parties les plus poissonneuses de la rivière : Monseigneur, lui dis-je, voulez-vous m'arrenter deux cents toises de votre rivière et m'en laisser absolument le maître ? Mes propositions de redevances étaient d'ailleurs avantageuses; il les accepta. Le jour même je plantai dans la rivière plusieurs rangs de poteaux, de pieux, en forme d'estacade, grillée de lattes ou de perches. On croyait d'abord que je voulais faire une de ces barraques, un de ces réservoirs de poissons à vendre, assujétis, dans certaines provinces, à de forts droits [37]. Je ne dis pas ce que je voulais faire; je fis un congrier, une garenne à poissons [38], où bientôt entra un beau pré, c'est-à-dire où bientôt entrèrent de petits poissons qui devinrent bientôt grands, qui se vendirent bien et mieux.

Les pêcheurs de mer.

Les désirs de Pierrette étaient entièrement satisfaits, les miens ne l'étaient pas. Monsieur, j'ai, ainsi que tous les gens d'eau, un peu de goût pour le vin. Je voulus acheter aussi une vigne. Celle qui était au-dessus de notre champ était bonne et belle. On l'aurait volontiers vendue, mais on en demandait une si grosse somme, qu'il me fallut nécessairement pêcher sur mer : Je pars! je pars! dis-je à Pierrette; je partis.

Quand je fus à quelques lieues du port le plus voisin où je me rendais, j'aperçus, près du rivage, plusieurs pêcheurs qui avaient attaché leur bateau au tronc d'un arbre dont l'ombre les défendait du soleil. Ils prenaient leur repas, et de temps en temps maniaient un grand flacon de vin qui devait être excellent, si j'en jugeais par leur joie et leurs chants. Je m'approchai ; je leur dis que j'étais pêcheur comme eux, qu'ils me donneraient leurs conseils, que j'en avais grand besoin. Ils ouvrirent aussitôt leur cercle ; mais ils ne voulurent m'écouter qu'après que j'eus copieusement mangé et bu. Il me fallut ensuite chanter. Enfin je pus leur dire où j'allais et ce que je voulais faire : Frère ! frère ! me répondirent-ils tous ensemble, retournez-vous-en sans regarder derrière; les pêcheurs d'eau douce, vous êtes plus heureux que les pêcheurs de mer. Frère ! me dit le plus grave, sans doute vous voulez pêcher les harengs et les sardines ; mais aujourd'hui les Suédois, les Anglais, les Allemands, les Hollandais, pour lesquels il n'est plus de carême [39], sont embarrassés de ces poissons; ils les vendent à très bas prix, et, lorsqu'ils ne peuvent les vendre, ils les jettent. Quant à la morue, ils font de même ; on ne la pêche d'ailleurs qu'au banc de Terre-Neuve [40], aux Antipodes. Mes amis, leur dis-je, les baleines, ce me semble, ne sont pas viande de carême. Le même me répondit : Cela est vrai ; mais tandis qu'elles venaient autrefois bénévolement se faire prendre tout près de nous, sur les côtes de Normandie [41], il faut aujourd'hui aller les chercher au bout du monde [42]. Oh! n'y allez pas, me dit une voix douce, vous rencontreriez peut-être, sur les grandes mers, des licornes qui fendent les vaisseaux [43], des chevaux de mer qui les renversent [44], des lions, des veaux, des vaches, des loups, des panthères, des moines de mer avec leur longue barbe, des évêques de mer avec leur crosse d'écailles d'argent, leur mitre d'écailles d'or, des femmes de mer bien plus terribles que celles de terre, enfin de grands moulins de mer [45] qui, en moins de temps que celui de dire : ah! vous auraient broyé, moulu pieds et tête, chair et os.

Je dis que je me tiendrais sur nos rivages : Oh! reprit de nouveau le plus grave, le captal de Buch vous demandera sur la mer du Médoc, le droit de capte ou le second plus beau poisson de la pêche, et ensuite le droit de bouche, c'est-à-dire qu'il prendra à l'ancien prix du treizième, du quatorzième siècle où l'on n'avait pas découvert l'Amerique et ses richesses, le poisson nécessaire à sa provision [46]. — J'irai pêcher plus loin. — Oh! tous les rivages de la France sont bordés de captals de Buch [47].

Je dis que je me retirerais à l'embouchure des fleuves pour y pêcher des dauphins, des saumons, des turbots, des esturgeons : Ce sont, me dirent-ils tous à la fois, poissons royaux, la tête appartient au roi, la queue à la reine [48]; et quand le roi et la reine sont trop loin pour les manger, les officiers administrateurs savent fort bien les manger en leur nom [49]. Retournez-vous-en, retournez-vous-en dans votre rivière, tout le poisson, tête et queue, vous appartiendra. Et, comme je ne m'en retournais pas, que j'hésitais, ils ajoutèrent : Mais vous ignorez donc que les parcs ou réservoirs qu'à présent on fait dans la mer, avec des filets ou de toute autre manière [50], rendent les poissons tellement communs qu'on en fume les terres [51]; vous ignorez que souvent les poissons viennent sur les rivages en si grande quantité que les pêcheurs sont obligés de recourir aux prières de l'église pour les éloigner [52].

A ma place bien d'autres auraient fait comme moi, je m'en retournai. Dans la suite, je reconnus que je m'étais laissé tromper. J'en fus surtout plus honteux quand je découvris que ce n'était point par des Bordelais, que c'était par des Rochelois qui ne sont que des demi-Gascons.

Enfin, la vigne que j'avais été inutilement pêcher sur mer, je la trouvai à mon retour dans mon pré, dont je fis planter en beaux ceps les parties stériles. Tout le monde se moquait de moi; maintenant je bois de bon vin, je me moque de tout le monde.

LES CADETS FRANÇAIS.

Station XIII.

Qu'on se représente un large et beau vallon dont la verdure, pour ainsi dire encaissée dans des côteaux pierreux, blanchâtres, en a plus de richesse, plus de luxe, dont l'odorante fraîcheur, condensée par le soleil brûlant des hauteurs, vous délasse, vous désaltère; c'est le vallon du Vigan. Qu'on se représente une hôtellerie propre, riante; c'est celle où ce soir je suis venu loger. Qu'on se représente un homme tout gracieux, une femme toute gracieuse, des enfants tout jolis, tout caressants; c'est mon hôte, mon hôtesse, ses jeunes fils. J'ai voulu souper avec cette aimable famille. Une vieille dame qui est arrivée après moi, accompagnée, ou de son frère, ou de son cousin, ou de son écuyer, a voulu faire aussi avec nous table ronde; et sur la fin du repas, la gaîté nous ayant bientôt gagnés, elle a dit : Vous vous êtes tous fait connaître; il faut qu'à mon tour vous me connaissiez aussi.

J'ai épousé, a-t-elle continué, un cadet; je suis maintenant l'épouse d'un aîné; cependant j'ai toujours le même époux. Je vais vous expliquer cette espèce d'énigme.

Les cadets Normands.

J'ai eu autrefois dix-sept, dix-huit ans, tout comme celles qui les ont aujourd'hui; et, tout comme elles, je ne manquais pas non plus de soupirants; mais mon père leur faisait successivement subir un interrogatoire après lequel sans trop me consulter il leur donnait un congé irrévocable.

Celui qui le premier se présenta fut un beau jeune garçon, au teint de lis et de rose, aux yeux doux et spirituels, aux propos doux et spirituels qu'annonçaient ses yeux. Il m'aimait beaucoup; je l'aimais de même. De quel pays êtes-vous? lui demanda au bout de quelques jours mon père. — De la Normandie. — De quelle ville? — De Caen. — Les biens de votre père sont-ils féodaux, nobles? Mon amant hésita, il répondit qu'ils l'étaient. — Êtes-vous l'aîné? Mon amant hésita encore davantage; enfin il répondit que les avocats distinguaient le premier aîné, le second aîné, le troisième aîné[1], qu'il était le troisième aîné. C'est-à-dire le second maisné[2], lui dit mon père. Monsieur, ajouta-t-il, peut-être ne connaissez-vous pas, aussi bien que moi, la loi de votre pays; la voici en deux mots. Ordinairement, la part de succession à laquelle ont droit les fils cadets des bourgeois n'est pas grand'chose [3]; ordinairement, la part de succession à laquelle ont droit les fils cadets des seigneurs n'est rien [4]. Monsieur, continua mon père, on m'a proposé un jeune gendre de Bayeux; il avait sur vous l'avantage d'être fils de bourgeois. On m'en a proposé un autre de Vire; il avait sur vous le même avantage. Ils avaient ainsi que vous bonne grâce et bonne couleur; mais comme ils étaient cadets, comme la loi ne les traitait pas tout-à-fait aussi bien que leurs aînés [5], je répondis : Je n'en veux pas! je n'en veux pas!

Les cadets Bretons.

Que de pleurs, a poursuivi la vieille dame, mon amant et moi nous versâmes à notre séparation! Il fallut bien cependant nous consoler. Je ne pourrais croire que sans doute je me consolai la première, si je n'étais obligée de me souvenir que peu de temps après il vint un jeune Breton qui ne laissa pas de se faire écouter. Raoul était si tendre et si aimable, surtout si généreux! jamais aucune dépense ne lui coûtait lorsqu'il s'agissait de me prouver son amour. Il ne cessait de me répéter qu'il m'amènerait dans son beau château; à force de parler de son château et de sa terre, il lui échappa de dire qu'il était parageau [6]. Mon père qui, lorsque les jeunes gens venaient me voir, ne se tenait pas très près, mais qui ne se tenait pas non plus très loin, l'entendit : Parageau! lui dit mon père, vous êtes donc cadet, juveigneur [7]? vous êtes donc noble? vous partagez donc noblement? vous n'avez donc vous et tous les cadets que le tiers [8]? Tout cela est vrai, lui répondit Raoul, mais nous ne sommes que deux frères, et je représente tous les cadets; et, mon père nous ayant laissé trois châteaux, j'en ai un. — Que vous tenez en parage et ramage [9], lui répliqua mon père; monsieur, si vous voulez être le vassal de votre frère, je ne veux pas que ma fille soit la vassale de sa sœur.

Un autre jeune Breton, qui se trouvait là, fut tout content de voir son rival sortir pour ne plus rentrer : Monsieur, dit-il à mon père, je vous avouerai que je suis aussi cadet, mais je suis bourgeois et je fais gloire de l'être. Oh! lui répondit mon père, vous êtes cadet breton, fils de bourgeois, à la bonne heure; mais resterait à me prouver que votre père n'a pas de biens nobles, ou que votre frère aîné veut renoncer au sou pour livre; et n'eussiez-vous d'ailleurs que des biens roturiers, resterait encore à me prouver que votre frère aîné veut renoncer au droit de prendre pour lui le principal manoir, que vos frères aînés veulent renoncer de même à choisir avant vous les lots de la succession [10]. Monsieur, je suis aussi votre serviteur, et ma fille est aussi votre servante.

Les cadets Manceaux.

Des affaires appelèrent mon père au Mans ; il m'y emmena. Un jour, en passant dans la rue du Grand-Marché, nous entrâmes dans un riche magasin qui appartenait à un gentilhomme marchand en gros [11]. Je ne déplus pas à un de ses fils ; cependant je ne pensais guère plus à lui quand le jour même il vint me faire une visite ; le lendemain il vint m'en faire une autre et le surlendemain une autre. Je lui dis qu'avant tout il tâchât d'être aîné, car ce n'était qu'à un aîné que mon père voulait me donner. Il me répondit qu'à cet égard je ne fusse nullement en peine. Effectivement un moment après, mon père étant passé dans la salle, il lui parla ainsi : Monsieur, je commencerai par vous dire que je suis noble et que je suis le plus jeune de mes frères ; mais vous ne savez peut-être pas qu'ici la loi veut que les nobles partagent roturièrement, c'est-à-dire par égales parts, leurs biens roturiers [12]. Or, je ne connais rien de plus roturier que les draps et les toiles qui remplissent notre magasin. Mon père lui répondit : Monsieur, les aînés de la maison de Laval s'appellent toujours Guy, les aînées toujours Guyonne, quelques noms que leurs parrains ou leurs marraines leur aient donnés [13] ; mais peu importe ce droit d'aînesse, en voici un qui importe davantage. Dans quelque province que soient situés les biens de cette maison, quelles que soient les lois et les coutumes de ces provinces, l'aîné et, à défaut de mâles, l'aînée succède à tous les biens et ils n'ont rien à donner ni à leurs cadets ni à leurs cadettes [14]. Ici, dans le Maine, ajouta mon père, les gentilshommes marchands, comme les gentilshommes non marchands sont tous de la maison de Laval, ou du moins, par toute sorte de dons, de préférences, de ruses, ils s'en attribuent les droits. Le jeune Manceau ne perdit pas courage : il dit que son père aimait également tous ses enfants, qu'il blâmait les lois coutumières de vouloir l'égal partage des biens roturiers, l'inégal partage des biens nobles [15]. Mon père le laissa parler, le laissa dire tant qu'il voulut, tant qu'il lui plut ; mais le lendemain, au point du jour, il fit amener deux chevaux, un petit sur lequel je montai, un grand sur lequel il monta, et nous partîmes.

Les cadets Gascons.

Nous habitions Bordeaux, où je suis née. Lorsque nous y retournâmes, j'avais déjà vingt ans ; j'étais fille faite. Après m'être reposée quelques jours, je me montrai à la fenêtre ; aussitôt la foule des prétendants de revenir aussi nombreuse et plus nombreuse qu'avant mon départ. Il y en avait, je crois, de toutes les parties de la Gascogne ; il y en avait, comme vous pouvez penser, de bien des caractères. Il y en avait qui, par une gravité de raison, un bon sens anticipé, ne voulaient me faire l'amour qu'en parlant à mon père : J'en suis fâché, leur répondait-il, mais vous êtes cadets, et j'aimerais cent fois mieux des cadets, des puînés, des bourseaux [16] du pays coutumier que de votre pays de droit écrit. En effet, dans tout le Lyonnais, le Dauphiné, la Provence, le Languedoc, le Limousin et la Guienne, dans cette moitié de la France, la puissance du père est telle qu'il peut donner et que l'universel usage veut qu'il donne à son fils aîné la moitié de ses biens, en présent de noces, ce qui n'empêche pas son fils aîné de venir ensuite au partage avec ses frères, comme s'il n'avait rien eu [17]. Monsieur, lui dit un jeune garçon leste, bien tourné, qui sous la fenêtre m'avait pendant plusieurs nuits chanté ses tourments sur tous les tons de sa guitare, bien que je sois de la Gascogne, nous avons dans mon pays, à Bayonne, une coutume [18]. Oui, lui répondit mon père en lui tournant le dos, une coutume où l'aîné a le noyau de la succession, où le cadet n'a pas de lar [19]. Monsieur, lui dit un autre jeune garçon qui ne chantait pas si bien que le cadet de Bayonne, mais qui était encore mieux tourné, qui me regardait encore plus tendrement, je suis aussi d'un pays de coutume; je suis de Tartas où, les aînés et les cadets, nous partageons par égales parts. Oui, les biens maternels, qui le plus souvent sont fort peu de chose, lui repartit vivement mon père, mais non les biens paternels auxquels, les cadets, vous n'avez presque rien à prétendre [20]. Mais, ajouta-t-il, consolez-vous, car nous avons en France quatre petits pays où les cadets sont plus maltraités, où les partages avec les aînés sont plus bizarres; c'est au nord le petit pays d'Hesdin [21], le petit pays de Ponthieu [22], et au midi le petit pays de Sole [23], et le petit pays d'Acqs [24]. Les cadets de ces pays me conviendraient encore moins que ceux du vôtre, mais en un mot comme en mille ceux du vôtre ne me conviennent pas.

Dans ce temps, a continué la vieille dame, j'avais, me disait-on, d'assez beaux yeux; mais eussent-ils été plus beaux, comment retenir ces jeunes gens qui venaient pleins d'espoir, qui bientôt étaient désespérés par la science et les refus de mon père?

Deux seulement étaient restés; ils furent forcés de suivre les autres.

L'un était un grand Périgourdin; il me jurait cent fois par jour qu'il serait mon époux, qu'il n'aurait jamais d'autre épouse que moi. Je le crus jusqu'à ce qu'il dit à mon père qu'il ne savait s'il était aîné ou cadet, que peu lui importait, parce qu'il attendait toute sa fortune de sa tante, qui voulait lui donner une belle ferme et l'en mettre en possession demain, aujourd'hui, s'il en avait envie. N'en ayez pas envie, lui répondit mon père, car aussitôt votre père en prendra l'usufruit, qui n'accroîtra pas votre fortune, mais bien la sienne, et gare votre aîné ! L'usufruit de tous les biens des enfants appartient au père ; vous êtes du pays de droit écrit [20].

L'autre prétendant était un joli petit avocat dont l'air un peu fat ne m'avait pas d'abord gagné : Monsieur, répondit-il, d'un ton haut et tranchant aux paroles que mon père adressait au jeune cadet dont je viens de parler, les pères, dans le pays de droit écrit, n'ont pas tous les biens, tous les gains que la fortune veut départir à leurs fils. J'ai un cousin à qui son père et son oncle ont donné, en commun, une assez grosse somme avec laquelle il a entrepris un commerce tous les jours plus florissant ; ce don est un pécule profectice, ce profit un pécule adventice qui, ainsi que tous les pécules, capital et revenu, appartiennent aux fils, par conséquent à mon cousin. J'ai un autre cousin, chevau-léger ; son pécule castrense lui appartient aussi ; et s'il tue, s'il pille, s'il enrichit, il tue, il pille, il s'enrichit pour son compte. Et quant à moi, et quant à tous les avocats, nos pécules quasi-castrenses nous appartiennent de même [20]. Oh ! lui répondit mon père, le pécule d'un avocat qui n'a pas les cheveux blancs, ou du moins gris, a toujours été bien petit. Le jeune avocat voulut répliquer, insister ; mon père fatigué de ne pouvoir le faire finir, lui dit : Monsieur, je veux croire que vous savez bien plaider ; mais sûrement vous ne gagnerez pas chez moi votre cause, car je ne vous donnerai plus audience.

Les mariages des cadets.

Tandis que les jeunes gens s'en allaient, les années venaient et ne s'en allaient pas. Ah ! je te promets, dis-je, dans un moment de colère, en parlant à mon miroir, que je me marierai avec le premier qui se présentera. Cette résolution devait me faire prendre le pire. Il n'en fut cependant pas ainsi. Je fis connaissance, en maison tierce, avec un homme simple ; il n'avait que trente-sept ans commencés, il s'en donnait rondement trente-sept. Il était cadet, et, comme moi, il ne voulait plus attendre ; nous fûmes tout de suite d'accord. J'allai parler à mon père le jour même : Mon père, lui dis-je, vous m'avez répété que si avant l'âge de vingt-quatre ans je me conduisais mal, je ne serais pas privée des successions de mes oncles et de mes tantes, mais que je le serais des successions de mon père et de ma mère [21]. Je me suis, Dieu merci, jusqu'à présent toujours bien conduite ; cependant à la fin patience se perd ou peut se perdre ; mon père, j'ai vingt-quatre ans ! j'ai vingt-quatre ans ! Ces paroles produisirent tout l'effet que j'en attendais. Mon père, quoiqu'il n'eût assurément rien à craindre, craignit ; cette fois enfin, il consentit à mon mariage ; et un vendredi, jour de jeûne, pour éviter les frais de noces, l'homme aux trente-sept ans et moi fûmes, sans violon, sans tambour, sans trompette, sans bruit, mariés de grand matin à l'église de la paroisse. Monsieur Armoise, mon époux, avait une petite maison avec un petit jardin où nous nous retirâmes. Nous vécûmes pendant plusieurs années bien chichement; ensuite les temps ont changé, et aujourd'hui nous ne pouvons plus guère nous plaindre de notre fortune. Mais, a ajouté, en terminant, la vieille dame, vous me demanderez comment il ne se présentait pour époux que des cadets : je vous répondrai que les aînés, les aînées ne veulent guère que des aînées, des aînés; qu'à la vérité il se présenta bien à moi quelques aînés, mais ils étaient de toute manière si disgraciés que je n'en tins pas compte. Vous me demanderez aussi comment mon père s'obstinait à ne me laisser épouser qu'un aîné ; vous saurez que, dans certains de ses arrangements, mon père était entier, absolu; il n'avait que deux filles; il avait donné, je ne sais pourquoi, son aînée à un cadet; il entendait ne donner sa cadette qu'à un aîné. Vous me demanderez avant tout comment, ayant épousé un cadet et ne m'étant pas remariée, j'étais cependant mariée à un aîné; c'est que mon époux vivait sobrement ; c'est que son frère aîné ou chemier [18], ainsi qu'on dit dans le pays de monsieur Armoise, ayant épousé une aînée, une chemière, et étant fort riche, ne vivait pas sobrement, et qu'il est arrivé ce qui naturellement devait arriver : l'un a hérité de l'autre.

LES VANTERIES FRANÇAISES.

Station XIV.

Onze heures sonnaient quand je suis arrivé à Saumières, petite ville qui, en Espagne, ne serait pas petite. J'y ai dîné et je suis parti.

J'étais à peine à une ou deux portées d'arquebuse que j'ai entendu galoper derrière moi. J'ai tourné la tête. J'ai reconnu un étranger avec qui j'avais dîné à table d'hôte : Monsieur, m'a-t-il dit, je viens d'apprendre que vous allez à Montpellier ; mon chemin sera le vôtre pendant quelques lieues. Cet étranger fait le tour de tous les états de l'Europe. Il m'a parlé de ses diverses observations : Monsieur, a-t-il ajouté quand il en a été à la France, ce qui dans le pays où nous sommes m'a le plus frappé, ce qui sûrement aussi vous frappera le plus, c'est que tout le monde, et toujours, et sans cesse, et en tous lieux se vante.

Dans certaines villes on se vante surtout de l'antiquité.

A Périgueux,

On convient bien que les Troyens de Troyes en Champagne sont du sang des anciens Troyens [1], ce qui est un grand honneur ; que les Parisiens sont du sang des rois des anciens Troyens, par Pâris, fils de Priam [2], ce qui est un bien plus grand honneur ; que les Toulousains sont du sang de Tolus, petit-fils de Japhet [3], ce qui est un bien plus grand honneur encore ; mais on veut, à toute force, y être du sang même de Japhet ; on veut qu'il soit venu bâtir Périgueux pour ses descendants [4].

Dans d'autres villes on veut avoir fondé certaines colonies ; dans d'autres on ne le veut absolument pas : ainsi :

A Rennes,

On vous dit que les Bretons majeurs sont fils des Bretons mineurs, que les Anglais sont fils des Bretons mineurs de cette ville [5].

A Grenoble,

Que les Dauphinois sont les pères des Italiens, que tous les peuples d'Italie descendent des Dauphinois de cette ville [6].

A Rhodez,

Au contraire on nie vivement, malgré le témoignage des plus grands géographes, que les Russes soient une colonie de Ruthènes [7] ; et l'on veut qu'ils soient plutôt une colonie d'Auvergnas qui, pour étendre leur commerce de peaux, auront sans doute été s'établir en Russie. Mais,

A Saint-Flour,

On s'en défend plus vivement encore, et on répond que les Auvergnas n'ont jamais fait le commerce des fourrures, qu'ils n'ont fait que le commerce des peaux de lapin, tout au plus celui des peaux de lièvre.

Dans d'autres villes on prétend aux honneurs des grandes enceintes.

A Poitiers,

Où l'on ne vous parle pas de l'épouvantable lézard empaillé qu'on y conserve, on vous dit que cette ville est après Paris la plus grande de la France [8].

Il y a telle ville qui prétend à la considération, par la grandeur de la province dont elle est la capitale.

XVIᵉ SIÈCLE.

A Bordeaux.

On vous affirme rondement que le duché de Guienne est le plus grand duché du monde⁹, comme si celui de Lithuanie n'était pas encore plus grand¹⁰.

Il y a telle autre ville qui prétend à la considération par l'importance de la province dont elle est la capitale.

A Saint-Jean-Pied-de-Port.

On se hâte de vous dire que la Navarre, qui n'a pas neuf lieues de long, parce qu'elle n'en a que huit, qui n'a pas six lieues de large, parce qu'elle n'en a que cinq, a cependant par sa réunion fait changer le titre du roi de France, aujourd'hui roi de France et de Navarre¹¹, sans que dans les pays lointains on sache si c'est la Navarre qui a été réunie à la France, ou si c'est la France qui a été réunie à la Navarre; si les Navarrais sont Français ou si les Français sont Navarrais.

A La Rochelle.

On vous demande quel est l'origine du nom de l'Aunis dont cette ville est la capitale; et on vous l'apprend, en vous disant que le roi qui le conquit s'estima fort content d'en conquérir une aune par jour¹².

A Talmond.

Je crois qu'on passe toutes ces vanteries. On vous dit que cette ville est, ainsi que son nom l'annonce, le talon du monde¹³.

Il y a d'autres villes qui se vantent de leurs prodiges, ou de leurs choses prodigieuses.

A Saint-Germain-en-Laye.

On vous recommande d'aller voir avant tout la forêt de la trahison, où le bois qu'on coupe d'un côté du chemin qui la traverse surnage comme le bois ordinaire, tandis que celui qu'on coupe de l'autre côté plonge comme une pierre¹⁴.

A Clermont.

Les gens les plus graves vous assurent qu'il suffit de jeter une pierre dans le lac de Besse pour avoir aussitôt orage et tempête¹⁵.

A Grenoble.

Il ne passe personne qu'on ne veuille conduire aux cuves de Sassenage qui pronostiquent les années de famine et les années d'abondance, qui se remplissent d'eau lorsque les greniers doivent être vides, qui s'en désemplissent lorsque les greniers doivent être pleins [16].

A Tarare,

On se vante d'une fontaine dont l'eau n'affaiblit pas le vin pourvu qu'on n'y en mette pas plus d'un quart [17].

A Montreuil,

On se vante d'un monstre qui n'avait qu'un œil, et qui a donné à la ville son nom qui s'écrit Monstreul [18].

J'ajouterai qu'il n'est pas d'ailleurs en France de ville qui n'ait eu son géant [19].

A Valence,

On vous montre les grands os de celui qui longtemps opprima et épouvanta la contrée [20].

A Paris,

L'on n'a pas d'os de géant, mais l'on a des tombes dont l'étendue de chacune forme le territoire d'un grand fief [21]. Lorsque j'arrivai à cette ville, un savant jacobin qui me conduisait me demanda, près du village de Montrouge, si je n'entendais pas la terre retentir sous mes pieds : Nous marchons, me dit-il, sur la tombe du géant Ganelon [22]. A quelque distance, il me fit la même question : Maintenant, me dit-il, nous marchons sur la tombe du géant Isoire [23]. Il me parla de tant de géants de cette contrée et d'autres contrées, qu'en entrant dans Paris les Parisiens me parurent tous petits.

A Bayeux,

Il en fut de même, tant avant d'y arriver on m'avait longtemps parlé de cet austère géant, moine d'Auvray [24], qui, en été, se donnait le fouet avec un chêne garni de ses glands verts, et en automne avec un marronnier garni de ses marrons épineux.

Ah ! l'illustration ! l'illustration ! C'est de l'illustration principalement que les villes sont fières.

A Orange,

Les savants citoyens de la ville vous disent : Venez voir la maison de la mère de Cicéron [25] !

A Auch,

La capitale de la Gascogne, on n'a pas voulu avoir le dessous : Venez! venez! vous dit-on, ne cesse-t-on de vous dire ; venez voir la maison du père de Cicéron, qui est né dans notre ville [26].

Mais où diable ces Provençaux gascons, ces Gascons gascons, ont-ils pu trouver de l'argent pour gagner tant d'historiens et de géographes [27] ?

Monsieur, m'a dit cet étranger lorsque nous avons été sur le point de nous séparer, il faudrait que nous fissions encore ensemble dix lieues pour pouvoir vous parler des vanteries des petites villes ; que nous en fissions cent pour pouvoir vous parler des vanteries des villages ; et, pour pouvoir vous parler des vanteries des bourgeois aussi bien que des gentilshommes, il faudrait que nous fissions le tour, plusieurs fois le tour du monde.

LES ÉTUDIANTS DE MONTPELLIER.

STATION XV.

La ville de Montpellier ressemble à une grande infirmerie bâtie sur les verdoyants rivages de la Méditerranée. On ne voit dans les rues que des médecins et dans les maisons que des malades.

Il y en a de tous les pays.

J'ai été aujourd'hui informé que parmi les Espagnols il y avait le vieux dom Joseph, le parrain de mon bon parrain du Pérou ; j'ai été lui faire ma visite : Revenez bientôt, m'a-t-il dit quand je suis sorti, ou vous ne me reverrez plus. Oh! lui ai-je répondu, on ne peut mourir à Montpellier. Nous l'en garderons bien, ont en même temps dit ou crié ses deux médecins que j'ai rencontrés chez lui ; la maladie ne saurait pas plus tenir devant nous, lorsque nous sommes en chaperon [1], que le diable devant le curé lorsqu'il est en étole. Véritablement ils étaient habillés pour faire leur classe ; ils y allaient. Nous sommes sortis tous ensemble.

Les études.

J'ai demandé à ces deux médecins la permission de les suivre. Ils m'ont aussitôt mis entre eux deux, et nous avons marché au milieu des embarras et du bruit des rues : Messire, m'a dit à l'oreille droite le plus âgé, les études à Montpellier ne durent guère plus de trois ans [5]; elles sont courtes et bonnes. A Paris, si elles sont bonnes elles ne sont pas courtes; il faut six ans pour être médecin [3], et il faut qu'aux jours que les règlements appellent *lisibles*, où le régent lit, enseigne, par opposition aux jours *illisibles*, où il ne lit pas, n'enseigne pas, les jeunes gens soient rendus en classe à sept heures du matin en hiver et en été à six [4]. — Qu'y apprennent-ils? lui ai-je demandé. — Ce qu'ils apprennent ici; la médecine grecque commentée expliquée, corrigée par la médecine française [5], ou ce qui revient au même, l'ancien art à perfectionner et le nouvel art perfectionné.

Les grades.

Messire, m'a dit à mon oreille gauche le moins âgé, savez-vous pourquoi les régents de Paris retiennent beaucoup plus longtemps leurs écoliers sur les bancs? c'est qu'ils veulent avoir l'air de bien gagner tout l'argent qu'ils se font donner. Les divers grades de médecin coûtent environ deux mille livres [6], autant qu'un fonds de commerce: ici où nos vastes classes sont toujours pleines, ils ne coûtent guère que trois, quatre cents livres [7]; je vous dirai toutefois qu'ils coûtent aussi seize sévères examens ou actes [8] avec thèses imprimées, manuscrites [9], comme on veut. A Montpellier nous ne faisons guère payer nos écoliers qu'en étude, qu'en science; et si ne sommes-nous cependant trop richement rétribués par le trésor public: Charles VIII nous assigna pour tous les régens cinq cents livres: Charles IX nous en a assignées à chacun trois cents [10].

Les médecins gradués à Paris.

Messire, a repris le plus ancien, croyez-vous qu'avec tant d'études, tant d'argent, les médecins de Paris vaillent mieux que ceux des autres villes? D'abord vous conviendrez qu'ils sont moins polis, quand vous saurez que tous les ans, à la Saint-Luc, le grand bedeau publie ce célèbre décret de l'année 1374 [11]: Etudiants, si vous injuriez messieurs nos maîtres vous serez privés des grades; messieurs nos maîtres, si vous vous injuriez entre vous, vos noms seront rayés de dessus la matricule [12]. J'ajouterai qu'ils sont en général si peu sûrs de leurs principes qu'ils se sont divisés, que les uns par entêtement, ou par esprit d'opposition, emploient des remèdes contraires à ceux qu'emploient les autres, et que les malades qui n'en sont pas morts se sont plaints à la justice [13]. J'ajouterai qu'ils cessent cependant de se faire la guerre toutes les fois qu'il s'agit de la faire aux médecins de Montpellier, qui auraient bientôt conquis le pavé de Paris, si le parlement ne leur avait défendu d'exercer sans autorisation la médecine dans cette ville [14].

Les médecins gradués à Montpellier.

Messire, a repris alors le moins âgé, mais nos rois n'ont pas voulu obéir à ces arrêts, et de leurs différents médecins la plupart ont étudié, ont pris leurs grades à Montpellier, sont des médecins de Montpellier [15]. Les médecins de Paris nous font d'ailleurs subir des examens, nous font mille difficultés avant de consentir à nous écrire sur le tableau [16]. Ici nous leur faisons, à leur tour, subir des examens, mais ce n'est que par représailles. Les médecins de Paris ne cessent de rivaliser avec nous, de se comparer avec nous; je veux bien ne pas dire que saint Roch, le plus grand médecin des pestiférés, porté dans les cieux par leur reconnaissance et leurs acclamations, était de Montpellier [17]; mais je dirai que Rabelais, docteur médecin, né au centre de la France, bon juge entre les médecins du nord et ceux du midi, nous a laissé sa robe. Tous les médecins de Montpellier la mettent avant d'être reçus [18]; vous la verrez pendue à la grande salle où nous allons entrer. Comme il disait ces mots, nous sommes arrivés devant un vieux bâtiment, au pied duquel bourdonnaient de nombreux essaims de jeunes gens, tous vêtus d'une robe rouge [19], tous impatients d'essayer la robe de Rabelais, d'aller médicamenter la France, l'Europe, le monde; car en mes voyages j'ai vu que dans les maladies graves, les maladies désespérées, on demande partout un médecin de Montpellier, et que partout on en trouve [20].

LE GARDE-MALADE DE MONTPELLIER.

Station XVI.

Aujourd'hui j'ai été voir un autre malade : c'est la bonne Marie-Thérèse, l'amie de ma mère. En entrant j'ai aperçu vis-à-vis d'elle, assis sur une chaise à bras, un homme grave qui lui parlait de sa santé en termes souvent scientifiques. Voilà, me suis-je dit, son médecin; j'aurai aussi l'occasion avec celui-là d'apprendre encore quelque autre chose sur la médecine française; nous sortirons ensemble. En attendant je me suis mis à le gracieuser, à l'appeler docteur, monsieur le docteur : Messire, m'a-t-il dit, je suis l'hôte de Madame, le propriétaire de la maison qu'elle a bien voulu habiter. Je n'ai pas de grades; mais si à Montpellier nous ne sommes pas tous gradués, nous sommes tous médecins : nous aimons tous la médecine [1], comme les gens de

Toulouse qui, s'ils ne sont pas tous gradués, sont tous avocats, aiment tous le droit [3]; comme les gens de Genève qui, s'ils ne sont pas tous ministres, sont tous théologiens, aiment tous la théologie [3].

Les anatomistes.

Quant à moi, a-t-il continué, dès que j'eus un peu de fortune, un peu de loisir, je voulus savoir comment j'étais fait, me connaître, connaître l'homme : j'étudiai l'anatomie. On dit que jusqu'à Vésal il n'y a pas eu un bon système de cette science. On exagère peut-être ; mais je puis assurer que ce médecin décrit les différentes parties du corps humain avec un tel ordre, une telle clarté que je n'ai jamais eu besoin de regarder ses gravures [4]. Vésal, dans son traité, s'adresse souvent à Galien et le gourmande ; ce n'est pas un écolier qui ose s'attaquer à son maître, c'est un voyageur qui reproche à celui qui l'a précédé d'avoir mal examiné, mal vu les pays dont il parle [5].

A son tour, Fallope, si célèbre par la découverte des trompes auxquelles il a laissé son nom, gourmande Vésal, lui reproche ses erreurs, ses méprises, notamment sur la primitive patrie où réside l'homme à l'instant que par l'ordre de la Providence il sort du néant [6].

D'autres anatomistes, entr'autres Rondelet [7], ont aussi fait faire de grands progrès à la science, et cela depuis les dissections d'hommes et les dissections d'animaux, depuis les comparaisons anatomiques [8], surtout depuis l'invention des injections colorées qui montrent si bien à l'œil toutes les veines et toutes leurs plus petites ramifications [9] : Messire, aujourd'hui les connaissances d'anatomie sont à Montpellier si communes que vous entendriez les duellistes savamment différencier les coups d'épée à l'aorte, au diaphragme, aux muscles intercostaux ; de même que vous entendriez aussi les petits écoliers dans leurs combats pédestres, je veux dire à coups de pieds, crier : Gare le tibia ! le péronée ! l'apophyse ! la rotule ! Enfin, si pour le peuple des autres villes le cœur est du côté gauche, pour le peuple de Montpellier il est où l'a mis la nature, au milieu de la poitrine, un peu plus du côté droit [10].

Les physiologistes.

Je dirai bien plus : vous verrez quelquefois à Montpellier un beau jeune homme chantant bien, dansant bien, une jeune fille belle, jolie, aimable, riche, ne pouvoir trouver à se marier ; et pourquoi ? c'est que dans la tête, dans la poitrine ou dans l'estomac, ils ont des vices de conformation dont la manifestation extérieure se révèle aux yeux d'un peuple chez qui les connaissances du régulier accomplissement de tous les phénomènes de la vie, ou, ce qui revient au même, chez qui les connaissances de la physiologie sont communes.

Ici, parmi le beau monde, le texte du latin pur et animé de la physiologie de Fernel [14] est dans toutes les bouches ; et j'ajoute que, si j'en juge par moi, quand on sait que ce bon Fernel est mort, à cinquante-deux ans, de la douleur d'avoir perdu sa femme [15], on lit ses beaux ouvrages avec un intérêt plus vif et plus tendre.

Les pathologistes.

Les dégradations, les altérations de toutes ces parties du corps humain que Vésal montre une à une si exactement, que Fernel met si élégamment en jeu, forment la nombreuse nomenclature des maladies dont Fernel nous a donné aussi la description dans sa célèbre Pathologie [12], où il représente les diverses habitudes du corps, les diverses attitudes, les divers visages que les diverses maladies font prendre aux malades. Son livre vous promène méthodiquement devant les lits où gisent toutes les infirmités, toutes les souffrances humaines.

Mais de même que l'on a beaucoup ajouté à sa physiologie par les considérations sur les temps successifs où, dans le sein de la mère, les différentes parties de l'enfant prennent la vie [14], et sur les temps successifs où ensuite les différentes parties de l'homme la perdent [15], de même on a beaucoup ajouté aussi à sa pathologie par les considérations sur la cause des maladies [16].

Ici, messire, tous tant que nous sommes, nous pouvons nous vanter d'être surtout bons pathologistes ; tous, nous connaissons notre Fernel et ses chapitres des indications [17] : ici, dès qu'un homme est tombé malade, trente, quarante opinions, si trente, quarante personnes le voient, annoncent et quelle est sa maladie et quelle en sera l'issue, font le diagnostic, ainsi que le pronostic, non comme aux derniers siècles, par la couleur des urines [18], mais comme aujourd'hui, par un signe plus certain, le battement du pouls [19].

Les thérapeutistes.

Ici, tous tant que nous sommes, nous pouvons encore nous vanter de savoir couper vite le cours des maladies que nous n'avons pu prévenir. Aussi n'existe-t-il peut-être pas de ville où il y ait et si peu de grandes maladies et si peu de morts prématurées. Ce doit être ainsi ; ce ne peut être autrement.

Aujourd'hui, en médecine, et particulièrement à Montpellier, le pain, les différentes sortes de pain ; le vin, les différentes sortes de vin ; la viande, les différentes espèces de viande ; la volaille, les différentes parties de la volaille ; les fruits, les différents fruits, les différentes maturités des fruits [20], enfin tous les aliments, tous les différents aliments [21], sont devenus des remèdes ; et le bon air [22], le travail du corps, même le travail de l'esprit, sont devenus les premiers remèdes [23]. J'ajoute que certaines maladies que, dans certains cas, nous nous gardons bien d'arrêter, sont aussi devenues des remèdes [24]. J'ajoute que certains poisons sont de même devenus des remèdes [25], sans compter ou en comptant les remèdes qu'on nomme remèdes de cheval [26], et ceux qu'on nomme turbith qui mettent en si violent mouvement le corps et l'âme [27], sans compter ou en comptant les remèdes de l'araignée-loup, du crotin de lièvre, des nerfs de cigogne, appliqués aux tempes, aux bras [28], ou plutôt à l'imagination, qui ont, ainsi que tous les divers secours de la médecine homérique [29], les plus étonnants et les plus heureux effets.

Mais qu'on ne s'y trompe pas, ces infinies connaissances de thérapeutique nous viennent moins de la faculté de médecine que de la boutique du libraire.

A Montpellier on vend par centaines le *Praxis medica* [30], et par milliers le *Compendiolum* de Montuo [31].

Au diable, si l'on vous fait grand cas du bel Amadis [32], de la jeune Délie [33] ; mais le Dénombrement des veines en six tablettes [34] ; les Sept Dialogues du sang [35], où il est démontré que son mouvement ne vient pas de ses esprits [36] ; la Science du pouls [37] ; les Maladies de la peau [38] ; les Maladies des femmes [39] ; les Maladies des enfants [40] ; le Traité de la rate [41] ; le Traité du rire [42] ; les Vertus de la nicotiane ou du tabac [43] ; les Vertus du méchoacam [44] ; le Traité des poisons [45] ; le Traité des maladies surnaturelles ou vénéficieuses [46] ; le Traité de la médecine légale [47] ; l'Abrégé de la médecine, par le vicomte du Perche [48] ; et avant tout les Erreurs populaires de Joubert [49], dont le retard des éditions et le manque d'exemplaires se font sentir comme la disette du blé [50], se vendent bien, très bien, vite, très vite.

On vend encore mieux et encore plus vite la Joie de l'antimoine, le Rabat-joie de l'antimoine [51].

Messire, la guerre civile s'est élevée entre les médecins depuis environ quarante ans [52], et en voilà peut-être pour cent ans avant qu'ils fassent la paix. Ils se sont divisés, dans la thérapeutique, en amis, en ennemis de l'antimoine, en paracelsistes, en grecs [53]. La semaine dernière j'allai à la Saunerie [54] voir un de mes amis, je le trouvai débarrassé de son habit de malade. Il avait quitté sa robe fourrée de peau d'agneau [55], et sur sa table les phioles, les boîtes avaient disparu. Sa chambre était celle d'un homme en bonne santé. Je m'approche de lui. Je le trouve la tête haute, le teint coloré, les yeux brillants : Qu'est-ce donc ? m'écriai-je, après l'avoir examiné encore davantage ; vous êtes guéri ! Votre bon tempérament vous a sauvé. Dites plutôt mon bon médecin, me répondit-il, en me montrant un homme en robe noire, tout riant, tout triomphant. — Voilà, dis-je alors en me tournant vers le médecin, une guérison qui tient du prodige. Monsieur, me répondit le médecin, dans notre médecine de Paracelse il n'y a que des prodiges. Interrogez votre ami : il souffrait horriblement ; on le croyait perdu : tous les médecins, tous les remèdes avaient été inutiles. Par hasard, je suis informé de son état, j'accours ; au premier abord, je connais sa maladie. Je me hâte d'agir, car si l'on eût encore attendu quelques heures, il était mort. Je lui présente dans un verre d'eau quelques grains d'antimoine [56] ; il les prend, et pour prix de sa confiance, il revient subitement à la vie. Le voilà sur pied ; demain il se remet à ses affaires. Monsieur, continua ce médecin, je pourrais citer mille pareils faits de cette médecine, de ce système de Paracelse que vous ne me paraissez pas assez admirer, assez connaître ; que vous allez comme moi admirer, comme moi connaître, s'il vous plaît de m'accorder un très court moment d'attention, tant ce système est simple, clair.

Notre corps, continua-t-il, n'est composé que de soufre, de mercure et de sel ; c'est du dérangement de la proportion et de l'équilibre de ces trois éléments que naît le dérangement de notre santé. Ainsi la jaunisse, les fièvres, les inflammations, la pleurésie viennent du dérangement du soufre ; les tremblements, la frénésie, l'apoplexie, la paralysie et la léthargie viennent du dérangement du mercure ; la colique, la pierre, la goutte, la sciatique et l'érysipèle ne doivent être attribués qu'au dérangement du sel [57]. L'origine des maladies une fois bien connue, les remèdes deviennent faciles et sont abondamment fournis par la savante chimie de nos jours qui, après avoir épuisé toutes les combinaisons possibles des sels, des métaux, des demi-métaux et des divers fossiles, a observé tous les effets de leur action et de leur réaction entre eux.

Ah ! très cher docteur, dit alors mon ami, à cette heure, je le vois clairement : l'apoplexie de mon oncle n'était que le dérangement de son mercure ; la colique de ma jeune cousine que le dérangement de son sel, et la terrible fièvre à laquelle je viens d'échapper que le dérangement de mon soufre. C'est cela, s'écria avec transport le médecin, c'est cela même ! vous y êtes ! vous entendez aussi bien que moi Paracelse. Après ce compliment qui acheva de réjouir mon ami, le médecin se retira en lui disant qu'il ne manquât pas de le faire appeler sans retard si son soufre, ou si le mercure de son oncle, ou si le sel de sa jeune cousine venaient à se déranger encore.

J'appris quelques jours après qu'un autre de mes amis était malade. Comme son médecin loge dans mon quartier, j'allai lui proposer de l'accompagner, si c'était l'heure de sa visite. Il se leva à l'instant et nous sortîmes.

Mon ami put à peine me reconnaître. Il était étendu dans son lit, le teint et l'œil en feu, frissonnant, suant, souffrant : Que vous êtes heureux! lui dit son médecin en s'approchant de lui, en lui haussant la tête et en lui mettant la main sur le pouls, Hippocrate, avec sa médecine expectante, vous sauve aujourd'hui. Il veut que nous attendions le moment de la crise [58]. Je l'ai attendu. Le voilà qui vient enfin, qui se manifeste par les signes les plus certains. Je réponds de vous sur ma vie. Ah! si vous vous étiez plus longtemps livré aux trompeuses promesses de ces paracelsistes, de ces méchants empiriques, à l'heure qu'il est vous auriez fait votre testament, et peut-être on sonnerait pour vous les cloches ; car depuis quelque temps leur noir *liber de tartaro* [59], leur antimoine met bien souvent les cloches en branle. Le médecin sortit. Ses paroles avaient déjà guéri le malade.

Mais moi, ajouta l'hôte de l'amie de ma mère, qui est vraiment de Montpellier, de la ville des gens de bien [60], qui, moins par intérêt que par bonté de cœur, est le garde-malade de tous ses locataires, suis-je ou ne suis-je point paracelsiste.

Je vous dirai d'abord que Hollier, l'heureux médecin des malades désespérés [61], ne l'est pas [62].

Je vous dirai que Duret ne l'est pas [63], et que Duret, l'interprète d'Hippocrate [64], est regardé comme l'Hippocrate français.

Je vous dirai que Baillou ne l'est pas [65], et que Baillou passe pour l'universel conseiller des médecins [66].

Je vous dirai que Riolan ne l'est pas, et que pour ne l'être pas il a reçu de la faculté une salière d'argent remplie de sel, symbole de la sagesse [67].

Encore si le grand Simon Piètre [68] l'était, mais il ne l'est pas [69].

Je vois en même temps que les facultés excommunient Paracelse, comme un hérésiarque en médecine aussi dangereux que Luther l'est en religion : Le même pays, disent-elles, a produit l'un et l'autre [70]; l'un perd l'âme, l'autre perd le corps.

Je vois aussi que les parlements, comme s'ils ne savaient pas moins de médecine que les facultés, ne sont pas moins irrités contre la doctrine de Paracelse, qu'ils l'ont proscrite par plusieurs arrêts [71]; et vraiment elle a cela à dire qu'elle veut que les maladies dont les causes sont si variées soient traitées par un petit nombre de remèdes dont le plus connu, le plus célèbre, l'antimoine ou tartre stibié, ou émétique [72], secoue, ébranle d'une manière vraiment effroyable tous les ressorts de la vie.

Je conviendrai cependant que, tout proscrit qu'il est, l'émétique a produit quelquefois de bons effets [73]; mais alors il est sans doute administré par un heureux hasard. On joue donc la vie avec l'émétique. Pour moi je ne jouerai pas. Je craindrais de perdre une partie où ordinairement on ne prend pas sa revanche.

LE PARISIEN DE MONTPELLIER.

Station XVII.

Me promettez-vous, me dit hier l'amie de ma mère, d'aller voir, avant de partir, mon neveu le petit Saint-Charles? Je le lui promis; j'y ai été aujourd'hui, après mon déjeûner; et j'ai vu, au premier coup-d'œil, tout comme si j'étais de Montpellier, que la maladie du petit Saint-Charles n'est pas petite.

Son médecin venait de sortir; son chirurgien qu'on venait d'appeler est entré. Il a demandé à voir l'ordonnance de saignée, signée par le médecin [1]; il l'a lue; il s'est aussitôt emparé du bras du jeune homme, et dans un instant vous l'a, en riant, presqu'en chantant, très adroitement, très habilement saigné.

Les maîtres chirurgiens gradués.

Il était près de sortir, quand il m'a aperçu assis dans un coin, où, pour ne pas le distraire, je ne bougeais pas et gardais le silence; aussitôt il s'est remis sur son siége; il m'a salué d'une légère inclination, et, après m'avoir dit qu'il était dans les règles de l'art de distraire le malade par un peu de causerie, il a continué ainsi : Peut-être, monsieur, me croyez-vous maître barbier-chirurgien; je suis maître chirurgien gradué; je sais le latin et je ne sais pas raser.

Je suis né à Paris, j'y ai fait les études de mon art, parce que la chirurgie de Paris l'emporte ou passe pour l'emporter sur celle de Montpellier [2], autant que la médecine de Montpellier l'emporte ou passe pour l'emporter sur celle de Paris [3]. Cependant, a-t-il ajouté, quels qu'en soient les progrès, quelle qu'en soit maintenant l'importance, nous n'avons pas, même dans la capitale du royaume, des régents, et nous sommes obligés de suivre aux écoles de médecine [4] le cours où est expliqué la méthode chirurgicale du médecin Gourmelin [5]; nous sommes obligés aussi d'y suivre les cours d'anatomie et de botanique, où nous ne sommes pas les moins habiles, car le démonstrateur des dissections d'anatomie, l'archidiacre [6], et le démonstrateur des diverses espèces d'herbes, l'herbier, sont toujours pris parmi nous [7].

A l'école de médecine, il faut en convenir, il y a une bonne institution. Chaque récipiendaire doit accompagner son régent, quand il fait la visite de ses malades, doit le voir pratiquer et doit répondre sur la pratique [8].

Il y en a une meilleure au collège des chirurgiens : le récipiendaire doit et avoir vu pratiquer et avoir pratiqué [9].

Lorsque j'eus assez longtemps vu pratiquer un des chirurgiens les plus renommés et que sous ses yeux j'eus assez longtemps pratiqué, je reçus successivement le grade de bachelier en chirurgie, de licencié en chirurgie [10]. Toutefois, avant de quitter Paris, je voulus subir les examens ordinaires devant le prévôt, les chirurgiens jurés, les deux docteurs régents de la faculté de médecine, et emporter en même temps avec moi des lettres de maîtrise [11].

Les maîtres chirurgiens.

Bien m'en valut, car étant arrivé ici, la jurande ne voulut pas me tenir compte de mes grades, disant que les lettres-patentes relatives aux chirurgiens gradués n'avaient pas été vérifiées par les cours souveraines [12], et que la faculté de médecine avait refusé de recevoir la bulle que nous avions obtenue du pape [13]; mais dès que j'exhibai mes lettres de maître chirurgien, on se tut, et je fus reconnu en cette qualité.

Les chirurgiens de Montpellier, je dois le dire, sont tout à la fois habiles gens et bonnes gens; peu à peu je gagnai leur confiance; cependant je ne pus jamais assez leur hausser le cœur pour les rendre fiers, indépendants comme nos chirurgiens de Paris [14].

Mes amis, leur dis-je, souvenez-vous que nous sommes de la confrérie de Saint-Côme et Saint-Damien, et que les rois de France n'ont pas dédaigné d'être nos confrères [15]. Souvenez-vous que ce n'est pas d'hier que nous sommes venus, que les nobles statuts que nous a donnés le chirurgien Pitard datent du treizième siècle [16]. Eh! je vous le demande, pourquoi nous laisserions-nous donc opprimer par les médecins? En quoi l'emportent-ils sur nous? Le célèbre Doublet [17], dont les mains étaient celles de la chirurgie même, dont les pansements merveilleux ou extraordinaires étaient faits avec de l'eau pure, de simple linge [18], était-il médecin ou chirurgien? Ambroise Paré [19], le restaurateur de la chirurgie moderne, que Charles IX voulut sauver du carnage de la Saint-Barthélemi [20], tandis qu'il ne voulut pas en sauver le grand amiral de France [21], était-il médecin ou chirurgien? et Guillemeau, le savant régent des sages-femmes [22], qui a adouci la rigueur de cette antique sentence : La femme accouchera dans la douleur, est-il médecin ou chirurgien? a-t-il ou n'a-t-il pas sur sa porte la royale fleur-de-lis gardée par nos trois boîtes d'or, l'enseigne de chirurgien [23]? Enfin le célèbre Portail, qui reçoit huit cents escus soleil d'appointements, qui est premier chirurgien du roi, est-il médecin ou chirurgien [24]? En quoi l'emportent-ils encore sur nous? S'ils peuvent nous défendre de faire la médecine [25], ne pouvons-nous leur défendre de faire la chirurgie? Quels sont leurs titres de supériorité? le latin? nous parlons latin [26] comme eux; les grades? nous les avons comme eux [27]; nous avons une faculté [28] comme eux; leur haute mitre [29]? rien ne nous empêche de la prendre; leur robe rouge [30]? prenons-la.

Les maîtres barbiers chirurgiens.

Mes amis, leur dis-je encore, je sais bien que les médecins nous haïssent, qu'ils appellent notre art, où il faut en même temps et la raison de la tête et pour ainsi dire la raison de la main, un art manuel; qu'ils font jurer à nos apostats, aux chirurgiens qui se font médecins, de ne plus l'exercer [31]; qu'ils prennent quelquefois sur eux de ne pas nous appeler seigneurs chirurgiens, *domini chirurgi* [32]; surtout je sais que par haine contre nous ils aiment, ils protègent les barbiers chirurgiens qui les appellent nos seigneurs les médecins [33], qu'ils leur enseignent en français l'anatomie [34], qu'ils leur donnent des lettres de scholarité, leur permettent de prendre des inscriptions à deux sous chacune [35], qu'ils les élèvent ou s'efforcent de les élever jusqu'à nous. Mais voulez-vous, malgré les médecins, retenir les barbiers à leur place, vous n'avez qu'à leur refuser, comme à Paris, de prier Dieu avec eux [36]; vous n'avez qu'à leur rappeler qu'ils sont immédiatement sous la police du valet de chambre barbier du roi, *garde et maistre de toute la barberie du royaume* [37]; vous n'avez qu'à faire exécuter les arrêts qui leur ordonnent de prendre le titre de maîtres barbiers-chirurgiens, qui leur défendent de prendre le titre de maîtres chirurgiens-barbiers [38]; et lorsque vous examinez les sages-femmes [39], vous n'avez qu'à examiner en même temps les barbiers chirurgiens [40] au milieu d'elles, qu'à les examiner sévèrement.

Les maladies chirurgicales.

Et, ajoutai-je, s'ils font plus que saigner aux bras et aux jambes, plus que panser les *bosses*, *clous* et *antrax* [41]; s'ils outrepassent les limites de la basse chirurgie, s'ils viennent traiter nos maladies, nos grandes maladies chirurgicales, vite! des huissiers, des sergents, des sergents, des huissiers! des procureurs, des avocats, des avocats, des procureurs! Vite! procès, assignation, plaidoirie devant le viguier [42], devant le présidial [43], devant le parlement; vite! ruinez-les, perdez-les, perdez leur race, si la race des barbiers peut se perdre.

Les instruments.

Messire, a poursuivi le chirurgien du petit Saint-Charles, voulez-vous voir notre art dans toute sa puissance, dans tout son éclat, allez à la salle de nos réunions voir notre arsenal étincelant d'argent, d'or et surtout d'acier.

Vous verrez :

La lancette droite, la lancette courbe, la bague-lancette que, le lendemain des noces, nous donnons à notre jeune femme, car elle doit savoir au moins faire une saignée, comme la jeune procureuse doit savoir au moins faire un exploit.

Le rasoir-bistouri ou rasoir de dissection,
Le trépan à villebrequin,
Le tire-fond,
La scie,
La sonde,
Le bec de corbin,
Le pied de griphon,
Le tire-balle,
Le miroir de la bouche,
Le *speculum matricis*, instrument si commun dans la chirurgie française, et qui ne peut cependant avoir de nom français,

Le scarificateur, nouveau moulin à dents d'acier, qui à volonté consomme les chairs, en descendant par degrés de la superficie de la peau jusqu'au périoste de l'os [44].

Mais vous ne verrez malheureusement pas ces instruments, lorsqu'ils sont, pour ainsi dire, emmanchés par les mains des hommes de l'art.

Les opérations.

Ainsi que les chirurgiens de Paris, à la fête de Saint-Côme, dans l'église de Lusarches [45], ou au premier lundi de chaque mois, dans l'église de Saint-Côme de Paris, conseillent, médicamentent, pansent, opèrent pendant deux heures tous les indigents qui se présentent [46], les chirurgiens de Montpellier tiennent aussi à leur salle de Saint-Côme [47] des assises de bienfaisance, accordent gratuitement les secours de l'art; et c'est à remarquer avec quelle affection, quel amour ce grand nombre d'habiles maîtres disputent à la maladie les parties encore saines et y rappellent ou y conservent la vie.

Tenez, regardez ce pauvre homme gisant dans son lit de clayonnage que ses pieux enfants entourent; voyez-le tout enflammé d'une violente pleurésie. Je lui ouvre promptement la veine au côté où est le mal [48] : Vous le tuez, crient avec les ignorants du siècle dernier les ignorants de ce siècle qui saignent encore au côté opposé ; je les laisse crier : la palette n'est pas à moitié pleine que le malade respire.

Un malheureux qui porte dans son corps une petite pierre avec plus de peine que Sysiphe son rocher sur ses épaules, vient avec confiance se ranger sous notre fer charitable : il est taillé hardiment, largement aux endroits que n'ont jamais indiqués [49] ni la chirurgie des Romains [50], ni celle des Arabes [51], ni celle du dernier siècle [52] ; dans peu de temps il marchera, il marchera légèrement; et s'il en a envie, il dansera, il sautera.

Un autre malheureux souffre encore plus et n'a pas le courage de voir couler son sang ; la chirurgie essaie alors la méthode égyptienne, où, avec les précautions indiquées, l'extraction de la pierre se fait par l'insufflation, par la dilatation du canal de l'urètre [53].

Un autre est de plus en plus supplicié : chaque heure est plus douloureuse, plus éternelle; l'urine dans son corps n'a pas d'issue. Je m'approche : la sonde d'acier [54] a touché à peine aux portes du réservoir engorgé que les cris cessent et que l'homme le plus malheureux est le plus heureux.

Je vois découvrir un brancard funèbre où est étendu le cadavre d'une jeune femme enceinte qui vient d'expirer : je suis appelé; je pratique à l'instant l'opération césarienne, jusqu'à notre temps connue seulement de nom [55].

A côté de moi un homme blessé d'une arquebusade est amené; l'extraction de la balle offre trop de dangers : eh bien ! on la laisse dans le corps. Maintenant, soit à Paris, soit à Montpellier, on a cessé de croire au venin des balles [56].

Plus loin, on fait l'amputation d'un membre, et je remarque fort bien que le savant maître qui opère n'a point recours, comme au temps passé, au supplice de l'ustion des veines artérielles [57], mais que, suivant le conseil d'Ambroise Paré, il emploie la simple ligature [58].

J'entends crier de toutes parts : A l'aide ! à l'aide ! c'est un malheureux villageois qu'un chien enragé vient de mordre. Je me trouve le plus près; je le recueille. On me parle de la scarification [59], de la plaie. Je préfère l'application du fer rougi à blanc [60].

Toutes ces maladies peuvent être avouées et traitées publiquement.

Mais il en est qu'il faut couvrir des voiles du secret. Les tisanes de fumeterre, les purgatifs, les sudorifiques, le bois saint ou gaïac [61], le mercure dont les préparations liquides, les préparations en poudre sont maintenant si variées [62], si adoucies [63], n'ont pu maîtriser la maladie qu'en bonne compagnie on ne nomme point : les médecins nous l'abandonnent ; ils sont au bout de leur science; alors, pour sauver le vaisseau, nous jetons une partie du chargement à la mer; nous coupons, nous tranchons [64] sans pitié, et, suivant l'usage, nous clouons à notre porte tout ce qu'il n'a pas été possible de dérober aux progrès du mal [65]. Monsieur, venez voir la mienne; il n'y a pas de porte de chasseur qui soit plus garnie de têtes et de pattes de loups.

LE LATINISTE DE MONTPELLIER.

Station XVIII.

La rue de l'Aiguillerie [1] est longue, mais il s'en faut bien qu'elle soit large. Ce matin, à un endroit des moins étroits qui forme comme une petite place, j'ai remarqué une belle boutique, couronnée d'une grande enseigne, sur laquelle en passant j'ai lu le nom de l'apothicaire du petit Saint-Charles; je suis entré pour lui en demander des nouvelles. Il était assis au fond dans un grand fauteuil de bois [2], où, au milieu de ses jolis pots émaillés [3], de ses jolis coffrets peints et dorés [4], il se donnait l'attitude un peu ridicule d'un docteur régent. Dès que je me suis présenté, il est venu m'offrir un siége, et a repris bientôt l'entretien avec un agréable questionneur.

L'ancienne pharmacie.

Que de science! que de science! disait le questionneur; que le livre de la pharmacie est épais! — Et tous les jours, a dit l'apothicaire, il devient plus épais. Nos boutiques ou nos salles extérieures et nos arrière-boutiques ou nos salles intérieures ont toujours été en proportion avec les progrès de l'art. Il me semble voir les boutiques des anciennes ou des antiques pharmacies, toutes petites comme celles de nos apothicaires de village, toutes confuses comme celles de nos épiciers-droguistes. Galien, qu'on appelle le prince de la médecine, qu'on devrait appeler le prince de la pharmacie, a porté dans cette partie de l'art une variété, un ordre [5] auxquels nous rendons encore aujourd'hui hommage. Les Arabes aussi ont allongé, élargi nos tablettes. Les canons de l'antidotaire de Sérapion [6] sont fort détaillés, fort méthodiques; ceux de Mesvé [7] encore plus détaillés, encore plus méthodiques. Nous devons en outre à l'école de Salerne les tables alphabétiques de médicaments, desquelles Paracelse s'est habilement emparé [8]. Quant à la pharmacie de notre Languedocien Arnauld de Villeneuve [9], je ne trouve ni liaison, ni dépendance dans la série des chapitres qui la composent. J'en dis autant des pharmacies d'Évonime [10] et de Ferrerus Tolosatus [11], qui, si elles avaient plus de vogue, reporteraient dans nos boutiques la confusion primitive.

La nouvelle Pharmacie.

Ce qui, en pharmacie comme en médecine, fait que tous nous voulons aujourd'hui de bonnes classifications, de bons systèmes où les diverses parties aient entre elles un agencement nécessaire, c'est la publication des logiques, des philosophies médicales rationnelles [12] dont la pharmacopée de Ranchin [13], et mieux encore celle de Jacques Dubois [14], est une belle et continuelle application.

Jacques Dubois nombre dans leur ordre les différentes maladies du corps humain ; et ensuite assistant pour ainsi dire à la création ou au débrouillement du chaos, il voit, comme d'un seul regard, tous les corps inanimés et animés qu'il considère sous le rapport pharmaceutique : tel métal, tel demi-métal, tel sel, telle terre, pour telle, telle maladie ; telle herbe, telle autre, pour telle, telle autre maladie ; tel animal, tel autre, pour telle, telle autre maladie [15] ; autres divisions relatives au degré de la chaleur des corps ; autres relatives à leur formation simple, mixte [16]. Viennent les compositions médicamenteuses, et d'abord *la base*, *basis*, les éléments nécessaires à la base, les *sine quibus*, les éléments qui ajoutent à l'action de la base, les *per quæ melius*, les éléments qui, lorsqu'ils manquent, peuvent être remplacés par d'autres, les *quid pro quo* [17].

La Manipulation.

Vient ensuite la longue nomenclature des cornues, des matras, des bains-marie [18], des alambics à distiller les roses, des rosaires [19], des alambics à distiller les essences, la tierce, la quarte, la quinte essence [20] ; la longue nomenclature des mortiers, des pilons, des vases en pierre, en marbre, en verre, en ivoire, en argent, en or ; la manière de manipuler les divers médicaments, l'admirable chapitre *de instrumentis* [21].

L'Administration.

Vient enfin l'indication du temps propice pour donner les médicaments, *tempus sumendi* [22]. Sire Denis, a dit le questionneur à l'apothicaire, je vois que le latin vous est utile. — Toutes les langues nous sont utiles : les langues vivantes, l'espagnol, l'italien, l'allemand, parce que les pharmacies des pays où l'on parle ces langues multiplient de plus en plus leurs relations avec le nôtre [23] ; les langues mortes, parce que le grec est jeté à poignées dans toutes nos pharmacies [24], parce que toutes nos pharmacies, à commencer par l'Alexi-pharmaque [26], la Thériaque de Nicandre, sont latines [30], parce que toutes les ordonnances de nos médecins sont écrites en latin. *Potio detur quarta matutina; Potio detur hora somni.* Confondez une heure avec une autre, ne sachez pas le latin! ne sachez pas le latin! *Capiat potionem in duas dosas, cum syropo de limonibus; utatur ptisanâ; Ponatur emplastrum super ventrem inferiorem cum ligatura* [37]. Ne sachez pas le latin! ne sachez pas le latin! — Sire Denis, oui vraiment, vous devez savoir le latin comme Cicéron. — Ou du moins comme l'apothicaire de Cicéron. *Fiat clysterium cum 3 lac., et 3 mel.* [38]. Ne sachez pas le latin! ne sachez pas la différence des mesures et des poids grecs ou latins avec les mesures et les poids français. — Que de science! que de science! — Vous pouvez ajouter, que de bravoure! que de courage! Mon premier compagnon [29], homme déterminé, excellent fouetteur de vipères [30], grand observateur du Bragadin ou traité de la pratique [31], alla hier chez un personnage de la ville lui donner une médecine. On voulait laisser les volets ouverts, parce que le soleil s'était levé radieux et superbe; il les fit fermer. On voulait allumer les deux flambeaux de la cheminée; il ne permit qu'une petite bougie, et dit au personnage : La lumière attire les humeurs en dehors, les ténèbres les attirent en dedans, où il faut qu'en ce moment elles soient attirées; puis il ajouta avec le même ton d'autorité : Point de visite! monseigneur, point de visite! La porte de votre hôtel ne doit pas aujourd'hui s'ouvrir [32]. Mon second compagnon est au contraire un jeune amoureux, un jeune élégant. Ce matin je l'ai envoyé administrer une vieille dame, car, sans l'ordonnance du médecin, nous avons ce droit, ainsi que celui de donner des potions contre les vers [33]. On lui a dit qu'elle avait quatre-vingt-dix, peut-être quatre-vingt-quinze ans. Il ne s'en est pas moins intrépidement armé, en répondant que l'âge n'était écrit que sur la figure. En tout l'art a avancé; aux siècles derniers, trouvez-moi de pareils administrateurs.

Les maîtres Apothicaires.

Aussi n'ai-je pas voulu croire, lui a dit le questionneur, qu'un simple droguiste de ma connaissance qui depuis longtemps aspire à être apothicaire, ait obtenu du roi des lettres de maîtrise; cependant on le dit; est-ce vrai? — Voici tout ce que j'ai à répondre. Un apothicaire ne doit pas, il s'en faut, être un homme commun; le roi Mithridate était apothicaire [34], la reine Arthémise était apothicaire [35], et le grand-père du père de l'apothicaire Mesvé était roi de Damas [36]. Un apothicaire doit être riche [37], ce qui n'est pas très commun; il doit être en même temps bien tourné, leste, adroit, ce qui n'est pas très commun. Il doit être en même temps jovial, gracieux, discret et sage [38], ce qui n'est pas très commun ; il doit être en même temps bon anatomiste, bon botaniste, bon chimiste [39], ce qui n'est pas non plus, je vous assure, très commun ; enfin, j'ajouterai que d'un homme qui n'a pas accompli son temps d'apprentissage ou si vous voulez son temps d'études et d'exercice, qui n'a pas été ensuite examiné, admis et reçu par le corps des apothicaires, présidé par un commissaire de la faculté de médecine [40], le roi peut à sa volonté en faire un comte, un duc, un maréchal de France, mais il ne peut en faire un maître apothicaire.

LE PÉNITENT D'AVIGNON.

Station XIX.

Oui, certainement, messieurs les réformés, ou les réformateurs, on peut être bon chrétien sans être vêtu d'un sac, sans être ceint d'une corde ; mais je pense, moi, que telle est la bizarrerie des hommes que souvent sous un habit ils sont plus gens de bien, ou du moins font plus de bien que sous un autre.

Aussi, je l'avoue, je suis fort aise d'avoir appris ce soir l'histoire des pénitents.

Il y a dans mon auberge à Aix une grande galerie, où, dès que j'ai eu dîné, j'ai été faire ma promenade. J'y ai rencontré un étranger qui venait à l'opposite ; nous nous sommes regardés, nous nous sommes salués, nous nous sommes convenus, nous nous sommes joints ; ensuite, après quelques moments d'entretien, je lui ai dit : Monsieur, je voudrais bien que vous ne partissiez que demain ; il s'est trouvé qu'il ne partait que demain : Que vous ne soupassiez qu'à six heures ; il s'est trouvé qu'il ne soupait qu'à six heures ; je ne me souviens plus à quel sujet, j'ai cru devoir ajouter : Que n'ayant pas l'honneur d'être votre compatriote, j'eusse celui d'être votre confrère. Je lui ai nommé toutes les confréries où j'étais reçu, et enfin je lui ai dit que de plus j'étais pénitent : Oh ! m'a-t-il répondu en m'interrompant, de quelque confrérie de pénitents que vous soyez, j'en suis, et voici comment.

Les Pénitents blancs.

Ma famille est de Marseille, j'y suis né. Lorsque j'eus seize ou dix-sept ans, tout le monde me dit qu'il était temps de choisir une de nos douze confréries de pénitents [1]. Pour les jeunes Calaisiens, les jeunes

Nantais, même pour les jeunes Bordelais, ce n'est pas une affaire : c'en est une pour les jeunes Marseillais [2].

J'allai aux pénitents blancs [3] demander quelle était la plus ancienne confrérie; j'ajoutai que je voulais me faire recevoir à la plus ancienne. Ils étaient en ce moment en grande séance ; je m'adressai aux différents officiers, dans l'ordre dans lequel ils étaient placés. Les marguilliers qui se trouvaient le plus près me répondirent tout bas : Demandez au prieur. Les maîtres de chapelle me répondirent tout bas : Demandez au prieur. Les censeurs me répondirent tout bas : Demandez au prieur. Le sous-prieur me répondit un peu moins bas : Demandez au prieur [4]; c'est à lui, avant tout autre, de parler au public. Je me sentis honoré de représenter le public; mais à l'instant le prieur me fit encore plus sentir que je ne représentais point le public le plus grave. Ami, me dit-il, tu sauras que les Ninivites et les plus anciens peuples, lorsqu'ils voulaient faire pénitence, se couvraient d'un sac de toile, et que naturellement la toile est de couleur plus ou moins blanche. Tu sauras aussi que nos anciennes processions des campagnes, qu'autrefois on faisait pour demander la cessation des grands fléaux, étaient appelées processions blanches. Mon grand-père, qui était Lyonnais, se souvenait d'avoir été dans une de ces processions, composée de plusieurs milliers de personnes enveloppées d'un linceul blanc, qui pendant une grande sécheresse criaient tous : *Sancta Maria ! de l'aigue! de l'aigue* [5] ! ce qui, dans tous les idiomes du midi, veut dire : Sainte-Marie! de l'eau! de l'eau! D'où tu peux conclure, tout jeune que tu es, que les pénitents blancs sont les plus anciens, et que les pénitents des autres couleurs sont leurs fils ou leurs imitateurs. Je le conclus : je tirai ma bourse ; je payai les droits de réception [6] ; je fus reçu.

Vint l'âge, vint la réflexion ; je ne trouvai plus que le raisonnement du prieur fût bon ; j'exposai naïvement mes doutes à nos officiers ; je leur parlai d'ailleurs fort poliment. Je leur dis que je n'ignorais pas que notre confrérie avait l'honneur d'être agrégée à l'archi-confrérie du confalon de Rome [7], d'où sont venus tous les pénitents de France et du monde [8] ; que je n'ignorais pas non plus qu'à la fin du dernier siècle il y avait dans cette ville des pénitents blancs [9]; mais qu'avant ce temps, soit dans cette ville, soit dans d'autres villes, il devait y avoir d'autres pénitents, sans qu'on puisse dire de quelle couleur ils étaient [10]. Je vis aussitôt l'irritation sur toutes les figures ; et quelque temps après, par une véritable vengeance de pénitents blancs, un jour de bonne chère qu'il faisait froid au dehors, chaud en dedans, je fus à l'unanimité mis à la porte.

Je m'étais disposé à bien dîner ; je voulus bien dîner. En quelques sauts, je fus aux autres pénitents blancs [11]. Je sonnai, je trouvai qu'on était aussi en fête. Je dis que je sortais de ma confrérie, mais que ce n'était pas pour raison politique ou pour raison religieuse [12], que c'était pour entrer dans une plus honorable confrérie, dans la leur, et je demandai à boire à la santé de tous les confrères. On me donna le plus grand verre : Frère, me dit le prieur, voilà qui est fini ; vous avez choqué verre avec nous ; vous êtes des nôtres. Demain vous ferez votre offrande. Nous réciterons les prières [13]. Effectivement le lendemain je fus reçu, enrôlé ; et ayant renoncé à mes débats chronologiques, je fus beaucoup mieux dans cette nouvelle confrérie ; cependant je ne pus non plus y demeurer.

Les Pénitents noirs.

Madelon, la fille aînée du notaire voisin, était pieuse et belle ; on le lui disait ; je ne cessais de le lui dire. O Madelon! que puis-je donc faire qui vous plaise? — Faites-vous de ma confrérie [14] ; faites-vous pénitent noir [15] ; portez mes couleurs. J'hésitais. Eh quoi! ajouta-t-elle, croyez-vous donc que vous n'aurez pas aussi, comme les autres pénitents, l'image de notre patron sur le sac [16]? que vous ne porterez pas à votre ceinture de corde [17] le chapelet et le fouet [18]? que vous ne pourrez pas bien vous discipliner, bien mériter le nom de battu [19]! que vous ne marcherez pas aussi nu-pieds dans les rues [20]? qu'il ne vous faudra pas aussi réciter le psautier, vous confesser, jeûner? J'hésitais. Je sais d'ailleurs, ajouta-t-elle, que vous voulez être de la confrérie la plus ancienne. Eh bien! mon père vous prouvera que la nôtre est du treizième siècle [21]. J'hésitais encore, ou feignais d'hésiter, pour qu'on me tînt compte de mes sacrifices ; enfin, on m'en tint compte ; on me fit mille promesses, mille serments ; je n'hésitai plus.

Les Pénitents gris.

Fiez-vous aux femmes! Je m'aperçus bientôt que mademoiselle Madelon, ou par inconstance, ou par zèle de confrérie, jouait de temps à autre de la prunelle avec les jeunes pénitents de toutes les couleurs ; je le dis à Thérèse qui était blonde, qui était pénitente grise [22] par assortiment de couleur, comme Madelon qui était brune, était pénitente noire. Elle se mit à rire. Elle ne m'invita cependant pas à changer de bannière ; mais j'en changeai le lendemain. Thérèse me dit alors : Je n'ai pas voulu vous ôter le mérite de faire quelque chose pour moi ; mais je puis maintenant vous assurer que notre règle est bien plus austère que celle des autres confréries qui assistent seulement leurs confrères dans leurs nécessités, leurs maladies [23], et qui, lorsqu'ils sont morts, les ensevelissent [24] ; tandis que dans notre confrérie on assiste aussi les prisonniers, et qu'à l'exemple des pénitents sachets on ensevelit les corps des hommes suppliciés [26].

Les Pénitents bleus.

Mes affaires me forcèrent à changer de domicile, à demeurer à Avignon. Je songeai à y prendre femme, et j'étais sur le point de me marier, quand mon futur beau-père exigea, comme indispensable préliminaire, que je fusse pénitent bleu [36] ; je le fus. Monsieur, ce n'est point parce que je suis maintenant de cette confrérie que je puis vous assurer qu'elle est la plus honorable et vraiment la plus riche ; car aux enchères des processions générales où l'on dispute, la bourse à la main, à qui portera la grande bannière, les petites bannières, la grande croix, les petites croix, les grands, les petits bourdons, les petits bâtons d'ordre, le grand bâton de la confrérie qui donne le titre de bâtonnier et le commandement général [27], vous verriez dans le plat tomber comme grêle les grosses pièces de cuivre, les petites pièces d'argent [28] ; et d'ailleurs aux octaves, quel si beau, quel si religieux pavillon que celui où saint Jérôme, notre patron, à moitié nu, est figuré dans le creux de sa roche, tenant une tête de mort, soupesant les légers intérêts de ce monde et les graves intérêts de l'autre ! Aussi est-il vrai, sans vouloir d'ailleurs dire du mal des autres confréries, que les pénitents bleus et les pénitentes bleues se conduisent en général le mieux, et que ce sera surtout par cette confrérie que les confréries des pénitents pénétreront dans le nord de la France [29]. Toutefois je ne dis pas que je ne change de nouveau encore, que je ne redevienne pénitent blanc ; mais ce n'est pas, comme vous pourriez le croire, parce que depuis peu leur confrérie a été érigée en congrégation royale [30]. Ce n'est pas non plus, comme vous pourriez ou que vous devriez le croire, parce que la patronne, la sainte Vierge [31] est la plus ancienne et la plus grande sainte ; c'est, l'avouerai-je, a-t-il ajouté en riant, par un autre motif, c'est parce que le roi est venu dans notre ville, qu'il pourrait bien y venir encore, qu'il a mis le sac de pénitent blanc [32], qu'il pourrait bien le mettre encore, qu'il a fait la procession, qu'il pourrait bien la faire encore, et qu'alors permis à moi de dire tout le reste de ma vie que j'ai côte à côte marché, chanté avec Henri IV.

LE BOURGEOIS DE NIMES.

Station XX.

Quel est le plus grand besoin des Français? me demanda-t-on ces jours derniers; je répondis sans hésiter que c'était celui de parler, et je crois que je répondis bien. Leurs comédies l'attestent : beaucoup de paroles, peu d'action [1]. Leurs livres l'attestent aussi; la plupart sont intitulés Discours, Colloques, Dialogues, Entretiens, Monologues, Soliloques [2]. Du reste ce n'est pas d'aujourd'hui que les Français sont grands parleurs; leurs plus anciennes assemblées municipales s'appelaient parlements [3]; et encore aujourd'hui leurs plus hautes cours de justice s'appellent de même [4].

Dans les voyages surtout les Français ont besoin de parler : de là ces grandes amitiés, qui commencent lorsqu'ils partent et qui finissent lorsqu'ils arrivent.

J'en ai fait aujourd'hui une nouvelle épreuve en venant à Nîmes. Je voyageais avec un bon bourgeois de cette ville, je ne parlais guère, et je paraissais l'écouter beaucoup. J'ai en quelques moments gagné son amitié. Il s'est mis à me faire toute sorte d'histoires, et enfin il m'a fait la sienne.

Le riche Bourgeois.

Je suis de Nîmes; mon père, issu d'une ancienne et riche famille bourgeoise, s'emportait souvent contre la corruption de notre siècle, où l'on vendait tout; mais il ne s'emportait pas contre la vente de l'illustration, de la notabilité héréditaire, contre la vente de la noblesse [5]; mon père voulait être noble.

Il le voulait malgré les prières de ses parents qui lui disaient qu'il allait rompre tous les anciens liens du sang, se séparer des diverses branches de sa famille; malgré les conseils de ses amis qui lui disaient qu'il allait fermer à ses enfants la porte des états de marchand, de financier, de médecin, d'avocat, de magistrat [6]; qu'ils ne pourraient honorablement prendre que l'état de tuer ou de dire la messe [7].

Un jour tous ses amis l'assaillirent pour lui faire entendre que la noblesse acquise en donnant de l'argent n'était pas plus honorable que la noblesse acquise en donnant à téter qu'obtenaient les nourrices du roi et leur famille [8]. Ils combattirent une à une toutes ses raisons, et comme on dit ne lui laissèrent pas le mot en bouche. Ce fut ce jour-là qu'il alla acheter la noblesse.

Un autre jour toute la parenté l'entendant répéter avec emphase les titres de maître Lancelot, qu'on appelait Lancelot du Lac [9], depuis qu'il avait acheté la seigneurie du Lac, et avec plus d'emphase les titres d'un simple échevin de sa connaissance, seigneur du Soleil [10], vint le prier de ne pas vendre la ferme de la Condamine, ou terre franche [11], de ne pas acheter le vilain château qu'on lui proposait. Ce fut encore ce jour-là qu'il vendit l'un et acheta l'autre.

Nous quittâmes aussitôt la ville; nous allâmes tous demeurer au château.

Je n'ai jamais vu mon père aussi content que le dimanche suivant. Tous les offices de l'église ne furent pour lui qu'une suite de triomphes. Il s'installa et fit installer ses nombreux enfants au banc seigneurial; on encensa l'autel, on vint ensuite l'encenser. On coupa le pain bénit, on vint lui porter le premier, le plus beau, et le plus gros morceau [12]. On fit les prières, on pria nominativement pour lui et on le recommanda au prône [13]. Avant d'être seigneur il craignait la mort; il ne voulait pas en entendre parler, encore moins en parler. Alors il en parla volontiers; il marquait même quelquefois la place de son litre ou ceinture noire autour de l'église, qui par intervalles devait être chargée de ses écussons [14] dont avec le bout de sa canne il se plaisait à figurer la forme et la grandeur. Les jeunes filles s'assemblèrent pour lui demander la permission de danser [15]; il l'accorda en leur tapotant seigneurialement les joues.

Je ne dois pas oublier que le bailli et le maître d'école le haranguèrent. Je dois encore moins oublier que peu de temps après notre arrivée il renouvela et nomma les deux consuls de la paroisse [16].

Le pauvre anobli.

Vous pensez bien que mon père, qui exigeait rigoureusement qu'on lui portât, d'après la teneur de ses titres, un écureuil de redevance, sur un grand mulet bâté [17], ne devait pas faire grâce des rentes en blé, en vin, en volailles et en argent; j'ajouterai qu'il était devenu grand lecteur de vieux titres, et que lorsqu'il découvrait une nouvelle rente il en exigeait les arrérages de vingt-neuf ans [18]. Mais il eut en tête plusieurs paysans riches qui le plaidèrent à outrance. D'un côté les procureurs et les sergents, de l'autre les visiteurs et les cuisiniers, le jetèrent dans des emprunts onéreux; car il avait obtenu des lettres du roi portant permission d'emprunter au-dessus du taux [19]. Le terme venu, il ne put payer, et, pour éviter l'ignominie de *frapper la pierre avec son cul nud* [20], il vendit successivement tout, excepté le château que personne ne voulut acheter : bien nous valut qu'il fût bâti aux vieux siècles, qu'il tînt debout sans entretien, ni réparation. Notre famille fut alors de la noblesse de Cussy : La soupe et le bouilli [81] ; quelquefois elle fut même de celle de Firou Martin : Va te coucher, tu souperas demain [82].

Le lendemain d'un jour que j'avais soupé de cette manière, ne trouvant pas de quoi déjeûner, je sortis de notre château, dans la résolution de ne plus y rentrer.

Le Toucheur de bœufs.

Le premier chemin qui s'offrit à moi fut celui que je pris.

Je ne puis dire que j'étais sans un denier, car au fond de ma poche j'en avais un, mais rien qu'un ; je le jetai dans une de ces pierres creuses placées le long des chemins où on laisse en passant tomber quelques pièces de monnaie pour avoir un bon voyage [83]. Presque aussitôt je fis l'heureuse rencontre d'un de ces toucheurs de bœufs qui vont du Limousin et des provinces voisines mener des bœufs dans les ports du midi [84]. Nous marchâmes quelque temps ensemble ; et comme il avait besoin d'un aide, je m'engageai avec lui. Il me nourrit bien, car il vendait bien ses bœufs en Provence, où la viande en est plus recherchée que celle des perdrix [85]. Je demeurai volontiers à son service, jusqu'à ce qu'un jour, dans une discussion, il s'emporta et me donna un coup de son fouet ; aussitôt je lui en rendis un autre du mien. Il ne maniait pas mal cet instrument, je ne le maniais pas mal non plus ; à l'instant commença un des plus terribles combats à coup de fouet dont on ait jamais entendu parler ; enfin, quand tous les deux nous eûmes le visage en sang et les yeux pochés, nous cessâmes.

Cependant nos bœufs s'en étaient allés à tous les diables. J'en retrouvai un des plus beaux et des plus gras. Réfléchissant alors sur la manière dont j'avais été payé de mes gages, je résolus de le vendre, d'en prendre l'argent et de m'enfuir. J'aperçus à peu de distance un boucher ; il était sur le pas de sa porte : Voyez, lui dis-je, comme j'ai été blessé au visage et aux yeux par cette méchante bête qui n'est bonne qu'à être tuée ; je veux m'en défaire ; vous m'épargnerez les embarras de la mettre en loterie [86], si vous voulez m'en donner un prix raisonnable. Nous entrâmes en marché ; je lâchai mon bœuf pour la moitié de sa valeur, afin qu'on n'examinât pas de trop près si j'en étais vraiment le maître. On me compta mon argent ; je marchai toujours devant moi.

Les premières noces.

Je traversai bien des pays ; je mangeai tout mon bœuf, et la faim me reprit : la faim est une mauvaise conseillère ; tantôt je voulais me mettre dans une de ces troupes de cultivateurs ou d'artisans français qui, depuis l'expulsion des Maures, vont tous les ans, au nombre de plus de trente mille, repeupler et ranimer l'Espagne [21]. Tantôt je voulais me faire bandoulier des Pyrénées [18], ou entrer dans les mauvais garçons de monsieur de Ségur [19], dans les lions de monsieur de Viteaux [30], dans une de ces bandes d'hommes prêts à tout. Ensuite je changeai, et je me serais déterminé à me mettre au service d'un seigneur plus riche ou plus économe que mon père, si je l'avais trouvé sur l'heure. Toujours de plus en plus pressé par la faim, je me jetai dans une ferme dont je vis la porte ouverte; je m'y louai pour garçon de charrue. Je ne voulus pas recevoir le denier à Dieu, et je ne fus pas sujet à la contrainte par corps, s'il me prenait envie de quitter la maison [31]. Le fermier se trouva d'abord un assez bon homme; mais bientôt il cessa de l'être, s'impatienta contre moi dans une occasion où j'avais fait mal quelque chose, me parla d'une manière insolente, dure, et finit par me dire que j'étais son valet.

Je résolus d'être son oncle.

Il avait une vieille tante qui à l'âge de soixante et quelques années s'était enflammée pour moi d'une belle et tendre amitié, à laquelle je m'empressai de répondre. Le mariage par paroles de futur [32] me fut proposé; il fut aussitôt fait; quelques jours après le mariage par paroles de présent [33] me fut encore proposé; il fut encore aussitôt fait, et le parchemin du contrat fut galamment cousu avec des rubans de ma couleur et de celle de ma future épouse [34], en même temps que des paquets de chevillière aux mêmes couleurs furent distribués aux serviteurs ainsi qu'aux servantes [35]. Enfin le vin des fiançailles fut bu [36], et le jour des noces irrévocablement fixé.

J'achetai suivant l'usage du pays ma femme treize deniers [37]; aussitôt après je la conduisis avec ses longs cheveux blancs dénoués comme nouvelle épousée [38] à l'église où nous fûmes mariés.

Au retour, elle voulut qu'on bénît le pain, le vin de la fête [39]; et comme elle aimait la magnificence, surtout celle que le cœur aime, elle appela, pour ainsi dire, à la noce ses aïeux et les miens, en les faisant représenter par des personnages vêtus des habits de leur temps [40], en sorte que nos deux généalogies, après avoir dîné, soupé, dansé ensemble, finirent par se baiser et s'embrasser au grand plaisir, aux grands applaudissements de tous les conviés.

Les jours de réjouissance, de tumulte, d'embarras passèrent; nous nous mîmes tête-à-tête en ménage.

La bonne vieille.

Je vais maintenant vous parler des défauts de ma femme, j'aurai bientôt fait.

Je vous parlerai plus volontiers de ses qualités; je serai plus long.

Elle avait conservé ses belles dents; elle n'avait pas une ride, et elle ne voulait pas cacher son visage par l'antique coiffure de la première reine de la dynastie actuelle [41], par la capette [42]. Elle était née lorsqu'il n'y avait que les anciens livres paroissiaux [43] qui ne mentionnaient ni les naissances, ni les décès [44]. Elle se faisait beaucoup plus jeune, et comme dans son village, ainsi que dans tous les villages bien réglés, chaque âge était distingué par des habits différents [45], je suis forcé de dire qu'à cet égard elle fraudait de vingt bonnes années sinon de plus. Je dirai aussi qu'au repas elle me tourmentait; ce n'est pas qu'elle voulût me faire manger, ainsi qu'elle qui avait demeuré dans la Provence, des chats lardés [46] ou des ragoûts de rats [47], mets si friand en Normandie; seulement elle me traitait de ridicule, de bizarre, parce que je ne voulais pas, suivant l'usage de plusieurs pays, commencer le repas par la viande, le finir par le potage [48], et boire en me couchant ou après m'être couché le vin de la collation [49], qui toujours était sur la table de nuit à côté d'elle.

Mais aussi que de douceur, que de bonté! sa belle âme, son bon cœur étaient toujours sur ses lèvres; mais aussi que de générosité! dès que le parlement venait dans la province tenir ses grands jours, elle envoyait à la mairie plusieurs setiers de vin pour lui être offerts [50]; mais que de raison! Ma conduite, me disait-elle, a toujours été bonne pendant mon mariage; ensuite je n'ai pas, ainsi que tant d'autres, déshonoré la mémoire de mon époux, en me vantant de galanteries pour lesquelles on ne pouvait plus alors judiciairement me poursuivre [51]; et, quand ma famille me reproche de m'être remariée si tard, je lui réponds que je suis ma maîtresse; je lui réponds encore que je suis sœur de la confrérie du Saint-Esprit, qu'en mariant les filles et les veuves [52], l'envie de me pourvoir m'est venue aussi; je lui réponds enfin que si au lieu de prendre un époux, j'avais pris un galant, j'aurais perdu la moitié de l'usufruit que m'accordaient les lois, comme ayant été épousée en chapeau, en chapeau de fleurs, c'est-à-dire demoiselle [53], en même temps que j'aurais perdu mes avantages dotaux [54], mes assignats [55].

La Donation.

Que d'autres louanges ne pourrais-je pas donner à mon épouse! J'aurais été, je vous assure, fort content, si je n'avais été un peu honteux de notre disproportion d'âge. Voilà qu'un jour de dimanche, comme je traversais la place du village, elle me surprend, et devant tout le monde jette ses bras autour de mon cou, en me serrant de toutes ses forces. Je voulais me débarrasser; mais les jeunes gens se mirent tous à me crier : Antoine! Antoine! laisse-toi embrasser! elle t'a donné son bien. Effectivement l'officier public se tenait tout à côté ; il me déclara donataire d'après la coutume [56], et je n'eus à payer qu'un demi-teston pour le vin du clerc [57].

Mon ami, me dit-elle quand nous fûmes seuls, j'aurais été bien plus riche, ou ce qui revient au même, je vous aurais rendu bien plus riche, si, avant leur mariage, mon père et ma mère n'eussent eu, chacun pour leur compte, plusieurs enfants naturels. Ceux de mon père ne purent légalement hériter ; mais ceux de ma mère partagèrent avec mes frères et moi la succession par égales parts [58]. Je ne cessais de lui dire qu'elle m'avait donné plus que je désirais et que je pouvais désirer : Ah ! me répondait-elle, en se servant de l'ancien proverbe, je vous donnerais le Poitou et la Saintonge [59].

Oh ! la bonne, oh ! l'excellente femme ! quand je la perdis, je l'aimais comme si elle eût eu cinquante ans de moins.

Elle était noble, elle était fille d'un des quatre mille descendants du célèbre ancien pèlerin Chalo de Saint-Mas [60] ; je n'eus donc pas à acquitter l'aubenage ou le droit de quatre deniers mis dans une bourse neuve qu'on est obligé de payer avant que le corps soit levé [61] ; son cercueil fut porté sur les épaules de quatre gentilshommes [62] ; sa fosse fut plantée de buis [63].

Le Retour.

Rien ne me retenant plus dans ce pays, je me disposai à retourner dans le mien. Je vendis à la famille de ma femme les biens qu'elle m'avait donnés ; je les vendis, comme le bœuf, la moitié du prix. J'achetai un fort cheval ; je le chargeai de mon argent et je partis.

Lorsque j'arrivai à Nîmes, j'eus la douleur de trouver mon père mort. Ma mère me dit que plusieurs de mes frères avaient voulu redevenir bourgeois, que les autres avaient au contraire voulu continuer à faire les gentilshommes. Elle me demanda ce que je voulais faire ; je lui répondis que je voulais être simplement ce qu'avaient été mes aïeux. Ma mère m'approuva et m'engagea à racheter la Condamine, à quoi je consentis volontiers.

L'acquéreur avait envie de vendre : nous fûmes bientôt d'accord. Je lui comptai son argent et j'entrai en possession ; mais à peine je commençais à jouir de notre ancienne propriété qu'elle fut saisie par les officiers du roi ; ils me dirent : Vous avez joué avec un comptable de deniers publics, avec le receveur de la ville ; vous lui avez gagné vingt pistoles, vous en devez par conséquent soixante au roi [64] ; lorsque vous les lui aurez payées il vous rendra la Condamine. Je répondis que je ne connaissais pas la personne avec qui j'avais joué, et je leur racontai comment je l'avais trouvée chez un de mes amis, comment elle avait voulu qu'on mît le vert [65], comment nous n'avions d'abord joué que les frais des cartes au prix d'un sou le jeu [66], comment ensuite nous avions successivement joué à la prime, à la condemnade, à la séquence [67], comment les as par-dessus l'épaule [68], c'est-à-dire les figures, m'étaient ou ne m'étaient pas venus, quand il avait fallu ou qu'il n'avait pas fallu, comment enfin malgré moi j'avais été heureux. Mes raisons ne furent point accueillies ; je me plaignis, je criai, je protestai, tout fut inutile : ma grande ferme demeurait toujours saisie. A la fin je m'avisai d'aller faire la partie de messieurs les officiers du roi ; je fus assez heureux que de perdre à plusieurs reprises ; alors mon affaire changea insensiblement de face, s'arrangea, et la Condamine bientôt après me fut rendue.

Les secondes Noces.

Mon fils, me dit alors ma mère, vous avez, je crois, vingt-six, vingt-sept ans ; il faudrait vous marier. — Ah! ma mère, je le veux bien si c'est avec Martinette : elle est bonne comme le pain, belle comme le jour ; elle est douce, timide ; elle sort de la pension d'un couvent [69]. — Mon fils, c'est une malicieuse, une prodigue, une coquette ; elle ne vous convient pas. Je pris la défense de Martinette ; mais ce fut en vain. Toutefois la famille de la jeune personne, informée de mes intentions, fit parler à ma mère ; après bien des allées et des venues, les accords furent terminés, et nous fûmes mariés au mois de mai, mois avec raison réputé malheureux pour les époux [70].

Le mauvais Ménage.

Le proverbe arabe dit que la première lune, après le mariage, est de miel, et celles qui la suivent d'absinthe. Ce proverbe ne se trouva pas vrai à l'égard de ma femme ; elle fut aussi capricieuse, aussi folle, aussi méchante le premier jour que le dernier.

Vous savez qu'aussitôt qu'un étudiant est admis au grade de bachelier il reçoit de ses camarades et il leur rend quelques petits coups de poing [71]. Vous savez aussi qu'aussitôt que les deux époux ont été fiancés par le prêtre, on se donne de même à la ronde quelques petits coups de poing [72]. Martinette en donna de toute sa force à droite, à gauche, et se comporta comme un gend'arme. Quant à moi qui voulais agir doucement, cela me fut impossible. Un des anciens amants de ma femme, sans doute par son ordre, se préparait à me pocher un œil : je vis venir le coup ; je l'évitai en baissant la tête, et le poing de mon ancien rival alla donner dans l'oreille d'un personnage respectable, venu pour me faire l'honneur de me servir à la table du banquet [73].

Vous savez sans doute encore qu'aux fêtes de la Nativité les sacristains de la paroisse portent l'O de Noël au dernier marié. On me le porta, suivant l'usage, peint en or sur une feuille de vélin. Martinette ne le trouva pas d'une assez grande dimension, bien qu'il eût un demi-pied; pour lui complaire il fallut en faire un autre deux fois plus grand, et quand on le plaça sur le lutrin [14], tout le monde le trouva ridicule.

Martinette obéissait scrupuleusement d'ailleurs et me faisait scrupuleusement obéir à la mode. Je n'aimais pas les guêtres, j'aimais les bottes : il me fallut quitter les bottes, porter les guêtres, ni plus ni moins longues que celles de nos élégants [75]. Je n'aimais pas qu'ainsi que les femmes les hommes portassent des pierreries aux oreilles [76] : Martinette s'obstina à me faire percer les miennes; et quant à elle vous l'auriez toujours vue un touret de velours noir sur le visage [77], un parasol [78] à la main.

Voici maintenant des torts autrement graves. Un jour en me promenant avec elle, je vis un beau garçon ayant une violette double à sa boutonnière qui passa et repassa devant nous. Je ne m'en serais nullement souvenu si le lendemain elle n'avait eu un bouquet de violettes simples, si le lendemain le beau garçon n'avait eu un gros bouquet de violettes doubles; si le lendemain elle n'avait eu pour tout bouquet une violette blanche; si le lendemain le beau garçon n'avait eu un bouton de rose blanche; si le lendemain elle n'avait eu une rose blanche et plusieurs boutons de rose rouge, ce qui dans le langage symbolique des fleurs, que je savais sans qu'elle s'en doutât, veut dire : Je suis brûlé d'une flamme secrète. — Réponse : Ne désespérez pas. — Je n'ose me déclarer. — Réponse : Espérez. — Je vous aime. — Réponse : Vous êtes aimé. Je devins furieux : Venez ici, ma femme ! dis-je à Martinette. Il ne tiendrait qu'à moi de dénoncer à la justice votre rose blanche et surtout vos deux boutons de rose rouge, qui dans sa balance pèseraient peut-être autant que le flagrant délit; mais je veux bien ne pas me croire offensé; j'exige seulement que vous mettiez à l'instant un bouquet de feuilles de rosier qui, vous ne l'ignorez pas, signifie : Je ne veux plus de vous [79]. Elle hésitait : Apprenez, ajoutai-je d'une voix de tonnerre, que nous avons en France des bourreaux pour fouetter jusqu'au sang les femmes infidèles, des couvents à fortes murailles pour les enfermer [80]; et, sans tant vous faire attendre, je ne sais à quoi tient que je vous batte comme seigle vert. Nous ne sommes pas à Paris. Personne ici n'y trouvera à redire [81]. Martinette mit le bouquet; je la menai à la promenade; le beau garçon rougit, pâlit, et je vis bien que j'étais de la confrérie de saint Bénézech [82]; mais crainte de faire comme certains maris qui par irritation mettent des bougies ou des clochettes au bout de leurs cornes, je pris mon mal en silence.

Le Congrès.

Martinette ne respirait que la vengeance; elle voulut m'humilier publiquement, en m'accusant devant l'officialité de n'être pas né pour le mariage. Mes amis m'en avertirent; ils me conseillèrent de la prévenir, de demander la séparation d'avec elle comme étant possédée du diable [83]. Je répondis qu'à la vérité sa langue était on ne peut plus diabolique, mais que je n'irais pas mentir aux tribunaux de l'Église. Quelques jours après je reçus la citation, et celui qui me l'apporta eut l'insolence de me dire que si je ne comparaissais pas, les sergents de l'officialité viendraient me prendre [84]. Je comparus. Le congrès est ordonné. J'ôtai ma casaque de soie à clinquant d'argent [85], et je mis ma robe de nuit [86]. Je ne conseille à aucune femme d'agir, en pareille circonstance, comme Martinette. Elle commit alors une grande faute. Elle ne mit point son manteau de satin rayé d'argent qu'elle avait fait pour plaire à un homme de guerre, sa demi-cotte de drap d'or qu'elle avait faite pour plaire à un trésorier de France [87], sa robe de velours noir figuré par bas qu'elle avait faite pour solliciter un procès de sa famille, ses chausses de velours rouge, son corps de satin blanc qui m'avaient tant irrité, ses manches, ses manchettes de velours découpé, son manchon de velours brodé qui ne m'avaient pas moins irrité; elle commit une plus grande faute encore : elle mit des vêtements innocents, une robe de taffetas pain-bis, un devantal d'étamine garni de jais, des brassarts à chevrons jaunes [88]. Ainsi habillée, elle me parut plus belle que jamais. Je la conjurai de faire la paix, de consentir du moins au triennium de nouvelle épreuve [89]; mais la méchante Martinette, furieuse de se voir toujours aimée, se mit à me battre, à m'injurier au point que toute l'assistance des gens de l'art qui était dans la salle voisine [90], croyant que nous allions nous étrangler, accourut. Dans le moment je fus pleinement justifié [91]. Martinette honteuse, confuse, se retira chez ses parents; une fièvre de colère la saisit et l'enleva en moins de vingt-quatre heures.

Les troisièmes Noces.

Grâce à cette sage institution des congrès [92] la calomnie fut légalement reconnue. Ma mère voulut encore me marier; elle me mena chez une jeune demoiselle qui me parut avoir le corps et l'esprit d'une grosse villageoise. Je sortis de chez elle avec la ferme résolution de ne plus la revoir; ma mère en sortit avec une résolution toute contraire. Par mille politesses elle attira dans une maison voisine celle dont elle voulait faire sa bru. Je fus bientôt enchanté de sa raison, de son caractère, et enfin de sa personne; on nous unit.

Le bon Ménage.

Plusieurs années se passèrent sans que nous eussions des enfants : Laure, dis-je à ma femme, il vous faut mettre sur votre robe une ceinture d'herbes cueillies à la Saint-Jean [93]; elle en mit deux. Laure, lui dis-je ensuite, il vous faut vouer à la patronne de la dame des Pourcellets qui d'un seul accouchement eut neuf enfants [94]; elle se voua à cette patronne et encore à celle de la dame de Beauville qui eut un accouchement aussi fécond [95]. Rien n'y faisait. Je me désespérais; je consultais inutilement les médecins, les chirurgiens, les matrones. Laure ne se désespérait pas; elle tressait en osier de jolis archets [96] pour des berceaux d'enfants.

La bonne Mère de famille.

Enfin le ciel exauça nos vœux et ceux de ma chère mère. Laure devint enceinte. Elle eut en huit années cinq garçons et trois filles. Pour obéir au poète Sainte-Marthe qui exhorte en beaux vers les mères à nourrir leurs enfants [97], elle nourrit les premiers qu'elle eut; et pour obéir aux antiques préceptes du médecin Paul Eginette, elle ne leur donna d'abord à téter que deux fois par jour [98]. Ensuite elle eut des nourrices; elle les prit d'une humeur douce et de bonnes mœurs; car, disait-elle, l'agneau qui tête la chèvre a la laine plus rude [99]. Par la même raison elle ne permettait pas non plus aux nourrices de chanter, si elles n'avaient la voix juste [100]; et lorsqu'elle voulait sevrer ses enfants, elle faisait comme en Flandre, elle leur donnait à téter de bon vin de Saint-George [101], dont elle remplissait une grosse bouteille de la forme d'une mamelle [102]. Du reste elle ne tenait pas grand compte des tablettes de Diarhodon contre hoquet [103], ni d'autres pareils remèdes aujourd'hui si en vogue. Elle ne voulait pas non plus croire que le cotignac fît venir de l'esprit aux enfants [104]; car, disait-elle, à Cotignac où doit naturellement se trouver le meilleur [105], il y a autant, s'il n'y a pas plus qu'ailleurs, de sots et de bêtes.

Le bon Père de famille.

J'élevai mes enfants dans toute la plénitude des principes de La Primaudaye et de son Traité d'éducation [106]. En quelques années, qui ne m'ont paru que quelques jours, mes filles et mes fils sont devenus nubiles. Je vous ferai dans un autre moment l'histoire de mes filles dont l'aînée ne s'est mariée que la dernière; mais ce n'est point faute d'avoir trouvé plus tôt des époux. J'ai refusé un avocat des pauvres [107], parce qu'il n'était pas assez riche, et un procureur des pauvres [108] parce qu'il l'était trop. Je l'ai dégoûtée d'un jeune prophète-pronostiqueur, beau diseur s'il en est, qui lui promettait de faire signer à Salon son contrat de mariage par cinq Nostradamus [109], ses parents [110]. Je l'ai encore dégoûtée d'un jeune bel Auvergnas qui lui promettait aussi de la faire recevoir à la ville de Sébazac d'où il était, sœur d'une confrérie où les femmes ont toutes les charges, sont toujours les premières [111]; où les hommes n'ont aucune charge, sont toujours les derniers. Je lui conseillai d'épouser, et elle épousa le vieux roi des arpenteurs [112], avec lequel elle ne manquera jamais ni de terre ni de pain. Je vous raconterai aussi après dîné l'histoire de mes fils dont l'aîné a La Condamine, dont le puîné est avocat à la justice royale des bastilles de Périgord [113], dont le second puîné est procureur des mariages [114], et réussit très bien dans cet état si difficile, si délicat, dont le troisième est semi-prébendé dans un grand chapitre où il a l'espoir de devenir chanoine-granger [115], dont le quatrième est clerc tonsuré, est à dix-neuf ans doyen, a le doyenné de l'église [116], dont enfin le cinquième, âgé de seize ans, est assuré, s'il vient à cinq pieds quatre pouces, d'être archer du vice-sénéchal [117], et d'être archer du sénéchal, s'il vient à cinq pieds six pouces.

L'AVOCAT DE TOULOUSE.

Station XXI.

Je me disposais à partir ce matin de Toulouse; voilà que mon mulet et mon muletier, comme si pour me retenir ils s'étaient entendus, se sont en même temps trouvés malades. J'ai tout à la fois envoyé chercher le maréchal et le médecin; ils ont à l'instant, chacun dans ses attributions, fait le prognostic, d'après lequel je suis ici pour plusieurs jours.

Quand on n'a rien à faire, où aller? à la promenade, n'est-ce pas? j'y suis allé.

Toulouse est environné d'immenses vignobles que traversent de larges routes, le matin couvertes de beau monde qui se promène sur des ânes [1]; j'y ai remarqué entre autres grand nombre de gens de loi en habit noir, en bonnette noire, en capuchon noir [2]. Par hasard j'y ai rencontré mon voisin, l'avocat Alexandre Landri, à qui j'avais eu occasion de donner quelques leçons de bon espagnol de Tolède, qu'il m'avait rendues en leçons de mauvais français des Pyrénées; mais ce matin il m'a payé en autre monnaie et il m'a mieux payé. Dès qu'il m'a aperçu il est venu à moi. Bien qu'il fût monté sur un fort bel âne, tantôt un pied tantôt l'autre, suivant qu'il se penchait ou de l'un ou de l'autre côté, traînait et traçait un sillon sur le sable; à la vérité il est grand et il a de longues jambes : c'est au moins un petit cheval qu'il lui aurait fallu. Comme il m'a paru de fort bonne humeur, je lui en ai fait l'observation : il en est demeuré d'accord; mais il craindrait, m'a-t-il dit, de se rendre ridicule. En effet les gens les plus graves, portant chapeau de taffetas, calotte de velours, longue robe, longue soutane à manches de satin, jupon à la reitre, cotillon de drap³, qu'il me nommait à mesure qu'ils passaient, n'étaient pas autrement montés : Voilà, me disait-il, des notaires! voilà des avocats! des procureurs! des conseillers! des présidents! des sénéchaux! des baillis! des généraux des aides! des juges des élections! des juges forestiers! des juges marchands! Maître, lui ai-je dit, que de divers magistrats! ah! que de divers magistrats! Il m'a regardé : Messire, m'a-t-il répondu d'un ton gai, hier vous devinâtes juste ma pensée. Je devine aujourd'hui la vôtre. Venez, avançons. Nous avons avancé jusque sur les hauteurs de Matabiau⁴. Croyez-vous, m'a-t-il alors demandé sur le même ton, que de même qu'il y a les milices des défenseurs de la foi, les milices de l'Église, il y a aussi les milices des défenseurs des citoyens, les milices de la justice? Oui. — Eh bien! a-t-il continué toujours sur le même ton, puisqu'en ce moment vous voulez, comme je n'en doute pas, connaître la magistrature française, je vais vous la faire, pour ainsi dire, passer en revue dans cette plaine qui s'étend au loin devant nous.

D'abord voyez en tête et hors des premières lignes le chef auguste dont la main tient une brillante masse d'or⁵.

C'est le Chancelier.

Sous la première race, il n'était encore qu'un petit huissier, garde des chancels ou barreaux qui entouraient le lieu où l'on scellait; il fut ensuite un simple scelleur, ensuite un simple notaire⁶; aujourd'hui lorsque la bouche du roi donne des lois au peuple, le chancelier est à son oreille qui les lui inspire⁷. Le chancelier veille ensuite à leur vraie interprétation, à leur stricte exécution.

Mais, a-t-il continué, voyez-vous maintenant celui qui est venu subitement prendre sa place?

C'est le Garde des sceaux.

Depuis le siècle actuel nous distinguons en France dans le chancelier deux hommes : l'un à qui l'on ne peut ôter son office, l'autre à qui l'on peut ôter ses fonctions, son pouvoir, à qui l'on peut ôter les sceaux [8]; ainsi aujourd'hui nous avons en France tantôt un chancelier garde des sceaux, tantôt et un chancelier et un garde des sceaux [9].

Voyez ensuite ces cours habillées de rouge qui s'offrent en première ligne, qui ont une attitude si fière, si menaçante?

Ce sont les Parlements.

Ils forment huit grands corps [10]; ils sont depuis leur institution toujours habillés de la même couleur [11]. Remarquez cependant deux de ces corps qui portent des habits neufs. Le parlement d'Aix et le parlement de Rennes ne datent que de ce siècle [12].

Ne pensez pas toutefois, a continué l'avocat de Toulouse, que les parlements soient différenciés par l'ancienneté de leur institution, ou par l'étendue de leur ressort; ils ont tous les mêmes titres, les mêmes pouvoirs, les mêmes honneurs; ils se regardent tous, avec quelque raison, comme huit commissions de grands jours [13], comme huit sections d'un même parlement, fixées dans huit grandes villes de France. Point de jalousie, point de rivalité entre eux; au contraire, constante amitié, intime fraternité. On voit toujours, dans leurs débats contre le gouvernement, les parlements de province opiner du bonnet avec celui de Paris, et celui de Paris opiner du bonnet avec ceux des provinces [14].

Le parlement ou les huit sections du parlement ne fait pas ou ne font pas les lois; mais, sous la forme d'enregistrement, qu'il appelle ou qu'ils appellent aujourd'hui fièrement vérification [15], il les sanctionne ou ils les sanctionnent. Le parlement ou les parlements, quoiqu'il n'ait pas ou quoiqu'ils n'aient pas grandi depuis le siècle dernier, semble plus grand ou semblent plus grands; c'est qu'il a, ou qu'ils ont abaissé tous les dignitaires, tous les corps qui ont voulu lutter avec lui ou avec eux, le chancelier qui a été admonesté [16], les généraux des aides, les généraux des monnaies qui ont été mandés [17], les maîtres des comptes qui ont été forcés à bâtonner leurs registres [18]. J'ajoute que plusieurs hautes dignités, plusieurs hauts offices ont pris fin [19] : ainsi dans nos forêts les chênes semblent avoir grandi, ainsi dans nos cités les édifices semblent s'être exhaussés quand on a coupé les arbres, quand on a rasé les bâtiments d'alentour.

Quelles sont ces cours habillées de soie noire [20] qui viennent en seconde ligne, qui tâchent de s'élever, qui, si je puis parler ainsi, se dressent sur la pointe des pieds, mais qui à côté des parlements restent toujours petites?

Ce sont les Présidiaux.

Ces corps dont les conseillers prennent le titre de magistrat au présidial, de magistrat-présidial [21], ont été érigés, vers le milieu de ce siècle, au sein des grands bailliages et des grandes sénéchaussées [22]. Ils jugent souverainement jusqu'à la somme de mille livres [23]; en sorte que lorsque l'objet en litige n'excède pas cette somme, ces bailliages, ces sénéchaussées deviennent présidiaux, et que lorsqu'il l'excède, ils redeviennent bailliage, sénéchaussée, en même temps que le lieutenant du bailli ou du sénéchal redevient président de simple conseiller au présidial qu'il était, en même temps encore que le président du présidial redevient simple conseiller du bailliage ou de la sénéchaussée. Assurément cette métamorphose de bailliage, de sénéchaussée en présidial, de présidial en bailliage, en sénéchaussée; cette métamorphose de simple juge en président, de président en simple juge qui a plusieurs fois lieu à chaque audience [24] est bizarre; mais ce qui est bien plus bizarre c'est que le bailli d'épée, le sénéchal d'épée qui étaient les plus hauts juges de leur cour, et souvent les seuls juges, ne jugent plus, bien que toujours ils siègent, bien que toujours leurs noms soient respectueusement mis en tête de tous les jugements [25].

Et quelles sont ces autres cours habillées de laine noire [26] qui forment la troisième ligne?

Ce sont les Justices royales.

Plusieurs de ces justices ressortissent directement au parlement [27], et à cause de leur importance ou de leurs priviléges, ou de leur position territoriale, elles ne peuvent manquer d'être érigées en présidiaux [28]. Je vois qu'elles le savent, car je les vois aussi s'élever, se dresser sur la pointe des pieds.

L'influence de la création des présidiaux s'est fait moins sentir dans le nord de la France, où l'on a, dès les plus anciens temps, jugé par conjures, par assises majestueusement tenues au milieu des temples [29] et d'autres édifices publics [30] que dans le midi, où la haute chaise [31] du juge royal s'est élargie pour donner place aux nouveaux juges que le roi a nouvellement mis dans toutes ses cours, sous le nom de conseillers; car maintenant ce beau titre dore tout le corps de la moyenne aussi bien que de la haute magistrature [32], comme il dore les officiers de plusieurs autres corps [33].

Quels sont ensuite ces milliers, ces trente, peut-être ces quarante milliers de petites cours composées, les unes de trois, de deux juges, les autres composées seulement d'un seul juge tenant son écritoire d'une main et de l'autre sa chaise de bois ou sa petite sellette, cherchant à droite, à gauche avec une attention inquiète les arbres les plus touffus?

Ce sont les Cours seigneuriales.

On appelle vulgairement les juges de ces cours, juges bannerets, juges pédanés, juges de l'orme [34]. Je les vois ici fort humbles, parce qu'ils se trouvent en présence des parlements, des présidiaux, des justices royales, des juges de leurs jugements; mais au milieu des champs, quand ils sont adossés à un bel arbre, en même temps leur trône, leur panache, ils deviennent fiers, arrogants; et les plus fiers, les plus arrogants sont ceux qui sont tout à la fois juge, assesseur, procureur fiscal, greffier, huissier, qui jugent, qui écrivent leurs jugements, qui écartent avec leur canne, ou plutôt avec leur bâton, les plaideurs trop familiers. Tels ils étaient sous notre bon Saint-Louis, tels ils sont sous Henri IV, tels ils seront sans doute jusqu'à la fin du monde [35].

Je vois maintenant, voyez une cour supérieure voltiger sur le front des autres cours; elle n'a pas de place, et je me doute qu'elle n'a pas non plus d'attribution fixe. Vous, vous voulez surtout savoir quelle est cette cour?

C'est le grand Conseil.

Créé vers la fin du siècle dernier, pour comprimer les parlements sous le poids de son auguste nom, de sa haute juridiction [36], le grand conseil, quoiqu'il ait l'immense et universel droit de connaître des matières ecclésiastiques dans tout le royaume; l'immense et universel droit de faire exécuter ses jugements dans tout le royaume [37], n'a encore guère fait remarquer son existence [38]; et je doute même qu'il fît remarquer sa mort.

Oh! combien d'autres cours en habit noir, en habit de couleur, en robe longue, en robe courte, dont les juges portent des papiers, ont l'épée au côté, s'appuient sur la hallebarde, tiennent la romaine, l'aune! je les vois prendre rang à côté des parlements, des présidiaux, des justices royales, mais sans les coudoyer; voulez-vous les connaître?

Ce sont les Cours d'exception.

Les chambres de l'édit ou chambres mi-parties de juges protestants et de juges catholiques, les chambres destinées à juger les protestants, les protestants et les catholiques [39], les chambres des comptes, les cours des aides, les cours des élections, des traites foraines, des greniers à sel, des monnaies, des maréchaussées, des arsenaux, des varennes, des eaux et forêts, des sergenteries, des bourses des marchands [40], sont appelées en France des cours d'attribution, des cours d'exception [41].

Mais ce ne sont pas là, il s'en faut bien, toutes nos cours judiciaires; je pourrais encore en voir, vous en faire voir d'autres, et d'autres [42]. J'en découvre, en ce moment, une toute petite, toute imperceptible; vous la découvrez aussi, car vous me demandez quelle est, dans le lointain, cette cour composée de tout petits conseillers rouges, de tout petits greffiers rouges, de tout petits huissiers rouges, qui singe toujours les parlements?

C'est le Parlement de Dombes.

Je suis avocat à un de nos grands, de nos vrais parlements : je ne puis reconnaître le parlement de Dombes; cependant il s'appelle ainsi; le petit pays qu'il juge, le prince de ce petit pays l'appellent ainsi, je l'appelle ainsi [43], je le laisse là pour ce qu'il est.

Mais quelles sont ces jeunes, jolies, joviales cours, tantôt siégeant, jugeant, tantôt chantant, dansant [44], que je vois et que j'entends?

Ce sont les Bazoches.

Qui ne fit pas peur à Henri III? Les jeunes clercs de procureur dont est formée la bazoche du parlement de Paris lui firent peur; il détrôna leur roi [45]. Cependant cette cour ou ce royaume [46], ce royaume ou cette cour, à laquelle ressortissent les bazoches des juridictions inférieures ressortissant au parlement [47], gouvernée par un chancelier et par des dignitaires, continue à juger les procès des clercs de la bazoche du parlement et des bazoches inférieures [48]; je dois vous dire qu'aux autres bazoches des autres parlements il y a toujours un roi [49]; je dois vous dire encore que la bazoche de Paris a une monnaie qu'on donne, qu'on reçoit en riant, qu'on ne frappe pas comme les pièces de métal, qu'on bat comme le blé en épis, les légumes en cosses, car ce sont des lupins [50].

Si je ne me trompe, vous voudriez savoir aussi quels sont ces espèces de sergents de bataille, de sergents-majors, de serre-file qui se tiennent sur les ailes de chaque corps, qui en font partie, mais qui cependant en sont détachés : eh bien!

Ce sont les gens du Roi.

Le ministère public qu'on appelle aussi le parquet, parce qu'il siégeait dans un petit parc de menuiserie, à côté du grand parc où siégeait le parlement [51], n'a guère été jusqu'à la fin du siècle dernier qu'une âpre agence fiscale, chargée de veiller à ce que la cautelle des plaideurs ou l'indulgence des juges ne fît perdre aucun des droits d'amende ou de confiscation dus au roi [52]; mais depuis il s'est bien accru, et tous les jours il ne cesse de s'accroître. Premier accroissement : les procureurs du roi, les avocats du roi portent aux parlements le titre de conseiller procureur général, de conseillers avocats généraux; ils portent aux présidiaux et aux cours des justices royales le titre de conseiller procureur du roi, de conseillers avocats du roi [53]. Autre accroissement : ils ont des conseillers substituts, suppléants [54], ce qui augmente le nombre des gens du roi, agrandit le parquet et lui donne plus de consistance. Autre accroissement : ils assistent aux jugements des procès par écrit. Autre accroissement : ils ont communication préalable de tous les jugements convenus entre les parties. Autre accroissement : ils prennent la parole non-seulement dans toutes les causes où le fisc est intéressé, mais encore dans toutes les causes criminelles, mais encore dans toutes celles où il s'agit d'établissements publics, de personnes publiques, d'orphelins, de mineurs que, par une tendre fiction, les lois regardent comme des personnes publiques. Autre accroissement : ils sont chargés de faire exécuter les jugements. Autre accroissement : lorsqu'il y a des dangers publics, des crises politiques, l'initiative des mesures de haute police, de sûreté générale, leur appartient [55]. L'ignoble origine de leurs anciennes fonctions se perd aujourd'hui dans l'éclat de leurs fonctions actuelles. Le ministère public s'est d'ailleurs établi dans toutes les cours de justice, de finance [56], de police [57], de commerce [58], d'église [59], dans toutes les cours [60]; et dans toutes il est la vie, le cœur, l'âme de la magistrature, la vie, le cœur, l'âme de la justice.

Messire, a poursuivi l'avocat de Toulouse, en continuant à s'interroger en mon nom et à se répondre au sien, en ce moment vous me demandez quels sont ceux que vous voyez rangés sur les deux côtés des grands carrés que forment les divers corps judiciaires? Je trouve comme vous qu'ils ont l'air leste, dispos, animé, guerrier. On dirait d'une nombreuse troupe d'agiles maîtres d'armes, également prêts à porter et à parer les coups;

Ce sont les Avocats.

Ils ont la robe noire, ainsi que les conseillers des présidiaux et le chaperon fourré ainsi que les conseillers des présidiaux et les conseillers des parlements. Ici ils s'offrent rangés, comme aux grands auditoires construits tous sur le modèle de la grand'chambre du parlement de Paris [61], où les hauts sièges des juges sont adossés à deux murs de la salle et forment un angle droit, où l'angle opposé est formé par les triples bancs des avocats, celui des avocats écoutants, celui des avocats plaidants, celui des avocats consultants [62]. Je devrais dire par les quadruples bancs des avocats, car il y en a un quatrième fleurdelisé, où viennent noblement se montrer au public les avocats couronnés d'années et de célébrité [63]. Ah ! messire, de combien de grands orateurs j'y vois les noms écrits en lettres tous les jours plus grandes ! On connaît en Espagne comme en Allemagne, comme en tout pays, les Dumoulin [64], les Aubery [65], les Riaultz [66], les de Thou [67], les Montholon plaidant pour le connétable de Bourbon, sous le règne de François Ier [68], les Lamartillère plaidant contre le duc de Guise, sous le règne de la Ligue [69]. L'imprimerie fait entendre encore leurs plaidoyers [70], d'une extrémité du monde à l'autre. Vous en avez sûrement lu quelqu'un. Dans tous même simplicité d'économie oratoire : proposition, exposition, discussion, conclusion ; défense de l'adversaire, réplique ; réplique de l'adversaire, duplique ; duplique de l'adversaire, triplique [71]. Entre ces premiers mots : *Messeigneurs*, et ces derniers, *je concluds, je demande les despends et les intérests* [72], les anciens avocats répandaient l'érudition à jointées ; les avocats actuels bien plus savants, mais en même temps bien plus habiles, la sèment légèrement sur les diverses parties de leurs plaidoyers qu'ils brodent avec goût des fleurs de l'antiquité [73]. Et maintenant ne soyez plus surpris de l'importance qu'a l'avocat, ne soyez plus surpris si nos lois s'en occupent souvent, gouvernent sa vie publique, et quelquefois sa vie domestique ; si elles lui ordonnent sous peine de prison de ne se présenter à l'audience que vêtu de sa robe [74] ; si elles s'emparent de ses mains, et le forcent à signer ses mémoires, à en répondre [75] ; si elles lui lient les pieds, et le forcent à ne pas sortir de la ville même les jours de repos ou réputés jours de repos, tels que le jeudi des déconfitures [76], sans en prévenir les procureurs [77], à ne pas sortir de l'audience sans en prévenir les juges [78] ; si enfin elles lui lient aussi la langue et le forcent à ne pas discuter les faits, convenus de part et d'autre avant l'audience [79], à ne discuter que les conséquences.

Maintenant voyez derrière les avocats d'autres gens en robe qui les talonnent, qui leur parlent continuellement à l'oreille, qui ont, sinon une mine aussi guerrière, du moins un air aussi animé, aussi mutin, qui ont comme eux la robe noire, le bonnet noir, mais qui n'ont pas comme eux le chaperon fourré ;

Ce sont les Procureurs.

Ils ne peuvent prendre la parole que dans les petites causes [80] ; et vous les voyez, dans les grandes, comme à la guerre lorsque le feu est très vif et que la seconde ligne charge les armes de la première, souffler aux oreilles des avocats de nouvelles raisons, de nouveaux moyens de droit ou de ruse.

Tout ainsi que les avocats ont été honorés par les nouvelles lois qui ont voulu qu'ils tinssent la place des juges récusés, absents [84], tout ainsi les procureurs ont été honorés par les nouvelles lois qui ont établi leurs mercuriales [85], leurs solennelles séances de louange et de blâme; mais les nouvelles lois ne les ont pas honorés lorsqu'elles ont pris au sérieux :

> « Le monelegue du robin
> « Lequau a perdut son proucez,
> « Translatat de grec en francez,
> « Et di francez en bel latin,
> « Et poux di qui in poitevin 85. »

lorsqu'ayant peur de leurs ongles, elles font taxer leurs honoraires par les juges [84]; lorsqu'ayant peur de leur bec, elles les traitent impoliment de *corbineurs*, leur défendent d'aller *corbiner* au-devant des messagers, chargés des sacs des procès [85].

Messire, a continué, après une petite pause, l'avocat de Toulouse en est-il dans votre Espagne comme dans notre France? les procureurs, les plaideurs sont-ils à genoux devant les juges [86] quand on plaide leurs procès? Et sans me donner le temps de lui répondre, il a ajouté : Vous êtes sans doute impatient de savoir quels sont ces hommes aussi à genoux derrière les plaideurs :

Ce sont les Solliciteurs.

Nos lois font souvent mention des solliciteurs [87] qui lorsqu'ils marchent ou parlent ont le pied, la langue si mobiles. Véritablement dans le mouvement et l'action du procès ils deviennent quelquefois fort utiles [88]; quelquefois ils deviennent aussi fort inutiles; quelquefois ils sont le cocher, quelquefois la mouche du coche.

Messire, a poursuivi l'avocat de Toulouse, puisque vous et moi nous nous sommes accordés à considérer la magistrature comme une milice, nous pouvons, à toute force, comparer à la cavalerie les juges montés, assis sur leurs sièges, à l'infanterie les avocats, les procureurs, les solliciteurs.

Mais dans les diverses parties de la magistrature n'y a-t-il pas des gens que nous puissions comparer aux gardes de l'artillerie? Il y en a : ce sont ceux qui écrivent les jugements rendus par les juges;

Ce sont les Greffiers.

En effet, les jugements sont l'artillerie de la justice et les greffiers en sont les dépositaires.

Autrefois les greffiers étaient fort nombreux; ils le sont aujourd'hui davantage. Nous avons des greffiers civils tant et plus, des clercs de greffiers civils en titre d'office [89] tant et plus ; des greffiers criminels tant et plus, des clercs de greffiers criminels en titre d'office [90] tant et plus ; tant et plus de greffiers de parquet, de greffiers garde-sac, de greffiers de l'écritoire, de greffiers des présentations, de greffiers des notifications pour les retraits, de greffiers de finances, de greffiers de tailles ; tant et plus de divers autres greffiers [91]. Voyez leurs rangs continuellement s'alonger, s'élargir, s'épaissir.

Dans les armées il y a aussi des trompettes, des tambours pour rassembler les soldats ; n'y en a-t-il pas aussi dans la milice de la justice pour rassembler les juges, les avocats, les procureurs et les plaideurs ? Il y en a aussi :

Ce sont les Huissiers.

Les voilà qui entourent l'auditoire. N'est-ce pas qu'ils sont beaux à voir avec leurs papiers dans une main, leur verge ferrée d'argent dans l'autre, leur épée au côté, leur écusson de France pendu à la ceinture [92] ? Je crois que s'ils étaient réunis ils seraient deux fois plus nombreux que l'infanterie française [93].

Vous me faites encore une autre question, et c'est la dernière, m'a dit l'avocat de Toulouse dont le discours, comme les notes de la fin d'un air, tendait vers la tonique ; vous me demandez si, de même que dans les armées, il n'y a pas dans les milices de la justice des gens qui ne combattent pas, mais qui sont nécessaires aux combattants, qui leur fournissent les munitions ; s'il n'y a pas des munitionnaires ? il y en a de même :

Ce sont les Notaires.

Et en effet, bien qu'ils n'aient pas séance à l'audience des cours, bien que jamais ils n'y parlent, il n'en est pas moins vrai que ce sont eux qui font parler les avocats et les procureurs, qui font courir les huissiers, écrire les greffiers et juger les juges ; car presque tous les procès naissent de la diverse manière d'interpréter les clauses de leurs actes.

Voyez-les, je vous prie, voyez sortir de leur fraise toujours bien blanche, toujours bien plissée, leur visage fleuri, jovial, content et satisfait ; ce n'est cependant pas aujourd'hui frérie de la Saint-Jean [94], fête du plus ancien notaire qui soit en Paradis [95].

Est-ce qu'ils auraient oublié que s'ils ont de bons jours, de bonnes heures, ils ont aussi de mauvais jours, de mauvaises heures ; que s'ils passent des actes avant midi, après midi, ainsi qu'ils ne manquent pas aujourd'hui de le mentionner [96], ils en passent aussi avant minuit et après minuit ? Non : c'est qu'ils pensent à la virginale embrassade dont la jeune accordée ne leur conteste jamais la perception [97].

Est-ce qu'ils auraient oublié qu'on dit le cabinet des avocats, l'étude des procureurs, qu'on dit la boutique, qu'ils disent eux-mêmes comme aux derniers siècles [98] la boutique des notaires [99]? Non : c'est qu'ils pensent qu'en Dauphiné les ordonnances ont grand'peine à empêcher les nobles de se faire notaires [100], et que s'il y a des états plus honorés, il n'y en a pas de plus honorable.

Est-ce qu'ils auraient oublié que les juges qui les ont examinés, institués [101], peuvent les mander, les admonester, les suspendre [102]? Non : c'est qu'ils pensent que chaque peau de parchemin leur vaut un demi-écu, outre leurs vacations [103], tandis que les conseillers aux parlements, presque aussi mal payés qu'avant la découverte des mines d'Amérique, n'ont guère que quinze, vingt sous par jour, dont ils donnent, je ne sais si c'est par fierté, je ne sais si c'est par honte, la quittance en latin [104]; tandis que les conseillers aux présidiaux n'ont que cinq sous par jour [105]; tandis que les juges royaux, du moins certains juges royaux, n'ont que trois liards [106], n'ont qu'un liard par jour [107].

Est-ce qu'ils auraient oublié que s'ils font un faux ils ont le poing coupé? Non : c'est qu'ils se disent que tout homme qui avec un bonnet noir, une robe noire, un cabas rempli de papiers [108], voudrait, autre part qu'aux mariages des comédies, faire le notaire, serait pendu [109].

Est-ce qu'ils auraient oublié qu'ils ont été divisés en trois classes, en notaires pour recevoir les actes, en tabellions pour donner les grosses, les expéditions, les extraits des actes des notaires vivants, en gardes-notes, en collationnaires [110] pour donner les grosses, les expéditions, les extraits des actes des notaires morts [111] ? Non : c'est qu'ils pensent qu'ayant presque partout échappé à cette fiscale mutilation de leur état, ils en triomphent en tête de leurs actes : Pardevant nous, notaire, tabellion, garde-note, ont comparu.... [112].

Est-ce qu'ils auraient oublié qu'ils sont déjà cent à Paris [113], quarante à Bordeaux [114], vingt à Tours [115], douze à Sens [116], et à proportion autant dans les autres villes? que ce grand nombre peut encore devenir plus grand? Non : c'est qu'ils savent que les seigneurs ne peuvent donner plus de commissions de notaire [117] qu'en portent les titres de leur terre [118]; c'est qu'ils se croient sûrs que les parlements [119], les états provinciaux [120], ne cessent et ne cesseront de s'opposer à la création de nouveaux offices.

Est-ce qu'ils auraient oublié que le roi paie en offices de notaire les dépenses de la toilette de la reine [121] qui porte dix, vingt offices à chaque pendant d'oreille, vingt, quarante à son collier [122]?

La vénalité des offices.

Non : c'est qu'ils n'ignorent pas qu'aujourd'hui une grande partie des dépenses de la maison du roi, ainsi que des dépenses de la guerre, de la marine, est acquittée avec les finances des offices vendus [113], et qu'il est possible que l'argent de l'office d'un président au parlement soit employé aux chausses des valets, aux fers des mules, aussi bien qu'aux diamants, à l'orfévrerie de la couronne : Quoi! ai-je dit, ou plutôt me suis-je écrié, les charges, les dignités de votre milice de la justice sont donc vénales? Oui, vraiment, m'a répondu l'avocat de Toulouse : notre magistrature a donné cent quarante millions [114] à la France pour avoir le droit d'être héréditairement inamovible, fixe, héréditairement laborieuse, appliquée, studieuse, héréditairement grave, sage, intègre ; oui, vraiment, elle a rempli plusieurs fois les coffres de l'État, pour avoir, aux premiers nouveaux besoins, le droit de les remplir encore [115]. J'étais étonné, surpris : Messire, a ajouté l'avocat de Toulouse, en reprenant le chemin de la ville, croyez ce que je vous dis. Je dois être sans doute et je suis l'avocat des juges aussi bien que des plaideurs ; mais, surtout en ce moment, je dois être et je suis l'avocat de la vérité.

LE JURISCONSULTE DE TOULOUSE.

STATION XXII.

Aujourd'hui, à l'heure où l'on gradue dans la ville, où l'on se promène sur les ânes hors de la ville, j'ai été conduit par l'avocat Alexandre Landri chez le jurisconsulte à l'i grec. Le jurisconsulte à l'i grec est un avocat consultant qui a trouvé le moyen de gréciser son nom gascon en ac [1] par l'i à la mode, l'i des belles enseignes [2], par l'i grec qu'il y a glissé ; et comme lorsque ses nouveaux secrétaires y substituent le petit i du pays il ne manque jamais de crier à tue-tue : I grec ! i grec ! on l'appelle le jurisconsulte à l'i grec, ce qui seul, dans notre siècle d'érudition, doit lui attirer bien du monde. L'avocat Alexandre Landri lui a exposé l'objet de ma visite : Oh! oh! lui a-t-il répondu, ceci est une haute consultation ; aussitôt il a changé de place et s'est assis sur son grand fauteuil ; ensuite il s'est successivement décoré de son bonnet carré, de ses lunettes dont il n'avait d'ailleurs que faire. Lorsqu'il a eu fini j'ai tiré ma bourse, je la lui ai présentée ouverte ; il y a pris, sans tâtonner, quatre gros écus neufs. On va voir si j'en ai eu pour mon argent.

Les Lois civiles.

Messire, m'a-t-il d'abord dit, en se donnant un petit air de Justinien ou plutôt d'Ulpien, je crois inutile d'examiner s'il convient qu'un peuple connaisse ses lois, car il paraît que cela ne convient pas, puisque le plus fort mulet d'Auvergne ne pourrait porter les volumes de nos seules lois civiles, écrites en caractères les plus menus [3]. Je crois également inutile d'examiner s'il convient qu'un même peuple ait les mêmes lois, car il paraît que cela ne convient pas non plus, puisque notre siècle, si réformateur, si souverain, si absolu dans des matières bien autrement importantes, veut continuer à se laisser en même temps régir par le droit romain, par le droit coutumier, par le droit français, par trois diverses législations de trois divers âges qui, ainsi que nous le voyons dans nos familles, ont, comme le grand-père, le père et le fils, sur la même chose, chacun une volonté toute différente.

Messire, a-t-il poursuivi, commencez par observer qu'ainsi que notre législation la législation des Romains était composée de la législation de divers peuples, et qu'ainsi que la nôtre, elle était fort volumineuse ; une partie nous est seulement parvenue, et de cette partie, il y a à peine un centième à notre usage [4].

Que je vous dise maintenant combien cette législation est subtile : un seul des deux titres, les substitutions, le sénatus-consulte velléien, met en mouvement plus de papier, de parchemin, d'encre, de plumes, ou ce qui revient au même, met en mouvement plus d'or que tout le commerce des Indes [5].

C'est grandement à louer que la tolérance des trois dynasties de nos rois : la loi des Gaulois ou loi romaine, la loi ripuaire, la loi salique, la loi lombarde, *la loi sarrazine*, la loi visigothe, ont jusqu'au XII° siècle, en même temps, toutes subsisté dans le royaume, souvent dans la même province, quelquefois dans le même village [6] ; mais, après le XII° siècle, le droit romain est devenu universel en deçà de la Loire [7], et le droit coutumier en delà [8]. Remarquez toutefois que tandis que la langue du nord, la langue d'oui, ou la langue française envahit au midi la langue d'Oc ou la langue romaine, la législation du midi ou la législation romaine envahit au nord la législation coutumière, où elle s'introduit dans les successions [9], où peut-être elle se serait depuis longtemps introduite dans toutes les autres parties, si d'abord au XIII° siècle le Code avait été traduit en langue française, au lieu de l'être en langue gasconne ; car les Parisiens auraient cru avoir porté Aix, Pau, Bordeaux, Grenoble et Toulouse sur les bords de la Seine, que de dire avec la traduction : *A quel hom qui te la causa de la heretat... si hom li demanda los frugs, pot ne traire del frug la messios que el i a fachas en arar, o en semenar, o en segar, o en estuiar lo blat...* [10] Observez aussi que dans les pays coutumiers le peuple devient souverain à la révision de la loi ou coutume [11], et que dans la révision de celle d'Amiens votre roi d'Espagne, Philippe II, figure parmi le peuple de la Picardie comme comte d'Artois [12].

Je viens au droit français : nous appelons ainsi les lois qui sont également obligatoires dans toutes les provinces [13], les lois qui émanent de la volonté du roi qui ordinairement est la volonté du chancelier [14] qui souvent est la volonté des hauts magistrats [15]. Jusqu'au chancelier Lhopital nos lois judiciaires, aujourd'hui nouvelles, demain anciennes, avaient été publiées, et aussitôt oubliées ; mais celles qu'il a données à la France formeront les plus beaux chapitres [16] du code que depuis environ un demi-siècle elle veut successivement se donner [17].

De ce code voici les parties faites ; vous verrez de vous-même les parties à faire.

L'homme naît ; la loi veut que le jour de sa naissance soit inscrit sur un registre tenu par le curé de la paroisse [18].

L'homme est destiné à transmettre à son tour la vie qu'il a reçue, à s'unir à la femme ; la loi veut que la société ait connaissance de cette union ; elle prohibe les mariages clandestins [19], et ne reconnaît que les mariages solennellement célébrés [20], qu'ont précédés trois annonces publiques solennellement faites [21] ; elle prohibe aussi les mariages contractés sans le consentement du père et de la mère [22]. Toutefois elle permet au fils âgé de trente ans accomplis et aux filles âgées de vingt-cinq de se marier, après avoir demandé ce consentement [23] ; et comme le luxe de notre temps s'est même étendu aux dots, elle prononce une amende lorsque la dot s'élève au-dessus de dix mille livres [24].

L'homme, dans le cours de la vie, tantôt acquiert, tantôt aliène des biens : la loi, fixant toutes les législations antérieures, veut que l'action de la lésion ne puisse être exercée par l'acheteur, qu'elle ne puisse l'être que par le vendeur, et qu'elle ne puisse l'être que pendant le temps limité [25].

L'homme, dans les diverses chances de la vie, se trouve souvent obligé de constater, d'une manière authentique, les obligations qu'il contracte avec d'autres, ou que d'autres contractent avec lui : la loi veut que les contractants connaissent par eux-mêmes leurs obligations respectives ; elle veut que tous les actes publics soient écrits en langue française [26].

L'homme, lassé de posséder, ou, ce qui arrive plus souvent, l'homme, excité par le noble sentiment de l'amitié, se dépouille de ses biens : la loi veut que les donations entre-vifs ne soient valables qu'après l'acceptation de ceux à qui elles sont faites [27] ; elle veut encore que ces donations soient enregistrées et publiées, en termes de palais insinuées aux greffes des tribunaux [28] : ou bien l'homme, prévoyant le prochain terme de sa vie, choisit dans son cœur ceux qui doivent posséder ce qu'il possède ; la loi veut qu'il signe son testament et que les témoins le signent aussi [29].

L'homme mu par l'amitié de père, de parent ou d'ami, désire que les biens qu'il a péniblement amassés ne sortent pas de sa race ou de celle de ses parents, de ses amis ; il désire qu'ils soient substitués. La loi, prenant en égale considération les intérêts du testateur et ceux de la société, permet bien les substitutions, mais elle ne veut pas qu'elles s'étendent au-delà du quatrième degré [30].

Enfin, l'homme, après avoir plus ou moins longtemps marché sur la terre, tombe : la loi a voulu que le jour de sa naissance, le jour de son mariage fussent constatés sur le registre de sa paroisse ; elle a voulu que le jour de sa mort y fût de même constaté [31].

Les Lois criminelles.

Je vous ai dit que nos lois civiles étaient composées du droit romain, du droit coutumier, et du droit français : je vous en dirai autant de nos lois criminelles [32] ; mais nos cours ne reconnaissent ordinairement que le droit français [33], les lois, les volontés de notre temps.

Il y a quelques années que je me trouvais chez maître Alexandre Landri, avec lequel je suis lié d'une étroite amitié. Toute la large rue de Nazareth [34] où lui et moi demeurons se remplit d'une grande foule tumultueuse. Fort ! fort ! frappez fort ! criaient mille voix, il le mérite bien ! Je mis la tête à la fenêtre : je vis un gros boucher qui, en exécution de l'ordonnance, avait été condamné à être fouetté pour avoir vendu de la viande en carême [35]. Mon ami était absent ; sa femme, sa fille pleuraient ; son vieux oncle entra et se mit aussi à pleurer : Mais, leur dis-je, que ne fait-il comme les autres bouchers ? que ne vend-il du poisson pendant le temps d'abstinence [36] ? autrefois, sans remonter bien haut, il aurait été pendu [37]. C'est, du reste, le dernier fouet que j'ai vu donner pour vente d'aliments gras.

Je n'ai guère vu donner le fouet pour blasphèmes [38]. Aujourd'hui on ne le donne plus.

Il est inutile de dire que depuis l'édit de Nantes on ne brûle plus, on ne pend plus pour hérésie.

Vous le voyez, la justice actuelle vient de mettre de nouveaux poids dans sa balance : les délits religieux se trouvent plus légers, mais les autres délits se trouvent beaucoup plus pesants.

Le fouet pour les prédictions qui ne sont pas fondées sur les règles astronomiques [39] ;

Le fouet pour le jeu de brelan, publiquement tenu [40] ;
Le fouet pour les libelles [41] ;
Les galères pour les délits moins graves [42] ;
Le fouet et les galères pour les délits plus graves [43] ;
Le fouet et quelquefois la potence pour l'adultère [44] ;
La potence pour le rapt [45] ;
La potence pour la séduction [46] ;
La potence pour le viol [47] ;
La potence pour la grossesse célée, suivie de la mort de l'enfant [48] ;
La roue pour l'assassinat [49] ;
La roue même pour le simple projet d'assassinat [50].

Ce qui, dans les lois civiles, a fait prohiber les mariages clandestins, c'est la crainte qu'avait le tout-puissant connétable de Montmorenci que son fils épousât la jeune jolie demoiselle de Piennes [51].

Ce qui, dans les lois criminelles, a fait punir de la roue les assassins, c'est l'assassinat du seigneur de Nantouillet qui excita l'indignation publique [52].

Messire, il y a deux modes de législation.

Les législateurs grecs donnaient aux peuples les codes tout complets.

Les législateurs romains et ensuite les législateurs français n'ont donné aux peuples leurs codes que chapitre à chapitre et à mesure que la nécessité s'en est fait sentir.

LE CLERC DU JURISCONSULTE DE TOULOUSE.

Station XXIII.

Mon mulet va mieux, mais mon muletier va plus mal : je ne sais combien de temps je serai encore retenu ici.

Ce soir, pendant que sur la grande place je regardais les murs romains du vieux Capitole [1], illuminés par un beau soleil couchant, un jeune homme me regardait moi-même ; il voulait me reconnaître, il hésitait à venir à moi : je suis allé à lui, car au premier instant je l'ai reconnu pour le clerc du jurisconsulte à l'i grec : Messire, m'a-t-il dit, je suis bien aise de vous rencontrer ; le jurisconsulte chez qui vous allâtes hier avait sur le cœur de ne pas vous avoir dit que la jurisprudence des cours judiciaires fait partie de la législation française.

La Jurisprudence des Cours inférieures.

Il avait aussi sur le cœur de ne pas vous avoir dit que la jurisprudence des cours inférieures se compose de la jurisprudence des cours supérieures et de la leur, en d'autres mots de la manière ordinaire dont les cours supérieures jugent les questions non prévues ou non assez clairement prévues par les lois² et de leur propre manière ordinaire de les juger.

La Jurisprudence des Cours supérieures.

Il avait de même grand regret de ne pas vous avoir dit que les cours supérieures ne connaissent qu'une seule jurisprudence, la leur³.

Qu'on s'imagine comment j'ai remercié le clerc du jurisconsulte pour ce supplément ou ce complément consciencieux de consultation; toutefois, avant de me séparer de lui, je lui ai encore fait une question : Maître! lorsque la jurisprudence et la loi se trouvent en contradiction, laquelle des deux l'emporte? — Messire! lorsque votre opinion se trouve en contradiction avec celle d'un autre, laquelle des deux pensez-vous être la meilleure? — La mienne. — Eh bien! nos cours judiciaires pensent de même.

LE PROCUREUR DE TOULOUSE.

Station XXIV.

Fort bien! fort bien! me suis-je dit ce matin, la tête encore sur mon chevet, les lois françaises sont bonnes, la jurisprudence française est bonne et meilleure : je le veux, puisqu'on le veut; mais la procédure est-elle aussi bonne? Dit-on qu'elle soit aussi bonne? je ne le sais, je le saurai. A peine me suis-je levé que, par un de ces hasards heureux que nous devrions, ce me semble, remarquer aussi bien que les hasards malheureux, je l'ai su.

Je loge chez un aubergiste spirituel et gai ; il ne cesse de m'amuser en attendant que je puisse partir : Messire, m'a-t-il dit aujourd'hui, lorsqu'avant mon déjeûné je me suis un moment arrêté devant la cheminée de sa cuisine, vous ne vous douteriez pas que j'ai porté le bonnet carré et la robe d'audience. Je pensais qu'il avait été huissier ou sergent, et qu'il en avait bien la mine. J'ai été procureur en même temps qu'aubergiste, a-t-il continué; mais le parlement de Paris ayant voulu que les aubergistes ne pussent être en même temps procureurs, ou que les procureurs ne pussent être en même temps aubergistes [1], le parlement de Toulouse, qui croit ne pas valoir moins, ne pas mériter moins de respect, me dit d'opter; je n'hésitai pas, je quittai mon plumage noir et je fis passer mon office sur la tête de mon gendre qui n'a pas comme moi un beau et tendre nom de roman, qui a un vrai nom de procureur. Je m'appelle maître Esplandian; il s'appelle maître Serre.

Croyez toutefois que je suis toujours réellement procureur, que mon gendre n'est réellement que mon maître-clerc, qu'il ne fait, qu'il ne dit que ce que je lui fais faire, que ce que je lui fais dire. On ne l'ignore pas, aussi me vient-il autant de monde qu'auparavant. Mon auberge est d'ailleurs une vraie auberge de plaideurs, ainsi qu'au dehors l'enseigne, taillée et figurée en gibecière à procès [2], et au dedans les portes des salles l'annoncent : Avez-vous remarqué, messire, que chacune était étiquetée d'une des grandes divisions de la procédure, dans le même ordre qu'on les suit devant la justice?

La Salle des Ajournements.

Ces jours derniers, la vieille baronne de Montastruc qui, tant qu'elle a été jeune ou qu'elle a cru être jeune, n'appelait les assignations, les ajournements que les rendez-vous, mais qui, aujourd'hui qu'elle a mis des lunettes, sait très bien nommer les actes par leurs noms, réjouissait toute la salle des ajournements par ses processives narrations. On ne cessait de la louanger, de l'applaudir, et on finit par la nommer présidente : Je plaide, disait-elle, contre un méchant homme; il me fait des siennes tant qu'il peut, et tant que je puis, je lui fais des miennes; je l'ai forcé à me réassigner, à me dire qui il était, où il était, ce qu'il voulait, et à clouer son exploit à ma porte; ensuite j'ai veillé à ce qu'on écrivît si mal la copie de ma réponse qu'il lui a été impossible de la lire, par conséquent de préparer sa réplique. Messire, a poursuivi le procureur aubergiste, pour entendre ceci il vous faut savoir qu'aujourd'hui celui qui assigne doit dans son assignation dire quelle est sa qualité, quel est son domicile, que de plus il doit dire ce qu'il demande et tout ce qu'il demande [3], afin que dans un procès il n'y ait plus qu'un seul procès [4]. Il vous faut encore savoir que lorsque le sergent ou l'huissier ne trouve personne il attache l'assignation à la principale porte de celui qu'il assigne [5]; mais je reviens à la baronne de Montastruc qu'il me semble encore entendre: Nous comparûmes, ajouta-t-elle, à une nouvelle audience; et je lui fis casser son assignation une seconde fois. Je le forçai à me réassignor une troisième, à me donner copie du titre en vertu duquel il me citait en justice⁶, et je mis dans ma demande que pour un homme de guerre il ne faisait pas de beaux exploits, ce qui fut fort lisiblement écrit; en outre je feignis de trouver que son petit château, juché sur une petite montagne, était un château fort, et, usant de la faculté que dans ce cas me donnait la loi, je fis signifier ma réponse à un de ses gens⁷ que l'huissier rencontra, faisant carreler ses souliers chez le savetier, circonstance qu'il eut la malice de spécifier.

La Salle des Enquêtes.

Messire, a continué le procureur aubergiste, j'avais anciennement une salle étiquetée la salle des requêtes; mais, de l'avis des plus habiles plaideurs, j'ai remplacé le mot requêtes par celui d'enquêtes. — Maître Esplandian, que veut dire requête? — Dans le sens ordinaire ce mot veut dire supplique. En effet, la requête commence toujours par : Supplie humblement⁸, n'importe celui qui parle, n'importe qui il soit, je ne dirai pas le roi, mais je puis dire le dauphin⁹, et elle se termine aussi toujours par ces mots : Vous ferez bien¹⁰, n'importe ce qu'on demande, n'importe qu'on demande les choses les plus déraisonnables, les plus absurdes, les plus injustes. Mais, a-t-il continué, requête, dans le sens propre, veut dire réquisition et presque ordre. Aux siècles derniers on disait pétition¹¹, actuellement on a cessé de le dire¹²; notre langue du barreau devient de plus en plus inexacte, vicieuse. La nomenclature des actions préjudicielles, extrajudicielles, des actions réelles, personnelles, confessoires, négatives, forenses, rustiques, urbaines¹³ et autres; la nomenclature des fins de non-valoir, de non-recevoir et autres suffiraient seules pour faire verser en route le raisonnement, si l'on peut comparer à une voiture chargée de matériaux l'esprit chargé d'opérations que les mots portent comme les lettres ou termes de l'algèbre portent les opérations du calcul. — Maître Esplandian, pourquoi avez-vous remplacé le mot requête par le mot enquête? — Parce que les enquêtes sont une des grandes divisions de la procédure, et vous remarquerez que les législateurs de notre âge, dominés par l'ancienne et permanente pensée des siècles, l'abréviation des procès¹⁴, ont surtout réussi dans cette partie à effacer, à dérider les plus profondes rides de la vieille face de la chicane; je voulais dire de la procédure¹⁵. — Maître Esplandian, pourquoi et quand se font les enquêtes? — Le cours d'un procès va, je suppose, d'un mouvement assez rapide; tout-à-coup il est arrêté par les débats sur les faits qu'avancent et que contestent les parties plaidantes; alors, si les faits peuvent être prouvés, les juges ordonnent des vérifications de faits, des auditions de témoins sur les lieux, des enquêtes. La présidence de la salle qui porte ce nom a été déférée à un très vieux plaideur qui autrefois, dans les procès où il était défendeur, se servait habilement de certaines parties de procédure maintenant abrogées, entre autres des contre-enquêtes [16], entre autres de ses dépositions personnelles, de son *credo*, de son *non credo* [17], et qui aujourd'hui, dans les procès où il est demandeur, se sert encore plus habilement de ces abrogations, entre autres de la prohibition d'ouïr plus de dix témoins, même dans les enquêtes par tourbes [18]; entre autres de la prohibition de faire des enquêtes lorsqu'il s'agit de moins de cent livres [19]; entre autres de la prohibition des examens à futur, où sont entendus les témoins dont les maladies graves, dont la valétudinaire vieillesse peuvent faire craindre la fin prochaine, et dont cependant le témoignage pourrait dans la suite éventuellement être nécessaire [20].

Peut-être aux âges passés disait-on qu'il n'y avait jamais eu, qu'il n'était pas possible que jamais il y eût autant ou plus d'enquêtes : c'est à notre âge à le dire ; en effet, présidents, conseillers, juges font, dans leurs mois d'enquêtes, des enquêtes [21], et cependant ils n'ont pas suffi : on a permis aux notaires, aux huissiers, de faire des enquêtes [22], et cependant ils n'ont pas suffi ; on a créé des commissaires enquêteurs dans toutes les grandes juridictions [23], et cependant ils n'ont pas suffi ; on a créé des adjoints, des examinateurs, des auditeurs enquêteurs [24], je ne sais pas trop s'ils suffisent.

La Salle des Sentences.

Les enquêtes finies, le juge prononce : on nomme appointements, et plus ordinairement sentences, les jugements du juge inférieur [25]; mais ne croyez pas que dans un procès il n'y ait qu'une seule sentence ; le juge en rend autant de fois que dans les différentes parties de la procédure il juge [26]. Ces différentes sentences, ou incidentelles, ou préparatoires, donneraient lieu à la division d'un procès en plusieurs procès, si aujourd'hui, je l'ai remarqué, je ne cesserai de le remarquer, la loi actuelle n'avait impérieusement prescrit l'unité des procès [27]; si aujourd'hui le parlement, lorsqu'on lui porte par appel le jugement des incidents, n'évoquait ordinairement l'affaire [28], ce qui alors laisse le barreau et les juges de la cour inférieure les mains vides, la bouche ouverte. Un vieux régent de philosophie dit que les sentences ne sont que la conclusion, la déduction, la conséquence de l'antécédent, qui est la procédure. La sentence est, suivant lui, juste, quand la conséquence est bien tirée ; et quand elle est mal tirée, la sentence est injuste. Ce régent est grand ergoteur, grand plaideur ; il préside la salle des sentences.

La Salle des Apôtres.

L un des deux plaideurs nécessairement doit gagner le procès, et l'autre doit nécessairement le perdre, nécessairement être mécontent, nécessairement avoir envie d'appeler, et nécessairement finir par contenter son envie. L'appelant était autrefois obligé de demander au juge qui l'avait condamné une autorisation d'appeler un apôtre [29] : maintenant il ne l'est plus ; mais la salle des apôtres a conservé son ancienne étiquette, à la prière du vieux président, un de ces riches clercs bénéficiers à simple tonsure, qui, sous le titre de curé primitif, ou plutôt sous le titre de prieur [30], consomment les dîmes et les revenus ecclésiastiques d'une grande partie des paroisses de la France. Il doit son bénéfice à un apôtre. Il le raconte plusieurs fois par jour avec un plaisir qui toujours se communique aux autres plaideurs.

On a fait encore bien d'autres changements à la procédure de l'appel ; car de même qu'on a voulu qu'à l'introduction de la première instance le demandeur sût bien et dît bien ce qu'il demandait et tout ce qu'il demandait, on a voulu aussi qu'à l'introduction de l'instance d'appel l'appelant sût bien et dît bien ce dont il appelait et tout ce dont il appelait, qu'il baptisât bien ses griefs [31], qu'il évangélisât bien les différentes pièces de son sac [32]. On a encore voulu qu'il évaluât, qu'il déclarât la somme en litige, afin que le juge supérieur ne fût pas exposé à juger ce que le juge inférieur avait jugé en dernier ressort [33] ; on a voulu, en outre, que l'intimé, l'appelé pût obtenir des lettres d'anticipation, pût abréger les délais [34]. Je ne vous dirai pas tout ce que relativement aux appels on a voulu.

La Salle des Arrêts.

Je ne vous dirai pas non plus tout ce que relativement aux arrêts on a voulu ; je vous dirai seulement qu'on a voulu que le nom du roi, dont le premier devoir est de rendre ou de faire rendre la justice, fût en tête ; mais j'ajouterai qu'on ne l'a voulu qu'à la fin, qu'à la dernière année de notre siècle [35].

Je vous dirai aussi qu'on a voulu que les nullités des arrêts fussent relevées dans le terme d'un an, et jugées dans celui de cinq [36].

Je vous dirai aussi que ce ne sont plus les mêmes juges qui ont commis les nullités qui les jugent seuls, qu'on a voulu leur en adjoindre d'autres [37].

Je vous dirai enfin, non pas qu'on a voulu, mais qu'on devrait vouloir que les souveraines cours, que toutes les cours énonçassent dans leurs jugements, comme les cours de Savoie, la question de fait et la question de droit [38].

La salle des arrêts est la plus honorable, a continué le procureur aubergiste ; comment vous dire que c'est moi qu'on a forcé à la présider, que c'est moi qui la préside ?

La Salle des Criées.

Rarement la requête civile où les nullités sont civilement, poliment énoncées, où l'on dit civilement, poliment aux juges qu'ils n'ont pu se tromper, qu'ils ne se sont pas trompés sur le droit, qu'ils ont pu se tromper, qu'ils se sont trompés sur le fait [39], en d'autres mots qu'ils sont aigles d'un œil et taupes de l'autre, suspend l'exécution des arrêts.

Et alors celui qui est condamné est obligé de payer, s'il a de l'argent, avec sa bourse ; s'il n'en pas avec ses biens.

La procédure de l'expropriation forcée où interviennent, outre le principal créancier, les autres créanciers qui veulent chacun emporter une plus ou moins grande partie des branches de l'arbre au pied duquel il a mis la coignée, et qu'il a renversé, consomme forcément un long temps, durant lequel les propriétés saisies dépérissaient autrefois, et ne dépérissent plus aujourd'hui qu'on a institué, sous le nom de commissaire aux saisies réelles, un magistrat qui les administre, les régit, les donne judiciairement à ferme [40].

Mais faut-il enfin que les propriétés saisies soient vendues, et véritablement elles le sont : vous allez savoir de quelle manière.

Nous avons ici à cette auberge, deux plaideurs, l'un garde-marteau [41] de Carcassone, l'autre châtelain du château de Minerve près la même ville [42], l'un président de la salle des criées, l'autre président de la salle voisine, la salle des dépens ; ils sont toujours en grand costume de plaideurs, toujours la gibecière pendue à l'épaule [43]. Quelquefois ils passent des heures entières, chacun sur la porte de sa salle, à disputer. Ils parlent de la procédure en termes de jeu de paume que me font comprendre les termes de barreau dont ils les entremêlent. Ils me divertissent et peut-être ils vous divertiraient : Châtelain de Minerve ! lui dit le garde-marteau, je le sais, vous n'êtes pas moins habile entre les quatre murs d'un auditoire de justice qu'entre les quatre murs d'un jeu de courte-paume. Quant à moi, je ne crois pas non plus y être plus maladroit qu'un autre ; nous serons à deux de jeu. Allons, voyons, vous prétendez qu'avec un vigoureux arrêt de discussion rendu *post prandium* [44], après dîné, je ne vous exproprierais pas de vos biens ? — Oui, certes, je ne tiendrais pas la partie pour perdue, et je la continuerais en formant secrètement une ligue offensive et défensive avec un nouveau créancier opposant [45]. — C'est bon, mais faute de s'être présenté avant le terme, il serait de prime abord forclos [46], mis hors du jeu, et le billet ou affiche de Par le roi notre sire [47], ou bien quelquefois simplement de Par notaire [48], annonçant la vente de vos biens, serait posé sur la porte de l'église et sur celle de votre maison [49], ou de votre château de Minerve. — Je remettrais argent sous corde au moyen des délais des criées des trois huitaines, des trois quinzaines, des trois quarantaines [50]; ensuite gare les revers de l'avant-main et de l'arrière-main, les oppositions aux criées [51]. — J'en appellerais à la galerie; je viendrais avec mes requêtes : *Nos seigneurs, plaise à vos grâces* [52], ou : *Nos seigneurs, supplie en toute humilité un pauvre principal créancier poursuivant criées* [53]; et je poursuivrais les criées. — Je changerais mes balles contre des éteufs, je prendrais des lettres de garde-gardienne ou de privilège [54], des lettres de quinquenelle ou de répit [55], et enfin des lettres d'état [56], où le roi dirait que je suis à défendre mon château ou son château de Minerve, et que je ne puis être en même temps au château ou à l'audience. — Ah! vous croyez avoir votre bisque; je prendrais la balle au bond, et en quelques chasses je compterais quinze, trente, quarante-cinq, soixante, partie [57], car les juges déclareraient vos lettres subreptices, et, sans autre retard, adjudication de votre bien et argent dans ma poche.

La Salle des Dépens.

Ce ne sont pas les seuls accrochements de procès [58] qui, par manière de polémique récréative, sont poussés et repoussés entre le garde-marteau et le châtelain.

Quelquefois ce dernier, venant jusque dans la salle des dépens, attaque, à son tour, son adversaire : Garde-marteau des eaux et forêts, je vous ferai vendre tout jusqu'à votre beau marteau à marquer les arbres [59]; vous êtes condamné à payer les dépens. — Oh! vous aurez à vous désentraver de mes impugnations. J'ai à impugner d'abord la superfétation de vos actes, vos mises de cause au rôle ordinaire, au rôle extraordinaire, au rôle des pauvres [60], vos fréquentes comparutions aux petites audiences, tenues à la barre par un des conseillers de la cour [61]. — Vous me devez la restitution des fruits. — Je ne vous la dois pas d'après votre évaluation, mais d'après les fourleaux dressés chaque semaine pour les marchands [62]. — Voilà le rôle de taxe; allons, de l'argent! — J'appelle de tel article, de tel autre; croyez que cela ne finira pas sitôt. — Oh! cela finira dans la semaine, dans le jour; nous ne sommes pas au temps passé, nous sommes au temps présent. Et il faut en convenir, messire, a continué le procureur aubergiste, autrefois cela ne finissait jamais, et cela n'a fini aujourd'hui que lorsque les nouveaux règlements ont ordonné qu'il n'y aurait plus qu'un commissaire taxateur, et que les procureurs assisteraient à la taxe [63], ainsi devenue maintenant toute simple. — Maître Esplandian, j'ai vu cependant un manuel de taxe de dépens en cent chapitres [64]. — Je le connais, je persiste. — Maître Esplandian, on m'a dit qu'il y avait des rôles de dépens qui iraient bien du palais à la place du Salin [65]; c'est-il possible? — Oui, puisqu'il y en a qui iraient à la place Saint-George [66], et, suivant moi, ils ne sont pas trop longs, s'ils le sont assez, car il y a des présidiaux, le présidial de Paris, où il y a deux cents procureurs [67]; des parlements, le parlement de Paris, où il y en a quatre cents [68], avec six mille clercs en état de porter les armes [69]; et ailleurs, notamment ici, à Toulouse, nous sommes en aussi grand, peut-être en plus grand nombre.

La Salle des Arbitres.

N'est-ce pas, messire, que cette pauvre France est mangée, toute mangée jusqu'aux os par les gens de justice, qu'il faudrait les chasser, ou plutôt les exterminer? eh bien! si cela arrivait, cette pauvre France, depuis le fond de la Normandie jusqu'au fond de la Lorraine, de la Provence, de la Gascogne, aurait perdu toutes ses joies. On y a tant de goût pour la plaidoirie qu'un jour le parlement ordonna inutilement aux plaideurs de se retirer sous peine de perdre leur procès [70]; tant de goût que, depuis que les curés ne sont plus dans l'usage d'excommunier les enragés plaideurs [71], ils perdent ordinairement leur latin à pacifier leurs paroisses; tant de goût que les bureaux de paix et de conciliation [72], que les arbitres, donnés par les lois aux familles, n'ont rien à faire ou ne font rien; tant de goût enfin que dans mon hôtellerie la salle des arbitres a toujours été, est toujours, et sans doute sera toujours vide.

LE CLERC DU PROCUREUR DE TOULOUSE.

Station XXV.

Vers les onze heures que je finissais de dîner, j'ai entendu, à l'étage supérieur, des chants de temps en temps entremêlés d'un bruit extraordinaire, comme celui de ferrements qu'on traîne; j'étais seul: je n'ai jamais pu me rendre raison de ce bruit. Enfin, de plus en plus impatienté, j'ai fait prier le procureur aubergiste de venir. Il était absent; son gendre s'est aussitôt présenté : Messire, m'a-t-il dit, au lieu de répondre à mes questions, je suis bien aise que vous m'ayez fait appeler; car hier, au moment où mon beau-père fut interrompu dans son entretien avec vous, je craignais que de la procédure civile qu'il a fort étudiée et fort pratiquée, il voulut passer à la procédure criminelle dont j'ai fait une étude plus particulière et dont c'est plutôt à moi à vous parler. Maître Serre, lui ai-je dit, vous m'obligerez; mais apprenez-moi, avant tout, d'où vient ce bruit que j'entends au-dessus de ma tête. Un peu de patience, m'a-t-il répondu, je vais vous le dire; je ne puis pas ne pas vous le dire en vous parlant de la procédure. Je me suis donc mis en devoir d'écouter, et aussitôt maître Serre a donné carrière à sa science.

Le Décret.

Supposons, m'a-t-il dit, que je ne fusse pas procureur, ou, pour ne pas contredire mon beau-père, clerc de procureur, que je fusse juge, président; supposons que vous ne fussiez pas Espagnol, noble, dignitaire; que vous fussiez Français, que vous fussiez un de ces pauvres diables dont nous avons beaucoup, ou un de ces hommes mal famés dont nous avons trop : on annonce qu'un vol ou bien qu'un meurtre vient d'être commis; la rumeur publique, les vraisemblances vous désignent : je vous décrète d'ajournement [1].

La Comparution.

Vous comparaissez hardiment : vous vous croyez innocent, ou peut-être vous espérez faire croire que vous l'êtes, et vous comparaissez plus hardiment encore. Allons! je vois que ce n'est pas la première fois que vous avez affaire avec la justice. Vous voulez contre moi un peu vous aider de l'ordonnance d'Ys-sur-Thyl [2], un peu de l'ordonnance de Valence [3], un peu de l'ordonnance de Villers-Cotterets [4], un peu de chacune des treize ou quatorze ordonnances criminelles, ou en partie criminelles, rendues pendant ce siècle [5], enfin un peu ruser, un peu guerroyer; eh bien! rusons, guerroyons, et nous verrons au bout.

L'Information.

A la vérité le pays où vous demeurez est trop loin d'ici pour que je puisse moi-même aller y faire l'information; eh bien, j'y envoie un des conseillers de la cour, ou même seulement le procureur du roi, ou, même, comme vous n'êtes pas riche ou comme vous êtes d'un petit état, je me contente d'y envoyer un huissier [6], et c'est assez : mais attendez! vous n'avez pas seulement contre vous la partie publique, vous avez encore la partie civile [7], c'est-à-dire un ennemi passionné, actif; ah! malheur à vous! l'information se fait plus vite; elle est faite, terminée, close; elle m'est promptement remise [8].

La Procédure à l'ordinaire.

J'assemble la cour pour lui en donner connaissance ; je recueille les voix ; et, parce que les charges se trouvent légères, la cour juge que vous devez conserver la liberté, que votre procès doit être publiquement instruit, que vous devez avoir un défenseur, qu'on doit procéder à l'ordinaire [9].

La Procédure à l'extraordinaire.

Cependant les débats s'ouvrent, s'animent ; les charges deviennent de plus en plus graves ; alors la forme de procéder change subitement. On vous ôte votre défenseur, on vous saisit, on vous met en prison, au secret. L'audition, le récollement des témoins sont secrets, les confrontations sont secrètes, les conclusions de la partie publique, de la partie civile sont secrètes ; on procède à l'extraordinaire [10].

Le Jugement de la Cour inférieure.

Oh ! maintenant vous n'êtes pas à vous repentir de ne pas avoir transigé avec la partie civile [11] qui, satisfaite par vos soumissions, par votre argent, par vos sacrifices, aurait en se retirant ouvert une voie à l'indulgence de la partie publique ainsi qu'à la clémence des juges. Vous avez obstinément voulu vous jouer avec la procédure ; vous vous attendiez à recevoir des dommages ; écoutez en ce jour de jugements criminels, en ce jour de vendredi [12] la sentence de la justice : Votre maison appartient à la partie civile et votre vie appartient au roi [13].

L'Appel.

Furieux, vous appelez au parlement [14]; on vous amène ici devant cette cour. Vous arrivez au bon moment ; le nombre des accusés est tel qu'on a temporairement changé en chambres criminelles plusieur chambres civiles, qu'on a temporairement érigé plusieurs tournelles [15].

Cependant la partie civile qui vous a précédé a pris conseil. On lui a dit que le parlement, bien moins sévère que les cours inférieures, déclarait innocents les trois quarts de ceux qu'elles avaient condamnés [16], et mitigeait les peines de ceux qu'il ne déclarait pas innocents. La partie civile vous fait de nouvelles propositions ; vous n'hésitez pas à les accepter ; elle se désiste, elle disparaît.

Le Jugement de la Cour supérieure.

Votre défenseur a le champ libre ; il calme les préventions. On procède contre vous à l'ordinaire. Les mêmes témoins sont publiquement entendus ; ils n'osent plus ou mentir, ou dire la vérité; la bouche de votre avocat, les yeux de votre petite sœur qui l'assiste achèvent de vous gagner l'auditoire ; un mode de procédure vous faisait pendre, un autre vous fait absoudre ; vous entendez prononcer votre arrêt, non, comme le chancelier Poyet le sien, debout, nu-tête [17], mais, suivant l'usage, à genoux au milieu du parquet [18], non, comme à Paris, enchaîné, chargé de fers, mais, comme ici à Toulouse, comme dans toutes les cours en deçà de la Loire, lié de bandes d'étoffes ou de linge [19]. Et encore que le procureur général, la partie publique, vous déclare qu'il vous fera prendre et reprendre toutes les fois que contre vous il s'élèvera de nouvelles et de nouvelles charges [20], vous n'en êtes pas moins libéré, libre.

L'Exécution.

Mais, si vous eussiez été condamné, les messageries, ou d'autres voitures d'anciens morte-payes, d'anciens soldats [21], chargés au rabais de la conduite des criminels [22] qui vous avaient amené, vous auraient remmené, comme elles remmènent ceux que dans ce moment, faute d'autre local, on a été obligé de recevoir à l'étage au-dessus de celui-ci, et vous auriez eu le même sort que ces malheureux dont plusieurs doivent aller aux galères, et ils iront, dont quelques autres doivent être fouettés, et ils le seront, avec notre fouet de France, ou fouet de cordes, garni de plomb [23], dont un doit être pendu, et il le sera, après que tout le peuple, à genoux au pied du gibet, aura dit un *Salve* [24] ou un *Pater* que le bourreau demande au haut de l'échelle [25]. Convenez, Messire, que dans ce moment c'est un plaisir de les entendre boire, chanter. En remarquez-vous un qui boit mieux, ou du moins qui chante plus haut que les autres?—Oui, et c'est peut-être celui qui doit être pendu? — Tout juste.

Les Effigies.

Maître Serre s'est levé en me disant : Ah ! que je suis fâché d'être si pressé ! je laisse quelque chose à dire ; je ne sais ! Ah ! je le sais maintenant. Et il a ajouté sans se rasseoir : En France, il y a comme il y a partout, deux manières d'échapper aux peines de la justice.

La première, la plus sûre, c'est de fuir; alors on est contumace; et si on est condamné, et si on ne se présente pas, et si on est pris, on subit aussitôt son jugement, sans autre forme de procès [26]. En attendant qu'on soit pris, on est ou fouetté, ou pendu, ou roué en effigie, la justice fait faire, en carton, en paille, des mannequins de la stature des condamnés; les fait habiller de leurs habits ou des habits de leur état; leur fait mettre le masque le plus ressemblant, et au-dessous du tableau qui porte écrit, en gros caractères, leur jugement, les fait exposer près du pilori, près des fourches patibulaires [27], où ils semblent exemplairement souffrir, à côté de ceux qui ont souffert, qui ont leur corps en quartiers, attachés à de grands crocs de fer [28].

Les Lettres de grâce.

La seconde, c'est, quand le crime paraît graciable, qu'on a des amis en cour, d'agir comme des milliers d'accusés [29], de recourir à la miséricorde du roi, de demander des lettres de grâce, et quand on les a obtenues, de venir se présenter aux juges qui voulaient vous faire pendre et qui se contentent de vous faire mettre à genoux devant eux, pendant que vos lettres sont lues et enregistrées [30].

Quelquefois les lettres de grâce n'accordent qu'une commutation de peine, telle que celle de la pendaison par le cou en pendaison sous les aisselles [31], ou pendaison de comédie; telle que celle du fouet public en fouet dans le préau [32], ou petit fouet.

Vous voyez, Messire, qu'en France le glaive de la justice est comme celui des chevaliers, tantôt tranchant, tantôt courtois.

LE MAIRE DE RABASTENS.

Station XXVI.

J'ai pu enfin partir de Toulouse. Monsieur, m'ont dit deux voyageurs logés à mon auberge qui montaient sur leurs chevaux en même temps que moi et mes gens montions sur nos mules, vous partez, nous partons; vous allez à Gaillac, nous y allons. Nous irons ensemble : Monsieur, m'a dit ensuite, lorsque nous avons été en route, l'un des deux voyageurs, celui qui m'avait abordé et qui presque toujours chevauchait à côté de moi, je suis maire à Rabastens, petite ville où vous passerez avant d'arriver à Gaillac; les habitants bons et paisibles vignerons, travaillent tout le jour, dorment toute la nuit; je n'ai aucune occupation municipale. Devinez ce à quoi j'emploie mon temps? Il ne faut pas vous avoir longtemps entendu pour répondre que vous étudiez. — Oui, j'étudie; devinez ce que j'étudie? — L'histoire, la science à la mode [1]? — Oui, j'étudie l'histoire; devinez quelle partie de l'histoire? — Peut-être la partie aujourd'hui la plus à la mode, les origines²? — Oui, j'étudie les origines ; devinez quelles origines ? et, pour que vous le deviniez plus tôt, je vais vous le dire. J'étudie les origines de la pairie.

Les douze Pairs de France.

Monsieur, a-t-il poursuivi, il me semble que l'antiquité des pairs s'annonce à leur seul nom.

Nos premiers rois sortis du rang des soldats, durent d'abord continuer à rendre la justice dans leur royaume comme ils l'avaient rendue dans leur camp ; et de même que dans leur camp ils nommaient ceux qui les assistaient comtes, compagnons³, pairs, de même ils durent, dans leur royaume, les nommer de ce nom.

Il est si vrai que les douze pairs étaient originairement les compagnons, les égaux du roi, qu'autrefois, à son couronnement, les six pairs laïques, même les six pairs ecclésiastiques, portaient l'épée nue comme lui, la couronne sur la tête comme lui, et qu'il en est de même encore⁴.

Les Pairs de France.

Il était de la nature de la pairie ecclésiastique, remplie par une élective succession de pairs⁵, de ne pouvoir s'éteindre, et elle ne s'est pas éteinte⁶ ; il était au contraire de la nature de la pairie laïque, remplie par une héréditaire succession de pairs mâles⁷, à quelques exceptions près⁸, de pouvoir s'éteindre, et elle s'est éteinte. Nos rois ont eu la prudence de ne remplacer les six redoutables anciens pairs laïques, souverains inférieurs de la plus grande partie de la France, que par des pairs simples seigneurs⁹ dont ils ont, pendant le siècle dernier et le siècle actuel, érigé les terres en pairies dont ils n'ont pas, il s'en faut bien, limité le nombre¹⁰.

Les Pairs de jugement.

Là finit, là ne devrait pas finir l'histoire des pairs.

Souvent au quatorzième siècle, et plus souvent aux siècles précédents, le roi de France rendait lui-même la justice, environné des douze pairs environnés du parlement¹¹.

A leur exemple les grands vassaux, ensuite les grands seigneurs qui, ainsi que les grands vassaux imitaient le roi jusque dans la forme de leurs actes qu'ils terminaient comme ceux du roi : Car tel est notre plaisir, donné à....¹², jusque dans la forme de la signature, où ils ne mettaient que leur prénom¹³, voulurent avoir leurs pairs et siéger dans leurs cours de justice au milieu de leurs pairs¹⁴ ; ensuite les seigneurs imitèrent les grands seigneurs.

Dans la moitié de la France et peut-être dans la France tout entière, c'étaient des pairs jurés, des jurés qui jugeaient les affaires civiles et les affaires criminelles [15]. Si l'on ne peut pas dire que leurs fonctions aient actuellement tout-à-fait cessé, on peut dire qu'insensiblement elles cessent [16]. Aujourd'hui tous ou presque tous les procès sont jugés par une justice réglée, je veux dire par des magistrats éclairés, instruits, par des juges permanents ; on s'est enfin dégoûté de ces hommes de fiefs, de ces juges d'une semaine, d'un jour [17].

Mais pourquoi l'Angleterre conserve-t-elle encore ce vieux mode de procédure [18] auquel la France a renoncé ? Ah ! c'est que la France s'est dérouillée et que l'Angleterre se dérouille.

LE CAPISCOL DE GAILLAC.

STATION XXVII.

L'autre des deux voyageurs, avec lequel je suis parti de Toulouse, est capiscol, chef d'école ecclésiastique, maître d'école bénéficier [1]. Il demeure à Gaillac, et, ainsi que son ami le maire de Rabastens, il est fort savant, surtout dans les matières ecclésiastiques ; hier il n'avait rien dit : mais aujourd'hui il a si bien pris sa revanche qu'il n'a cessé de parler, de gloser, de commenter ; il a souvent cité, et toujours sans hésiter, et toujours il semblait lire.

Suivant lui on peut réduire la grande bibliothèque des Canonistes à ce qu'il m'a dit ; suivant moi on peut réduire ce qu'il m'a dit à ce que je vais dire.

Les Décrétales.

Depuis longtemps les lois ecclésiastiques sont les mêmes : le pape n'ajoute guère rien, ne change guère rien aux décrets de ses prédécesseurs ; il y retranche encore moins [2]. Pensez qu'il en sera longtemps, qu'il en sera toujours ainsi.

Quant aux conciles, ils ont beaucoup statué sur le dogme, peu sur la législation ; et d'ailleurs leur porte, heureusement pour la paix du monde chrétien, semble éternellement murée [3].

Les Styles.

J'admire comment au contraire l'église continuellement change, réforme sa procédure sur la procédure laïque. Actes clairement libel-

lés, motifs en tout point spécifiés, et cependant abréviation des actes :
il y a plus, abréviation du nombre des actes [4], en même temps qu'allégement des épices, des taxes, des tarifs. Voyez les nouveaux styles,
notamment celui de l'évêché de Paris [5], celui de l'archevêché de Bordeaux [6].

Les Officialités.

Je remarque aussi qu'aujourd'hui l'église a voulu que l'éclat de sa
magistrature ecclésiastique ne cédât pas au nouvel éclat de la magistrature laïque. On est tenté de prendre l'auditoire d'une officialité pour
l'auditoire d'un présidial : on y voit assis sur une longue ligne l'official, son vice-gérant ou lieutenant, les assesseurs gradués ecclésiastiques, les assesseurs gradués laïques, et au-dessous le promoteur,
son substitut, la partie publique ecclésiastique, le procureur du roi,
la partie publique royale, le greffier, et tout autour les avocats, les
procureurs, les appariteurs, les huissiers [7].

Les Juridictions.

Nous les canonistes, nous ne sommes rien moins que d'accord sur
les divers degrés de juridiction des cours d'église. Pourquoi, dis-je
un jour à un clerc semi-prébendé fort habile, ou réputé fort habile,
ne voulez-vous pas regarder comme une juridiction les doyennés ruraux ? N'est-il donc pas vrai que les doyens ruraux ont sous leur correction les curés du doyenné, qu'ils ont un promoteur [8] ? Il ne s'obstina guère ; mais quelques jours après il s'obstina violemment, parce
qu'il y avait nombreuse compagnie. Il ne connaissait pas très bien son
Duaren [9], son Bouchel [10] ; ah ! je vous le menai : suffit ! je ne veux
pas me rappeler mes vanités et mes triomphes.

Des doyens ruraux on appelle :

Non aux officiaux des abbés qui n'ont juridiction que sur les enclos
des abbayes,

Non aux officiaux des chapitres qui n'ont juridiction que sur les
enclos des chapitres ;

Mais aux officiaux des évêques ;

Ensuite aux officiaux des archevêques,

Ensuite aux officiaux des primats,

Ensuite à la rote ou officialité du pape [11].

L'appelant ne passe pas ordinairement le second degré. Les officiaux des évêques, à l'exception de certains crimes privilégiés [12] dont
la connaissance appartient aux cours laïques [13], jugent ordinairement
en dernier ressort [14].

Les Appels comme d'abus.

Voilà qui serait bon, me direz-vous, si l'appel ne sortait souvent de l'église, s'il n'allait sous le nom d'appel comme d'abus devant le parlement [15], ou devant le grand conseil [16]. Ah! vous avez raison, car je puis vous affirmer que, depuis deux siècles que, sous prétexte d'infractions aux libertés de l'église gallicane, ces appels ont lieu [17], il n'y a jamais eu moins d'abus, et jamais autant d'appels comme d'abus; c'est qu'aujourd'hui, dans son ambition dominatrice, le parlement, plus souvent que le grand conseil, leur fait un accueil de plus en plus gracieux [18].

Le bras séculier.

Il n'en a pas toujours été ainsi ; car, depuis le commencement de cette longue succession de capiscols [19] mes prédécesseurs qui remontent je crois, au temps de l'hérésiarque Béranger [20] jusqu'à nos jours, les officialités avaient, en matière de foi, exercé les fonctions de pairs, de jurés anglais, et les magistrats civils, qu'on appelait le bras séculier, avaient exercé celles de shérifs ou de juges appliquant la peine [21], d'où vous voyez que le bras séculier ou laïque était dans le fait un bras fort ecclésiastique; mais à la fin de ce siècle les choses ont bien changé, et les officialités qui autrefois visaient les comptes du bois, du souffre, de la thérébentine [22], je veux dire qui faisaient brûler [23], qui maintenant ne font plus pendre, pas même fouetter, qui ne font que faire arrêter, emprisonner [24], ne sont plus, au lieu de ces redoutables, anciennes, augustes officialités, que des officialités pour rire.

LES DEUX SCELLEURS D'ALBI.

Station XXVIII.

Qu'est-ce qui depuis deux jours m'arrête à Albi? Faut-il le dire? c'est la corbeille de melons, de figues, de prunes, de poires, de pêches, de raisins, posée devant moi à chaque repas : comment peut-on quitter Albi quand on aime les bons, les meilleurs, les beaux, les plus beaux fruits [1]?

Ce matin, à onze heures ou environ, la fille de l'aubergiste a frappé à ma porte et est entrée : Monsieur, m'a-t-elle dit, c'est aujourd'hui le jour de la semaine où les bons bourgeois, les riches gentilshommes viennent ordinairement se régaler à l'auberge². La nôtre se trouve pleine; voudriez-vous permettre que deux hommes de robe dînent dans une des chambres de votre appartement? La fille de l'aubergiste n'est pas belle; mais elle a des yeux brillants; et, si elle a seize ans, elle n'en a pas dix-sept. Elle est dans cet âge où une jeune fille sent qu'on n'a rien à lui refuser : aussi se faisait-elle suivre de sa servante chargée d'une petite table et de deux tréteaux. Je lui ai répondu en souriant et en me retirant dans mon autre chambre dont elle a fermé la porte. Quelques instants après, le dîner a été servi. Les deux hommes de robe étaient, ni plus ni moins, l'un le scelleur de la justice royale³, l'autre le scelleur de l'évêché⁴; et comme tous les Français du midi parlent fort haut, j'ai été forcé, sans les écouter de les entendre.

Les Sceaux.

Mon vénérable confrère, disait le scelleur de la justice royale, allons! buvons trois coups plutôt que deux, et quatre plutôt que trois, car le méchant temps où nous vivons sera appelé le bon temps par ceux qui viendront après nous.

Ce n'est pas que les chancelleries décroissent dans la grandeur des sceaux et de leurs pièces d'honneur; car autrefois, aux sceaux de nos petites justices, il n'y avait qu'une fleur de lis⁵, tandis qu'aujourd'hui il y en a trois⁶; mais c'est qu'elles décroissent dans leur moins fréquent usage.

Voyez les chartes du XII°, du XIII° et du XIV° siècle; si c'est une charte du clergé, elle est des quatre côtés garnie de sceaux pendants, représentant des évêques, des abbés⁷; elle offre l'image d'un concile. Si c'est une charte de la noblesse, elle est aussi des quatre côtés garnie de sceaux pendants, représentant des chevaliers à cheval, la lance en arrêt⁸; elle offre l'image d'un bataillon carré de lanciers.

Encore au dernier siècle les chancelleries florissaient : il n'y a guère d'acte de ce temps qui ne porte en queue un sceau empreint ou des armes d'un noble⁹, ou de la bonne figure d'un bourgeois¹⁰; il n'y a guère de pièce comptable qui, au bas de l'écriture, ne soit empreinte de plusieurs sceaux publics, figurant les quatre cornes d'un tourniquet¹¹.

Mais au siècle actuel presque tous nos parchemins n'ont pas de sceaux¹², et sont pour ainsi dire sans âme.

Oui, certes, il y a des chancelleries qui ne peuvent pas déchoir, qui ont une juridiction ou du moins qui attirent à la juridiction près laquelle elles sont établies tous les procès nés des actes qu'elles ont scellés¹³ : mais vous et moi savons mieux que personne qu'il y en a seulement quatre : celle du sceau du Châtelet de Paris [14], celle du sceau du Châtelet d'Orléans [15], celle du petit sceau de Montpellier, et celle du sceau des foires de Champagne [16].

Me rappellerez-vous que nos rois ont, durant ce siècle, créé à titre héréditaire des gardes de sceaux dans toutes leurs justices [17] ? Je vous répondrais que cela ne remplace pas notre ancienne, fréquente apposition des sceaux, encore moins nos anciens honneurs. Vos archives et les miennes sont pleines de vieux actes où les scelleurs des plus petites justices disaient : « Le garde-scel de la prévosté de..... à tous « ceulx qui ces présentes lettres verront et orront salut ; savoir faisons « que devant nous a comparu le tabellion juré du roy nostre sire esta-« bli à..... Lequel nous a déclaré que N. a compté devant luy à N. la « somme de..... [18] » Nous étions les notaires des notaires.

Les Dispenses laïques.

Cependant, mon vénérable confrère, je trouve quelquefois, Dieu me pardonne, que nous scellons trop ; car vous et moi, ou du moins vos mains et les miennes, mettent le sceau à bien des abus. Moi je scelle des dispenses :

D'être tuteur, curateur,
D'avoir l'âge pour tester,
D'avoir l'âge pour juger,
D'être jugé par ses juges,
D'être jugé criminellement,
D'aller en galère,
D'être fouetté publiquement,
D'être pendu publiquement,
D'être fouetté,
D'être pendu,
De payer ses dettes [19],
Et mille autres pareils actes.

Les Dispenses ecclésiastiques.

Vous, mon vénérable confrère, a-t-il continué, vous scellez du matin au soir :

Les dispenses d'aller se confesser à Rome dans les cas réservés ;
La dispense d'un, de deux bans de mariage ;
La permission de se marier entre parents au degré prohibé ;
La permission de ne pas tenir ses promesses faites à l'église, de ne pas accomplir ses vœux ;
La permission de manger des œufs en carême ;
La permission de tenir plusieurs bénéfices ;

La sécularisation de monastères;
La sécularisation de moines [20];
Et mille autres pareils actes.
Sous le nom de dispenses, vous et moi scellons l'infraction de plusieurs lois soit civiles soit canoniques. — De plusieurs lois trop rigoureuses, lui a répondu l'autre scelleur. — D'où il faudrait conclure qu'un jour plusieurs parties de la législation laïque et de la législation ecclésiastique seront réformées, et d'où il faudrait encore conclure que nos fils ne scelleront guère. — Et que nos petits-fils ne scelleront plus.

LE BOURGEOIS DE RODÈS.

Station XXIX.

J'arrivai hier au soir d'assez bonne heure à Rodès; j'en trouvai les portes du côté du midi fermées : je fis le tour des remparts; je trouvai celles du nord également fermées. Je m'approchai de celle des Ambergues [1] : j'appelai le guet; quelques bourgeois sortirent du corps-de-garde et me demandèrent mon passeport; je le leur donnai, et, suivant ma coutume, dont je me suis toujours bien trouvé, je le leur récitai en même temps qu'ils le lisaient : *De par le Roy. A tous nos lieutenants géneraulx...... gouverneurs, baillis, sénéchaux, prévosts, maires, eschevins de nos villes, gardes des portes d'icelles, ponts, ports, péages, salut. Nous voulons et vous mandons que nostre bien aimé..... s'en allant en nostre royaume, pour ses affaires, vous ayez à laisser passer, aller, venir, se tourner et retourner....... librement et sûrement, avec ses serviteurs, chevaux, hardes et armes, sans lui faire, mettre, ou donner empeschement : au contraire lui faire administrer toutes choses, en payant raisonnablement. Donné à.......... Henry, et plus bas, Par le Roy, Révol* [2]. C'est bon, me dirent-ils, mais vous ne pouvez entrer, parce qu'en cette ville les portes sont, comme à Toulouse, fermées les dimanches, afin d'empêcher les charretiers de voyager [3], et que les jours des vendanges elles le sont de même afin d'empêcher aussi, comme à Toulouse, qu'on porte des raisins au marché [4]; car ceux des nouveaux vignobles qui entourent la ville [5] mûrissent si mal que sans cette précaution le visiteur des fruits [6] ne répond plus de la santé des habitants. Vous pouvez, ajoutèrent-ils, aller loger au faubourg barré par les barrières, au barri [7]. Ensuite ils me demandèrent, suivant l'usage, quelles étaient les nouvelles ⁸ ; je leur répondis que, du moins à ma connaissance, tout allait bien, soit en Espagne, soit en France, et je me retirai. J'allai loger au bas du long barri, ou long faubourg Saint-Cirice ⁹, à une grande auberge, appelée de son enseigne, la Croix blanche. Ce matin il est venu de l'autre bout du faubourg un maréchal qui, après avoir ferré mes mules, m'a proposé de me les faire échanger contre de bien meilleures : Monsieur, m'a-t-il dit, à Albi on vous a sûrement proposé de les échanger ? Et cela était vrai. Maintenant, a-t-il continué, on vous le propose à Rodès. On vous le proposera à Saint-Flour. L'Albigeois, le Rouergue, l'Auvergne, fournissent des mules aux Espagnols ¹⁰, et dans ces provinces, l'argent d'Espagne est aussi commun que celui de France ¹¹ ; mais la vérité est que nulle part vous ne trouverez d'aussi bonnes mules qu'ici, et notamment à la ferme de Camonil qui est sous vos fenêtres. Ce maréchal, qu'à son habit de cuir ¹² et qu'à son bonnet à la cocarde ¹³ j'ai reconnu pour un des bourgeois du guet auxquels j'avais parlé hier, se nomme Lalouverie. Ce serait ma faute de ne pas me rappeler son nom, car il m'a dit, vingt fois et peut-être trente, qu'il était Lalouverie, que Lalouverie connaissait son métier, que Lalouverie n'était ni un menteur, ni un trompeur.

Sur les belles assurances de Lalouverie, j'ai été à la ferme de Camonil ; jamais je n'ai pu être d'accord avec le fils du fermier : j'attachais, m'a-t-il dit, trop de prix à mon argent ; j'ai dû lui répondre et lui ai répondu qu'il attachait trop de prix à ses mules, à quoi il m'a répliqué qu'il en tirerait meilleur parti avec les cotals ¹⁴, ou voituriers des coteaux de vignes, qui portent aux villes, dans des outres, le vin du pays ¹⁵.

Le bel âge.

Je m'en retournais par une grande allée d'ormes plantée entre la ferme de Camonil et les avant-fossés du faubourg ¹⁶ ; voilà qu'un homme de trente et quelques années que j'avais remarqué à côté du fils du fermier, tantôt riant, tantôt haussant les épaules, tantôt lui parlant à l'oreille, et le plus souvent lui donnant des signes de mécontentement, est venu me joindre : Monsieur, ce jeune homme ignore l'art de vendre, ou je ne m'appelle pas Pierre ; je suis tout irrité de ce que vous remportez votre argent, de ce que vous n'emmenez pas d'excellentes mules ; si j'avais été à sa place j'aurais déjà fait marché avec vous, ou plutôt vous auriez déjà fait marché avec moi. Ah ! si je n'avais mieux su vendre mes dents de loups, mes chiens, mes chats et mes oiseaux, je n'aurais pas acheté la ferme de Fontenge ¹⁷ que vous voyez là-bas, devant vous, et je ne serais pas sur le point d'acheter la grande ferme de Vabre ¹⁸, que vous voyez là-haut, plus loin. Monsieur, a-t-il continué, avant d'avoir trente-cinq, trente-six ans, l'on en a dans tous les pays, dix-neuf, vingt, et dans tous les pays, l'on est alors amoureux. Moi, je le fus d'abord d'une jolie dame de notre rue ; mais mon frère aîné me dit que son mari était gentilhomme, et que, s'il me surprenait, il pouvait me tuer [19] comme un lièvre sur ses terres, que les lois voulaient qu'on respectât la noblesse. Je le fus ensuite d'une jeune personne qui s'appelait Henriette ; mais mon frère aîné me dit : Tu verras, Pierre, on s'apercevra de tes assiduités ; on te fera condamner à la confiscation de la moitié de ton bien [20] et peut-être au carcan [21], d'où tu n'auras guère envie de jouer de la prunelle avec mademoiselle Henriette. Je le fus ensuite d'une bonne petite chanoinesse de Leignieu [22] ; mais mon frère aîné me dit que je voulais donc avoir le fouet de la main du bourreau [23], aux quatre coins de la place de la cité et aux quatre coins de la place du bourg [24]. Je le fus ensuite de la grande Nanon Verdière ; mais mon frère aîné, encore plus alarmé, me dit que cette fois c'était pour être pendu sans merci, et il me raconta l'épouvantable histoire du jeune Touart [25] qui était clerc d'un maître des comptes, comme je l'étais alors du procureur Verdière. Ah ! monsieur, imaginez si j'eus peur ; aussitôt dans mon imagination une haute potence se mit entre la belle et moi. Je n'osai plus la regarder ; je ne la regardai plus ; je n'y pensai plus.

Vers ce temps, la culture des vignes ne cessant de faire de nouveaux progrès, et le roi craignant qu'elle envahît celle du blé, l'avait restreinte à un tiers des terres [26]. Le fermier de Camonil fut actionné pour avoir outre-passé cette proportion ; il le fut aussi pour avoir fait ses échalas avec du bois de chêne [27]. Il confia sa défense au procureur Verdière. En allant de la part de celui-ci, tantôt lui porter, tantôt lui demander des papiers, je fis connaissance avec sa fille Adèle, jeune personne aux yeux noirs, comme les jolies brunes de votre pays, au teint coloré, comme les jolies blondes du nôtre ; nous deux nous ne plaidâmes pas ; nous fûmes d'accord au premier coup-d'œil. Malheureusement le procès du fermier finit, je n'eus plus de prétexte pour aller chez lui ; mais bientôt après on lui en fit heureusement un autre : on l'accusait de garder le blé plus de deux ans [28] ; on disait même qu'il l'enfouissait dans des creux, dans des souterrains [29], d'où il le retirait beau, net en apparence, et toutefois réellement gonflé, fermenté, malsain. Ce second procès ne fut pas de ceux qui ne finissent point, il fut, comme le premier, de ceux qui finissent, il finit. Alors je me mis à miauler sous les arbres du voisinage et à ce signe convenu Adèle venait : d'abord rien de mieux, jusqu'à ce qu'un soir son père vint : Petit chat, me dit-il, j'ai une belle ferme de quinze mille livres [30] ; je veux que mon gendre en ait au moins une pareille ; si avant de l'avoir tu reparais ici, je t'étrangle. Ce terrible fermier, dont la taille carrée, les mains nerveuses le mettaient en état de tenir ce qu'il me promettait, est celui qui en ce moment est à la fenêtre, avec ses trois bonnets sur la tête [31], et qui aujourd'hui est mon beau-père ; et ce jeune homme qui n'a pas su vous vendre ses mules est mon beau-frère.

Je n'étais, dans ce temps, que troisième clerc chez mon procureur ; comment faire pour avoir quinze mille livres ? comment faire, me disais-je chaque matin en me levant, chaque soir en me couchant.

L'industrie.

Enfin il passa dans notre ville un étranger qui achetait toutes les dents de loup qu'on pouvait lui apporter. On était à deviner ce qu'il pouvait en faire ; un savant gradué dit qu'il vendait ces dents au diable, ou du moins à des sorciers. Encore que cette dernière opinion me parût la plus raisonnable, car il y a au moins trente mille sorciers en France [31], je crus devoir questionner son jeune fils. Tout se sait par les enfants ; véritablement celui-ci me découvrit le secret de son père : ce n'était pas au diable, à des sorciers, qu'il vendait ses dents, mais bien aux nourrices de Paris qui en garnissaient des hochets pour la dentition de leurs nourrissons [33] : Oh ! oh ! me dis-je, puisque les jeunes Parisiens aiment à frotter leurs dents contre celles de nos loups, me voilà riche.

Aussitôt je prends congé de mon escabelle, de mon procureur ; je parcours les villages et pars avec un mulet chargé des plus belles dents de loup.

A Paris, et partout, on sait que le Rouergue est un pays de loups [34], par conséquent de beaux loups. J'offris ma marchandise, je dis que j'étais du pays. A ma fourrure de peau de loup [35], à mon accent, à ma mine, on n'en douta guère. Je vendis ce chargement, j'en vendis un autre, j'en vendis beaucoup d'autres.

Il faut bien des dents de loup pour acheter une ferme de quinze mille livres : je vis que j'étais encore loin de compte, alors je me vouai à un autre genre d'industrie.

Je m'étais aperçu qu'on vendait fort cher les chiens au Pont-au-Change [36]; pour ce commerce il ne faut guère plus d'avances que pour celui des dents de loup ; je l'entrepris et j'y réussis d'abord, car sous le nom de petits chiens de Lyon [37] je vendis plusieurs voitures de chiens de Rouergue, d'Auvergne et même de Limousin. Mais le roi Henri III m'ayant fait enlever, comme à tout le monde, les plus beaux [38], je jetai les autres dans la rivière.

Je pris bientôt ma revanche. On vend à Paris les chats aux lieux qu'on vend les chiens [39]; mais moi j'en allais vendre dans toutes les rues; j'avais sur mes camarades, au dire de toutes les bourgeoises de la rue Saint-Denis et de la rue Saint-Martin, l'incontestable avantage de miauler au naturel [40]. En peu de temps je devins si connu que je fus chargé de fournir un sac de chats pour le feu de la Saint-Jean, afin de faire rire le roi, ainsi que portait mon mandat [41], ce dont je me sens encore tout glorieux.

Comme le séjour de Paris instruit ! On ne se doute pas ailleurs de tout ce que peut valoir le métier d'oiseleur, je voulus en essayer et je m'en sus bon gré; je savais siffler les merles, les linots, les canariens [42]. Le plus difficile de l'apprentissage était fait : je m'établis d'abord sur les quais, en qualité de marchand forain, et je fus obligé de porter à la main mes cages [43]; mais bientôt, étant reçu marchand de la ville, je pus les accrocher à la muraille [44]. Toutefois je ne nie pas que cet état soit assujéti à une police très sévère, car, sous peine de confiscation et d'amende, vous êtes obligé d'étiqueter en grosses lettres les cages des mâles et les cages des femelles [45]. Sous les mêmes peines vous êtes encore obligé, quand vous êtes marchand d'oiseaux chanteurs ou parleurs, de vous tenir pendant deux heures au bas du grand degré du palais, pour voir si le parlement [46] veut acheter quelqu'un de vos canariens ou de vos papegaux [47].

La fortune.

Ce commerce maintenant s'étend de plus en plus, ainsi que celui des guenons [48] que j'y ai joint. Le vaisseau de mes associés, sur lequel je n'ai pas la plus petite part, vient d'arriver au Hâvre-de-Grâce [49]. Je ne puis manquer d'être bientôt plus riche, de monter bientôt à Vabre.

L'économie de la fortune.

Sire Pierre, vendez-vous aux Rouergas beaucoup de canariens et de papegaux ? — Pas un; les Rouergas, nous donnerions vingt canariens pour un chapon, et trente papegaux pour une dinde [50]. Nous sommes, Dieu merci, gens de bon sens et de bonne raison. Nous ne portons pas, ainsi que les belles gens, de gros ventres en coton, en laine ou en crin [51]; nous ne portons que les gros ventres que naturellement nous avons. Nous ne portons non plus que nos cheveux naturels; nous ne portons pas de perruques [52] pour nous donner des grâces. Je vous défie de nous faire adopter la mode de jeter sur la tête notre farine à faire le pain [53]; nous attendons sans impatience que l'âge l'ait poudrée. Je vous défie de nous faire quitter nos anciennes cannes d'épine noire que, dans nos justes corrections, nous pouvons casser à rien ne coûte, et de nous faire prendre ces minces joncs apportés des Indes [54]. Ici, jamais il ne passe de marchands de sachets, de pommes de senteur, d'eaux de savons parfumés [55]. Les dames de Paris ont peut-être imité des nôtres l'économique usage de faire la lessive dans la maison [56], et celui de renfermer le jambon et le lard dans des saloirs de menuiserie fermés à clé [57]. Sûrement les nôtres n'imiteront pas d'elles celui de se ceindre de jupes baleinées [58] qui rempliraient au moins toute la largeur de nos étroites vieilles rues. Nous voulons incontestablement nous instruire, nous lisons toute sorte de livres, mais nous lisons surtout le Traité d'économie que, sous le titre de *Chemin de l'Hôpital*, a composé notre monsieur de Balzac [59]. Cependant, ne vous y trompez pas, nous aimons la magnificence, s'entend la magnificence bien placée; car tandis que nous avons laissé toute lisse, comme le plat de la main, la partie inférieure de notre clocher qui ne se montre qu'à la ville, nous avons fait dispendieusement sculpter la partie supérieure [60] qui se montre aux étrangers. Monsieur, notre clocher n'est pas un clocher d'un architecte de Paris, un clocher de Paris, mais un clocher d'un vrai architecte de Rodès, un vrai clocher de Rodès. — Sire Pierre, quand épousâtes-vous Adèle? — Aussitôt que j'eus Fontenge, aussitôt j'eus Adèle, car, où veux-tu amener ta femme? est le proverbe du pays [61].

LE VIEUX ÉCOLIER DE SAINT-FLOUR.

Station XXX.

Dans les montagnes de la haute Auvergne, les plaines sont chose un peu rare, j'en ai cependant aujourd'hui traversé une; elle a été même assez grande pour que je m'y sois égaré. Elle porte le nom de la Planèse [1]; elle forme comme une haute terrasse de plusieurs lieues, dominant sur les beaux vallons de la Limagne. Le temps était si brumeux que tandis que je croyais marcher vers Clermont, je revenais vers Saint-Flour; heureusement un homme à pied, dont j'ai fait la rencontre, s'est avec bienveillance entièrement détourné de son chemin pour me remettre dans le mien. Cet homme allait si vite, si légèrement que je ne lui aurais donné que trente, trente-cinq ans au plus; mais il avait les cheveux si gris et déjà si près d'être blancs, que j'aurais parié pour cinquante ans, et absolument pour soixante; quant à ses habits, ils pouvaient être ou d'un laïque ou d'un ecclésiastique. A force de regarder cet homme, j'ai pris une telle confiance en sa figure ouverte et franche que je me suis hasardé à lui faire part de mes doutes.

Les privilèges des Écoliers.

Monsieur, m'a-t-il répondu, j'ai cinquante-trois ans et je suis écolier; je le suis depuis plus de quarante ans [2], et je ne suis pas lassé de l'être, car à vrai dire, il n'y a de vie heureuse que la vie d'écolier. et ce sont les privilèges qui la rendent surtout heureuse. — Oh! oh! je voudrais bien connaître ces privilèges. — Monsieur, les voici.

D'abord le premier est de pouvoir étudier les dimanches et les fêtes. Les jeunes gens appliqués, rangés, modestes, le comptent pour beaucoup; cependant j'avoue que pour moi je n'en ai jamais fait grand usage.

Je passe à d'autres.

Au parlement, l'avocat de l'université plaide du côté du barreau des pairs; l'avocat du pape ne plaide que du côté du barreau du greffe [3]. Plus d'une fois j'ai été me mettre orgueilleusement derrière notre avocat.

L'université de Paris, fille aînée des rois de France, a rang de prince [4], et les écoliers aussi par conséquent.

Tous les écoliers sont d'ailleurs nobles [5]; cela va sans dire : ils portent l'épée [6]. Quand ils ne sont pas présents, on les traite bien de grimauds [7]; mais quand on leur parle, on leur dit, ou on doit leur dire, monsieur, à la rigueur messire [8], et à leurs femmes, mademoiselle, à la rigueur, madame [9].

Un écolier voyage-t-il, les fermiers sont tenus de lui fournir ou du moins de lui louer un cheval au prix ordinaire; il ne tient qu'à moi d'aller en demander un à la première ferme.

Un écolier arrive-t-il dans une ville où tous les logements sont occupés, il faut que les bourgeois lui en cèdent un.

Au contraire le maître de la maison ne peut faire déloger un écolier du logement qu'il occupe.

Les artisans qui le dérangent par le bruit ou les mauvaises odeurs de leurs ateliers sont obligés de changer de demeure. A Toulouse, où l'on aime beaucoup à chanter, un tailleur de mon voisinage m'étourdissait de ses chansons languedociennes. Je le fis assigner devant le juge, il fut condamné à déménager ou à chanter plus bas.

Un écolier qui tue et mange la volaille de son voisin, lorsqu'elle s'approche trop près du lieu de ses études, s'il s'en confesse, et s'il en restitue la valeur, n'a plus à craindre la justice civile.

L'écolier qui étudie à Paris est Parisien; l'écolier qui étudie à Toulouse est Toulousain : il jouit de tous les privilèges accordés à la ville, et ne supporte aucune charge.

Qui est chanoine, qui étudie à Paris, à Toulouse, ou à toute autre ville d'université, est toujours présent à son église, et en reçoit les gros fruits [10].

L'écolier n'est sujet à aucun octroi, à aucun droit d'entrée.

Il n'est sujet à aucun aide, à aucun subside.

Malheur aux financiers imprudents qui voudraient le mettre au rôle; si le juge était sévère, il pourrait les punir corporellement, ou du moins les bannir [11].

Malheur aux huissiers imprudents qui voudraient toucher aux maisons, aux biens d'un écolier, protégés par les signes de sauvegarde, les armes du roi et de l'université [12]. Il serait perdu, s'il était traduit devant le juge conservateur des privilèges scolastiques [13].

Un écolier n'est pas d'ailleurs tenu de payer les dettes contractées avant le temps de sa scolarité.

Que s'il en a contracté pendant ce temps, le créancier doit l'assigner jusqu'à trois fois.

Lorsque l'écolier est créancier, ses dettes passent avant les dettes des autres.

Dans aucun cas on ne peut saisir ses livres.

Le père d'un écolier ne peut être cité en justice durant le temps qu'il va voir son fils à l'université.

Le juge ne peut faire arrêter un écolier dans l'enceinte de son collège.

Qui se prend à un écolier se prend à tous.

Si un écolier a battu un ecclésiastique, il peut être relevé de l'excommunication par ses supérieurs.

Si un écolier, dans une querelle, a commis un meurtre, et s'il s'est d'ailleurs distingué par ses progrès, il obtient grâce. Je me souviens qu'à Grenoble, un de nos camarades ayant été condamné à mort, nous allâmes crier devant le tribunal : Les catégories! les catégories! les éthiques! les éthiques! ce qui voulait dire qu'il était habile dans les catégories et les éthiques; il fut mis en liberté.

Les serviteurs et domestiques des écoliers participent à leurs privilèges [14]; j'ai eu pendant longtemps à mon service un laquais assez mauvais drôle qui ne m'a pas demandé d'autres gages.

Peut-être, monsieur, croyez-vous que ce sont là tous les privilèges des écoliers. Rebuffe en a compté jusqu'à cent quatre-vingts [15]; et sans doute il ne les a pas tous comptés.

Vive la joie! messire, lui ai-je dit, je vois qu'en France les écoliers ne sont pas plus mal qu'ailleurs; je voudrais seulement savoir s'ils s'y instruisent aussi bien. Ils s'y instruisent mieux, m'a-t-il répondu; notre siècle réformateur a réformé aussi nos vieilles méthodes; les routes de l'enseignement ont été comme nos grands chemins, aplanies, élargies, alignées, et elles l'ont été dans toutes les parties. Je vais vous en convaincre.

Les écoles de lecture.

Monsieur! souvenez-vous d'un vieux écolier que vous avez rencontré dans les champs de seigle de la Planèse, quand à Paris vous passerez à la Vallée de misère [16]; je n'y suis pas né, mais peu s'en faut; ma mère y demeurait; elle est originaire de Saint-Flour, où étant venue de Paris à pied voir ses parents, elle accoucha de moi presqu'en arrivant, et presque aussitôt elle repartit, m'emportant pendu à ses épaules, continuant le long du chemin à faire son métier d'acheteuse et vendeuse de peaux de lapin. Quant à mon père, il était matelot sur l'Allier; il descendit ensuite l'Allier et devint matelot sur la mer, où, en quelques années, il devint officier de marine. Il l'était lorsque je fus assez grand pour apprendre à lire.

Monsieur! puisque vous allez à Paris, vous saurez d'avance qu'il y a sous le Châtelet une grande arcade [17] qui vous paraîtra telle qu'elle est, vilaine et noire, qui me paraissait et qui me paraît encore belle et gaie, car c'était par-là que, lorsque j'étais roi de l'école, mes petits camarades venaient, suivant l'usage, me conduire chez moi en chantant ces vers enfantins :

« Vive en France et son alliance!
« Vive en France et le roi aussi [18]! »

Plus le nombre de mes années s'accroît, plus j'aime à me rendre présents les jours du jeune âge. Je me rappelle que nous entrions le matin à huit heures et que nous sortions à onze; que le soir nous entrions à deux et que nous sortions à quatre en hiver et à cinq en été [19]. Nos leçons commençaient, comme dans toutes les écoles, par la patenôtre dite à genoux devant le grand crucifix attaché à la muraille [20]. En nous enseignant ensuite la croix de par Dieu [21], le maître nous disait quelquefois : Heureux enfants plus heureux que vos pères! vous avez dans votre alphabet le V et le Z dont ils étaient obligés de se passer [22]. Vous avez et ils n'avaient pas vos jolies lettres historiées en forme de meubles, de bêtes, qu'on imprime aujourd'hui à si bon marché [23]; ils n'avaient pas non plus vos traités de l'art de bien prononcer [24]; aussi comment lisaient-ils? comment prononçaient-ils?

Notre maître ne l'était pas en titre; de temps en temps il nous récitait avec emphase ses lettres de coadjuteur ou vice-gérant que lui avait données le chantre de l'église de Paris, chef général de toutes les petites écoles de la ville; il finissait toujours ainsi : Mes lettres, comme toutes les lettres, valent pour un an; je suis maître pour un an ; les trois cent trente maîtres [25], tous, nous sommes maîtres pour un an [26].

Dans d'autres moments il s'écriait : A Paris, nous sommes peut-être trop de maîtres ; mais en province nous ne sommes pas assez. Allez en Pologne, vous ne trouverez pas de si petit village qui n'en ait un [27]. Allez dans les Pays-Bas, vous aurez de la peine à vous procurer un domestique, une servante qui ne sache lire et écrire [28].

Il va sans dire, a poursuivi le vieux écolier, que je me souviens aussi, et avec plus de plaisir, de nos jours de vacances qui étaient les dimanches et l'après-midi du jeudi [29]. Ces jours-là, plusieurs d'entre nous ne manquions guère d'aller aux audiences de la chantrerie [30] : en sortant nous contrefaisions la voix des jeunes maîtres, des jeunes maîtresses, la voix des vieux maîtres, des vieilles maîtresses, leurs invectives, leurs injures mutuelles, et ensuite la voix du promoteur donnant ses conclusions [31], du chantre prononçant ses jugements [32] : Vous avez tenu des écoles buissonnières, des écoles mal sonnantes, suspectes d'hérésie [33], je ne puis vous instituer [34] : l'écolâtre d'Amiens a pu vous instituer à Amiens [35]; l'écolâtre de Rheims a pu vous instituer à Rheims [36]; le scolastique d'Orléans a pu vous instituer à Orléans [37]; mais je ne puis, moi, vous instituer à Paris.

Les écoles d'écriture.

Mon père avait avancé dans les grades : il lui tardait beaucoup que j'eusse avancé aussi dans l'instruction, que j'allasse apprendre à écrire. J'y allai enfin. Le maître écrivain, pendant les leçons, souvent interrompues ou même suspendues par les appariteurs de l'université qui venaient fermer les écoles qu'avait ouvertes le chantre, par les appariteurs du chantre qui venaient fermer les écoles qu'avait ouvertes l'université [38], nous lisait et nous commentait lentement les quatrains de Jean Lemoine, pour apprendre à bien tailler la plume, à bien la tenir, à bien écrire [39]; il nous vantait aussi les règles de l'art d'écrire données par le cordelier Gigantis [40]. Il parlait avec un grand respect de Le Gaingneur, écrivain ordinaire du roi [41], le plus célèbre écrivain de France [42] qui faisait de si grandes, de si belles lettres, à queues de serpent, à pattes, à becs d'oiseau, à ramages, à enroulements [43]; mais il mettait au-dessus de tous Hamon de Blois. Il nous disait que c'était le plus grand écrivain connu, le plus grand écrivain du monde. Il ne nous disait pas qu'il avait été pendu [44].

Souventes fois, en se pavanant sur sa belle chaise de bois sculptée [45] qui lui attirait une grande considération, il répétait que les temps modernes avaient plus sensiblement gradué leurs progrès par la perfection du signe matériel de la pensée que par la perfection de la pensée, fausseté ou du moins erreur insigne, car, aux siècles passés, l'or, l'azur coulaient de toutes les plumes [46]; et même, au siècle dernier, unie avec la peinture [47], l'écriture a longtemps lutté contre l'imprimerie; elle l'a même vaincue par la pureté et la finesse des formes; mais vaincue à son tour par la rapidité de la presse, elle s'est dépitée, irritée de l'irrévocable préférence donnée à sa rivale; et, pour ainsi dire, elle s'est, dans sa mauvaise humeur, dans son dépit, hérissée de longues queues, de pointes tortueuses et barbares [48]. Notre jeune maître se moquait des anciennes écritures, des anciens écrivains, trouvait et nous faisait trouver ces innovations pleines de raison, de grâce et de goût. Je dois cependant convenir qu'il nous enseignait avec beaucoup d'art l'écriture du temps; je lui veux aussi du bien de nous avoir appris non-seulement à écrire, mais encore à signer. Nous avions pour modèle sa signature que nous pouvions, nous disait-il, aller voir bien plus belle au tableau des signatures des maîtres écrivains de Paris, déposé chez monseigneur le prévôt [49].

Les écoles de latin.

Mon père fut encore élevé à un nouveau grade; combien ne désirait-il pas qu'avançant de même à mon tour, j'allasse aux écoles de latin! J'avais près de dix ans, je ne tardai pas à y aller. Mais là m'attendait le grand Despautère [50], ce terrible rudiment, vainqueur des vieux rudiments de Villedieu [51], de Valla [52], de Donat [53], vainqueur des rudiments de notre temps, des Isagogues [54], des rudiments latins-français [55], des rudiments anglais, des rudiments de Linacre [56], vainqueur de ses imitateurs, vainqueur même de ses abréviateurs [57]. Mais là m'attendait aussi le nouveau et amusant cliquetis des déclinaisons des adjectifs dont les genres étaient si ingénieusement marqués par l'addition du pronom : *hic et hœc mollis et hoc molle; hujus, hujus, hujus mollis; huic, huic, huic molli* [58]. En même temps que mon oreille était agréablement gagnée, mon attention et ma mémoire l'étaient aussi par les alliances des substantifs et des adjectifs, par la guerre des verbes, et la bataille des temps [59]. Mon maître qui, ainsi que tous les maîtres de Paris, était maître ès-arts [60], avait la bouche toujours flamboyante de belles règles, de beaux préceptes de la grammaire latine; il était admiré, il s'admirait, il passait une vie fort heureuse.

En ce moment il me revient à l'esprit une remarque par moi faite depuis longtemps : ni à Paris, ni en province, les maîtres des petites écoles ne sont guère considérés; on les appelle des noms ignobles de magister, d'abécédaire [61]; mais il n'en est pas ainsi des maîtres des écoles de latin, surtout de ceux qui enseignent gratuitement, qui sont ecclésiastiques, bénéficiers [62], qui ont le titre d'écolâtre, de scolastique, de capiscol, de maitre-scol [63]; qui portent, auxquels on porte l'antienne; qui ont leur juridiction, leur justice, leur greffier [64]. On les respecte, on les vénère, et quand on est enfant on tremble devant eux.

Les Collèges.

J'entrai au collège la même année que mon père fut nommé capitaine de vaisseau. Mon père témoignait plus de joie de mon avancement que du sien.

Bien des gens passent de longues années dans les collèges et en sortent qui savent sur le bout du doigt leur histoire de France, qui cependant ne savent pas l'histoire des collèges, de l'instruction publique ; quant à moi, quoique naturellement peu curieux d'anciennes recherches, j'ai cependant écouté volontiers ceux qui à cet égard en avaient faites, et je crois ne pas avoir entièrement oublié ce que je leur ai entendu dire.

Le saint roi Louis IX fonda à Paris, en 1252, le collège de Sorbonne [65]; c'est le plus ancien des collèges de la France [66].

Depuis, à Paris et en province, on en fonda d'autres, et on ne cessa d'en fonder pendant les XIIIe, XIVe et XVe siècles [67]; mais c'étaient toujours des collèges de boursiers [68], des monastères, des cloîtres d'écoliers.

Le quinzième siècle qui avait tant besoin de s'instruire, qui dans les dernières années en témoigna tant le désir, ouvrit les portes de plusieurs de ces collèges [69]; l'instruction cessa d'être claustrale pour devenir publique.

Le seizième siècle a ouvert la porte de tous les collèges, les a réformés tous [70], et la nation française est devenue une nation lettrée.

Combien d'écoliers estimez-vous qu'il y a, certaines années, à l'université de Paris? Je crois moins ceux qui disent qu'il y en a trente mille [71] que ceux qui disent qu'il y en a quarante mille [72]. A l'université de Bordeaux, le seul collège de Guienne en compte deux mille cinq cents [73]. Les autres universités, notamment celle de Toulouse [74], ne sont pas moins florissantes.

On peut juger de l'état des études de nos collèges par le nombre des jeunes gens qu'on voit en robe noire et en ceinture, car c'est l'habit des écoliers [75].

Ce qui distingue les régents, ce n'est pas tant leurs robes à longues rangées de boutons [76] que leur bonnet qui est carré [77], à la différence de celui des écoliers qui est rond [78].

Il n'y a guère aujourd'hui de ville un peu considérable où l'on ne voie un plus ou moins grand nombre de ces bonnets ronds et de ces bonnets carrés : toutefois, quelques efforts qu'aient faits nos rois et nos parlements pour les progrès de l'instruction publique, il y est resté un vice que les jésuites ont de leur œil perçant bientôt vu, et qu'avec leur redoutable habileté ils ont fait tourner à leur avantage. Ils ont voulu donner et non, comme les autres, vendre la science [79]; ils ont aussitôt eu la vogue, la foule [80], tandis que les universités n'ayant pas voulu renoncer à leurs antiques rétributions [81], perdent leurs écoliers, ne cessent de les perdre [82].

Je reviens à moi.

Je fus d'abord écolier à l'un des plus renommés collèges de l'université, et ce n'est pas sans attendrissement que je vous dirai que mon bon père qui déjà avait commandé un gros vaisseau sur l'Océan atlantique, embrassa par douzaine, en allant payer mes lettres de scolarité [83], tous mes petits camarades, réunis devant la porte de la classe, leur demandant leur amitié pour moi. Mon père après avoir payé ces lettres paya au régent la contribution pour le cours des études à raison de deux sous par mois d'écolage [84]; il paya aussi ma contribution pour les bancs, les chandelles et les toiles des châssis [85].

Mon père se récriait, non sur le haut prix, mais sur le bas prix des livres à l'usage des classes [86]; et il faut convenir qu'ils n'étaient pas chers.

Le Rudiment de Despautère, six deniers ;
Le Dictionnaire, petit in-folio, ou grand in-4°, vingt-cinq sous ;
Cicero de amicitia, un sou ;
Oratio pro Milone, six deniers :
Les Offices, dix-huit deniers ;
Virgile, trois sous ;
Chaque livre de l'Énéide, quinze deniers ;
Chaque Églogue, quatre deniers ;
Les Catégories d'Aristote, six deniers ;
Les Analytiques, un sou [87].
Ainsi des autres.

J'ai dit combien dans les écoles de latin les maîtres étaient respectés. Dans les collèges, et c'est au profit de l'instruction, ils le sont encore davantage. Lorsqu'un régent passe, tous les écoliers s'arrêtent, se découvrent [88] et s'inclinent. Lorsqu'il entre en classe, ils applaudissent, frappent le plancher avec leurs pieds, les bancs avec leurs livres, et crient *vivat* [89] !

Ordinairement chaque régent choisit pour aide un de ses écoliers qui, sous le nom d'*explorator*, a les yeux sur la classe quand il les a, lui, sur son cahier. L'*explorator*, ou l'observateur, tient aussi comme censeur des causeurs la liste de ceux qui parlent français [90]; car l'université a tant d'horreur pour le français, qu'un papetier auquel le recteur faisait, dans une harangue latine, des reproches sur ses fournitures, lui ayant dit : Parlez français, je vous répondrai, fut mis en cause devant le parlement où l'on ne prit pas les choses si au vif, où l'on excusa le papetier [91] de ne pas entendre la haute latinité.

Dans les divers collèges de France les heures des classes ne sont point partout les mêmes. A Paris notre classe commençait le matin à huit heures, finissait à dix; et le soir elle commençait à midi, finissait à une heure, recommençait à trois et finissait à cinq [92].

Ajoutez-y, car nous y ajoutions, une heure, les jours de congé qui étaient les mardis, les jeudis, les dimanches et les fêtes.

Ajoutez-y aussi que les philosophes avaient de plus en hiver une classe matinale d'une heure, commençant en hiver à six, et en été à cinq heures [93].

Nos vacances étaient de deux mois, deux mois et demi [94].

J'aurais dû avant tout vous dire qu'à Paris, dans certains collèges, il y a jusqu'à douze, treize classes [95], mais qu'en général il n'y en a que huit; cinq de grammaire, une de rhétorique; une de philosophie, une de physique [96]; qu'en province il n'y a ordinairement que quatre classes de grammaire, et qu'on y commence par la cinquième [97].

J'aime bien la nouvelle manière d'étiqueter le dessus des portes des classes : *Sexta, Quinta, Quarta, Tertia grammaticæ, Humanitas, Rhetorica, Logica, Physica* [98], et autres mots dorés qu'on lit sur de larges tablettes de pierre noire [99].

Les méthodes de l'université.

Lorsque vous approchez des fenêtres d'un collège de l'Université, vous entendez les régents qui, cueillant à pleines mains les fleurs des auteurs latins, grecs, en font admirer à leurs écoliers les vives couleurs, les élégantes formes, qui les excitent à fleurir ainsi leurs compositions; lorsque vous avancez encore, vous entendez surtout le régent de rhétorique élever de plus en plus la voix, tonner, éclater; lorsque vous entrez, vous le voyez non en chaire, mais à la tribune, aux rostres; ses écoliers sont des Athéniens, des Romains transportés par les Philippiques, les Catilinaires, à Athènes, à Rome; ils veulent se lever pour marcher contre Philippe; ils cherchent des yeux Catilina pour le livrer, sans autre jugement, aux licteurs. Dans l'enseignement, c'est bien s'y prendre, que de frapper les jeunes âmes par toutes les beautés des grands modèles [100] : cette méthode est assurément bonne, excellente.

Les méthodes des jésuites.

Cependant il en est une meilleure [101]. Lorsque vous vous approchez des fenêtres d'un collège de jésuites, vous n'entendez guère la voix du régent; vous entendez presque toujours celle de l'écolier; lorsque vous entrez, vous voyez les écoliers, divisés en décuries; vous voyez un écolier d'une décurie supérieure qui récite, et un écolier d'une décurie inférieure qui aussitôt se lève et se présente pour le reprendre sans livre; vous voyez que, si l'écolier de la décurie inférieure sait mieux sa leçon, il monte à la décurie supérieure et que son camarade descend à la décurie inférieure. Même combat à l'explication, même déplacement [102]. Un autre écolier lit-il sa composition, tous les écoliers peuvent en reprendre les fautes; tous les écoliers deviennent maîtres. Ensuite, lit-on les auteurs, chaque écolier est successivement interrogé sur les beautés, sur les défauts; tous ses camarades peuvent critiquer ses louanges, critiquer ses critiques [103]. Les collèges de l'université, par leurs fréquentes compositions, exercent plus l'esprit dans l'art d'écrire; les collèges des jésuites, par leurs débats classiques, exercent plus l'esprit dans l'art de parler. L'un vaut mieux que l'autre, ou du moins est d'un plus fréquent usage que l'autre. Mais est-ce le plus grand avantage du mode d'enseignement des jésuites? non; c'est l'unité.

En France il y a divergence d'enseignement non-seulement dans les diverses dix-sept universités [104], mais il y en a encore dans l'arrondissement de chaque université; au lieu que dans les vingt collèges français des jésuites [105], même dans leurs deux cent cinquante collèges de l'Europe, de l'Asie, de l'Amérique [106], leurs six ou sept mille maîtres [107] n'ont jamais été, n'ont jamais fait qu'un seul maître.

J'ai à dire aussi que leur système d'enseignement est complet dans leurs petits collèges où toujours, avec des chaires de latin, il y a une chaire de rhétorique; dans leurs moyens collèges où toujours, avec des chaires de latin, avec une chaire de rhétorique, il y a des chaires de philosophie [108]; dans leurs grands collèges où toujours avec des chaires de latin, avec des chaires de rhétorique, avec des chaires de philosophie, il y a des chaires de théologie, des chaires de langues savantes [109].

Je n'omettrai pas non plus que dans leur université de Tournon ils confèrent les grades [110]; et tenez-vous pour sûr que si les autres universités ont aujourd'hui de la peine à la reconnaître [111], elle aura dans la suite de la peine à reconnaître, et probablement ne reconnaîtra pas les autres universités; car lorsqu'il faut manquer de mémoire les jésuites en manquent, mais ils n'en manquent pas lorsqu'il n'en faut pas manquer. Vous me direz que depuis six années il n'y a plus de jésuites que dans quelques provinces méridionales de la France [112]. Oui, certes; mais vous verrez qu'avant six autres années il y en aura de nouveau dans toute la France [113]; car le monde, l'Europe, la

France, toute la France ne peuvent plus maintenant se passer de jésuites.

Les pensions.

Peut-être les jésuites qui individuellement ne dépensaient guère pour leur entretien que cent cinquante livres chacun [114], avaient-ils aussi la méthode la plus économique ou la meilleure méthode de faire la soupe. En effet, de même que les régents se plaignaient que les jésuites avaient fait pâlir l'antique éclat des universités, et que des quarante-quatre collèges de Paris six étaient seulement fréquentés [115], de même les maîtres de pension se plaignaient que les marmites des jésuites bouillonnaient de plus en plus et que les leurs étaient presque toutes renversées [116]. Les universités auraient également dû voir et que les régents étaient trop stationnaires et que les maîtres de pension ne l'étaient pas assez, qu'ils ne cessaient d'accroître les prix, sans que le Conseil, assisté des bourgeois, pût, par les fixations périodiques [117], les arrêter.

Monsieur, a continué le vieux écolier, il faut vous dire que dans notre France moderne les pères de famille des villes, encore plus les pères de famille des grandes villes, encore plus les pères de famille de Paris se séparent trop facilement de leurs jeunes enfants, persuadés qu'ils sont par les livres qu'il n'y a de bonne éducation que sous les vastes toits des gymnases [118]. Telle n'était pas l'opinion de mon père; mais lorsqu'il repartit pour la mer il ne put que me mettre en pension, et tout aussitôt je fus au premier rang des écoliers; car les externes ou galoches, ainsi appelés de l'espèce de chaussure qu'ils portent en hiver [119], sont méprisés par les caméristes ou pensionnaires des pédagogues [120] qui sont à leur tour méprisés par les pensionnaires du collège ou de la pension du principal [121]. C'est à cette pension que j'avais été mis. Là, on apprend, surtout quand le principal est un haut magistrat, un conseiller, un président au parlement, comme il y en a [122], les belles manières du monde.

On y apprend aussi dans l'élégant latin d'Érasme ou d'autres instituteurs [123] les beaux préceptes d'éducation [124]. Par exemple j'appris qu'il fallait dire : Monsieur [125], en parlant au maître; qu'il fallait, en parlant à des personnages, des magistrats, à de vénérables et scientifiques personnes [126], à des régents de théologie, des docteurs, des clercs, fléchir de temps en temps le genou; qu'il ne fallait point parler des dents, qu'il ne fallait point se gratter la tête, qu'il ne fallait point gesticuler, qu'il ne fallait point tenir les pieds écartés, ni se pencher tantôt sur une jambe, tantôt sur l'autre [127]. J'entendais souvent à table les maîtres crier aux nouveaux venus : *Poculum a dextris! ad lævam panis!* Le verre à droite! le pain à gauche! Il arrivait à de jeunes villageois de ne pas toujours baisser les yeux quand ils buvaient ; si les maîtres le remarquaient, ils leur criaient: *Bibere intortis oculis illiberale est!* Et de même le principal criait à ces gros villageois qui ne savent rien dire, mais qui mangent admirablement bien et ne se taillent guère de petits morceaux : *Carnem minutim in quadra dissere!* Au jeu vous auriez continuellement entendu : *Absit dolus absit mendacium!* Là aussi j'appris à mes dépends qu'on ne devait point parler au lit. Un soir je voulus demander à mon ami si le lendemain nous irions aux champs : *In cubiculo laudatur silentium* [128] fut toute sa réponse.

Les bourses.

J'étais en rhétorique lorsque la mer engloutit mon père avec toute sa fortune ; ma mère se retira à Saint-Flour. Je me serais vu dans la nécessité de la suivre, si mon père n'avait laissé à Paris beaucoup d'amis : le plus pauvre vint tout le premier me réclamer. Le principal me confia à lui d'autant plus facilement que, sans contestation, il lui paya les arrérages que je devais. Malheureusement pour moi l'ami de mon père avait une grande fille qui ne cessait de m'appeler et de me rappeler auprès d'elle, de me dire qu'elle avait toujours eu du goût pour les figures de rhétorique. Un jour qu'elle me contait fleurette, la porte s'ouvre subitement ; c'est l'ami de mon père ; sa grande fille ne se troubla pas. Je me troublai : Ah! me dit l'ami de mon père, en me tirant à lui brusquement par le collet, je vous empêcherai de me donner de plus grandes preuves d'ingratitude; allons! à Montaigu ! tout de suite! Ce nom de Montaigu me fit trembler et ce n'était pas sans raison ; mais tout de suite il fallut marcher. Bientôt nous arrivons. Une porte grillée, une espèce de porte de prison, s'ouvre ; nous entrons; on nous présente au principal ou père des pauvres : C'est, lui dit l'ami de mon père, un jeune garçon qui est né de légitime mariage et qui est sans fortune. Il est bien délicat, lui dit le père des pauvres : Oh! monsieur, lui répondit l'ami de mon père, il le paraît; il ne l'est pas ; il fait déjà l'amour. A ces mots le père des pauvres fronça le sourcil et me reçut. Nous allâmes nous présenter au prieur des Chartreux qui fronça de même le sourcil, lorsque l'ami de mon père, auquel il fit la même objection, lui fit la même réponse. L'admission fut confirmée. Nous allâmes la porter au pénitencier de Notre-Dame; celui-ci, accoutumé aux figures pâles ou maigres, donna son visa [129] sans objection. Nous retournâmes à Montaigu ; l'ami de mon père me remit au père des pauvres; il sortit ; la porte grillée se referma, et je me trouvai, comme un pinson nouvellement pris, dans une grande cage de hautes murailles noires [130] qui ne me laissa aucun espoir d'évasion.

Presque aussitôt j'y devins de la couleur des autres oiseaux ; je veux dire qu'on m'ôta mes habits de ville, et qu'on me revêtit d'une vilaine petite cape de drap tanné qui a fait donner aux écoliers de ce collège le nom de capettes [131].

Quelle vie, Monsieur, que celle des capettes de Montaigu! Tous les jours, n'importe la saison, nous nous levions à quatre heures du matin pour aller à la chapelle chanter les matines. Ensuite à déjeûner du pain, à dîner un potage aux herbes et un plat de fèves, ou bien un plat de pommes cuites, ou bien un œuf, ou bien la moitié d'un hareng ; jamais de viande, jamais de vin ; toujours étudier ou prier ; pour la moindre faute les punitions les plus rigoureuses [132]. L'ombre du terrible principal Tempete [133] semble se promener encore sous les lugubres portiques des cours ; et la nuit il semble qu'on la rencontre, quand on rencontre le père des pauvres, marchant en silence, armé de sa lanterne de voleur qui à volonté éclaire, n'éclaire qu'à demi, n'éclaire pas [134].

On se lasse d'être bien, à plus forte raison d'être mal : toutefois je pris patience jusqu'aux vacances ; mais alors, un après-midi qu'il faisait chaud, que le portier avait laissé par hasard ouverte la porte à laquelle il tournait le dos, je m'enfuis si subtilement et si vite qu'il lui fut impossible de m'atteindre.

Je gagnai la campagne par le côté par où l'on devait le moins me poursuivre, par la porte Saint-Denis.

Dès ce moment je redevins heureux. Il serait trop long maintenant de vous dire :

Comment dans ce temps l'institution des boursiers du collège de Montaigu était la seule, du moins à ma connaissance, qui en tous points remplît les intentions du fondateur [135] ;

Comment les autres pareilles institutions, même les institutions de notre siècle, s'étaient en tous points relâchées ;

Comment un grand nombre s'étaient peuplées de trapesites, de banguiarts, de faux portionistes, de faux boursiers [136];

Comment plusieurs s'étaient peuplées de bourgeois, d'artisans qui ne savaient que *singularis nominativus* [137] ;

Comment plusieurs s'étaient même peuplées de femmes [138] qui ne savaient rien.

Il serait trop long de vous dire comment, suivant la plus ou moins longue persistance de mon goût pour la bière, pour le cidre, pour le vin, pour le vin de l'Orléanais, du Languedoc, de la Provence, je fis du nord au midi, en qualité de boursier, un plus ou moins grand nombre de classes dans divers collèges; commençant et recommençant mes cours, tantôt sous le titre d'un pauvre écolier qui ne pouvait terminer ses études sans réclamer les fonds obituaires affectés à ce genre de secours [139], tantôt sous le titre de nouveau converti, tantôt sous le titre d'étudiant suisse entretenu par le roi [140] ; ici sous le titre d'écolier qu'on avait retenu prisonnier chez les nations avec lesquelles nous étions en guerre [141], là sous le titre de vieux gendarme qui se destine aux ordres ; là encore sous le titre d'un des enfants de la nourrice du roi [142] ; plus loin sous un autre titre, et plus loin sous un autre ;

Comment à Toulouse, ayant été nommé boursier, ou, ainsi qu'on dit dans cette ville, collégiat [143] au collège de Foix [144], qui était bien aussi comme celui de Montaigu et comme tous les anciens collèges une noire souricière [145], toutefois avec cette grande différence que toujours la porte en était ouverte, j'y faisais depuis plusieurs années, notamment à ce collège, bonne chère, chère lie [146] ;

Mais je vous dirai seulement comment, après la cessation de nos discordes civiles, la paix ayant ramené l'ordre, je fus dépossédé de ma bourse.

Mes camarades et moi nous allions au collège de l'Esquile [147] ou de la Cloche. Un jour le régent de philosophie me fit appeler ; il savait que mon nom de baptême était Jean et il me croyait Parisien : Jean de Paris, me dit-il, tout le monde vous en veut de manger depuis longtemps le pain des enfants de dix ou douze ans dont vous tenez dérisoirement la place, et votre régent qui pourrait être votre fils, même absolument votre petit-fils, est résolu de vous faire baisser en public les chausses, la première fois que vous ne saurez pas votre leçon. Je me mis à rire : Jean de Paris, reprit-il avec un air plus sérieux, sachez, puisque vous ne le savez pas, que c'est de nos jours seulement que, par une concession qu'a faite l'ancien usage des grandes écoles aux progrès de la civilité, on ne donne plus le fouet aux étudiants des facultés de théologie, de droit canon, de droit civil, de médecine [148] ; mais que dans la faculté des arts de nos universités, vous en êtes continuellement témoin, on le donne toujours fort et ferme. Et, à votre occasion, l'on veut le donner plus fort, plus ferme, sans distinction ni de taille, ni d'âge. Maintenant voici ce qui me reste à vous dire.

Les grades.

Jamais le fouet n'est entré dans ma classe ; j'en ai rendu exempts mes plus petits comme mes plus grands philosophes ; inscrivez-vous, et vous ne risquez plus rien que d'avoir des grades : Mais, lui dis-je, il faut que je vive. Oh ! me répondit-il, on y a pourvu ; démettez-vous de votre bourse de grammairien au collège de Foix, et tout de suite on vous nomme boursier philosophe au collège de Maguelone [149]. — Maître, je crains la contention d'esprit. — Bon ! on n'apprend en

philosophie que ce qu'on apprenait il y a je ne sais combien d'années ou de siècles, savoir : pendant le premier cours, les institutions de Porphyre, la logique d'Aristote ; et pendant le second, sa physique, sa métaphysique, le traité de la sphère, les éléments d'Euclide [150].
— Ah ! j'aimerais mieux avoir le fouet que d'apprendre les mathématiques. — N'ayez peur ; maintenant on n'en tient plus aussi grand compte dans l'instruction publique [151]. Voyez Charpentier, régent de mathématiques au collège royal, qui n'en savait pas un seul mot, et qui, par arrêt du conseil d'état, a été maintenu dans sa chaire [152].
— Maître, je crains aussi les arguments ; à mon âge les contestations sous quelque forme qu'elles soient, font du mal ; j'entends ne pas argumenter. — Vous n'argumenterez pas. — Ni monter sur le pupitre [153], ni être argumenté. — Vous ne monterez pas sur le pupitre, vous ne serez pas argumenté ; vous écouterez seulement, et même vous n'écouterez pas, si cela vous fait du mal ; ensuite, à la fin des cours, vous ferez une thèse [154] de logique, de morale, ensuite une de mathématiques, de physique, de métaphysique qui sera la table des matières que vous aurez apprises, que vous serez censé avoir apprises, ou vous ne la ferez pas ; vous la dédierez [155] au viguier [156], au juge mage [157], ou, comme dit la chanson,

« Au capitani de lo bazoche
« Que n'o pas un hardit en poche [158]. »

ou vous ne la dédierez pas ; vous la soutiendrez, ou vous ne la soutiendrez pas. Si d'ailleurs vous en avez envie, vous serez gradué par bénéfice d'âge [159], sans rien savoir, ou, si vous n'en avez pas envie, vous ne le serez pas.

Je passai du collège de Foix au collège de Maguelone ; je suis encore à comprendre comment je n'y mourus pas de faim. Je vous ai déjà dit : Quel collège que celui de Montaigu ! je vous dirai maintenant : Quel cuisinier que celui du collège de Maguelone ! Notre dîné de huit heures et demie du matin [160] ne valait pas un déjeuné. On nous nourrissait d'après le traité du médecin Dubois, au meilleur marché [161]. Je ne pus y tenir que cinq ou six semaines. A la septième je m'enfuis et du collège et de Toulouse. Je sortis par la porte Montoulieu qui, si je ne me trompe, est la porte du nord, non pour éviter les poursuites, mais pour prendre la route de Paris, où j'arrivai frais, gaillard et content.

Je revis la grande demoiselle qui en avait fait de petites. A mon tour je leur contai fleurette, et le plus souvent à une qui me plaisait beaucoup : Ma fille Juliette, me dit la grande demoiselle, ne vous trouve pas trop jeune ; mais, à cause de votre privilège de noble, elle vous épouserait volontiers afin d'être apppelée madame.

Nous sommes mariés depuis le carnaval dernier; j'ai fait un détour pour venir ici voir ma mère. Je vais à Bordeaux, où, en ce moment, il y a en même temps à afferner dans l'université et une place de principal de collège [104] et la perception des droits sur les grades [103]. Je paierai avec la dot de mon épouse le cautionnement de cette charge, et je pense que je prendrai aussi la ferme des grades afin d'épargner les frais des miens qui sont : les trente livres du régent, les gants, le bonnet et le repas [104]; car, depuis le temps où j'étudiais, je dois plutôt dire le temps où je demeurais à Bordeaux, j'ai l'envie de recevoir à la grande église de Saint-André la chausse d'Aristote et le bonnet bariolé de maître-ez-arts [105]. Je ne me dissimule pas d'ailleurs que je ne pourrai plus être, comme les autres régents ou officiers, nommé aux bénéfices que, durant certains mois, les collateurs patrons laïques sont obligés de conférer aux gradués de l'université [106], ce qui est une expectative qui attire dans l'enseignement beaucoup d'hommes de mérite; mais j'ai fait mon compte sur cet axiome : On ne peut avoir en même temps femme et bénéfice [107].

Les Lecteurs du Roi.

Messire, ai-je dit au vieux écolier, je suis fâché que vous n'ayez jamais eu rien à démêler avec le collège royal [108]. Monsieur, m'a-t-il répondu en riant, il n'a pas tenu au grand roi François 1er. On sait qu'il voulait fonder six cents bourses dans ce collège [109]; et sûrement, il n'y a pas à en douter, j'en aurais eu une, comme vous allez voir.

Mon plus ancien camarade qui était aussi mon plus intime ami devint, à vingt-neuf ans, un grand hébraïsant, et vingt ans après, le plus grand hébraïsant. Jusques là on n'avait remarqué ni son esprit fin, ni sa raison supérieure; mais il fut la merveille du jour dès qu'on l'entendit sur l'hébreu, le syriaque, le chaldéen, jaser comme une pie borgne. Vers ce temps, des lettres adressées, suivant l'usage, à toutes les universités, pour informer les savants qu'une chaire d'hébreu [110] était vacante au collège royal, furent publiées [111]. Dès ce moment mon camarade ne me tutoya plus, et ne voulut plus être tutoyé.

Il se présenta au concours; il fut nommé. Je m'empressai d'aller le féliciter : Mon cher Jean, me dit-il, que je suis fâché qu'au grand collège royal il n'y ait pas une seule petite bourse! Mon cher Bernard, lui répondis-je, ah! je vous entends; votre bon cœur m'est connu. Dès ce moment il ne m'appela plus que monsieur, afin que je l'appelasse messire.

Bientôt il ne voulut plus me voir : je n'en ai été, je vous assure, nullement fâché contre lui; en effet, quand je considère que le collège royal, d'abord le collège bilangue, ensuite le collège trilangue [172], a aujourd'hui douze lecteurs du roi dont quatre pour les langues anciennes, deux pour l'éloquence, deux pour la philosophie, deux pour les mathématiques, un pour la médecine, un pour la chirurgie [173], chacun aux appointements de quatre cents francs [174]; quand je considère que la simple affiche du programme des sciences qu'on y enseigne, des jours auxquels on les enseigne, et des noms de ceux qui les enseignent [175] a quelque chose d'imposant, même de majestueux; quand je considère que sur les chaires paraissent, à heures fixes, ces grandes, augustes, vénérables têtes, connues comme celles des médailles dans tout le monde savant; quand je considère que parmi les nombreux auditeurs se montrent aussi plusieurs augustes, vénérables têtes, grises, blanches, sillonnées par les années, les veilles et les études; quand je considère que le collège royal est le couronnement de la grande machine de l'instruction; quand je considère enfin que les lecteurs du roi, régents du collège royal, ont en même temps le titre de conseillers du roi et de ses commensaux, avec le droit de *committimus* [176], alors je crois qu'un lecteur du roi, régent au collège royal, ne doit reconnaître ni ses camarades, ni ses amis; qu'il ne doit reconnaître que son père, sa mère, et peut-être ses frères, ses sœurs, pourvu que la famille ne soit pas trop nombreuse.

LES HABITS FRANÇAIS.

Station XXXI.

Oui, monseigneur! oui, messire! oui, messire l'abbé! oui, messire le chevalier! oui, messire l'archidiacre! oui, messire le chanoine! oui, messire le curé! oui, monsieur le président! oui, monsieur le bailli! oui, monsieur le conseiller! oui, monsieur l'avocat! oui, monsieur le docteur! oui, maître Yves! oui, sire [1] Pierre! oui, Pierrot! oui, madame! oui, mademoiselle [2]! oui, Margot! — Comment faites-vous, ai-je dit aujourd'hui à un bonbonnier de Clermont, chez qui j'achetais des dragées, comment faites-vous donc pour connaître ainsi l'état et la qualité de tous ceux qui viennent chez vous? Monsieur, m'a-t-il répondu, rien n'est plus aisé.

Les habits des hommes.

D'abord, en France, il n'y a que les clercs et les nobles qui puissent porter de la soie [3]; et parmi les clercs il n'y a que les prélats, et parmi les nobles il n'y a que les hauts gentilshommes ou les gens de guerre qui puissent porter soie sur soie [4]. En outre, la couleur aussi bien que l'étoffe distingue les états : les ménétriers sont habillés de bleu ou de vert [5]; les bateleurs portent un bas de chausse d'une couleur et un bas de chausse d'une autre [6]; les bourgeois sont habillés de noir [7]; les archidiacres, les hauts dignitaires ecclésiastiques d'écarlate [8]; les nobles le sont de même [9]. Aussi, quand je vois entrer dans ma boutique un bonnet rouge [10], aussitôt j'ôte mon chapeau, car je suis bien sûr que c'est au moins un bon gentilhomme.

Quelquefois les grands seigneurs s'habillent comme la dernière classe du peuple, c'est-à-dire de blanc [11]; mais c'est de velours blanc avec des bottes blanches [12].

D'autres fois ils veulent cacher leur qualité, ou pour acheter à meilleur marché, ou pour d'autres raisons; mais je les reconnais au seul fourreau de leur épée, quelqu'usé qu'en soit le velours [13].

Nos jeunes clercs de Palais, et même nos jeunes marchands, veulent au contraire quelquefois passer pour des gentilshommes, et se donner les airs de porter des chaînes d'or, des ferrements d'or [14], des chapeaux à plumes; on voit qu'ils n'y sont pas accoutumés, on voit bientôt ce qu'ils sont.

Quand ils portent une épée, l'observation est encore plus facile à faire. Les gentilshommes, surtout à la cour, la portent sur les reins [15]: mais eux au contraire la portent sur la hanche pour se donner de temps en temps le plaisir de la regarder.

Du reste, les grands seigneurs ne portent pas toujours leur épée, ils la font quelquefois porter [16]. Dernièrement il vint chez moi un homme habillé d'une couleur dont je ne me souviens pas bien, mais c'était d'une couleur bourgeoise. Il était suivi par un valet qui lui portait son épée. Mon garçon de boutique, nouvellement arrivé du village, le reçut fort lestement. Je vous assure que je le tançai de manière que ce seigneur dut en être bien content.

Les habits des femmes.

La soie est de même exclusivement réservée aux femmes nobles [17]. On les reconnaît aussi à leur cachelet [18], à leur cache-nez [19] ou à leur cache-col [20], à leurs petites mules ou multins de taffetas [21], surtout à la largeur de leurs vertu-gadins [22]. Il faut savoir encore que les femmes de la cour, ainsi que les dames de distinction, portent ordinairement des caleçons ou des hauts-de-chausse [23]; ma fille de boutique ne s'y trompe guère.

Mais, ai-je dit à ce marchand, plusieurs femmes sont successivement entrées, toutes en chaperon; comment avez-vous pu faire pour les distinguer? Monsieur, m'a-t-il répondu, les bourgeoises avaient un chaperon de drap [24], les nobles en avaient un bordé de soie [25]. Si jamais vous allez en Lorraine, vous verrez encore qu'on y distingue au chaperon les femmes des nobles des femmes des anoblis : celles-ci ne peuvent en faire sortir les cheveux [26].

Les parures des femmes.

Monsieur, a continué ce marchand, je connais aussi la qualité des femmes à la manière dont sont placés leurs diamants. Il n'y a que les princesses, ou les dames à robe d'hermine, les duchesses qui puissent les placer par double rangée à la tête [27], que les plus grandes dames qui puissent les placer aux boutonnières de devant [28].

Je les reconnais encore à leurs Heures : il n'y a que les princesses et les plus grandes dames qui puissent mettre plus de cinq diamants aux couvertures [29]; il n'y a que les femmes nobles et celles des hauts magistrats qui puissent en mettre cinq [30]; les bourgeoises peuvent en mettre seulement quatre [31].

Je les reconnais même à leurs chapelets : les femmes nobles prient Dieu avec des chapelets d'or et d'émail [32] ; les femmes bourgeoises, avec des chapelets d'argent et de cristal ; les femmes pauvres, avec des chapelets de fer et de verre ; les plus pauvres, avec leurs doigts.

LES PAYSANS DE LA FRANCE.

STATION XXXII.

O mon parrain, que ne vous dois-je pas ! vous m'avez envoyé un jeune Péruvien si intelligent, qu'en faisant ce que je lui dis, il fait en même temps ce que j'aurais dû lui dire ; si honnête, que plusieurs fois, comme jeudi dernier, après avoir laissé entre ses mains mes équipages, mes malles, mon argent, je suis tranquillement parti pour aller faire une petite excursion dans le voisinage ; je ne pourrais plus maintenant me passer de votre Dominique.

Ce jeune garçon a écrit à sa peuplade. Il a daté de Riom, où j'arrivai hier, sa longue lettre ; la voici :

« Mes parents, mes amis, ne tenez pas compte de mes précédentes relations sur les paysans français ; celle que je vous envoie aujourd'hui est la seule bonne et complète.

Les villages.

Il n'y a pas en Espagne [1], il y a en France des villages, c'est-à-dire de petits bourgs, sans murailles, sans fossés.

Du milieu de chaque village s'élève une église, un château; du milieu de chaque église, de chaque château s'élève un clocher, un donjon ou grande tour. Les maisons de chaque village paraissent uniformément hautes, uniformément grandes, ou plutôt uniformément basses, uniformément petites.

Les anciens villages sont situés sur le sommet des montagnes. Les nouveaux villages couronnent les bords des rivières, marquent le centre des plaines [2].

Les hameaux.

Il n'y a pas en Espagne [3], il y a en France des hameaux, c'est-à-dire de petits villages sans église, sans château.

J'en ai vu un grand et un très grand nombre tout nouvellement bâtis [4]; j'en ai vu qui ne consistent qu'en une grande cour carrée, fermée des quatre côtés par des corps de bâtiment où, sous le même toit, habitent plusieurs familles [5].

Mon maître disait un de ces jours que la multiplicité des villages annonçait la sûreté, la sécurité des campagnes, ou, ce qui revient au même, un haut degré de civilisation; que la multiplicité des hameaux annonçait un plus haut degré de civilisation;

Les fermes.

Et la multiplicité des fermes ou habitations isolées un plus haut degré. Vous m'objecterez, et je lui objectai que c'était tout le contraire au Pérou; il me répondit que lorsque le Pérou aurait, comme la France, vécu trois ou quatre mille ans, il en serait dans ce pays le contraire de ce qui en est aujourd'hui.

Il y a en Espagne des fermes comme en France, mais il y en a infiniment moins; d'ailleurs, les fermes espagnoles sont de longues granges [6], au lieu que les fermes françaises sont belles et s'approchent même en assez grand nombre, sous le nom de maisons de campagne, de la forme et de la force des châteaux [7].

Depuis les grandes défriches faites pendant ce siècle, il n'est pas rare de voir en France des fermes de douze, quinze charrues; et il n'est pas très rare d'en voir de vingt, de trente [8].

Je vous disais que les campagnes du Pérou me paraîtraient bien tristes en comparaison de celles de l'Espagne; je vous dirai aujourd'hui que les campagnes de l'Espagne me paraîtraient bien tristes en comparaison de celles de la France.

Les champs.

Cependant en France les terres sont plus fatiguées, plus épuisées, plus amaigries qu'en Espagne. En certains endroits elles ne montrent que les pierres, je suis tenté de dire que les os.

Pour rendre aux terres les forces qu'elles ont perdues, les paysans français usent de toute sorte d'inventions, de méthodes.

Ils les mélangent; ils combinent avec art les terres argileuses, crayeuses, limoneuses, et les terres sablonneuses, cailloutouses, pierreuses; les terres rouges, noires, jaunes, et les terres blanches, grises, cendrées; les terres froides, humides, et les terres chaudes, sèches [9].

Ils les brûlent avec les herbes et les arbustes dont elles sont couvertes [10]. Ils les saupoudrent de chaux après le premier labour [11]. Enfin ils les fument, non comme la nature en les couvrant des feuilles qu'aux approches de l'hiver laissent tomber les arbres, mais en les couvrant de pailles décomposées dans les eaux stagnantes [12], dans les ordures des animaux; et, chose singulière, l'odeur de ces décompositions, qui vous ferait boucher le nez et fuir, est pour eux de plus en plus agréable.

Ordinairement le labourage se fait avec des bœufs accouplés sous un joug qu'on leur met sur la tête ou sur le cou, il se fait aussi avec des chevaux; il se fait de même avec des mulets, avec des ânes [13]. Nos femmes qui travaillent les terres, qui sont nos paysans, ne voudront pas croire que les champs de France soient labourés au moins jusqu'à trois, quatre fois, et quand il le faut jusqu'à treize, quatorze [14].

C'est en automne ou au printemps qu'on sème, et c'est le plus qu'on le peut au croissant de la lune. On arrose légèrement les terres semées; ensuite on les herse [15]. Depuis quelque temps on sème en France du maïs que par reconnaissance on devrait appeler blé américain [16], que par la plus ingrate ignorance on appelle blé turc [17]. Depuis environ cent ans on sème du blé sarrasin [18]. Depuis longtemps on sème dans le midi du millet [19]. Toutefois le froment, le seigle, l'orge, sont les espèces de grains qui généralement couvrent les champs. L'avoine est aussi fort commune. Il ne tint d'abord qu'à moi de croire que cette espèce de grains qui est une curiosité en Espagne [20] l'était aussi en France, car les églises n'en dédaignent pas les offrandes, et j'en vis aux voûtes des sachets figurant des chausses, des jambes, des bras [21].

Observation générale : les grains de semence doivent être pris du midi au nord. Ceux de l'Espagne conviennent à la France; ceux de la France à l'Allemagne; ceux de l'Allemagne au Danemark [22].

J'ai ouï dire à mon maître que sur le globe on moissonne successivement durant toute l'année. J'ai vu qu'en France on moissonne successivement durant trois mois, depuis le commencement de juin jusques au commencement de septembre [23].

Les greniers.

On n'est pas obligé, comme en Espagne, de vendre les grains après la récolte [24]; on les achète, on les vend quand on veut, on les garde tant qu'on veut.

L'art de conserver les grains a excité ici mon attention; les meilleurs greniers, à ma connaissance, offrent de vastes bâtiments bien percés, bien aérés; on en lave les pavés, les carreaux avec du vinaigre et de l'eau d'herbes amères [25].

Les prés.

Ce qui à notre entrée en France surprit mon maître, ce qui me surprit encore plus, ce furent les champs d'herbes, les prés [26].

Il y a deux sortes de prés : les prés naturels dont la terre essartée, épierrée, unie, arrosée, close, produit naturellement du fourrage; les prés artificiels, dont la terre est semée de sainfoin, de trèfle, de luzerne [27].

L'herbe est coupée lorsqu'elle est parvenue à sa plus grande croissance. On se sert, non de la faucille [28] ou grand couteau courbe à moissonner, mais de la faux [29] ou grand couteau de deux ou trois pieds de long, fait en forme de couteau de table, emmanché d'un long bâton, au moyen duquel, sans se baisser, on fauche, on rase, comme avec un rasoir, la surface des prés.

Tandis qu'on ne moissonne qu'une fois les champs, on fauche deux, trois fois les prés naturels, quatre, cinq fois les prés artificiels [30].

Les granges.

L'herbe coupée, séchée, resséchée, s'appelle foin, mot inconnu dans la langue espagnole [31]. Le foin est porté dans de grands bâtiments ou granges.

Quand les villageois n'ont pas de granges, ou qu'ils ont leurs granges pleines, ils forment sur le pré des fenils, de grandes meules de foin, fixées à la terre par une grande perche, renflées au milieu, et cordées de haut en bas comme les melons [32].

Les vignes.

Je vous ai beaucoup écrit sur la manière de tailler, de façonner les vignes en Espagne; c'est la même manière ou à peu près la même manière en France, où, depuis longtemps, elle est toujours la même [32].

Un jour peut-être vous ferez venir du plant de vigne au Pérou ; il faut le tirer de Malvoisie en Grèce ; car c'est avec celui-là que les Provençaux, les habitants de la province la plus méridionale, commencent à renouveler leur vignes [34].

Les caves.

Vous ai-je dit qu'en Espagne il n'y avait de caves que dans les villes, qu'en plate campagne on conservait le vin dans des citernes enduites de terre glaise dont l'orifice, plus ou moins caché, n'est connu que de la famille [35] ? Oui, je crois vous l'avoir dit. En France, au contraire, il y a partout des caves solidement et magnifiquement voûtées, comme des salles souterraines.

Naturellement, c'est dans les caves des moines que doit se perfectionner et que se perfectionne l'art de faire le vin. Il n'y a pas longtemps qu'un frère de l'ordre de Saint-Bernard qui, à cet égard, en savait plus qu'un père, me disait, en me faisant goûter et en goûtant le sien, qu'il trouvait aussi bon qu'un poëte auquel mon maître donnait dernièrement audience trouvait bons ces vers : Mon ami Dominique, autrefois, avec la même terre que la nôtre, avec les mêmes raisins que les nôtres, on n'avait pas le même vin. On foulait les raisins sur les cuves ou hors des cuves dans des fouloirs à grille ; on laissait bouillir le vin, on l'entonnait, on le miellait [36], on le parfumait, on ne savait pas d'autre malice ; au lieu que grâce à l'invention, au bonheur des nouveaux essais, des nouveaux procédés, nos vins rouges, nos vins blancs, nos vins grecs, nos vins odorants, nos vins de rose, d'anis, de thym [37], sont bons, excellents, exquis, délicieux, parfaits.

Permis aux Français de parler ainsi de leurs vins ; pour moi, je ne connais de vins bons, excellents, exquis, délicieux, parfaits, que les vins de Ribadavi, d'Olivarez, de Santoreaz [38], et les vins de mon maître.

Les vergers.

Un autre frère, un frère chartreux, qui aime autant les bons fruits que le frère bernardin aime les bons vins, me disait aussi que nos ancêtres n'entendaient rien à la culture des arbres fruitiers. Il me parlait des miracles des nouveaux espaliers [39], et me les prouvait par les fruits sucrés qu'il cueillait. Il me parlait aussi des miracles de la greffe, et me les prouvait aussi par les arbres auxquels il faisait porter en même temps des fruits de différentes espèces, de différentes saisons [40]. Il se plaisait encore à me montrer des fruits auxquels il avait fait prendre la forme de têtes d'animaux, de têtes d'hommes, de têtes de moines encapuchonnées, la forme de toute sorte de têtes, de toute sorte d'objets [41].

Mon maître, que j'écoute si attentivement et que je ne saurais assez attentivement écouter, disait à un de ses amis en déroulant devant lui la carte de France : Le long de telle rivière, de telle autre, continuité de vergers de pêchers, de vergers de cerisiers, de vergers de poiriers, de vergers de pommiers [42].

Les noyerées.

Toutes les vallées du midi, lui disait-il encore, sont plantées de noyers qui de jour en jour s'étendent vers le nord [43].

Les châtaignerées.

Toutes les vallées du midi sont plantées de châtaigniers qui de jour en jour s'étendent aussi vers le nord [44].

Les bois.

Toutes les montagnes du midi, du levant et du nord sont couvertes de forêts.

Moi, natif de l'Amérique, de cette forêt qui s'étend d'un pôle à l'autre, je ne puis m'empêcher de rire quand j'entends mon maître faire éclater son admiration sur ces belles lois forestières qui règlent en France la coupe des futaies et des taillis, qui par les peines les plus sévères ne cessent de témoigner leur sollicitude sur les semis, les replantations [45] ; je ris encore bien davantage quand j'entends les Français parler de la forêt de Fontainebleau qui a six lieues de tour [46], de celle de Montargis qui en a sept [47], de celle d'Orléans qui en a trente [48].

Les animaux ruraux.

Dans la campagne, un des spectacles les plus divertissants est celui de la basse-cour, lorsque la ménagère jette quelques poignées de grains au milieu de la volaille dont elle est entourée, pressée, dont elle est chargée sur les bras, sur les épaules, sur la tête, dont elle est couverte, coiffée.

La volaille est en France bien moins rare et bien meilleure qu'en Espagne [49]. Les poules, les poulets, les chapons sont excellents et en quantité innombrable [50].

Il y a aussi beaucoup de faisanderies, de paonneries, de héronnières [51].

De même que j'ai remarqué en France avec plaisir notre blé d'Inde, de même j'y ai aussi remarqué avec plaisir nos pintardes [52], nos canards d'Inde, nos coqs, nos poules d'Inde qu'aujourd'hui on appelle dindes, dindons [53].

Je ne sais si j'ai vu de plus beaux, de plus nombreux poulaillers qu'en France ; je sais que nulle part je n'ai vu des laiteries plus propres, plus variées [54].

Les Français devraient aller au-delà des Pyrénées pour boire de bon vin, et les Espagnols devraient venir en deçà pour manger de bon caillé, de bon fromage, de bonne crème, surtout de bon beurre [55].

Et cependant les vaches et les bœufs, si l'on excepte ceux du Lyonnais et du Limousin [56], sont de fort médiocre espèce.

Il en est de même des chevaux : même ceux de Normandie [57] ne sont pas forts comme ceux de Hollande ; et comparés à ceux de l'Andalousie [58], même ceux de l'Auvergne, même ceux du Limousin [59] ne sont pas beaux.

Mais pour les mulets du Rouergue, de l'Auvergne [60], mais pour les ânes du Poitou [61], ce sont les plus forts et les plus beaux mulets, les plus forts et les plus beaux ânes que l'on connaisse.

A tous égards les moutons de la France sont inférieurs à ceux de l'Espagne, et la vanité des Français qui souffrirait à en faire compliment aux Espagnols en fait volontiers compliment à leur terre et à leur climat. Il n'y a pas très longtemps que mon maître, parlant à un gros fermier, finit par s'impatienter : Vous vous trompez, ou vous feignez de vous tromper, lui dit-il vertement. On a perfectionné chez nous les bêtes à laine ; et on ne les a perfectionnées que depuis peu. Notre monarque actuel Philippe II, pendant son règne, si vous voulez pendant son séjour en Angleterre, envoya dix mille brebis ou beliers en Espagne ; et c'est par les soins de nos habiles bergers que l'espèce est devenue plus belle que dans le lieu de son origine [62].

Il s'en faut d'ailleurs qu'en France les troupeaux soient aussi nombreux qu'en Espagne ; je n'y ai vu nulle part des troupeaux de quinze, vingt mille bœufs [63], de trente, quarante mille moutons [64].

La louveterie.

Ici on prend toute sorte de précautions pour la sûreté des bestiaux ; les bergeries sont fort solides, bien bâties, et les parcs ont deux enceintes de claies [65]. Quand mon maître dit à ce même fermier qu'en Espagne il suffirait d'entourer d'un simple filet tendu par des bâtons fichés en terre les troupeaux de brebis [66], il s'écria tout émerveillé : Et les loups ?

Véritablement ces animaux sont en France tellement audacieux qu'ils ont pénétré, il n'y a pas longtemps, jusque dans Paris, où ils ont mangé un enfant sur la place de Grève [67] ; tellement nombreux, tellement féroces que dans les dernières guerres ils ont forcé une armée royale à sortir du Gévaudan [68].

On m'a dit qu'il y avait un grand louvetier du royaume [69], et sous ses ordres des louvetiers [70] qui, dans les provinces, dirigent les chasses, les battues générales, lorsqu'à certains jours de dimanche ou de fête les paysans des paroisses sont assemblés, et viennent environner de toiles, tantôt les montagnes, tantôt les forêts [71]. Nous devrions avoir aussi au Pérou une louveterie ou mieux une lionnerie, une tigrerie, une crocodillerie, une serpenterie.

Les profits champêtres.

Je suis bien aise que vous sachiez ce que gagnent les paysans de la France, ou du moins ce qu'ils retirent de leurs terres :

Prix du setier de froment, mesure de Paris [72]. .	5 l.	12 s.
Du setier de seigle [73].	4	»
Du setier d'avoine [74].	3	»
Prix du muid de vin, mesure de Paris [75]. . .	12	»
Prix d'un cheval fin [76].	200	»
D'un cheval de trait [77].	150	»
D'un bœuf [78].	50	»
D'une vache [79].	20	»
D'un mouton [80].	4	»
D'un porc [81].	15	»
Prix d'une poule [82].	»	5
D'un chapon [83].	»	7
D'un dindon [84].	»	20
Prix de la livre de beurre [85].	»	5
De fromage [86].	»	2
De la douzaine d'œufs [87].	»	2
De la livre de cire [88].	»	12
De la voie de bois [89].	4	»
Du cent de coterets [90].	5	»
Prix de la botte de foin [91].	»	1

Les frais de culture.

Ne concluez pas de ces prix que le fermier doive s'enrichir.

Car il faut qu'il paie au premier valet de charrue

pour les gages.	45 l.	sous.
Aux autres valets	25	»
A la ménagère	12	»
Aux servantes	10	»
Au maître berger [92]	36	»

Car il faut que, pour le sciage, il donne aux moissonneurs, par arpent de champ de froment, trois boisseaux de froment, et que par arpent de champ d'avoine il leur paie [93]. . . . . » 8 s.

Car il faut qu'il paie aux faucheurs par arpent de pré [94]. 16 s.

Car il faut qu'il donne aux batteurs en grange la vingt-quatrième partie du blé qu'ils ont battu [95].

Car il faut que pour les différentes façons des vignes il paie aux vignerons par arpent [96]. . . . . 20 l.

Car il faut qu'il paie aux journaliers la journée d'été. » 8 s.

Et la journée d'hiver [97]. . . . . » 6

Les dimanches des paysans.

Ces jours-ci nous n'avons fait qu'aller et venir : nous avons passé la plus grande partie du temps à la campagne; et hier, jour de dimanche, j'y suivis encore mon maître qui alla dîner à un château et m'envoya dîner au cabaret. Je me trouvai d'abord seul au milieu d'une grande table ; mais bientôt à ma droite, à ma gauche et devant moi vinrent s'asseoir un grand nombre de bonnes gens ; ils mangèrent bien, burent mieux, et nécessairement parlèrent beaucoup. C'est d'eux ou plutôt de leur bouche, puisqu'ils ne me dirent rien, que je tiens ce que je viens d'écrire de leur recette, de leur dépense, ce que je vais écrire de leur condition. Nous ne tondons, dirent-ils, nos brebis qu'une fois l'an ; nous sommes, nous, tondus bien des fois ; nous le sommes par le décimateur, par le seigneur, par le collecteur des tailles, par les gens de guerre, et le plus souvent et le plus près par les gens de justice. Combien, dit alors l'un d'eux qui paraissait avoir porté les armes, avoir plus d'instruction, les paysans sont plus heureux que nous en Italie, où leur mise propre, agréable, réjouit l'œil du voyageur [98] ! en Angleterre, où c'est aussi un plaisir de les voir, en leurs riches chaumières, boire copieusement d'excellente bière dans une belle tasse d'argent [99] ! en Allemagne, où leur opulence égale quelquefois celle des grands seigneurs [100] ! en Suède, où ils ont leurs droits politiques particuliers, où ils forment un ordre de l'État [101] ! Mais, continua-t-il, en France, dans quelle province sont-ils heureux ? est-ce dans la Normandie ? ils vivent souvent d'avoine [102] ; dans la Bretagne ? ils n'ont pas de vêtements d'étoffe, ils sont habillés de peaux [103] ; dans le Périgord, le Limousin ? ils ne mangent à tous les repas que de gros légumes : le pain est pour eux un régal assez rare [104] ; dans le Bordelais, le Béarn ? ils ne connaissent que le pain de millet [105]. Enfin, est-ce dans nos montagnes de Lorraine, de Forez, d'Auvergne ? ils partagent l'habitation des animaux, ils se nourrisent toute l'année avec de la chèvre salée [106], avec du laitage, avec du brouet de blé noir [107].

Les plaintes sont longues, surtout celles des bonnes gens, le dimanche, lorsqu'ils ont les pieds sous la table et la bouteille dessus : Mes amis, leur dit un vieillard majestueux par sa taille et par son âge. Henri IV a habité, vécu, mangé avec nous [108]; il règne; vous allez voir un nouveau et meilleur jour dont l'aurore vient déjà teindre mes cheveux blancs, et fait tressaillir mon cœur de père et de grand-père. Attendez-vous que maintenant le roi voudra que vous semiez [109] et que vous plantiez à votre volonté [110]; qu'il voudra de plus longs termes de baux à ferme [111]; qu'il ne voudra plus que dans son royaume il n'y ait qu'un haras royal [112]; qu'il voudra que vous puissiez porter des habits noirs [113] si bon vous semble, et que vos gens puissent aussi porter des habits bleus, verts, rouges [114], s'ils ont du goût pour ces couleurs, ou même des habits gris, des chapeaux gris, s'il leur prend envie d'être habillés et coiffés comme lui [115]; qu'il ne voudra plus qu'en temps de pluie ou de froid vous ne puissiez porter un manteau [116]. Mes amis, n'en doutez pas, le roi voudra, le roi veut que nous soyons heureux; nous avons tous, dans toute la France, entendu ces paroles : *Je veux, si Dieu me prête vie, que le plus pauvre paysan de mon royaume mette, au moins le dimanche, la poule au pot* [117]. A l'instant, toutes les tasses de verre, de bois, de corne se remplirent, se choquèrent au milieu des vœux pour le bon roi. »

LA CIVILITÉ FRANÇAISE.

Station XXXIII.

Bien que je sois arrivé de bonne heure à Nevers, j'y passerai cependant la journée. J'ai à voir le château, et, avant tout, j'ai à alléger ma tête de quelques observations que, depuis plusieurs jours, je sasse et je ressasse, j'ordonne et je réordonne. Je vais en charger le papier.

Les autres peuples disputent aux Français la palme du courage, la palme du génie, la palme des arts; aucun, pas même le peuple d'Italie [1], ne lui dispute aujourd'hui celle de la politesse ou de l'entregent [2]. La civilité française est étudiée et fait loi dans tout le monde; un petit traité en serait surtout fort utile au Pérou.

Le salut.

En France, un homme salue en ôtant le chapeau ou le bonnet [3]; une femme, en pliant les genoux, en se baissant sur elle-même [4]. Il en est ainsi ailleurs, mais les Français saluent d'une manière plus légère et plus leste ; c'est qu'ils saluent plus souvent.

En France, rien de si commun que les saluts : on se salue en allant, en venant, en courant ; on se salue de près, de loin, dès qu'on se rencontre, dès qu'on se voit, dès qu'on s'aperçoit.

On ne saurait croire jusqu'à quel point les saluts sont habituels en France, jusqu'où se porte cette habitude.

Lorsque, dans certaines provinces, vous rencontrez dans un chemin l'exécuteur de la justice que vous reconnaissez facilement à son habit [5], il ne manque pas de vous saluer : *Dieu vous garde de mes mains* [6] *!* vous dit-il d'une voix douce et presque cordiale.

Dans ces provinces quand ce même exécuteur, au haut de la potence, passe la corde au cou du condamné, il lui dit : *Ami, le roi te salue* [7].

Enfin, en France, les saluts sont même au nombre des devoirs seigneuriaux, d'après la jurisprudence des parlements [8] ; et d'après d'habiles jurisconsultes les créanciers peuvent les faire saisir comme droits honorifiques [9].

L'abord.

Lorsqu'un Français en aborde un autre, aussitôt qu'il ôte son chapeau, son bonnet, il met, pour ainsi dire, un visage serein et riant, dont les traits gracieux sont arrangés par les plus doux sentiments du cœur.

Les compliments de l'abord.

Si un Français vous aborde, il vous dit, suivant l'heure : Bonjour ou bonsoir! comment vous portez-vous? Il a raison ; quand on se porte bien, la santé est bonne ; quand on se porte mal, quand on a de la peine à se porter, la santé est mauvaise ; quand on ne peut plus se porter, quand on est porté, on ne vit plus.

Les embrassades.

Dans les provinces du midi les Français s'embrassent souvent ; ils prennent souvent, serrent souvent la main : dans les provinces du nord, les Français s'embrassent plus rarement ; ils prennent, serrent la main plus rarement.

On n'embrasse pas les grands aux joues, aux épaules, on les embrasse aux genoux [10], on leur embrasse la cuisse [11], la botte [12]. On leur baise la main [13], les doigts, un doigt [14].

A l'égard des grandes dames, on se met à genoux [15], on leur baise la main [16] ou le bas de la robe [17].

Entre femmes d'un certain rang les baisers ne sont pas seulement d'amitié, ils sont de droit [18]. Quand on y manque, une femme qui sait son monde ne se fait faute de dire à la maîtresse de la maison : Madame, vous devez me baiser.

Les qualifications.

Si vous parlez à un grand seigneur, à un cardinal, à un évêque, vous lui dites : monseigneur [19]; si c'est à un chevalier, vous lui dites : messire [20]; si c'est à un gentilhomme, vous lui dites : messire ou monsieur [21]; si c'est à un magistrat, monsieur [22] ou monsieur-maître [23]. Vous dites à un avocat, à un médecin : maître [24]; vous le dites ou vous êtes obligé de le dire au bourreau ; car, ainsi qu'autrefois [25] c'est encore aujourd'hui son droit [26] comme ministre de la justice. Vous dites aux tout jeunes gens ou écoliers : mes petits maîtres [27]. Vous dites à un marchand, à un artisan : sire Denis! sire Jean [28]! Aux prêtres vous dites, suivant leur dignité : messire ou maître [29]; aux supérieurs des communautés : nos maîtres [30]; aux moines : damp ou dom [31]; aux religieux : père révérend [32], père [33], et plus souvent : frère [34]; de même qu'aux religieuses, vous dites : révérende mère [35], mère [36], et plus souvent sœur [37].

Si vous parlez à la femme d'un grand seigneur ou d'un chevalier, vous lui dites : madame [38]; si c'est à la femme d'un gentilhomme, d'un avocat, d'un médecin, vous lui dites : mademoiselle [39]. Vous dites à la femme d'un marchand, d'un artisan, dame Perrine, dame Françoise [40]. Dans le midi on dit aux femmes d'un rang élevé : madone [41]; aux femmes de la classe moyenne : done [42]; à une jeune femme ou jeune fille : done jeune [43]; et, quand elle est belle, on lui dit : escarrabillade, ancien et joli mot français, qui a vieilli dans le nord [44], mais qui, dans le midi [45], est encore dans toutes les bouches. A Paris, aujourd'hui la qualification de madame commence à descendre même jusqu'aux femmes des avocats, des médecins, même jusqu'aux femmes des libraires [46], des marchands [47].

Parmi les personnes de la haute classe, le mari dit à sa femme : madame, et elle lui répond : monsieur; le fils, la fille dit à son père, à sa mère : monsieur mon père, madame ma mère; le père et la mère répondent : monsieur, mademoiselle [48].

Il est défendu aux évêques de se qualifier du nom de la capitale de leur diocèse. Arrêt du parlement qui défend à l'évêque de Montpellier de s'appeler monsieur de Montpellier [49]; mais la civilité a cassé cet arrêt [50].

Lorsque, dans les actes écrits, il s'agit d'un bourgeois, on scie ordinairement en deux la qualification de monsieur [51] : le sieur Le Blanc, le sieur Le Roux, le sieur Martin. L'esprit de parti a scié encore ce mot dans les écrits polémiques et de controverse; on y lit : mon sieur Calvin, mon sieur Théodore de Bèze, le sieur de Montmorenci, le sieur de Guise [52].

Le tutoiement.

Insensiblement l'usage de tutoyer se restreint. Il n'y a aujourd'hui que les gens très âgés qui tutoient les gens qui sont très jeunes; que les gens très élevés qui tutoient les gens qui leur sont très inférieurs. On dit vous à une seule personne comme si l'on parlait à mille. Nos grammairiens ont beau lutter contre l'usage, l'usage reste le plus fort [53]. Toutefois les auteurs tutoient encore le public dans leur préface [54] : Ami lecteur, tu sauras que ce n'est qu'à la sollicitation de plusieurs personnes d'un grand mérite que j'ai entrepris ce livre.

On dit que François Ier ne voulait être tutoyé ni en vers, ni en prose, ni dans les préfaces, ni dans les livres; on dit que l'auteur qui aurait pris cette liberté aurait eu le fouet [55].

Je ne sais si l'auteur du grand Cuisinier de toute cuisine [56] a cru parler à François Ier; mais, contre l'usage ordinaire, il ne tutoie pas son lecteur : *Prenez du veau et le tranchez par lopins*, c'est ainsi qu'il commence son livre, sans autre introduction ni avant-propos que la gravure du frontispice où est représenté un homme qui embroche une volaille. C'est ici le cas de rappeler le proverbe français : La civilité se met à toutes sauces.

L'éternuement.

Vous êtes dans une maison, dans une assemblée; vous éternuez; tout le monde ôte son chapeau et s'incline. En même temps tout le monde vous dit : Dieu vous assiste! Dieu vous aide! Dieu vous bénisse! Vous ôtez votre chapeau; vous vous inclinez; vous répondez : Merci! grand merci [57]!

Le moucher.

En France comme partout le petit peuple se mouche sans mouchoir; mais dans la bourgeoisie il est reçu qu'on se mouche avec la manche [58]. Quant aux gens riches, ils portent dans la poche un mouchoir [59]; aussi pour dire qu'un homme a de la fortune on dit qu'il ne se mouche pas avec la manche [60].

Les visites.

Toujours le cœur sensible des Français est disposé à diverses affections. Quand quelqu'un a éprouvé une perte, un accident, enfin quand il souffre, tous ses amis viennent souffrir avec lui; quand il est dans la joie, tous ses amis viennent se réjouir avec lui. S'il ne veut pas les recevoir, s'il veut être seul, tous ses amis laissent dit à sa porte [61] ou qu'ils sont venus pleurer, ou qu'ils sont venus rire.

Les siéges.

Dès qu'une personne entre, la civilité veut qu'on l'invite à s'asseoir sur un grand, sur un petit fauteuil [62], sur une chaise [63], sur un banc, sur un coffre [64], sur une selle [65]. La justice fait aussi aux accusés la politesse de les faire asseoir sur une petite selle, appelée sellette [66]. La justice ne veut pas qu'on refuse cette politesse. Un gentilhomme pour l'avoir refusée fut condamné à avoir le fouet dans la Conciergerie [67].

A la maison, on donne par civilité le coin de son feu à la personne qu'on veut honorer, de même qu'on lui donne à l'église le coin de son banc [68].

La conversation.

Peu à peu l'ancien usage qui obligeait l'inférieur à demander à son supérieur la permission de parler [69] se perd. Il est peut-être moins à regretter que celui qui obligeait la femme à demander la même permission à son mari [70].

J'avertis les étrangers que les Français ont les oreilles très chatouilleuses sur certaines expressions. Il n'y a que le roi qui soit dispensé de choisir et de peser ses paroles [71].

Les jurons.

Il serait incivil de prononcer les mots de corbleu! diantre! mais la civilité admet : ma foi! par ma foi! On s'est battu si longtemps en France pour la foi que ce juron est aujourd'hui d'une grande valeur et d'un grand usage. Le juron de ventre-saint-gris est le juron du roi [72], et par conséquent celui de la cour et du beau monde. Le juron de cadédis, si fréquent dans les provinces méridionales, réjouit tous les théâtres [73].

Les démentis.

Il serait encore plus incivil ou plutôt il serait dangereux de dire : Ce n'est pas vrai! vous en avez menti! Il n'en faudrait pas davantage pour perdre son fief [74]. Mais on peut dire : Ce n'est pas vrai, sauf votre grâce. Vous en avez menti, ne vous déplaise [75]! Ces paroles sont maintenant reçues partout pour bonnes, belles et civiles.

Les excuses.

Lorsque j'arrivai en France, quelqu'un me dit que Cordoue était sur le Tage : Vous vous trompez, lui répondis-je, cette ville est sur le Guadalquivir. On m'apprit que j'aurais dû dire : Pardonnez-moi, ou excusez-moi [76], cette ville est sur le Guadalquivir. La civilité veut qu'on demande pardon ou qu'on fasse des excuses d'avoir raison.

La main.

Quelquefois on dispute pour céder la main [77], quelquefois pour la prendre; les cours souveraines font volontiers le coup de poing pour la garder [78]. A leur imitation les cours inférieures se battent et montrent beaucoup de courage. Les abbesses n'en montrent pas moins contre les abbés, et les abbés contre les abbesses; j'entends dire qu'ils plaident dispendieusement, vigoureusement pour le pas [79].

Les fleurs.

Dans les rues, dans les maisons, on porte, on donne des fleurs [80]; on n'en porte pas, on n'en donne pas dans l'église. La civilité chrétienne veut cette exception [81].

L'offrande.

Il n'y a pas de civilité à l'offrande; il n'y a que des droits : souvent il faut qu'après de longues plaidoiries les parlements règlent les rangs [82], et vous verriez quelquefois une file de seigneurs, de marguilliers, de gens notables aller fièrement à l'offrande, un arrêt dans une main, et une pièce d'argent dans l'autre.

Le pain bénit.

Mais il y a de la civilité au bénitier, celui qui le premier s'en approche présente de l'eau bénite à celui qui le suit.

Il y a aussi de la civilité au pain bénit. Si c'est à l'église d'un village, le seigneur a seul le droit d'être civil, de mettre la main au panier pour offrir des morceaux de pain bénit [83] à ses amis, à sa famille. Si c'est à l'église d'une ville, le donneur de pain bénit a seul le droit d'offrir le panier, d'être civil.

Les notaires.

Oh! que les notaires sont civils! Pardevant nous fut présent, en haute personne..., fut présent haut et puissant seigneur..., fut présent noble homme, fut présent honorable homme, sage homme [84]... Dans les écritures du notaire un homme est toujours haussé au-dessus de sa dignité, ou du moins dans sa dignité. Le notaire, poli dans tous les contrats, l'est surtout dans les contrats de mariage : sur son parchemin il range avec un tact admirable chacun des assistants à sa place naturelle, et prévient toutes les tempêtes de la vanité, en même temps que la sonore magnificence des diverses qualifications qu'il donne [85] charme toutes les oreilles, et en une soirée lui fait cent amis.

Les repas.

Je me trouvai dernièrement à un banquet. Une personne, vis-à-vis laquelle j'étais, ne mangeait ni ne buvait. Je jugeai qu'elle se croyait placée au-dessous de la place qui lui était due. Je fus assez adroit ou assez heureux pour m'assurer que mes conjectures étaient fondées : cette personne était assise à la plus honorable place d'autrefois, au haut bout de la table ; elle voulait l'être à la place la plus honorable d'aujourd'hui, au milieu [86]. Pour le maître de la maison, un des points les plus difficiles de la civilité française, c'est de faire asseoir convenablement les convives.

Et pour les convives c'est de porter convenablement les santés, de rendre de même celles qu'on leur a portées, de les rendre dans l'ordre dans lequel on les leur a portées, et de les rendre rubis sur l'ongle quand on les leur a portées rubis sur l'ongle [87]. Quelquefois à un bout de la table une personne tient haut son verre, a la bouche ouverte, est pressée de boire, et ne le peut parce qu'elle vous a crié : Monsieur un tel, à votre santé ! et qu'elle attend que vous lui répondiez : Je l'aime de vous [88] ! Vous êtes quelquefois distrait ou sourd ; alors les voisins vous avertissent du coude et de la parole. Pendant tout le repas, les santés se croisent dans divers sens. A la fin on choque, vers un point central, les verres [89] qui font alors un cliquetis fort singulier, en même temps que les bras des convives forment au-dessous comme un faisceau de manches et de manchettes [90].

Que j'écrive encore ici qu'en pays étranger les marchands mettent un genou en terre lorsqu'ils portent la santé du roi [91].

Le laver.

On lave au moins les mains [92] une première fois au commencement du repas, une seconde fois à la fin. Il est civil au maître de la maison de faire circuler à cette seconde fois un bassin rempli d'eau parfumée [93].

Quand la personne assise à la première place est une personne de distinction, il est de même civil de lui offrir en outre de l'eau à laver la bouche [94].

La danse.

Venez voir les Français lorsqu'ils dansent ; alors surtout ils sont polis. Leurs livres de danse ne laissent pas grand nombre de mesures sans marquer un salut, une révérence [95] ; ils marquent aussi quelquefois une embrassade [96] ; et la danseuse, pour si sévère qu'elle soit, ne la refuse jamais. La civilité le lui ordonne.

Les mascarades.

Où il y a un bal le maître de la maison reçoit tous les masques qui s'y présentent ; il les fait danser, manger, boire, jouer et se divertir [97] : la civilité le lui ordonne.

Un jeune masque bien fait, bien leste, parle-t-il à une jeune fille, à une jeune femme, personne alors n'approche [98] : le père, la mère, le mari, qui ont la puce à l'oreille, font semblant de n'y rien voir ; la civilité le leur ordonne.

Les messages.

Elle ordonne aussi aux messagers de baiser la lettre qu'ils portent, avant de la présenter à celui à qui elle est adressée [99].

Les lettres-patentes.

Il n'y a guère que le roi qui écrive des lettres ouvertes ; quelquefois cependant les grands, les très grands seigneurs en écrivent aussi [100].

Il n'y a guère que le roi qui alors fasse contresigner par un secrétaire ses lettres ; quelquefois cependant les grands, les très grands seigneurs font alors aussi contresigner les leurs [101].

Les lettres-missives.

Ordinairement on date ainsi les lettres : de votre maison de Paris ; de votre maison de Lyon ; de votre maison de Rouen ; de votre maison de Toulouse [102], le tel jour ; de votre château du Ménil, le tel jour. Il semble qu'on donne son bien à celui auquel on écrit.

Il semble aussi qu'on se mette à son service, car si on termine quelquefois les lettres par ces mots : Je salue vos bonnes grâces [103] ; je me recommande à vous [104] ; je vous baise les mains [105] ; je prie Dieu qu'il vous ait en sa sainte et digne garde [106], on les termine le plus souvent par ceux-ci : Votre très humble et très obéissant serviteur [107], ou, par cette abréviation : L'entièrement vôtre [108].

Les simples particuliers signent au-dessous de l'écriture ; les grands seigneurs à la marge [109].

Le pli des lettres.

Je pense que la manière de plier les lettres tient aussi à la civilité.

Il est inutile de dire que les lettres-patentes ne sont pas pliées ; on y fait deux entailles pour recevoir la queue ou attache qui porte le sceau [110].

Au siècle dernier, on faisait aussi des entailles aux lettres closes ou missives ; on y passait une bande de papier ou de parchemin, suivant que sur du papier ou du parchemin la lettre était écrite, et on scellait les deux bouts de la bande afin qu'on ne pût lire la lettre sans rompre le sceau [111] ; maintenant on la plie d'une manière plus simple, et on se contente de mettre un cachet sur les deux bouts d'un fil qui ferme le côté par où on l'ouvre [112].

Les femmes qui ont des secrets à garder au moins autant que les hommes ne ferment cependant leurs lettres qu'avec un simple cachet de cire d'Espagne [113].

La suscription des lettres.

Prenez garde à qui vous parlez, c'est le second avertissement de la civilité française ; le premier, c'est prenez garde à qui vous écrivez.

Est-ce à un cardinal de grande maison ? mettez sur l'adresse : *à monseigneur le très illustre et très révérend Cardinal...* et s'il n'est pas de grande maison : *à monseigneur le très révérend et très illustre Cardinal...*

Est-ce à un évêque ? fussiez-vous protestant [114], mettez : *à monseigneur le très révérend et très illustre Évêque de...*

Est-ce à un religieux ? *à monsieur le révérend Père...*

A un docteur ? *à vertueux et excellent Docteur.*

A un duc ? *à très illustre et très révérend seigneur le Duc de... mon très honoré maistre.*

A un marquis ? *à mon très illustre et très honoré seigneur le Marquis de...*

A un comte ? *à l'illustre seigneur, monseigneur le Comte de...*

A un chevalier ? *à monseigneur, monsieur le Chevalier de...*

A un seigneur ? *à monsieur, monsieur... sieur de...*

Mettez à tous les autres : *à monsieur, monsieur* [115].

Le cérémonial.

Il me semble que le cérémonial proprement dit fait partie de la civilité, en ce qu'il est la civilité de la vie publique, de même que la civilité proprement dite fait partie du cérémonial en ce qu'elle est le cérémonial de la vie privée.

Suivant moi et suivant d'autres, il faudrait une nouvelle édition des lois de la civilité, du cérémonial. C'est la raison de l'avenir, l'usage futur qui doit la faire.

Aujourd'hui je n'en suis plus à examiner si les lois de la civilité, du cérémonial sont ou ne sont pas frivoles, si l'on doit ou non les regarder comme le code non écrit, le code variable qui nous régit dans l'intérieur de nos maisons.

LE CLERGÉ FRANÇAIS.

Station XXXIV.

Cet après-midi, vers les deux heures, en venant à Feurs, je montais une côte si longue qu'il fallait me donner au diable ou dire le chapelet. J'ai dit le chapelet ; mais il n'a pas été si long que la côte ; je me suis alors désennuyé à penser, et j'ai pris un sujet qui ne fût pas trop discordant avec la vulgaire prière des chrétiens. Comme je me trouvai bien à ma dernière station de décharger ma tête, d'écrire en arrivant, j'ai fait aujourd'hui de même.

Le haut clergé :

Si maintenant les évêques sont toujours habillés de leur soutane violette ; si toujours ils portent leur croix d'or ; si, lorsque par exception il y en a qui s'habillent en chasseurs, en gendarmes [1], on dit aussitôt : C'est un évêque de l'ancien temps [2] ;

S'ils se montrent en général savants, bien qu'ils ne soient plus aujourd'hui élus par le chapitre [3], qu'ils soient depuis le concordat nommés par le roi [4], qu'ils appartiennent aux plus nobles maisons [5] ; s'ils prêchent, s'ils chantent, s'ils pontifient ; si, lorsque par exception ils sont ignorants ou qu'ils ne remplissent pas leurs devoirs, on dit aussitôt : C'est un évêque de l'ancien temps [6] ;

Le bas clergé :

Si maintenant les curés, les vicaires sont toujours habillés de leur soutanelle noire [7], toujours coiffés de leur bonnet noir à quatre cornes [8] ; si, lorsque par exception il y en a qui s'habillent de bleu, de vert [9], ou qui se coiffent d'un haut bonnet [10], on dit aussitôt : Il est habillé comme un ecclésiastique de l'ancien temps [11] ;

Si plus que jamais ils sont exacts à célébrer les offices, à administrer les sacrements ; si, plus que jamais, ils sont réglés dans leur doctrine, dans leur conduite, dans leurs mœurs ; si, lorsque par exception il y en a qui ne le sont pas, on dit aussitôt : Il vit comme un ecclésiastique de l'ancien temps [12] ;

Les moines :

Si maintenant les moines blancs sont habillés de blanc, et les moines noirs de noir ; si les religieux déchaux ne sont pas chaussés ; si, lorsque par exception il y a un moine, un religieux, qui n'est pas régulièrement habillé, on dit aussitôt : Voilà un moine, un religieux de l'ancien temps [13] ;

Si la France a sa part des trois cent mille bénédictins que l'on compte en Europe, sa part des trois cent mille cordeliers, sa part des deux cent mille carmes [14] ; si l'observation de la règle a repeuplé les couvents ; si, lorsque par exception on voit un couvent peu nombreux, on dit : C'est un couvent de l'ancien temps ;

Si, lorsque par exception il y a des moines, des religieux qui ne parlent pas couramment latin, qui n'expliquent pas le grec et même un peu l'hébreu [15], on dit aussitôt : C'est un moine, c'est un religieux qui n'en sait pas plus qu'à l'ancien temps;

Les moinesses :

Si maintenant les moinesses, les religieuses ne portent pas de fraises, de coiffes, de patins [16] ; si, lorsque par exception une moinesse, une religieuse en porte, on dit aussitôt : C'est une moinesse, une religieuse de l'ancien temps [17] ;

Si elles se lèvent à minuit, disent tout l'office, observent les heures de silence ; si elles se disciplinent réglément, sincèrement, modestement avec leur habit à fenêtre [18] ; si, lorsque par exception il y en a qui se donnent des grâces, des airs du monde, on dit aussitôt : C'est une moinesse, c'est une religieuse de l'ancien temps [19] ;

La résidence :

Si maintenant les évêques sont dans leurs évêchés, les abbés dans leurs abbayes, les chanoines dans leurs chapitres, les curés dans leurs paroisses, les moines et les moinesses dans leurs couvents ;

Les bénéfices :

Si maintenant les bénéfices ne sont plus possédés par des gens de guerre [20], par des femmes [21], par des enfants [22] ; si le même ecclésiastique n'est plus en même temps évêque en Artois, abbé en Béarn, curé en Bretagne, chapelain en Lorraine [23] ;

Les assemblées :

Si maintenant le corps du clergé se réunit périodiquement par ses chefs, pour veiller aux intérêts de l'église de France [24] ; si, pendant l'intervalle de ses sessions, il veille par les yeux de ses deux agents généraux [25] ;

Si maintenant le ministère de l'église a pris un air ecclésiastique, un air de gravité, de grandeur, de majesté, d'élévation, de science, de philosophie qui lui donne incontestablement le premier rang en Europe [20] ;

A quoi attribuer cette universelle réformation ?

Ce n'est pas aux cent mille volumes de controverse imprimés durant notre siècle [17] ;

Ce n'est pas aux cent mille sermons prêchés [18] ;

C'est au qu'en a-t-on dit, qu'en dit-on, qu'en dira-t-on des protestants.

LE COLLOQUE DE POISSY.

Station XXXV.

Je continue aujourd'hui à parcourir les différents quartiers de Lyon où j'arrivai hier de fort bonne heure. En passant près la porte Saint-Sébastien [1], j'ai changé un sou non pas contre douze deniers, non pas même contre douze sous, mais contre douze francs : car j'aurais encore bien de la peine à céder à ce prix une vieille estampe [2] que j'y ai achetée. Elle porte écrit au bas : Le Colloque de Poissy [3].

Les juges :

L'intérieur du vaste réfectoire des dominicaines, bâti par Saint-Louis [4], est ouvert. On voit, aux pieds des antiques piliers qui soutiennent les voûtes, assis sur plusieurs rangées de bancs les vénérables ecclésiastiques, les vénérables magistrats, et au milieu, dans l'enfoncement, l'œil reconnaît le jeune Charles IX, âgé de dix ans, ayant à sa droite le jeune duc d'Anjou, âgé de neuf, le vieux roi de Navarre, et à sa gauche sa mère, Catherine de Médicis, sa jeune sœur Marguerite, âgée de six ans, la vieille reine de Navarre [5].

Les interlocuteurs.

Au côté droit est le cardinal de Lorraine, assis sur un large fauteuil ; au côté gauche sont les douze ministres calvinistes, en robe longue, debout, nu tête. La dispute a commencé. Le cardinal de Lorraine parle ; il interroge, il répond. Théodore de Bèze, le chef des ministres, parle à son tour ; il répond, il interroge. Les livres sont là ouverts, feuilletés ; les passages latins, grecs, hébreux, volent [6]. La figure, les yeux des deux interlocuteurs s'animent ; leurs bras gesticulent ; l'un et l'autre s'adressent au jeune roi qui est fort attentif.

Les assistants.

J'en veux au peintre ou au graveur de n'avoir point placé quelques religieuses dans les hautes tribunes ; les femmes sont si curieuses ! A leur défaut s'offrent çà et là, des seigneurs, des gentilshommes, des gend'armes : l'un d'eux regarde d'un air irrité Théodore de Bèze ; il a la main sur la poignée de son épée. Un ministre au front chauve et calme se tourne vers lui et semble lui dire : Écoutez ! vous saurez au moins pourquoi vous frappez.

LES DEUX ÉPOUX DE MACON.

Station XXXVI.

Si j'étais le roi de France, je chargerais sur mes épaules Mâcon et j'irais le porter à l'un des points les plus exposés de mes frontières ; cette ville est aussi bien fortifiée que bien bâtie [1]. Mais ce n'est pas, pour le moment, ce dont je veux parler. Peu de temps après mon arrivée, à dix heures et demie, onze heures, je suis allé remettre une lettre que m'avait donné le commis du changeur de Montpellier pour son frère, herboriste à Mâcon. Ce frère, que j'ai rencontré chez lui, est un homme de belle taille et de bonne mine. A peine a-t-il lu la lettre qu'il m'a fait asseoir avec empressement et qu'il m'a dit : Messire, vous goûterez mon vin, j'en ai quelques bouteilles d'une excellente année, et soyez sûr que je ne vous les cacherai pas. Vous ferez mieux, a-t-il ajouté : vous partagerez ma soupe. Vous ne dînerez guère plus mal qu'à l'auberge, vous serez plus cordialement servi. Je l'ai remercié de ses politesses. Il a vivement insisté. J'ai aperçu sept à huit enfants de quinze, quatorze ans et au-dessous ; j'ai pensé que, sous prétexte de me faire enseigner les rues, j'en amènerais un à qui je donnerais une bonne provision de sucreries pour la jeune famille ; j'ai accepté. Quand nous avons été à la fin du repas, mon hôte dont la gaîté, la franchise et la confiance augmentaient sensiblement à chaque instant, m'a offert un verre de vin blanc, a porté ma santé et m'a dit : Messire, croiriez-vous que vous êtes assis entre un cordelier et une cordelière ? Vous ne le croiriez pas ; cependant a-t-il ajouté en riant, je ne sache rien de plus vrai ; autrefois je m'en serais défendu : j'aurais craint d'être mis en pièces par le peuple, ou brûlé par le juge ; mais aujourd'hui que l'édit de Nantes [2], ce drapeau de la tolérance, trempé à Coutras, à Arques, à Ivry [3], dans le sang des intolérants, flotte au haut du trône qu'il décore, je ne m'en cache plus, et, comme les autres protestants, je professe publiquement la réformation religieuse.

Les amours dogmatiques.

Je suis né à Castres, a-t-il continué ; mon épouse est née à Lavaur qui en est tout proche. J'avais environ vingt-neuf ans ; j'étais cordelier, prêtre ; je confessais à notre église : voilà qu'un beau jour du beau mois de mai, la veille de l'Ascension, une jeune personne de dix-sept ou dix-huit ans, dont vous voyez le portrait, il m'a montré sa fille aînée qui se levait de table et se retirait avec la petite famille, se présente, s'agenouille à mes pieds et me demande, sans me regarder et sans m'avoir regardé, si je veux bien la confesser : Avec plaisir, ma fille, lui répondis-je. En même temps je m'incline vers elle en cachant de ma large manche ma figure trop jeune, trop émue ; je parcourais furtivement sa taille souple et légère, les traits enchanteurs de sa figure gracieuse ; mais son âme et sa conscience qui semblaient venir se montrer sur sa véridique bouche, étaient encore plus belles : Ma fille, lui dis-je quand elle eut fini, la première chose dont vous avez à vous corriger, c'est le défaut de confiance en votre raison ; d'ici au jour où vous reviendrez, vous ne cesserez de penser que la raison humaine est faite à l'image de la raison divine. Au bout de la semaine, nouvelle confession, nouveau tête-à-tête : je trouvai que les méditations que j'avais imposées à cette jeune personne avaient, plus que je pouvais l'espérer, formé son jugement. Elle m'apprit que son nom de baptême était Collette, mais que dans le couvent on l'appelait Saint-François-au-Tombeau [4] ; et depuis elle a toujours voulu que je l'appelasse et je l'ai toujours appelée ainsi. J'eus d'abord quelque peine, ensuite je fis plus facilement convenir la belle Saint-François-au-Tombeau des abus qui s'étaient glissés dans l'église, dans le clergé, dans l'état de prêtre, de clerc, de religieux et de religieuse ; ce fut par cela que je commençai et sur cela que je continuai. Enfin, en cinq confessions, j'en fis une aussi bonne protestante que j'étais au fond de mon âme bon protestant.

Un huguenot et une huguenote, a continué d'un ton encore plus gai mon hôte, ne peuvent être longtemps cordelier et cordelière ; nous convînmes, Saint-François-au-Tombeau et moi, du jour où nous sortirions en même temps du couvent. J'étais épris d'amour : j'avais graduellement abaissé ma manche, c'est-à-dire graduellement découvert mes sentiments à Saint-François-au-Tombeau, qui dans la suite m'avoua qu'ils n'avaient pas peu contribué à lui faire embrasser la réformation.

Au jour convenu, j'allai à ma maison ; je savais d'avance que la famille était, dans ce moment, absente ; j'emportai un habit de mon frère et laissai un habit de cordelier ; je laissai aussi une robe de cordelière, et emportai la robe de ma sœur dont se vêtit Saint-François-au-Tombeau ; et y ajoutant, moi un rabat à la Guise⁵, elle une coiffe à la Jacobine⁶, nous gagnâmes pays.

Les mariages des défroqués.

A Montélimart, nous fûmes assez heureux pour trouver un ministre qui mariait chanoines et chanoinesses, abbés et abbesses, moines et moinesses⁷. Il nous maria tout aussi lestement que nous pouvions le désirer. Ce fut en présence de trois témoins, sous un pommier, chargé de fruits, et sans autres cérémonies que celles-ci :

Le ministre était vêtu de ses habits de jardinier dont il faisait semblant d'exercer l'état. On lui porta au pied de l'arbre un petit siége de planche à trois pieds ; il s'y assit gravement, nous fit avancer vers lui et dit : *Nostre ayde soit dans le nom de Dieu.* Ensuite il récita cette partie de l'Évangile où Jésus-Christ veut que l'homme ne soit pas seul. Ensuite il nous dit : *Vous donc N.,* il me nomma, *et vous N.,* il nomma mon épouse, *voulez vivre dans ce sainct estat de mariage? Oui! oui! Je vous prends tous ceulx qui estes ici présents en tesmoing, vous priant d'en avoir souvenance.... Et cependant, s'il y a quelqu'un qui sache quelque empeschement, qu'il le dise....* Ensuite, après un moment de silence, il continua : *Puisqu'il n'y a personne qui contredise.... Nostre Seigneur Dieu conferme votre sainct propos.* Ensuite se levant de dessus son siége, se redressant, se grandissant et donnant à sa voix un auguste éclat, il ajouta : *Vous N., confessez-vous devant Dieu et ceste sainte congrégation que vous avez pris et prenez pour vostre espouse N., ici présente, à laquelle promettez garder fidélité? Oui!..... Et vous N., que vous prenez N. pour votre espoux, auquel promettez obéir et estre sujette? Oui!...... Prions tous de cœur..... exaucez-nous, ô mon Dieu⁸!.....* Et l'oraison finie, le ministre, la sainte assemblée, c'est-à-dire les trois témoins dont l'un remporta le siége de planche, nous ayant reconduits à la porte du jardin, nous sortîmes et nous nous trouvâmes époux.

Les scrupules.

Saint-François-au-Tombeau, dès le premier jour de notre fuite, m'avait permis de lui toucher la main, m'avait même quelquefois touché la mienne, et cependant elle ne voulait pas, contre la règle de notre ordre, toucher la monnaie, ou ne voulait la toucher qu'avec des gants⁹ Pour la guérir de cet ancien scrupule, je me mis à laver, à brûler le gazon où elle avait marché. Elle sourit, et se souvint que les moines purifiaient de cette manière si humiliante pour son sexe les pavés de leur couvent où les femmes avaient marché [10]; et aussitôt elle se mit, comme moi, à toucher la monnaie; mais lorsque je lui dis que les bons huguenots, pour faire œuvre méritoire, pillaient l'argenterie des sacristies, elle ne voulut jamais consentir à prendre celle de son couvent : ainsi, dans plusieurs de nos actions, lorsque nous avons admis le principe, nous nous refusons souvent aux conséquences. Moi-même je ne pus jamais non plus résoudre ma main à prendre les reliquaires tout entiers.

La monnaie du cordelier.

Je n'en emportai que les pieds; j'en emportai six. J'en fondis un à Montélimart pour acquitter ma rétribution à celui qui nous avait mariés; car, aussi bien que le prêtre, il faut que le ministre vive de l'autel ou du pommier qui en tient la place.

Nous marchions vers Lyon avec nos cinq pieds. Arrivés dans cette ville, Saint-François-au-Tombeau eut envie d'une belle robe qu'elle vit en passant; elle ne me le dit pas, mais ses yeux me le dirent. Comment résister aux yeux de la jeune Saint-François-au-Tombeau, aux yeux de sa nouvelle épouse? Sur l'heure même je fondis un autre pied; il m'en restait quatre.

Bientôt j'en fondis un autre pour vivre, et ensuite bientôt un autre. Je n'en avais plus que deux, quand nous fûmes obligés de partir de Lyon, comme vous allez le voir.

Les bûchers.

Nous étions logés à une hôtellerie du faubourg de la Croix-Rousse, lorsque nous y vîmes arriver de tout côté un nombre extraordinaire d'étrangers presque tous protestants, parmi lesquels plusieurs anciens cordeliers me firent des signes de notre ancien état auxquels je répondis tout de suite.

Nos cordelières nos épouses se reconnurent aussitôt, ou plus tôt que nous; tandis qu'elles s'embrassaient, se baisaient, se témoignaient par les cris de joie, par les larmes, le plaisir de se voir libres, sans cordon hors du couvent, les cordeliers, surtout les vieux cordeliers, me disaient : Ami, croyez-nous; suivez notre exemple : fuyez! Ces milliers de victimes que de fanatiques juges ont forcées à rendre l'âme au milieu des brasiers vous crient aussi : Fuyez! Le savant Dolet [11], le jeune bachelier Caturce [12], le brave chevalier du guet Gabaston [13], le brave archer Nez-d'Argent [14], le respectable conseiller Dubourg [15] vous crient de leur bûcher: Fuyez! fuyez vite! Frère, me dit un jeune cordelier de mon âge, ne pensez pas, si vous êtes pris, que vous serez peut-être jugé par la Tournelle, présidée par les

Harlay, les Séguier, qui acquittent tous ceux qui ne sont coupables que de leur opinion religieuse [16]; aujourd'hui, plus de pitié : la grand'chambre nous juge tous [17], nous condamne tous. Frère, me dit un autre, les gens prudents assurent que dans différentes parties de la France, il y a des arsenaux de poignards prêts, aiguisés; on parle aussi de noyer en une fois tous les huguenots; d'autres disent qu'on a le vaste projet de les réunir tous dans les murs de La Rochelle, de Montauban et de Nîmes, et de les y brûler tous, avec tous leurs livres [18] : Fuyez, frère! venez! fuyons!

Je voulais déférer à ces conseils; mais la belle Saint-François-au-Tombeau, habituée au quotidien hommage des milliers d'yeux des élégants Lyonnais, refusait de croire à toutes ces peurs et ne voulait pas quitter Lyon; cependant, peu de jours après, un plus grand nombre de protestants encore plus épouvantés nous entraînèrent avec eux à Genève.

La Saint-Barthélemy.

Il était plus que temps de sortir de la France, car à peine étions-nous arrivés à Genève que nous apprîmes que le sang des protestants ruisselait dans les rues de Paris [19], que la Seine en était rougie, qu'elle en était encore plus rougie à Rouen [20].

Bientôt nous apprîmes que le Rhône en était encore plus rougi à Lyon [21].

Bientôt nous apprîmes que la Loire, que la Garonne, que tous les fleuves, que toutes les rivières de France en avaient de même été [22] ou devaient en être de même rougies par un massacre général [23].

Ah! Messire, le sang des Français innocents, versé par le conseil italien de Charles IX [24], fumera éternellement dans le plus lugubre chapitre de notre histoire; éternellement on y entendra la cloche de la Saint-Barthélemy de Paris et de toutes les Saint-Barthélemy de la France. On y lira à jamais les noms des assassins des peuples; mais on y lira aussi les noms de leurs sauveurs. J'ai vu, je vois encore ce grand nombre de fugitifs français, baisant avec transport les limites d'une terre étrangère, se relevant pour nous apprendre les noms sacrés :

Du vicomte d'Orthès, commandant à Bayonne [25];
Du comte de Tendes, commandant en Dauphiné;
De Charny, commandant en Bourgogne;
De Matignon, commandant à Bordeaux;
De Mandelot, commandant à Lyon;
De Villeneuve, commandant en Provence;
De Saint-Héram, commandant en Auvergne;

De Tannegui-le-Veneur, commandant en Normandie [26].

Ils avaient courageusement refusé de changer leurs nobles épées en poignards, de tuer des gens sans armes, sur leur chaise, dans leur lit.

La Ligue.

Ce sont moins des apôtres que les martyrs qui propagent une religion. Le protestantisme refleurit plus vivace qu'auparavant, et les princes lorrains virent s'élargir de plus en plus la voie pour faire remonter sur le trône la seconde race dont ils étaient les derniers restes [27] : ils cachèrent l'étendard de Lorraine derrière la bannière de l'Église; ils formèrent la ligue des catholiques contre les schismatiques [28]. Tout aussitôt dans les différentes villes le rouleau de parchemin appelé la peau [29] est porté de maison en maison ; chacun s'empresse d'y apposer sa signature, croyant écrire son nom dans le ciel. En même temps on signe pour ainsi dire sur son habit: on porte le ruban noir [30]; en même temps on signe sur son chapeau : on porte la croix blanche [31]. Cette ligue, qui dure environ vingt ans [32], ne cesse de s'accroître ; et, par ses chapelets à médaillon de Parti [33], elle enlace la nation.

Les prédicateurs de la Ligue.

Tant que la peur fut plus forte que la faim, je demeurai hors de la France ; quand la faim fut plus forte, je rentrai.

J'étais à Paris, où je gagnais ma vie à montrer l'hébreu aux jeunes demoiselles [34]. Je passais un jour devant la porte ouverte d'une église. Le prédicateur, au front austère, à la bouche gracieuse, s'emparant de la salutation angélique, en salua la mère des Guises, assise vis-à-vis la chaire [35].

Un autre jour, sous les fenêtres de Saint-Barthélemy, j'entendis tout-à-coup comme une espèce d'explosion de plusieurs milliers de serments. J'entre ; je vois tous les auditeurs debout, tous l'air furibond, tous le bras droit étendu : Allons, jurez! allons, jurez! encore! encore! que je voie toutes les mains, que j'entende toutes les bouches [36]! Celui qui mettait en mouvement cet auditoire n'était pas un Cicéron, un Démosthène tonnant, fulminant ; c'était un orateur cent fois plus fougueux, cent fois plus violent : c'était un prédicateur de la ligue [37].

Je partis de Paris.

Lorsque j'arrivai à Moret, j'entrai sans difficulté, car la garde, laissant les portes ouvertes, avait quitté son poste pour aller au sermon [38].

Mais à Montereau je ne pus entrer ; le capitaine avait fait fermer les portes pendant le sermon, et lui-même, avec une épée à deux mains, se tenait au pied de la chaire [39].

A Sens, où j'arrivai l'après-soupé, je trouvai aux fenêtres toute une rue disputant avec injures, sur un point de controverse [40] dont il avait été parlé dans une homélie du jour.

A Saint-Fargeau on disputait aussi, et là c'étaient des soldats blessés et leur chirurgien [41].

Les milices de la Ligue.

Toutes ces diverses prédications tendaient à enflammer et avaient enflammé les âmes ; le feu de la guerre avait pris jusqu'aux bannières des confréries, jusqu'aux capuchons des moines.

Mon Dieu! m'étais-je dit plusieurs fois, les belles compagnies de moines que celles de Paris [42]! J'en vis de plus belles dans la Champagne et de plus belles dans la Bourgogne. A Dijon surtout, une superbe compagnie de jacobins qui faisaient l'exercice sur la place Morimont [43] m'étonna. Le père prieur, rougeau de bonne mine, tenant une demi-pique à la main, commandait : Portez la pique droite en trois temps! Pique haulte! Pique basse! Plantez la pique! Traînez la pique [44]! Il n'y avait pas un manchot, pas un maladroit : c'était comme au réfectoire.

Dans presque toutes les villes, les jésuites qui vont, comme on sait, toujours écoutant, faisaient le guet [45].

Quand je fus à Châlons, je rencontrai un grand écolier la hache à la main ; il me dit qu'il quittait sa compagnie d'écoliers armés [46], qu'il voulait se faire cordelier pour entrer dans la compagnie des cordeliers sapeurs du régiment de clercs réguliers levée dans le bailliage [47] ; il me dit que ce régiment devait être commandé par un évêque à qui le roi avait, comme à celui d'Amiens, permis, par lettres de cachet, de porter la barbe longue [48] : Nous allons, ajouta-t-il, démolir La Rochelle, et avec les pierres lapider les huguenots de Montauban et de Nîmes.

Le fanatisme de la Ligue.

Vous, habitant de la pacifique Espagne, vous ne pouvez vous faire une idée de ce que devint alors notre malheureuse France.

Un jour je passais par Clermont ; je m'étais prudemment arrêté au faubourg Saint-Allyre, où coule un petit ruisseau dont les eaux enduisent d'un sédiment lapidifique [49] les œufs, les fruits, les branches d'arbre, tous les corps qu'on y plonge. Je vis un vieux homme qui en retirait un chapelet de noix : Tenez, dit-il, en le montrant, il en est de même de la compagnie des huguenots qui jamais ne manque de vous encroûter d'hérésie ; aujourd'hui le roi de France ne vaut pas mieux que son ami le roi de Navarre [50].

Le jeune fils de l'aubergiste m'avait suivi ; j'étais déguisé en romipète [51] : Mon ami, lui demandai-je, voulez-vous aller en Italie ? Monsieur, me répondit-il, en Italie y a-t-il des huguenots, des hérétiques, un roi de France tyran [52], un Béarnais [53] ? — Il n'y a rien de tout cela. — Je n'irai donc pas, *quia jurejurando promisi eos insectare, dimicare, debellare, superare* [54]. Monsieur, je suis au collège et je fais ma cinquième.

Le soir du même jour, deux marchands de la rue où était mon auberge se querellaient, s'injuriaient. Les voisins, pour les faire taire, se mirent sur la porte à battre leurs poêles, leurs chaudrons [55] : Saint-Antoine ! se prit à dire d'une voix douce et plaintive le valet d'écurie, si l'on pouvait terminer ainsi les grandes querelles de la France, comme le pauvre peuple battrait les poêles et les chaudrons ! Tais-toi, politique modéré [56] ! lui cria l'aubergiste, en lui montrant le poing fermé ; on a pendu cent huguenots qui valaient mieux que toi.

Le lendemain deux hommes se battaient : Bien ! bien ! encore mieux ! criait le peuple à l'un d'eux ; frappez comme sur un hérétique.

Je payai l'aubergiste avec un écu un peu vieux qui ne lui parut pas assez marqué. Je lui en donnai un autre tout neuf : Bon celui-là ! me dit-il ; je voudrais en avoir plein la peau d'un huguenot [57].

Au faubourg de Clermont il en était comme à la ville, et à la ville il en était comme dans toutes les autres villes.

Vous croyez, je croyais aussi que le fanatisme était monté à son plus haut degré, cependant bientôt après il monta à un degré plus haut encore.

La mort du duc de Guise.

Henri III voulut d'abord se jouer avec la ligue naissante. Il la caressa [58], la berça ; elle grandit, s'incorpora tous les états [59], occupa toute la France [60]. Henri en fut épouvanté. Alors il essaya tantôt de lui arracher sa massue [61], tantôt de l'embrasser pour l'étouffer [62]. La ligue ne cessa de l'injurier, de l'outrager, ou de se rire de lui [63]. Henri perdit patience.

Le chef de la ligue, attiré au château de Blois, y fut poignardé [64].

A l'instant même, la nouvelle de cette mort retentit aux Pyrénées et au Rhin. Je me trouvais à Toulouse, où le peuple devint furieux [65]. Tout le monde copiait, recopiait, récitait l'appel à la vengeance que vous allez entendre.

XVIe SIÈCLE.

Le glas du duc de Guise.

« Aux cloches! aux armes! aux cloches! aux armes!

« Nous sommes perdus; nous sommes damnés, nous sommes hérétiques, nous sommes huguenots, nous sommes excommuniés. Ils l'ont tué le protecteur de l'église : aux cloches! aux armes! aux cloches! aux armes!

« L'homme fort se confiant dans sa force s'est un moment dévêtu de son armure : ses ennemis ont accouru. Ils l'ont tué le protecteur de l'église : aux cloches! aux armes! aux cloches! aux armes!

« Comme une forteresse, il a été entouré d'hommes armés; et, pour couper le fil de ses jours, il a fallu le tranchant de cent glaives. Ils l'ont tué le protecteur de l'église : aux cloches! aux armes! aux cloches! aux armes!

« La terre a tressailli de sa chute, la Loire a remonté vers sa source; et Blois, cette ville impie, ne s'est pas émue. Ils l'ont tué le protecteur de l'église : aux cloches! aux armes! aux cloches! aux armes!

« Un tyran cruel et fourbe porte encore le sceptre d'une main teinte du sang du protecteur de l'église. Ils l'ont tué le protecteur de l'église : aux cloches! aux armes! aux cloches! aux armes!

« Vengeance! vengeance! que les Valois périssent! que leurs ossements et leurs âmes tombent pêle-mêle dans les profondeurs de l'enfer! Ils l'ont tué le protecteur de l'église : aux cloches! aux armes! aux cloches! aux armes!

« Vengeance! vengeance! que la terre brille d'épées nues! qu'elle boive le sang de nos ennemis! qu'elle se rassasie de leurs cadavres! Ils l'ont tué le protecteur de l'église : aux cloches! aux armes! aux cloches! aux armes! »

Après la mort du duc de Guise les ligueurs ne mettent plus de bornes à leur fureur. Ne pouvant faire magiquement périr Henri III en perçant sa statue de cire [66], ils le font périr en le perçant lui-même par le poignard d'un jacobin [67]. En province ils veulent se venger aussi sur les soldats calvinistes devenus, devant les murs de Paris, les alliés des soldats de Henri III [68]. Partout le bruit des armes redouble.

La paix.

Mais enfin ce long carnage d'un demi-siècle [69], pendant lequel sept armées blanches ou de protestants vêtus de simple étoffe blanche [70], et sept armées d'abord royales ensuite ligueuses [71], couvertes de draps, de velours des couleurs les plus éclatantes [72], payées les unes et les autres avec de l'argent de vases d'église [73], s'exterminant les unes les autres avec des canons de métal de cloche [74], avaient alternativement ou en même temps ravagé le royaume ; pendant lequel huit ou neuf cent mille soldats et un si grand nombre d'hommes paisibles avaient été tués ; pendant lequel plus de trois cents villages avaient été brûlés et plus de trois cent mille maisons détruites [75], cesse. La liberté des opinions religieuses est proclamée, célébrée, chantée par des millions de bouches ; l'image de la ligue avec sa robe peinte de têtes et de capuchons des moines, est partout brûlée [76] ; la France revient à la vie : toutes ses blessures sont fermées par l'épée victorieuse de Henri IV.

Maintenant, a continué mon hôte en m'offrant un autre verre de vin blanc, je vais vous dire ce que mon épouse et moi étions devenus. Mon épouse était demeurée à Genève. Quant à moi, tantôt je sortais de France, tantôt j'y rentrais ; mais lorsque les temps devinrent plus difficiles, lorsque dans certaines provinces on força tous ceux qui étaient suspects de calvinisme à vendre leurs biens [77], lorsque dans d'autres on rasa les maisons où ils avaient fait leurs prières [78], lorsque dans celles qui touchaient à la mer on punit, comme sur mer, de trois traits de corde ceux qui ne dénonçaient pas les réformés [79], je n'y rentrai plus. Je demeurai à Genève avec mon épouse ; nous y vivions d'herbes ; je m'explique : Saint-François-au-Tombeau était parente de l'infirmière de son couvent qui lui avait enseigné à connaître les herbes médicinales du jardin. Moi-même j'en connaissais beaucoup aussi par les gravures de Mathiole [80] et de Fuschius [81] ; nous allions en faire des paquets que nous vendions aux apothicaires. Saint-François-au-Tombeau suivait de préférence les bords des lacs, où elle avait le plaisir de se mirer, de se voir dans le cristal des eaux parler, sourire. Elle ne tarda pas à être enceinte. Bientôt je fus père d'un petit cordelier, suivi presque tous les ans d'un autre. Il en vint sept, huit, neuf, toute une procession : il fallait la nourrir, l'habiller ; nous retournâmes à Castres.

Mon père et le père de Saint-François-au-Tombeau refusèrent de nous voir, et réaggravèrent leurs malédictions ; mais les protestants nous accueillirent fraternellement, et, nous ayant établis dans une grande boutique d'herboriste, sur l'emplacement d'un couvent démoli [82], ils eurent des rhumes, des coliques tant et plus, cherchèrent tous les moyens de faire prospérer notre petit commerce ; ils venaient souvent nous voir, nous exhorter à persister courageusement dans la réforme. Leur affection pour nous ne dura malheureusement pas longtemps, car Saint-François-au-Tombeau, au lieu de dire que sa fille ne savait pas bien le catéchisme parce qu'elle avait mauvaise mémoire, dit que c'était parce que la forme des cinquante-cinq dimanches [83] ou cinquante-cinq chapitres en était trop didactique, trop théologique, et pas assez historique. Aussitôt voilà tout le clergé, pasteurs, ministres, diacres, surveillants [1], gravement scandalisé, voilà toute l'église de Castres qui se porte bien, et voilà notre grande boutique déserte, et nous voilà obligés d'aller ailleurs.

La lettre d'un médecin de Dôle que j'avais connu autrefois nous attirait dans cette ville; mais en passant ici, nous y avons été retenus par des protestants qui m'avaient vu à Lyon manger si gaîment les reliquaires. Vous pensez bien que Saint-François-au-Tombeau ne parle plus de la mauvaise forme du catéchisme, qu'elle ne se plaint que de la mauvaise mémoire de ses enfants; aussi les protestants de Mâcon sont-ils de plus en plus enrhumés, et vendons-nous de mieux en mieux nos herbes.

LA FAMILLE CHAMPENOISE.

Station XXXVII.

Je couchai, il y a trois jours, à Chaumont; avant-hier je couchai à Vitri, et hier à Châlons. Aujourd'hui, en suivant la route de Rheims, j'ai tout-à-coup entendu, près d'une belle maison de campagne, crier à travers les branches d'un grand arbre, chargé de petits garçons: Ah! voilà messire l'archidiacre! messire l'archidiacre! A leurs voix un groupe de jeunes gens et de jeunes dames ou demoiselles est venu; le plus âgé des jeunes gens s'est détaché; toutefois en s'approchant de moi, il s'est plusieurs fois arrêté pour mieux me regarder; enfin il n'a plus avancé, et même il a un peu rétrogradé; mais j'ai passé si près de lui, en continuant mon chemin, qu'il s'est cru obligé de me saluer et de me dire que dans sa famille on attendait à dîner l'archidiacre de Rheims, qu'il me priait d'excuser ses jeunes fils qui étaient aux aguets, et qui s'étaient mépris. Je lui ai répondu, en lui rendant son salut et en saluant les dames, que cette méprise n'était nullement pour moi malencontreuse. Je m'étais remis en marche; quand un homme de quelque soixante ans, que j'avais aperçu venant à grands pas derrière le groupe, m'a joint : Monsieur, m'a-t-il dit, votre mantille bordée de rouge ressemble de loin à l'habit d'un archidiacre; mais je vois que vous êtes Espagnol; faites-moi la grâce de venir remplacer l'archidiacre que nous attendions et qu'à l'heure qu'il est nous ne pouvons plus guère attendre; je croirai recevoir chez moi l'hospitalière Espagne en la personne d'un de ses nobles cavaliers.

Cet homme avait une figure agréable et prévenante; je me suis dit en moi-même que celui qui voulait me recevoir chez lui n'était pas un pauvre herboriste, un pauvre père de famille; cependant j'hésitais : il s'en est aperçu. Aussitôt, posant sa main gauche sur le frein de ma mule et me présentant la droite pour m'aider à descendre, il a réitéré si vivement son invitation, et les Français dans ces occasions sont si aimants, si aimables, que je n'ai pu refuser plus longtemps. Je suis descendu au bord d'une prairie, où mon hôte m'a présenté sa famille, ses fils, ses filles, ses gendres, ses belles-filles, ses petits-fils, ses petites-filles : Je suis fâché, m'a-t-il dit, que mon père ne soit pas, dans ce moment, ici, vous verriez la quatrième génération. Hélas! a-t-il ajouté tristement, vous auriez pu, comme dans les maisons des villageois limousins [1], y voir aussi la cinquième; mon bon grand-père vivait encore il y a peu d'années.

Nous avons pris le chemin de la maison; nous avons dîné : Voulez-vous bien, m'a dit mon hôte, au lever de table, voir un peu le jardin? Lorsque nous avons eu fait plusieurs tours, il m'a présenté la main, m'a mené dans une allée au milieu de laquelle plusieurs grands arbres plantés en rond formaient, par la réunion de leurs cimes, un dôme de verdure; il m'a fait asseoir au pied d'une vieille croix de pierre, s'y est assis, et, après un moment de silence, après m'avoir considéré plus fixement qu'auparavant, il m'a adressé la parole en ces termes : Monsieur, vous avez involontairement laissé percer votre curiosité sur ma maison; elle vous a paru avoir l'air un peu monastique; peut-être, en sortant d'ici, aurez-vous envie de savoir ce qui en est, de vous en informer; je vais vous en épargner la peine.

Les Albigeois.

Je descends d'un de ces anciens albigeois qui ne furent ni convertis ni tués par Simon de Montfort, qui, laissant leur beau soleil, leur riche pays, leurs terres de blé et de vin [2], allèrent dans les vallées des Alpes porter au milieu des neiges et des bêtes féroces leur foi, leur croyance libre [3].

Mes aïeux et leurs compagnons, protégés par leur vie nomade, leur pauvreté, y avaient vécu paisiblement jusqu'au règne de François Ier, où une foule de fugitifs, poursuivis par les bourreaux, les bûchers des inquisiteurs et des parlements [4], vinrent se jeter parmi nous. Ils furent amicalement accueillis dans nos maisons; ils se réchauffèrent à nos foyers; ils partagèrent notre pain, et ils ne cessèrent d'abord de nous témoigner leur reconnaissance; mais bientôt ils voulurent nous dogmatiser, nous, les fils aînés des grandes réformations chrétiennes [5]; ils voulurent que, cessant d'être albigeois, nous devinssions calvinistes, et leur feu de prosélytisme s'enflammant de plus en plus, ils se rendirent enfin si insupportables que nous fûmes obligés de les chasser au loin. Je me souviens que j'avais huit ou dix ans, et que j'aidai avec les autres enfants de mon âge à chasser les leurs qui voulaient aussi nous convertir.

Sous les règnes suivants, les nouveaux réformés revinrent en plus grand nombre, et, ne nous distinguant pas ou ne voulant pas nous distinguer des catholiques avec lesquels nous vivions en paix, ils nous contraignirent indistinctement tous à coups de bâton [6], à coups de nerfs de bœuf, de Johanots [7], comme dans tous les lieux où ils étaient les plus forts, à venir au prêche [8]. Rien n'est plus humiliant que la contrainte ; quant à moi, j'aimerais mieux recevoir de bon gré cent coups d'étrivières que cent écus par force. Nous différions fort peu d'opinion avec les calvinistes; mais dès ce moment je m'éloignai d'eux; aussitôt ma prévention pour les protestants, ma prévention contre les catholiques cessèrent, et je me crus en droit de m'établir juge entre eux. Je traversais, je retraversais la France ; je ne cessais de les juger.

Les Calvinistes.

Renouvelée au siècle dernier par la réformation des pauvres de Lyon [9], la réformation des Albigeois eut au XIII° siècle, pour principal objet la réforme du haut clergé [10] qui fut assez habile pour se faire appeler le clergé, l'église, la religion ; et alors les peuples de demander contre la réforme, des inquisiteurs, des bourreaux, des bûchers [11]. La réformation des Calvinistes ou plutôt des Chauvinistes, car le chef s'appelait Chauvin [12] et non Calvin, fut de nos jours à peu près la même que celle des pauvres de Lyon, et eut à peu près le même objet [13], mais elle se manifesta au siècle des lumières, au siècle de François 1er. Elle eut de nombreux partisans, surtout dans les grandes écoles [14] ; et, à plusieurs reprises, elle fut sur le point de s'étendre bien davantage [15] : aussi lorsque les anciens tribunaux du XIII° siècle se relèvent et que les bûchers se rallument [16], les nombreux calvinistes, au lieu de se laisser tranquillement brûler, posent l'Évangile et prennent l'arquebuse.

La Cause.

Dès que les calvinistes furent armés, aussitôt les mécontents, les ambitieux, les grands seigneurs, les princes, les rois, du moins le roi de Navarre, entrèrent dans leurs rangs, marchèrent à leur tête [17] ; et de même que les catholiques avaient formé la sainte union qu'on nomma la ligue [18], de même les calvinistes formèrent la confédération qu'on nomma la Cause [19].

L'esprit de la Cause.

Et de même que l'esprit secret de la ligue n'était pas le maintien du catholicisme, de même l'esprit secret de la Cause n'était pas le maintien du calvinisme. Et de même que les chefs des ligueurs étaient secrètement divisés, qu'ils voulaient les uns faire monter sur le trône les Guises [20], les autres établir une république théocratique [21], de même les chefs des calvinistes étaient secrètement divisés, et ils voulaient les uns faire monter sur le trône les Bourbons [22], les autres établir une démocratie fondée sur la souveraineté du peuple [23], une démocratie libre de toute redevance, de tout impôt [24]. Les chefs, de part et d'autre, désiraient, avant tout, de gouverner, d'avoir la puissance, les richesses, d'avoir le bonheur, n'importe le bonheur des peuples : crime, le plus grand des crimes qui, dans ce monde, n'a guère été puni par notre toute faible justice, qui a dû allumer les enfers dans l'autre.

Les noms des partis.

Au nombre des cruels moyens dont les chefs faisaient usage étaient les noms donnés à chaque parti. Combien de fois n'ai-je pas vu les catholiques s'enflammer au nom de huguenots [25], de mahoûtres [26]; combien de fois aussi n'ai-je pas vu les calvinistes qui avaient eu le bon esprit de s'appeler protestants, pour agrandir leur parti du grand parti des luthériens d'Allemagne qu'on appelait protestants depuis qu'en 1529 ils avaient protesté contre le décret de la diète de Spire [27], s'enflammer de même au nom de papistes [28], d'idolâtres [29]!

Les illusions.

J'ai passé à Lyon quelques années du jeune âge. Dans la rue où je demeurais, il y avait un protestant qui laissait dans le besoin son père, pour porter exactement chaque semaine l'entier produit de son travail au trésor de l'église [30], qui veut qu'on soit bon fils.

J'en ai connu un autre qui avait de grandes et belles filles, qui donnait l'argent de leur dot au trésor de l'église, qui veut qu'on soit bon père.

Les protestants reprochaient aux catholiques de faire sans aucun scrupule violence aux femmes et aux filles, pourvu que ce fussent les femmes et les filles de leurs ennemis [31]; et plusieurs d'entre eux vendaient avec deux poids, avec le bon aux protestants, avec le mauvais aux catholiques [32].

Les protestants reprochaient aux catholiques leurs démoniaques, leurs exorcistes [33]; ils ne se reprochaient pas leurs visionnaires, leurs convulsionnaires, leurs prophètes [34].

Ils reprochaient aux catholiques leurs excommunications à cloches sonnantes, à flambeaux éteints contre terre [38]; ils ne se reprochaient pas leurs diffamations consistoriales [36].

Ce qui me faisait rire, c'était l'intolérance des protestants combattant pour la tolérance, et empêchant les catholiques de faire la procession s'ils n'étaient en force, s'ils n'avaient un homme armé devant chaque porte [37].

Ce qui m'aurait fait rire, si la férocité pouvait jamais devenir risible, c'était de voir les protestants échappés de la France à demi brûlés se donner à Genève les airs de vouloir aussi avoir des bûchers [38].

Les rivalités.

Dans ces temps où la pensée et la bouche étaient malheureusement sans cesse pleines de haines théologiques, vous auriez çà et là entendu :

Pour faire enrager les huguenots, je veux fonder un bel hôpital [39].

Afin que les papistes le voient, je veux faire tous les jours distribuer de grands pains devant ma porte [40];

Cessons nos querelles, nos dissensions, elles font le plaisir des huguenots.

Aimons-nous, secourons-nous, les papistes le sauront.

A cause des huguenots ne chantons pas de chansons galantes.

Point de bals, point de danses [41]; soyons moins relâchés que les papistes.

Les antipathies.

Que diriez-vous d'une assemblée de docteurs où, à chaque proposition, tous les docteurs coiffés d'un bonnet à quatre cornes opineraient pour, et où tous les docteurs coiffés d'un chapeau à trois cornes [42] opineraient contre! vous diriez que ce sont les bonnets, les chapeaux et non les têtes qui opinent. Il en était alors de même dans les conférences des théologiens catholiques avec les théologiens protestants [43]. Un jour j'ai entendu un docteur catholique dire : Quoi ! voudriez-vous donc que j'expliquasse dans le sens des huguenots ce passage! Un autre jour j'ai entendu un ministre protestant dire : Ce pourrait bien être le vrai sens de ce passage, mais c'est le sens des papistes [44].

Les ministres protestants faisaient dans les collèges soutenir des thèses contre les dogmes des catholiques [45], et, par antipathie contre les livres des pères qui n'étaient pas en faveur de la réformation, ils les attaquaient et théologiquement et grammaticalement [46].

Par antipathie contre le culte catholique, ils mettaient à nu les murailles de leurs temples, en chassaient la peinture, la sculpture, la musique [47], les beaux-arts, si antiquement chrétiens.

Les antipathies descendaient des théologiens au peuple et devenaient plus vives.

J'aimerais mieux que mon fils épousât une juive qu'une huguenote.
J'aimerais mieux donner ma fille à un Turc qu'à un papiste [48].

Disons toujours le contraire de ce que disent les huguenots; nous dirons toujours bien.

Faisons toujours le contraire de ce que font les papistes; nous ferons toujours bien et mieux.

L'exaltation.

Assurément les catholiques étaient fort exaltés; mais les protestants l'étaient bien plus : ils étaient en révolution religieuse.

Sire, dis-je un jour à un marchand protestant, le commerce ne va pas, les affaires ne vont pas : mauvais temps! Monsieur, me répondit-il, bon temps, au contraire, excellent temps que celui où nous souffrons tous pour la religion!

Un jeune homme allait se marier à une jeune fille, depuis longtemps l'objet de ses vœux, il entend le tambour, il court se battre à vingt lieues de là [49].

L'exaltation collective était encore plus forte. Souvent je traversais de petites villes de deux, trois mille habitants; elles se faisaient un point d'honneur de vouloir arrêter une grande armée, dussent-elles, pour prix de leur mutinerie, se faire piller, saccager, massacrer, violer, brûler [50].

Les psaumes, que les protestants chantent aussi haut dans leurs maisons [51] que dans leurs temples, contribuaient encore beaucoup à les exalter. Ils appliquaient aux catholiques ce verset et d'autres semblables.

« Ton ire les engloutira;
« En tes feux allumez
« Tost seront consumez :
« Raclez seront entièrement
« De ceste terre basse,
« Eux, et toute leur race [52]. »

Un jour que je me promenais j'entendis la plaine retentir de chants, et ce me sembla d'abord de chants de joie, d'allégresse. Je m'approchai : on chantait d'un côté les vêpres en latin, de l'autre les vêpres en français; deux petits corps d'armée, l'un de catholiques, l'autre de protestants, étaient vis-à-vis l'un de l'autre, rangés en bataille, près d'en venir aux mains [53].

Un vieux calviniste rencontre deux soldats près de se battre en duel [54] : Eh! mes amis, leur dit-il, si absolument vous voulez vous battre, battez-vous plutôt contre les papistes, du moins le bon Dieu vous en saura gré.

Alors quand un catholique, un protestant prenait l'épée, l'un et l'autre croyait prendre le glaive de la vengeance divine [55].

La colère.

Qu'est-ce qu'un homme en colère, si ce n'est un homme dont l'âme est enivrée ? Imaginez ses excès, lorsqu'elle est enivrée de vengeance, de vengeance religieuse.

Où les catholiques étaient les plus forts, ils renversaient de fond en comble les nouveaux temples en charpente [56], en criant : Périssent, périssent les œuvres du diable !

Où les protestants étaient les plus forts, ils se portaient encore avec plus d'ardeur à la démolition des églises, en criant : Vive, vive l'évangile [57] ! mais comme ces antiques monuments avaient de gros murs de pierres liées par les siècles, les protestants ne pouvaient guère qu'êteter les clochers, enlever la couverture : ainsi qu'en font foi les représentations de plusieurs villes gravées en ce temps [58].

Je concevais bien ce qu'avaient fait aux protestants les images, les statues des saints ; je concevais encore ce que leur avaient fait les reliques ; mais que leur avaient fait les tombeaux ? ils en brisaient les sculptures ; ils les ouvraient, en dispersaient les cendres [59]. Je concevais bien aussi ce que leur avaient fait les livres de théologie ; mais ils brûlaient indistinctement tous les livres, tous les manuscrits, tous les monuments littéraires [60].

La fureur.

Toujours les ruines ont appelé les ruines ; le sang a toujours appelé le sang.

Les cruautés des catholiques avaient de même appelé les cruautés des protestants : j'ai vu un de leurs capitaines chargé d'un grand baudrier garni d'oreilles de moines [61].

Les Saint-Barthélemy des catholiques avaient de même appelé les Saint-Barthélemy de protestants [62].

Et tandis que dans les villes on se battait d'édifice en édifice, tandis qu'on se canonnait d'un clocher à l'autre [63], tandis qu'au-dessous on s'égorgeait, on se massacrait [64] ; tandis qu'en même temps, dans les campagnes, on se battait en batailles rangées [65] ; la voix de la patrie restait muette, et j'entendais appeler à grands cris, ici le roi d'Espagne, l'empereur ; là les princes allemands, le roi d'Angleterre, auxquels on offrait la Champagne, la Bourgogne, la Guyenne, et d'autres parties de la France [66]. L'enfer semblait être monté sur la terre.

La liberté de conscience.

Monsieur, souffrez que je le dise, il faut que la terre entre le Rhin et les Pyrénées soit, ainsi que les hommes qui l'habitent, particulièrement aimée de Dieu ; car au milieu de ce grand choc d'idées et d'opinions, de cette tempête de sang, il fit apparaître une nouvelle ère de raison et de paix, une nouvelle ère de prospérité. Il suscita un sauveur à la France, il le remplit de sa force : Henri IV a vu à ses pieds les fanatiques, les uns morts, les autres soumis [57] ; il le remplit de son esprit : Henri IV a irrévocablement donné la liberté de conscience [58].

L'ONCLE DE MAREUIL.

Station XXXVIII.

A peine ce matin j'étais levé que mon hôte est entré : Je viens au nom de toute la famille, m'a-t-il dit, vous prier de nous accorder encore cette journée ; hier, afin de pouvoir aujourd'hui vous retenir, je ne vous fis que la moitié de mon histoire ; ne voudriez-vous donc pas en connaître la suite ? J'aurais manqué de civilité et de reconnaissance si j'avais longtemps fait attendre ma réponse.

La Marne coule dans de grandes et belles prairies ; mon hôte a dirigé vers ce côté notre promenade.

Vous allez maintenant apprendre, m'a-t-il dit, pourquoi, durant nos dissensions civiles, je traversais et retraversais la France. Mon père voulant à tout prix prolonger la vie de mon grand-père dont la poitrine s'affaiblissait, désira de quitter le climat des Alpes et d'aller fixer le séjour de sa famille dans l'intérieur de la France. Les biens de l'église, jusqu'à notre âge réputés inaliénables, avaient été en partie mis en vente par plusieurs édits [1] ; mon père résolut de placer sur ces biens tout son argent comptant. Il trouvait d'ailleurs quelque plaisir à s'établir sous les toits des successeurs de ceux qui, il y a près de quatre siècles, avaient chassé les Albigeois des leurs [2]. Il me dit qu'il m'avait fait une procuration et que je me disposasse à partir : Je sais bien, ajouta-t-il, qu'il me faudra aller à la messe ; mais je n'ai aucune répugnance à entrer dans le temple des catholiques, car partout où l'homme prie, sa bouche est toujours près de l'oreille de Dieu. J'aimerai le curé de la paroisse ; il m'aimera : les curés français en général sont bons. Les curés du xvɪᵉ siècle ne sont pas d'ailleurs les curés du xɪɪɪᵉ, et j'ajoute que, dans ces anciens temps, ce furent surtout les moines qui nous persécutèrent ³. Je partis.

J'avais à choisir sur tous les biens ecclésiastiques de la France; j'allai du midi au nord, de l'occident à l'orient.

J'étais venu dans la Champagne; je parcourais la rive gauche de la Marne, d'Épernay à Dormans; tout à coup s'offre à moi, sur la rive droite, une montagne dont la forme singulière me frappa; elle figurait un calice couvert d'un voile sur lequel semblait brodé au milieu un beau village avec son clocher, ayant des jardins au-dessous, au-dessous des jardins de grands champs labourés, au-dessous des champs de grands prés verdoyants; et au-dessus ayant des vergers, au-dessus des vergers des vignes, au-dessus des vignes un bois qui les abritait et les couronnait ⁴. Cette harmonie de formes et de couleurs me ravissait, je ne pouvais en détacher la vue; j'appelai un batelier, je passai la rivière; je voulus monter sur cette jolie montagne; j'y trouvai se promenant un homme grave dont la mise annonçait, sinon la fortune, du moins l'aisance. Je m'approchai de lui et je lui demandai poliment si dans le pays il y avait des domaines ecclésiastiques à vendre; s'il pourrait me donner quelques documents à cet égard. Il m'indiqua un ancien enclos de moines : c'est celui où vous avez couché cette nuit; il entra dans tous les détails avec une bonté qui me gagna. L'heureuse physionomie de cet homme était de celles qui continuellement vous disent : Fiez-vous à moi! fiez-vous à moi!

L'influence littéraire sur les mœurs.

Je m'y fiai, et je le priai de me permettre de me promener quelques instants avec lui. Il me fit un signe gracieux : je me rangeai à son côté. Monsieur, lui dis-je, l'enclos dont vous me parlez conviendrait à mon père et me conviendrait aussi; mais il faudrait encore que le curé de la paroisse convînt à mon père, surtout qu'il me convînt. Je lui parlai franchement des opinions de mon père. Ensuite venant aux miennes, je lui dis :

Vous êtes homme du monde, et sans doute vous aimez Rabelais, Montaigne? Pour moi je ne les aime plus; mais étant grand écolier au collège de Lyon, où j'étudiais sous la tutelle d'un de mes parents établi dans cette ville, j'aimai ces deux auteurs à la folie.

Rabelais me charma d'abord par sa gaîté, ensuite par ses opinions licencieuses qui favorisaient l'indépendance de mon âge et la chaleur de mon sang; mais un jour que, la tête pleine de sa lecture, m'imaginant qu'il n'y avait qu'à demander à une femme pour obtenir, je demandai, dans son style naïf, à la jeune fille de mon parent, nommée

Théodosie, elle me défendit de lui parler de ma vie, et me dit de me retirer. Je crus que c'était du formulaire féminin ; mais elle m'arrêta par un soufflet si franc et si ferme que mon œil droit en larmoya plus d'un an.

L'influence littéraire sur les opinions sociales.

Depuis, je n'eus plus la même foi aux doctrines de Rabelais, et ma foi à celles de Montaigne en fut en même temps ébranlée.

A vingt-quatre, vingt-cinq ans, je crus avoir le droit de raisonner avec ma raison. Montaigne avait, en se jouant, gravé dans mon âme ses piquantes diatribes contre la société actuelle ; je ne pouvais les effacer ; je le voulais cependant, mais je me faisais violence.

Chaque siècle, me disais-je, s'est louangé, s'est moqué des siècles qui l'ont précédé, et il a été suivi par d'autres siècles qui, à leur tour, se sont louangés, se sont moqués de lui. Montaigne n'a fait que prendre les devants sur l'avenir.

Montaigne me paraissait entièrement justifié.

Mais à la longue ma raison grandissant par la réflexion, je doutai des doutes de Montaigne, et, ouvrant à côté de son livre les annales du monde, j'y vis que toutes les fois que le génie, en d'autres mots, la raison, bien attentive, bien conduite, faisait une découverte, ou, si l'on veut, tirait de la nature éternelle des choses une conséquence éternelle, c'est-à-dire juste, la raison des générations suivantes la recevait avec respect comme un principe immuable et la transmettait comme axiome, comme vérité vérifiée, sacrée. Je recherchai ces axiomes ; j'en trouvai partout un fort grand nombre ; j'en trouvai dans toutes les parties de nos arts, de nos sciences, de nos institutions, de nos opinions, de nos doctrines. Je reconnus même que le nombre en augmentait progressivement à mesure que le genre humain s'éloignait des premiers âges. En même temps, et pour la première fois, je m'aperçus que Montaigne, cet auteur gascon, avait été surtout gascon avec son lecteur, qu'il avait affecté le pyrrhonisme sur plusieurs choses dont son livre même m'avertissait qu'il était certain [a].

Oui, sans doute, me dis-je, la forme du doute, appliquée à des vérités généralement et dans tous les temps reçues, est brillante, mais elle n'est ni logique ni philosophique.

Dieu a ordonné aux fruits de mûrir, à la société humaine de se perfectionner : la société humaine, depuis le commencement du monde, exécute cet ordre à son insu ; mais dans les routes souvent pénibles qu'elle est obligée de suivre, elle a besoin pour avancer de verve, de confiance et même d'un peu d'orgueil ; voilà pourquoi chaque siècle rit si haut des efforts des autres siècles, se vante si haut des siens; voilà pourquoi il se croit à la perfection, à la maturité; ce qui est vrai d'une manière absolue dans certaines parties et d'une manière relative dans les autres. Les auteurs, lorsqu'ils veulent faire les pyrrhoniens, lorsque, pour les intérêts de leur gloire, ils viennent troubler ce noble et indispensable enthousiasme, sont donc coupables envers la société.

L'influence littéraire sur les opinions religieuses.

Je secouai encore plus vigoureusement le joug de Rabelais et de Montaigne, quand je sentis le besoin de me faire des idées fixes sur la religion. L'un riait ou voulait rire de tout, l'autre doutait ou voulait douter de tout; j'osai penser sans eux.

Je portai mes regards sur les temps écoulés jusqu'à moi. Je vis que toujours l'intelligence humaine avait déposé d'un ordonnateur.

Je vis que cet ordonnateur ne pouvait que vouloir l'ordre dans toutes les parties du vaste système de ce monde, où la société humaine occupait un si grand espace.

Je vis qu'ordre observé, ou vertu, était la même chose.

Je vis que cet ordonnateur devait donc vouloir que nous observassions l'ordre, que nous fussions vertueux.

Je vis qu'il nous avait donné tous les moyens de l'être, en mettant dans notre âme le sentiment de l'ordre, du désordre, de la vertu, du vice, le sentiment moral °;

Je vis que de la perpétuité de l'ordre nécessairement voulue par cet ordonnateur, nécessairement tout-puissant, dérivait sa justice, et de sa justice la rémunération des bonnes actions, la punition des mauvaises.

Je vis que la rémunération des bonnes actions, la punition des mauvaises n'ayant pas toujours lieu dans ce monde, il devait y en avoir un autre.

Je vis clairement une porte à l'extrémité de cette vie.

Ni Rabelais, ni Montaigne ne pouvaient briser la chaîne qui m'y conduisait, parce que le premier chaînon tenait à un fait éternel, aux rapports des êtres doués du libre arbitre, agissant les uns sur les autres, à l'ordre moral, à l'ordre.

Je fus forcé de me faire cette croyance.

L'Évangile.

Aussitôt je m'interrogeai dans mon cœur sur ces rapports des êtres doués du libre arbitre, agissant les uns sur les autres, je m'interrogeai en même temps sur leurs devoirs entre eux; et multipliant mes demandes, mes réponses, il en résulta un code d'ordre moral, d'ordre universel, de vertu morale, de vertu universelle qui me rappela toutes les lignes de l'Évangile. Ce fut là une des mille preuves de sa céleste origine que ma raison émanée de celle de Dieu, faite sur le type de celle de Dieu, fut obligée de reconnaître. Alors je m'attachai plus fortement que jamais à ce livre que m'apportaient intact, sans altération, les générations passées dont la première l'avait reçu de la raison divine, parlant dans la bouche de Jésus-Christ son divin auteur. Alors mon respect pour ce livre qui avait promis le bonheur du ciel, qui l'avait commencé sur la terre, qui avait réformé, changé, reconstitué le monde, qui avait eu pour ses plus violents ennemis les autres livres de morale, parce qu'ils ne peuvent soutenir la comparaison, surtout parce que seul il s'appuie sur le livre le plus antique, augmenta. Mon respect augmenta encore par cette pensée : que depuis que la découverte de l'imprimerie avait rendu l'esprit humain tout géométrique, il était l'unique livre de dogme qui à l'avenir pût être à l'usage des hommes. Et je repris dans mes mains l'Évangile, en me disant que si j'avais été plus expérimenté, plus instruit, plus intelligent, il n'en serait jamais sorti.

Monsieur, me dit l'homme que je venais de rencontrer, ou l'homme de la montagne, en vous entendant je suis convaincu autant que jamais que le plus ou moins profond sentiment de la divinité, la foi religieuse, prise dans sa belle acception, se mesure à la capacité de la raison de chacun.

La doctrine de l'Évangile.

Et à cet égard, laissez-moi vous dire qu'il est étonnant que vous vous soyez arrêté à moitié chemin. Vous croyez à Jésus-Christ, à l'Évangile, et voilà tout; mais jusque-là vous n'êtes encore dans aucune société de chrétiens, dans aucune communion, dans aucune église; car lorsqu'on est dans une société religieuse, une communion religieuse, une église, ce n'est pas tout que d'être religieux, il faut être religieux comme les autres; ce n'est pas tout que de croire à l'origine du livre de la loi, au livre de la loi, il faut encore croire à l'explication qu'en a donnée la société, la communion; il faut croire à la doctrine de l'Église; or l'explication qu'en a donnée la société, la communion du grand nombre, c'est-à-dire la doctrine des catholiques, doit être naturellement préférée à l'explication qu'en a donnée la société, la communion du petit nombre, c'est-à-dire à la doctrine des dissidents. Oh! lui dis-je, c'est à examiner. Examinons, me répondit-il, je le veux bien.

L'église protestante.

N'est-ce pas que l'église protestante, comme l'église catholique, croit à Jésus-Christ, à l'évangile? qu'elle croit, comme l'église catholique, à l'explication qu'a donnée de l'Évangile la société primitive, la communion primitive des chrétiens? qu'elle croit à la doctrine de la primitive église, mais qu'elle ne croit pas à l'explication qu'a donnée, aux siècles suivants, la société, la communion des chrétiens; qu'elle ne croit pas à la doctrine de l'église moderne[1]?

L'église catholique.

Il me semble à moi que la société, la communion du plus grand nombre, l'église catholique, l'église moderne, s'est montrée incontestablement plus conséquente aux vrais principes de sociétés, en ce qu'elle a voulu, pour tout ce qui n'était pas rigoureusement de dogme, toujours rester souveraine, toujours pouvoir expliquer les explications précédentes, toujours pouvoir interpréter ses doctrines; et qu'en ce qu'elle a voulu participer aux progrès de l'esprit humain, ne pas mettre hors de l'église la raison devenue plus éclairée, plus forte par le progrès des âges, elle s'est montrée incontestablement plus raisonnable.

La réunion des deux Églises.

Mais, continua l'homme de la montagne, en allant au-devant de mes objections, n'y aurait-il pas, pour la paix du monde, des moyens de s'entendre, de se concilier? certes il y en aurait. Jeune homme, ajouta-t-il, si j'en juge, et je dois en juger par ce que vous m'avez dit, car je ne vous crois pas moins sincère devant les hommes que devant Dieu, vous n'êtes pas, je vous le répète, vous n'êtes pas même albigeois, vous êtes encore moins calviniste, encore moins luthérien : mais je suppose qu'en ce moment vous en représentiez les différentes églises, voyons ce que vous demanderiez pour qu'elles vinssent dans la nôtre reprendre la vaste place qu'elles ont laissée vide. Monsieur, lui répondis-je, vous le savez bien mieux que moi. Vous voudriez, reprit-il, que nous commençassions par accorder notre foi sur les mystères, et d'abord sur celui de l'eucharistie. A cet égard, voici l'opinion d'un vieux capitaine protestant, grand controversiste qui avait sa poitrine couverte de cicatrices et son pourpoint de guerre doublé d'une thèse de théologie[8], imprimée sur satin[9] : Je me repens surtout, me dit-il, de m'être si longtemps disputé, battu et canonné pour la transsubstantiation, sur laquelle nous, protestants, nous nous entendons beaucoup moins que les catholiques[10] : je pense aujourd'hui que les premières églises chrétiennes nous ayant transmis certains dogmes sous le nom de mystères, il fallait les recevoir, les croire, les adorer comme mystères dont le sens mystique ne peut être révélé à l'homme de ce monde ; le grand-prêtre Aaron n'entrait dans le sanctuaire que la tête voilée ; les anges ne contemplent la face de Dieu qu'à travers leurs ailes. N'expliquons pas les mystères et nous obéirons aux plus anciennes, aux plus antiques, aux plus saintes traditions de l'église, et nous aurons, à tout jamais, écrasé les germes des plus interminables querelles [11].

Ensuite l'homme de la montagne passa à la discussion de plusieurs autres points ; mais enfin je l'arrêtai : Monsieur, lui dis-je, depuis que j'ai reconnu qu'il doit être dans la justice de Dieu de graduer les peines, je ne répugne pas au dogme du purgatoire, mais je ne veux pas le plat de la collecte pour les âmes.

Il sourit, il continua.

Je l'arrêtai encore : Monsieur, je ne répugne pas non plus à la communion des prières ; en effet pourquoi ma raison voudrait-elle briser les liens de cette belle et grande fraternité des chrétiens, priant les uns pour les autres ?

Je ne répugne pas davantage, ajoutai-je, à la communion des saints [12], ou avec les saints ; elle lie aussi par des liens d'amour le monde visible au monde non-visible ; elle établit une communion entre les vivants et les morts ; je pense donc qu'on peut invoquer ces hommes parfaits qui nous ont précédés depuis tant de siècles ; je pense qu'ils peuvent prier Dieu pour nous ; mais j'entends que de cette source pure ne découlent plus des pratiques superstitieuses, des abus qui dégradent l'église et la raison.

L'homme de la montagne m'écouta et garda le silence ; il continua :

Je viens maintenant aux sacrements [13] qu'on aurait pu aussi nommer les sept rites par excellence, les sept rites essentiels, ou simplement les sept rites. Quand il eut fini, il me dit : lesquels rejetez-vous ? — Je n'en rejette aucun ; seulement je veux des modifications dans l'administration de deux. Mais asseyons-nous, ajoutai-je, ceci pourrait être un peu long ; nous nous assîmes.

D'abord je voudrais qu'on se confessât dans la position où, en ce moment, nous sommes ; accordez-moi cela, je vous accorderai qu'à part les divers sens que les catholiques et les protestants attachent aux passages de l'Écriture [14] relatifs à la confession, l'homme, quand il a failli, ne peut qu'être souvent ramené par les avis ou les conseils d'un ministre prudent et sage ; car, dans le cours de la vie, jamais nous ne sommes plus près de nous corriger que lorsque nous venons volontairement faire la confidence, l'aveu de nos torts, à un indulgent ami. Toutefois cette confidence, cet aveu, doit être fort sommaire, fort grave. Je lui racontai mon aventure avec Théodosie, et j'ajoutai : Si Théodosie ne m'a pas donné un soufflet, si ensuite j'ai eu des torts avec elle, je veux bien les avouer; mais je ne veux pas, sous prétexte de circonstances atténuantes, aggravantes, souiller mes paroles en même temps que les pensées de mon ami. Il y a plus, je demanderais que le nom de confesseur, nom mal fait, mal né, fût, au profit de la religion, remplacé par celui d'auditeur sacré.

Est-ce tout ce que relativement à la confession je demande? continuai-je; non certes, il s'en faut bien. Monsieur, je suis homme; j'ai, comme toutes les créatures, peur de la mort; cela doit être ainsi, c'est l'ordre de la nature : je deviens malade; mais tandis que l'espérance, sous la figure de mes amis, de mon médecin, m'affirme que j'en réchapperai, tandis que je me l'affirme bien plus indubitablement, tout-à-coup le prêtre se montre, et à l'instant mon âme effrayée voit derrière lui la bière se clouer, les cloches se mettre en mouvement, les cierges s'allumer. Quelle différence y a-t-il alors entre moi et le scélérat que vient de condamner la justice? je suis dans mon lit, il est sur le pavé du prétoire. Ah! ministres de la bonté divine, prêtres! ah! ne vous le dissimulez plus! combien d'hommes que vous avez assistés qui sont sortis de la vie par le noir et affreux tonneau de Régulus!

Je veux donc que dans aucun cas, que sous aucun prétexte, le confesseur ne sorte de l'église.

Suivant moi, celui qui abolira ce barbare usage sera le bienfaiteur des races présentes et des races futures, le bienfaiteur le plus glorieux devant Dieu; il aura fait le plus grand bien à la terre, il en aura ôté le plus grand mal.

Vous oubliez, me dit l'homme de la montagne, que ce n'est pas seulement le prêtre qui effraie le malade, que c'est encore le notaire. C'est, lui répondis-je, à la puissance ecclésiastique à retenir le prêtre, c'est à la puissance laïque à retenir le notaire qu'appellent d'avides collatéraux, sur la tête desquels le ciel devrait tonner, sous les pieds desquels la terre devrait se fendre.

Mais, objecta-t-il encore, dans toutes les communions, dans toutes les religions, il en est de même. — Je le sais; toutefois, si je demande quelle est la première vertu, la religion chrétienne ne me répondra-t-elle pas que c'est l'amour des hommes? et n'est-ce pas à elle qu'il appartient d'en donner aux autres religions l'exemple?

Il me fit plusieurs objections prises du salut éternel; je lui démontrai, et il s'en fallait bien que son bon cœur répugnât à m'entendre, que le vrai moyen de faire son salut consistait à vivre chrétiennement, vertueusement, à ne pas attendre une absolution certaine à la dernière heure du dernier jour.

Vous rejeteriez donc aussi, me dit-il, la confirmation? — Elle n'est pas indispensable; mais comme l'église ne veut pas perdre un seul usage, comme le clerc lève encore la chasuble du prêtre, aujourd'hui très courte [15], ainsi qu'il la levait au temps où elle était très longue [16], j'admettrais que l'extrême-onction fût donnée une fois en la vie, à la première confession.

Jeune homme, me dit-il avec douceur; en reprenant et en m'invitant à reprendre la promenade, ne demandez pas ces concessions aux temps présents.

Nous sommes, ajouta-t-il, presque d'accord sur la doctrine, nous le serons encore plus facilement sur le culte : ne m'avez-vous pas déjà dit que vous n'étiez pas iconoclaste? — Cela est vrai; je voudrais seulement que les idées du peuple, surtout dans les campagnes, fussent bien fixées, qu'il n'honorât pas la pierre taillée, le bois taillé, la toile peinte [17]; mais à votre tour vous raccourcirez les offices. Une petite heure, une grande demi-heure, suffisent; car, après ce temps, il n'y a guère que les genoux qui prient, et l'esprit a beaucoup de peine à ne pas être aux affaires, aux plaisirs.

Nous passerez-vous nos habits dorés? — Oui, et même plus dorés; ce ne sont pas les habits, ce sont les prêtres que je trouve quelquefois trop riches.

Nous voici, continua l'homme de la montagne, à la discipline de l'église; certes elle fait encore moins partie de la religion que le culte, et toutefois elle a été une des premières causes de votre séparation [18]. Je pris la parole : Jamais, lui dis-je, les protestants ne consentiront à s'abstenir de viande pas plus qu'à se donner le fouet sur les épaules. Vous me direz peut-être aussi de demander ces concessions aux temps futurs; eh bien! je les leur demanderai. — Vous attendrez longtemps. — Je leur demanderai aussi de supprimer toutes les fêtes, d'en renvoyer la célébration aux dimanches. — Vous attendrez longtemps. — Je leur demanderai la suppression des dîmes. — Vous attendrez longtemps. — Des moines. — Vous attendrez longtemps. — Je leur demanderai le mariage des prêtres [19]. — Vous attendrez encore plus longtemps, et je ne sais si jamais il sera possible, surtout si jamais il sera religieusement et même politiquement convenable de déraciner cet antique célibat sacerdotal. — Et ces conditions obtenues, et cette transaction accomplie, je me fais tout aussitôt albigeois avec les albigeois qui tous se font calvinistes, calviniste avec les calvinistes qui tous se font luthériens, enfin luthérien avec les luthériens qui tous se font catholiques.

LA NIÈCE DE CHATILLON.

Station XXXIX.

Mon hôte, en ne finissant pas hier son histoire, a retardé encore mon départ; il m'a ramené aujourd'hui sur les bords de la Marne : Quel homme, m'a-t-il dit, croiriez-vous qu'était l'homme de la montagne avec lequel j'avais si longtemps controversé? C'était le curé de Mareuil, village des environs; il me l'apprit lui-même, lorsque l'un et l'autre, continuant à confondre nos vœux pour la pacification des églises de France [1], je lui dis : Mais, pour ce saint œuvre, il faudrait écarter ces théologiens fougueux, ces ergoteurs avides de célébrité, de disputes et de dissensions; il faudrait laisser se rapprocher les bons ministres [2], les bons curés [3]; mais où les trouver les uns et les autres? où trouver des curés qui parlent, qui pensent comme vous? Ah! monsieur, il n'y en a pas!

Le bon curé.

Je répétai il n'y en a pas! il n'y en a pas! en élevant de plus en plus la voix : Il y en a, me répliqua-t-il en souriant, il y en a! car je le suis, et il y en a bien d'autres; l'apparition de quelques attroupements de protestants nous a forcés ici à changer d'habit; mais je n'ai pas voulu m'éloigner de ma paroisse et si vous achetez le bel enclos dont je vous ai parlé, vous en serez habitant : Oh! monsieur, dis-je à cet excellent homme dont aujourd'hui l'archevêque de Bourges, l'évêque de Nantes, les curés de Saint-Eustache, de Saint-Sulpice de Paris qui ont fait entrer Henri IV dans l'église catholique [4] et qui, à sa suite, auraient fait entrer l'église protestante si elle eût voulu le suivre, me rappellent ou les traits ou le regard, ou le son de voix; oh! monsieur, vous êtes curé! Et je lui pris et lui serrai les mains. O bon curé, je veux croire, je crois tout ce que vous croyez! ô bon curé, je serai, je suis votre paroissien; car, pour l'être, je couvrirai toutes les enchères, je donnerai tout mon argent, tout mon bien; je donnerai tout.

Je le saluai et m'en allai. Il m'arrêta qu'à peine j'avais fait quelques pas; et, passant amicalement son bras dans le mien, il me dit : Nous ne nous quittons pas sitôt; je vous emmène à Châtillon, chez mon frère le notaire; vous ne serez peut-être pas fâché d'avoir prolongé votre promenade.

La belle nièce.

Nous traversâmes un pays riche, bien cultivé, et nous arrivâmes. La maison du frère de ce bon curé était, au dehors, d'une apparence assez modeste ; mais, au dedans, elle était bien meublée, bien étoffée. Le bon curé me fit passer dans une salle remplie de portraits d'anciens notaires ; un moment après parut leur petit-fils qui, par l'air de sa figure et par son genre d'habillement, complétait, pour ainsi dire, la collection des notaires de Châtillon : Mon frère, lui dit le curé, je n'ai pas vu aujourd'hui ma nièce ; où est-elle ? Le notaire ouvrit une porte latérale et appela sa fille. Je crus voir entrer le printemps et toute sa fraîcheur, la pudeur et toutes ses roses. Je restai immobile, troublé ; la jeune demoiselle, ayant levé les yeux sur moi, se troubla aussi : Je vois, me dit le curé, que ma nièce vous convient, je le savais d'avance ; je vois que vous lui convenez de même ; j'en étais également sûr. Ensuite, s'étant recueilli un moment, il ajouta avec le ton sacramentel du prêtre : Mon ami ! voilà votre épouse ; ma nièce ! voilà votre époux ; mon frère ! voilà votre gendre. Mon frère, je ne connais ce jeune homme que depuis quelques heures, et c'est comme si je le connaissais depuis qu'il est né ; je vous réponds à tous, devant Dieu et devant les hommes, de votre bonheur.

Je repartis ; j'amenai mon père et mon grand-père ; ils embrassèrent en arrivant la nièce du bon curé, et les noces furent, pour ainsi dire, faites au débotté.

La petite cloche.

Monsieur, ai-je dit à mon hôte, je me félicite d'avoir appris votre histoire ; la Champagne est un pays aux heureuses rencontres ; j'y compte aussi la mienne. Je n'ai pas laissé échapper cette occasion de le remercier de toutes ses politesses : Monsieur ! monsieur ! m'a-t-il répondu en m'emmenant, entendez cette petite cloche ; elle nous avertit de finir les compliments ; elle sonne le dîné. Nous avons pris le chemin de la maison.

La simplicité des repas.

Je n'ai point parlé, je veux parler de la table des riches habitants des campagnes, tels que mon hôte, avec lequel nous sommes convenus dès le premier jour qu'il ne changerait rien au service ordinaire.

Tous les jours le pot bouillant est placé au milieu de la table.

Il est relevé par un grand plat de mouton, de veau et de lard [a].

A la fin du repas, on porte, avec le fruit, quelquefois une tarte, un gâteau ; c'est tout [b].

Vin rouge, vin blanc, dans des verres dont le fond est garni de pimprenelle [7].

Avant mon arrivée en France, je savais qu'il y a trente ou quarante ans le plus grand des chanceliers vivait avec la même simplicité : le bouilli le matin, le rôti le soir, jamais davantage [8]. Chez mon hôte on se moque de la continuité de l'ancien usage de chapeler le pain [9], d'en ôter ce qu'il y a de meilleur, et encore plus du nouvel usage de manger avec une fourchette [10]. On a dit que cette ridicule mode de ne pas manger avec les doigts avait bien pu gagner les villes, mais qu'elle aurait de la peine à gagner le fond des campagnes.

Les grâces après le repas.

Telles on lit, dans les Heures rouges, noires, à l'usage du diocèse de Rheims [11], les grâces après le dîné, le soupé, telles mon hôte les a dites d'un bout à l'autre. Après le dernier signe de la croix, à la fin des grâces, il s'est tourné vers moi et m'a fait un profond salut que je lui ai rendu par un autre aussi profond. Je me suis ensuite tourné vers son épouse, elle m'a fait une grande révérence que je lui ai rendue par un profond salut ; toute la famille m'a salué d'une inclination, je l'ai saluée de même [12].

La prière du soir.

Telle on lit, dans les Heures, la longue prière du soir, telle mon hôte l'a dite d'un bout à l'autre. Il était au milieu de la salle, élevé sur la marche d'un prie-dieu, entouré de sa grande famille ; il me représentait les plus antiques, les premiers prêtres. On s'est levé ; c'était l'heure du couché ; je me suis avancé vers mon hôte pour prendre congé de lui : Monsieur, m'a-t-il dit, nous n'avons pas récité l'oraison des voyageurs [13], parce que mon épouse espère que vous ne lui refuserez pas la journée de demain, comme la dernière. Aux instances de la maîtresse de la maison, cette bonne nièce du bon curé, se sont jointes celles de la famille. Je me suis obstiné à partir au point du jour. Nous avons longtemps contesté ; enfin, de politesses, d'honnêtetés, de compliments, et, si je puis parler ainsi, de guerre las, j'ai promis de demeurer jusqu'à midi, et nous avons tout juste partagé le différend.

XVIe SIÈCLE.

LES AMENDES.

Station XL.

Je suis à Rheims.

Il ne faut pas trop dormir quand on a une forte journée à faire ; ce matin, pour m'être éveillé un peu tard, je n'ai pu partir.

Vers les deux heures après-midi j'étais dans ma chambre dont les fenêtres donnent sur la longue place de la Poisonnerie. Il pleuvait à verse; j'ai vu, au milieu de ceux qui tâchaient de se garantir de la pluie, une manière d'officier de police, couvert d'un bon manteau, dépouiller de son méchant habit un pauvre diable, en lui criant : Les cinq sous! les cinq sous! il me faut absolument les cinq sous d'amende! J'ai envoyé Dominique lui porter les cinq sous, et le pauvre diable, ayant bien vite remis son habit, a tendu plusieurs fois les bras vers moi pour me remercier.

La pluie a cessé, et bientôt après voilà le soleil ; mais voilà le bourreau avec son grand fouet, voilà devant lui un autre pauvre diable, dont il se mettait en devoir d'ensanglanter les épaules. Je me suis retiré. Dominique est accouru, et m'a dit que si je voulais payer encore une amende ce devait être celle d'un brave homme qui, ne pouvant la payer, allait avoir le fouet [1]. J'ai de nouveau envoyé Dominique ; il a répondu, en mon nom, de tout ce qui était dû, et la foule s'est dispersée. Quelques moments après l'aubergiste est entré, amenant un homme que j'ai aussitôt reconnu, et que j'ai fait asseoir : Monsieur, m'a-t-il dit en me présentant un papier, je vous porte le compte de l'amende dont vous avez la générosité de vous charger. J'y ai compris le montant du fouet, parce que, bien qu'il n'ait pas été donné, les frais en étaient déjà faits. C'est bien, lui ai-je répondu, j'ai aussitôt tiré ma bourse et j'ai tout acquitté.

La fiscalité des amendes.

Vous devez, a continué cet homme en recomptant et en emboursant mon argent, me trouver méchant, très méchant ; je suis cependant bon, très bon. J'ai ri sans trop me gêner : Vous avez raison de rire, m'a-t-il dit; mais écoutez :

En France, les hommes, de quelque état qu'ils soient, ne peuvent penser, parler, agir, sans qu'ils aient une amende petite ou grosse, pendue, comme on dit, au bout du nez. Les diverses lois des diverses parties de la société ont toutes la même terminaison comminatoire : amende! amende[2]! Toutes les cours bailliagères, financières, forestières, municipales, se plaisent à en prononcer, non-seulement contre les simples bourgeois, mais encore contre les procureurs, les avocats, les notaires, les prêtres et autres hommes publics[3], même contre les sergents exécuteurs de leurs jugements[4]; et c'est qu'outre le salaire de leurs taxations, outre le prix du papier, du parchemin, des bougies[5], elles ont leur vin[6]; aussi *les livres d'amendes* sont-ils plus gros que les plus gros livres de plain-chant[7]. Aussi les rouleaux des exécutoires forment-ils, quand ils sont déployés, comme de grandes meules de foin sur le parquet des greffes[8].

Plusieurs de ces amendes sont payées entre les mains des receveurs publics[9]; d'autres sont perçues par des fermiers à qui ainsi qu'à moi le bail en a été fait[10].

La nécessité des amendes.

Mais voici qui est maintenant admirable : tout aussitôt que ces rouleaux d'amendes sont en recouvrement dans les différentes parties de la France, tout aussitôt dans les différentes parties de la France naissent ou renaissent l'ordre, la police, même la politesse, car il y a des amendes contre les incivils et les arrogants[11]. Cela est si vrai que lorsqu'un fermier veut se venger des habitants d'un quartier, il n'a qu'à ne pas exiger les amendes de malpropreté[12], à empêcher les sergents de prendre l'habit de ceux qui n'ont pas d'argent et qui la doivent : dans peu de temps le quartier devient inhabitable. Il n'a qu'à ne pas exiger l'amende des insolences, ou, ce qui est pis, à ne pas exiger l'amende des querelles[13], du bruit, à ne pas faire sévèrement fouetter ceux qui doivent l'acquitter ou pécuniairement ou corporellement, à leur volonté : en peu de temps le quartier devient encore plus inhabitable; et s'il nous plaisait de faire souvent des pactisations, des remises, le peuple, voyant se multiplier au milieu de lui les délits et les méfaits, ne manquerait pas de venir crier devant nos maisons : Fermiers! fermiers! faites payer les amendes; vous ne faites pas payer les amendes.

La perfectibilité des amendes.

Vous ne savez peut-être pas, Monsieur, a continué le fermier, que les plus grands seigneurs sont gratifiés de riches amendes[14], que plusieurs présidents ont leurs pensions assignées sur les amendes[15], que le parlement de Paris en déjeûne[16], que le parlement de Toulouse en déjeûne et en dîne[17]. Eh bien! les plus grands seigneurs en seraient beaucoup plus richement gratifiés, les présidents beaucoup mieux pensionnés, tous les parlements, toutes les cours, toutes les justices pourraient en déjeûner, en dîner, en souper ; trente mille honnêtes familles de fermiers, de sous-fermiers-généraux, de fermiers-généraux pourraient en vivre, la rivière de l'or des peines qui féconde les finances [18] pourrait devenir un fleuve, si les procureurs des cours seigneuriales, les procureurs des cours royales, qui sont les promoteurs de ces peines pécuniaires, voulaient être un peu plus fiscaux ; vous entendez que je veux dire un peu plus habiles ; surtout s'ils ne voulaient pas faire les équitables, soupeser les amendes, trouver trop lourdes celles de dix mille francs contre les généraux des aides qui n'ont pas le droit de porter le chaperon écarlate à la procession [19] et qui le portent, celles de dix mille écus contre les maçons qui ne sont pas autorisés à démolir les autels et qui les démolissent [20] ; surtout s'ils ne voulaient pas faire les compâtissants, les tendres, comme si, pour être procureurs des seigneurs, procureurs du roi, ils en étaient moins procureurs ; surtout si les lois criminelles, moins sanglantes et plus bursales, s'étendaient à un plus grand nombre de cas. En général les hommes qu'on n'amende pas avec des amendes ne s'amendent guère, et, par la faute des législateurs, les générations restent perverses : Monsieur, lui ai-je dit, en gardant un air grave autant que je le pouvais, je ne suis pas non plus éloigné de penser que, sous la continuelle action des amendes, le corps social, comme la pierre sous le ciseau, le métal sous la lime, pût se façonner, se polir ; et certes, si j'étais comme vous sous-fermier-général des amendes d'une grande ville, je me hasarderais à aller trouver les hauts personnages et je leur dirais : Vous craignez les aberrations de l'esprit public, le goût de nouvelles formes de gouvernement [21] : mais ordonnez donc que celui qui vantera le grand républicanisme de Genève [22] ou le petit républicanisme de Chatelleraud [23] paiera tant, que celui qui vantera la gueuserie des Pays-Bas [24] paiera tant et tant, que celui qui vantera le despotisme du grand Turc, du dey d'Alger, paiera tant et tant. — Que d'argent ! que d'or ! — J'irais chez le moraliste, je lui dirais : Vous voulez réprimer les vices : punissez d'une petite amende la médisance, d'une grande amende la calomnie ; vous voulez réprimer les mises indécentes : eh bien ! quand vous ne demanderiez aux belles dames qu'un denier tournois pour une fraise qui ne descend pas assez bas, et un denier parisis pour un busc [25] qui ne monte pas assez haut, vous feriez beaucoup pour les mœurs. — Que d'argent ! que d'or ! — Ensuite je m'adresserais à l'homme d'un bon sens, d'une raison droite ; je lui dirais : Vous voulez bannir les mauvais, les faux raisonnements : imposez-les à une taxe, et établissez un fermier près des classes de philoso-

phie. — Que d'argent! que d'or! — Enfin, si je pouvais approcher
du roi, je lui parlerais ainsi : Grand prince, vous voulez faire fleurir
les lettres et les arts : vite! un bon et long édit d'amendes! et en
même temps un fermier près les cabinets des auteurs, les ateliers des
peintres, les salles de musique et de danse, et bientôt dans votre
royaume, ni mauvais tableau, ni faux ton, ni faux pas. — Que d'argent! que d'or! Ah! que d'argent! que d'or! disait, redisait le sous-
fermier-général, en ouvrant la bouche et les mains, quand tout-à-
coup il s'est levé de manière à me surprendre, si je n'avais entendu
dans la cour un sergent, venu des halles en toute hâte, qui l'appelait,
qui ne cessait de l'appeler.

LE PEDESCAUX DE METZ.

Station XLI.

Il est une ville qui voulait être impériale, mais qui ne voulait pas
être à l'empereur, et qui, avec une obstination historique, se battit
victorieusement contre lui [1] : c'est Metz, où j'ai déjà passé quelques
jours, où je compte en passer quelques autres.

Ce matin je sortais de la place d'armes, j'ai été aussitôt forcé d'y rentrer : deux belles compagnies d'infanterie venaient vers moi; elles
tenaient toute la rue; ensuite j'ai été forcé d'y rester à cause du plaisir que j'avais à les voir s'exercer. D'abord ce n'a été que les commandements français ordinaire :

Haut l'arquebuse!
Bas l'arquebuse!
Chargez!
Prenez le pulverin!
Amorcez!
Prenez la mèche!
Mettez la mèche au serpentin!
Compassez la mèche!
Soufflez la mèche et ouvrez le bassinet!
En joue!
Tirez [2]!

Mais bientôt le capitaine a montré tant d'application et d'habileté
que lorsqu'il s'est retiré je l'ai suivi. Il est entré, je suis entré dans
une auberge; il s'est dépouillé de sa pesante armure, même de son

hausse-col³, de ses épaulières ou épaulettes⁴, et il n'a gardé que son juste-au-corps⁵.

La table était dressée : il a demandé un couvert; j'en ai demandé un autre. Je me suis placé à côté de lui, et comme il m'avait remarqué sur la place d'armes, notre connaissance s'est trouvée déjà commencée. Après plusieurs compliments réciproques et de politesse et de bienveillance, je lui ai avoué avec plaisir comment j'étais entré dans cette auberge ; je lui ai aussi dit franchement quel était l'objet de mon voyage en France. Je lui ai fait part de mes observations sur les troupes françaises. Il m'a demandé si j'étais homme de guerre ; je lui ai répondu que je l'avais été dans ma première jeunesse ; je ne lui ai pas caché les raisons qui m'avaient engagé à cesser de l'être. A son tour, il m'a parlé de lui ; il m'a appris quelle était sa famille, et par quels motifs il avait pris l'état militaire.

L'infanterie française.

Je suis né, m'a-t-il dit, dans un village nommé Chénevières⁶, au pied du Cantal.

Mon père n'était noble que lorsqu'il allait chasser avec les nobles ou qu'il les invitait chez lui. Hors de là, il avait des contradictions continuelles à essuyer de la part des gens de finance ; on l'avait mis à la taille, et c'est ce qui l'irritait le plus. J'aimais beaucoup mon père, j'aimais beaucoup aussi ma sœur à qui mon père refusait les parures de son âge, parce que le peu d'argent qu'il avait était emporté par le collecteur.

Je résolus d'affranchir les terres de mon père et de procurer à ma sœur les moyens de se parer aussi bien que ses compagnes.

J'avais seize ans, j'étais à la ville, où je faisais mon cours de philosophie, lorsqu'un jour de vacances j'entendis le tambour annoncer l'arrivée d'un capitaine de gens de pied qui avait commission de lever une compagnie⁷.

Une foule de jeunes gens allèrent aussitôt lui présenter leur supplique pour être soldats⁸. Je tremblais de ne pas être admis : Cadet, me dit le capitaine, ton air de bonne volonté me convient ; je te reçois avec plaisir, car je m'imagine que bien que les engagements ne soient que pour un mois⁹, tu ne nous quitteras pas sitôt. Du reste, ajouta-t-il, je te préviens, comme les autres, que dans ma compagnie on exécute rigoureusement l'ordonnance, et que chaque soldat ne peut tenir tout au plus qu'un seul domestique¹⁰. Mon capitaine, lui répondis-je, c'est assez, si ce n'est trop pour moi ; car mon père n'est rien moins que riche. Ah! me dit-il, en jetant les yeux sur mes chausses rouges qui, vous le savez, sont du costume de la noblesse¹¹, tu es comme moi gentilhomme pédescaux [12]. J'étais un peu embarrassé pour lui répondre. Il faut vous dire, monsieur, que dans mon pays les jeunes gens d'une ancienne ou riche bourgeoisie se disent tous nobles à deux lieues de leur village; j'en étais à trois; cependant je ne voulus pas mentir tout-à-fait : je me contentai de rire. Mon capitaine continua et me dit : Va! Duguesclin était comme nous un pauvre pédescaux, et il n'en fut pas moins connétable; cadet, j'aurai soin de toi. Il me tint parole.

Je fus, l'épée au côté, embrasser mon père et ma sœur. Avant mon départ, notre domaine fut exempté de vingt sous de taille [13].

Quand je fus arrivé au régiment [14], je tâchai de bien remplir mes devoirs, de me rendre agréable à tout le monde, surtout à mon capitaine. Lorsqu'il sortait, j'allais souvent causer, me promener avec lui [15]; mais au retour je ne faisais pas comme plusieurs de mes camarades, je n'entrais pas dans la maison afin qu'il m'invitât à dîner ou bien à souper [16]; aussitôt que nous en étions à quelque distance, je prenais congé de lui.

La première année je fus d'abord piquier à pique simple, à pique sèche [17]; ensuite je fus successivement fait piquier à corselet [18], arquebusier, mousquetaire [19].

La seconde année je fus fait lanspassade. Mon père tenait beaucoup à ce titre : véritablement il me donnait rang de cavalier, car lanspassade veut dire lance cassée ; et ce mot nous est venu du Piémont, où, durant nos guerres, les cavaliers démontés servaient dans l'infanterie avec ce petit grade qui les distinguait des gens de pied [20].

Ma paie de simple soldat se trouva un peu haussée ; mais ce que j'estimais le plus de ce premier grade, c'est que le sergent n'avait plus le droit de me frapper avec la hampe de sa hallebarde [21]. Dans les commencements je faisais involontairement beaucoup de fautes; je ne pouvais m'accoutumer à ce genre de correction, et il m'arrivait toujours, lorsque j'étais frappé, de regarder la poignée de mon épée. Le sergent était brave et aimait les braves : il me dit un jour, en me voyant rougir de colère, que j'apprisse que le bâton de la hallebarde n'avait jamais déshonoré les épaules d'un homme de guerre, et cela était vrai. Il en est de même de la canne du tambour-général, car lorsque les tambours des compagnies en ont reçu quelques coups [22], ils n'en portent pas moins haut la tête.

A Coutras je fus fait caporal ; ma paie de simple soldat était de huit sous par jour [23], elle fut portée à dix [24]. En me recevant, le capitaine me dit : Tu es dès ce moment un petit lieutenant du roi; tu le représentes dans ton escouade [25]; ami Bataille, j'espère que tu te rendras digne de l'importance de ta charge. Monsieur, mon nom n'est pas tout-à-fait Bataille ; mais je ne suis pas fâché que dans la prononciation il soit confondu avec le mot qui plaît le plus aux militaires.

J'avançai assez rapidement de grade en grade.

A Saint-Cloud, lorsque l'armée reconnut Henri IV, je fus fait fourrier. On m'avertit que j'allais remplir des fonctions hasardeuses ; je le savais. J'avais déjà vu donner le fouet à un fourrier pour n'avoir pas écrit sur la porte le nom des soldats qu'il avait logés dans la maison [26]. J'en avais vu pendre un autre pour n'avoir pas logé les soldats dans des villages où on lui avait fait des présents, pour les avoir logés dans des villages où on ne lui en avait pas fait [27].

A Arques je fus fait sergent. Entre autres charges le fourrier a celle des détails de la solde [28]. Il est à moitié financier. Le sergent n'est chargé que de l'instruction militaire [29]. Ce nouveau grade me plut davantage.

A Ivri on me donna une enseigne. Je puis me vanter que je ne la fis jamais porter, comme bien d'autres qui ne la prennent qu'à mille pas de la ville et qui la rendent à leur valet lorsqu'ils en sont sortis [30]. Ils sont d'autant plus inexcusables que l'enseigne étant officier, a un cheval lorsque la compagnie est en route [31].

A l'entrée de Henri IV à Paris, je fus fait lieutenant [32].

Au siège de La Fère, j'obtins le commandement d'une bande [33] ou compagnie de gens de pied.

Au siège d'Amiens, j'obtins le commandement de deux [34], avec promesse d'être fait mestre-de-camp d'un régiment [35] à une des premières vacances ; et bien sûrement je le serai, pourvu qu'on n'impose pas à ce grade une grosse finance à moi remboursable par mon successeur [36]. Ensuite je ne puis monter plus haut sans sortir de l'infanterie ; la charge de coronal [37] ou colonel-général, lorsqu'elle n'est pas donnée à un seigneur favori, l'est toujours à un des premiers personnages de l'État [38] ; et nous ne sommes plus au temps de la ligue, des troubles, des révolutions, où des hommes bien au-dessous de moi, où des laquais sont devenus maréchaux de France [39].

Dès que je fus enseigne, le domaine de Chénevières devint entièrement franc d'impôt [40]. Qu'il m'en tardait! et combien de fois, dans la chaleur du combat, ne m'avait-on pas entendu dire, en tirant mon arquebuse : Voilà pour la taille de Chénevières! voilà pour le champ! voilà pour la vigne! et voilà pour le pré!

Ce brave capitaine Bataille me charmait. Il était aussi bon frère que bon fils, car il tirait aussi des coups d'arquebuse pour les parures de sa sœur, pour ses colliers, pour ses anneaux, ses bracelets.

Je ne pouvais d'ailleurs me lasser de le voir : sa figure, naturellement martiale, avait été toute déchiquetée par le fer de l'ennemi ; il ne restait plus de place pour y appuyer le bout du doigt sans toucher une cicatrice.

Je ne pouvais non plus me lasser de l'entendre.

Le premier argent que j'eus, continua-t-il, quand je fus arrivé au régiment, je le mis à un habit de guerre, galonné sur toutes les tailles [41], et je fus alors habillé comme les soldats de ma compagnie, une des plus belles.

Quant à l'armement que le roi donne, et qu'en grande partie les financiers donnent au roi comme pot-de-vin des aides qu'ils afferment [42], il était fort bon; il est aujourd'hui meilleur. Les Français, quelquefois les plus prompts à inventer, sont toujours les plus prompts à adopter les inventions des autres.

En effet, combien de temps y a-t-il qu'on a remplacé les arquebuses en épaule de mouton par les arquebuses droites? environ soixante ans : eh bien! il y a près de soixante ans que les Français en ont [43]. Combien, depuis qu'on se sert de mousquets? vingt ans peut-être; eh bien! il n'y a guère moins que les Français s'en servent [44]. Au commencement de ce siècle, les Suisses croyaient rester les seuls en possession des longues piques : les Français les leur arrachèrent à Marignan [45], et depuis ils ne les ont plus quittées [46]. Ces diverses armes deviennent de plus en plus magnifiques, riches.

Voyez maintenant marcher au son du tambour, que nulle nation ne bat aussi bien que la nation française [47], un bataillon d'infanterie. Voyez les piquiers coiffés d'un brillant casque d'acier ou de cuivre. Voyez les arquebusiers avec leurs grands chapeaux, leurs grandes chausses bouffantes, leurs bandoulières garnies d'espace en espace par les charges ou les petits étuis de cuir qui les renferment [48]. Voyez les mousquetaires, tenant d'une main leur mousquet de six pieds qu'ils portent sur l'épaule, et de l'autre la fourchette ou canne à fourche, sur laquelle ils appuient leur arme quand ils veulent faire feu [49]. Voyez les arquebusiers avec l'ancien petit bâton à feu [50], qu'ils chargent et qu'ils tirent si vite. Tous sont chaussés de bottines; tous ont la tête ombragée de plumes éclatantes; tous ont une longue épée [51]. Qui dirait maintenant que cette belle et redoutable infanterie était dédaignée, méprisée [52] il y a peu d'années?

Monsieur, on nomme François 1er le père des lettres; je le veux bien, quoique avant lui il y eût un grand nombre de savants : on devrait plutôt le nommer le père de l'infanterie française. Avant lui, il n'y avait que des troupes misérables, des francs-taupins [53], des francs-archers, tels que ceux que nous voyons encore en Bretagne [54]. C'est lui qui, par son ordonnance de Saint-Germain-en-Laye, institua sept légions de gens de pied de six mille hommes chacune [55].

Aux légions de François Iᵉʳ succédèrent les légions de Henri II ⁵⁶ ; à celles-ci d'autres sous le nom de régiments ⁵⁷.

Le nombre de nos régiments n'a jamais été et n'est pas encore fixe. Les quatre vieux régiments, Piémont, Champagne, Picardie et Navarre, sont seuls immuables ⁵⁸ ; quant aux autres qui portent le nom de leur mestre-de-camp, on les crée aujourd'hui, et demain on les casse ⁵⁹.

Tous les vieux régiments sont de vingt compagnies, tous les autres sont de quinze ⁶⁰.

Les compagnies sont tantôt de cent, tantôt de deux cents hommes ⁶¹. Suivant les gens de l'art, elles devraient être de soixante hommes en temps de paix, de deux cents en temps de guerre ⁶².

Monsieur, nous nous félicitons d'avoir à notre solde de l'infanterie suisse ⁶³, dont chaque compagnie a toujours en tête un certain nombre de soldats français pour la guider, pour la nationaliser ⁶⁴. Nous nous félicitons surtout d'avoir aussi à notre solde de l'infanterie espagnole ⁶⁵ ; elle a formé notre infanterie française. Nous vous devons bien des institutions.

Nous vous devons cette nouvelle discipline qui fait qu'un gentilhomme obéit sans réplique à son caporal comme à son capitaine. Quand nos officiers voient ceux de l'infanterie espagnole, réputée, hors de la France, la meilleure du monde ⁶⁶, porter le corselet et la pique, ils ne font plus difficulté de les porter ⁶⁷. Je voudrais bien que nous vous dussions plusieurs autres de vos institutions. Nos officiers, nos soldats ont des camarades, mais ils n'ont pas vos amis d'armes ⁶⁸ qui multiplient chez vous les actions généreuses et les actions d'éclat. Comme vos soldats, les nôtres baisent bien la terre avant de se battre ⁶⁹ ; mais comme les vôtres, ils n'attendent pas toujours la voix de leurs chefs pour commencer et pour cesser le combat ⁷⁰.

Je vous le dis, monsieur, j'en suis persuadé : il se prépare en France la même révolution militaire qui a eu lieu dans votre Espagne : l'infanterie deviendra la force de l'armée ⁷¹. Remarquez déjà la fixation de sa quotité relativement à celle de la cavalerie. Sous François Iᵉʳ, l'infanterie fut sur le pied de cinquante mille hommes ⁷², la cavalerie sur le pied de quinze mille ⁷³. Il en fut de même sous Charles IX, lorsque toute la France étant en armes on compta cent trente mille fantassins et trente-cinq mille cavaliers ⁷⁴. La cavalerie n'était déjà alors que d'un quart des armées ; aujourd'hui elle n'est que d'un cinquième ⁷⁵. C'est le temps qui le veut : la force de l'État passe de la cavalerie, de la noblesse, à l'infanterie, au corps de la nation. Autrefois on ne disait pas, on dit maintenant le capitaine Colombet ⁷⁶, le capitaine Jacques ⁷⁷.

La cavalerie française.

Une manière de serviteur à livrée, ayant deux baguettes de tambour sous le bras, a paru en ce moment à la porte de la salle ; le capitaine l'a congédié d'un signe et il a continué ainsi : Dans mon village il y avait un jeune homme, nommé Fulcrand de la Neuville, avec qui j'étais intimement lié. Il était entré dans la gendarmerie vers le temps où je m'étais engagé dans l'infanterie. Nous nous revîmes ; je le trouvai un peu froid et même un peu honteux de moi. Je le laissai. Lorsque j'eus été fait sergent, il se trouva, par hasard, à la garde montante que je commandais ; et tout-à-coup son amitié se réchauffa jusqu'à ne me laisser ni cesse ni repos que je fusse gend'arme. Il me disait que, d'après les ordonnances, mon grade de sergent me dispensait des preuves de noblesse [78]. Il me disait que je serais l'égal des enseignes, des lieutenants, même des capitaines d'infanterie qui s'estimaient fort heureux d'entrer dans les rangs des simples gend'armes [79]. Il me disait que lorsque je deviendrais sous-officier, officier, j'aurais et la paie de gend'arme et la paie de mon grade [80].

Mon capitaine fut informé des sollicitations de Fulcrand ; il se contenta de me dire : Sergent, si vous nous quittez, vous ne tarderez pas à vous en repentir. Quelle que fût ma confiance dans mon chef, le nom antique, noble et militaire d'homme d'armes sonnait si bien à mon oreille que je ne pus résister à l'envie d'aller passer quelques jours à la compagnie de mon ami : elle n'était pas éloignée de notre garnison. Je n'ai jamais vu tant d'orgueil. Je fus surtout indigné de la manière dont on parlait des troupes à pied [81]. Plusieurs fois je fus tenté de me faire connaître, de demander jour et champ, et de tirer l'épée au nom de toute l'infanterie. Mais je craignais de nuire à Fulcrand. Cette seule considération me retint ; je m'en retournai.

Maintenant que le temps a refroidi mon irritation, je parlerai plus impartialement.

La gendarmerie est un beau, un superbe corps. Elle se croit toujours le rempart de la France : au siècle dernier cela était vrai ; cela aujourd'hui l'est beaucoup moins : bientôt cela le sera beaucoup moins encore.

D'abord il n'est rien de plus brillant et même, en apparence, de plus terrible que la charge d'un escadron de gend'armes, tout composé de gentilshommes, nourris d'honneur et de bravoure, façonnés par les exercices de la guerre, couverts des armes les plus riches [82] : vous ne voyez alors que choc, feu, argent et or ; mais souvent les reitres, avec leur épaisse cuirasse de fer vernie, avec leur longue épée, ont l'avantage. Je sais bien qu'entre les mains de nos jeunes gend'armes la lance brille, étonne ; toutefois j'ai souvent moi-même vu qu'elle n'est pas meurtrière comme la forte épée des reitres [83] qui ont d'ailleurs la pistole [84] : les gend'armes français l'ont bien aussi, et même la pistole à pierre pour feu [85]; malheureusement ils la dédaignent, et rarement ils quittent la lance.

Je remarquai encore dans la gendarmerie un autre défaut notable, c'est qu'autant elle est leste un jour de bataille, autant elle est embarrassée un jour de marche. Aux termes des ordonnances, le capitaine est tenu d'avoir seize chevaux, le lieutenant huit chevaux, le guidon six chevaux, le maréchal-des-logis cinq chevaux, le gend'arme trois chevaux, l'archer deux chevaux [86]; c'est trop de chevaux.

On compte en France environ cent cinquante compagnies de gendarmerie, dix mille hommes d'armes [87]; ce qui au siècle dernier, où chaque lance fournie était d'un homme d'armes, deux archers, un page et deux coutilliers [88], aurait supposé soixante mille hommes de cavalerie; ce qui, au milieu de ce siècle, où la lance fournie n'était que d'un homme d'armes et d'un archer [89], aurait supposé vingt mille hommes; ce qui au jour actuel, où le nombre des archers continuellement diminue, où il n'y en a guère plus [90], ne supposerait guère que dix mille hommes.

Le riche habillement, le riche équipement de la gend'armerie fera périr ce corps, je devrais dire va le faire périr. L'utilité ne balance pas la dépense. Un gend'arme coûte encore par jour vingt sous [91]. Il coûte un quart de plus que le chirurgien-major, que le payeur de la compagnie, que le trompette, que le maréchal-ferrant, que le fourrier-sellier [92], que les autres officiers, pour parler comme dans la cavalerie [93].

Qui remplacera la gendarmerie? qui? le corps des chevau-légers, le corps des carabins, le corps des dragons.

Les chevau-légers, organisés par compagnies de cinquante, de cent, de cent cinquante maîtres, commandés par des chefs en même nombre que ceux de la gendarmerie, obéissant comme l'infanterie à un colonel-général [94], réunissent les avantages du gend'arme et de l'archer. Ces cavaliers, tous riches bourgeois, sont plus modestes et coûtent beaucoup moins que les gend'armes.

Les carabins, lestes, élégants, hardis, se font redouter par leur carabine [95]; ce sont les mousquetaires de la cavalerie; ce sont aussi les anciens estradiots [96]: ils vont à la découverte et battent l'estrade.

Les dragons sont tantôt des cavaliers à pied, tantôt des fantassins à cheval. Cette nouvelle organisation, due au comte de Cossé-Brissac [97], est le dernier effort du génie de la guerre.

XVIe SIÈCLE.

Le ban et l'arrière-ban de France.

Monsieur, ai-je dit au brave capitaine, vos anciennes histoires parlent souvent du ban et arrière-ban ; se rassemble-t-il encore ? Oui, m'a-t-il répondu, mais assez rarement. J'y ai été une fois, et quand je m'en souviens je ne puis m'empêcher de rire.

Les guerres civiles de notre temps ont tellement appauvri la noblesse qu'aujourd'hui elle ne possède guère que la moitié des fiefs[98], et tous les jours encore elle vend ceux qui lui restent. Les bourgeois, par vanité, par désir d'allonger leur nom, donnent la préférence à ce genre de biens. Mon père possédait le fief de Petitmont, et prenait, comme les autres, le titre d'écuyer sieur de Petitmont[99]. Un de nos voisins avait acheté celui de Beauval, et ne manquait pas non plus de prendre le titre d'écuyer sieur de Beauval.

Tout-à-coup les ennemis se montrent en armes dans les provinces voisines. La trompette du ban sonne dans les villes et dans les villages[100] ; le fief de Petitmont devait fournir la moitié d'un archer, et celui de Beauval l'autre moitié[101]. Mon père, afin de ne pas payer le droit de franc-fief[102], avait fait passer la propriété du fief de Petitmont sur ma tête. Je servais à l'armée ; je n'étais légalement tenu qu'à payer la moitié de l'équipement[103], suivant l'assiette faite par les commissaires[104] ; c'était au sieur Beauval à marcher ; mais il n'en avait nulle envie. Mon père lui conseilla d'alléguer qu'il n'était pas noble ; il ne voulut jamais y entendre. Il prétendait que la possession des fiefs anoblissait, ce qui était vrai autrefois, ce qui maintenant ne l'est plus, ou ne l'est plus que des baronies[105]. Enfin il s'avisa de dire qu'il avait mauvaise vue ; l'excuse de la mauvaise vue n'ayant pas été reçue, il pratiqua si bien mon père qu'il lui fit entendre que notre province étant un pays d'infanterie[106], le ban marcherait à pied[107], que j'y aurais un grade supérieur au mien ; enfin il parla tant et tant que mon père m'écrivit qu'il désirait de me voir au ban desservir les deux fiefs. Les désirs de mon père étaient pour moi des ordres : je demandai et j'obtins un congé.

Arrivé au lieu du rassemblement, je vis, non un bataillon de seigneurs, mais une troupe de gros valets, de gardes-chasse[108], ou de gentilshommes trop pauvres pour mettre un homme à leur place, ou pour payer cinq sous par livre du revenu de leurs fiefs[109].

Nous fûmes passés en revue par des gens de justice en robe longue, en bonnet carré[110]. L'un d'eux fit une longue harangue où il parla de Marathon et des Thermopyles. Un autre en fit aussi une ; mais il connaissait mieux son auditoire : Braves salades[111], dit-il, si vous n'arrêtez les ennemis, ils vont manger vos châtaignes, vos raves ; et gare les fèves ! Ces mots enflammèrent tous les courages.

On se mit en marche. Je n'avais jamais rien vu de plus plaisant que ces gens de village, représentant les brillants seigneurs des anciens temps, et sans doute portant plusieurs de leurs vieilles épées ou de leurs vieilles hallebardes. Vous avez remarqué sans doute que si, comme les Anglais, tous vêtus d'habits rouges, bordés de jaune [112], nous ne nous piquons pas d'une aussi rigoureuse uniformité de couleur, nous sommes cependant assez uniformément habillés de bleu, de rouge [113] ; eh bien ! ces bonnes gens portaient leurs habits de dimanche de toute sorte de couleurs. Mais enfin, tels quels, je les commandais en qualité de capitaine [114], et j'avais dans ma compagnie, comme dans toutes celles de l'infanterie, un tambour et un fifre [115].

Nous joignîmes bientôt les troupes à cheval ; elles étaient encore plus plaisantes à voir : grands, petits chevaux, et armes aussi inégales [116]. Un vieux sénéchal qui n'entendait que la chasse du renard, nous commandait [117]. Plus nous approchions du lieu où l'on disait qu'était l'ennemi, plus nous perdions de monde, car chacun se disait ou boiteux, ou malade. Heureusement, les ennemis ayant disparu, on congédia le ban ; et aussitôt hommes et animaux reprirent fièrement et gaillardement le chemin de leur maison.

Alors le ban et arrière-ban, déjà affaibli à la fin du siècle dernier, était cependant encore évalué à dix mille chevaux [118] : aujourd'hui il ne l'est pas à trois mille [119], il n'est plus d'aucune utilité ; il n'est que ridicule.

De retour à mon régiment, je cachai avec le plus grand soin que j'y eusse servi.

L'artillerie.

J'ai vu le tambour reparaître ; cette fois il avait sa caisse sur la hanche et les deux baguettes en l'air : Vous ne pouvez demeurer plus longtemps, ai-je dit au capitaine. Il n'a pas répondu, il a souri ; aussitôt nous nous sommes levés et nous nous sommes amicalement salués, nous penchant l'un vers l'autre, étant sur le point, ou du moins, si j'en juge par moi, ayant le désir mutuel de nous embrasser.

Je croyais m'en aller seul ; un homme, marchant précipitamment sur mes talons, m'a fait regarder derrière moi : c'était un artilleur. Je l'ai reconnu à son pourpoint serré, à son grand collet et à son petit chapeau sans ailes [120] : Monsieur, m'a-t-il dit, je suis un ami du capitaine Bataille ; si vous désirez de voir l'arsenal, ce sera pour moi un bien grand plaisir de vous y conduire. Je lui ai répondu par une profonde révérence. L'excellent homme que cet artilleur ! il se nomme Julien ; il s'est montré, autant par son intelligence que par sa politesse, le digne ami du capitaine. Il m'a tout fait voir; il m'a parlé de tout.

Je vais joindre à ses documents ceux que j'avais déjà.

En France, il y a treize grands arsenaux. Celui de Paris est le principal [121].

La fonte du plus grand nombre de pièces d'artillerie se fait sous les hangars de cet arsenal [122] : en voici les opérations sucessives.

Le fondeur coupe un rondin de bois qu'il taille à pans s'il veut un canon à pans [123], qu'il arrondit s'il veut un canon rond. Il couvre ce rondin d'une couche de tuile pulvérisée; il le recouvre d'une autre couche mélangée de poil de bœuf ou de cheval, et il en huile la surface; sur cette dernière couche huilée, il met une autre couche de tuile pulvérisée, mélangée aussi de poil; il la garnit de cercles de fer qu'il fixe par du fil d'archal; ensuite autre couche de tuile pulvérisée, assujétie par des bandes de fer longitudinales, de même fixées par du fil d'archal; enfin, autre et dernière couche de terre superposée sur les bandes. Le fondeur fait alors sécher au moyen du feu ces différentes couches, après quoi il retire le rondin de bois avec les deux premières couches y adhérentes, et il le remplace par un rondin de fer recouvert d'une croûte de cendre et de poussier dont la grosseur détermine en même temps, et le calibre du boulet, et l'épaisseur du canon. Le métal coule dans l'interstice entre le rondin du fer et la chape ou moule formé, comme on vient de le dire, de couches de terre, de cercles et de bandes; il se refroidit, le canon est fait [124]. Suivant l'artilleur Julien, l'alliage métallique du canon se compose de dix parties de cuivre et d'une d'étain; suivant d'autres, ces proportions peuvent légèrement varier [125].

En France, la dimension de l'artillerie a été réduite de moitié. Le canon avait, au commencement du siècle, environ vingt-quatre pieds [126]; il en a à peine douze [127]. Le poids du boulet a été réduit des deux tiers; il était de cent [128]; il n'est plus que de trente-trois livres [129]. Maintenant le canon ne pèse qu'environ six mille livres; l'ouverture n'en est que de six pouces de diamètre [130].

Les pièces d'artillerie moindres que le canon sont la couleuvrine, la bâtarde, la moyenne, le faucon, le fauconneau [131]. Jamais je n'ai pu faire entendre à l'artilleur Julien que le décroissement devrait en être arithmétiquement régulier, par trois quarts, par moitié, par quart, par huitième et par seizième; il en revenait toujours à ses cartons figurant des cercles de décroissements irréguliers [132].

Je viens de dire de quelle manière on fait en France les canons; je vais dire de quelle manière on y fait la poudre.

Sur huit parties de salpêtre, on met une partie de soufre, une de charbon, ou un peu plus, ou un peu moins [133]; on les pulvérise, on les sasse, on les tamise, on les jette dans des auges ; elles y sont mélangées par les pilons des moulins ; et cette composition, arrosée de vinaigre, séchée, passée à travers des cribles, divisée en petits grains, c'est alors de la poudre, de la poudre française [134], différenciée en trois sortes : en poudre à canon ou poudre grosse-grenue, en poudre à arquebuse ou poudre menue-grenue, en poudre d'amorce [135].

J'ai voulu connaître aussi la manière dont en France on faisait les éléments de la poudre : Comment faites-vous le salpêtre ? ai-je demandé à l'artilleur Julien. Je ne devrais pas le savoir, m'a-t-il répondu en riant, car les villes et les villages sont tenus, suivant l'ordonnance de 1582, de nous en porter chaque année huit cent mille livres [136] ; et ce qui manque pour l'approvisionnement des six moulins à poudre [137], on l'achète [138]. Cependant je vous dirai qu'on fait tremper dans de l'eau les terres salpêtrées, qu'on fait évaporer sur la chaudière les eaux où elles ont trempé, et que les cristaux de salpêtre restent au fond de la chaudière [139]. — Et le charbon ? — Pour faire le charbon, nous coupons de petits bâtons de saule, de coudrier ou de ceps de vigne ; nous les brûlons dans un réchaud de fer, nous étouffons le feu. Quant au soufre, a-t-il ajouté en prévenant ma demande, nous l'achetons des marchands, nous l'épurons [140].

Je sais et je savais même avant mon arrivée en France que la charge de poudre du canon est réglée par le poids du boulet, qu'elle est des deux tiers [141].

Le service d'un canon veut au moins quarante-sept chevaux, vingt-trois pour le traîner, et vingt-quatre pour les six charrettes de ses munitions [142]. On emploie souvent des chevaux de louage [143].

Pour manœuvrer un canon il faut trente pionniers. Pour le charger, le pointer, le tirer, il faut trois chargeurs et deux canonniers [144].

On estime qu'un canon porte, au blanc, jusqu'à huit cents pas [145]. J'ai été fort content de la manière leste et adroite dont les canonniers français haussent, baissent leur canon, ou par le moyen des leviers, ou par le moyen des coins ajoutés, ôtés [146]. J'ai été encore plus content de leur ingénieux usage du bâton de Jacob [147], du quart de cercle et de l'équerre garni du fil à plomb qu'ils placent dans la bouche du canon, pour en déterminer l'inclinaison à l'instant de la visée [148].

Il n'y a que les canonniers allemands qui puissent disputer de science avec les canonniers français [149] ; il n'y a pas de canonniers au monde qui avec eux puissent disputer d'adresse.

Chargez ! criait avec action à ses canonniers l'artilleur Julien.

Le sachet !

Le fourrage [150] !

Refoulez !

Pointez !

XVIe SIÈCLE.

Haut la mèche !
Haut le bras [151] !

Depuis qu'au lieu du chargeoir ou lanterne de cuivre emmanchée d'un bâton qui allait porter au fond du canon la charge de poudre [152], on se sert d'un sachet de toile enveloppant la poudre et le boulet [153], le canon, pourvu qu'il soit de temps en temps rafraîchi avec de l'eau et du vinaigre, peut tirer en batterie jusqu'à cent vingt coups par jour [154]. L'invention de la charge toute prête de l'arquebuse a dû mener à l'invention de la charge toute prête du canon ou du sachet de toile que le chargeur, après avoir poussé dans le canon, déchire en y enfonçant un instrument tranchant au-dessous de la lumière [155] ; et l'invention du sachet de toile a dû mener à celle du sachet de fer-blanc rempli de morceaux de métal ou de mitraille, mis dans le sachet du canon au lieu de boulet [156].

Je trouve écrit dans une de mes notes qu'aux batailles du siècle actuel la France n'avait eu que vingt, quinze, dix, quelquefois seulement six canons [157]. Cependant l'artilleur Julien m'a dit qu'en cette année 1600, l'armée qui marchait contre le duc de Savoie traînait quarante canons à sa suite [158]. Est-ce forfanterie nationale ? est-ce la vérité ? me suis-je demandé. L'artilleur Julien, s'apercevant de mon étonnement et peut-être de mes doutes, a offert de me faire voir les états contrôlés [159] ; c'est donc probablement et très probablement la vérité. Aujourd'hui, m'a-t-il dit, on ne veut, par mille hommes, ni moins, ni plus d'un canon [160].

Autrefois le boulet ne frappait qu'en renversant : aujourd'hui il frappe en tombant. Le boulet, lancé par le canon, après avoir parcouru le dixième de l'espace qu'il doit parcourir, tend graduellement à se rapprocher de la terre où enfin il tombe. Quelle est la cause qui affaiblit graduellement la force du boulet pendant les neuf derniers dixièmes du temps qu'il est en l'air ? on l'ignore ; mais on a remarqué cet affaiblissement progressif, et l'on en a déduit l'invention des boulets tombants, au moyen de laquelle on dirige sur une ville, ou une pluie de gros boulets [161] qui l'écrasent, ou une pluie de boulets d'artifice faits avec des pots de grès, des écuelles de bois, des globes de cuivre qui l'incendient [162].

L'artilleur Julien se moque des boulets ramés [163], il se moque des batteries mouvantes, des plate-formes à roues, chargées de canons [164] ; il se moque des orgues de mousquets et d'arquebuses que par le moyen d'une ficelle attachée aux détentes un seul homme peut tirer [165] ; il ne se moque pas moins de l'invention des hottes, des charrettes, chargées de faisceaux de mousquets, d'arquebuses qui, dès qu'on les touche, tirent sur ceux qui sont à l'entour.

Mais il ne se moque pas de l'invention des pétards ou petites boîtes de métal attachées, par leur ouverture, aux portes des villes qu'ils déchirent, qu'ils mettent en éclats, ou qu'ils font sauter [166]. Il se moque seulement de ceux qui les appliquent aux murailles des villes, aux piles des ponts [167].

Quant aux feux d'artifice ou compositions de poudre combinée avec le napthe, le pétrole, le soufre, l'eau-de-vie, le mercure, il fait seulement cas de la lance à feu et de la fusée. Avec l'une, dit-il, on peut porter le désordre dans les rangs des ennemis [168] ; avec l'autre on peut incendier leurs camps [169].

Tous les différents arsenaux de France ressortissent au bailliage de l'arsenal de Paris, où sont des avocats, des procureurs, et un bailli aux appointements de cent écus [170]. L'artilleur Julien m'a parlé en détail de cette juridiction, et encore plus en détail des privilèges des officiers, des médecins, des chirurgiens d'artillerie [171] et des maîtres-canonniers des principales villes [172]. Les officiers, m'a-t-il dit, nous sommes tous réputés commensaux de la maison du roi [173] ; cependant j'ai été plusieurs fois à la cour : jamais on ne m'a offert ni pain, ni vin, ni un verre d'eau. Il est vrai, a-t-il ajouté, par manière de plaisanterie, qu'il faudrait une table plus longue que de Paris à Metz, pour inviter tous les commensaux de cette maison, ou du moins tous ceux qui en ont le titre.

Il me reste à parler des grades ou de la hiérarchie de l'artillerie française. L'artilleur Julien est commissaire ; il a au-dessus de lui les lieutenants provinciaux, les lieutenants généraux et le grand-maître, capitaine-général de l'artillerie [174] ; il a au-dessous les canonniers pointeurs, les canonniers, les déchargeurs, les armuriers, les fondeurs, les forgeurs et les ouvriers [175].

Quant aux charrois de l'artillerie, la hiérarchie en est celle-ci : le capitaine-général [176], les capitaines, les conducteurs, les charretiers [177].

Le commissaire Julien m'a dit que ce sont deux grands-maîtres qui de notre ancienne artillerie ont fait notre artillerie d'aujourd'hui. L'un est le grand-maître d'Estrées : il a perfectionné la fonte, la forme des canons, et leur a donné des lumières d'acier [178] ; il a perfectionné le matériel. L'autre est le grand-maître de Pommereul [179] : il a perfectionné le tir, les manœuvres [180] ; il a perfectionné l'emploi du matériel.

Commissaire ! quel est le livre classique de votre artillerie ? — La Pratique manuelle de Collade [181].

Commissaire ! quelle est la dépense générale de l'artillerie ? — Sept, huit cent mille livres [182], aujourd'hui payées par le surintendant des finances Sully, en même temps notre grand-maître, et, à mon avis, fort heureusement, car il a porté aussi dans l'artillerie sa patriotique serpe avec laquelle, d'un seul coup, il a abattu toutes les branches parasites où vivaient cinq cents faux artilleurs [163], prenant leur habit pour recevoir leur solde, le posant après l'avoir reçue.

Les places fortes.

Nous étions encore, le commissaire Julien et moi, à parler, à nous promener sur la plate-forme de la citadelle, lorsque nous en avons vu sortir un militaire que le commissaire Julien a appelé, en riant de toutes ses forces : Ingénieur! ingénieur! accourez, accourez donc! les Espagnols sont dans la citadelle! Le militaire a aussitôt rétrogradé et nous a joints : Ingénieur, lui a dit le commissaire Julien, vous nous obligerez également, notre ami le capitaine Bataille et moi, de faire voir à ce noble étranger les fortifications de la ville, et sans doute aussi de lui faire connaître le système français des places fortes. Cela dit, il s'est dérobé à mes remercîments avec tant de promptitude, qu'à peine ai-je eu le temps de lui crier que je le priais de recevoir mes salutations. Il me les a rendues en tournant gracieusement vers moi sa belle figure et en ne cessant de courir.

L'ingénieur m'a poliment amené dans toutes les parties de la citadelle ; étant ensuite montés ensemble sur la banquette du parapet, il m'a parlé ainsi en abrégeant tant qu'il a pu son immense savoir :

L'enceinte de cette ville, m'a-t-il dit, en me la montrant de la main, est, comme vous le voyez, défendue par les inexpugnables fossés formés par les cours de la Moselle et de la Seille ; car quoique ses remparts ne soient pas moins forts qu'autrefois où ils étaient très forts [184], ils ne valent aujourd'hui guère ; et sa citadelle presque aussi vieille [185], ne vaut guère mieux, quoiqu'elle ne soit pas non plus moins forte qu'autrefois où elle était aussi très forte [186]. Heureusement pour notre honneur, La Rochelle, le Havre, Sedan, Hesdin, Mézières, Thionville [187] et grand nombre d'autres places que monsieur de Sully a fait ou réparer ou bâtir [188], sont autrement fortifiées. Monsieur, a-t-il ajouté, les fortifications de ces villes, comparées aux fortifications des villes du siècle dernier, offrent à l'homme de l'art des changements progressifs qu'on peut chronologiquement classer.

Déjà, à la fin du siècle dernier, les tours auparavant circulaires s'étaient insensiblement allongées en fer de lance ; depuis, elles sont devenues insensiblement angulaires [189] et ont pris le nom de bastion qui autrefois signifiait petite bastille [190], petite forteresse.

C'est du bastion que sont nés successivement et le bastion détaché ou ravelin, et le double bastion détaché ou double ravelin, et la tenaille et les redoutes [191], et enfin tout le système de la fortification angulaire.

Voyons attentivement comment le bastion, cette fortification-mère, a, chez les diverses nations, si je puis parler ainsi, diversement engendré.

A bien examiner les ensembles, la fortification italienne, la plus ancienne, la plus régulière [102], la fortification espagnole [103], la fortification hollandaise, la fortification française, qui est la fortification de notre Latreille [104], de notre Aurélio [105], offrent leurs plus notables différences dans la plus ou moins grande multiplication des bastions, dans la plus ou moins grande ouverture de leurs angles [106].

En douteriez-vous? rapprochez dans votre pensée les villes fortes de ces différentes nations ; toutes ont à peu près la même figure [107]. Au milieu les clochers, les maisons, la ville ; tout autour les nouveaux remparts ou masses de terre, taillées en talus, revêtues de pierres ou de briques, hautes de vingt-cinq, trente pieds, épaisses d'autant, couronnées de distance en distance par de petites et hautes masses de terre appelées cavaliers, flanquées de distance en distance par de grandes masses de terre appelées bastions ; tout autour fossé large de soixante, quatre-vingts pieds, recreusé au milieu d'un autre fossé ; tout autour terres du fossé jetées en dehors formant le chemin couvert, l'esplanade ou glacis ; tout autour, à une plus ou moins grande distance, autres fossés, autres bastions, même plus multipliés, avec des tranchées de défense qui les lient aux flancs des bastions de la ville. Ces divers ouvrages tous fraisés, c'est-à-dire horizontalement endentés d'un cordon de pièces de bois dont le bout taillé en pointe sort de deux ou trois pieds ; tous palissadés, c'est-à-dire verticalement endentés d'un cordon de pièces de bois plus fortes, plus longues et également terminés en pointe, offrent comme un gros noyau de pierre entouré de diverses zones de terre, de bois, d'eau et de terre, hérissées d'angles, de pointes [108], ou plutôt comme une grosse tête à plusieurs effrayantes gueules, armées de plusieurs rangées de dents.

L'administration militaire.

Maintenant que je vais passer à une autre partie de l'art, j'ai à raconter ici la singulière aventure qui, la semaine dernière, me fit faire à Verdun une bien utile connaissance.

Je passais, je crois, dans la rue de la Tour [109] : Monsieur, me dit un pauvre en me montrant des parchemins enroulés, je viens de trouver ces grands parchemins ; si vous voulez m'en donner deux sous, ils sont à vous. — Voilà deux sous ! J'emportai ces parchemins ; je les déroulai ; c'étaient des revues militaires. En rentrant à l'auberge, je dis à haute voix que le hasard venait de faire tomber entre mes mains un rouleau appartenant peut-être à un commissaire des guerres.

Il ne s'était point passé une heure qu'on frappe à ma porte ; un grand beau jeune homme se présente et me dit, en mettant à la main son chapeau haut empanaché et en rejetant en arrière son petit manteau qui couvrait la brillante poignée de son épée, qu'il était le clerc du commissaire des guerres, et qu'il y avait apparence que les revues de soldats que je venais de trouver étaient celles qu'il venait de perdre. Je les lui remis. Il les ouvrit, et les reconnut tout de suite : Monsieur, me dit-il alors, après m'avoir montré les différents seings apposés au milieu et au bas de l'écriture [200], je voudrais bien, ne fût-ce qu'afin que vous puissiez voir combien sont importantes les pièces qui sont tombées entre vos mains et combien de remerciments je vous dois, que vous connussiez notre administration militaire. Monsieur, lui répondis-je, je désirerais bien aussi la connaître, je serais même fort content d'en avoir seulement une légère idée. Oh! oh! me dit-il avec un air de joie et de bonne volonté, rien n'est plus aisé, plus facile ; demandez-moi ce que vous voudrez. Il s'assit alors sur le siége que je lui avais présenté à son arrivée, et je m'assis en même temps. Monsieur, quel est le chef de l'administration militaire? Le chef! le chef! me répondit-il en réfléchissant et en portant la main au front ; le chef! nous n'en avons pas [201]. Et, ajouta-t-il avec un plus grand éclat de voix, comme en se raffermissant, nous n'en avons pas besoin. Mais, tenez, continua-t-il, un peu surpris par ma première question et peut-être en craignant une seconde, une troisième, vous pourriez m'interroger sur des points qui ne vous paraîtraient pas essentiels et qui le seraient ; je vais tout vous dire ; vous saurez tout ce que vous pouvez désirer. Écoutez-moi.

En France les dépenses de la guerre sont :

Ou ordinaires, comme celle de la cavalerie ;

Ou extraordinaires, comme celles de l'infanterie [202].

Pour les dépenses de la cavalerie, la principale force de l'armée, il y a un impôt dont l'argent est sacré ; on l'appelle le taillon de la gendarmerie. Notre siècle l'a établi [203] ; il a établi de même, sous un autre nom, le taillon de l'infanterie [204], le taillon de la fortification [205]. Le siècle où nous entrons établira sûrement aussi le taillon de l'artillerie, le taillon de la marine ; et alors la défense intérieure et extérieure, la force, le repos de la France seront assurés.

Chaque mois, le roi arrête de sa main l'état des compagnies de cavalerie et leur solde [206]. Le roi n'arrête pas [207], mais bien sûrement les rois du nouveau siècle daigneront aussi arrêter les états des régiments d'infanterie et leur solde.

Les fonds sont entre les mains d'un trésorier général des guerres [308].

Ces fonds y sont mis au moyen des mandements que donne sur les receveurs des tailles le trésorier général des finances [309].

Dans les compagnies de cavalerie, le trésorier général des guerres a un payeur [310].

Dans les régiments d'infanterie il n'en est pas de même; le trésorier fait payer par ses commis [311].

Les troupes ne reçoivent leur solde qu'après la montre ou revue faite par les administrateurs militaires ou commissaires aux revues, ou commissaires des guerres dont maintenant je vais vous parler.

Jusques au commencement de ce siècle les revues des corps de troupe avaient été faites par des baillis, des magistrats, des officiers domestiques de la maison du roi, des gentilshommes notables [312]; vers ce temps des commissaires aux revues, qu'on a appelés ensuite commissaires des guerres, furent établis en titre d'office [313]. Ils nous ont délégué, à nous leurs commis ou clercs, une partie de leurs fonctions [314].

Au jour fixé pour la revue, le commissaire ou son clerc se présente devant la troupe et fait l'appel. Il crie: la selle! me voilà; la bride! me voilà; la croupière! me voilà; la boucle! l'ardillon! la housse! le pas! le trot! le galop [315]! Chacun se porte en avant dès qu'il entend son nom ou son surnom.

La revue passée, le payeur de la compagnie, ou le commis du trésorier général, assis derrière une grande table, paie chacun en beaux écus, au vu de tout le monde [316].

Lorsque c'est un simple régiment d'infanterie, on se contente d'une croix à la suite de chaque nom [317]: mais si au contraire c'est une belle compagnie de gendarmerie, chaque gend'arme, après avoir passé deux revues, une en robe [318], une autre sous les armes, signe le procès-verbal de paiement. Monsieur, convenez-en, une compagnie de gentilshommes, une compagnie de gend'armes, signant tous à deux ou trois croix, à deux ou trois exceptions près [319], en dit plus sur le progrès de l'instruction nationale que la plus longue et la plus belle harangue de l'université.

A leur tour, les commissaires des guerres sont eux-mêmes inspectés; ils le sont par les contrôleurs ordinaires des guerres [320], par les contrôleurs extraordinaires des guerres, par le contrôleur général des guerres [321] qui donne aux troupes les quartiers [322] dont le roi a toujours dans sa poche le livret [323].

Des dépenses de la guerre, vérifiées par les contrôleurs, le plus important chapitre est celui de la solde [324].

Vient ensuite le chapitre des vivres, dont l'administration est régie par un commissaire général des vivres des camps et armées du roi [225] ; il a, entre autres officiers sous ses ordres, les clercs des vivres [226], les jaugeurs de farine et autres denrées [227], les munitionnaires, les marchands dont la fourniture des pains se fait à raison de quinze cents par voiture ou de trois cents par charge de mulet [228].

Vous remarquerez que les pains de munition sont distribués à l'infanterie [229], qu'ils ne le sont jamais à la cavalerie [230], qu'ils sont faits de trois quarts de froment et d'un quart de seigle, qu'ils pèsent douze onces au moins, qu'on en donne deux par jour à chaque soldat [231] ; qu'on lui donne en outre une pinte de vin, et par semaine une mesure de vinaigre [232].

Je sais d'assez bon lieu qu'on a été sur le point d'adopter dans les camps français le biscuit, le pain de pierre des Turcs [233], ainsi que les moulins et les fours portatifs des Anglais [234].

Le bœuf et le mouton sont la nourriture des gens de guerre [235], même des chefs, à qui il est tout au plus permis de se faire servir de la volaille [236].

Notez aussi que l'administration ne se borne pas seulement, lorsque les munitionnaires contractent avec elle, à les obliger de fournir en quantité suffisante le pain, la viande, les vivres, mais qu'elle leur fait encore souscrire l'engagement d'établir dans les camps des marchés approvisionnés de fruits, d'épicerie, d'eau-de-vie, d'étoffes, de cuir, de linge et de merceries [237], en sorte que, sans aller courir au loin, le soldat puisse facilement se procurer ces divers objets.

Notez encore que l'administration veille avec sollicitude sur la santé des soldats, qu'elle donne aux corps militaires des médecins, des chirurgiens [238], qu'elle les fait purger, les fait saigner comme dans les familles bourgeoises, qu'elle veille aussi avec sollicitude sur l'accomplissement de leurs devoirs religieux, qu'elle leur donne des aumôniers [239].

Les soldats blessés ou malades sont reçus dans les ambulances, les hôpitaux militaires [240].

Les soldats vieux vont dans les garnisons des villes mourir mortes-payes à quinze deniers par jour [241].

Dès que le jeune clerc aux revues n'eut absolument plus rien à dire, il se leva et aussitôt sortit.

Le Code militaire de France.

J'écrirai d'abord que le brave capitaine Bataille admire les ordonnances pénales. Il n'en excepte que celle du morion qui, suivant lui, avilit le militaire, l'homme.

Quand un soldat, m'a-t-il dit, est condamné *aux honneurs du mo-*

rion, il est d'abord obligé de se choisir parmi ses camarades un parrain; aussitôt le parrain le désarme, lui place le chapeau sur la pointe d'une pique qu'il lui donne à tenir, et le fait mettre dans la position de quelqu'un à qui l'on va donner le fouet sur les chausses, et véritablement le parrain le lui donne avec le bois d'une arquebuse. On compte les coups de cette manière : on lui demande s'il est gentilhomme; il doit répondre qu'il l'est, puisqu'il est soldat; on lui dit alors qu'un gentilhomme doit avoir tant de pages, tant de valets, tant de chiens, tant de faucons, et autant de pages, autant de valets, autant de chiens, autant de faucons, autant de coups. On lui demande combien de tours il y a à son château : s'il répond qu'il ne s'en souvient pas, on répond pour lui qu'il y en a tant ; autant de tours, autant de coups. On lui demande ensuite quels sont les princes de la famille royale? il les nomme ou on les nomme pour lui; autant de princes, autant de coups. On passe aux maréchaux de France, aux officiers du régiment; il les nomme ou on les nomme ; autant de maréchaux, autant d'officiers, autant de coups. De temps en temps le parrain ajoute :

Honneur à Dieu!
Service au roi!
Tout pour toi!
Rien pour moi!

Le tambour avait battu un ban au commencement, il en avait battu un autre à la fin [342].

Quant à moi je trouve bien sévère aussi la punition ou plutôt la peine de l'estrapade que j'ai déjà vu donner plusieurs fois depuis mon arrivée en France, et qu'on donne fort souvent à Paris, sur la place de ce nom, hors la porte Saint-Jacques [343]. Le soldat, lié par les pieds et par les mains, est suspendu au haut d'un mât, d'où on le laisse tomber à peu de distance de terre.

Les règlements veulent que lorsqu'un soldat a donné un soufflet à un de ses camarades il en reçoive un autre de sa main, en présence de la compagnie assemblée [344]. Les règlements veulent aussi que lorsqu'il a donné un démenti à un autre soldat il lui en demande publiquement pardon [345].

Dans certains cas, les règlements permettent le duel pour injures graves; mais ils exigent qu'il ait lieu en public [346] : les règlements punissent de la dégradation d'armes le duel qui a lieu sans autorisation [347]. Je n'ose ni approuver ni blâmer.

Soldat qui déserte est puni de mort.

Soldat qui s'enrôle dans deux bandes est puni de mort.

Soldat qui fait violence à une femme est puni de mort.

Soldat qui frappe son hôte est puni de mort. La loi n'est que juste en se montrant rigoureuse envers l'homme armé auquel l'homme désarmé est obligé d'ouvrir ses foyers.

Soldat qui emporte de force quelque chose à son hôte est encore puni de mort [248]. Le délit est moindre, la peine devrait l'être.

Le bon Louis XII portait dans son cœur la paix et la sûreté des chaumières, il voulait que les troupes ne fussent logées que dans les villes closes [249]. Comment son ordonnance est-elle tombée en désuétude [250]?

J'ai lu avec plaisir les nouvelles ordonnances où Henri IV prend sous sa sauvegarde les villageois et leurs bestiaux. Il y menace les soldats des peines les plus sévères [251], on croit l'entendre parler.

Les prévôts, assistés de six notables avocats du plus prochain siége, peuvent condamner à mort sans appel [252]. Quant au connétable, il suffit de son ordre : Pendez-moi celui-ci ! branchez-moi celui-là ! faites-moi passer cet autre par les piques ! disait tout en se promenant, ou tout en récitant son chapelet, le vieil Anne de Montmorency. La mémoire de cette police expéditive ne s'est pas encore perdue parmi les soldats : *Dieu nous garde des patenôtres de monsieur le connétable!* est passé en proverbe [253].

La police des colonels-généraux a été quelquefois bien plus terrible. Au Pont de Cé, on montre l'endroit où le colonel Strozzi fit noyer huit cents filles de joie, restées malgré ses bans à l'armée [254]; ces pauvres malheureuses imploraient la terre et le ciel.

En France, quand on dégrade un soldat, on le fait promener publiquement avec une pioche sur l'épaule [255]. La pioche, instrument nourricier et respectable, ne peut dégrader ; c'est un contre-sens social que la vieille France a transmis à la France actuelle.

François Ier donna des anneaux d'or, des marques d'honneur [256]; il institua des prix permanents ; cette conception si heureuse, si follement abandonnée, aurait peuplé de héros tous les rangs de l'armée.

Le noble cœur du soldat est vivement ému aux funérailles militaires où, dans les rangs des prêtres chantant les dernières prières des morts, les homicides piques sont traînées sur la terre, où le drapeau, porté sur l'épaule, reste enroulé, où le tambour, porté sur l'épaule [257], reste muet.

LA CAPITALE DE LA FRANCE.

Station XLII.

Me voilà enfin à Paris, et depuis quelque temps.
Que de questions me seront faites à mon retour en Espagne ! voyons si je pourrai y répondre.

Quelle est la grandeur de Paris?

Comparé à Madrid, à Tolède, Paris égale ces deux villes réunies [1] ; et tous les jours encore, luttant contre les bornes que lui a posées la main des rois [2], il les a plusieurs fois renversées.

Paris renferme environ quinze mille maisons [3] ; il est divisé en croix par la longue rue Saint-Martin prolongée par la longue rue Saint-Jacques, et par la longue rue Saint-Honoré prolongée par la longue rue Saint-Antoine. Paris forme donc comme quatre villes : la ville des gens de cour où sont le Louvre, les Tuileries ; la ville des gens de guerre où sont le château-fort de la Bastille, l'Arsenal, tout rempli d'armes [4], le Temple, tout rempli de poudre [5] ; la ville des gens de lettres où sont les collèges de l'université ; enfin la ville des gens d'église où sont les cordeliers, les jacobins, les chartreux et le plus grand nombre de couvents [6].

Quels sont les principaux édifices de Paris?

Tout le monde va d'abord, en arrivant, visiter Notre-Dame ; cette basilique est grande, vaste, mais un peu massive, et même, aux yeux d'un Espagnol un peu nue.

Un des clercs-portiers, ayant remarqué mon attention à tout voir, à tout examiner, se douta que j'étais étranger, et m'offrit de me montrer les diverses curiosités de cette église : j'acceptai.

Vous saurez d'abord, me dit-il, que les fondements sont bâtis sur pilotis.

Regardez maintenant les portes ; elles sont superbes ; elles sont couvertes de cuir, attaché avec des ornements et des clous de fer doré [7].

Il y a dans cette église vingt-deux autels : celui-ci est l'autel des paresseux. On y dit, le dimanche, la dernière messe à onze heures [8].

Lorsque nous eûmes fait le tour de l'église, le clerc-portier, tout en me reconduisant, me fit arrêter auprès de la principale porte, devant un très grand lit de bois, scellé au pavé, sur lequel, me dit-il, les enfants trouvés et leurs nourrices se placent aux jours de solennités, pour solliciter la charité publique [9].

Il me reconduisit jusqu'à la grande porte, où il prit congé de moi après m'avoir montré, avec sa longue baguette, une à une, les nombreuses effigies des rois [10] qui ont gouverné la France, et qui, là, semblent maintenant se présenter au jugement des peuples.

J'avoue que j'ai passé plusieurs jours sans aller voir ni le Louvre ni les Tuileries [11]. J'ai trouvé que cela ne seyait pas mal à la fierté espagnole, à la gloire de notre Buen-retiro et de notre Escurial [12].

Quels sont les principaux hôtels de Paris?

Dans cette ville les hôtels des princes et des grands seigneurs paraissent être, par leurs vastes dimensions, les châteaux des rues où ils sont bâtis.

Suivant moi, l'hôtel de Carnavalet, rue de la Culture-Sainte-Catherine, élevé sur les plans de l'abbé de Clagny, décoré par les sculptures de Goujon [13], est le plus beau, le plus élégant.

L'hôtel de Cluni, rue des Mathurins, malgré les dentelles en pierre de ses portes et de ses fenêtres [14], ne peut lui être comparé.

Il me tardait de voir le fameux hôtel d'Hercule, devant la porte duquel ce fou de Rabelais fit tant de folies divertissantes, afin d'attirer l'attention des gens du chancelier Duprat, afin d'être admis à son audience [15]. Cet hôtel est sur le quai des Augustins, à côté de l'église de ces religieux, la rue entre [16].

A peu de distance, du même côté de la rivière, est le magnifique hôtel de Nevers, pour lequel Henri III fit bâtir le Pont-Neuf [17].

Je n'approchai pas sans un sentiment de respect de l'hôtel de Clisson ou de la Miséricorde, rue du Chaume ; il n'y a pas encore douze ans qu'il était habité par le duc de Guise [18].

Ma pensée fut de même profondément saisie en approchant de l'hôtel qu'habita une femme d'un grand caractère qui remua aussi le monde, qui aiguisa pendant plusieurs années, et sans cesse, les ciseaux dont elle voulait faire une couronne de moine à Henri III. C'est l'hôtel de la fameuse duchesse de Montpensier [19], situé au coin des rues de Tournon et du Petit-Bourbon. Aujourd'hui il y a solitude comme à celui de son frère le duc de Guise.

Il en est encore aujourd'hui de même, dans la rue Coquillière, à l'hôtel de Soissons, bâti avec une dépense toute royale par Catherine de Médicis. La haute colonne astronomique dont il est surmonté a fait croire au peuple que dans ses vastes appartements avaient lieu des opérations et des scènes de magie [20]. Le peuple a toujours aimé à croire aux magiciens, surtout aux magiciennes, surtout aux magiciennes couronnées.

Même solitude, et depuis bien plus longtemps, sur le quai du Louvre à l'hôtel du connétable de Bourbon. Tout le monde sait qu'il prit les armes contre son roi, et qu'il le fit prisonnier à Pavie. Les portes et les fenêtres de son hôtel furent barbouillées de jaune par la main du bourreau. Encore les pluies de plus de soixante hivers ne les ont pas lavées [21].

J'allai, rue Saint-Antoine, visiter l'hôtel de Brissac [22]. Celui-là est fort fréquenté, fort animé; j'espérais y voir ce fameux duc qui, à la journée des barricades, avec quelques barriques placées à l'extrémité de chaque rue [23], fit sortir de Paris Henri III; qui, sept ans après, au moyen des bas de chausse blancs que portèrent comme signe de ralliement [24] les bons Français, y fit entrer Henri IV.

Quels sont les plus beaux ponts de Paris?

Il n'y en a qu'un de beau : c'est le Pont-Neuf, vraiment neuf; car depuis vingt grandes années, deux architectes, Androuet, Marchand [25] n'ont encore pu le finir [26].

Tous les autres ponts en pierre sont bordés de maisons [27], et ne paraissent être que la continuation des rues aboutissantes.

Le Pont-au-Change, le pont de l'île Notre-Dame [28], le pont des Tuileries sont surmontés d'une grande croix dans leur milieu [29]. On les a faits en bois [30], comme des ponts de village.

Quelles sont les principales rues de Paris?

De même que dans toutes les villes du monde chrétien, à Paris, un fort grand nombre de rues, surtout des principales, portent le nom des apôtres ou des patrons du royaume : Saint-Jacques, Saint-Antoine, Saint-Honoré, Saint-Denis, Saint-Martin, Saint-Germain, Saint-Marcel, Saint-Louis [31].

En y entrant, on remarque d'abord une merveilleuse propreté; tous les jours les pavés sont nettoyés [32], et ils sont lavés à grands seaux d'eau, plusieurs fois le jour [33].

On remarque encore que chaque maison, ou par dévotion, ou par esprit de parti, a sur la porte son saint dans une niche [34].

Vous êtes frappé aussi, dans les riches quartiers, de ce grand nombre de hautes et larges portes nouvellement bâties, appelées portes cochères, portes carrossières, du nom des coches, des carrosses auxquels elles s'ouvrent [35].

Vous ne l'êtes pas moins de la richesse et de la magnificence des enseignes. Parmi les Parisiens, c'est à qui se ruinera en enseignes, à qui aura les plus belles, surtout à qui aura les plus grandes [36]. Les nuits où le vent mêlé de pluie agite les nombreuses enseignes d'une longue rue, vous diriez d'un ouragan déchaîné à travers une forêt. Ordinairement les plus grandes enseignes sont portées sur des piliers. Toutes sont peintes, ou des images des saints, ou des croix de tous les métaux et de toutes les couleurs [37]. Avant le siège et pendant le siège de Paris, les enseignes de la croix de Lorraine étaient les plus multipliées [38]. Un marchand, fort économe, qui voulait bien vivre avec tout le monde, avait fait peindre d'un côté de son enseigne : Vive le roi! et de l'autre : Vive la ligue! Suivant le temps, il tournait et retournait son enseigne.

Quelles sont les places de Paris?

Dans les différentes villes de l'Europe on nomme places les grands espaces carrés ou circulaires, environnés de maisons. A Paris, il n'y a pas de places [39].

Quels sont les marchés de Paris?

Les Parisiens sont habitués cependant à nommer places de petits ou de grands carrefours, où se tiennent de petits ou de grands marchés au pain, à la viande, au poisson, aux œufs, aux fruits, aux légumes [40].

Le marché le plus spacieux est celui de la grande halle qu'on nomme simplement la halle; quatre des plus grandes rues y aboutissent comme quatre grands canaux qui viennent y décharger les plus belles productions des quatre régions de la France.

La grande halle est entourée de piliers, elle tient à la halle au blé, bâtiment circulaire, bien aéré, bien fermé, à la halle aux œufs, à la halle au beurre [41].

Je ne dois pas omettre la fameuse halle des Mathurins, où, aussitôt que les marchands ont déployé leurs rouleaux de parchemin, écoliers, régents, procureurs, notaires, greffiers, accourent [42]. Autrefois ils y accouraient en bien plus grand nombre, et quoique la halle des Mathurins reste depuis longtemps la même, elle devient tous les jours plus grande.

Je cherchai assez longtemps la halle au vin, je ne pouvais facilement la trouver; il n'y en a pas. On ne vend le vin que sur les bateaux, où les marchands parisiens ont des banderolles de couleurs éclatantes, où les marchands forains n'en ont d'aucune couleur [43].

Le marché aux chevaux est devant le Châtelet : je ne l'ai pas cherché, je ne l'ai que trop souvent rencontré; car lorsqu'il se tient, il ne faut point passer au bas de la rue Saint-Denis, où il faut y passer entre les coups de pied des chevaux et les coups de fouet de ceux qui les vendent.

Quelle est la population de Paris?

Il y a environ quatre cent mille hommes à Paris [44]; c'est un peu plus qu'à Londres [45], c'est un peu moins qu'à Constantinople [46].

Dans une des dernières montres de la garde bourgeoise, on compta cent mille hommes [47].

L'armée de la ligue, qui dans tant de provinces a livré tant de batailles, était en grande partie composée de cette garde [48].

On dit qu'ordinairement il y a mille malades à l'Hôtel-Dieu [49].

On dit qu'il meurt à Paris, chaque jour, huit personnes [50] : il serait peut-être plus vrai de dire trente-cinq, quarante.

On porte le nombre des pauvres à dix-sept mille [51].

On porte le nombre des marchands en gros, ayant plus de cinq cent mille livres, à deux cents [52].

Et le nombre des autres marchands ayant une fortune médiocre, à vingt mille [53].

On croit qu'il y a au moins douze cents boulangers [54].

On évaluait, il y a plus de soixante ans, le prix des loyers à trois ou quatre cent mille livres [55].

On évalue aujourd'hui la consommation du vin à trois cent mille muids [56].

On a calculé ce que Paris boit : on n'a pas calculé ce qu'il mange.

Quelles sont les diverses conditions du peuple de Paris?

J'ai dit qu'à Paris il y avait quatre villes : j'aurais dû dire qu'il y en avait cinq, que la cinquième, celle du commerce, était située au centre, s'étendant vers le nord; j'aurais même dû dire qu'il y en avait six, que la sixième, celle des fabriques, était située à l'orient. A certains égards les lois municipales semblent maintenir cette fixité de ces diverses villes, cette fixité de domicile des Parisiens, car plusieurs professions ne peuvent passer d'une rive à l'autre. Par exemple : il est défendu aux libraires d'aller s'établir en-delà des ponts sur la rive droite [57], et il est défendu aux maîtres d'armes d'aller s'établir en-deçà sur la rive gauche [58].

Le petit peuple avec lequel se confondent les Irlandais [59] et les gens pauvres logés chez les logeurs à un liard [60], se trouve partout, mais en plus grand nombre dans les quartiers orientaux où il appartient aux fabricants qui lui donnent du travail, et dans les quartiers méridionaux où il appartient aux moines qui remplissent son écuelle [61].

XVIᵉ SIÈCLE.

Quels sont les délits les plus fréquents à Paris?

Sous un gouvernement faible où il y a des émeutes, des séditions, des révolutions, il n'y a guère, à Paris, de voleurs, de malfaiteurs : mais sous un gouvernement fort il y en a en grand nombre, et ils s'y organisent par grandes compagnies, appelées compagnies des guilleris [62], compagnies des plumets [63], compagnies des rougets [64], compagnies des grisons [65], compagnies des tire-laine ou voleurs pauvres diables détroussant les bourgeois [66], compagnies des tire-soie ou voleurs de bonne famille, n'attaquant jamais que les gens de qualité [67].

Il y a aussi la compagnie des barbets qui prennent les divers habits des divers états, pour s'introduire dans les maisons [68].

Il y a aussi la compagnie de la Mate qui a ses membres, ses affidés ses fins matois [69], qui est publiquement connue, qui n'est guère inquiétée.

Il y a aussi des compagnies de meurtriers, entre autres celle des mauvais garçons qui se louent publiquement au plus offrant et qui gagnent impunément leur argent [70].

Aux voleurs, aux coupeurs de bourse, aux affronteurs, aux mauvais garçons, joignez d'un côté les nombreux et turbulents écoliers de l'université, et de l'autre les nombreux et turbulents compagnons ouvriers, les nombreux et turbulents laquais ou valets qui souvent au milieu des rues se livrent de petites batailles [71] ; joignez toute cette jeune noblesse indisciplinée qui, la nuit, fait gloire de charger le guet et de le mettre en fuite [72].

Quelle est la police de Paris?

Tous les ans on compte dans cette ville un plus ou moins grand nombre et toujours un très grand nombre de meurtres [73] ; on y en compterait toutefois un bien plus grand nombre sans son excellente police.

D'abord il n'est permis à personne d'avoir plus d'une porte à sa maison ; s'il en a plus d'une, le magistrat fait aussitôt maçonner l'autre ou les autres [74].

Il n'est pas non plus permis de laisser sa maison inhabitée. Le magistrat fait placer un gardien à celles où les propriétaires absents n'en laissent pas : c'est que dans les temps où les délits nocturnes se multiplient, toutes les maisons sont obligées de faire à leur tour le guet de la rue ; et dans ces temps il y a successivement à chaque maison un homme qui derrière la vitre regarde ou écoute, qui au premier bruit, au premier cri, ouvre la fenêtre, sonne sa clochette jusqu'à ce que les clochettes voisines l'aient entendue ; alors et à l'instant toutes les clochettes de Paris sonnent ; toutes les fenêtres s'illuminent ; tout le monde sort en armes [75], et les malfaiteurs sont poursuivis, environnés, arrêtés.

Il ne faut pas d'ailleurs croire qu'aussitôt que les barres qui assujétissent les portes [76] sont poussées avec un retentissement général et presque simultané, Paris soit dans les ténèbres : tout le monde sort une lanterne à la main, ainsi que l'ordonnent les réglements [77], et ce mouvement de milliers de lanternes, aux sombres soirées de l'hiver, fait spectacle.

J'ajouterai que la police force les habitants de la ville à suspendre pendant certains mois de l'année, devant leur porte, une lanterne allumée [78].

Il est à regretter que depuis environ quarante ans on ait renoncé aux grandes lanternes publiques, appelées falots, suspendues à de hautes potences [79] ; on a eu, sans doute, de bonnes raisons : je désirerais bien cependant de les savoir.

Je ne veux rien omettre et je dirai aussi que dans tous les quartiers il y a un grand nombre de seaux de cuir, pour assurer des secours dans les cas d'incendie [80].

La police de Paris a pour chefs les dixeniers, les cinquanteniers, les quarteniers [81].

C'est chez les dixeniers que les étrangers, à leur arrivée, se font enregistrer [82].

Quelle est la garde de Paris ?

Ainsi que Paris est formé de maisons très vieilles, vieilles, neuves, la garde soldée de cette ville est formée des anciens archers, au nombre de cent vingt, tous décorés de l'ancien ordre de l'étoile [83], des arbalétriers de Charles VI, au nombre de soixante [84], des arquebusiers de Charles IX au nombre de cent [85].

Quant à la garde non soldée qu'on nomme le Guet, elle est formée des corps de métier.

Je note, non comme chose accessoire mais comme chose très notable, que les métiers exempts de faire le guet sont en plus grand nombre que les métiers qui le font [86].

Les Parisiens de la paroisse ou terre de Saint-Éloi, du Temple, de Saint-Jean-de-Latran, quels que soient leurs métiers, en sont exempts [87].

Les quatre ou cinq cents messagers ou bedeaux de l'université en sont exempts.

Les descendants du pèlerin Chalo de Saint-Mas, quel que soit leur état, en sont de même exempts ; on en compte dans cette ville plus de trois mille. La race des pèlerins est donc bien féconde !

XVIᵉ SIÈCLE.

Quels sont les magistrats de Paris?

Depuis qu'il y a des prévôts, il y en a sans doute à Paris ; aujourd'hui il y en a deux : l'un le prévôt chef de la justice civile, le prévôt du roi ; l'autre le chef de la justice commerciale, le prévôt des marchands. D'abord insensiblement, ensuite plus sensiblement et surtout aux derniers siècles, l'autorité municipale a passé des mains de l'un dans celles de l'autre, et si à cet égard l'un aujourd'hui n'a guère plus à gagner, c'est que l'autre n'a guère plus à perdre.

Le prévôt des marchands préside le conseil municipal des échevins [88], et il ne préside pas la justice commerciale, car elle est maintenant sortie de l'Hôtel-de-Ville [89].

Quel était hier Paris?

Je soupais, il n'y a pas longtemps, avec un de mes voisins. Quand nous fûmes entre la poire et le fromage, entre une bouteille de vin de Mâcon et une bouteille de vin de Bordeaux, il revint sur sa vie passée, m'avoua qu'il avait été aussi franchement bon ligueur qu'il était aujourd'hui franchement bon Français, bon serviteur du roi ; et tout en disant son *mea culpa*, il m'amena, pour ainsi dire, au milieu du terrible Paris de la ligue.

Quelles années, me dit-il, que les années 1592, 1593 et 1594 [90] ! il n'en sortira jamais de pareilles du sein des siècles. Paris était changé en un camp muré, les maisons en tentes, les bourgeois en soldats, parmi lesquels les marguilliers, les sacristains, les clercs, les chantres étaient colonels, capitaines, sergents, enseignes.

Continuellement tambours, cloches ;

Et silence au palais du roi ;

Et silence au palais de justice ;

Et silence aux collèges ;

Et silence aux halles, aux marchés ;

Pour les plus riches, comme pour les plus pauvres, de la viande de chien, de chat, de cheval, du pain d'avoine [91].

Vers la fin, des racines, des herbes cueillies sous les canons des assiégeants et des assiégés [92].

Bientôt les rues se remplissent de mourants et de morts. Les vautours descendent du ciel ; la terre vomit des serpents [93].

Les malheurs de cette ville surpassent ceux de Sagonte, de Carthage et de Jérusalem.

Certes, il y a pour longtemps avant que Paris ait de nouveau envie de vouloir se faire assiéger. Ce n'est pas que plusieurs anciens chefs, aujourd'hui redevenus obscurs et sans pouvoir, ne fussent prêts à recommencer. On trouverait, comme disent familièrement les

Français, des violons, mais depuis que le roi actuel règne, on ne trouverait plus personne pour danser.

Quel est aujourd'hui Paris?

Lorsque je me souviens des narrations de cet ancien ligueur, je suis encore plus émerveillé de la face actuelle de ce grand Paris saigné, purgé pendant sa crise, sa fièvre, son délire, par les charlatans, les empiriques, et comme les corps vigoureux, tout aussitôt qu'on l'a rendu à lui-même, redevenu ce qu'il était.

Paris a maintenant repris toute sa vie, tout son embonpoint, toutes ses couleurs.

On me dira que je n'ai pas vu Paris avant la ligue : sans doute, mais j'ai vu ceux qui l'ont vu.

Comme auparavant, les rues sont devenues populeuses, retentissantes

Comme auparavant vous entendez crier : Oranges de Portugal [94]! oranges de Provence! oranges d'Italie [95]! cerises de Poitiers [96]! pêches de Corbeil [97]! bergamottes d'Autun [98]! bon-chrétien de Tours [99]! marrons de Lyon [100]! navets de Maisons [101]! oignons de la Ferté [102]! pain de Louvres! pain de Gonesse! pain de Saint-Germain [103]! vin de Surêne! vin de Vaugirard! vin du Mont-Valérien! vin de Montmartre [104]! sauce blanche! sauce verte [105]! petits pâtés de cinq deniers [106]! gobets! craquelins! merveilles frites [107]! dragées dorées [108]! casse-museaux! brides à veau [109]! cependant que les cuisines des traiteurs [110] bouillonnent, que les fours des pâtissiers [111] chauffent, que les broches des rôtisseurs [112], de même remplies d'un bout à l'autre, tournent comme auparavant.

Vous entendez, comme auparavant, les cinquante colporteurs-crieurs de livrets, leur belle plaque sur l'épaule [113], crier : *Catalogue des rues de Paris, avec la dépense qui se fait tous les jours dans cette ville* [114]; *La prochaine ruine de Paris, mise en quatrains français* [115], et comme auparavant et plus qu'auparavant vous voyez des libraires ou criant leurs livres aux portes des riches maisons [116], ou roulant leurs tablettes le long des rues [117].

Si Paris ne travaille pas moins, ne commerce pas moins, ne lit pas moins, il ne rit, il ne s'amuse pas moins.

Les dimanches, après les Complies, il va, tout comme il allait, danser à Saint-Antoni [118], à Bagnolet, à la Malmaison [119] qui ne fait plus peur à personne, à Madrid qui ce jour-là est ouvert [120], surtout aux îles de la Seine, îles enchantées, gazonnées, plantées de groupes d'arbres, à l'ombre desquels de jolies familles se promènent, se reposent, se régalent [121], tandis que les joueurs au pale-mail, à la longue paume, à la courte boule, animent, couvrent les deux rives [122].

XVI° SIÈCLE.

Qu'on vienne sous les ombrages du quai des Ormes, on y trouvera, peut-être plus qu'autrefois, du velours, des épées, des vertugadins, des dentelles, d'élégants cavaliers, d'élégantes dames, du beau monde [123].

Le long de ce pré aux Clercs qui tient tout un côté de la Seine, depuis l'abbaye Saint-Germain jusqu'au-delà du Gros-Caillou [124], vous y trouveriez, Rabelais y trouverait autant d'écoliers que de son temps, et vous les trouveriez et il les trouverait jouant aux divers jeux qu'y jouait son élève Gargantua [125], et sans doute à d'autres encore.

J'ajoute : les écoliers ne vont-ils pas, comme autrefois, se mêler aux divertissements populaires [126]? Dans ces nombreuses mascarades qu'on voit ou du haut des remparts ou des plates-formes du Châtelet [127], ces troupes de loups, de panthères, d'ours, de taureaux, de chevaux, de mulets, d'ânes [128], ne sont-elles pas la plupart incontestablement composées de bacheliers, de licenciés, de maîtres-ès-arts, même de docteurs?

Ne puis-je pas dire aussi que les foires ne sont pas moins animées; et pour ne parler que de celle de Saint-Germain où sont réunis tous les plaisirs, toutes les joies des précédents siècles et du nôtre, les vastes emplacements que couvrent d'antiques charpentes sont-ils devenus trop vastes? Y a-t-il un moindre nombre de ces riches et magnifiques étales, divisées, suivant les marchandises, en rues de fines toiles, rues de fins draps, rue de satin, rues de velours, rues de quincailleries, rues de miroirs, rues d'orfèvrerie, rues d'argent, rues d'or, rues de perles, rues de diamants [129]? Y a-t-il moins de spectacles, moins de flambeaux, moins de musique, moins de monde, moins de bruit? y en a-t-il moins? non! non! La cour y vient-elle moins souvent? Prolonge-t-elle moins souvent la durée de la foire [130]? non! non!

Paris a repris ses habitudes, je me hasarde à dire ses allures. Les Français criaient quatre fois plus haut que les autres peuples, les Parisiens criaient quatre fois plus haut que les autres Français : Vive le roi! aujourd'hui les Parisiens crient vive le roi! plus haut encore [131]; aujourd'hui, à son entrée, ils tapissent beaucoup plus de fenêtres [132], et carillonnent beaucoup plus avec leurs horloges [133].

Paris a repris ses usages.

Toujours après l'office les marguilliers sont reconduits entre deux bedeaux [134].

Toujours après l'appel du guet, le clerc est reconduit entre deux lanternes [135].

Je demandai si toujours le vénérable chapitre de Notre-Dame déjeûnait, une fois l'année, en ordre de procession, devant la grande porte de Saint-Lazare [136]? Toujours! toujours! me répondit-on.

On m'a offert, et toujours les bouquetières offrent des fleurs soit pour donner aux saints, soit pour donner aux dames [137].

Un matin je passais dans la rue Saint-Denis; il y avait foule, je m'approche, je vois de jolies petites religieuses qui sortent du couvent, qui présentent trois tranches de pain et un verre de vin à un jeune homme, mené entre plusieurs rangs d'archers : Oh! dis-je alors, ce garçon est bien dégoûté pour qu'il faille lui faire accepter par force une aussi gracieuse invitation. Oh! me répondit-on, c'est le dernier pain qu'il mangera, le dernier vin qu'il boira; il va être pendu dans quelques instants, et les pieuses Filles-Dieu sont venues, suivant l'usage [138], réconforter son corps et son âme.

Qui fut bien ébahi? ce fut moi.

Je ne fus pas moins ébahi la première fois qu'à l'entrée des ponts je m'arrêtai pour regarder les perceptions.

Un marchand jeune et fort portait la toile qu'il vendait : il ne paya rien.

Un autre marchand ne pouvant la porter, la faisait porter : il paya.

Une Parisienne se présenta avec une pièce de toile; elle l'avait filée : elle ne paya rien.

Une autre Parisienne n'avait pas filé la sienne : elle paya.

Un Parisien se présenta avec une pièce de drap; c'était pour son usage : il ne paya rien.

Un autre Parisien le suivit; il avait aussi une pièce de drap, mais qui n'était pas pour son usage : il paya.

Vinrent des villageois conduisant différents bestiaux; le percepteur dit : Le cheval paie tant, le bœuf tant, l'agneau tant, et le bouc voilà ce qu'il paie, ajouta-t-il, en frappant avec une mailloche entre les deux cornes [139] le premier qui passa. Je murmurai tout haut de cette cruauté gratuite : Mais, se prirent à me dire les plus jeunes, comme les plus vieux Parisiens, c'est l'usage, toujours ça été l'usage [140].

LA BOUTIQUE DE CALAIS.

Station XLIII.

Oui, certes, je veux envoyer au Pérou, à mon bon parrain qui aime tant la géographie, une collection de cartes françaises : Eh! pourquoi pas plutôt de cartes hollandaises dont le trait est si net, si

vif¹, ou de cartes italiennes dont le trait est si léger, si moelleux²?
C'est que pour moi, plus je vois, plus j'examine de cartes, plus je
trouve bonnes et belles les cartes françaises.

En arrivant à Calais, où je suis directement venu de Paris, j'avais
remarqué dans la longue rue du Port³ un grand étalage de cartes;
après dîné le hasard m'ayant ramené dans cette rue, je suis entré
dans la boutique. Oh! que de cartes! jamais de ma vie je n'avais vu,
revu, manié, remanié, examiné, réexaminé autant de cartes; jamais
je n'avais autant fait d'observations sur leur forme, leur dessin, leur
gravure, leur enluminure.

Les cartes des provinces.

D'abord, je remercie les géographes actuels de n'avoir pas innové
en tout; de ne pas avoir voulu faire mieux que le mieux possible;
d'avoir, ainsi que leurs prédécesseurs, continué à écrire horizontalement les noms⁴ comme les lignes des livres; je les remercie aussi
d'avoir conservé les signes pittoresques des anciennes cartes, car de
même qu'on y voyait figurés à côté des mots : *Columnæ Alexandri,
Portæ Sarmaticæ, Aræ Philenorum, Turris Davidis, Regiones ferarum,* deux colonnes, une porte, un autel couronné de flammes, une
tour crénelée, des animaux féroces⁵, de même, dans les nouvelles
cartes, surtout dans celles des provinces, on voit à côté des noms des
villes, des châteaux forts, de petites représentations de villes, de châteaux⁶. Je les remercie encore d'écrire les mots forêts, vignes, là où
ils ne peuvent semer sur le papier leurs petits arbres, leurs petits
ceps de vigne⁷. Toutefois je désirerais qu'on marquât aussi les autres
grandes cultures ou par leurs signes figuratifs ou par les noms qui
les indiquent. Alors l'image du pays, avec toutes les formes, toutes
les couleurs de son territoire, venant facilement se peindre à l'œil,
irait facilement se graver dans la mémoire.

Les cartes des royaumes.

Si l'on compare les cartes de l'Espagne, de la France, de l'Italie,
de l'Allemagne, de l'Angleterre, faites, il y a cinquante, quatre-vingts,
cent ans, avec celles d'aujourd'hui, l'on trouvera qu'elles n'ont pas
très sensiblement changé dans les configurations de leur pourtour et
de leur intérieur⁸; mais il n'en est pas de même des cartes des autres
royaumes de l'Europe; à peine elles sont reconnaissables⁹.

La carte de la France, par le célèbre mathématicien Oroncefine¹⁰,
est encore estimée. On lui reproche quelques fautes; mais dans
quelles cartes n'y en a-t-il pas? Il faut d'ailleurs tenir compte de ce
qu'elle a été gravée à Venise en 1563¹¹; alors on n'avait pas comme

aujourd'hui, à Paris et dans les provinces, des graveurs et d'excellents graveurs de cartes [12].

Avec quel plaisir n'ai-je pas vu la carte de notre noble Espagne, divisée en ses anciens royaumes, aujourd'hui ses provinces dont chacune porte au milieu, autant vaut dire sur le front, ses armoiries [13] !

Les cartes de l'Europe.

Voilà, je crois, à jamais fixée, la figure de trois côtés de l'Europe ; on a de nos jours navigué dans les différentes mers qui les baignent, jusqu'à celles du Groenland [14] et d'Archangel [15].

Du côté des terres, la figure en est de même à jamais fixée, du moins le long de la mer Caspienne et du Tanaïs qui la séparent de l'Asie [16].

En voyant, entre ce dernier fleuve et celui du Volga, la grande muraille élevée par les Russes pour arrêter les incursions des Tartares [17], je me rappelle toutes les autres semblables murailles, élevées successivement par les nations policées [18] : Au temps actuel ces mêmes limites sont seulement et bien plus sûrement défendues par la poudre à canon et l'étui de mathématiques.

Les cartes de l'Asie.

Du côté de l'orient, du côté du midi, la figure de l'Asie, dans les diverses cartes, ne varie guère ; mais elle varie beaucoup du côté de l'occident, et plus encore du côté du nord, ce qui prouve que des quatre côtés de cette partie de la terre deux sont connues et deux ne le sont pas.

Mes yeux ont été réjouis de voir les clochers et les croix des colonies portugaises, aujourd'hui espagnoles, dans les lointains pays de la cannelle [19].

Quel plaisir aussi de voir sous les palmiers qui enjolivent ordinairement les coins des cartes de l'Asie, des familles noires, noirâtres, rouges, jaunes, blanches [20], charmante échelle de climats, charmante échelle des diverses couleurs, que sous les divers feux du soleil sont venus prendre irrésistiblement les descendants de notre premier père !

Les cartes de l'Afrique.

Toujours l'Afrique est plus uniformément figurée qu'aucune autre des quatre parties du monde ; elle forme une presqu'île dont toutes les côtes sont connues depuis la fin du dernier siècle [21]. Quant à l'intérieur, les anciens géographes ne le connaissaient guère [22], et les géographes modernes le connaissent encore moins [23].

Les cartes de l'Amérique.

Il est étonnant que le nouveau monde ait été découvert si tard, qu'il l'ait été par des Espagnols conduits par un Italien, que cet Italien ne lui ait pas donné son nom, que ce soit un autre Italien, venu après lui qui lui ait donné, non pas son nom, mais son prénom, non pas même son prénom, car celui de Vespuce n'était pas Améric, mais Alméric [24].

Lorsqu'à l'époque de cette mémorable découverte les deux moitiés de la terre firent connaissance, un si grand évènement fixa moins l'attention des gouvernements que celle des savants et des géographes.

Mais enfin les nations s'éveillèrent.

Les Espagnols allèrent conquérir les plus belles parties de ce nouveau pays [25]; j'ai remarqué avec plaisir que les cartes sont empreintes de leur gloire. J'y ai lu : *Terra capta anno 1521. Terra capta anno 1533* [26].

Les Portugais voulurent en avoir aussi une lisière [27].

Les Anglais n'ont guère voulu que se montrer sur les mers et sur les côtes du nouvel hémisphère [28].

Les autres peuples sont demeurés simples spectateurs [29].

J'en excepte les Français : la vanité nationale ne leur a pas permis de se contenter d'un pareil rôle; toutefois leurs capitaines Verrazano [30], Cartier [31], Champlain [32], Ribou [33], Villegagnon [34], Laroque [35] et plusieurs autres n'ont fait que partir pour l'Amérique, y débarquer, y bâtir quelques forts de bois, y jeter une poignée de pauvres diables et repartir [36]; toutefois, dans les grandes cartes de leurs terres neuves [37], de leur Canada [38], de leurs Florides [39], on voit des rivières françaises, des noms de Seine, de Loire, de Garonne, des villes nommées Charles-Ville, Henri-Ville [40]. Ah! c'est que leurs géographes ont mieux fait ou plus fait que leurs capitaines.

Les cartes des terres polaires.

En même temps qu'au septentrion du globe la géographie agrandit l'Amérique vers l'Europe et vers l'Asie [41], elle ne cesse de diminuer, au midi, les terres polaires. Autrefois ces terres formaient un troisième grand monde, et venaient jusqu'au détroit de Magellan [42]; aujourd'hui, à mesure que la navigation fait de nouveaux progrès, elles reculent [43], elles s'évanouissent.

Les cartes des hémisphères.

Ancienne comme la géographie [44], la coupe de la sphère par le méridien de l'île de Fer n'a pas arrêté mon attention; mais j'en ai longtemps regardé une autre qui m'a présenté la sphère coupée par l'équateur ; et comme l'œil répugne à ce que les deux planihémisphères puissent s'adapter à la convexité des deux hémisphères, cette carte offre alternativement des fuseaux représentant la surface de la terre, et des fuseaux ombrés représentant le vide [45].

J'aurais encore bien à dire sur la division du degré en vingt-cinq lieues, sur la division du méridien, de l'équateur en trois cent soixante degrés [46] ; mais les vingt-quatre heures de minuit sonnent à la vieille horloge [47] de l'église voisine, et je sens que c'est assez pour ce soir ou pour ce matin [48].

L'ÉCRIVAIN DE CALAIS.

Station XLIV.

J'ai retourné chez le marchand dès qu'il a fait jour, car, en me couchant, je pensai que l'envoi à mon parrain serait incomplet, si à la collection des cartes géographiques, je ne joignais la collection de cartes hydrographiques.

D'abord, j'ai été assez mécontent des premières que j'ai vues : la mer y était représentée en bouillons noirs, si noirs que les terres en paraissaient blanches, couvertes de neiges [1].

La carte de l'Océan mesuré géométriquement et trigonométriquement, jusqu'aux rivages par les angles et les triangles rayonnant d'une boussole placée au centre [2], m'a paru d'un meilleur effet et d'un dessin plus savant.

Bientôt une autre carte a excité toute mon admiration ; c'était celle des côtes de la France.

On y voyait les îles, les îlots, les rochers, les rescifs, les écueils, les bancs de sable [3].

On y voyait les marais salants, les salines, les hautes, les basses prairies, les fermes littorales [4].

Les ports.

On y voyait les ports avec leurs môles, leurs jetées, avec leurs rades, leurs hâvres, leurs bassins, avec leurs fortifications, leurs défenses, leurs chaînes, avec leurs arsenaux, avec leurs chantiers, avec leurs voileries, avec leurs corderies, avec leurs hôpitaux, leurs lazarets [5].

Voilà, ai-je dit, sans détourner les yeux de cette belle carte, le port marchand du Hâvre que François Ier a fait bâtir⁶, comme si la France manquait de ports marchands, comme si elle ne manquait pas de ports militaires. Quand elle aura terminé les travaux entrepris à Toulon⁷, elle en aura un sur la Méditerranée, et ce sera assez ; mais il lui en faut sur l'Océan trois : un sur la Manche, elle ne l'a pas ; un sur le golfe de Gascogne, elle ne l'a pas ; un entre ces deux, elle l'a, c'est Brest. Toutefois, attendez quelques années, le cours des choses la forcera à mettre à la construction des ports qu'il lui faut l'argent qu'elle met en Normandie⁸, en Bretagne⁹, en Languedoc¹⁰, et en d'autres provinces, à construire, à réparer les ports qu'il ne lui faut pas.

Les vaisseaux.

En effet, ai-je ajouté, il nous faut, à toutes les nations, des ports militaires aussi bien que des ports marchands. Il nous les faut depuis que les vaisseaux qui autrefois ne se combattaient que par leurs ponts, leurs tillacs¹¹, se combattent par la hauteur, la largeur de leurs côtés ; il nous les faut depuis qu'ils sont devenus de grandes forteresses flottantes, percées de deux, trois rangs de fenêtres, de porteaux, ou portes, ou comportes¹², ou sabords¹³, si vous voulez, de deux, trois étages de batteries¹⁴ ; enfin, il nous les faut, depuis le siècle dernier, que nous avons et des vaisseaux marchands et des vaisseaux de guerre¹⁵.

Je parlais ou j'entendais parler au marchand ; mais la voix d'un acheteur qui était à quelques pas, comme moi occupé aussi à regarder une carte, qui n'a pas non plus que moi changé de position, m'a répondu : Et la Grande Françoise, si haute qu'un homme placé sur la hune du grand mât ne paraissait qu'un enfant, si grande qu'il y avait une chapelle, un moulin à vent, un jeu de paume¹⁶ ; et le Caraçon, percé de plusieurs rangs de batteries¹⁷ ; et tous ces magnifiques vaisseaux construits du temps de François Ier, et ces autres aussi grands ou plus grands vaisseaux construits du temps de Henri II, la Réale, la Marquise, la Générale¹⁸, sont sortis, ce me semble, des ports qu'il vous plaît d'appeler marchands, et, qui pis est, petits. N'importe, ai-je réparti, le visage toujours tourné vers ma carte, l'invention des sabords a grandi et tous les jours grandit la marine. Au temps où nous sommes venus, au lieu des deux cents vaisseaux de François Ier ¹⁹, il faudra aux rois ses successeurs trente, quarante Caraçons²⁰ ou Grandes Françoises qui ne pourront jeter l'ancre que dans le port de Brest ou dans celui de Toulon.

La marine marchande.

Mon interlocuteur et moi nous nous sommes en même temps détachés chacun de notre carte ; nous nous sommes tournés l'un vers l'autre ; j'ai été vers lui à l'instant qu'il venait vers moi, et il avait la bouche ouverte pour parler, lorsque je lui ai dit : Monsieur, vous êtes marin ? Un peu, m'a-t-il répondu ; mais, a-t-il ajouté avec un sourire, n'allez cependant pas me croire un petit personnage. Je suis, à ce qu'il me paraît, comme ces officiers qui à l'armée servent en qualité de capitaines de charrois d'artillerie militaire, et dans les villes de l'intérieur en qualité de capitaines d'artillerie bourgeoise [11] ; moi, de même, en temps de guerre je sers en qualité d'écrivain sur les vaisseaux du roi [12], et en temps de paix en qualité de capitaine sur les vaisseaux marchands. — Vous devez avoir été dans toutes les parties du monde, car la marine marchande va partout ? — Notre marine marchande va aujourd'hui dans les Échelles du levant, à cause de cette belle amitié dont se prirent, l'un pour l'autre, François Ier et le Grand Turc [13], amitié qui dure entre leurs successeurs [14] ; elle va dans le nord de l'Europe porter à ces régions nos denrées méridionales. Elle ne va guère dans les Indes. Elle va, elle irait plus fréquemment en Afrique, si au lieu de faire le commerce sur des plages, elle pouvait le faire dans des ports [15] ; elle va, elle irait plus fréquemment en Amérique, si nos établissements du Canada étaient meilleurs, si le trajet était moins hasardeux, si le taux des assurances n'en était à trente pour cent [16]. Aussi les faillites dans le commerce maritime ne sont pas rares ; et il m'arrive de voir de beaux navires où j'ai commandé, de beaux navires doublés de feuilles de plomb ou de fer-blanc [17] mises entre deux planches, enduites en dehors d'un goudron mélangé de poil de vache pour les garantir des insectes des mers lointaines [18], criés aux enchères et vendus à très bas prix.

La marine militaire.

Monsieur, a-t-il continué, je viens de vous l'apprendre : j'appartiens à l'une et à l'autre marine, et je ne m'honore pas plus de l'une que de l'autre ; en effet, je me suis bien dit une fois pour toutes que si la marine militaire est plus noble, la marine marchande est plus riche ; que si la marine marchande est plus riche, la marine militaire est plus forte ; qu'elle est entretenue pour la défense et la sûreté de la marine marchande sa mère ; car l'une est fille de l'autre, et leur existence est tellement liée que lorsque l'une a péri, l'autre languit.

Notre marine marchande languit depuis qu'en 1579, aux îles Açores, les restes de notre marine militaire furent exterminés par la flotte espagnole [19].

Nous avions mieux fait aux combats de l'île de Witch [20].

XVI° SIÈCLE.

Et encore mieux aux combats devant Marseille [31].

A mesure que nous rétrogradons vers François Ier, notre marine se renforce.

La raison en est facile à voir : les autres peuples ont à tous égards avancé, et nous, dans la partie la plus importante, l'organisation du commandement, nous nous sommes sottement arrêtés ; ce sont toujours, comme au temps passé, les officiers de terre qui occupent les plus hauts grades [31] ; et, chose plaisante, dans les quittances de leurs appointements d'officiers de mer, ils commencent par leur qualité d'officiers de terre [33].

Les corsaires.

Il y avait près de nous un petit banc vide, l'écrivain et moi nous nous y sommes assis ; je lui ai ensuite fait quelques observations auxquelles il a répondu ; après quoi il a continué : Monsieur, au moment où je vous parle, nous avons peu, nous n'avons pas de vaisseaux de guerre [34] : les plus petits pirates viennent impunément dépouiller notre commerce sur les rivages de notre plus grande province [35] ; et certes, vous en conviendrez, la France ne peut plus longtemps demeurer sans son armée de mer, sans son bras gauche, sans son bras droit, comme il vous plaira. Bien des gens ont cherché et trouvé des moyens de rétablir notre marine ; j'en ai aussi cherchés et trouvés. Vous me permettrez de vous les faire connaître.

D'abord je tiendrais sévèrement la main à l'exécution des ordonnances : tous les vaisseaux marchands seraient armés de quatre petits canons de fonte verte, si leur capacité était au-dessous de quarante tonneaux, et de deux cardinales ou pièces de gros calibre, si leur capacité était de plus de cent tonneaux [36]. Aussitôt plusieurs de ces vaisseaux deviennent cursoires [37], corsaires ; aussitôt j'encourage la course ; je prête de l'artillerie aux capitaines ; je leur accorde des primes, des récompenses ; je leur donne même des grades dans la marine militaire dont ils ne peuvent manquer d'être bientôt le cœur. Car enfin, qui plus souvent que moi a vu un grand vaisseau que hérissent les rangs de son artillerie, abordé sous une voûte de fumée de flamme et de feux d'artifices [38], par un petit vaisseau corsaire, étincelant de piques, de faux, de haches [39], et en quelques moments capturé, amené triomphalement à la remorque, comme une monstrueuse baleine à la suite du léger et hardi batelet qui l'a harponnée, percée, qui a fait couler tout son sang.

Les deux départements.

Tandis que mes vaisseaux aventuriers, mes corsaires, vont, par leur nouvelle apparition, annoncer au loin dans les mers que notre marine n'est pas aussi morte qu'on le croyait, j'en réorganise l'administration, je commence par le département de l'Océan, où, dans la proportion des troupes pesamment armées aux troupes légères, j'ai des vaisseaux de haut bord et des remberges, ou frégates longues à rames et à voiles ¹⁰. J'ai au département de la Méditerranée, dans la proportion inverse, des galères et des vaisseaux de haut bord. Mes vaisseaux, c'est inutile à dire, sont tous de couleur brune ¹¹, et mes remberges et mes galères toutes de couleur rouge ¹²; car pour les évolutions, les combats, il est bon qu'ainsi que les troupes de terre, les vaisseaux aient leur uniforme.

Ayant à disposer des cinq cent mille livres mises annuellement ¹³ entre les mains des deux trésoriers de la marine ¹⁴, j'en donne trois cent mille au département de l'Océan, et deux cent mille à celui de la Méditerranée, car enfin les vaisseaux de haut bord sont autrement dispendieux que les galères qui chacune ne reviennent guère à plus de quarante mille livres ¹⁵.

Je laisse l'amiral qui toujours a d'autres appointements ¹⁶ à ses anciens appointements : mais j'élève ceux des *pensionnaires du roy en l'estat de sa marine*, au-dessus de cent livres ¹⁷.

Je paie bien et mieux les bons charpentiers; je les paie à sept sous par jour ¹⁸, et, à ce prix, je les punis corporellement ¹⁹ s'ils font de mauvaise besogne, mais soyez sûr qu'alors ils en feront toujours de bonne.

Si pour toutes les dépenses et tous les frais je m'abonne avec les capitaines des vaisseaux comme avec les capitaines des galères ²⁰, je n'en exige pas moins que la solde des marins des deux départements soit la même; que le soldat de la marine ait deux, trois sous par jour ²¹, le matelot autant ²², le canonnier cinq, six sous ²³; j'exige aussi que le pilote ait neuf, dix sous, et ses conseillers la moitié ²⁴; alors nos marins ne vont plus servir sur les galions d'Espagne ²⁵.

Je porte une attention particulière sur les chiourmes. Parmi les rameurs criminels forçats ²⁶ j'introduis des rameurs volontaires ²⁷ pour leur donner le bon exemple : tous sont habillés de leur ancien habit d'herbage ou d'étoffe verte ²⁸.

J'ai de la musique, des fifres, des trompettes, des tambours ²⁹.

Les progrès de l'art.

Deux fois j'avais pris la parole et deux fois je l'avais cédée à l'écrivain; je la lui ai encore cédée une troisième fois : Monsieur, a-t-il continué, vous n'êtes pas marin, mais vous aimez la marine. Célébrons ensemble les progrès de ce glorieux art qui tous les jours étend le séjour de l'homme sous des cieux nouveaux. Il y a quelque plaisir à en suivre la filiation : Progrès des mathématiques et progrès de l'astronomie [60] ; progrès de l'astronomie et progrès de la navigation [61] ; progrès de la navigation et progrès de l'hydrographie [62] ; progrès de l'hydrographie et progrès des découvertes des terres ; progrès des découvertes des terres et progrès de colonies, et plus grands, et plus grands progrès de la marine ; en effet, quand les flottes ont fait des voyages de long cours, quand elles ont manœuvré contre les orages et les tempêtes, alors elles manœuvrent contre l'ennemi.

Aussi quelle n'est pas la supériorité des marins qui ont commandé sur l'Océan ! quelle différence d'habileté entre les amiraux africains, le célèbre Dragut [63], le plus célèbre Barberousse [64] et l'amiral espagnol don Juan ! savaient-ils comme lui se choisir par de savantes manœuvres le lieu et la place de la victoire [65] ; savaient-ils comme l'amiral génois ou français Doria, par l'imitation du mouvement que trace le serpent sur le sable, naviguer contre le vent [66] ? Les amiraux français n'ont-ils pas aussi la même supériorité ? nous ne sommes pas assez glorieux de notre Prégens : il a fait, le premier, passer les turbulents flots de l'Océan sous les éperons et les rames des galères [67] ; de notre Lafayette : il était victorieux d'une flotte ennemie, eh bien ! il vire subitement de bord pour aller à l'embouchure du Var foudroyer l'armée impériale à son passage, et de dessus ses vaisseaux il remporte ainsi une victoire de mer, une victoire de terre, dans le même jour [68] ; de notre Annebaud : il se vit près de jeter sur la Manche le même pont qu'y avaient jeté autrefois les Anglais, de s'emparer de Plymouth [69] comme ils s'étaient emparés de Calais [70]. Quels habiles marins que ces amiraux hollandais ! à peine suffisent-ils à défendre les côtes de leur pays, et ils vont submerger à l'autre extrémité du monde les vaisseaux de leurs ennemis [71]. Peut-on leur comparer les amiraux de la Méditerranée ? Peut-on comparer aussi les amiraux de la Méditerranée aux amiraux anglais, parmi lesquels s'élève si haut ce brave Drak, à qui la tempête a aidé, qui a aidé à la tempête à disperser les plus grands vaisseaux de la plus grande flotte qu'aient jamais portée les mers [72].

Le rang des puissances maritimes.

Enfin, à la quatrième fois où j'ai voulu prendre la parole, l'écrivain s'est tu avec politesse, et j'ai pu lui dire : Monsieur, il paraît que vous accordez à la marine espagnole la supériorité sur la marine barbaresque, turque, sur la marine vénitienne, génoise, sur la marine anséatique, danoise, suédoise, sur la marine hollandaise, il y a peu d'années espagnole, et peut-être destinée à le redevenir, sur la marine française, puisqu'elle est à renaître ; mais il paraît aussi que vous ne lui accordez pas la supériorité sur la marine anglaise ? Monsieur, ai-je ajouté, l'Angleterre comme puissance de mer vient de paraître :

elle peut bientôt disparaître, tandis que l'Espagne, maîtresse des ports de sa vaste péninsule, de ceux des Pays-Bas, de ceux des Deux-Siciles, maîtresse des Indes et de l'Amérique, pourra toujours, suivant sa volonté, ouvrir ou fermer aux vaisseaux des autres nations les portes de l'Orient et de l'Occident, et par la force nécessaire des choses, n'importent les événements militaires, son grand et superbe pavillon blanc et rouge [13] ombragera à tout jamais les mers des deux mondes.

LE VIELLEUR D'AMIENS.

Station XLV.

J'aime beaucoup les habitants de l'Auvergne. J'aime leur taille élevée, leurs vives couleurs, leurs yeux brillants, spirituels ; j'aime surtout leur continuelle gaîté.

La population active et industrieuse de l'Auvergne déborde dans toutes les autres provinces. Je me souviens que, lorsque j'arrivai en France, je demandais d'où étaient ces hommes forts qui dans les villes portent des seaux pleins d'eau ; on me répondit : de l'Auvergne ; et ces jeunes garçons qui montent si hardiment dans les cheminées pour les désengorger de la suie ? de l'Auvergne ; et tous ces chaudronniers ambulants, tous ces fondeurs ambulants ? de l'Auvergne ; et ces troupes de scieurs de long qu'on rencontre au bord des forêts ? et ces troupes de faucheurs, de moissonneurs qui vont faire les récoltes des riches provinces ? de l'Auvergne, de l'Auvergne [1].

Ce n'est pas tout : ces braves Auvergnas se chargent encore des plaisirs de la France ; j'ai déjà dit où je dirai que les meilleurs comédiens sont de leur pays [2]. Il en est sans doute de même des musiciens et des danseurs, si l'on en juge par ce grand nombre d'Auvergnas chantant et dansant sur le pavé de toutes les villes [3].

Ce matin, aux heures où je partais d'Amiens, il faisait un jour des plus froids, il gelait à pierre fendre ; une neige fine blanchissait la terre, les arbres, les hommes, les animaux, et était poussée à la figure par un vent glacial. En traversant un village, où tout le monde renfermé dans les maisons ne se montrait que derrière les vitres, j'ai trouvé sur la place un vielleur jouant de sa vielle, devant quatre petits garçons dansant, sautant, se réjouissant, faisant éclater leur joie par leurs gestes et leurs cris répétés.

J'ai regardé un moment; j'ai continué ma route. A peine suis-je entré dans un endroit creux, dominé à droite et à gauche par un tertre, que j'ai vu mon vielleur, suivi de ses quatre petits garçons, tous vêtus de toile, tous marchant fort vite. J'étais monté sur ma grande mule; la tête du vielleur se trouvait à la hauteur de la mienne : Monsieur, m'a-t-il dit, comme si je l'interrogeais et sur le même ton que s'il m'eût répondu, il n'y a rien à faire dans ce village; les gens y sont aussi pauvres que dans notre Mont-d'Or. Eh! lui ai-je dit, vous êtes donc de l'Auvergne? — Oui, monsieur, j'en suis. — C'est un si beau pays! et cependant vous l'avez quitté! — Oui, par force.

Comment la maison de Guillaume tomba.

Nous étions trois familles dans la même maison : l'une possédait le rez-de-chaussée, l'autre le second étage; je possédais l'étage du milieu [4]. Un matin que nous étions tous aux champs, la maison prit ce temps pour crouler de fond en comble; à notre retour nous ne trouvâmes que des pierres, du bois pourri, et de la poussière.

Je n'avais plus rien. Je ne savais plus où me retirer, où vivre. Je ne voyais pas de remède à mon malheur. J'allai chez un homme d'expérience, le conseil du village. Nous examinâmes longuement ensemble ma situation et mes ressources : Guillaume, me dit-il, tout bien vu et bien considéré, il me semble que tu ne peux être ni sabotier, ni galochier, ni allumettier, ni fagotier, ni ramasseur de champignons, ni cressonnier, ni pêcheur de grenouilles, ni preneur de rats, ni vendeur de chiffons, ni ramasseur de clous, ni graisseur de bottes, ni marchand de peaux de lapins [5]; tu ne peux que jouer, chanter et danser; j'ai une vieille vielle depuis longtemps couverte de poussière; la voilà!

J'allai rejoindre ma femme; elle m'attendait avec impatience : Quelle nuit nous passâmes! ma femme ne fit que pleurer; moi, je pleurais, je chantais, je dansais, je m'exerçais à jouer de la vieille vielle; il me fallait à l'aube du jour en gagner ma vie.

J'avais deux petits garçons et deux petites filles déjà assez grandelettes; je troquai avec un de mes parents mes deux petites filles contre ses deux petits garçons dont en compensation je me chargeai. Mon beau-père, tout pauvre qu'il était, consentit à recevoir ma femme avec un petit enfant qu'elle allaitait. Je vendis mon droit de rebâtir entre le rez-de-chaussée et le deuxième étage; j'eus à peine de quoi payer mes dettes : je partis.

Comment Guillaume viella dans l'Auvergne.

Monsieur, bien que vous soyez d'une autre condition que la mienne, vous avez sans doute, ainsi que moi, éprouvé qu'en tout les commencements sont difficiles; toutefois nous réussîmes d'abord assez bien, et ce fut aux boades, aux vinades, aux rassemblements des charrettes à bœufs, des charrettes chargées de vin [6]; mais ensuite la timidité nous prit devant ces beaux messieurs dont les uns étaient vêtus de jupons [7] ou soubre-vestes à travers lesquels passaient leurs manches à soufflet, étaient chaussés de bottes à découpures, laissant voir avec leurs bas de soie leurs jarretières tressées d'or [8]; dont les autres portaient sur leur court manteau de parade leur long manteau de pluie [9], je ne pus jamais chanter, je ne pus que vieller. Je ne pus ni chanter, ni vieller devant ces beaux chanoines auvergnas coiffés d'un grand capuce d'hermine [10] qui tenaient en souriant une petite pièce d'argent pour nous la donner, qui nous faisaient en riant des signes pour nous encourager et peut-être pour nous enseigner.

Sur les places publiques, devant les pauvres gens, nous ne fûmes pas timides; mais ils ne le furent pas devant nous. Ils contrefaisaient mon chant, ma vielle; leurs petits garçons contrefaisaient le chant, la danse de mes petits garçons.

Jamais je n'oserai repasser par Issoire; je ne sais comment s'appelle la place de cette ville, mais je sais qu'elle est plus longue que large. Je la vois encore; je la verrai toujours, tant on s'y moqua de nous. Ce fut à ce point qu'un ancien soldat que les Pères de la Merci avaient racheté des galères turques [11], dit en nous voyant si bafoués, si honnis, qu'il aimerait mieux ramer que vieller. Que je dise toutefois aussi que le bourreau fut plus humain; car tout content d'avoir ce jour-là gagné ses quarante sous [12] à fouetter un homme coupable d'avoir à une fête coupé un arbre pour en faire un mai [13], il nous donna un hardi [14] que je laissai tomber, mais que mes petits garçons ramassèrent.

Nous nous enfuîmes d'Issoire et ne nous arrêtâmes qu'à Ussel.

En chemin nous vîmes que nous n'étions pas, il s'en fallait bien, les plus malheureux. Nous passâmes près de la prairie d'un château où un chien enragé était entré pour mordre deux demoiselettes et un page. Tous les trois étaient devenus enragés. On voulait, suivant l'usage, leur ouvrir les veines ou les arquebuser [15]. Le page avait demandé à être arquebusé, les demoiselettes à être étouffées entre deux matelats [16]. On leur avait promis de contenter leurs fantaisies, et dans le jour même on devait leur tenir parole. Mes petits garçons voulaient attendre, s'imaginant que dans une aussi grande réunion il y aurait à vieller; je marchai et je les fis marcher devant moi.

Cependant nous nous exercions : nous ne cessions de nous exercer, nous devînmes moins timides; nous eûmes alors moins de rieurs contre nous. Je dois ajouter qu'un bon vieillard nous exhorta à persister dans notre joyeux état : Nous sommes encore bien loin, nous dit-il, du malheureux temps de la fin du dix-huitième siècle, où toute la chrétienté sera plus horriblement persécutée que jamais [17]; et nous avons passé le malheureux temps que j'ai vu, le temps de la prison de François Ier, où personne ne put ni chanter, ni se divertir jusqu'à sa délivrance [18]. Un voyageur qui entendait ce bon vieillard ajouta que maintenant les parlements permettaient de faire des miches à beurre, des gâteaux, des fouasses [19]; que nous en attraperions quelques bons morceaux, ce qui depuis a été vrai et plus d'une fois.

Comment Guillaume viella dans le Limousin.

Monsieur, ne perdez pas de vue que nous jouions, que nous chantions, que nous dansions en particulier, tout le temps que nous n'étions pas à jouer, à danser, à chanter en public; les progrès de mes petits garçons étaient surtout admirables, et un dimanche devant le peuple, ils surprirent tous les connaisseurs, ils me surprirent moi-même; c'était à voir avec quelle dextérité, dans le branle du balai, ils se faisaient passer de main en main le long balai de genêt [20], avec quelle précision dans la sabotière ils marquaient la mesure avec leurs sabots [21]. Malheureusement nous étions passés dans le Limousin, où comme tout le monde sait, les beaux talents ne sont guère accueillis. J'offrais à de presque aussi pauvres diables que moi de leur jouer et de leur danser la Frisque, les Pauvres gend'armes, le Frère Pierre, le Beurre frais, la Mercière, la Tripière [22], pour une jointée de châtaignes, la Rouërgasse, la *Mal Maridado* [23], pour autant.

Et pour une rave :

« *Cathorino! Cathorino!*
« *Pourto de civado aux buaus.*
« *Et de fé y los golinos.*
« *Tu beiras qu'auren force uaus* [24]. »

Mais ils se retiraient; toutefois il faut dire que leurs raves sont fort grosses, et que les jointées des mains limousines ne sont pas petites. Quel pauvre pays d'ailleurs! Je n'ai jamais vu là, comme ailleurs, de ces coupe-pains, de ces lames de couteau fixées par une extrémité au couvercle d'une caisse ou d'un panier carré [25], où, dans certaines maisons, chaque année, on coupe par morceaux d'une ou deux livres les pains de deux ou trois cents setiers de blé qu'on y a boulangés [26]; et le plus magnifique banquet où j'aie viellé fut celui où l'on servit un petit porc farci de châtaignes [27], rôti à une broche tournée par une roue creuse, en planche, où était renfermé un chien [28]. J'ajoute, quel triste pays ! il est tout couvert de châtaigniers ; je voulais en sortir par les belles campagnes bleues du Querci, par ses champs de safran [19]; mais sur ce qu'on me dit des merveilles de Limoges, je me décidai à prendre de ce côté.

On me dit que cette ville avait été brûlée par les Anglais, que depuis, l'empereur avait aussi tenté de la faire brûler, ainsi que les plus belles villes de France; on me fit voir les signes des brûleurs : c'étaient de petites branches d'arbres, comme des mesures de cordonnier, hérissées de plusieurs pointes [30], signifiant les lettres ou les mots du secret langage de ces scélérats. On aurait plutôt dû me dire que les maisons de Limoges, en partie bâties de bois [31], n'avaient rien moins qu'un aspect riche : Monsieur, si vous y allez, ne faites pas comme moi; je pris l'hôtel-de-ville pour l'hôpital, et l'hôpital pour le château ou palais [32]. Au demeurant, cette ville n'est pas mauvaise pour la vielle. Il y a de l'argent qui lui vient moins de son hôtel des monnaies [33] que de son commerce.

Comment Guillaume viella dans le Poitou.

Je ne me rappelle pas trop ce qui put m'attirer à Poitiers où je ne comptais point passer.

Poitiers n'est pas bon pour la vielle : beaucoup de maisons, peu d'habitants; Poitiers est si grand qu'on y trouve des fermes où l'on fauche, où l'on moissonne [34]. J'allai inutilement sur leur porte vieller en l'honneur des fermiers, en termes de vielleur, vieller les fermiers; comme s'il n'y eût eu que des bêtes, personne jamais ne sortit, même ne mit la tête à la fenêtre.

J'essayai de vieller aussi l'épouse du maire, lorsqu'elle allait, suivant la coutume, offrir à la sainte Vierge un riche manteau de femme [35]; mais, bon! elle ne m'entendit pas non plus que si elle eût été dans les fermes.

Je viellai encore les belles marchandes du palais de Poitiers [36], je n'eus que des révérences; depuis, lorsque je viellai les belles marchandes du Palais de Paris, j'eus des révérences et de l'argent.

A Niort, le maire est maire-aumônier [37]. Je le viellai qu'il était en grande pompe au milieu de ses trompettes et de ses gardes [38]; sa main s'ouvrit ou au son de mon instrument ou à l'aspect de ma misère.

Fontenay, qu'on pourrait appeler la ville aux belles foires [39], est bon, excellent pour la vielle.

Un soufflet donné à une princesse par le seigneur de Parthenay renversa les fortes murailles de la ville, car, pour punir cette insolence, le roi les fit raser [40]. Les habitants, après une pareille leçon, ne peuvent être que polis; je les viellai avec plaisir et j'y trouvai mon compte.

Je ne voulus pas aller dans l'Angoumois, quoique ce soit un beau pays, quoiqu'on me dît que j'y verrais la célèbre couronne de fer qu'avant de le faire mourir on mit à un pauvre malheureux comme moi qui, au lieu de vieller, de danser, de chanter, se fit roi des faux-sauniers soulevés dans une partie de la France [41].

Comment Guillaume viella dans le Berri.

Quand on est forgeron, tisserand, on ne peut pas dire que le Berri est un mauvais pays ; on peut le dire quand on vit de la vielle.

Les fermiers royaux fourmillent dans les villes, mettent la main à tout, prennent de l'argent de tout [42] ; lorsqu'on les voyait venir, on me disait : Ah ! voici bien une autre chanson, vielleur ; bonjour ! bonjour !

Dans les campagnes ils ne fourmillent pas moins.

Et de même que lorsque je viellais dans les villes, on me disait : Allez vieller devant les riches bourgeois de dix sous, devant les riches bourgeois de vingt sous, de même lorsque je viellais dans les campagnes, on me disait : Allez vieller devant les riches bourgeois de l'avoine, devant les riches bourgeois de l'orge ; je ne comprenais rien à cela, j'ouvrais de grands yeux. J'appris que dans les villes que les bourgeois étaient classés par leurs différentes taxes d'argent, et que dans les campagnes ils l'étaient par leurs différentes taxes de différentes espèces de blés [43].

Je me souviens cependant qu'à certaines heures mes petits garçons prenaient grand plaisir à voir les vignes bordées de feux allumés, et de vignerons se chauffant ou faisant cuire leurs aliments ; mais ils furent tout attrapés de ne pas entendre le tintamarre dont je leur avais tant parlé : les gens âgés nous dirent que depuis un demi-siècle on ne frappait plus, à l'ouverture ni à la clôture des travaux de chaque jour, les marres l'une contre l'autre [44].

J'avais été, moi, bien plus attrapé, lorsqu'étant venu à Lusignan, moins pour y gagner quelque chose que pour y voir le château de la fée [45], on me dit qu'il avait été jeté à bas. Je voulus cependant aller en voir la place, et j'y vis encore une porte et quelques pans de murailles [46], car jamais on ne fait ni on ne défait complètement.

En passant à Bourges on avertit mes petits garçons de prendre garde le jour aux méchants pauvres de la rue des Miracles [47], et la nuit aux fenêtres qu'ils entendraient ouvrir, car dans cette ville on n'est pas aussi exact qu'ailleurs, lorsqu'on est près de jeter quelque chose dans la rue, à crier trois fois [48], ou en français, Gare ! ou comme dans le Midi, *Passc rés* [49] ! Nous n'eûmes cependant pas de mésaventure ; au contraire, nous gagnâmes de l'argent.

Nous en gagnâmes à la porte de la fontaine médicinale de Saint-

Firmin, où de crainte que la foule des buveurs épuise les eaux, il y a une garde pour empêcher que personne entre avant son tour [50].

Nous en gagnâmes encore davantage à un bel arbre, autour duquel on vient de tout côté danser pour dire ensuite qu'on a dansé au beau milieu de la France ; car cet arbre y est tout exactement, tout justement planté [51].

Alors nous eûmes de quoi faire carreler nos souliers ; nous y fîmes mettre un quartier neuf, et à la première ville un autre ; vous savez qu'en France les lois ne permettent pas de mettre tout à la fois aux vieux souliers deux quartiers neufs [52].

Comment Guillaume viella dans la Touraine.

J'avais fait une excursion dans l'Orléanais, et plus loin une autre dans le Bourbonnais ; j'étais venu dans la Touraine.

Je puis vous dire que dans le Poitou et le Berri, où partout on entend nommer : le champ-le-roi [53], le pré-le-roi [54], le bois-le-roi [55], la mare-le-roi [56], où la terre est pour ainsi dire fleurdelisée, le roi y est plus seigneur que roi ; mais dans les provinces dont je viens de parler le roi n'y est que roi ; les seigneurs y sont seigneurs [57].

Malgré tout ce qu'on put me dire, je voulus aller à Tours. D'abord je m'en repentis ; je ne gagnai rien le premier jour ; mais le lendemain ayant avisé un maçon appliqué à façonner une grosse pierre carrée, je voulus un peu le récréer ; je le viellai et je lui dis que je le viellais pour rien : Ce ne sera pas vrai, me répondit-il, si vous m'écoutez ; tel jour, telle heure, tel autre jour, telle autre heure, trouvez-vous devant l'hôtel-de-ville.

Je n'y manquai pas.

A l'un de ces jours ce fut une assemblée de tous les divers états formant la commune ; je ne sais pas de quoi on y traita, moi je n'y vis qu'une file de fournées de pain [58] et de brocs de vin. Les sergents, les clercs de l'hôtel-de-ville, couverts de leurs robes brunes, enrichies de broderie et d'orfèvrerie [59], en distribuèrent à tout le monde, jusqu'aux vielleurs.

A l'autre ce fut une fête du maire. On posa dans la grande salle ses armoiries sculptées [60] et peintes [61]. Je dansai, je me tournai, je me retournai ; je fus remarqué. On m'envoya une pièce d'argent si belle, si grande, que le plus content de la salle ne fut plus le maire.

Le jeu de mail de cette ville a mille pas de long ; il est le plus beau de la France [62]. On ne peut y jouer en temps de pluie, à peine d'amende [63]. C'était à cause du mail qu'on m'avait conseillé de ne point passer par Tours. Si l'on m'avait dit que ce jeu était le plus grand plaisir des habitants, je l'aurais cru. Si l'on m'avait encore dit que dans une de ses sept belles allées d'arbres [64] je n'aurais pas une seule fois occasion de sortir la vielle de son étui, j'aurais répondu que cela devait être, et véritablement cela fut.

Comment Guillaume vielle dans la Bretagne.

J'avais traversé la Touraine, le Maine, l'Anjou, j'avais viellé dans la ville bleue, ou la ville couverte d'ardoise bleue, Tours [65]; dans la ville noire, ou la ville bâtie d'ardoise noire, Angers [66]; dans les sept villes rouges du Maine, ainsi appelées de ce que les murs de ces villes, bâties de petites assises alternatives de pierres, de briques, sont, comme nos jarretières d'Auvergne, bariolées de jaune, et surtout de rouge [67].

J'entrai dans la Bretagne.

Une partie de la ville de Nantes est espagnole, je veux dire peuplée de marchands espagnols [68]. Ces bonnes gens ne se montrèrent pas très curieux de nous voir danser, ni de nous entendre chanter. Il y a tant d'Auvergnas en Espagne [69]!

Nous fîmes mieux nos affaires en avançant dans le plat pays : dès que je commençais à vieller, j'étais sûr d'avoir bientôt un cercle de villageois; mais souvent mal leur en prenait; ils n'entendaient pas crier au feu! ils n'y allaient pas; ils étaient mis à l'amende. On leur criait de la maison voisine où l'on assemblait une charpente : A l'aide! à l'aide! ils n'entendaient pas non plus, ou, pour écouter notre chanson jusqu'à la fin, ils faisaient semblant de ne pas entendre; ils étaient encore mis à l'amende [70]. Vous trouvez cela trop sévère, je le trouvai de même, et je manifestai tout haut mon sentiment.

Je le manifestai encore tout haut lorsque je vis traiter et punir comme voleur un homme qui avait laissé aller son troupeau dans les terres des autres [71] : Vielleur, me dit un des patriarches du village, cet homme a vraiment volé notre herbe avec les dents de ses moutons.

Un autre homme avait trouvé un coupon d'étoffe dans un chemin, on me dit que pour ne l'avoir pas déclaré il serait puni [72]; je répondis que ce n'était pas possible puisque ce n'était pas juste : Vielleur, me cria le sergent du juge, si vous n'avez pas autre chose à nous vieller, passez, et au plus vite!

En traversant l'évêché de Léon, je rencontrai un propriétaire qui la veille possédait une grande ferme, mais une ferme congéable dont l'intendant de l'évêque venait de le congédier en l'indemnisant de toutes ses améliorations [73]. Il tenait une grosse bourse à la main. Je devais le vieller; je le viellai; il me paya en malédictions, il voulait briser ma vielle.

Mais au prochain village, un homme fort bien habillé, qu'avait fait arrêter là un homme qui l'était fort mal, ayant été mis en liberté sur mon attestation que je n'y avais trouvé ni pain ni vin, ce qui alors dans ce singulier pays empêchait qu'on pût arrêter personne [74], me paya, sans être viellé, mieux que si je l'avais viellé.

En avançant toujours dans la Bretagne, on me dit qu'au moment présent les états de la province étaient assemblés, on ne me conseilla pas d'y aller parce que le temps était mauvais et que d'ailleurs chaque année les états s'assemblaient [75], je partis à l'instant, et je ne cessai de marcher que lorsque je fus devant la grande porte du lieu de leur assemblée ; je viellai. Ne voilà-t-il pas qu'aussitôt il sort un brave garçon doux, point fier, bien qu'il fût valet de salle : je le viellai avec plaisir ; il s'en aperçut et tout de suite il me prit en amitié : Auvergne, me dit-il, viellez en l'honneur de ceux qui passeront à mesure que je vous les nommerai. Allons vite, me dit-il un moment après, lorsque la porte s'ouvrit :

C'est le commissaire du roi, il le représente : il ne cesse de demander aux états [76]. Demandez-lui vous-même, viellez d'une main et tendez votre bonnet de l'autre.

C'est le procureur-général des états [77] ;
C'est le conseil ou l'avocat des états [78] ;
C'est le trésorier des états [79] ;
C'est le chambellan des états [80] ;

C'est le porte-manteau royal des états, à qui le manteau royal, après leur tenue, appartient [81] ; mais, sauf respect, il n'a guère de peaux de roi, car le roi ne vient guère [82].

C'est le hérault des états ; il fait l'appel des dix, quinze députés du clergé ; des trente, des soixante, des quatre-vingts députés de la noblesse ; des vingt, des trente députés du tiers-état ou des villes [83] ; il parle le premier à l'ouverture, ensuite il ne parle plus.

Ce même valet de salle m'avertissait aussi de ce qui était l'objet des délibérations.

En ce moment les états demandent l'exécution du contrat de mariage de Louis XII et de la duchesse Anne [84].

En ce moment les états arêtent la levée de quinze écus par clocher : ce qui fera plus de deux cent mille livres [85].

En ce moment les états offrent cinq cent mille livres au roi [86].

En ce moment les états stipulent les conditions de leur contrat avec le roi [87].

En ce moment les états demandent que les fils de la maison de Rohan et de celle de Laval soient élevés dans la religion catholique [88].

En ce moment les états ordonnent la saisie des biens des députés absents [89].

Et, ajoutait le valet de salle, comme la même délibération contente les uns, mécontente les autres, jouez de la vielle, me disait-il en me les montrant, devant ceux-là ; ne jouez pas devant ceux-ci, car ce ne seraient pas des doubles-tournois que vous recevriez.

Comment Guillaume viella dans la Normandie.

De la Bretagne qui est une France hors de la France [90], je passai dans la Normandie qui en est une autre [91], mais où le peuple est plus riche, plus instruit, plus mutin, plus plaideur. Le peuple croit toujours être à l'audience ; toujours il parle le langage des avocats : Vielleur ! si j'avais plus d'avoirs, de biens, je serais plus généreux ; vielleur ! je vous donnerais davantage si mon mariage n'avait été encombré, si ma dot n'avait été injustement aliénée ; vielleur ! vous me devez la dépense de tant de jours, il me faut des namps [92], des nantissements, des gages ; vielleur ! payez-moi au taux de l'auberge, ou j'en viendrai au clam, à l'assignation. Clameur de bourse, clameur de haro, charte normande [93] s'entendent continuellement dans la bouche des personnes de tout état, de tout âge, de tout sexe. Il n'y a pas un Normand qui ne veuille ou plaider ou juger ; vous voyez, sur tous les tribunaux, des ecclésiastiques siégeant sinon comme juges, du moins comme amateurs constitués [94], aussi attentifs, aussi animés, aussi procureurs que les procureurs.

Je fis le tour de la Normandie. J'allai à Bayeux vieller à la foire des morts [95], ensuite à Rouen vieller à la foire des malades [96].

Un soir, devant le feu, un vieux homme, lunettes sur le nez, lisait d'anciens papiers ; j'étais à l'autre côté de la cheminée ; je crus que c'étaient des procès, je n'écoutai guère ; cependant bientôt je reconnus que c'étaient des histoires. Je les aime beaucoup ; oh ! comme j'écoutai celle de Blanchard, maire de Rouen ! Après un long siège, soutenu par les habitants, il alla dans le camp ennemi se livrer lui-même pour le rachat de leur courageuse résistance. Eh bien ! les méchants Anglais le firent cruellement décapiter sur la place [97]. Je pensai toute la nuit que le lendemain je gagnerais de l'argent et de l'argent à aller sur cette place chanter la complainte de Blanchard, nom que j'avais substitué dans une ancienne complainte dont le sujet était à peu près semblable. Personne ne s'arrêta : le nom de Blanchard se trouva inconnu, et je vis que le métier de vieller était souvent aussi bon que celui de mourir si gratuitement pour la patrie [98].

Jamais je n'ai autant viellé qu'à Rouen, le jour où le peuple, assemblé sur le parvis de la cathédrale, attendait en silence, comme les paroles d'un oracle, celles qui allaient sortir de la bouche du gouverneur de la ville, l'amiral de Villars, à cheval au milieu de ses gentilshommes et de ses gardes aussi à cheval ; il en sortit celles-ci : *Allons, mordieu ! la ligue est......* la parole qui suivit commençait par la lettre entre l'e et le g, *vive le roi* [99]! Au même instant ce cri *vive le roi* est répété par trente ou quarante mille hommes, et bientôt par toute la ville [100].

Aussitôt l'artillerie, les boîtes éclatent, les cloches sonnent, les tambours, les trompettes, les hautbois, les violons, les vielles remplissent les airs. Quant à moi je viellais, je chantais, je dansais, je sautais, j'étais fou, j'étais comme tout le monde.

Monsieur, la Normandie dont aujourd'hui les campagnes, entièrement plantées de pommiers [101], sont couvertes tantôt de fleurs, tantôt de fruits, dont les caves des villes et des villages sont remplies de tonneaux d'excellent cidre, tous les jours plus perfectionné, tous les jours meilleur [102], est un pays beau, délicieux, qu'il est bien difficile de quitter.

J'y étais encore retenu par les bruits qu'on faisait courir : on disait que Henri IV était si content d'avoir attiré à Saint-Denis un peuple immense accouru pour entendre la messe qu'il entendait [103], qu'il voulait aussi aller en entendre une dans toutes les grandes villes, à commencer par Rouen la plus voisine. On disait qu'alors la Seine serait de nouveau couverte de bateaux tendus de velours rouge, naviguant parmi d'énormes poissons de carton animés par des machines intérieures [104].

Comment Guillaume viella dans la Picardie.

J'attendis longtemps, je me lassai d'attendre. Je pris le chemin de la Picardie.

Là je ne tardai pas à poser pour quelque temps la vielle. Je trouvai mieux mon compte à me louer avec mes petits garçons pour crier aux oiseaux qui se jettent sur les semailles [105].

Je trouvai encore mieux mon compte, le printemps, à empêcher des corneilles de nicher, et l'été à dénicher celles que je n'avais pu empêcher de nicher [106].

A la fin, je repris la vielle à l'occasion de la singulière annonce d'un mariage : elle ne se fit pas à l'église, car la forme des bans est partout la même; partout l'on dit : *Mariage est accordé entre un tel et une telle; c'est pour la première, la seconde, la troisième publication* [107] ; mais elle se fit dans les champs où les bonnes gens m'employaient comme je viens de le dire. J'étais sur un arbre lorsque, tout-à-coup, j'entends une troupe de jeunes garçons s'amusant à contrefaire le cri de différents animaux, de différents oiseaux, et entre autres de celui qui est l'ennemi des époux et qui est moins facile à contrefaire avec la vielle qu'avec la voix. Bientôt une noce passe, les cris redoublent ; j'apprends que c'est à l'occasion de la jeune fiancée qu'on accusait de ne s'être pas toujours sévèrement conduite [108]; cela ne m'empêcha pas d'aller chercher ma vielle et de vieller de mon mieux. Je fus si bien payé que j'aurais volontiers soutenu que tous ces dires n'étaient que mensonges et calomnies. On dansa pendant trois nuits; lorsqu'on fut lassé de danser sur le plancher, on dansa sur les tables, sur les bancs, sur les escabelles, les escabeaux [109], et tout finit ensuite par des présents dont fut rempli le grand bassin posé devant les mariés [110]. Pour moi, je n'avais à leur offrir que des vœux : On conserve, leur dis-je, à l'abbaye de Sainte-Mellaine, près Rennes, un beau jambon destiné à ceux qui ont passé la première année sans se repentir de s'être mariés : il reste encore entier [111], quoiqu'il soit frais et appétissant; ne cessez de vous aimer; ayez-en l'entame.

Monsieur, il y a des pauvres dans tous les pays; mais dans la Picardie ils sont plus âpres, ils ne laissent rien pour la vielle. Suivant certaines personnes, c'est qu'autrefois on leur donnait les amendes contre les protestants [112], et qu'aujourd'hui il n'y en a plus; j'entends qu'il n'y a plus d'amendes.

Dans tous les pays il y a des frères ignorants; mais dans la Picardie ils sont plus âpres, leur boîte [113] est plus grande, ils font bien plus de tort à la vielle.

Dans ce pays la police est aussi plus âpre, car lorsque vous approchez d'une ville le guet du clocher tinte sur la cloche autant de coups que de personnes vous êtes [114]; ainsi, lorsque nous approchions, on tintait cinq fois. Bientôt on n'en tinta que quatre, et je vais vous dire comment.

En passant devant une grande église, il nous prit envie d'y entrer, nous y entrâmes. On chantait les vêpres, nous les chantâmes; mon petit aîné les chanta si bien qu'on me proposa de le garder pour enfant de chœur; et afin que j'y consentisse plus facilement, on me proposa la place de souffleur d'orgues; et comme elle ne valait que huit livres [115], on me donna parole que je pourrais bientôt y joindre ou celle d'un des artisans attachés à l'œuvre, ou celle de porte-bannière, ou celle d'allumeur de chandelles, ou celle de nettoyeur de tombes [116]. J'aimai mieux courir, mon fils aima mieux rester.

Comment Guillaume viella dans la Lorraine.

Je passai dans un grand nombre d'autres villes dont je n'ai rien à dire.

J'arrivai à Metz, où, je vous en avertis d'avance, vous ne pourrez demeurer une seule nuit sans avoir un billet du commis aux registres des étrangers [117], excepté qu'on vous traite différemment que les vielleurs et que les autres.

Dans une ville près de Metz, on me montra un bourgeois que la justice, me dit-on, venait de déclarer riche ; je le vielle ; aussitôt il se retourne : Vielleur, me dit-il, je viens d'être obligé à nourrir des parents qui, par leur inconduite, se sont ruinés, et qui maintenant par leur pauvreté [118] vont me ruiner. Vielleur, je n'ai pas envie de danser, j'aurais plutôt envie de me pendre.

Dans un village près de cette ville, je viellai le maire ; il me répondit amicalement en passant vite : A demain ! à demain ! aujourd'hui je suis tout occupé à signifier des exploits. Monsieur, en Lorraine les maires d'un grand nombre de villages sont en même temps maires et huissiers [119] ; je vous dirai aussi que les cours de justice n'y portent pas, comme en Picardie, le beau nom de plaids de vérité [120] ; je vous dirai encore que les parties plaidantes sont obligées de fournir aux juges leur pitance en nature [121]. J'ignore si elles sont aussi obligées de leur fournir des gâteaux pétris au beurre à l'huile, au miel, aux œufs, au safran [122], qu'on fait dans le pays ; ces gâteaux sont si bons qu'il me paraît bien difficile que la justice s'en passe.

A Vic ils sont encore meilleurs ; mais excepté en carême on ne peut en acheter chez les boulangers [123].

Et, excepté qu'on les ait commandés, on ne peut dans aucun temps en acheter chez les pâtissiers [124]. J'exposai que j'étais étranger, que mes enfants en avaient grande envie ; je donnai mille excellentes raisons : Vous aurez beau parler, me dit-on, vous ne changerez pas les lois de Vic.

Une autre loi de Vic, c'est qu'après la cloche sonnée on ne peut ni vieller, ni jouer d'aucun instrument [125]. Il va sans dire qu'on ne peut danser. Je ne sais si on peut chanter.

Mon Dieu ! j'avais oublié de vous dire combien les taverniers sont malheureux en Picardie ; on ne leur permet pas même de mêler deux vins différents [126] ; c'est ce qu'ils me disaient, lorsque je chantais la chanson des taverniers et de leurs fraudes [127], pour laquelle ils me payaient gaîment plus que les autres auditeurs.

Et toutefois en Lorraine ils sont encore plus malheureux ; ils ne peuvent donner à boire à un bourgeois domicilié que lorsqu'il est en la compagnie d'un bourgeois forain, et lorsqu'en même temps le bourgeois forain paie [128].

Les ivrognes y sont encore plus malheureux ; ils sont condamnés à six livres d'amende s'ils ne portent d'un pas ferme leur vin [129], et la police est toujours là pour ceux qui chancellent.

Comment Guillaume viella dans la Bourgogne.

Le bon cidre est sans doute bon ; la bonne bière est sans doute bonne ; mais le vin est encore meilleur : aussi fut-ce avec un bien grand plaisir qu'après avoir traversé l'Ile-de-France, la Champagne, j'entrai dans la Bourgogne, province toute de vignes, toute de vignobles, toute vineuse, où l'on ne parle plus de lois contre les taverniers ni les ivrognes, où l'on ne parle que de bien boire.

J'arrivai à Dijon vers le mois de janvier ; les rues retentissaient de la vente aux bancs-à-vin des habitants [130], aux bancs-à-vin des halles, aux grands bancs-à-vin de Saint-Étienne [131]. La ferme du cri des vins est un des revenus de la ville [132] ; un autre revenu, c'est la ferme du marché aux gardes des vignes [133] ; un autre, la ferme du reliage des futailles [134] ; un autre, la ferme du courtage des futailles pleines [135] ; un autre, la ferme de leur chargeage [136] ; un autre, la ferme des verres loués aux foires, aux élections, aux assemblées [137].

Pensez comme dans ce pays la vielle doit tourner.

A Dijon, les huit plus anciens conseillers au parlement ne sont guère plus révérés que les huit prud'hommes qui fixent le premier jour des vendanges [138].

Si Dijon veut offrir au roi un témoignage de son amour, il lui envoie des tonneaux de vin par centaines [139] ; s'il passe un ambassadeur, un illustre personnage, ce sont, à son entrée, de petits compliments et de grands flacons de vin [140]. La ville donne aux arbalétriers et à leur roi [141], aux arquebusiers et à leur roi [142], à d'autres et à bien d'autres du vin, beaucoup de vin.

Enfin, la plus grande abbaye de la Bourgogne, Citeaux, où l'on boit tant, est, dit-on, aujourd'hui résolue à changer avec la plus grande abbaye de la Champagne, Clairvaux, où l'on mange tant, son grand réfectoire de trente-cinq pieds de long [143] mesurés par les moines de Clairvaux, contre sa grande tonne contenant huit cents muids [144], mesurés par les moines de Citeaux.

Dans la Bourgogne, les propriétaires donnent volontiers aux passants et surtout aux vielleurs des raisins ; mais les lois ne veulent pas qu'on les leur prenne ; les propriétaires ont le droit de fustiger avec des verges les jeunes voleurs [145] ; et quant aux voleurs plus âgés, on les expose sur la place publique, la tête couronnée de branches de vignes garnies de grappes [146].

Y a-t-il un meilleur, un aussi bon pays que celui-là? Je viellais, je buvais ; je ne cessais de vieller, de boire ; j'y étais venu en temps de vendanges.

Quelquefois j'entrais dans un vallon de plus en plus animé par les chants auxquels tout-à-coup succédait le silence. Les vendangeurs d'un coteau avaient envoyé défier ceux d'un autre sur les meilleures chansons, sur la meilleure manière de chanter, et à l'instant le combat commençait. Les vendangeurs qui avaient défilé chantaient les premiers, d'abord à une seule voix, ensuite en chœur ; les vendangeurs qui avaient été défiés chantaient de même à leur tour ; il n'y avait pas toujours de juges, et la plupart du temps la victoire étant des deux parts contestée, on passait vite aux injures et encore plus vite aux coups [147] ; on se battait avec les pistoles de Saucerre [148], avec les perdreaux [149], c'est-à-dire avec de petites pierres, avec de gros cailloux, et alors la vielle, venue pour se mêler à la joie générale, fuyait ; car la musique a toujours laissé le champ libre aux batailles.

Comment Guillaume viella dans le Lyonnais.

Si jamais l'on me demande quels sont les deux meilleurs amis, ma réponse est toute prête : ce sont deux vielleurs, quand l'un va au septentrion et que l'autre va au midi, ou quand l'un vielle et que l'autre a cessé de vieller. A Lyon, je fis la connaissance d'un vieux vielleur qui avait fait danser les pages de François Ier à son passage dans cette ville, qui depuis longtemps ne viellait plus. Il m'aima comme son fils. Je l'aimai et je l'écoutai comme mon père.

Auvergne ! c'est ainsi que hors de notre province on nous appelle, les pauvres gens [150] et surtout les vielleurs ; j'aurais déjà dû le dire : Mon ami Auvergne ! tu sauras, pour ton profit, que Lyon, où tu es arrivé, est tantôt bon, tantôt mauvais pour la vielle ; pendant soixante-dix ans, si ce n'est pendant quatre-vingts, je l'ai vu et vérifié.

Je ne parle pas de l'ancien temps, de ce funeste jour où la nouvelle de l'arrivée du pape avait rassemblé le peuple de France, rempli la ville de joie et de vielleurs ; où, lorsque le pape passa, la quantité d'hommes qui chargeait les remparts les fit écrouler [151] ; où en quelques instants la ville fut remplie de cris, de deuil, je parle du temps que j'ai vu.

Une année, l'armée victorieuse revient d'Italie, amenant son jeune roi couronné de lauriers [152] ; une autre, elle revient sans roi et toute déconfite [153].

Une année, vingt mille hommes de garde bourgeoise, rangés sous leurs trente-six pennons [154], autour des murailles, semblent être la brillante, l'immortelle écharpe de cette ville ; une autre, la peste tue ou chasse toute la population [155].

Une année, les indulgences du jubilé appellent les pèlerins, et aussitôt s'élève une seconde ville de feuillée [156], où l'on prie, où l'on boit, où l'on chante, où l'on se confesse : une autre, les impies huguenots surviennent [157], et tous les clochers, toutes les églises se taisent, toutes les lumières sont éteintes.

Une année, les officiers municipaux quittent le méridional titre de consul [158] pour prendre le pompeux titre parisien de prévôt des marchands, d'échevins [159]; une autre, la garde, ou du moins les clés de la ville tombent entre les mains d'un valet de chambre que le roi déclare capitaine des portes de Lyon [160].

Une année, la face de la campagne est toute riante; une autre année, la ville regorge de blés; une autre année, les chenilles noircissent les arbres [161]; une autre, la récolte entière périt, et dans la rage de la faim le peuple se jette sur les prés et en dévore l'herbe [162].

Enfin, une année, elle fait construire la plus belle boucherie qu'on ait vue [163]; une autre année, elle y joint à grands frais un vaste abattoir [164]; une autre année, elle élève ce magnifique couvent qui ouvre au saint ordre des capucins les portes de la France [165]; une autre, la ville se trouve épuisée par de grands emprunts du roi; une autre, par de plus grands emprunts; une autre par de plus grands encore [166].

Ainsi, mon ami, ne viens pas ici, à l'avenir, sans demander quel temps il fait pour la vielle.

Après m'avoir encore continué ses leçons, le vieux vielleur me dit dans quel ordre il fallait, en faisant mon tour de France, vieller les différents états. A Paris, à Toulouse, il fallait vieller la magistrature, le commerce, les fabriques; à Bordeaux, à Marseille, le commerce, les fabriques, la magistrature; mais à Limoges, mais surtout à Lyon, avant le commerce, avant la magistrature, avant tout il fallait vieller les fabriques [167]. Et, ajouta-t-il, tu verras, à la Saint-Thomas, aux élections, les terriers ou chefs du peuple commencer par recueillir les voix des fabricants [168].

Comment Guillaume viella dans la Provence.

Mon intention était de parcourir rapidement le Dauphiné, et plus rapidement la Provence. J'en parlai au vieux vielleur, il s'y opposa : Quoiqu'il y ait, me dit-il, beaucoup de vielleurs de Barcelonnette [169], vos chansons *Digas me Jeannette* [170], vos finales *gai! gai! gai! larirette* [171]! vos vives bourrées donnent à la vielle d'Auvergne un caractère différent de celui de la vielle de Provence. Je suivis ses conseils : je m'arrêtai notamment à Marseille.

Les terres des environs, nouvellement défoncées, brisées, rebrisées [172], me parurent comme de fertiles alluvions nouvellement jetées sur les côtes. Elles étaient chargées de fruits, surtout de gros muscats de toutes les couleurs. Nous dansâmes autour des vignes, autour des vergers, autour des claies de roseaux, où séchaient aux rayons du soleil de belles figues [173] jaunes, violettes, autour des riches plantations des cannes à sucre [174]; on nous fit goûter un peu de tout.

J'allai au port, où chaque jour arrivent cinq cents bateaux pêcheurs [175]; j'allai à la halle au poisson, à la pesquerie [176]; là et là, rien. J'allai à la porte de l'église majour [177], de la grande église; là pas plus qu'à la porte d'une église ordinaire. J'allai aux accoules, ou deux églises [178]; là encore pas plus qu'à la porte d'une simple église. Toutefois, à la sortie de la messe matinale qu'on dit au grand marché [179] comme dans les autres grands marchés des villes [180], ma cueillette de deniers et de tournois valut mieux; mais ce ne fut qu'aux douze ou quinze cents jolies petites maisons de campagne ou bastides bâties autour de Marseille [181] que ma bourse put bien se remplir.

Je suis trop content des Marseillais pour ne pas les défendre contre ceux qui se plaisent à en dire du mal.

On leur reproche de fouler aux pieds sur la place publique les raisins étrangers apportés dans leur ville [182]; je réponds d'abord qu'ils sont maîtres chez eux; je réponds ensuite que Marseille est comme une grande boutique de toute sorte de marchandises, de denrées; qu'en pareil cas un marchand serait bien fou d'y en laisser vendre d'autres que les siennes.

On leur reproche de répandre le vin étranger qu'on y porte; d'en brûler les futailles, et quelquefois même la galère ou le vaisseau sur lequel il a été embarqué [183]; même réponse.

On leur fait un reproche plus grave, celui de permettre que dans leur chrétienne enceinte une synagogue s'élève aussi haute que les églises. Je réponds encore que la synagogue y est toujours restée vassale; car enfin qui va à la cathédrale, qui a des yeux, peut voir que chaque dimanche la synagogue est obligée d'y envoyer au sermon un juif, obligé à l'écouter d'un bout à l'autre, assis sur une escabelle à côté du sacristain [184].

A Aix, où je viellai beaucoup aussi, je ne fus guère payé qu'en vieux bonnets; c'est que les juges inférieurs, lorsqu'ils sont reçus au parlement, donnent des bonnets aux conseillers [185] qui en coiffent toute leur maison.

Comment Guillaume viella dans le Languedoc.

Je sortis de la Provence par Avignon; j'entrai dans le Languedoc par Nîmes; je ne fus pas peu surpris de voir que le fameux chevrier de Nîmes [186] y est bien moins fameux qu'ailleurs.

Je passai à Montpellier, ville de malades, de médecins, et ville aussi de vert-de-gris; une vieille racleuse [187] qui en avait tant raclé que ses cheveux blancs étaient devenus verts [188], me proposa d'y être racleur. Je lui répondis, comme à un apothicaire de Poitiers qui me proposait d'être preneur de vipères dont on fait un grand commerce dans le pays [189], je lui jouai de la vielle. Je continuai à en jouer, je crois, jusqu'à Toulouse.

En y arrivant j'allai vieller à la promenade du beau monde, au pré de Sept-Deniers [190], où je gagnai beaucoup d'argent. Les Toulousains aiment beaucoup à danser.

Ils aiment aussi beaucoup à rire. Un jour, à la halle des fripiers, nommée l'encan [191], parce qu'on y vend les habits à l'enchère, on y disputait assez vivement un chapeau de feutre à lames de fer [192]; je me dressai sur mes pieds en disant : Et moi j'y mets un air de vielle; on rit, on me le laissa.

Ils sont aussi fort curieux : un autre jour la grande place était couverte de monde; je viellais, je gagnais à pleines mains; quelqu'un dit qu'on venait de mettre un blasphémateur en cage, qu'on allait le plonger dans la rivière [193] : la moitié de la foule y courut; quelqu'autre ajouta que c'était une blasphématrice : il ne resta plus personne.

Sans doute le mail, la paume, sont les ennemis de la vielle; mais les cloches le sont bien davantage. A Avignon, où elles sont en si grand nombre [194], elles n'ont que du caquet; mais à Toulouse, c'est souvent au moment que vous viellez, que vous chantez, que vous vous plaisez, qu'on se plaît le plus à vous entendre, que le grand Cardaillac [195] vient à sonner; il faut alors finir. Il en est de même à à Rouen, où il y a le grand George-d'Amboise [196]; de même à Rodès, où il y a le grand Caumont [197]; mais où on le ménage, on l'épargne [198]; et il n'interrompt que rarement les vielleurs. Quant à la fameuse grande cloche de Mende [199], elle les interrompt encore moins : les huguenots l'ont fondue, et le gros battant gît derrière la porte [200], où depuis vingt ans il ne dit mot.

Vielleur, ne cessait-on de me répéter avant que je quittasse Toulouse, venez avec moi en Béarn; je refusai, mais ce n'est pas que je craignisse de ne pas entendre le patois, car des Pyrénées à la Loire tous les patois, ou provençaux, ou gascons, ou dauphinois, ou autres, sont, à quelques terminaisons près, les mêmes [201]. Vielleur, me disait-on encore, venez avec moi à Lectoure. — Je m'en garderais bien; les habitants font gloire de n'exercer aucun art mécanique [202]; ils sont glorieux et pauvres. — Vielleur, venez avec moi à Blaye. — Je m'en garderais bien; on ne peut y lever les yeux; on ne peut y regarder les murs de la ville [203]. On me disait encore : Vielleur, venez avec moi à Bordeaux. Je refusai de même, bien qu'il y eût de bon vin, de bon cidre, de bon pommé, ou, pour parler comme dans le pays, de bonne pommade [204], bien qu'il y eût de bons marchands, de bons bourgeois, à la tête desquels la loi met, n'importe qu'ils soient vielleurs, ramoneurs ou pis, les possesseurs de la maison du Puy-Paulin [205].

Comment Guillaume doit faire encore trois ou trente fois le tour de France.

Je refusai bien d'autres propositions : j'avais indispensablement besoin d'aller en Auvergne y chercher une nouvelle recrue de petits garçons; les trois autres m'avaient aussi quitté : l'un, adroit et grand parleur, avait suivi ces arracheurs de dents qu'à leur fraise jaune on distingue dans les foires [206]; l'autre, leste et fort, avait suivi un de ces écuyers faisant danser les chevaux au son de la musique [207]; l'autre, spirituel et industrieux, avait suivi un barbier, sonnant en été de la trompe dans les villages pour avertir ceux qui voulaient se faire raser [208], et en hiver faisant avec du drap des crêtes bleues, vertes, rouges, aux petits moineaux [209]. J'avais d'ailleurs la bourse pleine et lourde, et je voulais la déposer entre les mains de mon beau-père.

A mon arrivée au village je trouvai la maison encore toute tombée. Ainsi que je vous l'ai dit, elle appartenait, de la terre au ciel, à trois différents propriétaires. Chacun me vendit ses droits, que je payai sans demander de terme. Ensuite, après avoir compté avec mon beau-père l'argent qui me restait, nous calculâmes que pour relever tous les étages, pour acheter le grand champ de derrière, le grand pré de devant, pour avoir toujours la tourte [210], le pain de seigle sur la table, enfin pour pouvoir ne jouer de la vielle qu'auprès de mon feu et à mon plaisir, il me fallait faire encore le tour de France trois fois si nous avions la paix, trente si nous avions la guerre.

LES NOMS PROPRES FRANÇAIS.

Station XLVI.

Dans cette grande France où mes oreilles s'ouvrent aussi souvent que mes yeux, j'ai été continuellement frappé de la différence des prononciations : de la prononciation palatale du Nord, de la prononciation dentale du Midi ; de la différence des prosodies, de la prosodie lente et lourde du Nord, de la prosodie vive et martelée du Midi ;

de la différence d'accent, de l'accent nasal du Nord, de l'accent chantant du Midi.

J'ai été frappé aussi de la différence des mots ou noms, soit généraux, soit propres ; car, si dans le Nord et dans le Midi ils ont la même racine, ils n'ont pas la même désinence.

J'ai surtout été frappé de la différente désinence des noms propres.

Les noms propres des provinces.

En deçà de la Loire les noms des provinces sont presque toujours terminés par un e muet ; en delà ils le sont toujours par un é accentué ou par une autre voyelle : qu'on ne m'objecte pas les noms d'Auvergne, de Rouergue [1], le dernier e est accentué dans ces pays : qu'on ne m'objecte pas le nom de Provence, le dernier e dans ce pays est un o [2].

Les noms propres des lieux.

Dans le nord suivez les rivières, vous trouverez Marsilli, Savigni ; suivez les rivières dans le Midi, vous trouverez *Marsillac, Savignac*.

Parcourez les campagnes dans le Nord, vous passerez à Laval, à Grandval, à Bonneval ; dans le Midi vous passerez à *Lacombo*, à *Grandcombo*, à *Bonnecombo* : vous passerez à Noirfeuille, à Orfeuille ; vous passerez à *Nègrefuel*, à *Orfuel* : vous passerez à Laroche, à Hauteroche ; vous passerez à *Laroquo*, à *Alseroquo* [3].

Il n'est pas à remarquer qu'en France, comme dans toute la chrétienté, une grande partie des villes et des villages porte le nom de saints [4] ; mais il l'est qu'un grand nombre de villages y porte le nom de ville, de villar, villier [5].

Les noms propres des hommes.

Comme il y a bien plus de noms d'hommes que de noms de lieux, la terminaison des noms d'hommes doit être et est bien plus variée.

Dans le Nord : Dupré, Deschamps, Duverger, Dubois, Durocher.
Dans le Midi : *Duprat, Descamps, Duverdier, Dubosc, Duroc*.
Dans le Nord : Duhamel, Dupetithameau.
Dans le Midi : *Dumas, Dumaset*.

Autres observations.

Les Français sont fort glorieux : les nobles, les riches bourgeois ont caché leur nom de famille sous les noms de fief. Ainsi quand vous parlez à monsieur de Châteaufort, vous parlez en même temps à monsieur Grain-d'Avoine ; quand vous parlez à monsieur de Montdoré, vous parlez en même temps à monsieur Denier, ou qui pis est à monsieur Maille.

Ils sont fort glorieux, vous dis-je : lorsqu'ils n'ont pas eu de noms de fiefs à prendre, ils ont pris des noms de dignités, de hautes dignités. La France a tant et plus de Roys, de Princes, de Ducs, de Marquis, de Comtes, de Barons, de Nobles, tant et plus de Beaux, de Jolis, de Fleuris, de Gaillards.

Il y a apparence que primitivement les moyennes ou basses classes se sont contentées des substantifs ou des adjectifs ordinaires. La France est peuplée de Maisons, de Portes, de Chaises, de Planches, de Bœufs, de Veaux, de Chats, de Rats, de Longs, de Courts, de Rouges, de Roux, de Gris, de Blancs, de Noirs; mais tandis qu'au nord ces noms sont précédés de l'article, dans le midi ils ne le sont pas [6].

Les étymologies des noms propres.

Souvent je me demande comment, dans le pays que je parcours, dans ce pays si antiquement civilisé, où les noms des sous-divisions de César, les noms des divisions provinciales des Romains, les noms des divisions ducales et comtales de l'ancienne féodalité [7] ont péri, et où sans doute périront les noms des divisions provinciales de notre monarchie, l'histoire des noms propres n'est-elle pas faite, ou du moins est-elle si mal faite [8]?

On nous dit que, de même que le nom de Celtique qui couvrait tout le pays entre le Rhin et les Pyrénées, fut réduit au pays entre le Rhin et la Seine [9], le nom de Gaule qui couvrait tout ce même pays a été réduit à la Goële, petit pays du petit pays du Hurepoix [10]. Je n'en vois pas plus de preuves qu'on n'en verra dans quelques milliers d'années si l'on dit alors que le nom de France se trouve réduit au territoire de l'Isle-de-France [11].

On nous dit que, tandis que le nom de la province de Gascogne s'est étendu à toute cette moitié de la France que les Parisiens et par conséquent les Français appellent Gascogne [12], le nom de Languedoc que portait cette même moitié s'est réduit à la province de Languedoc [13]. Alors se présente à moi cette question, comment il n'est pas resté une province de Languedoui dans l'autre moitié de la France qui toute portait le nom de Langue-d'Oui [14]?

On nous dit que les noms d'Albignac, Savignac, viennent d'*Albini aquæ*, *Savini aquæ*, que Romaniargue, Valsargue, viennent de *Romani ager*, *Valesi ager* [15]. Il me semble, dans l'avenir, lorsque la langue française du nord sera, dans toutes les classes, devenue la langue vulgaire jusqu'au pied des Pyrénées; lorsque la langue française du midi ne sera plus qu'une langue morte, une langue savante [16], il me semble entendre dire que le nom de *Legal*, Lecocq, vient d'un homme qui aimait l'égalité, que celui d'*Aussel*, Oiseau,

XVIᵉ SIÈCLE.

vient d'un homme qui mangeait toujours salé, qui criait toujours : Au sel ! au sel !

L'influence des noms propres.

Tous les Français aiment les beaux noms.

Une jeune fille épousera plus volontiers le jeune Rosier que le jeune Malpeau, le jeune Lebon que le jeune Malet.

Dans les élections populaires le sieur Beaupied, le sieur Richepanse, auront, à égalité de mérite, le plus de suffrages.

Tous les Français aiment encore plus les noms militaires ; ils marcheront avec courage sous le maréchal de Montmorenci, sous le maréchal de Rohan, sous le maréchal de Beaufremont, sous le maréchal de Beaumanoir, sous le maréchal d'Aumont, sous le maréchal de Châtillon. Ils se laisseraient battre sous le maréchal Boulanger, sous le maréchal Meunier, sous le maréchal Ferrand, sous le maréchal Serrurier, sous le maréchal Taillandier, sous le maréchal L'Agneau, sous le maréchal Leloup, sous le maréchal Lelièvre, sous le maréchal Lâne.

L'ÉPÉE FRANÇAISE.

Station XLVII.

Aujourd'hui j'ai été me promener à Argenteuil, petite ville agréable, plantée d'arbres, de bocages¹, comme plusieurs autres villes de la France², comme toutes les villes de la France devraient l'être. Après mon dîné, le fils de l'aubergiste m'a fait la politesse de venir me ramener au chemin de Paris. Nous traversions une grande prairie : Quelles sont, lui ai-je demandé, ces trois belles personnes qui passent à notre gauche ? Ce sont, m'a-t-il répondu, trois jeunes dames, trois jeunes veuves ; je les connais toutes ; elles ont pris un logement chez mon père.

Le point d'honneur.

Remarquez la plus grande, celle du milieu ; remarquez-la bien, et maintenant écoutez son histoire, comme si vous l'entendiez de sa bouche, ainsi qu'un de ces jours je l'ai entendue moi-même : Feu mon mari, me dit-elle, ne tenait pas grand compte de l'*Exhortation à renoncer aux duels*, par Sorbin³ : ce livre avait plus de vingt ans, les jeunes gens le trouvaient trop vieux ; mais il faisait beaucoup de cas du *Discours sur le point d'honneur* que vient de publier David Rivault, sieur de Fleurance ⁴ : il l'avait toujours sur la tablette de sa cheminée ; il le consultait pour tous les cas, pour le plus petit démêlé, pour une parole un peu haute, pour un regard prolongé, pour un clin-d'œil ⁵.

L'escrime.

Et toutes les fois que la décision était précise, ou même un peu douteuse, il prenait le fleuret ⁶, s'escrimait aussi vivement et plus vivement contre le mur ou contre quelqu'un de ses camarades, que s'il se fût disposé à faire assaut à l'entrée du roi ⁷ ; ne cessant de crier : C'est une botte de Saint-Didier ! c'en est une autre ! Vous savez que monsieur Saint-Didier est l'auteur des *Secrets de l'épée* ⁸. Mon mari, comme tous les escrimeurs, avait souvent envie de se battre, mais il ne se battait jamais : on lui prouvait, et moi surtout qu'il aimait tant je lui prouvais qu'il avait tort.

Le duel à deux.

Déjà l'année que les deux plus grands pronostiqueurs, Nostradamus le père et Nostradamus le fils ⁹, avaient annoncé devoir être si malheureuse tirait à sa fin, et je ne craignais plus, quand un ami de mon mari, mauvais poète, blasonnant sur tout, sur les choses, sur les personnes ¹⁰, fit mon blason en vers indécents et indignes. Je n'omis rien de tout ce qui était en mon pouvoir pour que mon mari n'en eût pas connaissance. Un matin qu'il devait partir, et que je le croyais parti pour la campagne, il monte à cheval, ayant les deux pistolets à l'arçon de la selle ¹¹ ; il arrive au rendez-vous qu'il avait donné à son ami : en vain on veut les séparer ; ils menacent de faire feu sur ceux qui tenteraient de les approcher. Ils avancent, et d'abord ils voient une croix à l'endroit où ils voulaient se battre : ils descendent de cheval, ils font leur prière ¹² ; ils vont plus loin, ils voient sur une fontaine une petite Sainte-Vierge de pierre : ils descendent encore, ils font encore leur prière ; ils vont plus loin, ils ne voient plus rien. Ils prennent champ et courent l'un contre l'autre au grand galop : à la première passade ils se manquent ; à la seconde, la balle de mon mari glissa sur le collet de son adversaire, gonflé de fleurs ou de sachets de senteur ¹³, car dans les duels à cheval on ne se bat pas toujours en chemise ¹⁴ ; enfin à la troisième mon mari reçut la balle de son ami dans la poitrine. Je vous laisse à penser de ma douleur, de mes transports ; je m'arme de tout ce qui se trouve sous ma main ; la parenté de mon mari, la mienne en font autant, ou, pour me contenter, en font semblant ; mais l'heureux meurtrier avait fui au loin. Cependant ma douleur devenait tous les jours plus vive, je dépérissais; ma famille, par les conseils des médecins, m'a fait quitter les lieux ensanglantés où avait péri mon époux.

Le duel à quatre.

Monsieur, a continué le fils de l'aubergiste, remarquez maintenant celle du côté gauche : n'est-ce pas qu'elle vous semble plus jolie? mais il faut convenir aussi qu'elle a une physionomie moins expressive. Hier, en ma présence, elle se plaignait à mon père de cette meurtrière nouvelle mode d'introduire des seconds dans les duels [15] : Mon époux, ajouta-t-elle en pleurant, en a été victime. Mon époux, je vous assure, n'allait pas chercher les querelles; il n'aimait que l'intérieur de sa maison et de son ménage. Malheureusement son cousin-germain n'aimait que le cabaret. Un soir ayant bu outre mesure, il y voulut disputer, avec un autre habitué, sur l'explication de la fameuse semaine des trois jeudis [16]. Ils n'entendaient ni l'un ni l'autre cette question; ils mirent l'épée à la main. On les sépara pour le moment. Le lendemain, le cousin-germain de mon époux vient lui dire qu'il avait été appelé en duel, qu'il l'avait choisi pour son second [17]; mon époux qui avait refusé, quelques jours auparavant, de lui prêter une misérable somme de deux pistoles, le remercia de la préférence qu'il lui donnait et il lui en témoigna par les plus vives démonstrations toute sa reconnaissance. J'étais présente, je jetais les hauts cris; mon beau-père accourut : Eh bien! ma fille, me dit-il d'un air sévère, vous oubliez donc que vous êtes née demoiselle. Mon époux sortit. Deux heures après on le rapporta, ou plutôt on rapporta son corps. Il fallait entendre comme j'éclatai en reproches contre mon beau-père; mais mon père, prenant son parti, me défendit d'ajouter à sa douleur; toute la famille me parla sur le même ton. Vous sentez combien la langue d'une femme, d'une veuve, d'une jeune veuve, est difficile à retenir. Pour moi, je le sentis si bien que je suis venue ici.

Le duel à six.

Il ne vous reste plus, me dit le fils de l'aubergiste, qu'à savoir l'histoire de celle du côté droit : c'est la plus jeune, la plus jolie; remarquez-la attentivement. Je tiens de ses domestiques qu'elle n'a aimé son époux que lorsqu'il a été tué; mais aujourd'hui elle est la plus sincèrement inconsolable. Elle est fort riche, elle ne voulut pas que son mari fit pour elle hommage à un bourgeois d'une rente de trente livres [18], ni qu'il fit hommage à un gentilhomme des secondes herbes d'un pré [19] : elle voulut qu'il leur fit peur. Véritablement le bourgeois crut qu'il lui était permis d'avoir un peu de peur, et il se désista de sa demande judiciaire; il n'en fut pas ainsi du gentilhomme. On se battit; chacun avait amené deux seconds; le père du gentilhomme qui demandait l'hommage était l'un des seconds de son fils [20]; le grand-père voulait à toute force être l'autre second; un ami de la maison s'y opposa, et fut choisi à sa place. Tous portaient au côté gauche la grande épée appelée le duel [21], et au côté droit la dague [22]. Ainsi, bien qu'il n'y eût que six combattants, il y avait douze lames. L'époux de la dame fut tué, et ce fut le seul.

Le duel à vingt.

En me quittant, le fils de l'aubergiste m'a dit que telle aujourd'hui était la mode ou la fureur des duels, que dans cette semaine il devait y en avoir un, au lieu ordinaire des duels, au Pré-aux-Clercs [23], où de chaque côté devaient se trouver neuf seconds [24]. On avait proposé à un de ses amis d'en être; il avait répondu qu'il avait une petite charge municipale. Il s'était bien gardé de répondre qu'il n'était pas noble; car on ne voit qu'avocats et même que clercs de procureurs le bras en écharpe [25]; aussi dans les cahiers de doléance la noblesse veut-elle se plaindre de cette usurpation [26], et très humblement supplier le roi de ne permettre de tirer l'épée qu'à ceux qui avaient le droit de la porter.

Les lois sur les duels.

Dès que je me suis trouvé seul, ma pensée a comme repris le fil de la conversation, d'abord avec le fils de l'aubergiste, que je venais de quitter, ensuite avec un ancien avocat, une espèce de jurisconsulte à l'i grec, que j'avais été voir ces jours derniers, et avec qui nous avions aussi parlé de duels : Monsieur le jurisconsulte, lui avais-je dit, n'avez-vous donc pas des lois sur cette petite, honteuse et dépopulatrice guerre quotidienne? Nous en avons, m'avait-il répondu; nous avons la vieille loi; elle autorise les duels publics [27]; elle a été en vigueur jusque sous François Ier qui voulait descendre de son trône pour se battre contre l'empereur Charles-Quint [28], s'il eût voulu descendre du sien. Elle a été abolie par Henri II [29], après le combat singulier où fut tué son favori La Châteigneraie [30]. Nous avons la nouvelle loi, l'ordonnance de Charles IX : elle défend les duels sous peine de mort [31]; mais elle n'est pas exécutée [32], et elle n'est guère connue que dans le recueil des ordonnances.

Les moyens de faire cesser les duels.

Bon! monsieur le jurisconsulte, votre ordonnance de Charles IX qui attribue la connaissance et le jugement des querelles du point d'honneur aux baillis, aux sénéchaux, aux gouverneurs des provinces, aux maréchaux, au connétable [33], ne vaut pas grand'chose, et votre ordonnance à vous ne vaut guère mieux : le jurisconsulte de Paris m'avait aussi parlé d'un projet d'ordonnance de sa façon, d'après laquelle les anciens duels publics [34] seraient rétablis, et les vaincus, ou renversés, ou blessés, ou morts, seraient tous indistinctement pendus, l'épée au côté ; ce qui, suivant lui, devait faire vider tous ces grands rez-de-chaussée, tenus par les maîtres d'armes et leurs prévôts, toutes ces grandes salles, où pour enseigne pend une épée [35], et en même temps réduire annuellement à moins de cent le nombre des duels que l'on comptait par milliers [36]. Je me faisais ensuite demander par le jurisconsulte si j'avais une meilleure ordonnance que celle de Charles IX ou que la sienne, et je lui répondais : Oui, sans doute, et la voici : Tuera, se fera tuer, se battra qui voudra. Se battra avec son adversaire, aura des seconds, des troisièmes, dixièmes, vingtièmes, trentièmes, centièmes, deux centièmes, trois centièmes [37], qui voudra ; mais tous les combattants seront obligés de porter le quart de leur revenu à la caisse de l'aumône ; et s'ils veulent se battre, faire le coup d'épée en l'honneur des dames [38], ce sera la moitié, sans qu'on puisse leur rien demander en sus pour la permission d'enrubanter les épées aux couleurs de leur maîtresse [39] ; et afin que les jeunes gens n'aillent pas chercher dans le libertinage une dispense de se battre, la maladie d'origine américaine ne sera plus à l'avenir reçue pour valable excuse [40]. Je continuais : Aucun duel n'aura lieu qu'en présence de six témoins municipaux pour ce institués ; ils feront jurer sur le livre de l'*Abus des duels*, par Charpentier [41], qu'ils ont lu ce livre, et qu'ils n'ont pas trouvé ses bonnes raisons assez bonnes. Je continuais, mais le jurisconsulte me disait en frappant, et en ne cessant de frapper du pied : Aujourd'hui, dès qu'on s'aborde, on se demande : Eh bien ! ce matin, qui s'est battu [42] ? Aujourd'hui, les écoliers, les pages se battent [43] ! Le temps de votre ordonnance n'est pas encore venu ! attendez encore ! Et il a tant frappé, tant frappé du pied, qu'il m'a fait taire.

LES CALCULS DE CHARTRES.

Station XLVIII.

Voici aujourd'hui une nouvelle connaissance et à peu de frais ; j'étais à peine arrivé à Chartres qu'un valet de livrée s'est présenté à mon auberge : Seigneur, m'a-t-il dit en assez bon espagnol, mon maître, le bailli des exemptions qui ne peut venir souper ici, parce que depuis trente ans il ne bouge de son fauteuil, ayant été informé qu'un étranger de haute distinction se trouve dans cette ville, m'envoie vous prier de lui faire l'honneur de venir souper avec lui. Je me suis un instant consulté. J'ai suivi ce valet de livrée. Le bailli des exemptions, ou juge des exempts de la justice ordinaire [1], m'a comblé de politesse. Aussitôt que je suis arrivé, on a dressé le couvert dont il m'a fait cordialement et splendidement les honneurs.

Après soupé, mon fauteuil ayant été par ses ordres rapproché du sien, il m'a dit : Messire, bien que mes pieds restent, comme vous voyez, immuablement cloués à cette place, je ne laisse pas de courir le monde, de passer les fleuves et les mers, de voir, comme dit Horace, les villes et les mœurs des nations ; je vis avec les étrangers, je les écoute, et leurs aventures me divertissent. Mon valet m'est, à cet égard, d'un grand secours, car il entend un peu toutes les différentes langues, et il ne vient aucun voyageur qu'il ne sache s'il est un homme notable, et qu'alors il ne réussisse à m'amener. Cette semaine, j'ai eu deux gentilshommes de la pospolite polonaise, et un officier anglais ; aujourd'hui, j'ai un homme de guerre espagnol ; mais je ne suis pas toujours aussi heureux que cette semaine et surtout que ce soir.

Nous avons parlé de l'Espagne tant et aussi longtemps qu'il a voulu. Il m'a paru si content et si reconnaissant que je me suis permis de lui demander si je ne pourrais pas obtenir de lui que nous parlassions, ou plutôt qu'il parlât un peu de la France, où j'étais venu, à grands frais de temps et d'argent, étudier toutes les parties de la société ; je lui ai ensuite dit où j'en étais et ce que je voudrais maintenant savoir : Ah ! m'a-t-il répondu avec bonté, que mon ami, monsieur Simplice ne vit-il ! Mais, a-t-il ajouté d'un air gracieux, en se soulevant sur son fauteuil, tout ne sera pas perdu ; je crois avoir conservé du moins un peu de mémoire ; il a continué ainsi.

Le compte de l'or de la France.

Ce fut durant les grands froids de l'hiver dernier que cet excellent monsieur Simplice mourut, sans que les médecins, avec leurs étoffes neuves, leurs frictions spiritueuses, pussent jamais le réchauffer, tandis que moi, d'un seul mot, je lui aurais rendu la chaleur ; car mon ami était, ainsi que tous ceux qui parlent, et sans doute qui ont parlé, qui parleront de finances, à se démener comme un possédé aussitôt qu'on lui en parlait : je n'aurais eu qu'à lui dire qu'enfin nous avions maintenant des traités d'administration financière, des comptes de l'or de la France complets et vrais, pour qu'il m'eût, comme quelques jours auparavant, et avec les mêmes éclats de fureur, encore répondu que ces traités, ces comptes étaient tous incomplets, tous erronés, tous faux, tous contraires à ses calculs, qu'ordinairement il appelait les calculs sans faute, les calculs sans erreur, les calculs sûrs, certains, vérifiés, les calculs de Chartres.

Je me souviens que ce jour-là il me dit, en se courrouçant contre ces nouveaux traités, et en criant comme s'il eût voulu se faire entendre au moins à Montlhéri : Comment voulez-vous que je leur passe de ne pas savoir qu'à la fin du siècle actuel il y a quatre fois plus de numéraire qu'à la fin du siècle dernier? Comment voulez-vous que je leur passe de ne pas savoir que les subsides à cette époque ne se portèrent qu'à six millions ², qu'il faut multiplier par cinq pour avoir la somme générale du numéraire de la France ³, de même qu'il faut multiplier le numéraire de la France par dix pour avoir la somme générale du numéraire de l'Europe ⁴, ce qui suppose qu'il y avait alors en France trente millions, et en Europe trois cents? de ne pas savoir qu'aujourd'hui les subsides s'élèvent à vingt millions ⁵, ce qui, par les mêmes calculs, suppose qu'il y a en France, non pas comme on l'a dit soixante ⁶, mais cent millions, et en Europe un milliard ⁷; et continuant tout de suite avec une impétuosité sans égale, il ajouta : Mais d'où est donc venu cet accroissement de sept cents millions? Est-il venu des anciennes mines d'Europe? certes non ; elles sont en grande partie abandonnées ⁸ ; est-il venu des mines d'Amérique? Oui, sans doute, car les registres des douanes espagnoles en font foi ⁹. Que si vous me niez la certitude de pareils extraits, je reviendrai à mes calculs sûrs, aux calculs de Chartres, et je vous dirai : Les lampes de l'église dont l'entretien perpétuel a été fondé en blé, à la fin du dernier siècle, brûlent toute l'année ; celles dont l'entretien a été fondé en numéraire, ne brûlent que trois mois; les denrées, les étoffes, se vendent quatre fois plus ¹⁰.

Comment, continua monsieur Simplice, voulez-vous que je passe à ces traités de ne pas savoir :

Que le revenu de la France, ou territorial ou industriel, est d'environ quatre cents millions?

Que la France donne chaque année à l'église, aux hôpitaux, aux pauvres, environ soixante millions ?

Qu'elle donne au roi, ou aux agents du roi, environ soixante millions?

Qu'elle donne aux gens de justice quarante millions ?

Qu'elle ne refuse pas à ses fêtes, à ses jeux, à ses plaisirs, quarante millions ?

Qu'elle met à sa nourriture, à son vêtement, à son logement, deux cents millions plus ou moins [11] ?

La manière dont l'or va de notre bourse dans celle du roi.

L'irritation de mon ami, feu le bonhomme monsieur Simplice, quand elle était publique et solennelle comme dans les grands repas, s'accroissait quelquefois à ce point, qu'il cessait de manger, de boire, et que sa bouche ne se remplissait plus que de paroles, de chiffres et de calculs.

L'année dernière nous faisions la Saint-Jean avec un quartier de chevreuil : nous étions vingt, et peut-être davantage ; monsieur Simplice était assis à côté de moi ; deux de mes neveux, fils d'un procureur-général des aides, étaient assis en face ; le plus jeune voulant trancher du petit docteur, dit qu'aujourd'hui en finances tout était nouveau. Non, jeune homme, s'écria monsieur Simplice, non, tout n'est pas nouveau, car, pour parler comme les bonnes gens, l'or sort de notre bourse et va dans celle du roi par beaucoup d'anciens trous que le temps a seulement agrandis. Alors l'aîné qui connaissait la considération que j'avais pour monsieur Simplice, dit qu'en finances, au contraire, il n'y avait guère rien de nouveau : Ah! monsieur, s'écria encore avec plus de véhémence monsieur Simplice, il n'y a que trop de nouveau, il n'y a que trop de nouveaux trous à notre bourse, entièrement et sans cesse exprimée dans celle du roi. Puis, se tournant vers celui de mes neveux qui le premier avait parlé, vers le cadet, il lui dit : Jeune homme, si vous m'écoutez, vous saurez d'abord que l'impôt le plus considérable, la taille, est aussi le plus ancien ; son nom seul vous apprend qu'elle existait du temps que les financiers ne chiffraient que sur un long bâton et avec un couteau [12].

Sous Louis XII, sans remonter plus haut, elle était à trois, quatre millions [13] ;

Sous François Ier, à cinq millions [14] ;

Sous Henri II, à six millions [15] ;

Sous Henri III, aux premiers États de Blois, à douze millions [16] ; et depuis elle s'est élevée jusqu'à seize millions [17].

Pensez toutefois que ces accroissements ont eu d'autres accroissements intermédiaires, car nos financiers ont l'habileté de charger insensiblement et imperceptiblement.

Vous saurez ensuite que la gabelle est un impôt très ancien. Dans la langue des Italiens, nos maîtres en finances [18], gabelle veut dire javelle, et signifie au sens littéral un faisceau de paille, et au sens figuré un faisceau d'impôts. Ce faisceau n'est cependant composé que du droit sur le sel [19] : vous n'avez pas idée de la manière dont cette javelle s'est grossie, et dont les enfants de saint Mathieu, tous à l'envi, grands et petits, s'escriment à bien la battre. On ne payait, du temps de François Iᵉʳ, le muid de sel que quarante-cinq livres [20], maintenant on le paie trois cent vingt-cinq [21]. L'édit qui force les particuliers à manger ou à prendre une quantité de sel déterminée [22] a rendu le revenu de la gabelle fixe comme celui de la taille.

Vous saurez ensuite, que l'impôt des aides est aussi fort ancien [23]; celui-là est véritablement une gabelle ou javelle : il forme véritablement un faisceau de droits sur les denrées et les marchandises. Le roi le donne à ferme [24]; et tenez pour certain que ces fermiers de villes sont aussi riches que ceux des champs.

Ensuite que la douane, dont le taux est en général de huit pour cent des marchandises [25], est encore un impôt fort ancien [26].

Ensuite ou enfin, qu'il y a plusieurs autres anciens petits impôts [27] qui aujourd'hui à côté de nos grands impôts paraissent petits, qui autrefois auraient paru grands, car, en trente-trois années, l'impôt des confiscations a rendu treize millions [28], et celui des légitimations, avec celui des aubaines, neuf millions [29].

Après avoir assez gaulé, autant vaut ce mot qu'un autre, la vanité de mon neveu le plus jeune, monsieur Simplice s'adressa à l'aîné : Et vous, monsieur, lui dit-il, vous avez vingt-deux, vingt-quatre ans ; vous devriez être de votre âge.

Vous devriez, ce me semble, ne pas ignorer que le taillon, la petite taille, l'impôt pour la solde de la cavalerie [30], que l'impôt pour la solde des cinquante mille hommes d'infanterie [31], que l'impôt pour les fortifications [32] sont des impôts nouveaux.

Vous devriez ne pas ignorer que l'impôt des parties casuelles [33], des taxes sur la transmission des offices, est aussi un impôt nouveau.

Mon neveu a un air si aimable, si bon, que l'irritation de feu monsieur Simplice en fut adoucie, et que bientôt le ton et la forme de sa leçon changèrent.

Monsieur, continua-t-il en s'adressant toujours à l'aîné de mes neveux, encore au dernier siècle les gens d'église croyaient leur argent sacré ; ils voulaient, quand on leur en demandait, avoir la permission du pape [34], et cette permission se faisait longtemps attendre. Maintenant, depuis François Iᵉʳ, toutes les finances sont hors de page [35], et depuis 1546 le clergé acquitte périodiquement l'impôt des décimes, qu'il appelle et qu'il appellera sans doute longtemps don gratuit [36] ; peut-être savez-vous, peut-être ne savez-vous pas que cet impôt est de treize cent mille livres [37].

Autres impôts nouveaux.

En 1583 la cour eut besoin de la petite somme de cinq millions ; sans autre façon elle l'imposa sur les villes : Paris en paya deux cent mille livres [38].

Les villes étaient accablées ; les campagnes étaient depuis longtemps ruinées : où prendre de l'argent ? On créa encore de nouveaux offices héréditaires pour toutes sortes de fonctions, depuis celles de gouverneur de province jusqu'à celles de langoyeur de cochons [39], et on fit si bien, ou plutôt si mal, que la finance générale des offices s'éleva à plus de cent millions [40] ; et aujourd'hui elle s'élève peut-être à cent quatre-vingt millions, peut-être à deux cents [41], peut-être à davantage. Je crois inutile de dire que cette création de nouveaux offices est un nouvel impôt, un nouveau champ aux épis d'or, dont la moisson est toujours mûre, et qu'à chaque grand besoin, surtout à chaque grand désastre militaire, le roi y met la faux [42].

Jeunes gens, continua monsieur Simplice, en s'adressant en même temps à mes deux neveux, vous devriez me demander s'il n'y a pas d'autres impôts, car je vous apprendrais que, pour achever de dessécher notre bourse, il y en a encore d'autres anciens, et entre autres celui des amendes [43], celui des annates [44], celui des rachats d'impôts [45] ; qu'il y en a d'autres nouveaux, et entre autres celui de vingt livres par clocher [46], celui de cinq livres par procès [47], et que sans le parlement il y aurait de plus les vingt-sept impôts qu'en un jour [48], et les soixante impôts qu'en un autre jour [49] voulut faire enregistrer le feu roi [50].

Mon ami avait cessé de manger : il cessa de boire, lorsque le père de mes deux neveux, croyant, comme procureur-général des aides, l'honneur de son état intéressé dans les assertions de monsieur Simplice, se prit à lui dire : Quand on vous accorderait tout ce que nous venons d'entendre, il n'en serait pas moins vrai que la France n'est pas l'état de l'Europe le plus chargé, et on n'aurait pas beaucoup de peine à vous le prouver. Prouvez-le donc ! lui répondit monsieur Simplice tout en colère ; voyons ! est-ce l'Espagne, propriétaire de la moitié de la terre, qui est plus chargée ? A combien s'élèvent ses impôts ? dites-le-moi ! ou que quelqu'un me le dise ! Personne ne répond ! eh bien ! les impôts de l'Espagne s'élèvent à treize millions [51] !

Et ceux du Portugal, propriétaire des Indes, à combien s'élèvent-ils ? Personne ne répond ! eh bien ! ils s'élèvent à un million et demi [52].

Et ceux des Pays-Bas, le pays le plus riche de l'Europe ? à trois millions [53].

Et ceux de l'Angleterre ? à quatre millions [54].

Et ceux de la Suède ? à deux millions [55].

Et ceux de l'Allemagne ? à sept millions [56].

Et ceux de Pologne ? le savez-vous ? quelqu'un le sait-il ? allons ! qu'il parle ! Dans ce pays le roi ne lève pas d'impôt ; son revenu, d'environ deux millions, vient des mines de sel ou d'argent [57].

Et ceux de la Turquie, à combien s'élèvent-ils? à quinze millions [58].
Et ceux des états du duc de Savoie? à un million [59].
Et ceux de la république de Gênes? à un million et demi [60].
Et ceux de la république de Venise? à cinq millions [61].
Et ceux du Milanais? à trois millions [62].
Et ceux du grand duché de Toscane? à cinq millions [63].
Et ceux des états de l'Église? ils forment peut-être la moitié des cinq millions de revenu qu'a le pape [64].
Et ceux du royaume des deux Siciles? à douze millions [65].
Et ceux des autres états de l'Europe, savez-vous à combien ils s'élèvent? Allons! vous ne le savez guère; convenez-en, et je conviendrai que je ne le sais guère mieux, toutefois je me crois sûr qu'ils sont moins onéreux que ceux de la France.

Mais, continua-t-il, je demeurerai d'accord, si vous voulez, que dans la plupart des autres états les peuples, après avoir été fiscalement tondus par le roi, sont encore fiscalement retondus par les seigneurs; qu'il y a et les impôts royaux et les impôts seigneuriaux [66]; si vous voulez, je vous en tiendrai compte; car en tous lieux, et surtout à Chartres, nous aimons les calculs justes.

Je m'attendais à voir bientôt diminuer les transports de monsieur Simplice, je les vis bientôt augmenter : la tempête était dans sa bouche, dans ses pieds, dans ses mains. Il se leva seul de table en disant crûment à un bon Parisien qui, sans prétention, venait de parler des rentes de l'Hôtel-de-Ville : Monsieur, vous êtes aussi ignorant que les grands savants de Paris et de province qui n'ont jamais pu ni apprendre ni écrire un mot de finances. Puis s'adossant à la cheminée, dans l'attitude d'un homme pour qui tout le monde doit se taire, faire silence, il nous dit :

Voici, messieurs, l'histoire des emprunts publics que les uns trouvent détestables en ce qu'ils donnent au prince la malheureuse facilité de ruiner ses finances, que les autres trouvent excellents en ce que les sujets sont alors plus attachés au prince, parce que leur fortune est alors plus liée à la sienne; voici l'histoire de la dette; la voici!

D'abord, persuadez-vous qu'elle n'a pas commencé, comme on le dit, au règne de Henri II, ou à celui de François Ier, mais bien au quatorzième siècle [67], et peut-être au treizième siècle, et peut-être avant.

Il est vrai qu'elle grossit prodigieusement sous François Ier, qui établit des commissaires aux emprunts [68].

Et que sous Henri II elle grossit encore plus; elle grossit jusqu'à quarante-deux millions [69]. La soif d'emprunter s'enflammant tous les jours, on demanda de l'argent aux corsaires d'Alger [70]; on en demanda même aux cantons suisses, et, ce qui est merveilleux, on en obtint. Le canton de Soleure prêta cinquante mille écus pour le paiement desquels le roi hypothéqua son royaume, avec une clause que j'appris par hasard à Genève, où je rencontrai quelques bons Suisses se disposant à aller en toute sûreté piller les velours de Lyon, les toiles de Rennes, l'orfèvrerie de Paris, parce que, me dirent-ils, le roi avait laissé stipuler dans l'acte d'emprunt que si au terme il ne payait pas, les Suisses pourraient légalement ravager la France. Pensez donc si je ris; mais ils m'emmenèrent chez eux. Je vis l'expédition des lettres du roi en bonne forme, je lus la clause [71] : je ris encore davantage.

Sous François II la dette ne grossit pas, car à sa mort le trésor royal ne devait guère que trente-neuf millions avec intérêt, et deux millions sans intérêt [72].

Mais sous Charles IX les choses allèrent de mal en pis; la dette grossit d'une manière si épouvantable qu'en 1561 les Parisiens, sans doute par le conseil des Parisiennes, ne voulurent prêter cinq cent mille livres au roi que sur les bagues et joyaux des princesses [73].

Sous Henri III, le pire, si l'on peut parler ainsi, empira; l'Hôtel-de-Ville de Paris, le prête-nom du trésor royal, fit banqueroute en 1584 [74]; la dette, qui, aux premiers états de Blois, en 1577, avait grossi jusqu'à cent millions [75], doubla, tripla.

Car sous Henri IV, au commencement de son règne, il fut constaté qu'elle s'élevait jusqu'à trois cents millions [76], dont cent dus aux étrangers [77].

Au jour actuel la dette ne s'accroît plus.

On l'acquitte, quand on peut, par les remboursements; on l'amoindrit par les classifications, par les réductions, par les radiations de plusieurs créances [78].

Messieurs, par combien de milliers de moyens croyez-vous qu'on a élargi les anciens trous de notre bourse, et qu'on y en a fait de nouveaux? c'est par un seul, par la confusion des finances ordinaires et des finances extraordinaires, par la confusion des deniers du domaine et des deniers de l'état. François Ier l'a voulue [79] : ses successeurs n'ont eu garde de ne pas la vouloir [80]. Il y avait deux trésors; il n'y en a plus qu'un qu'on a nommé du nom qui lui convenait le moins, l'épargne [81].

La manière dont l'or revient de la bourse du roi dans la nôtre.

Lorsqu'on se fut levé de table, on demanda à monsieur Simplice comment l'or des impôts nous revenait. Il répondit qu'il était fatigué. Le lendemain, le surlendemain, je lui rappelai inutilement cette même question; mais voilà qu'un jour, de même que les chanteurs chantent quand on cesse de les en prier, il me fit sa réponse que je n'y songeais plus : Mon cher ami, me dit-il, si jamais, pour le bonheur des peuples, nous avions un compte général des finances bien exact, bien clair, bien net, vous verriez par les diverses levées d'impôts, par les divers chapitres de recette les diverses ouvertures que le roi fait à notre bourse, et par les divers chapitres de dépense les diverses ouvertures que les besoins de l'état ou de la cour font à la sienne.

La première, la plus grande ouverture faite à la bourse du roi, ou le premier, le plus grand chapitre de dépense de ce compte serait celui de la guerre, car on évalue à deux millions et demi la dépense annuelle de l'infanterie française, et à un million celle de la gendarmerie [82].

Le chapitre de la marine, qui, jusqu'au milieu du siècle, aurait été un des plus considérables, serait, resterait aujourd'hui à peu près en blanc [83].

Le chapitre de la dette nous montrerait toute cette plaie, si grande par l'ancienne aliénation des divers impôts dont, il y a peu d'années, il ne restait plus qu'un million et demi de libres [84], si grande par l'exorbitant intérêt au denier douze [85], si honteuse par la part qu'y ont prise les princes, les seigneurs étrangers, si honteuse surtout par la part qu'y ont prise nos seigneurs titrés, nos princes, nos hauts magistrats, nos administrateurs des finances [86] : vous croyez ne pas bien entendre, je le répète, nos administrateurs des finances.

Le chapitre du rachat du domaine, dont les aliénations pour cent millions [87] n'en avaient pas fait entrer plus de quarante au trésor [88], ce nouveau et glorieux chapitre, ouvert par le surintendant Sully, présenterait, suivant les temps plus ou moins heureux, une somme plus ou moins grande.

Le chapitre de la justice faisait autrefois partie de la recette [89] ; il serait aujourd'hui partie de la dépense. Et pourquoi faisait-il partie de la recette ? c'était à cause des offices productifs tels que les greffes, les tabellionats qui ont été vendus ; et pourquoi ferait-il aujourd'hui partie de la dépense ? c'est à cause de l'intérêt de la finance de ces offices reçue par le trésor [90].

Le chapitre des gages des officiers, surtout des officiers des finances, serait aussi fort considérable et incomparablement le plus considérable s'il ne renfermait que leurs gages ; mais il renferme encore leurs profits, leurs gains qui, sous le nom de frais, de levée ou de perception, triplent le montant des impôts [91].

Le chapitre des pensions aux Français et aux étrangers serait de deux millions [92]. Ce serait ce chapitre et non celui de la marine qui devrait être en blanc.

Le chapitre des dons, autre chapitre fort considérable [93], autre chapitre qui devrait aussi être en blanc.

Le chapitre des fiefs et aumônes, c'est-à-dire des fondations pieuses, ou des bienfaits du roi envers les gens d'église [91], devrait dans plusieurs parties être aussi en blanc.

Le chapitre des chemins, des chaussées, des turcies, des ponts, dont les dépenses forment le supplément des corvées, des péages et subventions [95], serait petit, très petit, de grand, très grand qu'il devrait être.

Le chapitre des bâtiments était très grand autrefois [96]; il serait de même aujourd'hui très grand [97]. Je ne m'en plains pas, car des nombreux sacrifices du peuple les bâtiments sont tout ce qui reste.

Enfin viendrait le chapitre de la cour, moins grand que celui de la guerre en temps de guerre, plus grand que celui de la guerre en temps de paix.

Les mouvements de l'or entre notre bourse et celle des autres.

Il tomba le lendemain de l'eau à torrents; personne ne sortait, monsieur Simplice entre : Me croyez-vous un ignorant? Je lui fis signe de la tête qu'il s'en fallait bien. Tenez, ajouta-t-il, je vous ai montré quel était le mouvement de l'or de notre bourse à celle du roi, de celle du roi à la nôtre; soyez attentif et je vous montrerai maintenant quel est le mouvement de l'or de notre bourse à celle des autres, de celle des autres à la nôtre.

Je prends un haut magistrat, vous, par exemple. Il vous faut à vous, à madame la baillive, un maître-d'hôtel, un valet de chambre, un cuisinier, un sommelier, un cocher, un palefrenier, un portier, trois servantes, une demoiselle de compagnie [98]; il faut les habiller, leur donner des pourpoints, des mandilles [99], des jaquettes [100], des robes, des coiffes; il faut des draps, des serges, des toiles; il faut vous habiller; il vous faut des robes de satin, des soutanes de damas, des pourpoints de velours, des chapeaux de velours [101], des souliers de velours, des calottes de velours, des pantoufles de velours [102]. Vous payez le marchand, le marchand paie le blé, le vin à vos paysans; vos paysans vous paient les fermages. C'est un des cent mille cercles par lequel votre or va et vient. En voici d'autres : il vous faut de l'orfèvrerie, il vous faut des miroirs d'argent, d'or, de la vaisselle d'argent, des réchauds d'argent, des bassinoires d'argent, et pour la chambre de parade des crachoirs d'argent [103], des pots de chambre d'argent [104]. Vous payez l'orfèvre, l'orfèvre paie votre débiteur forcé de vendre son argenterie, votre débiteur vous paie; autre cercle par lequel l'or va et vient. Autre cercle encore : Il vous faut, surtout à vous qui êtes sédentaire, au moins un Maure [105] pour vous faire vos commissions, au moins un singe [106] pour vous divertir; vous payez le marchand qui fait le commerce d'Afrique; le marchand paie au roi ses douanes, aux paysans leurs denrées ; le roi vous paie vos appointements, les intérêts financiers de votre office ; les paysans vous paient les rentes, les devoirs seigneuriaux de votre terre.

Le cercle est beaucoup plus grand quand vous achetez à des marchands étrangers.

Mais aussi il est beaucoup plus petit quand il ne s'agit pas de gens de loi, de magistrats comme vous, mais bien quand il s'agit d'artisans, de gens de travail.

Le tisserand paie quatre livres l'aune de son drap [107] au drapier ; le drapier à la fin de la semaine paie au tisserand le prix de son tissage. Le maçon paie un demi-écu ses souliers [108] au cordonnier, dont il bâtit ou dont il répare la boutique ; à la fin du jour le cordonnier lui paie le prix de sa journée.

Voyez-vous comment la France peut dépenser et dépense tous les ans trois, quatre fois plus qu'elle a [109] ?

Voyez-vous en même temps que sous les mots de mouvement de l'or, je comprends aussi le mouvement de l'argent, bien plus rapide, et le mouvement du cuivre bien plus rapide encore [110] ?

Le repos de l'or.

Un jour que le temps était superbe, que je ne pensais pas à monsieur Simplice, ou que je pensais qu'il était allé se promener, voilà qu'il s'offre à moi et qu'il m'aborde avec les paroles à peu près les mêmes qu'à sa dernière visite : Me croyez-vous une bête ? Je lui fis un autre signe de tête encore plus expressif. Véritablement, me dit-il, depuis ce matin il me semble que je ne le suis pas.

Avez-vous remarqué, continua-t-il en reprenant notre précédente conversation, comment le vent s'élève de la plaine, s'insinue dans la forêt, agite le feuillage ; comment il s'élève aussi de la surface des mers, va enfler les voiles de cette grande flotte qui fend les eaux plus rapidement que de jeunes coursiers s'élancent à travers les campagnes ; eh bien ! ôtez le vent, tout aussitôt la forêt, la flotte retombent dans le calme de la mort. Ainsi, me disais-je, et me suis-je toujours dit jusqu'à ce matin, l'or sous la forme du numéraire met en mouvement tous les pieds, toutes les mains, tous les corps, tous les esprits, toutes les âmes, donne la vie à tout ; ôter de la société le numéraire, c'est en ôter la vie ; en ôter une partie, c'est en ôter une partie de la vie. Ainsi je condamnais François Ier pour avoir à la fin de son règne, emmuré au château de Rambouillet une grande partie de son or [111].

Je condamnais ceux qui ne le condamnaient pas ; mais ce matin, ayant appris que monsieur de Sully, afin d'asseoir sur des fondements de plus en plus solides la puissance de la France, afin d'avoir nonseulement des soldats tout prêts, mais encore leur solde toute prête, faisait voûter plusieurs caveaux de l'arsenal destinés à serrer une partie de l'or du roi [113], j'ai eu à l'instant le bon sens de changer d'opinion, en inclinant ma tête devant celle du nouveau surintendant des finances successeur du conseil des intendants [113], successeurs du surintendant d'O [114], successeur des ordinateurs des finances [115], successeurs de l'ancien conseil des généraux des finances des siècles derniers [116]. J'ai cru ne pas mieux savoir administrer que ce grand administrateur qui a toujours fait des opérations si régulières, si justes ; j'ai cru ne pas mieux savoir calculer que ce grand calculateur qui, à Saint-Germain, à Fontainebleau, à Paris, partout où jusqu'à lui on n'avait fait que des calculs si faux, si désastreux, n'a jamais fait que des calculs bons, excellents, des calculs de Chartres.

LE CONCIERGE DE RAMBOUILLET.

Station XLIX.

Dès mon arrivée à Rambouillet j'ai été visiter le château. Aussitôt que je me suis présenté, le concierge a voulu lui-même me conduire, et en me conduisant il m'a fait l'histoire du château, et, à la suite de l'histoire du château, l'histoire du prince qui l'a fait bâtir, l'histoire de François Ier, et à la suite de l'histoire de François Ier, la sienne que voici :

L'espion.

En France, m'a-t-il dit, le métier de bizouard [1], ou si vous voulez de mouchard, ou si vous voulez d'espion, n'est pas plus qu'ailleurs honorable ; cependant je suis obligé d'avouer que j'ai commencé par là. Mon père, faiseur de souricières, preneur de taupes, passait pour un homme fort fin ; j'aidais à mon père, et je passais de même pour un petit garçon fort fin. Aussi les marguilliers jetèrent les yeux sur moi pour me faire espionner les protestants. Je me glissai dans leurs assemblées ; je fis des rapports importants ; je fus mal payé ; j'offris alors mes services aux protestants : j'espionnai les catholiques ; je fus mieux payé. Malheureusement ma petite maîtresse que j'espionnais aussi me vendit comme espion des deux églises. Les protestants résolurent de me pendre la première fois que j'entrerais au temple, et les catholiques de me brûler le premier beau jour. J'en fus informé ; je n'allai plus au temple, et pendant qu'il pleuvait encore je partis.

Le coupeur de pain bénit.

Monsieur, continua le concierge, si je ne suis point Parisien, ou comme on dit, enfant de Paris, il ne s'en faut pas de beaucoup : il ne s'en faut que de deux villages, les Bons-Hommes et Chaillot[2]. Je suis de Passy. Je l'avais quitté, j'y retournai, et ensuite je me trouvai tout près pour aller demeurer à Paris. Je me faufilai d'abord dans les sacristies, et je devins coupeur de pain bénit à Saint-Séverin, où l'on en coupe tant que la dépense de l'aiguisage des couteaux se porte, chaque année, à une assez forte somme[3]. Je changeai de petits morceaux de pain bénit contre de gros morceaux de pain de boulanger : j'eus du pain. Le sonneur était un fainéant ; je sonnais souvent pour lui les trois angélus du matin, du midi, du soir, ou du carfou ou du couvrefeu[4] : j'eus du vin. Les clercs étaient des vauriens souvent absents ; je recevais souvent pour eux les présents, les offrandes, les coiffes des enfants nouvellement baptisés[5] : j'eus de l'argent.

Le gentilhomme.

Je me lassai d'être serviteur d'église ; j'achetai un bel habit, je me fis gentilhomme. Je patronnai mon château sur celui de Passy, nommé la seigneurie[6], et ma meute fut la miniature de celle du roi que nous avions alors à Passy, dans un grand chenil, bien mal à propos appelé La Muette[7], car certains jours les cinq cents chiens[8] y faisaient un train de cinq cents diables. Ce n'est pas tout : en même temps que je me donnai un château, une meute, je me donnai des titres d'illustration ; mais je choisis mal, et je ne fus pas longtemps à voir que ceux d'ancien roi des écoliers[9], d'ancien roi des canonniers[10], me rendaient, aux yeux de plusieurs nobles, un air de science qu'eurent de la peine à m'ôter ceux de princesse, petite-fille de la reine d'Yvetot[11], que je donnai à ma grand'mère, de descendant d'un des frères de la Pucelle[12], que je donnai à mon père. Il m'arriva aussi qu'un beau jour où je me vantais que, depuis un temps immémorial, mes aïeux portaient l'épée, il se trouva là un avocat, à la mine refrognée, qui dit que cela ne prouvait rien, que tous les habitants du pays de Sole, tous les artisans, tous les paysans la portaient[13] ; que, pour ne pas aller même si loin, tous les marchands de vin à Paris la portaient aussi[14] ; et quand j'ajoutai que sans mentir je pouvais dire qu'au moins deux de mes aïeux avaient eu la tête coupée, il ajouta que cela ne prouvait pas davantage ; qu'à Bayeux on ne pendait guère, puisqu'il y avait un lieu appelé le Coupe-Tête[15]. Et, dit-il, encore en s'adressant à moi, allez dans le pays du Béarn, allez-y faire violence à une femme, et vous verrez si, noble ou non, les Castellans et les Potestats ne vous y feront pas aussi couper la tête [16].

Le garde du corps.

Mon bel habit s'était usé, râpé, je n'étais plus reçu qu'à la table d'un seigneur cacochyme que ses médecins entouraient : C'est trop nourrissant, trop succulent, disaient-ils, en touchant d'une longue baguette les plats qu'à l'instant on enlevait [17] ; peu à peu il ne resta que le bouilli et le rôti ; enfin il ne resta rien ; le vieux seigneur fut mis à la diète la plus rigoureuse ; et quant à moi, ne sachant plus où dîner, je fus trop heureux de trouver une place de garde du corps [18] du seigneur de Haut-Bourdin qui ne tient que de Dieu et de son épée [19] ; je ne fus pas content chez lui, et je passai dans la garde du prince souverain de la Roche-sur-Yon [20] ; mais il nous faisait, comme le prince de Marcillac [21], étriller les chevaux, écosser les pois, plumer la volaille ; je fus obligé d'en faire autant dans celle du prince de Dombes [22], autant dans celle du prince Dauphin d'Auvergne [23], autant dans celle des princes évêques [24], autant et plus dans celle des princes abbés [25] ; j'entrai ensuite dans les gardes-sergents de maire [26], ensuite dans les gardes arquebusiers de gouverneur [27] que, les gardes des princes, nous méprisions beaucoup, et qui, je le vis alors, nous méprisaient davantage.

L'homme de chambre.

De ce service militaire, ou réputé militaire, je passai au service civil ; après avoir été assez longtemps naquet ou valet de tripot, de maison de jeu [28], je fus laquais et enfin homme de chambre [29]. La pire des conditions est celle-là : on n'y rentre pas lorsqu'on en est sorti. Cependant j'y rentrai ; mais ce fut par force : j'aimais une jolie petite cousine de Passy ; je le pouvais, je n'étais cousin qu'au cinquième degré [30]. Mon cousin, me dit-elle un soir que je la rencontrai sur le pont Saint-Michel, toute troublée, toute essoufflée, j'ai entendu publier l'ordonnance du prévôt par laquelle les jeunes filles en maison, en boutique, à peine d'avoir les cheveux coupés, d'être fouettées, les domestiques, les hommes de chambre, à peine d'être attachés à la chaîne, d'être mis en galère, sont tenus, quand ils sont sur le pavé, de reprendre du service [31]. Je retourne chez ma méchante maîtresse ; retournez chez votre méchant maître ; adieu ! adieu ! Moi je ne m'épouvantai pas si vite qu'une petite fille. Je demeurai encore fort tranquille ; mais voilà qu'un jour le maître de la maison chez lequel je logeais me dit que, par complaisance pour ses locataires, comme moi sous la surveillance de la police, il avait deux fois payé de grosses amendes; qu'à la troisième fois il y allait de la confiscation de sa maison au profit de l'Hôtel-Dieu [32], que je n'avais qu'à déloger sur l'heure. La même semaine, et presque le même jour, le cabaretier chez lequel je mangeais me dit de prouver que je n'étais pas teneur de brelan, ou qu'il ne pouvait plus me recevoir [33]. L'effroi des ordonnances nouvellement publiées par le prévôt avait gagné tous les bourgeois. Force me fut de me remettre en maison; mais au bout de quelques mois le partisan [34] ou traitant [35], dont j'étais l'homme de chambre, après avoir toute la nuit rêvé sévérité du parlement, tour carrée [36], amendes, fouet, potence [37], bien qu'il prît comme receveur, de même que presque tous les receveurs, le titre de noble [38], se trouva de si méchante humeur à son lever que, pour ne pas lui avoir donné assez vite sa chemise-fraise [39], je reçus au même instant un coup de canne, un soufflet, un coup de pied. Il ne la porta pas loin, car le lendemain, pas plus tard, au risque d'être pendu, je pris une de ses épées, je m'en parai, et ayant fait en sorte de me faire prendre, et y ayant facilement réussi, il fut condamné comme mon maître, quoi qu'il pût dire, à une amende de trois cents livres [40]. Quant à moi, je sus si bien intéresser en ma faveur l'homme de chambre du duc de Guise [41], en lui écrivant qu'il était le premier homme de chambre de la France, le protecteur-né de tous les hommes de chambre, que la justice, à la recommandation d'un tel homme, ne put que m'absoudre.

Le donneur d'avis.

J'avais remarqué souvent que mon partisan ou mon traitant s'enrichissait à imaginer de nouveaux impôts, à les prendre en parti, à traiter de leur valeur présumée [42]. J'en imaginai un sur les valets et les servantes, et je me hâtai d'en porter le projet à un conseiller à la cour des aides. Il me menaça de me faire pendre, et me dit que si je m'étais présenté au parlement je serais déjà pendu, qu'aujourd'hui les donneurs d'avis sur de nouveaux impôts étaient punis de mort [43]. Je lui répondis, tout tremblant, que mon maître avait fait fortune à en proposer et à en faire établir de nouveaux : Ton maître, me dit-il en riant, et en me poussant dehors, est de ces donneurs d'avis qu'on ne pend pas, et toi, tu es de ces donneurs d'avis qu'on pend.

L'enchérisseur.

J'étais sans aucune ressource; vous êtes en peine pour moi, eh bien! je ne le fus pas un moment. Après avoir attaché à une grosse pierre mon projet de nouvel impôt et l'avoir jeté dans la rivière, j'allai vendre quelques paires de vieux manchons, ou petites manches de rechange [44], quelques paires de vieux escarpins [45] que m'avaient abandonnées mes maîtres, et avec l'argent que j'en retirai j'achetai des pains aux reventes des pains : j'y gagnai ; j'achetai des bestiaux aux reventes des bestiaux : j'y gagnai. Mais peut-être ne savez-vous pas que les boulangers, quand ils ont porté des pains à la halle, que les marchands, quand ils ont amené des bestiaux au marché, ne peuvent les reprendre, et qu'après un délai fixé ils sont forcés de livrer aux enchères et au rabais tout ce qui reste à vendre [46]. D'abord j'eus beaucoup plus de profit que de perte, ensuite j'eus beaucoup plus de perte que de profit.

Le brocanteur.

Vous êtes de nouveau en peine pour moi, n'est-ce pas? moi, je ne le fus pas plus cette fois que l'autre. Voyez-moi encore faire.

Les Anglais ont toujours commercé sur tout, ils venaient durant les premiers temps de leur schisme, vendre à Paris sur le quai de la Mégisserie des tables d'autels, des saints dorés, des ornements de prêtre [47]. Durant nos dissensions religieuses et les pillages de nos églises, on continua sur ce quai le même commerce. J'y pris part, et au commencement j'y gagnai beaucoup ; mais les calvinistes se multipliant, et avec eux le nombre des églises saccagées, les saints à vendre devinrent si communs que les catholiques ne voulurent plus en acheter, et je me vis forcé à vendre ceux qui me restaient, pour ce que j'en trouvai, aux plus dévots calvinistes qui prenaient un singulier plaisir à mutiler ceux de pierre et à se chauffer avec ceux de bois.

Le modiste.

Vint alors la mode de la terre de Bethléem pour donner du lait aux nourrices [48] : j'en fis avec de la terre de Ménilmontant ; vint celle de se laver avec de l'eau du Jourdain [49] : suivant les géographies, les eaux de ce fleuve sont saumâtres, jaunâtres, troubles [50] : j'en fis avec de l'eau de la rivière des Gobelins ; vint celle des bols d'Arménie [51], de Lemnos [52] : j'en fis avec de la terre de Blois [53] ; j'y appliquai un sceau, et ce fut de la terre sigillée [54] ; vint celle des oiselets de carton [55], j'en fis ; celle des bilboquets [56], j'en fis ; celle des ballons enflés avec une seringue [57], j'en fis ; celle des fers à friser [58], j'en fis ; vint la mode des nouveaux habits : elle fut la cause que je perdis à Saint-Séverin mon logement qu'on m'avait rendu en considération des belles sculptures que j'avais données à l'église. Tant que je ne fis que des culottes [59] on ne m'inquiéta point, pourvu que je les appelasse de l'expression décente de haut-de-chausses ; mais quand je fis pour les dames des culs postiches, embourrés de laine, de crin [60], la sacristie s'ameuta contre moi au point que grands et petits clercs jetèrent tous mes culs par la fenêtre, et parlèrent de me faire aussi descendre du clocher par le même escalier.

Le bâtonnier.

Il plut à la fortune de me faire perdre encore cette partie ; mais je ne me décourageai pas.

Le métier de faiseur de bâtons ou de bâtonnier est, m'avait-on dit, fort bon, j'en essayai. Je rencontrais une compagnie d'avocats, dont le chef s'appelle comme moi le bâtonnier [61] ; je m'apercevais que son bâton n'était pas beau, j'en faisais un plus beau avec une plus belle chapelle ou un plus beau saint Yves placé au haut du bâton [62]. J'étais bien payé. Il en était de même à la confrérie des procureurs. Une fois le bâtonnier fut si content de mon bâton qu'il m'invita à la fête, où, suivant l'usage, c'était à lui à le tenir [63] ; et dans cette occasion je reçus un honneur que ne reçoit pas même le roi de France, car me trouvant assis au milieu des vieux procureurs, je fus comme eux servi par les jeunes [64]. Enfin, de confrérie en confrérie, toujours vivant de bâtons, j'allai jusqu'à Saint-Germain, près Evreux, où le roi de la confrérie des treize frères [65] me donna le bâton à faire, en me promettant, parole de roi, une bonne récompense. Je n'y épargnai ni mon travail, ni ma peine; toutefois je n'en tirai rien qu'avec les dents, car je fus d'abord poliment invité au banquet; mais le lendemain on me dit que l'écot de chaque frère était de dix sous [66], et que mon bâton ne valait guère davantage. Je me fâchai. On me dit qu'on me donnerait dans la confrérie le premier chaperon vacant [67], la première place vacante. Je me fâchai encore plus. On me dit qu'à l'instant même on allait m'inscrire sur le Martyrologe [68], ou catalogue des confrères. Je me fâchai encore plus; je ne cessai de me fâcher; je m'en allai en me fâchant.

Le mécanicien.

Au diable le métier de bâtonnier ! j'entends le métier de bâtonnier faiseur de bâtons. J'en pris vite un autre. Un émailleur m'enseigna à faire des yeux aux chats [69] ; je réussis à en faire aux hommes, et j'en vendis beaucoup, car les yeux vont bien au visage. Le nez, certes, n'y va pas mal non plus, car je vendis aussi beaucoup de nez de carton [70] que j'avais appris à faire en faisant des masques ; toutes ces petites restaurations ou petits rhabillages de visage ne laissèrent pas que de remplir ma bourse. Bientôt je voulus entreprendre la fourniture de plusieurs milliers de bras mécaniques ou de jambes de bois [71], la veille d'une grande bataille; malheureusement notre général qui devuit la livrer ne la livra pas, et ce que j'avais gagné sur les yeux et sur les nez je le perdis sur les bras et sur les jambes.

Le rôdeur.

N'ayant plus rien à faire, je rôdais, je me promenais de côté et d'autre. Un matin, après déjeûné, je me promenais à Rambouillet, ici, dans cette même galerie où nous nous promenons. Que je suis malheureux! me disais-je, et toujours je l'ai été. Ah! certes, je ne suis pas marqué à l'A ¹². En ce moment je vois à l'autre bout entrer le grand-maître de l'hôtel du roi. Je me retirais : Ami! reste! me dit-il, tu n'as pas l'air trop content; que je sache un peu ce que tu fais dans ce monde? Je lui racontai mon histoire jusqu'à l'endroit où dans ce moment j'en suis : Oh! me dit-il, je te trouve fort adroit, et si jamais ce château voulait ne pas bien se tenir, je suis persuadé que tu me le rhabillerais. Je lui répondis que je ferais ce que je pourrais pour cela. Eh bien! ajouta-t-il, j'ai ici une place vacante à te donner, sois concierge. Je le fus, et le premier mai prochain, après déjeûné, il y aura trente-huit ans que je le suis.

LES PRISONS DE LA FRANCE.

Station I.

J'ai été aujourd'hui voir le château de Saint-Germain-en-Laye. Les images des peintures, des dorures, des glaces se sont entièrement effacées de mon cerveau; les jardins, les bosquets, les grottes musicales ¹ n'y ont laissé non plus aucune trace; et c'est parce qu'avant de partir j'ai eu la singulière envie d'aller voir aussi les prisons : mais il s'en faut bien que j'aie été satisfait; je les ai trouvées mal bâties, mal éclairées, mal aérées. J'en ai dit, sans trop me gêner, mon sentiment au geôlier; après quoi je me suis vite mis en devoir de sortir. Monsieur, m'a-t-il dit en se mettant devant mon passage, j'ai été longtemps guichetier ailleurs. Allez dans les autres prisons, vous serez encore plus mécontent.

Les prisons des villages.

J'en excepte cependant celles des campagnes. Jusqu'au temps où fut publiée l'ordonnance d'Orléans, les juges des seigneurs se croyaient toujours permis, sur une simple prévention de délit, de plonger dans des basses-fosses, creusées au fond des tours, de pauvres villageois accoutumés au grand jour et au grand air ; mais les seigneurs hauts-justiciers ont été forcés à faire bâtir des prisons au-dessus du rez-de-chaussée [2], à les séparer de leur château [3]. Toutefois la nouvelle ordonnance ne serait peut-être pas encore exécutée dans aucune de ces milliers de petites justices, si le parlement ne saisissait de temps en temps les revenus des seigneurs [4].

Les coutumes de plusieurs provinces ont ajouté aux dispositions de cette ordonnance : elles interdisent dans les prisons seigneuriales le cep et les fers [5].

Les prisons des villes.

Monsieur, a continué le geôlier, si dans les villes il y a de vieilles forteresses, de vieux châteaux-forts, de vieilles tours d'enceinte, on y loge les prisonniers ; j'ai vu que partout, à Toulouse [6], à Clermont [7], à Troyes [8], à Bordeaux [9], à Lyon [10], à Rouen [11], à Paris même [12], où ils ne sont pas autrement logés, les prisons sont d'infectes cavernes grillées ; et c'est presque toujours de dessous leurs voûtes que sortent les pestes et les maladies épidémiques [13].

Les règlements des prisons.

Maître, lui ai-je dit, dans les quatre ou cinq mille villes de la France, il en coûterait bien de l'argent pour avoir quatre ou cinq mille prisons neuves ; mais du moins avez-vous de nouveaux règlements ? Ma foi, Monsieur, m'a-t-il répondu, il n'y en a guère, car les voici tous :

Aussitôt qu'un homme prévenu de crime est amené, il est écroué, et son écrou porte aussi le nom de celui qui l'a amené, de celui qui a donné l'ordre qu'il fût amené [14].

Aussitôt qu'un homme est écroué, il est mis au secret [15].

Si l'accusateur est partie civile, c'est lui qui le nourrit [16], sinon c'est le roi [17].

Un prisonnier donne-t-il lieu à des plaintes, il peut être mis au cachot, aux fers [18].

Qui fournit des ferrements à un prisonnier pour briser sa prison est puni comme s'il l'avait brisée lui-même [19].

Mais un prisonnier peut s'évader par ruse et même par effraction, sans que son évasion lui soit imputée à grief [20].

Lorsqu'un prisonnier s'échappe par la négligence du geôlier, le geôlier prend sa place et il est à la discrétion du juge [21].

Toute privauté est interdite entre les geôliers et les femmes confiées à leur garde. J'ai vu un geôlier, pour avoir seulement entretenu des relations amoureuses avec une prisonnière, condamné à mort [22]. Il disait bien que la belle avait fait les avances ; il ne fut pas écouté.

Les prisonniers ont aujourd'hui des médecins [23].
Ils ont des aumôniers [24].
Ils ont des prédicateurs [25].

La ferme des prisons.

Combien donnez-vous par an de votre prison ? Oh ! m'a-t-il répondu, presque rien ; la ferme n'en vaut guère. Que voulez-vous gagner dans cette malheureuse carce, comme on dit en Languedoc [26], ou chartre, comme on dit en Normandie [27], avec de pauvres chartriers auxquels le roi fournit le pain, l'eau et la paille à l'ancien prix de quatorze, quinze deniers par jour [28] ? Vous vous doutez d'ailleurs que le roi n'est pas autrement exact à payer, et qu'alors le juge ne les nourrit pas, ou du moins qu'il n'avance pas l'argent de leur nourriture comme le parlement à Paris [29].

Vous me direz que les prisonniers pour dettes reçoivent de leurs créanciers trois sous par jour [30] ; soit : mais j'en ai bien peu.

Quelle différence de ma prison avec les prisons de Paris, où, lorsqu'elles ne sont pas peuplées, les geôliers demandent, dans ces temps malheureux, un dédommagement [31] ; où le seul balayage est payé soixante francs [32] ; où, dans l'intérieur, on fait tant de procès par écrit [33] ; où il y a tant à gagner sur le papier, le parchemin, le feu et la chandelle [34] ; où la réparation des chaînes, les frais de ferrer, de déferrer, montent à de si grosses sommes [35] !

Quelle plus grande différence encore avec les prisons des officialités, où souvent l'on marie par force les prisonniers [36], où la prison se change aussitôt en salle de noces !

LE CONCIERGE DE MEUDON.

Station li.

D'après cet axiome de géométrie que deux angles semblables à un troisième sont semblables entre eux, le château de Meudon et celui de Chambord doivent se ressembler, car ils ressemblent, dit-on, l'un et l'autre à celui de Rambouillet [1]. Aujourd'hui que, par un fort beau temps, j'ai été me promener au château de Meudon, j'ai voulu en passant savoir à cet égard l'avis du concierge : Certes, m'a-t-il répondu, je ne vous en dirai rien ; car peu m'importe à moi qui m'ennuie ici depuis vingt-quatre ans, qui désire m'en aller depuis vingt-quatre ans, et qui depuis vingt-quatre ans ne le puis.

Le concierge de Meudon, parleur comme le concierge de Rambouillet, comme tous les concierges lorsqu'ils parlent à un homme ayant tant soit peu l'air de l'opulence, ne s'est pas arrêté là.

Le père.

J'avais un oncle, a-t-il continué, qui avait été valet de maître Rabelais du temps qu'il demeurait, ou si vous voulez, qu'il riait à Montpellier [2]. Maître Rabelais aussitôt qu'il fut curé ici l'appela ; mon oncle accourut curieux de voir comment son ancien maître pouvait faire pour dire les offices, pour enterrer les morts sans rire. Maître Rabelais le garda quelque temps avec lui. Enfin, en récompense de ses services, il lui procura la place de concierge du château. Mon oncle à son tour me fit venir, et bon gré mal gré je lui ai succédé.

Oh ! que j'étais bien à Berre, lieu de ma naissance, lorsque mon oncle m'écrivit de venir le joindre, lettre vue ! je chantais, je dansais, je sautais le long des marais salants ; je faisais du sel, je ne connaissais pas mon bonheur : je l'ai connu depuis, et il n'a pas tenu à moi que mes enfants y succédassent.

Le fils.

Marc, dis-je un jour à mon fils devenu grand, nubile, tu crois t'amuser, être heureux à Meudon ; mais c'est parce que tu n'as pas été au pays de ton père, de ton grand-père, de tes aïeux, à Berre dont l'étang est sur les bords de la mer ; c'est parce que tu n'as pas fait le sel.

Pour savoir comment on le fait et comment on y prend tant de plaisir, représente-toi d'abord les vastes rivages de la Provence, plats, fleuris, parfumés, couverts de serpolet, de thym et de lavande ; représente-toi le ciel comme une immense voûte au-dessus de la mer ; et maintenant suppose que tu es propriétaire de quelques arpents de ces beaux rivages, et qu'à l'exemple des autres, tu veux y faire du sel.

Tu commences par marquer l'étendue que tu destines à ton marais salant, et tu la divises en aires ou espaces carrés de cinquante pas en tous sens ; tu en aplanis le fond et tu en presses la terre avec un cylindre; tu bordes chacun de ces carrés d'un petit mur de terre d'un pied d'épaisseur et d'autant de hauteur. Aux mois où le soleil est le plus haut, tu introduis l'eau de la mer dans le carré le plus proche, et successivement de ce carré dans les autres, par les ouvertures que tu auras laissées. Quand tous les carrés sont remplis d'eau, ou naturellement par l'équilibre, ou à l'aide des ouvriers qui, avec des pelles de bois creuses, versent l'eau d'un carré dans l'autre, tu fermes la communication avec l'étang. L'ardeur du soleil ayant fait évaporer l'eau et n'ayant laissé qu'une large croûte de sel, tu introduis de nouveau de la même manière d'autre eau dans les carrés; le soleil la dessèche; tu en introduis encore d'autre jusqu'à ce que l'épaisseur de la croûte du sel soit de quatre ou cinq pouces : alors tu la casses avec des pelles de fer et en fais des vaches ou monceaux de sel [3] que les marchands viennent t'acheter deux, trois sous le quintal [4], plus ou moins. Combien de deux sous, combien d'argent gagné l'été! combien tu pourras te réjouir l'hiver! combien tu seras riche, heureux!

Voyant qu'il hésitait, j'ajoutai : Marc, tu ignores peut-être qu'à Pecais, à Mordirac, à Sigean [6], et à ce grand nombre d'autres marais salants de la côte de Languedoc, le sel y est fait bien plus difficilement; que là il faut le retirer des terres du rivage dans lesquelles la mer l'a infiltré; qu'il faut les faire détremper pendant plusieurs mois avec de l'eau, qu'on expose ensuite à l'action du soleil dans des fosses [6], et de la même manière que dans les marais salants de Berre on y expose celle de la mer.

Voyant qu'il hésitait encore, j'ajoutai : Marc, tu ignores peut-être aussi que le sel français de la Méditerranée est le meilleur sel du monde; que celui des régions plus septentrionales n'a pas assez de mordant; que celui des régions plus méridionales en a trop [7]; que la permission de venir en acheter fait partie de nos traités avec les peuples [8] : que c'est pour avoir de notre sel que les Suisses ne se battent pas contre nous, et qu'au contraire ils se battent pour nous [9]?

Il hésitait encore : Marc, ajoutai-je, tu n'as pas vu les jeunes Provençales quand elles font du sel. Leurs yeux sont alors de petits soleils, brillant, rayonnant à travers leurs longues paupières. Ah! Marc, il ne tiendrait qu'à toi d'avoir dans ton ménage deux de ces petits soleils. Penses-y! penses-y!

La fille.

Vous vous doutez bien, a continué le concierge de Meudon, qu'aimant dès l'enfance la fabrication du sel, j'ai appris, ou par moi ou par d'autres, comment on le fabrique dans les autres parties de la France. Souvent, lorsqu'il neige ou qu'il pleut, j'aime, en me promenant sous les portiques de ce château [10], à me représenter les plats rivages de nos mers bordés d'immenses châssis à grands carreaux de cristal de sel, ou les hauts rivages sur lesquels on fait aussi le sel, mais d'une toute autre manière.

Un jour ma fille, presque aussi âgée que mon fils, me parut fort mécontente, fort boudeuse; j'allai m'imaginer que peut-être elle avait éprouvé quelque infidélité, et que c'était le moment de lui proposer de prendre hors du pays un époux fabricant de sel : Valentine, ma chère fille, lui dis-je, rien n'est beau comme ces vastes ateliers où l'on fabrique le sel; si tu habitais les falaises, les hautes côtes dont les escarpements empêchent de faire entrer la mer dans les terres, d'avoir des marais salants; ou bien si tu habitais les pays des fontaines salées, des puits salés, tu n'y verrais pas un seul amant transi, pas un seul époux froid; tous les hommes, à tous les âges, y sont toujours enflammés autour des grands feux qu'ils entretiennent avec de grands fagots, de grands tisons; autour des grandes chaudières toujours bouillantes où s'évapore l'eau salée de la mer, l'eau salée des puits et des fontaines, où il ne reste que le sel pur, net et brillant [11]. Ma fille, j'ai des personnes de connaissance, soit dans la Normandie [12], soit dans la Franche-Comté [13]; penses-y! penses-y!

Je ne lui disais pas, vous m'en croyez bien, que le meilleur sel était celui des marais salants, supérieur au sel des chaudières, supérieur au sel fossile ou sel gemme, tiré comme les métaux des entrailles de la terre [14].

Monsieur, a ajouté le concierge sur le pas de la porte, en prenant congé de moi, au commencement du carnaval de cette même année, où j'avais conseillé à mon fils et à ma fille d'être heureux, de faire du sel, ils vinrent un matin tous les deux me dire qu'ils étaient résolus, l'un à demander la main de la fille du concierge du château vieux, l'autre à donner la sienne au fils du concierge du château neuf de Saint-Germain-en-Laye [15]; je pris la chose tout doucement : Mes enfants, leur dis-je, y êtes-vous résolus? — Oui! oui! — Bien résolus? — Oui! oui! — Oh! il faut bien aussi m'y résoudre.

LE CHEVALIER DE MELUN.

Station LII.

Mon notaire, qui demeure rue et porte Saint-Honoré, est grand, bien fait, et aussi droit d'esprit que de corps; j'ajoute qu'il a un excellent caractère, qu'il se laisse aimer, que je l'aime de tout mon cœur.

Je vais quelquefois le voir; je rencontrai, il n'y a pas longtemps, à son dîné, un homme affable comme lui, bon comme lui : Messire, me dit-il, je suis de Melun, j'y habite; pourquoi, dans le cours de votre voyage en France, n'iriez-vous pas à Melun ? Pourquoi ne voudriez-vous pas voir aussi notre ville ? Ce matin, avant de me lever, je me suis rappelé ces pourquoi, et n'ayant rien à y répondre, ou, pour dire la vérité, n'ayant rien à faire, je suis parti.

A mon arrivée je suis allé me promener dans la ville. Lorsque j'ai été sur la place, j'ai demandé la maison de monsieur le chevalier Lamouche. Tenez, m'a-t-on répondu, cet homme qui est devant sa boutique, qui nous tourne le dos, c'est le sire Lamouche, marchand droguiste, que vous cherchez. J'ai dit que je ne connaissais que monsieur le chevalier Lamouche. Il y avait là plusieurs personnes : Allez le voir par-devant, m'a-t-on répliqué, et peut-être ce sera votre homme. J'y suis allé; c'était lui-même; il s'est mis à rire quand je lui ai raconté avec quelle difficulté j'étais parvenu à le trouver : Messire, m'a-t-il dit, je fais depuis plusieurs années le commerce des drogues : dans un de mes voyages maritimes j'allai à Saint-Jean-d'Acre. La dévotion ne me permit pas de passer si près de Jérusalem sans aller visiter cette ville sainte.

La chevalerie.

J'étais recommandé par un de mes amis au gardien des cordeliers, à qui les clés du Saint-Sépulcre sont confiées; ce bon père voulut me recevoir chevalier hospitalier du Saint-Sépulcre. Je m'agenouillai; il me fit plusieurs questions en latin, auxquelles un autre cordelier répondit aussi en latin pour moi. Après la cérémonie on me les traduisit. Demande : Que veux-tu ? on me fit répondre : L'ordre de chevalerie. Demande : Quel est ton état ? on me fit répondre : Je suis né de parents nobles et chrétiens. Demande : As-tu de quoi vivre honnêtement ? on me fit répondre : Oui, grâce à Dieu.

L'amour de la vérité.

Quand on me traduisit ces réponses, je dis que j'étais bien aise de ne pas entendre le latin, afin de ne pas avoir de mensonge sur la conscience. Alors on me répondit que les droguistes faisaient partie du corps des apothicaires qui faisaient partie de la faculté de médecine qui faisait partie de l'université dont tous les membres étaient reconnus nobles par le roi et par l'église [1].

La réception.

Ensuite, après quelques oraisons, le gardien, revêtu de ses habits pontificaux, la mitre en tête, me chaussa les éperons dorés, tira mon épée hors du fourreau, m'en frappa du plat trois coups sur la nuque, et me dit, toujours en latin, qu'il m'armait chevalier hospitalier du Saint-Sépulcre [2]. Il termina la cérémonie en me passant au cou une chaîne d'or d'où pendait une croix de Jérusalem [3].

Je porte cette croix à Paris où elle n'offusque personne ; mais je ne la porte pas ici, où elle offusquerait mes pratiques et me les ferait perdre ; j'aime mieux être riche marchand que pauvre chevalier.

LES AUMONES FRANÇAISES.

STATION LIII.

Que je suis aise de n'avoir eu hier rien à faire à Paris et d'être venu à Melun, où j'ai eu occasion de tant apprendre, où j'ai tant appris !

Cet après-midi que je me promenais sur l'avenue du faubourg Saint-Aspais, d'où on voit toute la ville, je me suis dit en portant les yeux sur l'hôpital : Le sire Lamouche, marchand droguiste de cette maison, doit avoir un peu, comme moi, étudié l'histoire des institutions charitables. Je ne me suis pas trompé, je suis retourné chez lui, et c'est tantôt dans sa belle salle du rez-de-chaussée, tantôt dans sa riante allée de nouveaux marronniers d'Inde[1], qui vient en ombrager la porte, que nous nous sommes longuement entretenus de la pauvreté, de la misère.

Le sire Lamouche m'a dit qu'en France on appelait aumônes et les dons d'argent, de comestibles ou de vêtements qui étaient faits de la main à la main aux pauvres, et l'administration de ces dons qui n'étaient pas faits de la main à la main [2] ; je le savais.

L'aumône de Lyon.

Mais je ne savais pas, il m'a appris qu'à Lyon cette administration exemplaire avait commencé en 1531 [3], au temps de la grande famine, temps qu'illustra dans cette ville la bienfaisance historique du bon Allemand Cleberge [4].

Tous les pauvres furent alors enregistrés, classés : l'aumône leur fit donner à chacun, par semaine, un sou d'argent et douze livres de pain. Dès ce moment il fut défendu, sous les plus grièves peines, de mendier. Les quatre bedeaux de l'aumône enlevèrent tous les mendiants, et les conduisirent à la maison de force de la Tour [5].

Pour subvenir aux dépenses, partout des troncs furent établis à l'entrée des ponts, des églises, des édifices publics, des riches boutiques; les notaires eurent ordre de recommander aux testateurs l'aumône générale [6]. On fit des collectes, on ouvrit un registre des dons de toute espèce [7].

On crut aussi avec raison qu'annuellement, pendant la tenue de la grande foire, une procession de tous les pauvres, de tous les enfants des pauvres, de tous les maîtres des enfants des pauvres, de tous les administrateurs, de tous les recteurs, de tous les officiers, de tous les agents, de tous les serviteurs de l'aumône, précédés des clochettes de la ville, suivis des corps de la magistrature judiciaire, municipale, passant lentement et en chantant au milieu des richesses étalées [8], attendrirait irrésistiblement le cœur de ceux qui les possèdent.

L'aumône de Paris.

Sans doute le sire Lamouche avait lu un traité de l'aumône établie à Lyon, imprimé chez Griphe [9], dont je connais le titre et dont je n'ai jamais pu me procurer un exemplaire; il s'en est fait honneur; mais je connais de même un traité de l'aumône établie à Paris en 1578, par l'apothicaire Houel, imprimé en 1580 [10]. Je l'ai lu, et à mon tour je m'en suis aussi fait honneur : Sire, ai-je dit, si tous les arts n'ont pas été inventés à Paris, tous, à commencer par le plus beau, le plus noble, celui de faire le bien, y ont été perfectionnés; l'aumône de Lyon n'est que celle de Paris, plus les défauts qu'on a corrigés, moins les améliorations que je vais rappeler.

A Paris, on a mis tous les pauvres sous la juridiction d'un bailli, et on a donné à ce bailli un greffier, des huissiers et des sergents [11].

On a fourni du travail aux pauvres valides, soit en leur faisant nettoyer la ville, soit en la leur faisant fortifier [12].

On a donné des secours et des médicaments à domicile [13].

On a défendu durant les quêtes, aux bateleurs, aux farceurs, aux comédiens, de jouer [14], afin que l'argent du peuple ne fût pas détourné d'une meilleure destination.

Et quand les dons n'ont pas suffi, on a eu recours aux taxes que les propriétaires des maisons ont été obligés d'acquitter pour les locataires [15].

Et quand les percepteurs de ces taxes ont refusé d'en faire la levée, on les a cotisés à un prêt forcé de cinq cents écus [16].

Enfin on a composé la complainte de l'aumône [17] qu'on entend chanter, qu'on chante en ouvrant sa bourse.

L'aumône de Metz.

Messire, m'a dit le sire Lamouche qui sans doute savait aussi bien que moi ce que je venais de lui dire, qui n'écoutait pas, qui avait la bouche ouverte, qui témoignait l'impatience de parler, avez-vous été à Metz? Je n'osais dire que j'y avais été, parce qu'à mon passage dans cette ville je ne m'enquérais guère encore des établissements de charité. A Metz, a-t-il repris, les règlements de l'aumône font partie des lois du pays. Les trois états ont défendu de demander l'aumône, de la faire. Ils ont voulu que les châtelains des portes ne permissent aux pauvres passant dans cette ville d'y séjourner qu'un seul jour, durant lequel il doit leur être donné le couvert et la passade; ils ont voulu que les quinze administrateurs ou maîtres de l'aumône enrôlassent tous les pauvres, et que tous les pauvres fussent vêtus d'habits uniformes; ils ont voulu que les secours leur fussent distribués chaque semaine; ils ont voulu que leurs enfants fussent mis à l'école de lecture et ensuite chez un maître de métier [18]. L'évêque, ajoutant à ces règlements, a voulu qu'il y eût aussi une aumône de malades pauvres; qu'on en fît le rôle devant le peuple [19].

L'aumône de Lille.

Sire, lui ai-je dit en imitant la forme de la question qu'il m'avait faite : Avez-vous été à Lille? Et comme il n'avait pas trop attendu ma réponse, j'ai continué, sans trop attendre la sienne. J'en suis fâché, mais c'est l'aumône de cette ville qui, sous le nom de bourse générale des pauvres, est, en vous accordant ou en accordant au roi de France que Lille soit dans la mouvance de sa couronne [20], la plus ancienne de ces pieuses aumônes françaises que l'Europe a adoptées [21], car le placard ou ordonnance de son institution est de 1527 [22]. Cette aumône est gouvernée par des ministres généraux ayant sous eux les ministres des paroisses [23]; elle a maintenant, comme les autres aumônes des différentes villes de la France [24], son rôle, sa police, ses sergents, ses distributions hebdomadaires [25].

La cessation de la mendicité.

Il faut cependant convenir, ai-je poursuivi, que ce grand mouvement général européen qui pour ainsi dire a nettoyé l'espèce humaine des plaies, des bosses, des guenilles, des lamentations des mendiants, a été donné en France par la Sorbonne. Consultée en 1530 par les magistrats de Lille, elle décida qu'on pouvait forcer les pauvres à ne recevoir l'aumône que de la caisse publique, et les citoyens à ne la faire que dans cette caisse [20].

Ah! s'est pris à dire le sire Lamouche, les parlements ont été bien plus loin; ils ont rendu obligatoire le paiement des taxes portées aux rôles des aumônes [27]; ils ont demandé aux clercs-bénéficiers le sixième de leurs revenus [28], et ensuite ils ont fait impitoyablement arrêter, fait impitoyablement fustiger les mendiants demandant l'aumône.

Mais pourquoi, a-t-il ajouté, Charles IX, au lieu de vouloir que chaque paroisse nourrit ses pauvres [29], n'a-t-il pas voulu que chaque canton, ou mieux, que chaque élection, ou mieux encore, que chaque généralité les nourrît? son ordonnance eût été alors équitable, eût pu être exécutée, et ne serait pas tombée en désuétude.

Sire, lui ai-je dit, dans plusieurs villes, j'ai vu des pauvres portant en étoffe ou la lettre initiale du nom de la ville [30], ou la grande croix rouge et jaune [31], ou l'écharpe [32], ou les autres signes de l'aumône générale, mendier. Messire, m'a-t-il répondu, c'est que plusieurs aumônes générales sont encore forcées de le permettre [33]. On commence d'abord par faire ce qu'on peut, et on finit quelquefois par faire ce qu'on veut.

LES HOPITAUX DE LA FRANCE.

Station LIV.

Déjeûnez ici. — Non, allons déjeûner chez moi. — Ne me refusez pas. — Faites-moi cette grâce. C'est ainsi qu'aujourd'hui, sur le pas de la porte de ma chambre, le sire Lamouche et moi, nous avons long-temps disputé : hier il m'avait donné à dîner et il voulait encore me donner à déjeûner aujourd'hui. Enfin j'ai terminé en lui tendant amicalement la main, en le tirant vers moi en dedans et en lui disant que j'avais écrit dans mon journal de voyage l'entretien que nous avions eu, qu'il trouvât bon aussi que j'écrivisse celui que nous allions avoir avant mon départ que je ne pouvais guère différer : il s'est aussitôt assis sans nouvelle insistance.

Vous penserez sans doute ainsi que moi, lui ai-je dit, que si les institutions des aumônes, mieux que les institutions des hôpitaux, propagent les secours, elles ne les complètent pas si bien : les aumônes nourrissent les pauvres; les hôpitaux les nourrissent, les habillent, les logent, les chauffent, les entretiennent en santé, en maladie, enfin les adoptent.

Les hôpitaux des enfants orphelins.

Au commencement de cette semaine, ai-je continué, j'étais sorti pour aller faire une visite; je rencontrai dans la rue Saint-Denis une troupe de jeunes garçons et une troupe de jeunes filles, tous habillés de bleu [1]; la curiosité qu'excita en moi leur joli et uniforme habillement me les fit suivre jusque dans leur maison. J'avais le manteau de velours vert [2] brodé, la plume fraîche, éclatante; les portiers, auxquels je demandai la permission d'entrer, se rangèrent respectueusement pour m'ouvrir le passage.

Lorsque je fus dans les cours, j'interrogeai économes, sœurs, domestiques; tout le monde s'empressait de répondre à mes nombreuses questions; j'étais enchanté de ce que je voyais et de ce que j'entendais.

Les bâtiments de cet hôpital sont divisés en deux parties; dans l'une demeurent les jeunes garçons, dans l'autre les jeunes filles: même nombre de salles et de dortoirs dans chacune des deux parties.

Tous les matins au son de la cloche les jeunes garçons et les jeunes filles se lèvent à cinq heures en été, et à six en hiver: ils vont à la messe; après la messe le déjeûner, la leçon de lecture, d'écriture ou de chant; à onze heures ils dînent; à six heures ils soupent; à neuf ils se couchent.

Je les vis dîner. Leur réfectoire est propre; chaque orphelin a par jour une livre de pain et six onces de viande.

Je visitai en détail les salles d'instruction. On me fit ensuite passer dans la salle des métiers où trois, quatre cents jeunes garçons maniaient les instruments de tous les arts. Dans le fond, sur une espèce d'estrade, d'habiles artisans donnaient des leçons de théorie et de pratique aux orphelins les plus âgés qui allaient ensuite, à quelques pas, les répéter à leurs jeunes camarades. La laine, la soie, le coton, l'ivoire, les bois, les métaux étaient tout à la fois façonnés. C'était un tableau complet de l'industrie française [3]. J'étais émerveillé, j'admirais : je me disais pourquoi une pareille salle d'arts mécaniques ne se trouvait pas dans tous les grands hôpitaux d'enfants, lorsqu'un chef d'atelier, s'approchant de moi, vint interrompre mes réflexions: Monsieur, me dit-il, si je ne me trompe, il paraît que vous n'êtes pas mécontent de notre établissement. Le public ne l'est pas non plus. Il nous sait quelque gré de l'avoir conservé, malgré les traverses de

toute espèce que, dans les commencements et même ensuite pendant assez longtemps, nous ont suscitées plusieurs ouvriers de la ville, fâchés de nous voir fabriquer les mêmes ouvrages que les leurs, et mieux et à plus bas prix, fâchés surtout de nos privilèges. Monsieur, savez-vous bien où vous êtes? Peut-être vous ignorez que les ouvriers qui enseignent dans cette enceinte gagnent la maîtrise et que les apprentis la gagnent aussi, que la maison a le droit de faire acheter toutes les matières de fabrication comme les maîtres artisans de Paris, et que les gardes jurés ou les inspecteurs ne peuvent entrer ici qu'en se faisant assister par les supérieurs de la maison [4]? Ainsi que la politesse le voulait, je trouvai ces privilèges grands, honorables, magnifiques, extraordinaires. J'en félicitai ce brave homme; ensuite je lui dis : Cette moitié des bâtiments occupée par les jeunes garçons est dans un continuel mouvement : je pense que l'autre moitié n'est pas sans doute dans le repos, et qu'on y exerce aussi les jeunes filles aux arts de leur sexe. Vous ne vous trompez point, me répondit le chef d'atelier, les plus jeunes filles lavent, cardent, filent les laines, les cotons et les soies; les plus âgées les ouvrent à l'aiguille et les tricotent.
— Maître, à quel âge sortent les jeunes garçons et les jeunes filles?
— A vingt-cinq ans. Ordinairement, en quittant la maison, ils se marient entre eux [5]; et ces jeunes ouvriers, accoutumés aux vertus religieuses, au travail, à l'économie, forment d'excellents ménages. Les plus heureux époux, les plus sages, les plus habiles artisans de Paris sont sortis des enfants bleus [6]. — Maître, quel est le revenu de la maison? — Monsieur, il n'est que de trois cents livres, mais chaque enfant reçoit tous les jours six deniers que lui donne l'aumône générale [7]. Oh! lui dis-je, ce n'est pas trop, si c'est assez, car j'ai trouvé que le repas de vos élèves était bien frugal et bien léger. — Monsieur, il n'y a pas longtemps qu'il l'était encore bien davantage; ces pauvres enfants n'ont eu de déjeûné que depuis le don d'une rente en blé qui leur a été fait par Guillaumette de l'Arche. Que tous les jours Dieu rende bien pour bien à cette bonne Guillaumette! jamais les enfants ne commencent leur déjeûner sans la nommer [8].

Moi, s'est pris à dire le sire Lamouche, je puis vous parler des enfants rouges dont l'hôpital a été fondé dans un quartier voisin de celui des enfants bleus par la bonne et aimable reine de Navarre, sœur de François Ier. La chapelle, agréablement et gaîment éclairée par les vitraux qui représentent des histoires d'enfants [9], est à voir, et c'est tout; il y a bien des ateliers, mais quelle différence avec ceux des enfants bleus! L'administration de la maison n'est pas non plus comparable à la leur : on remarque trop facilement qu'à l'hôpital des enfants bleus sont les orphelins nés dans Paris, et qu'à celui des enfants rouges sont les orphelins nés hors de Paris [10]. Les premiers orphelins des enfants rouges furent des fils de pauvres gens forcés de se réfugier dans cette ville par les pestes ou les guerres, et qui y moururent sans laisser aucun bien [11].

Sire Lamouche, ai-je dit, l'institution des enfants de la grange de Lille a la même origine [12]. On leur donna d'abord asile dans une grange. Aujourd'hui on leur a bâti une belle maison où on les élève jusqu'à ce qu'ils soient mis en apprentissage chez un maître artisan, ou bien en service chez un honnête bourgeois. Lorsqu'ils se marient, l'hôpital leur donne pour présent de noces cinquante florins [13], toujours tout prêts et tout comptés.

Sire Lamouche, ai-je ajouté, Antoine de Glandevès a fondé à Marseille, il y a quelques années, un hôpital pour douze orphelines, habillées de gris, appelées Filles-Grises, gouvernées par une matrone. Antoine de Glandevès a pourvu aussi à leur dot [14].

Les hôpitaux des enfants trouvés.

Pendant quelques moments le sire Lamouche est demeuré à réfléchir : Mon cher messire, m'a-t-il dit ensuite, ce qui ne surprend guère les autres, ce qui me surprend beaucoup, c'est que nous n'ayons pas encore d'hôpitaux d'enfants trouvés qu'on nomme à Paris, et par imitation en province, enfants de la crèche [15]. Ce qui me surprend beaucoup aussi, c'est que partout la porte des hôpitaux des enfants leur soit, aux termes des statuts, perpétuellement fermée [16]. A la vérité les ordonnances, les arrêts des parlements forcent les seigneurs à s'en charger jusqu'à l'adolescence [17] ; mais qu'arrive-t-il? les seigneurs tâchent de s'en débarrasser au meilleur marché, et facilement on reconnaît à leur maigreur, à leur petite figure pâle, ces enfants allaités, nourris, vêtus au rabais.

Les hôpitaux des adultes.

Que n'a pas fait la charité chrétienne de notre siècle ? a ajouté le sire Lamouche : elle a, dans les Indes, bâti de ses longs et puissants bras, les deux plus grands, les deux plus magnifiques hôpitaux du monde [18]. Elle a fait encore plus, elle a judicieusement ôté aux clercs, judicieusement confié aux laïques, souvent plus instruits dans les lois, toujours plus exercés dans les affaires, l'administration du bien des pauvres [19] ; elle a fait encore plus, elle s'est courageusement rendue sourde aux plaintes et aux cris, et a réuni en grands hôpitaux plusieurs petits dont elle a chassé les fainéants et riches pauvres [20].

Les hôpitaux des malades.

Elle a fait encore plus, elle a refondu les vieux hôtels-dieu. Ne croyez pas que je veuille parler de celui de Paris, depuis saint Landri toujours à peu près le même [21] ; je veux parler de celui de Lyon, je veux parler de son service simple, économique, admirable. Pour tout l'Hôtel-Dieu une seule salle. Elle est, à la vérité, vaste, aérée, divisée en deux dans sa longueur par des piliers et des grilles : d'un côté sont les hommes, de l'autre les femmes ; au milieu se trouve une grande cheminée commune autour de laquelle les uns et les autres peuvent se voir, mais sans pouvoir autrement communiquer. Par cette disposition, deviennent encore communs le mouvement de l'air, la lumière des fenêtres, la lumière des lampes ; et de plus tous les malades peuvent aussi, de leurs lits, entendre la messe, voir le prêtre qui la dit. J'y ai surtout admiré la propreté : les lits, faits de beau noyer, étoffés en tapisserie, sont tous les jours exactement nettoyés ; les ustensiles brillent. Cette vaste salle forme presque tout l'hôpital ; elle est comme le temple de la bienfaisance ou de l'hospitalité. Et combien croiriez-vous que l'administration emploie d'hommes pour le service ? Comptez : un aumônier, un médecin, un chirurgien, un pourvoyeur, un boulanger, un portier, deux porteurs pour aller chercher les malades dans une litière couverte, pas davantage. L'administration a pour le service des malades vingt femmes, sans autre salaire que la promesse des récompenses célestes. C'est aussi à cause de cette promesse que les apothicaires et les épiciers de la ville fournissent gratuitement la pharmacie [22].

Les hôpitaux des infirmes.

Quand les maladies, a continué le sire Lamouche, sont permanentes, elles sont des infirmités. Les hôpitaux des infirmes touchent aux premiers temps de l'ère chrétienne [23]. Mais de notre temps il s'en est élevé un à Paris, sous le nom d'Hôpital des teigneux, où se trouve, passez-moi cette manière de parler, un assortiment complet d'infirmités, où chacune a pour ainsi dire sa tablette, du moins sa loge, où le service est fait à aussi bon marché et aussi bien qu'il est possible. Le gouverneur est le seul qu'on paie. Les infirmes sont eux-mêmes surveillants, ils sont eux-mêmes tailleurs, lingers, blanchisseurs, commissionnaires, garde-malades. Ils remplissent tous les emplois [24]. Messire de Boulencourt, président à la chambre des comptes, a fondé cet hôpital [25]. Je vous prie de faire connaître en Espagne et son nom et sa belle œuvre.

Les hôpitaux des femmes enceintes.

On ne peut dire, a poursuivi le sire Lamouche, que la grossesse des femmes soit une maladie ; mais elle en nécessite les soins et les dépenses. Dans tous les hôtels-dieu des grandes villes il y a une salle des femmes enceintes [26]. Il ne devrait pas y avoir seulement une salle, il devrait y avoir un hôpital; c'est encore ce que la charité de notre siècle a, sans le savoir, laissé à faire.

Les hôpitaux des fous.

Sans le savoir, elle a aussi laissé au siècle prochain à fonder les hôpitaux des maladies de la raison, ou plutôt des organes de la raison. Disons cependant en notre honneur qu'il y a déjà des salles de fous [27], qu'au dernier siècle il n'y en avait pas [28].

Les hôpitaux des vieillards.

Tous les siècles qui nous ont précédés ont à l'envi agrandi et agrandi, doté et doté les asiles de la vieillesse indigente : à cet égard nous n'avons presque rien fait ; il n'y avait presque rien à faire.

LE SERGENT DE VALOGNE.

STATION LV.

Faut-il que j'écrive ici que je suis maintenant dans la Normandie? Je pense que non, puisque j'ai à écrire et que j'écris qu'aujourd'hui j'ai dîné à Valogne. Un gentilhomme sergent de sa sergenterie [1] m'a invité chez lui. Je n'écris pas à quelle occasion, ce serait trop long.

Monsieur, m'a-t-il dit au premier mouvement que j'ai fait pour me lever de table, causons encore un peu, je vous en prie, car j'ai quelque raison pour que vous sachiez plus tôt que plus tard comment mon épouse et moi nous nous sommes d'abord fait l'amour en vrais amants normands. Il a continué ainsi :

Dès le premier jour que nous nous vîmes, la jeune personne qui devait être mon épouse et moi nous parlâmes aussitôt et avant tout de nos biens, et d'abord de ceux que nous possédions en entier, ensuite de ceux que nous possédions comme coportionnaires, c'est-à-dire par fraction ; mais à peine avais-je commencé l'énumération de ceux-ci que, renouvelant encore ses interruptions, elle me dit :

Les fractions de fiefs.

Et moi, monsieur, je suis dame aux trois quarts d'un fief d'une nature bien rare, d'un fief en même temps noble, en même temps ignoble, d'un fief-ferme ².

Les fractions de vaudeville.

Et moi, mademoiselle, j'ai, au contraire, le tiers de la plus noble seigneurie, la seigneurie du lyrique vallon de la Normandie, la seigneurie du Vaudeville ³. Ma part me rend en boisseaux, demi-boisseaux, quarante setiers de froment, et peut-être, si j'étais plus exigeant, elle me rendrait quelques couplets en bons vers, bonne rime, bonne mesure.

Les fractions de moustache.

Mademoiselle, j'ai aussi, en ma qualité de coseigneur du Ménil, le droit de me faire faire et de faire faire à mes enfants gratuitement la moitié de la moustache par le barbier du village ⁴; ce qui reviendra, quand nous aurons sept garçons, à quatre moustaches gratuitement faites, en y comptant la mienne : Mademoiselle, si je calcule mal, si je faux, dites-moi, je vous en prie, en quoi.

Les fractions de serfs.

Monsieur, me dit la jeune demoiselle, j'ai mieux que cela : j'ai un serf; à la vérité il ne m'appartient qu'aux deux tiers ⁵; mais mon tuteur veut m'acheter le reste. Vous me demanderez, continua-t-elle, comment dans un pays où sont nés Calvin et Bèze, il peut se faire qu'il y ait encore des serfs. Je le demandai aussi à mon tuteur; il me répondit que le fait était qu'il y en avait, qu'il y en avait encore, et en assez grand nombre, dans presque toutes les provinces ⁶, et qu'il en connaissait un, établi savetier dans la boutique de la maison où demeure le plus célèbre de nos historiens actuels qui dit, avec tous nos autres historiens, que le servage est aboli depuis Louis-le-Hutin ⁷.

Les fractions d'usages.

Mademoiselle, outre que j'ai tous les jours dans le village, pendant une heure, l'usage des eaux de la fontaine ⁸ que je change contre du vin, du cidre ou du lait, avec les propriétaires des prairies voisines, j'ai la moitié de l'usage du chauffage ⁹, et nous nous chauffons alternativement avec mon co-usager une année, lui l'hiver et moi l'été, une autre année, lui l'été et moi l'hiver.

Les fractions d'aînesses.

Monsieur, j'ai par indivis avec les sœurs maîtresses d'école ¹⁰ un tènement d'aînesse dont tiennent sous les mêmes redevances, comme héritières de puînés, plusieurs jolies petites aînées [14] : ce sera peut-être quelque chose pour un fils, et pour deux ce sera davantage.

Les fractions de gardes-nobles.

Mademoiselle, moi, j'ai le dixième des gardes-nobles du Cotentin [12]. Mon père avait acheté du roi le droit de le représenter dans l'administration des biens et des personnes des jeunes demoiselles orphelines [13] : ce sera peut-être quelque chose pour un fils, et pour deux ce sera davantage.

Les fractions d'offices.

Mademoiselle, continuai-je bon gré mal gré, mon grand-père avait eu par succession un quart d'une sergenterie noble de plaids d'épée ; mon père en avait acheté un autre ; quand j'ai pris à rente l'autre moitié, j'ai été sergent noble de plaids d'épée [14] aux quatre quarts ou bien peu s'en faut. — Monsieur, mon oncle m'a acheté une moitié, et il cherche à m'acheter l'autre moitié d'un office d'un prévôt de maréchaux de France qui, dans les cas prévôtaux, condamne souverainement à mort [15]. Ainsi j'aurai un entier office prévôtal. — Mademoiselle, j'ai un quart d'un office d'un grénetier de grenier à sel [16]. — Monsieur, j'ai des parts dans un office d'un maître de ports et passages [17]. — Mademoiselle, j'en ai dans un office d'un vendeur de poissons [18]. — Monsieur, j'en ai dans un office d'un vendeur de cuirs [19]. — Mademoiselle, j'en ai dans plusieurs offices de regrats [20], de bureaux de change [21], de recettes urbaines, rurales [22].

La jeune demoiselle me dit alors d'aller porter mes titres chez son notaire, d'aller y voir les siens ; je n'y manquai pas. Le lendemain elle me fit les yeux doux, et toujours plus doux. De mon côté, les soupirs devinrent de plus en plus fréquents, de plus en plus enflammés ; et de même que nous avions heureusement marié nos biens, nous mariâmes heureusement nos personnes.

En saluant ce bon gentilhomme, en m'en allant, je ne pouvais m'empêcher de penser, comme en ce moment je ne puis m'empêcher de dire : La drôle de France ! la drôle de France !

LE CONFRÈRE DE CHAILLOT.

Station LVI.

Lorsqu'en marchant on est arrêté, on l'est ordinairement ou par le bras, ou par la main. Ce matin à Paris, au cloître Sainte-Opportune, je l'ai été par le pied, et j'ai été forcé de regarder en bas tandis que je regardais en haut, d'où je ne sais par quelle répercussion de voix il me semblait qu'on m'appelait; j'ai vu à travers les fenêtres grillées un peu au-dessus du pavé du cloître, dans une espèce d'ancien cellier, ou peut-être d'ancien charnier qu'un moment après il m'a fallu appeler salle basse, deux personnes dont l'une était le prince de la confrérie du rosaire [1], à laquelle je me suis fait recevoir depuis mon arrivée à Paris. Il a couru m'ouvrir une petite porte, je suis entré : Nous savions, m'a-t-il dit en riant, qu'aujourd'hui vous passeriez dans ce quartier, et nous vous attendons pour aller à Chaillot. Viendrez-vous? viendrez-vous? m'a-t-il répété en me serrant les mains. On doit, lui ai-je répondu en riant aussi, faire toujours la volonté des princes. Nous sommes partis. Chemin faisant il m'a dit : Je n'ai à Paris qu'un pied-à-terre, ou plutôt un pied en terre; mais à Chaillot je suis logé plus spacieusement et surtout plus haut, comme vous allez voir. Effectivement, parmi toutes les maisons de ce village, il n'y en avait qu'une seule à quatre étages, et c'était le prince du rosaire qui occupait le plus haut. Cependant, lorsque nous y sommes entrés, j'ai vu avec plaisir une assez longue enfilade de pièces décorées de tous les instruments, de tous les appareils des sciences.

Alors il s'est passé entre le prince du rosaire et moi une petite scène de politesse qui a manqué rendre ma promenade à Chaillot seulement agréable, d'agréable et en même temps d'utile qu'elle a été. Le prince du rosaire, craignant de rendre un peu sérieuse une partie de plaisir faite à la campagne, me refusait et avait toutefois grande envie de me montrer les machines de son cabinet, j'avais, moi, une plus grande envie de les voir; mais craignant aussi de lasser un savant dans les moments où il venait se délasser, je n'osais manifester mon envie.

Les mathématiques.

Heureusement l'ami du prince du rosaire a vu ce qui de part et d'autre se passait dans notre esprit. Il nous l'a dit et aussitôt nous nous sommes tous les trois mis à rire et à faire le tour du cabinet, examinant successivement les divers instruments, à commencer par ceux des mathématiques et ceux des mathématiques par ceux de la numération.

Je suis un peu honteux, m'a dit le prince du rosaire, de vous montrer d'abord ces sachets de petits cailloux, ces sachets de pois, ces sachets de boulettes, ces petites bourses de jetons; mais de même que les doigts ont été le premier moyen de numération, les grains de sable, les grains de légumes ont été le second, et encore aujourd'hui

XVIe SIÈCLE.   293

la plupart des gens, notamment les marchands, font les calculs au jet avec des jetons [3]; toutefois cette manière de compter doit nécessairement cesser depuis que la nouvelle arithmétique de Forcadel a réduit les anciennes deux cent quarante règles à quatre [3].

Voilà sur ce carton, a-t-il continué, un tableau de nombres rompus, de roupts [4] ou fractions;

Et là, un autre d'extraction de racines [5];

Et ici une planche d'équations du second degré, où n'étaient pas montés nos devanciers, où nous sommes d'abord montés [6]; une autre planche d'équation du troisième, où nous sommes ensuite montés [7].

Mais comment y sommes-nous montés? C'est par nos belles routes qui du pied des monts de la science s'élèvent aux sommités les plus arduës, je veux dire par nos belles méthodes.

Aussi ai-je le plus grand respect pour notre Viète [8], lorsque je le vois le premier écrire en caractères concis, clairs, faciles, en caractères alphabétiques, l'algèbre [9]; lorsqu'aussitôt je vois l'algèbre, allégée des chaînes de ses anciens caractères confus, diffus, difficiles [10], se jouer avec les nombres les plus grands que la pensée puisse atteindre, avec les plus énormes masses que l'imagination puisse créer; les représenter, les transporter légèrement, les distinguer, les combiner, les assujétir à toute la rigueur des plus simples, des plus petits calculs [11], enfin devenir le levier, le mouvement de la géométrie [12] qu'elle a agrandie, qu'elle agrandira peut-être encore;

Les mathématiques appliquées.

Lorsqu'en même temps je vois cette nouvelle géométrie, sous le nom de mécanique [13], déplacer les obélisques de la place où les anciens Romains les avaient voulues et les porter à la place où les nouveaux Romains les veulent [14]; lorsque je la vois et subjuguer les mers par une meilleure construction, une meilleure direction des vaisseaux [15], et renverser les armées, les forteresses [16] en rendant, si je puis m'exprimer ainsi, clairvoyante et sans doute trop clairvoyante la force aveugle de la poudre;

Lorsque je la vois, sous le nom d'astronomie, démolir avec son compas l'ancien firmament, les anciens onze cieux imaginaires, briser les anciens épicycles [17], et cependant conserver à la terre sa dignité, son immobilité, faire tourner autour d'elle le soleil, autour du soleil les autres planètes, et, extirpant à jamais cette vieille erreur renouvelée des Grecs vers le milieu de ce siècle par Copernic [18], couronner Tyco-Brahé comme roi du vrai firmament [19];

Lorsque je la vois encore, sous le même nom, réconcilier l'année solaire avec l'année civile, en retranchant dix jours de la petite année 1582, et en ne comptant plus que quatre-vingt-dix-sept bissextes dans chaque période de quatre siècles [10];

Lorsqu'enfin je la vois ne consentir à se reposer que dans le mouvement perpétuel, ou, si vous voulez une autre manière de parler, qu'après avoir découvert le système du mouvement perpétuel [11].

Messire, sur ces tablettes qui sont devant vous, se trouvent tous les instruments du théâtre de Besson [22], avec lesquels ces nouvelles merveilles ont été opérées; examinez s'il en manque un seul

O messire, que les rois sont grands! ils frappent, avec leurs foudres de bronze, avec leurs armées de gensd'armes les nations ennemies rangées en bataille sur leurs frontières, et les font reculer ainsi que leurs frontières; cependant il me semble qu'ils sont bien grands encore dans l'intérieur de leurs palais où ils ont parmi leurs familiers, leurs domestiques, leurs valets de chambre, des mathématiciens, des astronomes renommés [23] dont ils interrompent quelquefois les savants pronostics sur la perturbation des comètes qui doivent amener la fin du monde et remplir des débris, de la poussière d'un nouveau chaos [24], les profondeurs de l'espace, en leur disant : Maître Antoine! maître Ambroise! ôtez-moi le bonnet! faites-moi chauffer les chausses!

La physique.

Au bout de cette tablette s'en est offerte une autre, et presque en même temps a commencé entre le prince du rosaire et son ami un dialogue auquel j'ai donné occasion. J'avais été ébloui des belles machines de physique toutes sculptées, toutes dorées, surtout de leur grand nombre, et je m'étais écrié : Ah! que les vieux physiciens du temps passé ne sont-ils ici pour dire, non comme Bias : Que de choses dont je puis me passer! mais bien : Que de choses dont je suis obligé de me passer! car, ni ils n'auraient la connaissance, ni ils ne pourraient se servir de ces nouvelles machines. Et cependant, s'est pris à dire le prince du rosaire, quelle n'était pas leur vanité! lisez leurs livres, où ils se vantent d'avoir tout trouvé, tout découvert, d'avoir touché le bout de la carrière. Mais dites-moi, a-t-il ajouté en s'adressant à eux, en les apostrophant avec une espèce de petite colère comme s'ils avaient pu l'entendre, que saviez-vous? Répondez-moi d'abord et avec clarté sur vos principes : peut-il exister d'accident sans sujet? — Il peut en exister, a répondu d'un ton assez plaisant l'ami du prince du rosaire. — Fort bien, selon Aristote, qui parmi beaucoup de choses vraies a écrit plusieurs choses fausses; et pour vous et pour vos pères, et pour vos grands pères, tout sans distinction, sans exception, était vrai, absolument vrai [25]. Vous admettiez aussi par conséquent et avec la même crédulité la forme sans matière [26] ? — Oui, a répondu l'ami du prince du rosaire, en se prêtant à ce dialogue et en prenant un air humilié, car sur la foi d'Aristote nous aurions admis la matière sans forme. — Mais vous ne saviez donc pas que les éléments eux-mêmes sont composés de matière et de forme [27], comme les syllabes de voyelles et de consonnes? — Non, disait l'ami du prince du rosaire, en répondant toujours pour les physiciens du dernier siècle. — Eh! saviez-vous que le premier élément, la terre, est un corps dont toutes les parties pèsent les unes sur les autres, et sont attirées vers un centre commun [28] ? — Non. — Saviez-vous que le second élément, l'eau, a un poids spécifique, relativement à celui de la terre, dans le rapport de treize à seize [29] ? — Non. — Saviez-vous que l'eau est un composé de molécules rondes roulant les unes sur les autres [30], et qu'elle est compressible [31] ? — Non. — Saviez-vous qu'elle ne jaillit des fontaines que par la pression qu'exerce sur elle la mer en pénétrant dans l'intérieur de la terre [32], et que c'est en très grand le mécanisme du siphon [33] ? — Non certes. — Saviez-vous que c'est des influences lunaires que viennent le flux et le reflux [34] ? — Non. — Saviez-vous que le troisième élément, l'air, est sec [35] ? — Non. — Saviez-vous que le vent n'est pas un air que soufflent les cavernes [36], comme vous le croyiez, mais qu'il est au contraire un air mis en mouvement par le soleil [37], par les étoiles [38] ? — Non. — Saviez-vous que le quatrième élément, le feu, est si simple, si pur que les formes de sa substance nous en seront toujours cachées [39] ? — Non. — Vous ne saviez pas non plus que la lumière fût la substance du feu [40] ? vous ne connaissiez de la lumière ni la réfraction ni la décomposition [41] ? vous ne connaissiez pas même, ou du moins vous en connaissiez mal la réflexion, car vous n'avez su faire usage ni de la théorie, ni de ses conséquences. Est-ce par vous ou par nous qu'a été découverte la chambre obscure [42], cette caisse magique où vient se peindre le tableau des objets placés devant le spectateur ?

Cependant vous disputiez sur les couleurs, tandis que vous en ignoriez même les causes. Qui de vous ne croyait que l'herbe fût verte par elle-même et la rose rouge de sa nature ? Vous ignoriez que les couleurs ont trois causes, la lumière, la substance à travers laquelle passe la lumière, et la disposition du corps coloré à prendre la partie colorante de la lumière qui le colore [43].

En même temps que vous jugiez des couleurs comme les aveugles, vous jugiez des sons comme les sourds : vous ne saviez pas que les sons ne sont pas plus inhérents aux corps que les couleurs. Les cloches qu'on sonnait de votre temps faisaient comme aujourd'hui vibrer l'air, et l'air faisait vibrer les nerfs de votre oreille [44] ; vous l'ignoriez ; vous alliez à l'office sans être plus savants à cet égard que le bedeau qui le sonnait.

Vous ignoriez l'origine des couleurs, des sons.

Vous ignoriez jusqu'à l'existence du magnétisme polaire [45] ; et si vous connaissiez l'électricité, vous ignoriez qu'elle était répandue dans presque tous les corps. [46]. Ah! quel petit livre on aurait fait de ce que vous saviez, et quel grand livre de ce que vous ignoriez!

Nos savants ne cessaient de rire, je riais comme eux : tout-à-coup nous avons entendu sonner l'angélus. En France, ou du moins aujourd'hui à Paris, c'est l'heure où l'on a dîné [47] : Ah! se sont écriés le prince du rosaire et son ami, tous les deux à la fois : l'angélus! l'angélus! et nous ne sommes pas encore à table! Allons! allons! et me prenant chacun par une main ils m'ont emmené au bout de l'appartement, dans une pièce où le dîné s'est trouvé servi ; tout était fort propre, fort bon ; il n'a plus été question de sciences. On était gai, ce que les Français appellent en pointe de vin ; on a dit le petit mot ; on a fait de petites histoires, de petits contes qui, sur la fin, n'étaient peut-être ni assez sérieux, ni assez graves pour des savants et pour des confrères du rosaire.

La Chimie.

Nous étions à peine levés que j'ai prié le prince du rosaire de me faire voir le laboratoire d'alchimie, qui ordinairement est à la suite de beaux cabinets tels que le sien. Je n'en ai pas, m'a-t-il répondu. Je ne veux pas me ruiner, je ne suis pas apothicaire-distillateur. Je ne puis gagner le matin en distillations ce que je dépenserais le soir en expériences. Vous ne me comprenez pas ; ce n'est pas votre faute. Un de ces jours je passai devant la boutique de sire Tournon, apothicaire-distillateur de la rue Saint-Martin : j'entrai chez lui par hasard et, pour l'avoir nommé comme le nomme son enseigne, il me reçut fort mal. Je m'en retournais sans rien acheter ; son gendre sortit vite de l'arrière-boutique, et m'arrêta sur le pas de la porte ; sire Tournon se retira toujours en grondant : Monsieur, me dit le gendre, mon beau-père est le meilleur homme du monde ; malheureusement il s'est entêté de l'alchimie dont il a lu un trop grand nombre des mille ou douze cents traités qu'on a jusqu'ici publiés [48], ce qui fait bien tort à sa fortune. Il n'achète jamais de bois, il n'achète que du charbon ; et toute la famille est obligée de se chauffer autour de ses fourneaux, où il cherche la transmutation des substances, où il veut, dit-il, comme la nature, avec de l'eau faire du mercure, du soufre, faire de l'or [49]. Mais mon beau-père et les alchimistes s'obstinent à ne pas savoir que pour faire comme la nature il faudrait l'avoir vu faire ; et d'ailleurs combien d'années, combien de milliers d'années ne met-elle pas à préparer, à mélanger les matières, à composer, à teindre, à mûrir l'or! Je le dis à ma femme, et ma femme dont le bon cœur, les douces paroles transmuent toutes les vérités en vérités agréables, le dit à son père qui lui répond que dans peu il la couvrira de bijoux du plus fin or, elle et ses jeunes sœurs. En attendant, tout ce que nous avons pu obtenir de lui, c'est qu'il distillerait jusqu'à midi pour la boutique, et seulement après midi pour l'alchimie, en sorte que le matin il se contente d'être apothicaire-distillateur; mais il est alchimiste le soir. Vous êtes venu à l'heure où il est alchimiste.

Monsieur, ajouta le gendre de sire Tournon en ouvrant une porte du fond, vous plairait-il de voir le laboratoire de mon beau-père?

Nous passâmes dans une grande pièce carrée, tout entourée de poteries, de gresseries, de verres, de cornues, de matras, d'alambics à double, à triple étage, à double, à triple fourneau [50] : Voilà bien des manières de distiller, dis-je. Oh! les alchimistes en ont bien d'autres, me répondit le gendre de sire Tournon : ils distillent aussi par le feutre, par la chausse [51], par l'action du soleil [52]; ils distillent par distillation sèche ou sublimation, par distillation humide ou descension [53]; ils distillent plusieurs fois leur distillation : ils rectifient [54].

Et ne croyez pas que la distillation soit leur seule manière de décomposer : ils décomposent encore par la dessiccation, par la macération ou digestion [55].

Remarquez en même temps que s'ils décomposent ils composent aussi.

Ils composent au moyen de la coction, de la congélation, de la stratification [56] ou superposition alternative des couches, au moyen de la cémentation [57], c'est-à-dire de l'attraction et de la commixtion.

Voyez, me dit-il, en me promenant devant de longues lignes de vases étiquetés, le résultat de leurs opérations : voyez les sels, les alkalis, les alcools, les régules, les crocus martiaux, les beurres minéraux, les bezoards minéraux, les chaux minérales, les cristaux minéraux, les fleurs minérales, les huiles végétales, les huiles animales, les précipités, les teintures, les extraits, les esprits [58]. Voyez les utiles découvertes qu'ont faites les alchimistes dans les continuels travaux de leur infatigable folie.

Le gendre de sire Tournon m'entretint pendant longtemps encore avec beaucoup d'ordre, d'intelligence, de politesse, de douceur; lorsqu'il eut fini, j'en vins à mes emplettes, comme il s'y attendait; mais, comme je m'y attendais aussi, il me fit bien payer ses belles paroles : il me fit un compte d'apothicaire.

L'histoire naturelle.

Oh! s'est pris à dire en ce moment l'ami du prince du rosaire, sommes-nous donc à la campagne pour ne pas nous promener? Eh bien! lui a répondu son ami, sortons! sortons! Allons voir, a-t-il ajouté, en s'adressant à moi, le semis des graines du Pérou que vous a données votre parrain, que vous m'avez données, que j'ai données à un de mes amis. Nous avons suivi le prince du rosaire; longtemps nous avons marché dans un chemin ennuyeux, bordé par de hauts murs. Enfin le prince du rosaire s'est arrêté devant une porte où il a sonné : nous avons aussitôt entendu aboyer au loin un grand chien. On a mis beaucoup de temps à venir ouvrir; cependant on courait, d'où j'ai compris que le jardin devait être vaste; il l'était et autant que le jardin des Plantes de Paris [59], et presque autant que celui de Montpellier qui a quatre arpents [60]; il était magnifiquement tenu.

Le maître nous a reçus avec toute la politesse française; il nous a d'abord montré le semis de mes graines, ensuite les plantes du Nouveau-Monde que la France veut acclimater, la salse-pareille [61], le topinambour [62], et surtout le tabaco, ou petun, ou nicotiane, ou herbe à la reine [63], car je ne sais lequel de ces quatre noms, en France, cette plante conservera. Au milieu du jardin était un grand pavillon; le maître de la maison nous y a amenés; nous sommes entrés dans une salle tapissée où nous nous sommes assis : Vous ne vous doutez pas, m'a dit le prince du rosaire, que vous êtes dans un des plus beaux cabinets d'histoire naturelle de la France et peut-être de l'Europe; faites comme moi, a-t-il ajouté, tournez votre chaise du côté du mur : je l'ai tournée; le maître de la maison a aussi tourné la sienne : il a en même temps pressé un petit bouton de fer, et la tapisserie, s'enroulant sur elle-même par le haut, nous a découvert une rangée d'armoires vitrées où se trouvaient disposés, dans un très bel ordre, les trois règnes.

D'abord les fossiles, les terres, les bols, les argiles, les craies, les pierres, les pierres précieuses classées en pierres opaques, en pierres transparentes [64], les métaux classés en métaux parfaits, en métaux imparfaits [65], les autres minéraux classés d'après la méthode de Bodin [66] et celle de Gesner [67].

Ensuite les végétaux classés aussi, mais non suivant le vieil ordre alphabétique, suivant les vieilles méthodes de Mathiole [68], de Fuschius [69], mais classés en arbres, arbrisseaux, arbustes, herbes, suivant la nouvelle méthode de Dodonœus [70], ou classés d'après la hauteur des terres à laquelle ils croissent, suivant la nouvelle méthode de Porta [71], ou classés d'après le nombre de leurs organes de fécondation, suivant la nouvelle méthode de Césalpin [72].

Enfin les animaux divisés en animaux terrestres, aquatiques, volatiles, sous-divisés en animaux ruminants, non ruminants, en animaux ayant du sang, n'ayant pas de sang, c'est-à-dire suivant les méthodes de Belon [73], de Rondelet [74].

Messieurs, a dit encore le naturaliste, ce qui prouve que la science a fait les plus grands progrès, c'est que ses livres descendent jusqu'aux premiers éléments : nous avons aujourd'hui l'histoire naturelle à l'usage des enfants [75]; c'est qu'ils descendent jusqu'aux plus petits détails : nous avons des traités sur divers genres de minéraux [76]; nous en avons sur diverses espèces de végétaux [77], même sur leurs excréments, les mousses, les gui, les champignons [78]; sur diverses espèces d'animaux, sur les plus difficiles à observer, sur les oiseaux [79], les oiseaux de proie [80], sur les poissons [81], sur les serpents, les dragons [82], même sur le phœnix [83], les basilics [84]; nous en avons même sur les animaux monstrueux [85].

Je regarde aussi, a-t-il ajouté, comme une autre preuve des grands progrès de la science, le mépris où sont tombés les anciens traités d'histoire naturelle. Si l'on eût demandé à nos pères quels ouvrages, de leur temps, renfermaient le plus de contes, ils auraient répondu, sans hésiter, que c'étaient ceux des romanciers et des poètes; ils ne se doutaient pas que c'étaient leurs livres *in mineralia, in vegetalia, in animalia* [86]. Eh! certes, qu'a-t-on besoin d'inventer des merveilles? le spectacle de la nature n'en offre-t-il pas assez? Il ne s'agit que d'ouvrir les yeux, de voir, de regarder cette immense chaîne qui unit entre eux les êtres créés, et les êtres créés à leur créateur, qui unit l'eau à l'air et au feu par les vapeurs, l'eau à la terre par le limon, la terre aux métaux par les demi-métaux, les métaux aux plantes par l'argyrodendron, les plantes aux animaux par les zoophites, les animaux aux hommes par les singes, les hommes à Dieu par la raison [87]. Voilà certes, a dit le prince du rosaire, en prenant congé du naturaliste, un beau chapelet. A la vérité les grains sont un peu gros, mais ils sont bien comptés, bien enfilés.

LE PENSIONNAIRE DE VILLEPREUX.

Station LVII.

Se souvient-on aujourd'hui que, lorsque le jeune don Sébastien se fut fait enterrer avec sa jeune armée sur les bords de l'Afrique [1], les deux ou trois cents moines de Clairvaux [2], prétendant à son royaume, en vertu d'une charte, voulurent mettre leurs deux ou trois cents têtes sous la couronne de Portugal ³ ? c'est tout au plus si on s'en souvient. C'est tout au plus encore si on se souvient que Varella était le général de l'armée de don Sébastien ⁴. Pour moi, qu'il y ait gain ou perte, heur ou malheur, les célébrités n'en règnent pas moins sur mon imagination, et j'aime à les voir, à les approcher. Aussi ayant appris hier au soir que depuis quelque temps Varella habitait à Villepreux ⁵, j'y étais arrivé ce matin avant dix heures, bien qu'il y ait cinq ou six lieues de Paris à ce village. Dites-moi où demeure le seigneur Varella, ai-je demandé à l'aubergiste dès que j'ai eu dîné : Monsieur, m'a-t-il répondu, allez au château; mais attendez, je crois qu'il n'est peut-être pas dans ce moment à Villepreux ; parlez plutôt à maître Paul, et il s'est tourné vers un homme qui montait l'escalier. J'ai suivi cet homme ; il portait sous le bras une botte d'ognons et à la main une botte de ciboules. Il a ouvert la porte de son appartement, je devrais dire de son grenier, dont la fenêtre se trouvait au milieu du toit. J'ai pensé, ou si l'on veut, j'ai deviné que c'était là aussi un savant, et je lui ai parlé avec politesse : Monsieur, m'a-t-il répondu, le seigneur Varella ne manque guère de me donner à dîner les jours qu'il est ici; et vous voyez, a-t-il ajouté en me montrant ses légumes, qu'il n'y est pas ; je vous dirai encore que malheureusement pour mon dîner quotidien les affaires le forcent à s'absenter assez fréquemment, car il est intendant de l'évêque de Paris ⁶. Quoi ! me suis-je écrié, un général d'armée intendant ! — Oui, certes, tout comme un autre; Denis de Syracuse n'a-t-il donc pas été maître d'école à Corinthe ? Un roi est bien plus qu'un général, et au malheureux temps qui court et qui a toujours couru, un maître d'école est bien moins, a toujours été bien moins qu'un intendant ; et moi qui maintenant vous parle, ne suis-je pas réduit à manger de l'ognon pour pain et de la ciboule pour viande ?

La bonté.

Cet homme si naïf m'a donné envie de causer plus longtemps avec lui ; je me suis assis d'un côté de sa petite table, il s'est aussitôt assis de l'autre : Monsieur, m'a-t-il dit, ou je me trompe, ou vous avez l'envie de me connaître ; je vais la satisfaire ; mais il faut pour bien savoir ce que je suis que vous sachiez bien ce que je devrais être. J'ai regardé fixement cet homme. — Il faut qu'avant tout je vous expose quelques principes littéraires auxquels mon sort se trouve à jamais lié. Je l'ai regardé plus fixement encore.

Qu'est-ce que l'histoire ? a-t-il continué d'une voix forte et solennelle, qu'est-ce que l'histoire ? l'histoire de la nation ? l'histoire nationale? qu'est-ce par exemple que l'histoire nationale de la France?

L'histoire, l'histoire de la nation, l'histoire nationale, est l'histoire de toutes les parties constitutives de la nation, de toutes les parties de son ordre social agissant au dedans sur elles-mêmes, ou au dehors sur les autres nations. L'histoire nationale de la France, par exemple, est l'histoire de toutes les parties constitutives de la nation française, l'histoire de toutes les parties de son ordre social agissant au dedans sur elles-mêmes, ou au dehors sur les autres nations.

L'histoire nationale de la France où il n'y a que la moitié, que le quart de toutes les parties constitutives de la nation, de toutes les parties de son ordre social, est donc incomplète, très incomplète.

L'histoire nationale de la France où il y en a encore moins est donc encore plus incomplète?

L'histoire nationale de la France où il n'y a que l'histoire des rois, des gens d'église, des gens de guerre, est donc encore plus incomplète, et ne mérite pas plus de porter le nom d'histoire nationale de la France que l'histoire des diamants, des rubis, de l'or ne mérite de porter le nom d'histoire naturelle des minéraux; que l'histoire du chêne, du hêtre, du palmier ne mérite de porter le nom d'histoire naturelle des végétaux; que l'histoire naturelle du lion, du renard, du cheval ne mérite de porter le nom d'histoire naturelle des animaux?

Monsieur, a-t-il poursuivi en reprenant un peu haleine et en baissant un peu le ton, nous avions ici à la terre de Villepreux, avant qu'elle eût passé à la maison de Gondi[7] et au cardinal de ce nom, évêque de Paris[8], un seigneur aussi bon, aussi aimable que seigneur de France; il voulut suivre la mode, avoir, ainsi que les autres seigneurs, sous le nom de son lecteur, un savant à sa table[9]. Je m'accordai à être le sien. Souvent, entre la poire et le fromage, lorsqu'il y avait compagnie, j'exposais la doctrine que vous venez d'entendre, à laquelle toujours ou presque toujours j'ajoutais:

L'histoire des différentes parties constitutives de la société, des différentes parties de l'ordre social, agissant au dedans ou au dehors, est-elle autre que l'histoire des différentes classes, des différents ordres[10], ou mieux, des différentes professions, des différents états?

Et l'histoire des différentes classes, des différents ordres, des différentes professions, des différents états, est-elle autre que l'histoire des différentes parties constitutives de la société, des différentes parties de l'ordre social, agissant au dedans ou au dehors?

Et les faits qui caractérisent les différentes parties constitutives de la société, les différentes parties de l'ordre social de la nation agissant au dedans ou au dehors, font-ils ou ne font-ils pas partie de son histoire? Je dis plus, sont-ils ou ne sont-ils pas son histoire, sa vraie histoire? Je dis plus, sont-ils ou ne sont-ils pas sa seule histoire?

Et l'histoire composée d'autres faits que ceux-là, composée de faits qui ne caractérisent pas la société, la nation, agissant au dedans ou au dehors, et notre histoire de France telle qu'on l'a faite, qu'on la fait, ne ressemble-t-elle pas beaucoup à l'histoire d'Assyrie, à l'histoire d'Égypte, et entièrement à l'histoire d'Angleterre, à l'histoire d'Espagne?

Enfin, un jour qu'aucun des convives ne m'avait répondu ou n'avait pu me répondre, ce jour où tout le monde avait gardé le silence, où je rayonnais de gloire et de joie, le seigneur de Villepreux me prit à part et me dit : Maître Paul, je n'ai guère jamais pu saisir votre système d'histoire; et toutes les fois que je l'écoute, il me fait venir, et aujourd'hui entre autres, il m'a fait venir la migraine. Je vous donnerai tous les ans, en sus de vos appointements, quarante francs de pension si vous me promettez de n'en point parler. Monseigneur, lui dis-je, il faut qu'alors je vous sacrifie provisoirement les progrès des lettres, que je vous sacrifie provisoirement mon nom; vous me donnerez cent francs, et ce n'est pas cher. Après quelques débats, nous terminâmes à quatre-vingts francs. Toutefois il exigea en outre que je ne parlerais pas plus de mon système ailleurs qu'à Villepreux, tant il craignait qu'ailleurs je donnasse aussi la migraine, tant ce seigneur était bon!

L'ingratitude.

Vous le savez, monsieur, les hommes bons ne vivent pas assez, et les hommes méchants, les hommes ingrats surtout vivent trop. Le seigneur de Villepreux mourut et laissa un testament où il ordonna que ma pension me fût, après sa mort, aussi exactement payée que pendant sa vie; mais des héritiers ingrats, désobéissants ne me payèrent que par un exploit où je fus assigné devant le juge, aux fins de voir casser mon legs comme abusif, sauf à moi à reprendre, si bon me semblait, le droit de parler de mon système, le droit d'appeler, tant que je voudrais, histoire ce qu'on n'appelait pas histoire, et de ne pas appeler histoire ce qu'on appelait histoire, avec dépens.

La paresse.

Je comparus à l'audience. Les juges, qui sont des avocats et non des seigneurs, ne devraient pas avoir la migraine quand on parle de l'auguste science de l'histoire : ceux-là cependant l'eurent avant même que mon système leur fût entièrement exposé; et mon avocat s'en apercevant, au lieu d'insister sur les sacrifices que j'avais faits en gardant le silence pendant les temps où la France était agitée par les disputes de religion, où l'esprit public était si fortement secoué, où les innovations religieuses trouvaient tant de sectateurs, où mes innovations littéraires en auraient peut-être trouvé davantage, glissa maladroitement sur ce point principal, et il insista fortement sur le respect dû à la volonté du testateur, quelque absurde qu'elle pût être; ensuite les deux avocats, de part et d'autre, citèrent force lois latines auxquelles, par la traduction française, ils faisaient dire ce qu'elles ne disaient pas; enfin ils finirent. Alors le président, avant de se lever pour recueillir les opinions, demanda au procureur du roi s'il voulait prendre la parole; à quoi il répondit, en bâillant et en riant, que cette affaire n'intéressait nullement le roi. Mon avocat m'avait jusqu'à ce moment empêché à plusieurs reprises de parler, en me mettant chaque fois sa grande main sur la bouche; mais à ces mots je me dégageai et je devins mon défenseur; je dis en regardant le procureur du roi : On se trompe si l'on croit que la force des nations, qui fait la force des rois, ne tient pas beaucoup à l'opinion qu'elles ont de leur dignité, et que l'opinion qu'elles ont de leur dignité ne tient pas beaucoup à la manière d'écrire leur histoire, à cette manière qui leur offre dans un grand miroir historique, non pas seulement deux ou trois, mais sans exception d'aucun, tous les traits de leur grande face.

Je continuai à parler malgré mon avocat : ma voix devenait de plus en plus sonore, et cependant l'attention des juges continuant à diminuer, je dirai même à sommeiller sur ces hautes matières littéraires, ils ne connurent pas le procès : par paresse d'attention, par paresse d'esprit, ils me condamnèrent.

La jalousie.

Ayant recouvré, par la cessation de ma pension, la liberté de reprendre et de faire valoir mon système, la liberté d'imprimer et de publier le manuscrit qui en était l'application, j'emporte dans mes bras une bonne et belle histoire de France; je prends le chemin de Roquencourt, de Vaucresson, de Saint-Cloud, j'arrive à Paris, où je demande en entrant l'adresse du meilleur libraire, le meilleur ne me paraissant pas trop bon pour un ouvrage tel que le mien. On me l'indique; je me présente. Le libraire m'accueille gracieusement. Il m'écoute d'abord d'un air distrait, mais bientôt avec une attention qui toujours augmente. Enfin il croit sa fortune ainsi que la mienne faites, et il me propose de revenir dans un court délai. Je reviens; c'était bien le même homme, mais ce n'était pas le même visage : Tenez, me dit-il, me rendant mon manuscrit qu'il prit des mains d'un savant assis à côté de lui, ou du moins d'un homme en ayant l'apparence, car il était sans fraise [11], Monsieur vous en dira plus que moi. Maître Paul, me dit ce savant, qui certainement était un auteur, et sans doute un auteur d'une histoire de France, vous avez, à mon avis, bien mal employé votre temps; vos matériaux ne sont pas nobles et ne peuvent être historiques. Je lui demandai pourquoi mes matériaux n'étaient pas nobles et ne pouvaient être historiques. C'est, me dit-il, qu'Hérodote, Tite-Live ne les ont pas employés; c'est que Bodin, qui, dans son paradoxal livre de la Méthode de l'histoire [12], veut qu'on les emploie [13], ne les a pas employés [14] et n'a pu les employer. Je lui demandai quelle histoire parmi nos histoires actuelles il fallait prendre pour modèle. Il m'en nomma une, et peut-être était-ce la sienne : Mais, lui dis-je, cette histoire est comme toutes les autres; elle est entièrement remplie de combats et de batailles, de sièges et de prises de villes [15]; fermez-la, fermez toutes les autres histoires et plantez-y une épingle, vous êtes sûr de la planter entre deux pages brillantes d'armes, ruisselantes de sang, semblables à ces tapisseries de nos grandes salles, où l'on ne voit que boucliers, que cuirasses, que hallebardes, que glaives, que mousquets [16]; c'est bien l'histoire des guerres de la nation, mais ce n'est pas plus son histoire que l'histoire des querelles d'un homme n'est son histoire; je le priai de me répondre, de me donner des raisons; il ne me répondit pas; il me tourna presque le dos.

L'homme.

Maître Paul, lui ai-je alors demandé, avez-vous là votre manuscrit? voudriez-vous bien me le laisser voir, afin que j'en prenne brièvement une idée? Avec grand, très grand plaisir, m'a-t-il répondu. Nous avons mis près de trois heures à le feuilleter, à l'examiner. Quand j'ai été bien sûr de ce que j'allais dire à maître Paul, je lui ai parlé ainsi : Voulez-vous avoir mon avis? — Oui, avec plaisir, très grand plaisir. — Voulez-vous l'avoir sincère et franc? — Oui, avec plaisir, très grand plaisir, avec le plus grand plaisir. — Vous allez l'avoir.

Je vous dirai d'abord que dans votre histoire de France vous n'avez parlé, ni de théâtre, ni de peinture, ni d'architecture, ni de danse, ni de musique, et que Bodin veut qu'on en parle [17]. — Oh! c'est bien futile. — Que vous n'avez parlé ni d'hôpitaux, ni de prisons, et que Bodin aurait dû vouloir qu'on en parlât. — Oh! c'est bien triste. — N'importe, à peine d'omission, vous êtes forcé d'en parler. Convenez aussi que les femmes, auxquelles Bodin n'a pas non plus pensé, tiennent matériellement dans le monde au moins la moitié de la place, et qu'elles devraient en tenir un peu dans votre histoire. Mais, ai-je ajouté, vous allez avoir mon avis encore plus sincère, encore plus franc : au fait, votre histoire n'est qu'une encyclopédie, qu'un dictionnaire d'articles. Il a impétueusement fait retentir le nom de Bodin qu'il a plusieurs fois répété. Je sais, lui ai-je répondu, que Bodin ne vous demande pas davantage, et que les dix-sept autres auteurs à la tête desquels il se trouve dans le *Penus artis historicæ* [18], ou Recueil des traités sur l'art d'écrire l'histoire, vous en demandent encore moins ; mais Bodin, qui a la gloire d'avoir attesté la réforme de l'histoire qu'a voulue la hardie raison de tous les temps, que veut impérieusement la hardie raison du nôtre, et que voudra plus impérieusement encore la raison plus hardie du temps à venir, n'a vu qu'une partie de la réforme à faire.

Il n'a vu que la réforme des matériaux de l'histoire.

Il n'a pas vu celle de sa forme.

Il a même rendu impraticable sa partie de réforme, en ce qu'il a donné pour matériaux à l'histoire réformée les matériaux de l'histoire à réformer [19], où il n'y a rien, presque rien à prendre ; en ce qu'il n'a pas donné pour matériaux à l'histoire réformée tous les livres, n'importe de quoi ils traitent, tous les chartriers, toutes les archives, toutes les histoires orales, toutes les traditions, tous les proverbes, tous les dictons populaires, tous les monuments, toutes les vieilles reliques, tous les vieux vestiges, toutes les vieilles traces des siècles.

Mais la partie de la réforme de l'histoire voulue par Bodin, la réforme des matériaux n'eût-elle pas eu ce défaut, elle ne pouvait avoir lieu sans celle de la forme.

En effet, l'histoire a toujours eu jusqu'ici une forme narrative, bonne peut-être pour l'histoire des tueries, des batailles, où l'attention se trouve toujours en haleine, mais sans force et sans vie pour presque tous les matériaux de l'histoire réformée, de la vraie histoire. O maître Paul! cherchez cette forme de force, cette forme de vie; cherchez-la trente, quarante ans, s'il le faut ; cherchez-la partout, cherchez-la même dans le conte, même dans le roman, car la forme de l'histoire mensongère, ou appelée mensongère, n'est pas plus essentiellement la naturelle forme de ce genre d'histoire que la forme de l'histoire vraie ou appelée vraie, n'est essentiellement la naturelle forme de cet autre genre d'histoire. O maître Paul! la raison a voulu, veut, voudra, ne cessera de vouloir et une nouvelle forme et de nouveaux matériaux, autant l'un que l'autre. O maître Paul, nous sommes au seizième siècle, au siècle de l'ébranlement des vieilles habitudes, où l'on examine ce qui est dit, et non depuis combien de temps c'est dit, et non qui l'a dit ; où l'on vous jugera comme si vous portiez un grand nom, où l'on jugera ceux qui portent un grand nom, comme s'ils portaient le vôtre; où tous les maître Paul sont ou peuvent être des personnages, où tous les personnages sont ou peuvent être des maître Paul. O maître Paul! travaillez, travaillez! voyez le bel œuvre qui sort de vos mains. Toutes les histoires jusqu'à aujourd'hui faites, sont refaites sur ce modèle et viennent rejoindre la vôtre. Toutes les histoires qui seront faites la continuent jusqu'à la fin des siècles. Les différentes Frances de votre nouvelle histoire renferment toutes les parties de ces différentes Frances qui ont péri ; elles s'offrent à nous de même qu'elles s'offrent à l'Éternel, pour qui le passé est toujours présent comme le futur ; elles vivent, elles se meuvent; on y vit, on s'y meut. Travaillez, maître Paul, si vous ne voulez pas vous laisser enlever votre gloire par cent auteurs du siècle qui vient, par mille des siècles qui viendront. Travaillez, maître Paul, si vous voulez qu'à l'apparition de sa première histoire nationale la nation soit toute en émoi, si vous voulez qu'ainsi qu'autrefois devant Hérodote elle se leva tout entière à Olympie, elle se lève maintenant aussi tout entière devant vous.

Maître Paul, de plus en plus irrité, a repris brusquement son manuscrit de mes mains. Je lui ai longtemps parlé ; je l'ai prié de me donner des raisons. Il avait aussi chez le libraire longtemps parlé ; il avait prié aussi qu'on lui donnât des raisons ; on avait gardé, il a gardé le silence ; on lui avait presque, il m'a presque tourné le dos.

Tel est l'homme en Espagne, en Angleterre, en France, à Madrid, à Londres, à Paris, à Villepreux.

L'IMPRIMERIE ET LA LIBRAIRIE FRANÇAISES.

Station LVIII.

Mon âme s'était hier trop vivement enflammée sur les grandes pensées des vrais matériaux, de la vraie forme de l'histoire, pour que ce matin elle n'en fût pas encore remplie. Ah ! me disais-je, que ne suis-je riche imprimeur, riche libraire, je ferais faire à ma guise l'histoire nationale par un de mes gens de lettres, même par ce revêche pensionnaire de Villepreux qui sûrement suivrait avec docilité le chemin que je lui tracerais , si je le lui semais de grosses pièces d'or! Toutefois encore un peu de patience, car le temps, comme les fruits, ne cesse de mûrir, et à cet égard il sera bientôt mûr. Mais, ai-je continué dans mon soliloque, de même qu'il y a des hommes en arrière de leur siècle, n'y en a-t-il pas en avant? et ne doit-il pas y avoir à la fin du seizième siècle, surtout en France, des hommes du dix-septième? Oui, certes, il doit y en avoir, surtout parmi les libraires; et celui du pensionnaire de Villepreux en est incontestablement un; malheureusement il n'a pas eu assez de confiance dans sa raison, malheureusement aussi il en a eu encore moins dans celle d'un homme pauvre. Moi je suis habillé de velours, coiffé de panaches, je le persuaderai : Allons! allons!

Je suis allé à la grande salle du Palais, le grand marché aux livres[1]. J'ai tourné autour des piliers où sont les libraires qui dans leurs loges ou dans leurs niches ressemblent à des saints ayant derrière leur tête l'auréole rayonnante de reliures fraîchement dorées. J'ai cherché d'abord une figure joviale et polie, comme celle du libraire accueillant le pensionnaire de Villepreux : je me suis aperçu que toutes les figures l'étaient, ou le devenaient dès que je m'approchais : et alors je me suis mis à chercher plutôt une figure refrognée telle que le pensionnaire de Villepreux l'avait sans doute fait venir à son libraire, car l'impression d'espérances et de fortunes frustrées se conserve ostensiblement longtemps. Je me suis donc mis à examiner de nouveaux libraires et leurs figures : enfin j'en ai vu un qui n'avait pas l'air bien gai, qui avait l'air de s'être fortement mépris ou avec le pensionnaire de Villepreux ou avec tout autre auteur; je l'ai abordé : Sire, lui ai-je dit, vous êtes libraire, vous ne pouvez être étranger à l'histoire : vous me direz ce que vous pensez d'un système sur la manière de l'écrire que vous connaissez peut-être ainsi que son auteur, et d'un autre système que sûrement vous ne connaissez pas, car il est de moi. Je lui ai exposé les deux systèmes. Ce libraire lisait fort attentivement un grand livre qu'il a fait semblant de laisser, et que, pendant tout le temps que je lui ai parlé, il a, de l'œil qui m'était opposé, continué à lire. Sire, lui ai-je dit encore, ce n'est pas tout, j'étais aussi venu pour faire une emplette de livres dont voici l'état; mais, ai-je ajouté, voudriez-vous me donner sur le marché quelques documents relatifs à l'imprimerie et à la librairie françaises? Je lui ai dit en même temps à quel titre je les lui demandais et qui j'étais; il a laissé tout à fait son livre : asseyez-vous là, m'a-t-il répondu en se levant de sa place, vous auriez pu bien plus mal vous adresser.

Les imprimeurs.

Écrivez dans votre journal que vers le commencement du siècle

Lyon était la ville de la France et de l'Europe où l'on imprimait le plus ¹ ; que c'est aujourd'hui Paris ³.

Écrivez que vers ce temps l'imprimerie était devenue barbare, gothique, allemande ⁴ ; qu'aujourd'hui elle est devenue plus belle, plus romaine qu'auparavant ⁵.

Écrivez que si alors la décrépitude de l'art touchait à son enfance, c'était à cause du défaut de police, mais qu'aujourd'hui un syndic et des jurés veillent à la beauté du papier, des caractères et de l'impression ⁶. Écrivez que dans ce temps les compagnons se rendaient redoutables aux maîtres, qu'ils s'enrégimentaient, qu'ils mettaient à leur tête un capitaine, qu'ils marchaient sous une enseigne ⁷ ; qu'ils travaillaient dans les imprimeries avec le chapeau de papier sur la tête ⁸ et l'épée au côté ⁹ ; qu'ils portaient à l'audience des bailliages et des sénéchaussées le pain, le vin, la pitance que leur donnaient les maîtres comme preuve de leur avarice ¹⁰ ; qu'ils faisaient des levées de deniers, des bourses communes pour les plaider ¹¹ ; qu'ils multipliaient les jours de repos ou journées blanches ¹² ; que leur fameux cri de *tric* arrêtait au même instant toutes les mains des compositeurs, toutes les mains des pressiers, quelquefois dans la maison seulement, mais quelquefois aussi dans tout le quartier, dans toute la ville ¹³.

Écrivez que dans les proficiats, les banquets, ils se coalisaient pour faire hausser leurs salaires ¹⁴.

Écrivez qu'aujourd'hui, à Paris, le prix de leur journée est invariablement fixé à douze sous ¹⁵.

Écrivez que les compagnons ne molestent plus les apprentis, pourvu qu'on ne les oblige pas à leur apprendre l'art, pourvu qu'il n'y en ait qu'un, deux par presse, ou qu'ils aient amiablement consenti qu'il y en eût un plus grand nombre ¹⁶.

Écrivez qu'il ne peut y avoir d'imprimerie que dans les bonnes villes ¹⁷.

Écrivez que les imprimeurs ne peuvent être reçus maîtres qu'après un apprentissage de trois années.

Écrivez que les maîtres imprimeurs sont tenus d'avoir des correcteurs familiers avec les langues savantes ¹⁸, et qu'en cette qualité Nicolas Dumont s'est fait un nom ¹⁹ en Europe.

Écrivez que les maîtres imprimeurs doivent avoir chacun leur marque, leur signe ²⁰.

Écrivez que depuis ces ordonnances de François I⁺ʳ, qu'on n'a depuis que légèrement modifiées ²¹, les habiles, les célèbres imprimeurs se sont succédés, en se donnant sans interruption pour ainsi dire la main; qu'avant et qu'après Vascosan qui le premier a imprimé pour le plaisir des yeux aussi bien que pour celui de l'esprit, qui le premier a parfaitement assorti les teintes des papiers aux teintes des encres, qui le premier a su allier le moelleux à la netteté, à la vivacité des caractères [22], ont paru les Étiennes [23], également célèbres par l'art et par l'érudition [24]; que bientôt les Wechel [25], les Morel [26], sont venus rivaliser dans leurs savantes et correctes éditions avec les Étiennes, de même que les Patisson [27], les Mettayer, aujourd'hui rivalisent avec Vascosan, car le bréviaire de Henri III, de Mettayer, offre dans sa difficile et belle impression rouge et noire [28] un modèle parfait.

Écrivez que l'imprimerie française s'est approprié l'universelle renommée des anciennes imprimeries d'Allemagne, de Hollande, d'Italie [29]; que Venise nous a emprunté notre Plantin [30]; qu'en Europe notre Griphe a fait école [31].

Les libraires.

Écrivez qu'il est impossible que l'imprimerie française soit la première sans que la librairie française soit aussi la première : écrivez qu'elle l'est.

Écrivez que cependant autrefois avec de petits capitaux on avait de grands profits, au lieu qu'aujourd'hui on a de petits profits avec de grands capitaux.

Écrivez que, tandis que la feuille de grec est, depuis Henri II, fixée à six deniers, celle de latin à trois, et celle de français à proportion [32]; que tandis qu'aux prisées des inventaires les *Essais de Montaigne* in-octavo ne sont portés qu'à six sous, le *Virgile* de Plantin qu'à trois sous, le *Tacite* in-octavo du même imprimeur qu'à huit, les *Vitæ Plutarchii*, sept volumes in-octavo, qu'à trente-cinq, quarante [33], les frais d'impression ne cessent de s'accroître; que les *OEuvres de Gallien*, grec et latin, papier Réal, nous coûtent vingt mille livres [34], que le *Corps de droit civil*, six volumes, rouge et noir, nous en coûte de même vingt mille [35], que la *Bible*, en quatre langues, nous en coûte quarante mille [36], que la *Glose de la Bible*, en sept volumes, nous en coûte soixante mille [37], que le *Graduale Concilii*, l'*Antiphonale* et le *Psaltérium* sur peau de vélin, nous en coûtent cent mille [38].

Écrivez que pour soutenir ces immenses frais les libraires ont formé des associations, des compagnies, telles que celle de la Grand'-Nave [39].

Écrivez que la librairie ne craint ni les *Encyclopédies* [40] qui prétendent remplacer toutes les bibliothèques, ni même les bibliothèques publiques, où l'on prête gratuitement les livres [41], qu'elle est persuadée que plus on lit, plus on lira, que plus il faut, plus il faudra de livres.

Écrivez que chaque jour les promptuaires bibliographiques ou bibliographies classifiées [42] grossissent.

Écrivez que nous sommes à Paris huit cents ou imprimeurs-libraires, ou libraires, ou libraires-relieurs, ou relieurs [43].

La censure.

Écrivez que nous ne pouvions, il y a un demi-siècle, vendre des livres non inscrits sur les deux catalogues de notre boutique dont l'un était celui des livres approuvés par l'église, et l'autre celui des autres livres [44].

Écrivez qu'aujourd'hui nous le pouvons [45].

Écrivez qu'alors nous ne pouvions faire imprimer de livres sur la religion qu'après les avoir fait censurer par la faculté de théologie [46]; que nous ne pouvions sous aucun prétexte en faire venir d'aucun pays séparé de la communion romaine; que nous ne pouvions même en faire venir des autres pays sans appeler à l'ouverture des balles l'autorité ecclésiastique [47]; qu'enfin nous ne pouvions procéder à la vente d'aucune bibliothèque sans que cette même autorité n'en eût approuvé le catalogue [48].

Écrivez qu'aujourd'hui nous le pouvons [49].

Écrivez que, lorsqu'il nous arrivait de publier un livret, une petite gravure sans la permission du roi ou de son conseil, nous étions pendus [50].

Écrivez qu'aujourd'hui nous ne sommes plus pendus [51].

Écrivez qu'un jour on fit subitement taire la presse; qu'on lui ferma subitement la bouche [52].

Écrivez qu'aujourd'hui elle parle plus que jamais [53].

Écrivez qu'à Paris, la grande ville, il n'y avait que douze imprimeurs nommés par le roi, sur les vingt-quatre que lui présentait le parlement [54].

Écrivez qu'aujourd'hui le nombre des imprimeurs n'est plus limité [55].

Écrivez que nous ne pouvions faire imprimer aucune espèce de livre sans la permission du roi ou de ses officiers de justice [56].

Écrivez qu'il est encore de même [57].

Écrivez que nous ne pouvions faire imprimer aucun écrit diffamatoire, qu'il y allait pour nous de la prison [58].

Écrivez qu'il en est encore de même [59].

Les réglements.

Écrivez qu'à Paris il nous est défendu de nous établir au-delà des ponts [60], ou sur la rive droite de la Seine.

Écrivez que nous sommes obligés de mettre sur le frontispice du livre le nom de l'auteur, le nom du libraire, et le millésime de l'impression [61].

Écrivez que d'abord nous n'avons eu la propriété des ouvrages par nous achetés et imprimés que pendant trois ans, pendant six ans ; que nous l'avons maintenant pendant neuf, pendant douze [62].

Écrivez que tantôt c'est le roi, que tantôt ce sont les officiers de justice qui nous la confèrent, ou par une permission [63], ou par un *soit fait comme il est requis*, mis au bas de notre requête [64].

Les immunités.

Écrivez que les imprimeurs, les libraires de l'université de Paris et des autres universités jouissent des immunités de la cléricature [65].

Écrivez que les imprimeurs du roi, les libraires du roi jouissent des immunités de ses commensaux [66].

Les honneurs.

Écrivez que le roi honore les sciences et les lettres dans la personne des imprimeurs, en déclarant que les maîtres sont des savants et non des maîtres artisans [67], en les exemptant de l'impôt sur les maîtrises au renouvellement du règne [68].

Écrivez que la France honore les sciences et les lettres dans la personne des libraires en les considérant non comme des marchands de marchandises, mais comme des marchands de littérature fort lettrés, comme des marchands d'instruction fort instruits.

LE LIBRAIRE DE PARIS.

STATION LIX.

Même entre égaux les Français ne se servent guère de l'impératif sans le modifier par *veuillez* ; leur bouche rend *faites* par *veuillez faire*, *allez* par *veuillez aller*. Je pensai que le libraire d'hier avait été ou un régent de collège accoutumé dans sa classe à dire aux écoliers : Écrivez ! ou un consul de marchands accoutumé aussi, quand il tenait l'audience, à dire au greffier : Écrivez ! ou que peut-être c'était dans le moment que je le vis, un homme pressé, n'ayant pas le temps de choisir les mots, ou que c'était peut-être encore un homme habituellement absolu dans ses invitations comme dans ses ordres, comme dans ses opinions. J'ai vérifié ce matin que si j'avais deviné ce n'était qu'à la quatrième fois.

Hier il n'avait pas eu à sa boutique de la grand'salle du Palais tous les livres que je lui demandais, et il m'avait donné rendez-vous pour aujourd'hui à sa maison de la rue Saint-André-des-Arcs, où est son magasin. Je m'y suis rendu à l'heure convenue.

Les grammairiens.

En l'abordant je lui ai redonné mon état des livres à acheter. Il l'a pris, m'a présenté un siège, et à l'instant même il m'a dit vivement : Chut ! écoutez ! écoutez ! Il s'est penché et je me suis penché vers la porte d'une salle voisine où se faisait entendre comme une escopetterie de dits, de contredits, d'objections, de réponses. Le libraire s'est fait un plaisir de m'apprendre que c'étaient des réformateurs de la langue, divisés en deux partis dont l'un portait le nom de *tambours* parce qu'il tient à cette nouvelle expression, et l'autre celui de *tabourins* parce qu'il tient à cette expression un peu vieillie [1]. Les tambours et les tabourins, a-t-il ajouté, ne sont pas seulement divisés sur l'introduction des nouvelles expressions, ils le sont sur celle des nouveaux signes de la cédille, de l'apostrophe, sur celle des nouveaux signes des accents [2] ; ils le sont sur l'adoption de l'orthographe de Dolet [3], de Pelletier [4], de Maigret [5], de Ramus [6], de Baïf [7], de cette orthographe conforme à la prononciation [8]. Les tambours veulent la faire prévaloir ; les tabourins la rejettent : ils la traitent de cacographie [9].

Je me suis encore approché, et j'ai écouté plus attentivement : La bonne orthographe, disaient les tambours, c'est tete, onete, oneur ; la mauvaise, c'est teste, fenestre, honneste, honneur. — C'est tout le contraire, disaient les tabourins. — La bonne orthographe, disaient les tambours, c'est kant, fisic ; la mauvaise, c'est quand, physique. — C'est tout le contraire, disaient les tabourins. — Dites reine. — Dites royne. — Allet ; — Alloit. Vous êtes des fols, disaient les tabourins. — Nous serions des fous, répondaient les tambours, si nous consentions à être des fols [10]. Je commençais à m'ennuyer de tout ce bruit, lorsque l'horloge s'est fait entendre, et a fait vider la salle à ces novateurs, à ces stationnaires grammairiens, presque tous avocats sans causes qui ont couru à l'audience aussi vite et plus vite que ceux qui en avaient.

Messire, m'a dit le libraire, si maintenant la langue française a pris tous ses signes, tous ses accents; si elle a refait, complété ses déclinaisons, ses conjugaisons; si elle a mieux analogié ses dérivés [11], elle le doit aux discussions grammaticales des gens instruits. Quant à ses latinismes, à ses hellénismes, que le siècle dernier lui a portés avec une si grande parcimonie et le siècle actuel avec une si grande profusion, ils sont dus aux orateurs et aux poètes [12]; les anciens naïfs troubadours ne pourraient aujourd'hui se servir de notre langue à cause de sa nouvelle richesse, de sa nouvelle magnificence.

Sire, ai-je dit au libraire, ce n'est pas tout pour nous étrangers que de connaître les mots, la syntaxe, le caractère, le génie, et si vous le voulez la magnificence, et si vous le voulez encore la nouvelle magnificence d'une langue, il faut en bien savoir aussi la prononciation. Quand nous venons en France pour l'apprendre, nous allons à Orléans, à Blois, à Tours [13], et nous n'allons pas et il me semble que nous devrions aller à Paris? — C'est qu'autrefois la cour se tenait dans ces villes [14], et que la cour était la France ou la capitale de la France; c'est qu'aujourd'hui encore les nombreux aubergistes, les nombreux maîtres de langue de ces villes [15] persuadent aux étrangers qu'il en est toujours de même.

Sire, depuis que j'ai entendu ces grammairiens et que je vous entends, j'ai un plus grand désir d'apprendre parfaitement votre langue: je veux avoir tout ce qui sur ce sujet a paru. — Oh! ce serait trop; car sans compter huit ou dix alphabets [16], vous auriez à acheter quarante traités des origines de la langue [17], trente traités de ses étymologies [18], dix traités de ses illustrations [19], trente traités d'orthographe ou de prononciation [20], trente ou quarante grammaires [21]. Achetez la grammaire de Dubois [22], celle de Désautels [23], vous aurez le pour et le contre et ce sera assez. J'ai acheté ces deux grammaires. — Achetez aussi la Préexcellence de langue française de Henri Étienne [24]. J'ai encore acheté ce livre.

Alors le libraire, gagné par ma condescendance à ses impératives décisions, a subitement passé à l'amitié: Tenez, messire, m'a-t-il dit, laissez votre collection, je vais vous en composer une bien meilleure; il ne vous en coûtera pas un denier de plus. Aussitôt, et sans attendre ma réponse, il a choisi une nouvelle collection, en accompagnant chaque ouvrage qu'il y plaçait d'un jugement littéraire et apologétique. Je me suis senti un peu honteux, même un peu piqué; et voici comment, à mon tour, prenant ainsi qu'il l'avait prise hier et qu'il continuait à la prendre aujourd'hui la manière d'un homme qui ne veut guère être contredit, j'ai défendu mes livres et rejeté les siens.

Les lexicographes.

Ranger par ordre alphabétique, lui ai-je dit, tous les mots d'une langue morte avec leur version française à côté, n'est pas chose difficile ; mais en faire une classification meilleure, en faire une meilleure version, n'est pas chose facile ; Robert Étienne [25] et Adrien [26] y ont cependant admirablement bien réussi : leurs savants dictionnaires latins et français [27] doivent passer et passeront les Pyrénées, en la compagnie du dictionnaire en huit langues [28] ; car j'aime les nouvelles entreprises, j'aime à les favoriser.

Les traducteurs.

J'ai continué : Mettre en français ce qui est en latin ou en grec à la manière des interprètes, des truchements d'ambassade, n'est pas chose difficile, mais faire français le latin, le grec, n'est pas chose facile pour vos traducteurs : leurs versions à côté du texte offrent l'envers et l'endroit d'une étoffe. Je doute si j'excepterai Blaise de Vigenère et sa traduction des Commentaires de César [29] ; j'excepte sans aucun doute Amyot ; sa belle, sa gracieuse traduction de Plutarque [30] doit passer et passera les Pyrénées.

Les latinistes.

Vous me dites que le latiniste Casaubon [31] approche du latiniste Turnèbe, suivant Montaigne le plus grand homme qui ait paru depuis mille ans [32] ; que le latiniste Turnèbe [33] approche du latiniste Muret, devenu aujourd'hui l'admiration de l'Europe [34] ; vous me dites que Cicéron serait bien étonné d'entendre un homme né en Limousin, vivant sous Henri IV, parler latin comme lui. Vous me dites que si l'on effaçait le nom de Cicéron de ses épîtres et de ses harangues, on les croirait de Muret, et que si l'on effaçait le nom de Muret de ses épîtres et de ses harangues, on les croirait de Cicéron [35] ; cela peut être ; cela peut aussi bien ne pas être ; je crois plus sûr de m'en tenir aux productions du crû latin dont nous avons assez en Espagne.

Ainsi vos latinistes ne doivent point passer et ne passeront point les Pyrénées.

Les philologues.

Non plus que le grand Jules-César Scaliger, dont à Agen on m'a montré et dont on montre aux étrangers la maison [36] ;

Non plus que Guillaume Postel, ce puits de science des profondeurs duquel sont sortis les calculs sur la fin du monde [37] ;

Non plus que tous vos autres philologues : j'admire, s'il le faut, leur grande, leur immense érudition ; mais leurs exercitations, leurs animadversions [38] me semblent trop volumineuses ; elles ne pourraient entrer dans ma petite mallette de voyage. Aujourd'hui je me contente d'emporter *la Milice romaine* de Juste-Lipse [39], *la Marine des anciens* de Baïf [40], *les Monnaies* de Budée [41] ; ces petits traités de philologie, où les auteurs se sont montrés sobres et non ivres d'érudition, doivent passer et passeront les Pyrénées.

Je vous dirai aussi que j'aimerais autant et mieux emporter la petite philologie en livrets auxquels, sous le nom de Mercure, travaillent de jeunes étudiants [42] qui ont haché les grands livres de leurs régents, qui les ont mis en émincé [43], en galimafrée [44], en capilotade [45]. Passez-moi ces bourgeoises expressions : je conviens bien qu'elles ne sont pas d'origine grecque.

Les philosophes.

Il m'a paru que le libraire, accoutumé à ses paroles expéditives, ne l'était pas à celles des autres ; car il a été un peu surpris des miennes, et, ainsi que les ambassadeurs des Lacédémoniens après les victoires des Thébains, il a allongé ses syllabes : Messire, m'a-t-il dit, il y avait au collège de Presle, rue de Laharpe, ici dans le voisinage, un célèbre régent, nommé Ramus, qui réforma tranquillement la grammaire, la rhétorique [46] ; mais il voulut aussi réformer la philosophie ; il ne voulut plus reconnaître ni les cinq voix de Porphyre, ni les cathégories, ni les prédicaments, ni les qualités, ni les genres, ni les espèces, ni les différences, ni même les modales, les équipollences, ni même les énonciations, les conversions, ni même les lieux communs [47]. Il voulut, à la place de la philosophie du lycée, faire régner sur l'esprit humain une philosophie toute facile, toute simple, toute bourgeoise ; il avança que l'invention des choses et leur disposition suffisaient [48] : aussitôt et à l'instant tout le monde lui courut sus. Le roi, c'était François Ier, se hâta de signer des lettres du grand sceau pour le faire juger [49], il sortit de France ; il y revint, et à la Saint-Barthélemy il fut tué dans son collège et ensuite traîné à la rivière par les jeunes aristotéliciens [50]. Vous le voyez, messire, a-t-il ajouté, ce qu'il y a de mieux à faire c'est de rester dans la communion du philosophe de Stagyre : on peut bien, comme Campanella [51], Cardan [52], Bodin [53], Pasquier [54], contredire quelques assertions d'Aristote ; mais vouloir changer toute sa doctrine, c'est vouloir finir comme Ramus ; et par mon choix vous voyez qu'à cet égard je ne cache pas mon opinion. — Et par le mien, lui ai-je répondu, vous voyez aussi qu'à cet égard je ne cache pas non plus la mienne. Je veux que la grande voix de Ramus aille crier au-delà, comme elle crie en deçà des Pyrénées, qu'après deux mille ans il est enfin temps que la raison d'Aristote cesse d'être la raison humaine [55].

Les moralistes.

Messire, m'a dit le libraire, tout le monde place comme vous le chanoine Charron, auteur du livre de *la Sagesse* [56], parmi les moralistes ; mais il n'en est pas de même de Montaigne : les uns disent qu'il a fait des essais de morale [57] sous la forme d'essais de philologie ; les autres disent qu'il a fait des essais de philologie sous la forme d'essais de morale ; ce qu'il y a de sûr, c'est que ses *Essais*, dans lesquels il parcourt tout l'intérieur de l'homme, dont avec les variées, les ingénieuses positions ou directions de sa lampe il éclaire les replis les plus cachés, les plus inconnus, les plus nouveaux, sont de main de maître. Le roi Henri III a donné le signal des applaudissements [58] ; et depuis les applaudissements ont redoublé et tous les jours ils redoublent. Montaigne fait couler des flots d'or dans le commerce de la librairie. Messire, nous jugeons ici les auteurs sur notre comptoir ; et ce jugement, veuillez m'en croire, n'est pas le plus fautif : vous prendrez Montaigne. — Sire, lui ai-je répondu, d'un ton à ne pas admettre d'insistance, je ne le prendrai pas ! Ce ne sera pas dans mes mains qu'il passera les Pyrénées !

Je n'ai pas dit au libraire, mais j'écrirai ici que l'histoire de l'époux de la belle nièce de Châtillon, que j'avais entendue au pied de la vieille croix, avait déterminé ma réponse et sans doute le ton de ma réponse.

Les théologiens.

Mon libraire n'a pas perdu courage : N'est-ce pas, m'a-t-il dit, que la guerre avec le canon tue la librairie ? — Sans doute. — Mais, a-t-il ajouté, la guerre avec la plume la fait vivre. Elle est toute à notre profit : le nombre de livres de controverse théologique des catholiques ne peut être égalé que par ceux des calvinistes. Vous ne pouvez vous empêcher de mettre dans votre collection *Les allumettes du feu divin* [59] ; *Le sucre spirituel, pour adoucir les aigres malheurs de ce temps* [60] ; *Le glaive de Goliath* [61] ; *La chute du Diable* [62] ; *Le réveille-matin des calvinistes* [63] ; ce sont des livres aussitôt vendus que mis en vente. Sire, lui ai-je répondu, en fait de controverse, je veux toujours avoir en même temps le pour et le contre. Le pour à la douane espagnole passerait bien les Pyrénées, mais le contre ne les passerait pas ; on y arrêterait Mornay [64] comme Bèze [65], et Bèze comme Calvin [66].

Les publicistes.

Sous ma main gauche étaient quelques livres que le libraire non comme marchand, mais comme littérateur, regardait avec dédain : En France, lui ai-je dit en répondant à son sourire par le mien, vous faites trop de cas de Boteri [67], de Bacon [68], de Morus [69], et pas assez de vos publicistes qui dans leurs recherches et leurs études ont approfondi, creusé jusqu'aux plus anciens fondements de la société. A mon avis, l'*Oraison de la paix perpétuelle* d'Aubert [70], la *République française* de Tahureau [71], surtout *la république de Bodin* [72], méritent de passer et passeront les Pyrénées. Bodin traite de l'état social, de son origine, de son but, de son action à l'intérieur, à l'extérieur, de ses degrés d'accroissement, de ses degrés d'affaiblissement. Bodin laisse derrière lui sa nation, son siècle ; Bodin est l'homme peut-être aux vérités, peut-être aux erreurs neuves ; Bodin n'est pas toujours, mais il est bien souvent mon homme.

Les économistes.

Saluons, ai-je dit en élevant trois petits livres minces, une nouvelle science : l'économie sociale vient de germer, de poindre ; qu'elle croisse, qu'elle fleurisse ! *Discours œconomique, montrant, comme par le mesnagement de poulles, de cinq cents livres pour une fois employées, l'on peut tirer par an quatre mille cinq cents livres de profit honneste.* Très bien, Choiselat [73], votre livre doit passer et passera les Pyrénées : *Discours sur les causes de l'extrême cherté qui est aujourd'hui en France.* Très bien, Malestroit [74], votre livre doit passer aussi et passera aussi les Pyrénées. *Catalogue des Paroisses du Maine.* Très bien, Bedouin [75], votre catalogue n'est pas étranger à la nouvelle science, et doit passer de même, et il passera de même les Pyrénées.

Les légistes.

Immédiatement après je me suis tourné vers plusieurs beaux grands livres qui semblaient dominer la collection du libraire, et j'ai dit, ou je leur ai dit : Vénérables Dumoulin [76], Cujas [77], Despeysses [78], Roaldès [79], Charondas [80], lumières du droit civil ; vénérables Rebuffe [81], Duaren [82], lumières du droit canonique : vénérables Chopin [83], Bacquet [84], lumières du droit domanial ; vénérable Fontanon [85], éditeur des lois françaises ; vénérable Guesnois [86] qui les avez méthodiquement rangées, et qui, par le successif et ingénieux rapprochement des anciennes et des nouvelles [87], avez montré à l'œil les progrès de la raison législative ; vénérables arrêtistes, Gui Pape [88], Papon [89], Louet [90], La Roche-Flavin qui, par la disposition des arrêts que vous avez recueillis [91], avez aussi marqué les progrès de la raison appliquant les lois, bien que vous ne soyez là que par petites parties, par abrégés, par extraits, vous êtes encore trop longs, trop larges, trop épais, pour entrer dans ma mallette de voyage : vous mériteriez de passer, mais vous ne passerez pas les Pyrénées.

Les géographes.

Et Belleforêt-le-commingeois ! et Thevet ! et La Popelinière ! s'est écrié le libraire, vous les laisserez aussi ? A la vérité, lui ai-je répondu, Belleforêt-le-commingeois, n'étant en grande partie dans sa Cosmographie que le traducteur de la Cosmographie de Munster [92], je ne le prendrai pas ; mais Thevet, mais La Popelinière doivent passer et passeront les Pyrénées. La Cosmographie de Thevet est un ouvrage original ; l'auteur, après avoir mis un grand nombre d'années à voyager, à parcourir toutes les parties du globe [93], à chercher d'un pôle à l'autre des pages et des chapitres, est venu les écrire dans son cabinet. Quant à La Popelinière, il me charme par son seul titre des *Trois Mondes* [94] qui me rappelle que les anciens n'en connaissaient qu'un ; que nos pères du siècle dernier n'en ont connu que deux, que si nous n'en occupons encore que deux, nous en connaissons cependant trois, car le monde des terres polaires antarctiques, s'il n'existe pas aussi grand qu'on le fait, existe [95].

Les archéologues.

Vous aimez, m'a dit le libraire, les nouvelles sciences ; en voilà une nouvelle qui s'ouvre une porte dans la littérature ; vous devriez prendre le *Promptuaire des Médailles* [96]. Oh ! lui ai-je répondu, ce n'est guère la peine de disputer ; vous le voulez, soit : que ce petit livre passe aussi les Pyrénées.

Les chronologistes.

Messire, a continué le libraire, si l'astronomie qui ordonne les corps célestes, ou du moins qui dans ses livres leur donne l'ordre que réellement ils ont dans le firmament, est un grand œuvre, la chronologie qui aussi dans ses livres ordonne les évènements historiques, ou du moins qui leur donne l'ordre que réellement ils ont dans la succession des temps, n'est pas, ce me semble, un moins grand œuvre. L'immortelle *Emendatio Temporum*, de l'immortel Joseph Scaliger [97], doit passer, pour me servir de vos expressions, et j'en suis bien sûr, passera les Pyrénées. Certes non, lui ai-je répondu, vos chronologistes ne passeront pas les Pyrénées ; la Chronologie qui, vous le savez, est un des yeux de l'histoire, doit se trouver dans l'histoire, et lorsqu'elle ne s'y trouve pas, je vous le dis tout net, l'histoire est borgne.

Les historiens.

Mon libraire était irrité et j'en ai eu bientôt la preuve. Quoi! m'a-t-il dit, vous dédaignez tous nos historiens? vous les dédaignez tous? Ah! sûrement, c'est faute de les connaître ou de les bien connaître. Pour moi, Seyssel [98] rappelle, fait entendre Salluste; même ton sentencieux, même concision, même nerf. Du Haillan, dans son histoire de France [99], ou pour parler comme lui dans sa vie du peuple français [100] dont malheureusement il n'a donné que l'enfance et l'adolescence, me semble, comme Tite-Live, un fleuve majestueux roulant des perles d'or. Et quant à Belleforêt-le-commingeois [101], impétueux comme les torrents de son pays, dites-moi s'il n'a pas mérité, en se montrant dans ses annales égal à Diodore et plus souvent à Tacite, d'être nommé historiographe du roi de France [102]. Dites-moi si Bauld [103], par ses recherches, ses études, n'a pas mérité aussi d'être nommé historiographe de madame de Laval, reine de Jérusalem [104]; si d'Argentré [105], par sa patriotique érudition, ne s'est pas rendu également digne d'être nommé historiographe des états de sa province qui, afin de soutenir ses travaux, lui ont fait l'honorable don de six mille livres [106]. Eh! messire, a-t-il continué, toujours en s'animant de plus en plus, que de formes pour vous plaire, sans pouvoir y réussir, n'a donc pas pris notre histoire! Jean du Tillet [107], Jean de Serres [108], vous offrent inutilement leurs inventaires [109]. Vous détournez la tête de la petite chronique de Carion [110], si pleine de grands événements. Nos histoires des villes, des provinces, même celles de Paradin [111], de Dubouchet [112], de Pithou [113], même celle de Nostradamus [114] vous mécontentent! Vous n'êtes pas content non plus de nos histoires biographiques, même de celle des neuf Charles [115]! Vous ne l'êtes pas de nos histoires contemporaines où Dubellay [116], La Popelinière [117], Piguerre [118], font entendre la grande voix de notre siècle, si irascible, si tumultueuse, où l'on voit son bras rempli de la force des temps, renverser, abattre, briser. Eh quoi! les commentaires de notre César, les commentaires de Montluc [119], ni les Éphémérides [120] cette philosophique histoire des jours anniversaires d'événements heureux, malheureux, avantageux, désastreux, joyeux, lugubres, ne peuvent obtenir de vous le moindre suffrage! Sire, lui ai-je tranquillement répondu, vos histoires militaires, vos histoires de province, vos histoires biographiques, passeront les Pyrénées; vos Histoires de France ne les passeront pas : hier je vous en ai dit les raisons; si vous les avez écoutées, vous les connaissez ; si vous ne les avez pas écoutées, je ne vous les répéterai pas.

Les romanciers.

J'ai vu que j'avais encore augmenté l'irritation du libraire ; mais je n'ai pas moins fermement persisté.

J'avais déjà choisi sur la table une brassée de romans : Je désire, lui ai-je dit, agrandir et compléter cette collection ; je veux d'abord l'*Amadis* en vingt volumes [121], la *Diane de Montemayor* [122], le *Chevalier des Cygnes* [123], et tous les romans espagnols traduits en français que vous appelez bilangues [124]. Les romans espagnols, fils des romans arabes, père de vos grands romans, de vos *Mabrian* [125], de vos *Perceforest* [126], ont prêché les belles amours en même temps que les beaux sentiments ; ils ont porté dans vos mœurs la galanterie qui n'est pas, il s'en faut bien, le libertinage. Je veux ensuite vos romans facétieux, vraiment français, où vous n'êtes pas imitateurs, où vous êtes imités, vos *Contes* de la reine de Navarre [127], vos *Contes* de Du Fail [128], vos *Aventures récréatives* [129], votre *Conférence des servantes* [130], votre *Flûte de Robin* [131], votre *Livret de folastreries* [132], vos *Fanferluches* [133], vos *Sérées* [134], vos *Veillées* [135], vos *Escraignes* [136] ; mais je ne veux pas des romans de votre docteur Rabelais, enflés de latin, de grec, d'hébreu, de médecine, de physique, d'astronomie, de théologie et de controverse, enflés d'impiété et de libertinage que sur chaque page il vomit au milieu d'un déluge de substantifs et d'adjectifs lourdement rimés ; je ne veux pas de livres qui au milieu des hommes liés par leurs devoirs délient les hommes qui les lisent. En France, ai-je ajouté, il est rare de trouver le courage de ne pas sacrifier à l'opinion régnante ; en Espagne, au contraire, ce n'est heureusement pas rare. Je sais bien, ai-je ajouté, que Rabelais, plein de gaîté, de sel, d'esprit, de mouvement et de vie, passera ainsi que Montaigne, et plus souvent que Montaigne, les Pyrénées ; mais si c'est un délit envers mon pays, je ne veux pas en être complice.

Pour la seconde fois aujourd'hui je me suis laissé gouverner par les opinions du mari de la belle nièce de Châtillon, j'en fais volontiers l'aveu.

Les rhéteurs.

Messire, m'a dit le libraire, en remettant plusieurs rhétoriques à leur tablette, puisque vous ne prenez pas la rhétorique grecque d'Aristote, ni la rhétorique latine de Quintilien, vous ne prendrez pas celle du régent Fouquelin [137], toute française, toute composée de citations tirées d'auteurs français ? — C'est précisément celle que je prendrai, car, si comme on le dit, vous avez en France six mille auteurs français [138], si en-deçà des Pyrénées vous êtes insatiables d'anciens et de langues anciennes, il n'en est pas de même au-delà des Pyrénées.

Les orateurs.

J'ai ensuite entendu avec grand plaisir le libraire défendre éloquemment les orateurs de son choix, et en attaquer un du mien : Sire, lui ai-je dit, vous voulez que je haïsse autant les fanatiques d'un parti que ceux de l'autre; vous avez pleinement raison.

Je laisse donc les sermons du curé de Saint-Jean-en-Grève [139], tout étincelants d'une faconde parricide.

Mais laisser quelqu'un des autres serait altérer l'hommage de mon choix et de mon cœur.

Ainsi je prendrai les *Sermons sur l'Oraison dominicale* de Montluc [140], comme la plus belle paraphrase de la plus belle prière.

Ainsi je prendrai les sermons animés de l'intérêt, et de la chaleur du drame, comme le porte leur titre de *Gédeon représenté devant le roi* [141].

Tant que vous voudrez, dites-moi, répétez-moi qu'en général, vos orateurs, dans les oraisons funèbres, sont des menteurs bien payés ; mais convenez que Despense, dans celle d'Olivier, où il fait l'histoire de la chancellerie [142], ne vole pas l'argent ; que Castellan, dans celle de François Ier, où il fait l'histoire de la royauté puissante et calme [143], le gagne bien ; que surtout Claude Morenne, dans celle de Henri III, où il fait l'histoire de la royauté faible et orageuse [144], le gagne encore mieux.

Quant aux orateurs profanes, je lis volontiers les discours prononcés devant les états provinciaux, tels que ceux de Clérel [145], encore plus volontiers les discours prononcés devant les états généraux, tels que ceux de l'Hôpital [146], de Versoris [147], de Bodin [148]. Qu'ils me suivent au-delà des Pyrénées ; et à leur tête ceux de Henri III, car ce roi, au dire général, est le roi des orateurs [149], et, à mon dire, dans l'éloquence Henri III est Henri IV.

Les poètes.

J'avais fini mon choix de livres par où le libraire avait commencé le sien, par les poètes ; et les miens et les siens, tous rangés sur la table, se touchaient : Voulez-vous, m'a dit le libraire, en prenant un air français, ouvert et gai, que dans ce genre de littérature nous fassions quelques échanges? — Voyons. — D'abord, j'approuve que vous gardiez l'*Art poétique* de Sibilet [150], où sont traitées à la suite du mécanisme des différentes espèces de vers depuis une jusqu'à douze syllabes ou vers à longues lignes [151], les différentes espèces de poésies depuis le distique, les triolets, les coqs à l'âne, jusqu'à l'ode, au poëme héroïque [152]. J'approuve que vous gardiez aussi le *Dictionnaire des rimes*, publié par Lefèvre [153], perfectionné par son neveu Tabourot [154]; que vous gardiez de même les *Épithètes* de Delaporte, classées par ordre alphabétique [155] : ce sont le marteau, l'enclume et la lime du métier. Vous refuseriez avec raison de les échanger, mais il n'en est pas ainsi des poëtes; par exemple, j'aime bien Jean Marot [156], dont le tour est si naïf, si français; cependant j'aime encore mieux Clément son fils [157], dont le tour est plus naïf, plus français. Le génie de notre langue, du moins dans la poésie fugitive, est malheureusement, quoi qu'on fasse, un peu bourgeois et même un peu ignoble; mais enfin dans ce genre tel quel, le fils vaut mieux que le père. Je lui ai dit que je voulais avoir l'un et l'autre. — Sans doute vos *Sonnets* de Tyard [158] sont jolis, mais il vous convient plutôt d'avoir le mélodieux Saint-Gelais [159]. Et il s'est mis à en déclamer un huitain. On croit, a-t-il dit, avoir une flûte dans la bouche; j'ai aussi pris Saint-Gelais. Dorat, a continué le libraire, avait la bonhomie de se croire un grand poëte grec, versifiant en langue française [160]; aujourd'hui on se moque un peu de lui. Maillard de Caux, *poëte du roi, son écrivain, conducteur des eaux et fontaines* [161], trop occupé de ses écritures, de ses machines, n'a pu s'occuper assez de sa poésie; nul ne peut servir deux maîtres, à plus forte raison trois.

Passerat, en même temps poëte, orateur et régent, en a cependant bien servi autant [162]; mais ils n'étaient pas si différents ou si disparates. — Je les prends tous.

Oh! prenez de préférence à Olivier et à ses *Soupirs* [163] le fabuliste Hégémon [164]! Messire, a-t-il ajouté, nous avons depuis plusieurs siècles des fables françaises [165]; mais les siennes ont seules pu soutenir l'éclat de l'impression. — Eh bien! je les prends encore tous.

Et j'y joins les naïves ballades, les jolis rondeaux de Baïf [166]. — Ah! laissez Baïf; changez-le-moi pour Pibrac [167] : on ne se dégoûte pas plus à lire ses quatrains qu'à cueillir des fraises une à une. — J'y joins Pibrac.

Alors par politesse le libraire a cessé de vanter les poëtes de son choix et il s'est mis à vanter ceux du mien. Vous avez, m'a-t-il dit, pour tout le reste de la poésie, bien et parfaitement choisi; vous avez pris les meilleurs poëtes de la Pléïade de Henri II; car vous savez qu'on a donné ce nom à cette grande quantité de poëtes qu'on vit paraître en même temps sous le règne de ce prince [168].

Vous avez de même pris les meilleurs chante-puces; car vous sarez aussi qu'on a donné encore ce nom à ce grand nombre de poëtes qui ont publié des poëmes sur une puce qu'on aperçut à la fraise de la demoiselle des Roches [109], jeune personne faisant des vers [110], et fille d'une mère en faisant aussi [111]. Vous avez pris les poëmes que, sur ce sujet assez peu grave, ont composés le procureur-général de la chambre des comptes [172] et le vice-sénéchal de Rennes [173].

Vous avez encore mieux choisi les grands poëtes; vous avez pris Dubartas [174], Ronsard [175].

Dubartas, dans son poëme de la *Semaine*, célèbre la création avec une grande et pour ainsi dire antique voix qu'il semble avoir empruntée à Moïse. Il demande modestement, à la fin du troisième jour [176] le repos, la solitude, l'obscurité; mais ni le roi, ni la France n'ont répondu à ses vœux. Il a été malgré lui tiré du fond de sa province, comblé d'honneurs [177], tandis que ses lecteurs ont en moins de six ans épuisé plus de trente éditions [178].

Dubartas eût incontestablement occupé le sommet de la littérature française, si Ronsard ne fût pas né. Ce qu'à mon avis Ronsard a fait de plus grand, ce n'est pas d'avoir émerveillé la France, l'univers, c'est d'avoir charmé les infortunes de la reine Marie Stuart dans sa profonde prison. Les sonnets, les stances, les bergeries du poëte lui rappelaient son printemps : elle n'en était pas encore loin; les élégies, les chants funèbres, les tombeaux, la familiarisaient avec les reflets du glaive de la justice qui était dans les mains de sa rivale; les odes élevaient son âme aux mondes éternels, où l'héroïque poëme de Francus [179] lui montrait plusieurs augustes personnages dont elle devait augmenter bientôt le nombre. Qu'a-t-il manqué à la fortune de Ronsard? il a été comblé de biens par la main des rois [180]; qu'a-t-il manqué à sa gloire autrement importante pour lui que sa fortune? les âges contemporains l'ont appelé, au nom de la postérité, le Pindarique l'Homérique [181]. Les savants ont commenté ses poésies comme celles de Pindare et d'Homère [182]; les musiciens les ont de même mises en musique [183]; mais quelle musique plus belle que celle des vers de Ronsard! a ajouté le libraire; et il en a déclamé plusieurs tirades. Oui, s'est-il écrié dans une espèce de transport, l'inimitable harmonie de cette poésie doit faire agréablement frémir les hautes voûtes du firmament pour accroître les plaisirs célestes.

Ensuite le libraire, après m'avoir loué de ce que j'avais acheté, m'a loué de ce que je n'avais pas acheté.

Vous n'aimez pas, je n'aime pas non plus les poëmes macaroniques [184]; ils repoussent l'homme de goût; ils sont comme les habits des mendiants, faits de pièces de plusieurs couleurs.

Vous n'aimez pas, je n'aime pas non plus l'histoire en vers [185];

l'histoire a bien assez de ses mensonges sans y ajouter ceux de la poésie.

Vous n'aimez pas les poëmes des autres langues traduits en vers dans la nôtre [186] ; je ne les aime pas non plus. Je trouve les vers des traducteurs moins poétiques que leur prose.

Je vous félicite de ne pas vous être laissé prendre dans vos achats aux acrostiches, aux sonnets français, latins ou grecs, à ces hyperboliques éloges que les amis des auteurs ou des libraires mettent aujourd'hui en tête de tous les livres [187]. L'auteur, à la première page, est toujours un génie, un aigle ; aux suivantes, c'est souvent un homme médiocre, lorsqu'il n'est pas pire.

Suivant moi le plus déplorable fléau de la librairie est ce grand nombre de mauvais auteurs, et même ce trop grand nombre d'auteurs que ne peut diminuer ni le célèbre paradoxe contre l'utilité des lettres [188], ni la terrible leçon que leur donnent les bibliographies actuelles, où sur leurs trois mille auteurs français à peine un quart appartient aux siècles précédents [189], où se montre d'une manière si frappante la brièveté de la vie littéraire.

Nous avons encore longtemps discouru ; mais, après avoir rassemblé mes livres qui auraient rempli non ma petite mallette mais une grande malle de ces riches savants qui voyagent toujours avec une bibliothèque et une nombreuse suite de clercs [190], il a cependant fallu finir avec ce libraire de la même manière qu'avec tous les libraires ; et comme, ainsi que l'ancienne maison de Vascosan et toutes les bonnes maisons, il vend à prix fixe [191], j'ai eu bientôt fini.

LES HOMMES ILLUSTRES DE LA FRANCE.

Station LX.

« Lorsqu'on vit parmi les Français, on ne peut parler de sciences, de lettres ou d'arts sans être obligé, bon gré mal gré, de se charger la mémoire des noms de leurs hommes illustres dont le nombre n'est pas certes petit.

La célébrité en France.

« Avant-hier on me dit que si j'avais envie d'avoir à dîner un homme qu'on me nomma, qui avait remporté le prix de poésie à Dieppe [1], à Rouen [2], à Toulouse [3], il faudrait m'y prendre huit jours à l'avance, et quinze si je voulais l'avoir à souper.

Hier, chez quelqu'un où je me trouvais, on fêtait splendidement le petit-fils de l'auteur du *Plaidoyer de l'âme contre le corps* [4] et le petit-neveu de celui qui avait fait le livre latin : *Les femmes doivent être lettrées* [5].

Ce matin j'ai été obligé d'aller entendre un prédicateur fort renommé dans les belles salles de Paris, et véritablement j'ai vu au pied de sa chaire plusieurs tachigraphes [6].

Ce soir, il est entré chez moi un savant ayant sous le bras le calendrier des naissances et des décès des gens de lettres célèbres [7]. Il l'a lu durant plusieurs heures.

La célébrité hors de la France.

Voyez, lui ai-je dit, dès qu'il a eu fini, ce petit livre placé devant vous sur la cheminée : c'est le catalogue des *Hommes illustres* imprimé en Allemagne. Il l'a ouvert ; il a couru à la table. La colonne des hommes illustres allemands était très longue ; celle des hommes illustres italiens était très courte ; celle des hommes illustres français encore plus courte [8]. Inutilement il a tourné le feuillet ; il avait tout lu.

LE BOURGEOIS DE GONESSE.

Station LXI.

On m'a proposé de me faire connaître un homme qui ne peut ni manger, ni boire, ni dormir, qui ne peut se remuer sans crier, qui ne peut marcher s'il n'est appuyé entre deux valets, qui a toute sorte de maux, qui est fermement persuadé qu'il en guérirait s'il voulait, qui ne veut pas en guérir.

Cet homme croit aux spécifiques vertus des eaux minérales ; il croit que les influences des astres qu'attire la terre passent par l'infiltration à ces bienfaisantes eaux [1] qui remplissent les nombreuses mamelles médicinales dont la France en tant d'endroits est bossoyée ; il croit qu'un malade, quelle que soit sa maladie, est sûr d'y trouver sa guérison.

Les eaux minérales des provinces septentrionales.

Il croit que la nature a donné à la France du Nord plusieurs de ces merveilleuses mamelles, et entre autres deux principales, une à l'orient, une à l'occident.

Il ne doute pas que les eaux de Plombières, en Lorraine, aient une efficacité certaine contre les fièvres invétérées, les coliques, les paralysies ².

Il ne doute pas que les eaux minérales de Forges, en Normandie, aient aussi une efficacité certaine contre les obstructions, les hydropisies ³. Il cite encore la fontaine de Gémaro ⁴, la fontaine du Parlement, comme opérant les plus étonnants effets ⁵. Dans ces pays, dit-il aussi aux vieillards amoureux, lorsqu'ils se plaignent du poids de l'âge, vous avez la fontaine de Jouvence ⁶. Vous vous baignerez ; vous vous plongerez jusqu'à la bouche dans de beaux étangs brillants de paillettes d'argent ⁷ ; ce qui ne vous les rendra pas plus désagréables ; essayez-en.

Les eaux minérales des provinces centrales.

Il ne doute pas que les eaux minérales de Pougues, en Nivernois, par cela seul qu'elles coulent sous l'influence de Mars, guérissent de la stupeur et de l'engourdissement, et par cela seul qu'elles coulent aussi sous l'influence de Vénus, il ne doute pas qu'elles rendent comme celles de Normandie les forces juvéniles ⁸. En France il n'y a, dit-il, aujourd'hui de vieillards que ceux qui veulent bien l'être.

Il ne doute pas que les eaux de Bourbon-l'Archambaud, en Bourbonnais, dominées par ces mêmes planètes, aient ces mêmes vertus : Allez-y, dit-il à divers malades ; descendez hardiment dans les caves grillées de la maison du roi ⁹, mettez-vous dans l'eau, faites-en verser sur vous plusieurs tinettes du haut des voûtes, prenez plusieurs douches ¹⁰, et si vous ne revenez lestes, dispos, je paie le voyage.

Il ne doute pas que les eaux minérales de l'Auvergne, imprégnées de vitriol et de mercure, expulsent en peu de temps les humeurs peccantes ; et quand il voit de bons Parisiens revenant du Mont-d'Or ¹¹, de Vic-le-Comte ¹², de Chaudes-Aygues ¹³, et en rapportant les mêmes humeurs qu'ils avaient lorsqu'ils sont partis, il leur dit qu'ils ne se sont pas purgés, qu'ils ne se sont pas promenés, qu'ils n'ont pas assez ou qu'ils ont trop bu d'eau ; qu'ils ont bu moins ou plus de quinze verres par jour.

Les eaux minérales des provinces méridionales.

Il ne doute pas que les maladies que n'ont pas emportées les eaux minérales d'hiver soient ordinairement emportées par les eaux minérales d'été ; que les maladies que n'ont pas emportées les eaux minérales du nord soient presque toujours emportées par les eaux minérales du centre ; que les maladies que n'ont pas emportées les eaux minérales du centre soient toujours emportées par les eaux minérales du midi [14]; il dit que celles-ci viennent la plupart des hauts sommets des Pyrénées, où elles puisent plus près du soleil les rayons de feu qu'elles boivent, et qu'ensuite nous buvons [15].

Quelquefois il s'échauffe l'imagination, et alors c'est à l'entendre : Voyez, dit-il en se tournant du côté des Pyrénées, et en faisant un signe du revers de la main, se déployer ce grand éventail de montagnes.

Là, ajoute-t-il en marquant de l'index plusieurs différentes positions, est la fontaine du Son ; chaque verre est un verre d'antidote contre les poisons [16]; cette fontaine fait de grands miracles.

Là est la fontaine de Belesta qui fait de plus grands miracles contre de plus terribles poisons, contre le calvinisme, car le maître n'en permettant l'usage qu'aux seuls catholiques [17], plusieurs malades calvinistes, pour sauver leur corps, sauvent leur âme : ils se convertissent.

Là est la fontaine de Montferrand. O fontaine de Montferrand, s'écrie-t-il, ô fontaine la plus potentielle de la terre [18] !

O fontaine de Bagnères, où l'on noie tous les maux [19] !

O fontaine de Barèges, que la bonté du ciel a ouverte pour cicatriser les plaies des armes à feu [20], toujours et toujours plus nombreuses !

Ses exclamations deviennent alors fort longues, car des quarante fontaines d'eaux minérales que nous avons en France [21], la plupart sont dans le Midi [22].

Souvent on se plaît à le faire parler des eaux de Balaruc; il y a été. Il dit que tout ce qu'il avait lu dans le traité de ces eaux par le médecin Dortoman [23] est vrai : qu'il y a trouvé le seigneur avare, le beau verger, l'antique chapelle [24]; il dit que ce médecin n'a pas exagéré en attribuant à ces eaux minérales les qualités curatives les plus universelles, ce qui les rend les premières eaux du monde [25]. Il raconte qu'il était affligé de plusieurs maux, qu'il les y laissa tous [26]. Et quand on lui demande pourquoi il n'y retourne pas, il répond qu'il s'en gardera bien, qu'il n'a ni femme, ni enfants; que tous ses biens sont affermés par un bail général dont chaque année le prix est payable en un seul terme; qu'il n'a que trente-huit ans; qu'il veut avoir à souffrir, à se soigner, à se médicamenter, à se guérir ; qu'il veut avoir encore dans ce monde quelque chose à faire.

J'ai été curieux de savoir d'où était cet homme bizarre, ce malade volontaire; on m'a dit que c'était un bourgeois de Gonesse.

LE MARÉCHAL DE GORZE.

Station LXII.

Monsieur le maréchal, je ne vous nie pas que le père de votre vieux pitancier [1], quoique simple juge, ait été ambassadeur ; mais certainement aujourd'hui il ne le serait pas. Je ne vous nie pas non plus que votre femme soit un peu ma parente et que je sois un peu parent du chancelier ; mais certainement vous ne pouvez être ambassadeur, certainement vous ne le pouvez pas. Ainsi s'entretenait un personnage de ma particulière connaissance avec un vieux bonhomme, lorsque cet après-midi je suis entré chez lui : il m'a fait asseoir et il a continué.

Les qualités nécessaires à un ambassadeur.

Oui, sans doute, a-t-il dit au bonhomme, vous avez pour vous votre âge de soixante ans qui n'est pas celui de faire l'amour, et toutefois qui n'en est que plus convenable pour épouser une princesse par procuration ou pour représenter la nation dans une grave cour, vous avez encore pour vous de savoir faire toute l'année dans votre abbaye bon visage à l'insupportable orgueil du frère porte-croix, toujours le premier à la procession, et à l'insupportable pouvoir de l'abbé, souverain temporel et spirituel [2], toujours le dernier à la procession. Vous avez encore pour vous de savoir demeurer cinq, six heures à table, de savoir boire votre bonne part d'un demi-muid de vin, aux banquets des Suisses [3], ou aux soupers des princes allemands dont chaque année l'approvisionnement est de dix mille barriques [4].

Mais, monsieur le maréchal, il faut au temps présent qu'un ambassadeur soit ou homme de grande maison, ou homme d'église, ou homme de robe, ou homme d'épée [5]. Vous êtes à la vérité homme d'épée ; je le sais et je le vois, puisque vous en portez une ; cependant il y a homme d'épée et homme d'épée, de même qu'il y a maréchal d'abbaye [6] et maréchal de France.

Il faut aussi qu'un ambassadeur soit savant ; car en Allemagne, et même en Angleterre, il est quelquefois obligé de parler latin, de haranguer le prince en latin [7], de répondre à des manifestes latins, de composer des manifestes latins [8] ; or, pour gâter de bonnes raisons, il n'y a rien de tel que les solécismes ou qui pis est les barbarismes ; et vous ne parlez latin, m'a-t-on dit, que comme quelqu'un à qui ses parents l'ont fait apprendre par force. Alors qu'en serait-il si vous étiez envoyé à Venise, où l'on se souvient que l'ambassadeur Ferrier faisait des leçons publiques de droit [9] ; ou bien si vous étiez envoyé à Rome, où Paul de Foix, qui faisait aussi des leçons publiques [10], fut envoyé il n'y a pas longtemps ?

Il faut qu'un ambassadeur connaisse le droit public ; or, vous ne pouvez dire que vous le connaissez. Allons ! convenez-en, si les Anglais, si les Suisses vous avaient demandé le paiement des dettes du feu roi [11], vous auriez répondu comme à votre apothicaire vous présentant son compte : C'est juste, très juste, toutefois attendez quelque peu de temps ; mon argent vaudra demain ce qu'il vaut aujourd'hui ; au lieu que vous auriez dû répondre que le roi n'*appréhende* pas sa couronne par le droit privé, mais par le droit public ; qu'il n'est tenu que de l'observation des traités de son devancier [12].

Un ambassadeur doit aussi être fort pacifique dans ses opinions religieuses ; et comment vous, maréchal de l'abbaye de Gorze, où vous avez été si longtemps endoctriné par le fameux cardinal de Lorraine [13], feriez-vous pour ne pas damner à tous les diables les Anglais, les Allemands, les Suisses et même les Grisons ? Comment feriez-vous pour assister à la circoncision du fils du Grand-Turc [14] ?

Seriez-vous d'ailleurs lier comme doit l'être un ambassadeur ? vous ne le seriez pas ; vous répondriez aux puissances étrangères comme vous répondez au gruyer lorsqu'il vous dit qu'il pourrait vous mettre à l'amende, qu'il veut cependant bien vous faire grâce : Merci, monsieur le gruyer, merci ! ou comme vous répondez à votre femme, lorsqu'elle vous montre les poings, vous menace : Maréchale ! maréchale ! vous ne serez pas si méchante ! Ah ! mettez la main sur la conscience, sur le cœur, et dites si les militaires mouvements de votre brillante épée pendue au côté, ou de votre guerrière cape brusquement rejetée en arrière [15], intimideraient les théologiens des conciles [16], l'empereur d'Allemagne [17] ?

Je vous rappellerai aussi qu'un ambassadeur a l'âme grande, au-dessus des craintes de la prison, des tourments, de la mort. Lisez le traité de Charles Paschal [18].

Caractère des ambassadeurs.

C'est encore une de vos erreurs ou des erreurs de votre vieux pitancier de croire qu'il n'y aurait pas plus de danger pour vous dans une ambassade qu'il n'y en a dans votre abbaye lorsque vous êtes à vous promener la hallebarde au poing, au milieu des moines : cela pouvait être vrai autrefois ; cela pourra l'être à l'avenir ; mais cela ne l'est pas au siècle actuel. Le caractère des représentants des nations a cessé de nos jours d'être inviolable. Merveille, ambassadeur français, s'il pouvait encore parler, vous dirait qu'il se croyait fort tranquille à Milan lorsque le duc lui fit couper la tête [19]. Oh ! me répondrez-vous, il n'avait pas de caractère public. Oh ! vous répondrai-je, Rinçot et Frégose, ambassadeurs en Turquie, étaient reconnus comme tels, et ils n'en furent pas moins égorgés, en traversant imprudemment les états d'Autriche [20]. L'évêque de Tarbes était également accrédité auprès de l'Empereur; il n'en fut pas moins emprisonné [21]. La Granvelle l'était aussi auprès du roi de France, et, par représailles, il n'en fut pas moins renfermé au Châtelet [22]. Et avez-vous d'ailleurs oublié que le roi de Hongrie a fait manger par les poissons de son étang les ambassadeurs turcs [23], et que le czar a fait clouer le chapeau à la tête d'un ambassadeur polonais qui, ainsi que vos provinciaux, ne saluait pas assez profondément [24], saluait, comme on dit, à l'espagnole [25] ? Ah ! maréchal, si avoir des marteaux en tête, seulement par la pensée, empêche de rester en place, imaginez ce que c'est que d'y avoir réellement des clous, et surtout des clous de Russie ! Il est aisé de voir que vous n'avez point passé par-là.

Des diverses espèces d'ambassade.

Autre erreur à votre pitancier, autre erreur à vous. Il croit, vous croyez qu'ainsi que du temps de son père, vous pourriez aujourd'hui, comme alors, vous glisser dans le peuple ou la populace des ambassades; mais sachez qu'aujourd'hui il n'y a plus dix, vingt ambassadeurs envoyés au même prince [26], qu'il n'y en a guère que deux, trois, et souvent qu'un seul sous le titre ou d'ambassadeur ordinaire, c'est-à-dire d'ambassadeur résident, ou d'ambassadeur extraordinaire, c'est-à-dire d'ambassadeur temporaire [27].

A la vérité on établit en ce moment dans les grandes villes maritimes étrangères, particulièrement dans les villes maritimes de la Méditerranée, des consuls [28], et on en établit quelquefois plusieurs chez la même nation; mais, ne vous y trompez pas, ce ne sont pas des ambassadeurs, ce ne sont que des protecteurs, des juges du commerce [29], que d'ailleurs les marchands prétendent avoir, eux, le droit de nommer [30].

Le rang des ambassadeurs.

O vous, monsieur le maréchal qui touchez amicalement dans la main des paysans de l'abbaye, qui vous laissez pacifiquement coudoyer par les nobles que votre abbé vient d'anoblir [31], qui vous empressez toujours de prévenir par vos politesses les maréchaux des autres abbayes moins anciennes ou moins grandes que la vôtre, vous sentiriez-vous le courage, si vous étiez ambassadeur, de dire après la bataille d'Azincourt à l'ambassadeur anglais, à un lord aux larges épaules : Place pour moi ! après la bataille de Saint-Quentin, de dire à l'ambassadeur espagnol, à un Castillan au regard superbe : Place ! je suis l'ambassadeur du roi de France, je précède tous les ambassadeurs des rois [32] ! Place ! place ! je ne cède le pas qu'à l'ambassadeur de l'empereur [33] qui n'est pas ici. Place ! place à la première place ! Ou si vous réclamiez, ne seriez-vous peut-être pas valoir les vieilles raisons du père de votre pitancier et n'omettriez-vous peut-être pas les bonnes raisons actuelles ? Il me semble vous entendre représenter doucement aux autres ambassadeurs qu'il n'y avait que quatre monarques oints, sacrés : l'empereur, le roi de France, le roi de Jérusalem, le roi d'Angleterre [34]; que maintenant il n'y a plus que les deux premiers [35]. Il me semble ne pas vous entendre leur dire que les droits de la France sont les droits de l'usage, originairement les droits de la puissance ; et je craindrais même, monsieur le maréchal, que lorsque vous seriez envoyé au loin vous vous fissiez mentionner dans l'histoire comme celui de nos ambassadeurs qui, à la cour ottomane, se laissa précéder par l'ambassadeur du roi de Hongrie [36].

Et ne croyez pas que cette préséance soit vaine : je dis, moi, qu'elle importe plus qu'à la majesté du prince ; je dis qu'elle importe à sa force ; car, sur le champ de bataille, la gend'armerie française qui sait que le roi de France a son rang au-dessus du roi d'Angleterre, d'Espagne, brave mille morts pour ne pas reculer devant la gend'armerie anglaise, espagnole ; de même que pour soutenir ce même rang, la nation française s'épuise jusqu'au dernier effort

Le protocole des ambassadeurs.

Je viens au formulaire des actes et des offices que votre pitancier a pu vous enseigner, car le protocole diplomatique n'a guère plus varié [37] que le rituel de votre abbaye.

Quant au protocole verbal, il n'a sans doute guère plus varié. Depuis longtemps, sans doute, on dit : Le roi mon maître [38] entend... le roi mon maître... désire... En cela vous avez un avantage. Et vous en avez encore un autre en ce que vous avez été élevé parmi les moines, tous accoutumés à ménager la chèvre et le chou, dans l'espoir de mettre le chou au pot et la chèvre à la broche.

Les dépêches des ambassadeurs.

Je conviendrai aussi, pour tenir compte de tous vos avantages, que le formulaire des lettres missives n'a guère non plus varié, à cela près que le roi écrit à tous les rois : Mon frère [39], ce qui du temps du père de votre pitancier n'était pas général [40] ; à cela près qu'aujourd'hui il écrit à ses ambassadeurs : Mons le comte, mons le maréchal [41] ; à cela près aussi qu'entre ambassadeurs on s'écrit : Monsieur mon compagnon [42].

Mais quant au fond, il a immensément varié, car au lieu de parler comme autrefois des débordements de la mer, des éruptions du Vésuve, des nouvelles créations de cardinaux, les ambassadeurs, surtout les ambassadeurs chez les peuples libres, confient au papier et à leurs chiffres [43] les assurances des commotions nationales qu'ils achètent, les secrets des révolutions qu'ils préparent. Qui lirait leurs dépêches y trouverait souvent : J'ai mis si bien la désunion entre le roi d'Espagne et les cortès que les voilà en mauvaise intelligence ensemble, au moins pendant tout ce règne [44]. J'ai fortifié l'opposition à la diète de l'empire ; un banc [45] de plus est dans les intérêts de la France. J'ai si bien pratiqué les chefs de la chambre des communes qu'elle ne consent pas au mariage du roi, si bien pratiqué, que le roi n'aura pas le quart de l'argent qu'il demande [46]. J'ébranle le trône de tel royaume. Je suis près de faire recommencer une vieille dynastie. Je souffle la discorde, la révolte ; j'appelle le sang, la famine, les fléaux, les ruines ; je prodigue les caresses, les promesses ; je répands l'argent, l'or [47].

Les appointements des ambassadeurs.

Les princes, au dernier siècle [48], au temps du père de votre pitancier, et même jusqu'au nôtre étaient en quelque manière les pitanciers des ambassadeurs envoyés chez eux [49] ; ils leur faisaient fournir tous les jours pitance, meubles, valets et serviteurs ; mais actuellement s'il en est quelquefois [50], il n'en est pas toujours ainsi, car il arrive assez souvent qu'on se contente de leur faire quelques présents de bougie, d'épices [51], et même, si vous voulez, de leur faire en outre quelques belles ou longues harangues [52] ; ensuite pour tout le reste, l'ambassadeur n'a que ses appointements d'environ deux mille livres chaque mois [53]. Véritablement il n'a qu'à nourrir quelques centaines de domestiques et de gentilshommes [54], qu'à tenir une grande table ouverte [55] où circulent avec les nouvelles des gazettes de Venise [56] d'autres nouvelles, d'autres anecdotes bien plus importantes qu'il doit écouter avec une scrupuleuse attention, car maintenant les ambassadeurs sont les espions officiels des princes [57]. Ne comptons pas d'ailleurs si cela vous plaît les illuminations que devant son hôtel il est obligé de faire ou d'empêcher, suivant les intérêts ou même suivant la religion de son roi [58].

La juridiction des ambassadeurs.

Je ne vous nie pas d'ailleurs, puisque vous le voulez tant, puisque vous y revenez si souvent, que chez les puissances où les ambassadeurs résident ils soient les consuls généraux, les hauts juges [59], les hauts protecteurs de toutes les personnes de leur nation [60]; mais ce n'est pas, ce me semble, une raison pour que vous soyez ambassadeur, pas plus que c'en est une que dans l'intérieur de leur maison ils aient pouvoir de vie et de mort sur leurs gens, sur leur suite [61], comme le prince qu'ils représentent.

LE FILS DU MARÉCHAL DE GORZE.

Station LXIII.

Hier, ce vieux maréchal de monastère ne cessait de dire au parent du chancelier que s'il ne pouvait lui répondre il avait, à Paris, un fils qui lui répondrait; enfin il s'avisa d'ajouter : C'est celui-là qui serait un bon ambassadeur; il n'y en aurait pas de meilleur. Oh! oh! lui répondit en souriant le parent du chancelier, je ne le connais pas, mais si, demain à cette heure, vous l'amenez, nous verrons un peu ce qu'il sait et ce qu'il peut faire. Voulez-vous en être? me dit-il, en se tournant poliment vers moi qui lui avais paru fort attentif. Je m'inclinai, j'acceptai; et aujourd'hui je suis retourné chez lui, où étant arrivé un peu tard, j'ai été surpris de le trouver seul : Monsieur, m'a-t-il dit en me voyant entrer, ils sont venus, ils sont partis. Le fils encore plus que le père a la rage des ambassades. Placé entre ces deux enragés maréchaux, car le fils est survivancier, je n'ai eu enfin plus d'autre moyen de me tirer d'eux que d'aller prendre dans le cabinet mon arbre de consanguinité [1], et de leur prouver que mon père était à peine leur parent, que je ne l'étais plus, que je ne leur devais donc pas d'aller solliciter une ambassade, ainsi qu'ils ne cessaient de me le dire; que je ne leur devais que le bonjour; et, sans me gêner plus longtemps, je le leur ai aussitôt souhaité.

Le droit public.

Mais, monsieur, a continué le parent du chancelier, croyez que par toute sorte d'autres moyens j'ai voulu éviter d'en venir à celui-là : Petit maréchal, ai-je dit au fils, vous ne me contesterez pas du moins que lorsqu'on n'a pas une haute naissance, une haute dignité, il faut indispensablement avoir une grande instruction, et vous allez me prouver que telle est la vôtre, afin que je puisse certifier au chancelier que vous êtes à cet égard entièrement digne des bontés du roi.

Et d'abord connaissez-vous le droit public? — Qui ne le connaît? — Savez-vous qu'il dérive du droit de cité, comme le droit de cité dérive du droit de famille? — Qui ne le sait? — Savez-vous qu'il oblige les cités, c'est-à-dire les États, les royaumes, les républiques, comme le droit de cité oblige les sujets, les citoyens; comme le droit de famille en oblige les membres²? — Qui ne le sait? — Savez-vous que le droit public se compose des différents usages universels, écrits, non écrits, des traités entre les cités ou États, des différentes constitutions des différentes cités ou États, des différentes formes de gouvernement³? — Qui ne le sait? — Savez-vous que des quatre formes de gouvernement prédominantes, la démocratie pure dépérit, que l'aristocratie féodale dépérit, que la monarchie représentative dépérit là, fleurit ici, que le despotisme se glisse dans la monarchie non représentative, la change insensiblement en monarchie absolue⁴? — Qui ne le sait? — Par conséquent vous avez lu les publicistes, à commencer par les plus célèbres, par les Italiens, à commencer par le plus célèbre des Italiens, par Machiavel? — Sans doute. — Vous avez lu son *Prince*? — A peu près. — Eh bien! si cela est, ne le dites pas, car sa politique est aujourd'hui regardée comme exécrable. Le chapitre huit et le chapitre dix-huit sont épouvantables⁵. Vous avez aussi lu Sansovino? — A peu près. — Vous êtes sûrement persuadé que c'est un pauvre homme qui ne voit que dans les cours des rois le monde politique, qui fait des différentes cours les différentes parties de son traité⁶. N'est-ce pas que la *Raison d'État* par Boteri⁷ vaut mieux? — Je ne suis pas éloigné de le penser. — On y trouve du moins les divers éléments constituant la cité; toutefois, dans les cinq ou six livres de la *République* de notre Bodin⁸, on les trouve mieux ordonnés; êtes-vous de cet avis? — Oui, et depuis longtemps. — Dites-moi, est-ce cinq ou six livres? je ne m'en souviens pas très bien. — Je ne m'en souviens pas très bien non plus; mais il vaut mieux que ce soit six que cinq, car cet ouvrage est excellent.

Les intérêts de l'Europe.

Petit maréchal, ai-je continué, vous avez dû remarquer dans ces publicistes et dans d'autres que la religion, les langues, les mœurs, les traités de paix, les alliances, formaient de tous les États européens une grande famille dont les intérêts sont autres que ceux de la grande famille de l'Asie, de la grande famille de l'Afrique, de la nouvelle grande famille de l'Amérique ; quels sont-ils ces intérêts ? — Que les hommes de ces trois parties du monde se convertissent à la religion chrétienne, afin qu'ils apportent plus de bonne foi dans le commerce. — Vous parlez là comme un consul de marchands, mais non comme un ambassadeur. Les intérêts de l'Europe sont que ces trois parties se civilisent, afin que l'homme, partout européen ou européanisé, agrandisse le cercle de nos idées, de nos jouissances, et multiplie les points sensibles de notre existence.

Les intérêts de la France

Jusque là je n'avais pas été contredit : il n'y avait guère que moi qui eût parlé ; mais il n'en a pas été ainsi lorsque je suis descendu à des questions plus familières, j'ai manqué de dire plus bourgeoises : Petit maréchal ! de même que l'Europe a ses intérêts, de même chaque État de l'Europe a aussi les siens : voyons-les. Mais par quel État allons-nous commencer ? quel est le premier, quel est celui qui a le premier rang ? Le fils devait me répondre ; toutefois le père, ne pouvant plus contenir ce qu'il savait, qui était ce que savait son pitancier, m'a dit : La Turquie ! la Turquie ! elle fait trembler l'empereur, le pape. — Dites qu'elle les faisait trembler [9], et qu'aujourd'hui elle ne fait trembler que la Russie [10] qui, dès qu'elle saura manier le mousquet, ne tremblera plus. J'ajoute d'ailleurs que Mahomet III n'est pas Mahomet II. — L'Espagne ! l'Espagne ! a dit le fils ; elle possède tout le nouveau continent et les plus belles parties de l'ancien. — Mon ami, vous devriez savoir qu'à Vervins ce n'est pas la France qui a demandé la paix à l'Espagne, mais l'Espagne qui a demandé la paix à la France [11] ; cependant ce n'est pas seulement par là que la France a le premier rang de la puissance ; elle l'a par sa position géographique qui est la plus heureuse, par sa population qui est la plus civilisée, par son agriculture qui est la plus variée, par son industrie qui est la plus avancée, par son armée qui est la plus aguerrie [12], par son roi surtout, par son roi qui est le plus brave, le plus habile, qui est Henri IV. Et maintenant dites-moi quels sont les intérêts de la France ? pesez bien votre réponse ; elle sera pour ou contre vous décisive. Imaginez, a continué le parent du chancelier, la réponse qu'un homme instruit s'efforcerait de faire la plus ridicule, qu'un homme raisonnable s'efforçait de rendre la plus opposée au bon sens, et elle sera à peu près la sienne. Mon cher petit maréchal, lui ai-je dit fort doucement, les intérêts de la France sont que les provinces au nord de la Somme, que la province de la Lorraine, celles de l'Alsace, de la Franche-Comté, le duché de Savoie, le comtat d'Avignon, le Roussillon que la nature lui a donnés, lui soient rendus ; ensuite qu'une des deux dents de l'étau entre lesquelles l'Espagne tient la France du nord au midi soit brisée, que la république des sept provinces des Pays-Bas devienne la république des dix-sept provinces, et aille donner la main à la France, qui lui tend la sienne ¹³.

Les intérêts de l'Espagne.

Vous auriez été surpris, m'a dit le parent du chancelier, que je n'eusse point parlé des intérêts de la France avec une bouche française ; mais, a-t-il ajouté, je n'en ai pas été moins juste lorsque j'ai fait passer les intérêts des autres nations dans mes mains, et que je me suis instantanément chargé de les exposer. Voici la continuation de ma leçon au fils du maréchal : Mon ami, lui ai-je dit, dès que les Pays-Bas auront cessé d'être espagnols, la France et l'Espagne ne pourront guère être ennemies ; elles ne pourront avoir de démêlés que sur la ligne divisoire des inaccessibles sommets des Pyrénées. Alors si le roi d'Espagne incorpore irrévocablement à la monarchie le Portugal que lui a donné la nature, que lui a redonné à la bataille d'Alcazar la fortune combattant pour l'Espagne avec des armes africaines ¹⁴, si en même temps, renonçant à ses ridicules pages de titres de roi de petits royaumes, de comte de petits comtés, de seigneur de petites seigneuries ¹⁵, il établit franchement, en toute souveraineté et en toute indépendance, des princes de son sang : un dans le Milanais, un dans le royaume des Deux-Siciles, un dans les colonies des Indes orientales ; si pesant aussitôt de tout le poids de l'Espagne repeuplée de paysans et d'artisans sur le continent américain, si l'espagnolisant par la religion, par la langue, par les arts, par les mœurs, surtout par l'équité et par la douceur du gouvernement, il acquiert ainsi à la nation le plus grand des noms, la plus grande des gloires; s'il chasse sincèrement du milieu de son conseil l'ancien esprit du démon du midi ou du feu roi Philippe II ¹⁶ dont la politique insensée regardait ses divers états d'Europe non comme des colonies lointaines qu'il serait impossible de maîtriser, mais comme des provinces espagnoles qu'il fallait à tout prix réunir par la conquête des immenses pays intermédiaires, il s'éclairera enfin à la lampe qui brûle sur le tombeau d'Alphonse-le-Sage, il verra enfin les intérêts de l'Espagne.

Les intérêts de l'empire et de l'empereur.

Petit maréchal, mon ami, ai-je continué, la première science de l'ambassadeur, je vous l'ai déjà plusieurs fois dit, est de bien connaître les intérêts des diverses puissances. Maintenant se présente cet antique empire des Césars, si glorieusement rétabli par Charlemagne, où parmi les souverains qui se le partagent, il en est qui ne règnent que sur quelques villages ¹⁷, tandis qu'il en est un, l'empereur actuel, qui règne sur deux grands royaumes [18]. Il faudrait donc pour l'empire que ce chef fût en même temps et fort et faible ; qu'il fût fort envers les grands souverains membres de l'assemblée ou diète lorsqu'ils n'en reconnaîtraient pas les décisions, qu'il fût faible envers les petits souverains lorsqu'il voudrait gêner les votes ; qu'il fût faible surtout envers les électeurs lorsqu'aux élections il voudrait les intimider ; et de même il faudrait que pour l'empereur les souverains de l'empire fussent aussi en même temps et forts et faibles ; qu'ils fussent forts pour lui fournir de nombreux contingents dans les guerres générales ; qu'ils fussent faibles pour ne pas l'empêcher de rendre héréditaire dans sa famille la couronne élective de l'empire [19], comme il a rendu héréditaires la couronne élective de Bohême [20], la couronne élective de Hongrie [21].

Les intérêts de la Turquie.

Voilà les Turcs ! les Turcs ! crie l'empereur en se tournant vers l'Europe, quand les Turcs le pressent vivement dans son royaume de Hongrie, où ils lui font une guerre continuelle [22]. N'est-ce pas comme s'il criait : Voilà les ténèbres ! les ténèbres ! En effet les Turcs envahissent l'Europe civilisée, de même qu'aux heures du soir la nuit envahit le jour. S'ils avancent, ils ravagent, ils détruisent les monuments des arts et des sciences, ils éteignent les lumières ; s'ils reculent, ils font pis, ils ne laissent que l'incendie et la famine [23]. De notre temps ils sont venus jusque sous les murs de Vienne [24], et on craignait de les voir du haut des tours de Strasbourg, de Toul ou de Metz. C'est qu'à cette époque la chrétienté était déchirée, sanglante de guerres de théologie [25]. Donc les intérêts de la Turquie sont de voir l'Europe dans les discordes, dans les dissensions ; donc les intérêts de la Turquie sont les intérêts du diable ; donc les intérêts de la Turquie sont d'empêcher l'Europe d'avancer dans l'Asie, de faire, au contraire, avancer l'Asie dans l'Europe ; donc les intérêts de la Turquie sont les intérêts de la barbarie.

Les intérêts de l'Angleterre.

A mon avis, la Turquie doit être placée au quatrième rang des puissances de l'Europe, et l'Angleterre au cinquième. Ce n'est pas d'ailleurs que l'Angleterre dont le roi, naguère le pensionnaire du roi de France [26], se donne aujourd'hui le titre d'empereur des empereurs [27], ait déposé la grande opinion qu'elle a d'elle et ne se classe bien différemment ; car on entend ses ambassadeurs dire tout haut que si la France et l'Espagne sont les deux bassins de la balance politique, l'Angleterre y met le poids [28] ; ils pourraient, ce me semble, plutôt dire qu'ajoutant au poids l'Angleterre la fait souvent pencher. Du reste, mon jeune ami, apprenez et n'oubliez pas que, tandis que l'homme à courte vue craint la prospérité de l'Angleterre, l'homme d'État la désire ; il désire qu'à la fin de ce règne le jeune roi d'Écosse, Jacques VI, unisse à jamais l'Écosse, l'Angleterre et l'Irlande [29] ; il désire qu'ainsi territorialement accrue cette puissance accroisse le nombre de ses vaisseaux, s'ouvre toutes les mers, ceigne de son commerce maritime tout le globe, afin qu'elle puisse nous acheter plus de nos huiles, plus de nos vins, plus de nos marchandises [30]. La mer est l'élément de l'Angleterre, et la mer n'est pas plus celui de la France que de sa gendarmerie. La nature a dit à la France de labourer, de fabriquer, et à l'Angleterre non pas de ne pas labourer, mais de ne pas fabriquer [31]. L'Angleterre ne peut pas plus imiter nos toiles, nos étoffes, nos quincailleries, nos bijoux [32], que nos amandes, nos olives.

Les intérêts de la Pologne.

Maintenant, ai-je dit au fils du maréchal de Gorze, mettez-vous la Pologne au sixième ou au septième rang? La mettez-vous avant ou après la Suède? — Avant. — Pourquoi? Le fils ni le père n'ont rien répondu. Eh bien! leur ai-je dit alors, voici pourquoi vous la mettez avant. D'abord vous considérez qu'elle occupe dans l'Europe orientale la même heureuse position que la France dans l'Europe occidentale ; qu'elle a d'aussi beaux fleuves, un beaucoup plus grand territoire, et peut-être une presque aussi grande population [33]. Mais, de notre temps, elle s'est affaiblie par l'extinction de la dynastie des Jagellons qui avaient rendu la forme du gouvernement stable, forte, en rendant la couronne dans le fait héréditaire [34]. Les intérêts manifestes de la Pologne veulent qu'elle renonce à ces nouvelles élections orageuses, qu'elle ait des rois héréditaires, qu'elle ait de grands officiers, de grands dignitaires qui ne soient pas [35], et avant tout qu'elle affranchisse son peuple du servage [36]. Ils veulent aussi que son infanterie ne soit pas seulement levée dans l'Ukraine [37], mais qu'elle soit levée comme sa cavalerie dans toutes ses provinces. La Pologne d'ailleurs doit, à tout prix, s'allier avec les princes chrétiens pour s'ouvrir ou se rouvrir [38], à tout prix, sur l'empire turc un chemin jusqu'aux ports de la mer Noire où elle établira, comme dans ceux de la Baltique, des greniers de blés à vendre [39].

Les intérêts de la Suède.

Il est des pays configurés à l'extérieur pour être militairement forts, et à l'intérieur pour faire un riche commerce ; telle est la Suède.

Elle forme un fer-à-cheval défendu au nord, à l'orient, à l'occident par les montagnes, les neiges et pénétré au centre par la mer Baltique. Le roi de Danemarck est le portier de cette belle mer ; le roi de Suède en est seigneur, et le roi de Pologne et le czar de Russie en sont les co-seigneurs. Le roi de Suède entend fort bien les intérêts de son pays, car il s'efforce d'avoir toute la mer du fer-à-cheval, et pour avoir toute la mer, d'avoir tous les rivages, et pour avoir tous les rivages de chasser tous les riverains [40].

Les intérêts du Danemarck.

Mon ami, ai-je continué en m'adressant toujours au fils, quel est un état qui a trois ou quatre cents lieues de long et qui, en quelques endroits, n'en a pas huit de large? Allons ! regardez la carte ; vous voyez bien que c'est le Danemarck. Tout ce pays est peuplé de pêcheurs, ne vit que de la pêche. Ses intérêts certainement sont de prêcher les avents et les carêmes. Eh bien ! il s'est fait protestant [41].

Les intérêts de la Suisse.

Si vous voulez savoir comment il y a des gens qui, pour de l'argent, se mettent en colère, s'injurient, je vous répondrai : Demandez aux avocats. Si vous voulez savoir comment il y a des gens qui, pour de l'argent, tuent ou se font tuer, je vous répondrai : Demandez aux Suisses. Depuis plus d'un siècle leur pays est en possession de fournir à l'Europe de bonne et belle infanterie [42]. Vous diriez d'une manufacture établie dans ces montagnes, manufacture qui toutefois ne fleurit qu'en temps de guerre. Les intérêts des cantons suisses ne sont pas cependant que l'Europe n'ait jamais la paix, car elle finirait par s'aguerrir et se passer d'eux ; ils sont encore moins que l'Europe ait toujours la paix, car elle se passerait d'eux plus facilement encore ; ils sont que l'Europe reste ce qu'elle est, que le monde aille comme il va.

Les intérêts de l'Italie.

Maintenant regardez cette presqu'île au bas de la carte de l'Europe ; c'est l'Italie, aujourd'hui divisée en presque autant de petits États que du temps des Volsques et des Samnites [43]. Il conviendrait à ce pays d'avoir un Clovis, un Charlemagne qui le réunît sous la même épée, le même sceptre ; alors son côté le plus faible serait la haute chaîne des Alpes ; mais allez dire cela au pape, il vous excommuniera ; au duc de Savoie, au duc de Florence, ils vous feront pendre ; à la république de Gênes, à la république de Venise, elles vous feront noyer. L'Allemagne, à la vérité, est encore plus divisée, mais elle est toute dans le lien commun de l'empire; il y a une patrie allemande, il n'y a pas de patrie italienne.

Les intérêts de la Russie.

Ainsi que la Turquie, la Russie a un pied en Europe, un autre en Asie; toutefois au lieu que la marche de la Turquie est rétrograde vers l'Asie, celle de la Russie vers l'Europe ne se ralentit pas; aussi remarquez avec quelle continue sagacité le czar s'efforce d'élargir son territoire sur la Baltique [44], ou, ce qui est la même chose, d'élargir sa porte de la civilisation. La Russie ne connaît guère sa frontière du nord [45] qui, peut-être à son insu, s'étend jusqu'à la mer polaire; ni guère sa frontière d'orient [46] qui, lorsque ses troupes seront mieux armées, pourra à travers les Tartaries s'étendre jusqu'à la Chine. Elle connaît mieux sa frontière du midi, sa frontière de l'occident, tracées à la pointe de l'épée par les Turcs et les Polonais [47]. La Russie, couverte de forêts, de villes de bois, de villages de bois, de châteaux de bois, quoique le plus étendu des États de l'Europe, ne compte pas encore dans leur système politique. Cependant aujourd'hui on sait plus exactement ce qui se passe chez elle. Quand le czar a bâti son palais du Kremlin sur le modèle des palais italiens [48], il a bien fait; mais quand il a formé sa garde des strélitz sur le modèle de celle des janissaires [49], il a mis sa tête entre les mains de son capitaine des gardes. Le monarque actuel est un monarque parvenu : avant son élévation, il n'était qu'un gentilhomme, et même pas des plus qualifiés [50]. Un autre gentilhomme pourra parvenir aussi. Je vois bien du reste, ai-je ajouté au fils du maréchal de Gorze en lui frappant sur l'épaule, que vous avez grande envie d'aller faire votre apprentissage en Russie; mais je pense qu'un ambassadeur n'y ferait guère fortune, car le czar est si pauvre qu'au retour de ses ambassadeurs il leur ôte les présents qu'ils ont reçus [51].

La pasiographie.

Mes amis, ai-je dit au père et au fils, vous êtes, j'en suis sûr, étonnés, et il est à la vérité très étonnant qu'avec sa toute-puissance, avec sa constante volonté de maintenir la paix dans la chrétienté [52], le pape ne puisse, et n'ai jamais pu y réussir; il est ridicule et cruel qu'au midi de l'Europe le duc de Savoie recrute en Suisse, en Allemagne, pour venir, comme en ce moment, avec des troupes soldées de l'or qu'il retire de ses soies du Piémont [53], faire injustement la guerre à la France [54]. Il est encore plus ridicule et plus cruel qu'au nord tous les États, en ce moment, s'arment pour la succession d'un petit prince, à laquelle plusieurs princes prétendent ⁵⁵. C'est afin d'empêcher qu'à l'avenir la terre soit si ridiculement, si cruellement ensanglantée, afin d'empêcher que les progrès de la population, de l'agriculture, du commerce, des arts, soient si ridiculement, si cruellement arrêtés, que l'universelle pensée de notre siècle, conçue par les politiques, exprimée par les gens de lettres, sanctionnée par les desseins de notre grand roi ⁵⁶, veut faire de l'Europe une grande fédération d'États, soumise dans leurs différends et leurs querelles aux jugements d'un conseil amphictyonique, formé des députés des diverses puissances, disposant souverainement du trésor et de l'armée de la fédération ⁵⁷. Alors chaque roi plaiderait non par la bouche de trente canons et de trente mille arquebuses, mais par la bouche de ses savants ⁵⁸. Ce serait bon, m'ont dit précipitamment le père et le fils, pour les hommes de robe. Moi qui, tout magistrat que je suis, me sens plus homme d'épée qu'eux, je leur ai encore plus précipitamment répliqué : Le grand mal! que les guerriers se reposassent partout comme des maréchaux d'abbaye! Mais aussitôt voilà que, pour prouver que par le repos la noblesse se rouille avec ses armes, le père a commencé un long discours : le fils l'a continué. Je vous ai déjà dit comment avec l'un et avec l'autre j'avais en même temps fini.

LES COMÉDIENS FRANÇAIS.

Station LXIV.

Je veux examiner les progrès que les spectacles d'imitation ont faits chez un peuple né pour les perfectionner. Quel bon jour que celui-ci, où mes oreilles, mes yeux, mon esprit sont tout pleins de comédies! Que je commence donc vite, surtout que je commence bien; j'entends par le commencement.

Les comédiens des provinces.

Et pour cela que je reprenne les choses d'un peu plus haut que d'aujourd'hui.

L'hiver dernier je passais dans une étroite rue de la jolie petite capitale du Nivernois. Un homme assez mal habillé battait le tambour devant une porte où entraient quelques personnes en se disant : Venez! entrons; ils en ont besoin. Je n'hésitai pas à entrer aussi. Je me trouvai dans une grande salle presque déserte, où jouaient des comédiens qui faisaient tout ce qu'ils pouvaient, qui suaient sang et eau pour grossir leur auditoire. Je continuai ma bonne action, je demeurai jusqu'à la fin.

Quelque temps après, rétrogradant sur ma route, comme cela m'arrive souvent, le mauvais temps me força de m'arrêter dans une auberge dont la grande cheminée de la cuisine était toute entourée par des gens de robe, par des ecclésiastiques, la plume au chapeau, l'épée à la ceinture, le sac, la trompette, le tambour sur le dos; ils se tournaient tantôt d'un côté, tantôt de l'autre; ils se reséchaient au plus vite. Je reconnus que c'étaient des comédiens, et, après les avoir examinés un moment, que c'étaient les comédiens que j'avais déjà vus. Ils souffraient; ils se plaignaient; ils ne cessaient de se plaindre : Au sortir de Nevers, me dirent-ils, plusieurs villes nous ont fermé les portes ¹ et notamment Douai, où il y a un si bel amphithéâtre, moitié maçonné en pierre sèche, moitié taillé dans le roc ², et où cependant on ne joue guère qu'une seule fois l'an. Il n'y a sans doute en France, ajoutèrent-ils, qu'une ville, une petite ville où le magistrat puisse dire qu'on ne peut jouer la comédie à cause des dangers publics, des crises de l'état ³. Eh bien! je ne sais comment c'est dans cette ville que nous sommes allés. Ailleurs nous n'avons pas été mieux accueillis. Les temps pour nous ont changé : autrefois, aux jeux des miracles des saints, le magistrat venait nous offrir des pots, des cimarres de vin ⁴; aujourd'hui nous ne trouvons pas d'eau à boire. Foi de braves gens, nous ne savons où nous réfugier, où aller! J'eus encore pitié d'eux, et avant de me retirer je leur donnai un demi-écu, en les exhortant à ne point porter leurs habits d'église; ils me répondirent qu'on leur défendait maintenant de les mettre sur le théâtre ⁵, et que pour les user il fallait bien qu'ils les missent quelque part.

J'avais rencontré auparavant, j'ai rencontré depuis d'autres troupes en aussi piteux équipage; je ne connais pas, dans les provinces, d'état plus malheureux que celui des comédiens.

Les comédiens du Pont-Neuf.

Mais il n'en est pas de même à Paris; ils jouissent de la fortune et de la considération : aussi ai-je été successivement plusieurs fois à chaque théâtre et en ce moment puis-je prouver à mon illustre parrain combien à tous égards, et encore avec un plus grand plaisir à cet égard, j'ai eu constamment en vue ses projets de porter la civilisation française dans le pays qu'il habite.

Comme toutes choses, les théâtres de la France ont eu aussi leurs divers âges dont les premiers ont commencé par les farces des carrefours; mais ces farces même se sont à Paris, de nos jours, perfectionnées au point de devenir quelquefois de bonnes comédies de mardi-gras. Quelle différence entre ces anciens bateleurs trajectaires [6], ces anciens comédiens, médecins, chirurgiens, de la place de Grève [7], ces anciens paradeurs, vendeurs de remèdes, arracheurs de dents, raccommodeurs de membres disloqués, ces Mauloué, Malassigné, Malassis [8], et les comédiens, dentistes, saigneurs, thériacleurs, beaux parleurs picards [9] d'aujourd'hui, élèves des comédiens, thériacleurs, dentistes, saigneurs italiens! J'ai vu certains jours Mondor, autrefois Mondori, vêtu de son vieil habit fourré, et son valet autrefois tambourino, tabourino, tambourin, tabourin, aujourd'hui tabarin [10], vêtu d'un large sayon blanc, coiffé d'un haut chapeau pointu de la même couleur, vendre à la foule jusqu'au dernier petit pot de leur grand coffre [11]! J'ai vu au bas du Pont-Neuf la foule entourer leur théâtre par-derrière comme par-devant, applaudir par-derrière comme par-devant; et dans les Amours du capitaine Rodomont, quand Lucas, renfermé dans un sac, est battu pour le capitaine [12], ou dans les Noces de Piphagne et d'Izabelle, quand Tabarin, aidé de Francisquine, renferme tous les personnages dans des sacs; quand Lucas, vendu dans le sac pour un porc, est sur le point d'être saigné par le boucher; quand tous les sacs se dressent, quand tous les sacs se battent [13], la risée du peuple s'étendre de proche en proche, gagner le quai du Louvre à droite, le quai de la Ferraille à gauche, et alors les charrettes, les voitures, les équipages, même les processions qui portaient les morts, être obligées de prendre part à la joie publique, ou de faire le tour.

Ah! mon parrain, il y en a sans doute pour longtemps avant que les premiers comédiens de votre capitale vaillent les comédiens du Pont-Neuf.

Les comédiens de l'hôpital de la Trinité.

Mais tandis que les plus bas tréteaux se sont graduellement élevés, le plus haut théâtre s'est graduellement abaissé. La comédie sainte après avoir duré trois, quatre siècles [14], vient de finir dans la plus honteuse dégradation.

Lorsque, sous le nom de la confrérie des mystères, de la confrérie de la passion, elle sortit des églises pour monter sur les échafauds des places publiques ou des grandes salles de spectacle, elle donna, si je puis parler ainsi, un bras aux clercs et l'autre aux artisans [15]; mais vers le milieu de ce siècle, les clercs s'étant peu à peu retirés, elle n'a plus entendu, elle n'a plus parlé que le langage des artisans dont en même temps elle a pris les mœurs et les goûts.

Comment les chefs de cette ancienne et vénérable confrérie, les maîtres des Actes des apôtres, je le leur demande, comment voulaient-ils que les hommes bien élevés pussent aujourd'hui supporter cet argot des voleurs?

« Hé chouq plais Dieu et qu'est chechi?
« N'aurai-je jamais de l'aubert?
. . . .
« Es-tu narquin?
« Oui, compain. »

Qu'ils pussent écouter ces paroles grossières :
« Mes tirandes sont desquirées,
« Je porte le cul descouvert [10]? »

Que les hommes instruits ne sourissent pas de pitié quand on annonçait l'empereur Noiron et son prévôt Agrippe [17]?

Que les hommes doctes ne détournassent pas les yeux quand ils voyaient attacher à la croix les libraires, exposer les auteurs aux bêtes, et jeter leurs ouvrages aux chiens [18] qui n'en voulaient pas?

Que les hommes habitués à l'Académie française, l'Académie royale de musique [19], ne se bouchassent pas les oreilles en entendant mêler les airs du *Vexilla Regis*, du *Veni Creator*, des noëls, des cantiques, avec les airs de vaudevilles obscènes, ou des chansons de taverne [20]?

Que les hommes contemporains de la réformation des métaphysiciens évangélistes pussent ne pas hausser les épaules lorsqu'après le supplice des martyrs, les chrétiens ramassaient les âmes dans des paniers, ou lorsqu'après la mort des persécuteurs les diables en portaient les âmes dans leurs jeux, les laissaient aller, couraient après [21], comme le jeune chat qui lâche, qui rattrape la souris?

Enfin que les hommes de cour, les hommes bien élevés, ne s'enfuissent en voyant les possédés tantôt vomir le diable sur le parquet, tantôt le rendre avec les efforts et les contorsions [22] de quelqu'un qui a pris médecine?

Je le demande surtout aux maîtres des Actes des apôtres [23], comment pouvaient-ils penser que ces scandales n'alarmeraient pas la piété publique ?

Et ils étaient surpris quand le parlement tonnait; et ils criaient à l'oppression quand ses arrêts foudroyaient la salle de l'hôpital de la Trinité, lieu de l'ancienne gloire, des anciens triomphes de la comédie sainte [24]!

Les comédiens des pois pilés.

Ainsi que d'un vieux arbre vermoulu, poudreux, près de rentrer dans la terre, s'élève un haut surgeon dont le verdoyant feuillage couvre la décrépitude de son tronc, ainsi de la comédie sainte, ou plu-

tôt de ses pauses, de ses entr'actes, de ses intermèdes, est sortie la
comédie des pois pilés [25], qui tantôt sous le toit maternel, à l'hôtel
des confrères de la passion [26], tantôt dans d'autres hôtels, ne cessait
d'attirer la foule ; mais le parlement n'a pas non plus hésité à la faire
taire [27]. Véritablement ces pois représentés, ou pour m'exprimer
d'une autre manière, servis en carême [28], étaient devenus, par un
assaisonnement de plus en plus licencieux, des pois gras, trop gras,
même pour le carnaval [29].

Les comédiens du Palais.

Tandis que le parlement proscrivait les indécentes farces des pois
pilés, on en jouait à ses oreilles, derrière ses siéges, de bien plus indécentes. Les clercs de la Basoche, applaudis par Louis XII [30], par
François Ier [31], se permettaient trop souvent de tout chanter, de tout
dire. Ils croyaient que leurs antiques tréteaux de la grand'salle étaient
inébranlables. Le parlement les a renversés d'un coup de coude. Les
clercs les ont plusieurs fois relevés ; le parlement les a renversés encore, et les clercs ne les relèvent plus [32].

Quand on impose silence au royaume de la Basoche, composé des
clercs de procureurs au parlement [33], il va sans dire que l'empire de
Galilée, composé des clercs de la chambre des comptes [34] se tait.

Les comédiens des halles.

On va voir encore combien fragile est la gloire du théâtre. Au
commencement de ce siècle le pape déclara la guerre au roi de
France, et il la lui fit avec deux glaives, avec le glaive temporel dont
il tuait tant de Français qu'il pouvait, avec le glaive spirituel dont
il les excommuniait tous [35]. Le roi se défendit aussi avec deux glaives,
avec le glaive de son armée [36], bien autrement tranchant que celui
de l'armée du pape, avec le glaive spirituel, très spirituel, mais dans
un autre sens, avec le glaive de la plaisanterie, du comique, avec le
glaive de la comédie ; c'était alors le bon temps de la comédie de la
mère Sotte [37] ; sans hésiter le roi lui donna la préférence.

Aussitôt le célèbre Gringore [38] fait le cri [39] d'annonce ; aussitôt
des milliers de spectateurs accourent remplir le théâtre des halles [40],
sur lequel monte l'église gallicane, au visage bon, franc, découvert,
et l'église italienne, au visage cartonné et plâtré. Les deux églises
et leurs adhérents en viennent d'abord aux discussions, ensuite aux
reproches, ensuite aux injures, aux mots d'exaction, de simonie, d'hérésie, de schisme, ensuite aux coups. L'armée des prélats français,
l'armée des prélats italiens se joignent ; les piques ou plutôt les cros-
ses, les frondes ou plutôt les encensoirs, les cuirasses, les casques, ou

plutôt les rochets, les mitres volent, jonchent le champ de bataille : enfin, après une longue et comique attaque, une longue et comique résistance, l'église gallicane, plus guerrière, plus forte que l'église italienne, reste victorieuse, arrache le masque, les habits, moitié ecclésiastiques, moitié militaires, à son ennemie qui ne montre plus que le visage et la robe de la mère Sotte [41] ; alors les applaudissements, les rires, la joie redoublent et ne finissent plus.

A ces heureux temps en succédèrent d'autres. La principauté des sots, pour me servir des termes des arrêts [42], ayant déchu, le chef de ce théâtre, la mère Sotte, crut devoir s'associer avec les chefs de la confrérie de la passion [43] ; c'étaient deux boiteux qui n'en firent plus qu'un qui eut bien quatre jambes, mais quatre mauvaises jambes, qui n'en marcha pas mieux. Ces nouveaux associés crurent attirer le monde dans une belle, grande salle neuve : ils firent construire la salle de l'hôtel de Bourgogne [44] ; il ne vint personne [45]. C'est assez singulier, et j'en ferai la remarque en passant, que, précisément dans ses plus mauvais jours, la Comédie française ait été, pour la première fois, propriétaire, ou, comme on dit en France, ait eu pignon sur rue [46].

En voilà sans doute assez sur les spectacles où l'on a cessé d'aller. Je garde le papier et l'encre pour ceux où l'on va, où l'on ira de plus en plus.

Les comédiens des collèges.

Ces jours-ci il est arrivé une jeune dame aragonaise, fort aimable et fort instruite, que m'a adressée un de mes parents. Elle est venue à Paris pour tout voir, et en qualité de femme elle a voulu commencer par les théâtres.

Nous avons d'abord été au collège de Navarre. Les boursiers donnaient une solennelle représentation [47] qu'ils ont commencée par une tragédie en grec [48]. Les régents, les écoliers qui entendaient cette langue, les écoliers surtout versaient des torrents de larmes. Les jeunes dames, les jeunes demoiselles pleuraient aussi beaucoup sur parole. Quant aux supérieurs de la maison, en voyant le grand succès de leur pièce, ils pleuraient et ils riaient. La tragédie a été suivie d'une pastorale latine ou comédie bocagère intitulée *Ovis perdita* [49], la brebis égarée. Les décorateurs avaient habillé le grand-prêtre sacrificateur avec un surplis, une étole, un bonnet carré, et les sylvains, avec une fraise, des chausses garnies d'aiguillettes ; la fontaine qui, dans les vers du poète, coulait en murmurant dans la plaine à travers le jonc et l'herbe fleurie, était une fontaine de cuivre à laver les mains [50]. Ils avaient fait comme les traducteurs français, qui traduisent le mot *patronus* et le mot *cliens* par celui d'avocat et celui de plaideur, et le mot *ediles* par ceux d'échevins et de prévôt des marchands [51].

Comme je me récriais sur l'immense foule qu'avait attirée cette représentation, quelqu'un me dit : Oh! elle était bien autre au théâtre que les jésuites du collège de Clermont élevaient à la fin de l'année classique; la noblesse, le clergé, la magistrature [52], ne manquaient jamais de s'y rendre. Oh! lui dis-je à mon tour, je ne suis pas surpris que les jésuites se soient mis au-dessus des lois en faisant semblant de ne pas connaître l'ordonnance qui interdit aux collèges toute espèce de comédie, même les petites représentations des bucoliques, même celles des églogues [53]; mais je le suis que le parlement se soit mis au-dessus des lois, en faisant semblant de ne pas voir que les jésuites les transgressaient.

Les comédiens des couvents.

Avant-hier j'appris que les religieuses de Saint-Antoine devaient représenter Cléopâtre en présence de quatre abbés de Clairvaux [54]; j'y menai la dame aragonaise; elle y prit bien du plaisir : ces jeunes religieuses, avec leurs diadèmes, leurs brillantes couronnes de pierreries sur leur élégant scapulaire, leur long voile, étaient toutes plus piquantes, toutes plus jolies que les princesses de la cour d'Égypte. Leurs accents, à cause de leur état, paraissaient plus tendres; je n'étais pas un de ceux qui étaient le moins charmés, qui applaudissaient le moins.

Les comédiens de la foire Saint-Germain.

Hier nous allâmes à la foire Saint-Germain, où joue la troupe des forains; les acteurs sont fort jeunes [55], fort lestes, fort gais; c'est un plaisir de les entendre, c'en est un autre de les voir.

Les comédiens de l'hôtel de Bourgogne.

Aujourd'hui nous sommes enfin allés à l'hôtel de Bourgogne. Là est actuellement le vrai théâtre français qui vient de se réformer, qui va réformer tous les théâtres du monde. Écoutez bien, mon parrain, écoutez bien!

Il était impossible que l'imprimerie multipliât les Homère, les Anacréon, les Virgile, les Horace, et ne multipliât pas les Sophocle, les Aristophane, les Sénèque, les Plaute. Il était encore plus impossible que régents et écoliers lussent, expliquassent, récitassent ces auteurs dramatiques, sans qu'ils se pénétrassent de l'esprit des interlocuteurs;

sans que les écoliers, bon gré mal gré, aux récréations, s'en rappelassent les différentes scènes ; sans qu'ils les récitassent encore, sans qu'ils les déclamassent, sans que leurs camarades les dialoguassent avec eux ; sans qu'ils joignissent tous ensemble les scènes, les actes ; sans qu'ils montassent sur les bancs, sur les tables ; sans que, suivant leurs différentes tailles ou leurs différents goûts, l'un se fît dans la tragédie Agamemnon, l'autre Oreste, l'autre Clytemnestre ; sans que, dans la comédie, l'un se fît le *Mercator*, l'autre le *Servus*, l'autre la *Nutrix*. Il était encore impossible que les régents ne prissent point part à leurs jeux ; il était impossible qu'ensuite ils ne traduisissent pas pour leurs femmes, leurs filles, pour les femmes, les filles de leurs amis, les tragédies, les comédies ; qu'ils ne lussent leurs traductions dans les sociétés, que ces traductions ne fussent applaudies, enfin que ces traductions ne fussent représentées, c'est-à-dire que les écoliers ne les représentassent sur de grandes tables ou de petits théâtres. Il était impossible que ces diverses choses n'arrivassent pas successivement et assez près l'une de l'autre : aussi sont-elles arrivées successivement et assez près l'une de l'autre [56]. Alors a apparu toute la beauté, toute la régularité du théâtre des anciens, toute la ridicule difformité, toute la ridicule incohérence du théâtre des modernes. On avait versifié de toutes parts, dans les collèges, des traductions ; bientôt on versifia de toutes parts, dans les collèges et hors des collèges, des imitations ; bientôt on en vint aux compositions originales ; bientôt les forts voulurent voler et volèrent de leurs propres ailes, s'élevèrent presque aussi haut que les anciens ; bientôt les plus forts s'élevèrent aussi haut, plus haut, atteignirent le sommet des cieux. Il devait naturellement encore arriver et il arriva encore que les vainqueurs, je veux dire les modernes, ne voulurent pas tous se soumettre au joug ou aux règles des anciens. L'unité de lieu, de temps et d'action avait d'abord été observée ; on osa dans la suite, ou du moins il y en eut qui osèrent dans la suite ne pas l'observer, qui donnèrent à la durée de l'action plusieurs jours, plusieurs mois, plusieurs années [57]. On n'avait pas d'abord osé dépasser le nombre des cinq actes des pièces romaines : on osa dans la suite, ou du moins il y en eut qui osèrent dans la suite le dépasser, jusqu'à six, sept actes [58]. On n'avait pas osé écrire les pièces autrement qu'en vers ; on osa, dans la suite, ou du moins il y en eut qui osèrent dans la suite écrire leurs pièces en prose [59]. On n'avait pas osé se passer de ces anciens chœurs qui sont la voix de tout un peuple ému d'amour ou de colère ; on osa, dans la suite, ou du moins il y en eut qui osèrent dans la suite remplacer les chœurs par des intermèdes, des symphonies instrumentales, pour marquer les longs espaces de temps écoulés, ou censés écoulés entre les actes [60].

Ce n'est pas tout : on n'avait d'abord pas osé faire des tragédies d'un nom ou d'un titre qui ne fût pas grec ou romain ; on osa généralement, dans la suite, faire des tragédies d'un nom et d'un titre français [61].

Ce n'est pas tout encore. Les anciens n'avaient osé faire que des drames ou purement tragiques ou purement comiques; on osa faire des drames qui tinssent et des uns et des autres, des tragi-comédies [62]. On put dès lors porter et on porta sur le théâtre toutes les actions, tous les actes, toutes les scènes de la vie.

Aussi vit-on venir dialoguer comme personnages allégoriques le Festin et le Banquet, suivis de la Gourmandise à la bouche profonde, de l'Indigestion au gros ventre, suivies des Maladies au visage pâle, suivies de la Médecine, de la Chirurgie, de la Pharmacie, habillées de noir, de rouge, de gris, suivies de la Mort sous la forme d'un squelette tenant une brillante faux [63].

Aussi vit-on tantôt les prodigues, les libertins, les joueurs, venir se pendre sur le théâtre; tantôt la justice avec ses bourreaux venir y pendre les voleurs [64].

Aussi vit-on les comédiens venir se moquer des comédiens, du jeu des comédiens [65].

De hardiesse en hardiesse on osa faire venir sur le théâtre le péché, la grâce, le franc-arbitre, les différentes controverses, les différentes hérésies, le luthérianisme, le calvinisme, le zuinglisme, avec leurs habits, les habits de leurs sectateurs [66].

De hardiesse en hardiesse on osa y ouvrir les salles secrètes des chefs de parti, la salle de conseil du duc de Guise [67].

On osa y ouvrir les cabinets sacrés des rois, le cabinet de Charles IX [68], le cabinet de Henri III [69].

De hardiesse en hardiesse, on osa mettre en scène l'histoire d'une année, l'histoire de plusieurs années, d'un règne, de plusieurs règnes [70];

Mettre en scène la géographie [71];

Mettre en scène les villes disputant chacune sur son antiquité, son commerce, son importance, sa gloire [72];

Faire monter sur le théâtre les sciences [73];

Y faire monter la grammaire avec ses règles et sa férule [74].

Il faut maintenant que je déclare ici de qui je tiens ce que je viens d'écrire sur la nouvelle comédie française.

La dame aragonaise est, je le répète, fort aimable et fort jolie. A sa suite se sont attachés plusieurs galants français, entre autres un solliciteur des restes [75] qui se montre un des plus assidus; il est grand amateur de comédie, grand ami des auteurs et des acteurs. Aujourd'hui, jour de spectacle, il est venu à son ordinaire chez la dame aragonaise ; je l'ai écouté si attentivement que je vais, ou peu s'en faudra, vous le faire entendre : J'ai connu Jodelle, a-t-il dit, je l'ai connu dans ma première jeunesse ; et je puis assurer que dans son grand nom il y a beaucoup de fortune, de bonheur et de hasard. On a donné à Jodelle, auteur de la première pièce régulière, le nom de restaurateur du théâtre [16] ; mais le théâtre n'en eût pas été moins réellement, dans ce temps ou à peu près dans ce temps, restauré par les autres poètes dramatiques ses contemporains ou presque ses contemporains [17] ; ils ont comme lui, et autant que lui, lutté contre les confrères de la passion qui tenaient la comédie grecque, latine, si bien renfermée entre les guichets des collèges que Henri II, en 1553, avait été obligé de venir voir représenter la tragédie de *Cléopâtre* dans celui de Rheims [18] dont la grande cour carrée, tendue de tapisseries, avait été changée en salle de spectacle [19], et les fenêtres des bâtiments en loges de plusieurs rangs.

Et savez-vous, madame, messire, a continué le solliciteur des restes en s'adressant à la dame aragonaise et à moi, qui soutenait les confrères de la passion? c'était le parlement ; et savez-vous qui soutenait le parlement? c'était le roi qui voulait relever leurs théâtres dans toute la France ; et savez-vous quel était ce roi? c'était Charles IX [20], et savez-vous de qui avait été le disciple Charles IX, vous en douteriez-vous? il avait été le disciple d'Amyot [21].

A la vérité les troupes, formées dans les collèges, allaient bien en liberté hors de Paris, mais toutes faisaient le tour de cette ville. Une seule se hasarda d'y entrer et de s'établir à l'hôtel de Cluny. Le parlement envoya ses huissiers qui, pour se venger des mauvais rôles que leur fait ordinairement jouer la comédie, investirent celle de cet hôtel, et, avec la malice des gens de leur robe, au moment où la scène avait le plus d'intérêt, où l'on applaudissait le plus, mirent spectacle et spectateurs à la porte [22].

Que je le dise en passant ; les troupes des comédiens étrangers n'avaient pas été mieux traitées.

Les comédiens italiens avaient été admis et réadmis par le roi [23], chassés et rechassés par le parlement [24] qui leur avait défendu d'obtenir jamais à l'avenir des lettres du roi [25] : ce qui en d'autres mots était défendre au roi de plus en accorder. En vérité ce monde est un monde comique, et où il l'est le plus, ce n'est pas à la comédie.

Les comédiens espagnols avaient alors envie de venir en France [26] : ils demeurèrent en Espagne.

Cependant, sous la protection des libertés et franchises de l'abbaye Saint-Germain-des-Prés, des comédiens de la nouvelle comédie française se hasardèrent à venir à son antique foire [27] donner des représentations ; tout aussitôt les confrères de la passion en furent informés ; tout aussitôt le parlement le fut ; tout aussitôt furent mandés les huissiers de l'hôtel de Cluny qui tout aussitôt vinrent encore mettre la comédie à la porte [88].

Une autre année d'autres comédiens vinrent encore ; les confrères de la passion, le parlement, les huissiers de l'hôtel de Cluny étaient encore là, et la comédie fut encore mise à la porte [89].

Le parlement menaçait des amendes, de la potence, tous ceux qui voulaient jouer sans autorisation [90]. Le parlement, comme une couleuvrine à laquelle les confrères de la passion mettaient le feu, dispersait toutes les troupes de comédiens dès qu'elles se montraient ; c'est que ne voulant pas de comédies, il ne voulait que des comédiens qui avaient le privilège exclusif de représenter, qui ne représentaient pas, ou qui ne représentaient plus.

A la fin, les comédiens d'une nouvelle troupe s'y prirent plus heureusement ou mieux : ils s'adressèrent au prévôt de Paris et en obtinrent une sentence où il leur permettait d'ouvrir une salle pendant la durée de la foire [91] ; ils l'ouvrirent ; mais comme par de répréhensibles excès le public manifestait son amour pour la nouvelle comédie, sa haine contre l'ancienne, le prévôt défendit en même temps de dire des injures aux confrères de la passion et de jeter des pierres contre leur salle [92].

Bientôt les confrères eux-mêmes, ces successeurs des anciens saints de théâtres, prirent leur parti et incontestablement le bon parti. Ils aimaient les fêtes, les banquets, et donnaient les places de chefs de leur confrérie au concours des bons repas [93] ; ils virent que leur belle salle restait déserte, et, pour parler comme eux, qu'il n'y avait plus rien à frire ; ils la louèrent à une troupe de la nouvelle comédie et s'y réservèrent deux loges que, par pudeur de confrérie, ils firent griller de barreaux [94]. Enfin ils permirent quelque temps après à toutes les troupes qui voudraient leur payer une contribution de s'établir à Paris [95], et devinrent ainsi les bénéficiers, les chanoines de la comédie.

Dès ce moment, tous ces beaux drames qui n'étaient guère connus qu'en province occupèrent les plus hauts théâtres, les théâtres de Paris. Ils formaient un grand répertoire, car les pièces en étaient en grec, en latin [96], en gascon [97], aussi bien qu'en français ; car hommes et femmes, hommes de tous les états, femmes de tous les états, y avaient travaillé. Nous avons en effet, parmi nos auteurs dramatiques, des gens savants, cela va sans dire, des régents de collège [98], des poètes [99], des gens de cour [100], des précepteurs de princes [101], des valets de chambre de princes [102], des gens nobles [103], des seigneurs [104], des gens de guerre [105], des gens de finance [106], des conseillers à la cour des monnaies [107], des magistrats [108], des gens de robe de toute sorte, des médecins [109], des avocats [110], et surtout des notaires [111]. Nous avons aussi parmi nos auteurs des reines [112], des princesses [113], des dames de château [114], des bourgeoises [115].

Mais dans l'immense nombre de drames de tant d'auteurs, on ne distingue guère aujourd'hui que les chefs-d'œuvre des maîtres de l'art, et entre autres :

La Cléopâtre de Jodelle, la première tragédie régulière qui ait été donnée sur le théâtre français [116] ;

La Didon, du même auteur, où depuis plus de quarante ans on vient applaudir ces vers :

« Les dieux ne furent onc tes parents, ny ta mère
« Ne fut onc celle-là qui le tiers ciel tempère.
. . . .
« Le dur mont de Caucase horrible de froidures,
« O cruel ! t'engendra de ses veines plus dures.
« Des tigresses, je crois, tu as sucé le lait.
. . . .
« N'allègue plus le ciel guide de ton espoir,
« Car je crois que le ciel a honte de te voir [117].

En même temps qu'avec un noble orgueil national on récite ceux du vieux Virgile, afin qu'on juge entre les deux poètes.

La Mort de César, tragédie de Grévin [118]; c'est l'histoire romaine en belles scènes, en beaux vers, l'histoire romaine en action, l'histoire romaine personnifiée, animée, vivante.

L'Hippolyte, tragédie de Garnier [119] : c'est l'histoire grecque aussi en action, l'histoire grecque personnifiée, animée, vivante, mise en plus belles scènes, en plus beaux vers, par un plus grand poëte qui, le premier, a introduit la rigoureuse observation des rimes alternativement masculines et féminines [120]. Je ne vous en dis pas davantage ; vous verrez aujourd'hui représenter cette pièce.

L'Eugène, de Jodelle, la première comédie régulière qui ait été donnée sur le théâtre français ; comédie qui a si plaisamment peint et qui, peut-être, a si heureusement réformé les mœurs des riches gens d'église [121].

La trésorière de Grévin, trésor de bon comique, de bonne plaisanterie ; comédie qui peut-être a de même réformé les mœurs de la noblesse et de la bourgeoisie [122].

Je ne vous parlerai guère d'une de nos meilleures comédies, les Contents [123], encore moins d'une de nos meilleures farces, les Femmes salées [124], parce qu'aujourd'hui aussi vous les verrez ensuite représenter.

Une heure a sonné : Partons ! a dit, en se levant et en présentant

XVIᵉ SIÈCLE.

sa main à la dame aragonaise, le solliciteur des restes; partons! il en est temps! Nous sommes sortis, et quand nous avons été dans la rue Montorgueil, le solliciteur des restes nous a fait arrêter devant un assez grand bâtiment, simple, sans ornement, comme celui d'une grande école, d'un grand hospice; il a frappé à une petite porte latérale qu'on a aussitôt ouverte. Nous sommes entrés dans une vaste pièce où nous avons vu rangés contre le mur des fers de prisonniers, des ceps, des géhennes, des potences, des roues : la dame aragonaise et moi nous nous sommes regardés tout surpris; le solliciteur des restes nous a regardés en riant. Nous avons avancé; nous avons vu des violons, des violes, des basses de viole, des tambours, des trompettes, des luths, des guitares : la dame aragonaise et moi ne cessions de nous regarder; le solliciteur des restes ne disait rien, ne cessait de nous regarder et de rire. En avançant encore, nous avons vu d'anciennes et de nouvelles armures, des boucliers, des javelines, des cuirasses, des casques, des arquebuses, des mousquets, des épées, des poignards, des coupes, des autels de sacrificateurs; et enfin, sur de longs rateliers, à droite et à gauche, des chausses, des jupes, des pourpoints, des robes, des chapeaux à plumets, des chapeaux à dentelles, des écharpes, des buses, des cols, des collerettes, des habillements d'homme, des habillements de femme. Vous êtes, nous a dit le solliciteur, dans le magasin des comédiens de l'hôtel de Bourgogne [125].

En ce moment, les acteurs et les actrices se sont montrés; nous avons craint d'être indiscrets; nous sommes sortis par la porte opposée; une allée un peu obscure, mais fort connue du solliciteur des restes, nous a menés à la porte d'entrée de la comédie.

On y vendait les marques. Les places du parterre étaient à cinq sous, celles des loges et des galeries à dix [126]. Le solliciteur des restes a pris trois marques de dix sous, en a offert une à la dame aragonaise, une autre à moi, et nous sommes entrés. Nous avons trouvé la salle presque entièrement pleine. Grand nombre de personnes s'y rendent avant l'heure, s'y donnent des rendez-vous, y mangent, y boivent par groupes [127] comme au pré Saint-Gervais [128].

Du temps que le solliciteur des restes était occupé à faire sa cour à la dame aragonaise, j'ai lu, attachés à une des colonnes, les longs règlements de la comédie que ma mémoire abrège :

Il est défendu de jouer pendant les dimanches, les fêtes et le carême [129].

Il est ordonné d'afficher les pièces qu'on doit représenter.

Il est ordonné de commencer les représentations à deux heures, de les terminer à quatre.

Il est ordonné d'allumer des chandelles garnies de lanternes, ou des chandelles nues dans les escaliers et dans la salle, aussitôt qu'elle est ouverte [130].

Il est ordonné de distraire de la recette la quotité destinée au pain des pauvres [131].

J'ai été rejoindre la dame aragonaise.

Bientôt le signal du silence a été donné, et ainsi que l'avait annoncé le solliciteur des restes, on a commencé par l'Hippolyte de Garnier. Dès que le rideau a été tiré on s'est trouvé devant le vaste palais du roi d'Athènes et de sa nombreuse cour.

A chaque acte, à chaque scène, le redoublement de silence annonçait le redoublement d'intérêt; cependant les applaudissements du parterre et des loges ont plusieurs fois éclaté; ils ont été encore plus vifs, et l'on aurait dit d'*une tempeste* des anciens mystères [132], quand Phèdre a découvert sa flamme au jeune héros, qui lui ayant répondu :

« C'est l'amour de Thésée qui vous tourmente ainsi, »

s'attire cette belle et tendre déclaration :

« Hélas! voire Hippolyte, hélas! c'est mon soucy.
« J'oy, misérable, j'ay la poitrine embrasée
« De l'amour que je porte aux beautéz de Thésée,
« Telles qu'il les avoit, lorsque, bien jeune encor
« Son menton cotonnoit d'une frisure d'or ;
« Quand il vit, estranger, la maison dédalique
« De l'homme mi-toreau nostre monstre crétique.
« Hélas! que sembloit-il? ses cheveux crespelez
« Comme soye retorce en petits annelets
« Luy blondissoient la teste ; et sa face estoillée
« Estoit, outre le blanc, de vermillon meslée.
« Sa taille belle et droicte, avec ce teint divin,
« Ressembloit esgallée à celle d'Apollin,
« A celle de Diane et surtout à la vostre
« Qui en rare beauté surpassez l'un et l'autre,
« Si nous vous eussions veu, quand vostre géniteur
« Vint en l'isle de Crète, Ariane ma sœur
« Vous eust plustost que luy, par son fil salutaire,
« Retiré des prisons du roy Minos, mon père [133].

Que cela est beau! que cela est vrai! s'écriait-on de tous côtés; c'est bien là du Garnier! c'est le parfait langage de la passion! c'est le comble de l'art! Non, jamais on n'a fait, on ne fera de pareils vers.

Et bientôt on ajoutait : Non, jamais on n'a eu, on n'aura de pareils acteurs! cependant il est de Bordeaux, on parlait de l'acteur, et elle est de Nantes, on parlait de l'actrice. Je n'aurais pas trop compris le sens de ces éloges donnés aux acteurs si je n'eusse entendu dire dans le monde que bien que dans les divers collèges les écoliers jouent la tragédie, et que dans un grand nombre de villes il y ait des théâtres où l'on représente toute sorte de pièces, cependant les comédiens français sont en général de la Picardie, de la Normandie, ou de l'Auvergne [134].

Mon bon parrain, il vous sera facile d'avoir à Lima une salle de l'hôtel de Bourgogne, longue, large, haute de tant de toises, ou mieux une des nouvelles salles, bâties en rotonde et en colonnes pour les séparations des loges [135]; mais le spectacle, mais les spectateurs de l'hôtel de Bourgogne, c'est impossible, presque aussi impossible qu'à Madrid, qu'à Vienne, qu'à Naples; car pour avoir d'aussi bons acteurs il faudrait qu'on fît venir d'aussi bons spectateurs; il faudrait faire venir leur profond silence, leur tragique terreur, leurs pleurs, leurs sanglots, leurs applaudissements. Toutefois pour votre satisfaction j'ai noté et je noterai dans plusieurs tragédies, dans plusieurs comédies que je vous enverrai, les endroits où l'on pleure, où l'on rit, où l'on applaudit, même ceux où l'on siffle, afin que, lorsque vous ferez représenter ces mêmes pièces à Lima, vous voyiez, selon qu'on pleurera, qu'on rira, qu'on applaudira, qu'on sifflera juste ou à contre-sens, où en est au Pérou la civilisation théâtrale.

La comédie a succédé à la tragédie. Où s'élevaient les majestueuses colonnades d'un palais s'est ouverte la salle basse d'une maison bourgeoise, et à l'instant ont paru les personnages de la comédie des Contents. Cette pièce porte ce titre parce qu'après des allées, des venues, des intrigues et des contre-intrigues, tous les amants sont à la fin mariés, sont contents [136]. Mais il me semble que toutes les comédies pourraient aussi porter ce titre, car à la fin les amants sont de même tous mariés, sont de même tous contents.

C'était principalement la farce qu'on attendait avec impatience; elle a commencé.

Des maris sont venus se plaindre que leur ménage, toujours paisible, était toujours monotone, que leurs femmes étaient trop douces. L'un d'eux a proposé de les faire saler. Aussitôt voilà un compère qui se présente, qui se charge de les bien saler; on lui livre les femmes, et le parterre et les loges de rire. Les femmes, quelques instants après, reviennent, toutes salées, et leur sel mordant et piquant se portant au bout de la langue, elles accablent d'injures leurs maris; et le parterre et les loges de rire. Les maris veulent alors faire dessaler leurs femmes; le compère déclare qu'il ne le peut, et le parterre et les loges de rire davantage. Enfin la pièce, si plaisamment nouée, est encore plus plaisamment dénouée, car les maris qui sont des maris parisiens, c'est-à-dire des maris de la meilleure espèce, qu'on devrait semer partout, particulièrement dans le Nouveau-Monde, au lieu de dessaler comme en province leurs femmes avec un bâton, se résignent à prendre patience [131], et le parterre et les loges de rire encore davantage, de ne pouvoir plus applaudir, de ne cesser de se tenir les côtés de rire.

A voir les Parisiens si graves, si sérieux dans les rangs de la procession ou de la garde bourgeoise, on ne croirait jamais qu'ils sont si rieurs au théâtre; c'est que Valleran le Picard [138], et les deux Jean-Farine [139] sont des acteurs originaux qui restent inimitables. Il en est de même de Turlupin [140] et de Garguille [141]. Toutes les turlupinades des Turlupins de province, toutes les garguillades des chansons de nos élégants ne sont, en comparaison de celles de ces deux acteurs, que du vin éventé; vous remarquerez qu'ils ne peuvent se servir du jeu de leur figure, parce qu'elle est couverte d'un masque à l'antique, comme celle de tous les acteurs depuis la réforme théâtrale [142]; mais dans le comique de leur mise, de leur habit noir à manches rouges, de leur masque enfariné, surmonté d'une calotte noire [143], dans le comique de leur pantomime, dans la plaisante expression de leurs yeux, dans la plaisante flexibilité de leur gosier, ils ont autant et plus de ressources qu'il leur en faut pour les plaisirs et la joie de l'heureuse capitale de la France.

Les comédiens de l'hôtel d'Argent.

Au sortir du spectacle nous avons revu le grand jour qui ne valait pas la belle nuit de l'hôtel de Bourgogne : Madame, messire, a dit le solliciteur des restes en nous arrêtant, en se mettant devant nous pour y être mieux écouté, on n'a pas ri autant qu'on peut rire quand on n'a pas été à la comédie de l'hôtel d'Argent, jeune et dangereuse rivale de celle de l'hôtel de Bourgogne. Comme elle est en même temps la comédie de Paris et de Rouen [144], elle part dans peu et nous ferons bien d'y aller cette semaine plutôt que la semaine prochaine, demain plutôt qu'après demain. Ce sera, je crois, le plus prudent, a répondu la dame aragonaise. Et le solliciteur des restes nous ayant salués à quelque distance de là, il a pris de son côté.

Les comédiens de la comédie en musique.

J'ai accompagné la dame aragonaise; elle m'a proposé sur la porte d'entrer et de souper : j'ai accepté. Nous nous étions à peine levés de table que nous avons entendu frapper. Un moment après nous avons entendu monter dans notre escalier : C'est, a dit la dame aragonaise, mon petit cousin ; il a vu nos Espagnols de Paris, il vient nous apporter des nouvelles. Et à l'instant elle a couru lui ouvrir la porte de la chambre. Le solliciteur des restes s'est présenté ; tout aussitôt elle a couru étourdiment vers moi, et approchant sa jolie bouche de mon oreille, elle s'est plainte de cette réitération de visites. Le solliciteur des restes, entendant pour ainsi dire sur la figure dépitée de la dame aragonaise ce qu'elle me disait tout bas, a voulu se relever de sa mésaventure, et il s'est donné de plus en plus pour un homme du monde.

Madame, a-t-il dit, on fait beaucoup de dettes en France : on en fait surtout beaucoup à la cour ; on paie fort mal en France : on paie fort mal surtout à la cour où payer, c'est payer le quart, et bien payer, c'est payer la moitié. Par mon office je suis chargé de poursuivre le paiement des restes dus aux caisses publiques [115] ; vous pouvez en conclure qu'à la cour j'ai un grand nombre d'amis, ou, ce qui vaut mieux, un grand nombre de gens qui me craignent, qui ont à me ménager ; vous pouvez en conclure aussi que lorsqu'on y donne la comédie j'y ai toujours une bonne place, large et spacieuse pour moi et pour ceux qu'il me plaît d'y mener. Vous en aurez la preuve à la première comédie qu'on donnera au château de Saint-Germain [116]. Vous êtes, a-t-il ajouté en s'adressant aussi à moi, l'un et l'autre sûrs de la voir, fût-elle en musique, ce qui est fort rare, ce qui fait venir une immense foule. Oh ! vraiment, lui a répondu la dame aragonaise, une comédie en musique, où, contre toute raison, toute vraisemblance, une jeune personne dont les amours sont contrariés par des parents inflexibles vient pleurer en chantant, où un amant trahi vient chanter ses reproches, sa fureur à l'infidèle, ses menaces, ses défis au rival, doit être fort curieuse. Le solliciteur des restes lui a répliqué : Véritablement, madame, il n'y aurait rien de plus insensé qu'une pareille comédie, j'en conviens, et jamais le bon sens du public ne pourrait supporter une pareille extravagance ; mais il n'en est pas ainsi de la comédie héroïque, représentée dans une vaste salle, entourée de galeries à balustrades dorées, chargées d'innombrables spectateurs tous couverts d'éclatantes parures, où s'offre une scène voûtée d'étoiles de toutes les couleurs, décorée d'arbres portant des fruits d'argent, des fruits d'or, portant des milliers de petites lampes cachées dans les branches et les feuillages ; où, par le moyen des machines, comme dans les magnifiques comédies d'Italie [117], tantôt le tonnerre se fait entendre dans les nues sombres et lointaines, tantôt la lune et le soleil resplendissent ; où, par le moyen d'autres machines, les étangs, les fontaines, les jets d'eau, les grottes remplies de dieux marins, les bosquets remplis de dieux terrestres, entrent et sortent ; où les dieux de l'Olympe descendent ; où quelquefois les princes sont mêlés au jeu de la pièce, où la reine de France est alternativement actrice et spectatrice, où le roi de France reçoit les respects d'Apollon, de Jupiter.

C'est alors, quand les tritons couverts d'argent, quand les satyres fourrés des pelleteries les plus riches, brillants de diamants et de pierreries, tenant, les uns des violons, des basses, les autres des luths, dialoguent avec les divers chœurs de musique suspendus dans les voûtes [148], c'est alors que les sens, l'esprit et la raison sont également ravis. Et voilà ce qu'on a vu entre autres au fameux ballet de Beaujoyeux [149], spectacle nouveau qui ne peut plus périr. En même temps, sans qu'on l'en priât, il s'est mis à chanter plusieurs grands airs de ce ballet, à exécuter les pas les plus difficiles des danses qui le terminent. J'ai vu bien clairement que le solliciteur des restes achevait de se perdre dans l'esprit de la dame aragonaise; car si une belle dame vous passe de mal vous exprimer, même de mal raisonner, elle ne vous passe jamais de mal chanter, encore moins de mal danser.

LA BELLE LYONNAISE.

Station LXV.

C'est le lundi de la semaine dernière, il y a quinze jours, si je compte bien, que le sire Majonin vint me voir à Paris. Nous nous embrassâmes, bras dessus, bras dessous, comme si nous eussions été l'un et l'autre Français, l'un et l'autre anciens amis, anciens camarades.

Notre connaissance date déjà de quelque temps. Je traversais les montagnes du haut Rouergue lorsque je le rencontrai en passant le bac, près d'une petite ville nommée Entraygues; nous allâmes dîner ensemble, et nous causâmes si longtemps et avec tant de plaisir qu'en nous levant de table il me proposa de passer par Saint-Constans, petite ville d'Auvergne, où il demeurait : Venez, me dit-il, nous serons bien reçus par ma femme qui m'a donné une jolie famille, qui a été elle-même une personne si jolie qu'ayant terminé ma philosophie et me disposant à entrer dans l'état ecclésiastique, elle m'arrêta sur la porte de la théologie. Elle est encore toujours douce, toujours gracieuse; aussi, quoique je sois vif, je ne l'ai jamais battue, même le jour où l'almanach porte : *Bon battre sa femme* [1]; et le jour où l'almanach porte : *Bon plier le coude* [2], elle le plie tant qu'elle veut ce jour-là; et les autres jours de l'année je ne l'ai jamais empêchée de boire du vin [3]. Monsieur, ajouta-t-il amicalement, le vin de notre pays est agréable; venez! je vous ferai manger de nos barbeaux du Lot [4], de nos marrons d'Aubin [5] et de nos pois de Mousalvy [6]. Nous ferons bonne chère; venez! je vous en prie, venez! Il ajouta je ne sais combien d'autres choses; enfin il m'emmena.

Et cette dernière fois que je l'ai revu à Paris, où il était venu se faire payer d'une forte partie de toiles qu'il y avait envoyées, car il est commerçant et son commerce est très étendu, il me parla ainsi : J'ai des fils comme tout le monde en a; j'ai marié l'aîné à Lyon, dans une de mes tournées, comme tout le monde marie son fils aîné ou dans son pays ou ailleurs; toutefois je puis dire que j'ai pris une bru comme on n'en prend pas, du moins comme on n'en prend guère; elle est en même temps d'esprit et de corps vraiment angélique. Je ne puis, ajouta-t-il, vous la faire voir à Lyon; elle est dans ce moment chez moi à Saint-Constans avec mon fils; mais sa jeune sœur ne lui cède en rien; venez avec moi à Lyon, vous la verrez. Et continua-t-il, quant à ce que vous me dites que vous avez déjà été dans cette ville, je réponds que vous n'y avez pas été avec moi; j'y ai beaucoup de connaissances, je vous conduirai partout; allons, partons! Il m'a encore emmené, et je suis à Lyon depuis quelques jours.

Le commerce intérieur au temps de la Ligue.

Pendant notre voyage, le sire Majonin me dit lorsque nous entrâmes à Tarare : Tenez, vous voyez devant nous cette grande hôtellerie où nous allons descendre, eh bien! il y a dix sinon douze ans que j'arrivai de même ici le matin. Mon associé était à la fenêtre qui me cria d'aussi loin qu'il m'aperçut que je me hâtasse, qu'on m'attendait depuis longtemps, que le rendez-vous des marchands [7] était depuis longtemps complet. Nous nous mîmes aussitôt en route au milieu de trente pistoliers [8] montés sur de grands chevaux. Imaginez comme avec les frais de pareilles escortes, avec l'intérêt de l'argent au denier quinze, au denier douze [9], nous pouvions vendre à bon marché; bientôt le commerce cessa. Oh! qu'un pays sans mouvement, c'est-à-dire sans commerce, est effrayant à voir! Tous les chemins étaient solitaires. La France, couverte de villes fermées, de maisons de campagne, de châteaux, de monastères murés [10], où personne n'entrait, d'où personne ne sortait, ressemblait à un grand corps cuirassé, armé, étendu sans vie sur la terre.

Le commerce intérieur au temps de Henri IV.

On a dit que la guerre tuait plus de marchands que de soldats. On a dû surtout le dire de notre guerre civile. Alors nous, marchands, ou nous combattions, ou nous labourions, ou nous ne faisions rien; mais il faut que tout finisse, même la guerre, même la guerre civile.

Dès que la paix a été faite, les boutiques, les magasins se sont rouverts. Les marchands ont reparu et ont avec leurs carrioles, leurs bouges, leurs mallettes [11], traversé et retraversé la France. On avait grand besoin de vendre; on avait plus grand besoin d'acheter, on avait fait abstinence de tant de choses! on a acheté pour le passé, pour le présent, et peut-être pour l'avenir. De toutes parts l'argent désenfoui a circulé, et le commerce, en le faisant sonner dans ses mains, a pour ainsi dire réveillé l'agriculture, les fabriques.

Tout aussitôt les vins, les huiles, les olives, les fruits, les pastels, les safrans, les liqueurs, les parfumeries des provinces du midi [12], sont remontés vers les provinces du nord, d'où sont tout aussitôt redescendus les blés, les bestiaux, les draps, les quincailleries; tout aussitôt les velours, les soiries, les soies des provinces de l'orient [13], ont repris le chemin des provinces de l'occident, d'où sont aussitôt revenus les chanvres, les fils, les toiles [14]. Tout aussitôt les ateliers se sont rouverts, animés, et la nation a été comme auparavant bien logée, bien vêtue, bien nourrie, et tout aussitôt l'abondance ou le superflu s'est naturellement porté aux extrémités de son territoire.

Le commerce avec l'Europe.

Tout aussitôt les marchands des nations voisines sont revenus par terre et par mer. Les objets d'importation et d'exportation se sont de plus en plus multipliés, témoin le tablier de Rochefort [15], témoin et bien meilleur témoin la pancarte de Nantes [16].

Le sire Majonin me parla longuement du commerce extérieur : je vis assez vite qu'il ne l'entendait pas aussi bien que le commerce intérieur; mais il fallait le laisser continuer et je le laissai continuer tant qu'il y prit plaisir.

A notre arrivée à Lyon, je voulus aller loger dans une auberge; il s'y opposa vivement : il m'emmena chez le père de sa belle-fille où je fus reçu comme s'il m'eût emmené chez lui. Je me repentais en chemin de n'être pas allé de préférence à La Rochelle, au Hâvre, pour bien connaître le mouvement du commerce européen relativement à la France, je ne m'en repens plus; mon hôte est, comme le sire Majonin, un excellent homme. Dès qu'il a su pourquoi je fais mon voyage en France, il m'a parlé ainsi : La fortune de ma maison n'est pas celle de notre célèbre Gadagne [17], mais elle est de soixante mille livres, elle est environ double de celle des bonnes maisons de commerce [18]. Ah! Monsieur, avant d'en venir là, que d'essais! que d'efforts! que de fatigues!

J'avais fini mon apprentissage comme mes lettres en faisaient foi [19] ; je voulus me placer, gagner quelque chose. Je partis sans consulter personne pour le nouveau, le beau port, le port à la mode, pour le Hâvre. A mon arrivée les marchands à qui je me présentai me dirent : Vous venez trop tard ou trop tôt. Sous les règnes de François Ier, de Henri II, la marine florissait [20], le commerce des goudrons, des mâtures, des chanvres avec le Danemarck, la Norwège, la Suède, la Pologne [21], florissait aussi. Maintenant sous Charles IX ce commerce qui ne vit que par la marine languit; peut-être il renaîtra quelque autre François Ier; en attendant nous sommes assez de marchands, nous sommes trop. Je me retirai. Mon fils que je fais en ce moment voyager, a ajouté mon hôte, m'a dit qu'au jour actuel ce commerce allait de mal en pis, qu'il était entièrement perdu, à l'exception de la partie des peaux, et principalement de celle des édredons [22], car on vient de publier la paix, et suivant mon fils qui fait quelquefois de bonnes, quelquefois de mauvaises plaisanteries, il faut à la paix se reposer et il faut beaucoup de carreaux, de coussins.

J'allai à Calais, depuis quelques années rentré sous la domination de la France; tous nos Français anglisés, tous nos Anglais francisés me dirent que l'Angleterre ne pouvait porter son plomb, son étain, ses peaux, ses suifs, ses laines, ses draps [23] en France où il n'y avait que des coups de canon, que des coups d'arquebuse. Mon fils m'a dit que maintenant à Calais il avait, au contraire, trouvé dans la plus grande activité notre commerce avec l'Angleterre, que la reine nous aime [24], que le peuple aime nos marchandises, nos jolies draperies, nos délicates merceries, nos brillantes quincailleries [25], et, comme tous les peuples septentrionaux, nos vins, nos eaux-de-vie, nos fruits, nos confitures, nos denrées méridionales [26].

En Champagne, en Lorraine, on me dit que notre commerce avec l'Allemagne avait cessé ou du moins bien diminué, à cause de la guerre, et même avant la guerre, à cause de l'immense quantité de quincaillerie fabriquée à Saint-Étienne [27] ainsi que dans toute la France. Mon fils m'a dit qu'aujourd'hui cette fabrication avait encore augmenté, que le commerce avec l'Allemagne [28] avait encore diminué.

Je n'avais pas trouvé d'emploi dans les comptoirs des autres provinces : je n'en cherchai pas dans ceux de la Bourgogne, car les commerçants des pays voisins de la Franche-Comté et de la Suisse, qui toujours ont en grande partie approvisionné nos boucheries [29], ne sont guère que des toucheurs de bœufs.

On me conseilla d'aller à Bordeaux, à Bayonne. Je ne suivis pas ce conseil : toutes les nouvelles annonçaient alors la reprise des hostilités contre l'Espagne. Aujourd'hui mon fils, qui depuis peu a passé dans ces villes, m'a dit que, de nos divers commerces avec les divers pays de l'Europe, celui de l'Espagne était le meilleur; qu'au moment présent nous lui fournissions les meubles, les vêtements, les subsistances, les poteries, les émaux, les quincailleries, les cuirs, les toiles, les bas tricotés, les blés, les salaisons, les fromages, les beurres [30] ; que le commerce y avait changé de main, que maintenant les Français étaient les actifs Espagnols des précédents siècles [31], que les Espagnols étaient les oisifs Français de ces temps.

Je me déterminai à aller à Lyon. J'y demeurai ; j'y demeure, et bien m'en a pris. Cette ville est l'entrepôt du commerce de la France avec l'Italie, d'où nous viennent ces velours, ces damas, ces étoffes de soie dont les Français étaient fous, dont ils sont encore plus fous [32] ; aussi tout l'or du Mexique, du Pérou qui descend des Pyrénées dans la bourse des marchands français, remonterait les Alpes dans la bourse des marchands italiens, si nous ne fournissions à l'Italie comme à l'Espagne du blé, des mulets, de la serrurerie, de petites étoffes [33].

Le commerce avec les Échelles.

Pour un grand nombre de nos marchands, a continué mon hôte, Lyon et Marseille sont deux villes si intimement unies par le rapide cours du Rhône, par les continuelles relations commerciales, qu'à certains égards elles ne font qu'une, qu'à certains égards Lyon semble être Marseille du nord, et que Marseille semble être Lyon du midi. Quant à moi, je puis vous assurer que je sais tout ce qui se fait à Marseille, comme je sais tout ce qui se fait à Lyon, et que de même que si j'étais marchand à Marseille je puis vous parler du commerce avec les Échelles du Levant, avec l'Asie et l'Afrique turques [34], c'est tout un. Aussi vous dirai-je, ainsi qu'on vous y dirait, que ce commerce a péri dans un des principaux objets : nous allons bien toujours chercher aux Échelles des drogues pharmaceutiques, des gommes, des oranges, des raisins, des figues, du coton, des momies ou cadavres égytiens [35] que les gens qui ont le plus peur des revenants prennent hardiment en infusion ou en poudre [36] ; mais nous n'allons plus y chercher du poivre, de la cannelle. Aujourd'hui l'antique chemin à travers l'isthme de Suez, si battu du temps d'Alexandre, de César, de Charlemagne et même de Louis XI, est abandonné, couvert d'herbes : nos marchands, ou pour parler plus exactement les marchands portugais, espagnols, hollandais, en faisant le tour de l'Afrique, reviennent des régions solaires où croissent les épiceries, plus vite, à moins de frais, et sans descendre des vaisseaux où ils se sont embarqués [37].

Le commerce avec les Indes orientales.

Il s'en faut bien que mon hôte m'ait dit tout ce qu'il savait sur le commerce avec l'Europe, sur le commerce avec les Échelles; et il s'en faut bien qu'ici j'aie pu dire tout ce qu'il m'a dit.

Mais que je parle enfin de sa fille, de la belle Lyonnaise.

Tout le long du chemin le sire Majonin ne cessait de rire, et de répéter que c'était elle qui me faisait venir à Lyon. Ne craignez pas toutefois, ajoutait-il, que je vous trompe : elle est parfaite. Vous verrez! vous verrez! lorsque nous serons arrivés. Lorsque nous fûmes arrivés, je vis une jeune personne courbée par les souffrances de la maladie à laquelle à peine elle venait d'échapper; ses yeux éteints s'ouvraient avec indifférence; tout le monde s'empressait autour d'elle; on n'épargnait ni soins ni dépenses; on ne lui demandait que de vivre. Depuis notre arrivée, chaque jour, pour lui procurer quelque distraction, quelque plaisir, on imagine quelque nouvel amusement : on a, entre autres, eu recours aux emplettes. On fait souvent venir de nouveaux marchands. A la fin de l'autre semaine on en fit venir un qui était diamantaire, qui avait été dans les colonies portugaises, qui avait même habité à Goa. On m'en prévint et ce ne fut pas inutilement; j'appris de lui que tandis qu'en Espagne nous croyons posséder les îles des épiceries, une partie est tombée et une autre partie tombe entre les mains des Hollandais [38]. Ne me fallut-il pas encore entendre que ces misérables pêcheurs de nos sept provinces insurgées achèveraient bientôt d'enlever à l'Espagne toutes les Indes orientales, et que bientôt en Europe on ne mettrait plus au pot une pincée de poivre ou de girofle qui n'eût passé par leurs mains [39]; que bientôt ils vendraient exclusivement aussi les perles, les rubis, les diamants, les matières colorantes [40], enfin toutes les productions de ces beaux climats que jusqu'ici, ajouta-t-il, nous vous avons payées, à vous Espagnols, en blé, en beurre [41], et qu'à l'avenir nous leur paierons, à eux, en vin, en huile [42]?

Le commerce avec les Indes occidentales.

Et pourquoi, lui dis-je alors d'un ton peut-être un peu irrité, ne nous enlèveraient-ils pas de même les Indes occidentales? — Monsieur, me répondit-il gaîment, l'un après l'autre. Sire, lui répliquai-je fièrement, cette moitié de la terre qui est sous nos pieds nous appartient [43]. La fortune, depuis le commencement de ce siècle, nous a donné l'or, l'argent, les richesses du monde; nous vous en ferons toujours telle part que nous voudrons : tous les autres peuples, vous resterez toujours nos ouvriers, nos travailleurs, nos serviteurs.

Le commerce interlope.

Car, croyez-m'en, ajoutai-je, comme si, en parlant à ce marchand, j'eusse parlé à tous les marchands français, ne vous laissez pas affriander au commerce de fraude. Nos douaniers ne sont pas vos douaniers; ils ne punissent pas doucement les marchands contrebandiers. Savez-vous comment ils les traitent, quand ils les surprennent sur mer? alors, sans autre forme, ils les coulent bas; et quand ils les surprennent sur terre? alors, sans autre forme, ils les pendent [44]. Monsieur, me répondit-il avec hardiesse, savez-vous comment nous ferons à l'avenir? Nous ferons comme les Hollandais, ou mieux, comme les Anglais [45] : si vous nous coulez bas, nous vous coulerons plus bas; si vous nous pendez haut et court, nous vous pendrons plus haut et plus court.

Les traités de commerce.

Ce matin la jeune fille de mon hôte, dont la santé revient visiblement de jour en jour, d'heure en heure, était charmante : les premiers rayons de l'aurore semblaient déjà poindre de nouveau à travers les lis de ses joues; bientôt l'illumination a augmenté lorsqu'un grand jeune homme a tout à coup ouvert la porte et est entré. Le bon père, pour cacher l'embarras de sa fille, s'est aussitôt emparé du jeune homme et m'a dit en me le présentant : C'est le fils d'un de mes cousins; on pourra dans la suite en faire un gendre; et en même temps il a gracieusement ajouté, en lui montrant un siége vis-à-vis de moi, et en continuant à m'adresser la parole : Monsieur, je le trouve assez instruit, ayez la bonté de l'interroger un peu sur les connaissances de notre état; vous verrez qu'il ne les ignore pas toutes. Sire, lui ai-je dit, lorsque notre petit cercle a été formé, grâce à l'obligeance de votre cousin mon hôte, je sais avec quelles nations la France commerce; je voudrais maintenant savoir de vous à quelles conditions. Monsieur, m'a-t-il répondu, les clauses des traité de commerce dépendent du degré des amitiés et des liaisons politiques. Il est vraisemblable que ce sera au port d'Amsterdam qui aujourd'hui engloutit le commerce d'Anvers [46], de même qu'Anvers a englouti le commerce de Venise [47], que nous recevrons le meilleur accueil [48]; mais en attendant que la Hollande ait repoussé, un autre mot, je vous l'avoue, m'était venu, ait secoué les armées espagnoles qui la couvrent [49], c'est depuis François Ier chez les Turcs que nous sommes le mieux reçus. Si nos vaisseaux rencontrent les leurs en mer, aussitôt honneurs, politesses, offres réciproques. Si nous entrons dans leurs ports, nous déployons toutes nos flammes, toutes nos bannières. Si nous débarquons, à l'instant nos personnes et nos marchandises sont sous l'immédiate protection des lois. Nous ne payons pas de tribut; nous ne sommes pas même soumis à l'impôt des étrangers; seulement, quand notre vaisseau part, nous donnons trois écus pour le bon vent et le bon voyage que nous souhaite le receveur. Nous pouvons d'ailleurs dans les ports turcs acheter toutes les marchandises qui nous conviennent, et nous ne sommes plus forcés d'acheter celles qui ne nous conviennent pas. Lorsqu'un de nos Français doit, on ne nous fait plus payer pour lui; et lorsque nous mourons, ou lorsque nos parents meurent, nos parents héritent tranquillement de nous ou nous héritons tranquillement d'eux [50]. Quant aux autres traités, aux traités avec les états chrétiens, il me suffira de dire qu'on y déroge, ou, comme en Angleterre, par des règlements prohibitifs [51], ou, comme en Espagne, par des impositions exorbitantes sur l'entrée des marchandises étrangères [52]. Nous sommes d'ailleurs, les commerçants français, fort mal vus dans les pays d'industrie, de fabrique; en voici la raison.

Les lois commerciales.

Une ancienne, très ancienne maladie qu'aux temps passés la France ne sentait pas, mais qu'enfin elle sent aujourd'hui, c'est celle de son commerce autrefois entièrement envahi chez elle par les marchands étrangers, les marchands italiens, espagnols, allemands, anglais, suédois [53], et envahi encore aujourd'hui en partie [54], mais en partie de plus en plus petite. Aussi, le recueil de leurs privilèges, qui toujours tient sa place dans notre législation [55], tombe de plus en plus en désuétude. De là cette irritation, cette malveillance des marchands étrangers, que chez eux ils ne contiennent pas, qu'ils ont de la peine à contenir chez nous. Cela n'est-il pas vrai, ma cousine? Oh! monsieur, a répondu la jeune personne, en se colorant de nouveau et en s'adressant à moi comme si c'eût été moi qui invoquais son témoignage, rien n'est plus vrai; tout le monde se plaint des marchands étrangers, et particulièrement des marchands italiens qui, parce qu'il y a, dit-on, dans leur pays des princes faisant le commerce [56], sont fiers outre mesure. J'ai souri, et me tournant vers le jeune homme désireux, surtout dans cette occasion, de se parer de tous ses avantages, de plaire de toute manière, je lui ai dit : Sire, je vois avec plaisir que vous connaissez les lois, même les vieilles lois. Monsieur, m'a-t-il répondu, les anciens temps qui naturellement doivent m'intéresser le plus sont les anciens temps du commerce; et lorsque je me les retrace je me sens heureux de ne pas être mon aïeul, de pouvoir espérer que les lois sur la diversité des vingt-deux poids et des vingt-deux mesures [57], existant encore malgré les ordonnances rendues pendant notre siècle sous quatre différents règnes [58], vont prendre fin ; qu'il suffira maintenant de quelques années de paix pour nous amener, comme en Hongrie [59], à l'unité des poids et des mesures, à l'unité de la livre, de la pinte et de l'aune de Paris [60].

Toutefois, a continué le jeune homme, plusieurs de nos vieilles lois sont à conserver et sont conservées : entre autres, les lois du décri des monnaies pour empêcher l'or français, surtout l'or espagnol, de sortir [61], pour démonétiser l'or anglais, l'or allemand, l'or italien [62], pour le faire sortir ; entre autres, les lois des inspections, de la visite des marchandises [63], il y a bien encore maintenant un maître visiteur, un réformateur général [64], le commerce est bien encore surveillé, mais il n'est plus tracassé ; entre autres, les lois des traites foraines [65] ; entre autres, les lois de la police [66] ; entre autres, les lois du monopole [67] ; entre autres, les lois des banqueroutes, lois aujourd'hui moins sanglantes, et cependant plus terribles, en ce qu'elles imposent pour la vie, sur la tête du banqueroutier, le signe et la couleur de la mauvaise foi, le bonnet vert [68].

Les tribunaux de commerce.

Comme je craignais que la conversation changeât, et qu'on cessât de parler de commerce, je me suis empressé de dire au jeune homme : Sire, il y a ici une belle personne qui ne pourrait lasser votre complaisance ; je voudrais bien qu'elle eût ainsi que moi envie de vous entendre parler des cours de justice. Certes, monsieur, m'a répondu poliment le jeune homme, si cela peut vous être agréable, je suis bien volontiers prêt à vous faire connaître ce que j'en sais. Et d'abord je vous rappellerai que dans tous les états, dans l'état de marchand particulièrement, il y a de mauvais débiteurs, de mauvais payeurs, manquant d'argent, ne manquant jamais de prétextes, de ruses pour ne pas payer. Je vous rappellerai ensuite que particulièrement dans notre état, où quelquefois on prête tout son argent, toutes ses marchandises, toute sa fortune, on a besoin des moyens de ressaisir promptement son dû. Les tribunaux des gardes des foires furent institués pour rendre plus briève l'action de la justice commerciale ; mais outre que leurs attributions étaient très bornées, leurs fonctions commençaient et finissaient avec la foire [69]. On en était là depuis quatre ou cinq cents ans lorsque du temps de mon père, en 1549, quelques années après qu'eût été établi ou plutôt refondu à Lyon le tribunal commercial du change, on s'avisa d'établir à Toulouse le tribunal de la bourse [70]. La ville de Nîmes voulut avoir aussi une bourse ; elle en eut une [71]. Les villes de Rouen [72], de Rheims [73], de Bordeaux [74], de Poitiers [75] voulurent aussi en avoir et en eurent

aussi une. Paris voulut aussi en avoir et en eut aussi une [76] qui
remplaça son antique tribunal commercial des marchands gaulois de
Paris [77]. Au jour actuel, les autres villes de commerce en ont déjà
demandé ou en demandent aussi une. J'en excepte celles de la Touraine, du Berri, de l'Anjou, du Maine, où l'on se contente du vieux
maître, du vieux roi des merciers [78]; j'en excepte encore Marseille,
où l'on se contente de même du vieux tribunal d'un juge marchand
noble pour juger les marchands nobles, et d'un autre juge marchand
pour juger les autres marchands [79]. J'ajouterai que ces nouvelles
cours des bourses sont composées d'un prieur ou président, et de
quatre consuls ou juges élus par les marchands, parmi les marchands tous éligibles [80], sans autre condition que de ne pas être
banqueroutier, ou fils, ou gendre de banqueroutier [81]; j'ajouterai qu'elles connaissent des procès relatifs aux billets, aux lettres
de change, aux cédules, aux obligations, aux comptes, aux contrats de société, aux contrats d'assurance, à toutes les matières
commerciales; qu'elles jugent en premier et en dernier ressort, sans
procureurs, sans avocats, sans frais, sans délais, sans renvois, sans
retard [82].

Les changes.

J'ai dit à l'oreille de sire Majonin qu'il ne me manquait plus que de
connaître les changes. Aussitôt il est allé se placer au milieu de la
salle, et dans l'attitude et avec les gestes de quelqu'un qui sonne
une cloche il s'est mis à crier : Allons au change! allons au change!
Tout le monde s'est levé. Mon cousin, voulez-vous me prendre? a dit
le jeune homme au père de la belle Lyonnaise. Assurément, lui a-t-il
répondu en riant et en secouant la tête, je ne vous laisserai pas ici. —
Soit; mais vous n'y laisserez pas non plus ma cousine. — Je consens
à l'emmener, lui a répliqué mon hôte, en me faisant adroitement un
signe poli, si vous me dites d'où viennent les différents noms que
dans différentes villes on donne aux lieux de réunion des marchands?
— En général on leur donne maintenant le nom de bourse, parce
qu'ils ont été bâtis et qu'ils sont entretenus avec l'argent que les
marchands mettent dans une bourse commune [83]; cependant, à Paris, parce qu'ils s'assemblaient autrefois sur une place, au lieu de
s'assembler comme aujourd'hui dans un bâtiment, on continue à dire
la place commune [84]. A Rouen, où l'on appelle, ainsi que dans toute
la Normandie, les réunions, les assemblées, conventions [85], on appelle
aussi convention l'assemblée des marchands [86]. Ici, à Lyon, le lieu
où s'assemblaient les marchands était le change, et n'avait guère
pour objet que le change des monnaies [87]; il porte encore ce nom, et
véritablement il est encore un lieu de change, car les principales

opérations des marchands, qui ont des sommes à payer dans certaines villes, et des sommes à recevoir dans d'autres, y consistent tantôt à changer entre eux leurs lettres de change qu'ils garantissent par leur signature sur le dos, qu'ils endossent [88], tantôt à changer de même entre eux leurs lettres de change, de cette manière que le sire Pierre qui a une lettre de change sur le sire Jean en est payé par le sire Jean avec une lettre de change du sire Paul que le sire Pierre doit [89]. Aussi voit-on et vous allez voir des sommes immenses payées par ces virements de partie ou changes. Vous allez encore voir la foule des marchands, tenant chacun leur bilan ou livre de crédit et de débit [90], y écrivant les lettres de change qu'ils reçoivent, qu'ils donnent, celles qu'ils s'engagent à payer à leur échéance et qu'alors ils marquent d'une croix, celles qu'ils refusent de payer et qu'alors ils marquent des lettres S. P., *sous protest* [91]. Mon cousin, a continué le jeune homme, en s'adressant au père de la belle Lyonnaise, vous savez mieux que moi que par le mouvement des effets de portefeuille, par le mouvement des changes, le commerce aujourd'hui transporte dans des feuilles de papier des montagnes de numéraire, et épargne les énormes frais auxquels s'est habitué le trésor royal qui paie si cher les chevaux, les mulets, les voitures, les caisses, les barils, les caques, les étoffes, les toiles, les emballages, qui paie si cher les conducteurs, les clercs, les clercs chefs des convois, qui paie encore plus cher la poste, lorsque dans des moments d'urgence elle lui porte l'or dans des bouges [92].

Les livres qui traitent du commerce.

Partons! partons! a crié d'une voix plus forte le sire Marjonin. Aussitôt le jeune homme, que mon hôte a cessé alors de retenir, a été donner le bras à sa jeune cousine. Nous sommes sortis. Mon hôte marchait à mon côté; il m'a dit avec un redoublement de bonté et de politesse : Je ne cesse d'être étonné de la facilité avec laquelle vous entendez et vous classez les matières de commerce. Oh! lui ai-je répondu, j'ai lu plusieurs livres qui en traitent, et entre autres *La règle des marchands*, par Jean-le-Liseur. — C'est bon ; mais c'est de la fin du siècle dernier [93]. — *Le livre d'arithmétique*, par Valentin [94]. On y trouve et le prix des marchandises et le taux du change pour toutes les villes de l'Europe [95]. — Bon. — *La tenue des livres en partie double*, par Savonne [96]. — Bon. — J'ai même lu *Le moyen de se gouverner dans le pays des sauvages, avec les marchandises qu'ils donnent, et celles qu'on doit leur porter* [97]. — Oh! maintenant, a repris mon hôte, je suis moins étonné de vous entendre parler de commerce comme si vous ne portiez pas le plumet, le manteau court, comme si vous portiez le chapeau à haute forme et le manteau descendant jusqu'au genou 98. — Et moi, lui ai-je répondu, j'admire toujours également votre politesse toute française, toute ingénieuse pour faire de concert avec le sire Majonin passer devant moi les différentes parties du commerce.

Enfin, ce soir, j'ai annoncé mon départ pour demain au point du jour ; et voulant, dans mes adieux à l'excellent sire Majonin ainsi qu'à mon excellent hôte, les payer de cette même monnaie de souvenir et de reconnaissance dont j'ai payé tant d'excellentes gens qui en France m'ont si hospitalièrement reçu, je leur ai dit que j'avais écrit dans mon journal que le sire Majonin est le plus habile marchand de l'Auvergne, que je n'ai pas trouvé à Lyon d'aussi habile marchand que mon hôte, de même que la plus jolie demoiselle que j'y ai vue, je l'ai vue dans sa maison. J'ai terminé en embrassant le sire Majonin et mon hôte, qui a ordonné à sa fille de m'embrasser. Il y avait beaucoup de journal dans l'embrassade des deux marchands, mais il y en avait beaucoup plus dans celle de la belle Lyonnaise.

LA VIE DOMESTIQUE DU ROI DE FRANCE.

Station LXVI.

Je dirai d'abord que je suis depuis quelques jours arrivé à Fontainebleau où je loge rue Saint-Merry à une espèce de ferme, de maison rurale.

Je dirai ensuite que je ne veux pas plus longtemps différer à écrire ce que j'ai appris sur la cour de France : j'en sais maintenant assez.

La naissance du roi.

Je suppose que ce matin je n'entends pas les mugissements des vaches, les bêlements des agneaux, que j'entends les détonations de l'artillerie. Je suppose que je vois tout le monde, les uns à la fenêtre, les autres courant dans les rues, criant : Un dauphin ! un dauphin vient de naître !

Aussitôt la joie, l'allégresse s'étendent rapidement dans toute la France, remplissent toutes les villes, tous les villages.

Aussitôt de toute part accourent au château les jeunes nourrices belles, fraîches, pour disputer de beauté, de fraîcheur. Les médecins en choisissent une à laquelle quatre suppléantes sont adjointes [1]. Ensuite autre concours d'emmailloteuses [2]; ensuite autre concours de berceuses [3]. Chaque besoin du royal nourrisson a une et plusieurs servantes, un et plusieurs serviteurs. A la fin de l'allaitement, la nourrice est congédiée; et bien qu'elle ait eu ses deux cents livres d'appointement [4], on la pensionne [5], on la récompense richement, magnifiquement.

La maison du roi.

On m'avait dit que la maison du roi était divisée en différentes maisons : celle du roi, celle de la reine, celle du dauphin, celle de la dauphine [6]; on ne m'avait pas dit comment elles étaient composées; toutefois, me l'eût-on dit, cela ne m'aurait pas suffi; car, suivant le pensionnaire de Villepreux, l'histoire n'étant qu'une conférence successive de faits successifs, on ne sait bien ce qui est que lorsqu'on sait ce qui a successivement été.

Voici à quelle occasion, en venant à Fontainebleau, j'appris tout ce qu'à cet égard il me fallait savoir, et de la manière dont il me le fallait savoir.

Quand j'eus passé Essonne, la chaleur devint si grande, et je vis sur ma gauche de si beaux ombrages, que je fus tout aise de ne pouvoir aller plus loin, d'être obligé de mettre pied à terre pour faire ferrer mes mules.

J'entrai dans une large saulsaie, plantée sur quatre lignes, et au bout je me trouvai devant une maison d'où sortait une voix bruyante et surtout extraordinaire : Les galopins! laissez passer. Les enfants de cuisine! laissez passer. Les garde-vaisselle! laissez passer. Les sert-d'eau! les porte-faix! les porteurs en cuisine! les porte-tables! laissez passer. Les souffleurs! laissez passer. Les potagers! passez. Les sauciers! les hâteurs! les verduriers! les fruitiers! les sommiers des bouteilles! passez, passez. Les aides de cuisine! saluez. Les chefs de cuisine [7]! saluez deux fois. Après une petite pause, la voix reprit avec un nouvel éclat : Au potage! haut la masse, et marchez en tête du cortége. A la viande! haut la masse, et marchez en tête du cortége. Au fruit! haut la masse, et marchez en tête du cortége [8]. Qu'est-ce que cela signifie ou peut signifier? me disais-je; est-ce un enfant? non, c'est la voix d'un homme; est-ce un fou? non, tout est ouvert. Je repris ma promenade. A peine j'avais fait quelques autres tours qu'un cavalier, menant une dame et deux jeunes demoiselles, passe devant moi, et, en me saluant avec l'aisance d'un homme du grand monde, me dit : Monsieur, la forge du maréchal retentit; je pense qu'on serre vos chevaux ; faites-moi la grâce de venir vous reposer chez moi. Je le remerciai, et lui dis que d'un instant à l'autre j'attendais mes gens pour repartir. Nous nous assîmes tous sur un grand banc placé entre deux saules. Vous venez de Paris, me dit le cavalier ou plutôt le chef de la famille ; mais, continua-t-il, c'est dans ce moment un corps sans âme, la cour n'y est pas. Je lui répondis que je le savais, que j'allais à Fontainebleau la voir, bien que je l'eusse plusieurs fois déjà vue. Oh ! s'écria-t-il poliment, que je suis fâché de ne pas être de quartier ! j'aurais pu, plus qu'un autre, vous y faciliter les entrées ; j'y suis huissier de cuisine [9] ; et mon jeune cousin, huissier du cabinet [10], veut que bientôt j'y sois huissier de bureau [11], huissier de salle [12], huissier de chambre [13], que sais-je ? Il veut aussi que je fasse passer ma charge à mon fils aîné. Tout à l'heure je l'exerçais à en remplir les fonctions. Je lui disais en même temps et je lui dis souvent qu'il ne fallait pas se tromper soi-même, que ma charge n'était pas des plus illustres, mais qu'elle était cependant fort ancienne ; car, monsieur, pour un écu au soleil [14], j'en ai fait faire l'arbre généalogique, portant le nom de tous mes prédécesseurs [15] jusqu'au mien inclusivement. Fort bien, me disais-je en moi-même, j'ai ici, sur ce banc, l'homme qui va reprendre les choses de loin, l'homme qui me convient ; aussi n'avais-je garde de l'interrompre. Monsieur, continua-t-il, voyant que j'étais plus disposé à écouter qu'à parler, on dit et on répète que la cour est plus nombreuse aujourd'hui qu'autrefois ; c'est une erreur : la cour, comme la raison le veut, également nombreuse dans certaines parties, est moins nombreuse dans d'autres et plus nombreuse dans d'autres. Ainsi autant de boulangers, de tonneliers, de cuisiniers ; moins d'écuyers, de pages, de veneurs, de forestiers, parce que nous ne sommes plus dans un temps féodal. Ainsi plus de conseillers, de gens de lois, de gens de lettres, d'artistes, parce que nous sommes dans un temps de lumières. Et parce qu'il y a plus de maladies il y a plus de médecins ; il y en a quarante-huit [16], sans compter un médecin spagyrique et distillateur [17] : il y a aussi plus de chirurgiens ; il y en a trente-quatre [18], sans compter deux renoueurs, un opérateur pour la pierre, un opérateur-oculiste [19] : il y a plus d'apothicaires ; il y en a six, en comptant un apothicaire-distillateur, un apothicaire-herboriste [20]. Et parce qu'il y a plus de maladies morales, plus de passions, il y a plus de prédicateurs ; il y en a treize [21]. Et parce qu'il y a plus de représentation, de magnificence, il y a plus de maîtres d'hôtel ; le roi en a cent quarante [22] : il y a plus de dames d'honneur ; la reine en a quatre-vingt-dix [23].

Messire, toutes ces charges de la cour, soit anciennes, soit nouvelles, ont surtout illustré les villages des environs. Dans celui-ci ou dans la paroisse, on peut vous montrer un coureur de vin [24], un vivandier de la cour [25], un conducteur de la haquenée du gobelet [26], un laquais du chariot [27], un capitaine de mulets à deux cents livres de gages [28], un bâteur qui en a quatre cents [29], un porte-chaise [30] suivant toujours et en tous lieux le roi, car jamais et en aucun lieu le roi ne peut se cacher; un palmier chargé de la fourniture des rameaux le dimanche de Pâques fleuries [31]; un basque [32], un valet de fourrière [33], enfin un huissier de cuisine, et bientôt un de bureau. Je ne parle pas d'un paillassier de la garde écossaise [34], d'un lavandier de bouche [35], et d'une petite brodeuse marquant le linge de la cour en fleurs de lis de couleur [36]. Mais je vous apprendrai que le maréchal qui en ce moment ferre vos chevaux, qui est neveu du maréchal des dames [37], a, depuis quelque temps, pour avoir épousé une des jeunes Turques élevées à la cour aux frais de la reine jusqu'à leur mariage [38], reçu le brevet de maréchal des filles [39] en survivance; il vous le dira peut-être, et vous n'en paierez pas davantage.

La police de la maison du roi.

Ce jour-là je voulais arriver à Fontainebleau; mais il en fut autrement, car dès que j'eus dit à l'huissier de cuisine qu'à la chambre des comptes j'avais eu entre les mains les états des dépenses de la cour, que je les avais facilement feuilletés, au moyen des bouts de parchemin tressés, attachés à l'extrémité des feuillets [40], et que je devais y avoir vu son nom puisqu'il était depuis longtemps officier, il me fallut de gré ou de force dîner chez lui, ensuite y souper, y coucher. Monsieur, me dit cet huissier de cuisine, les états de dépenses de la cour sont ordinairement quadruples [41]. Ils sont ordinairement déposés en quatre divers lieux; et maintenant, pour que notre nom pérît, il faudrait qu'on mît le feu aux quatre coins du pays. Il ne s'en tint pas là: il me parla toute la journée et ne cessa de me parler de la cour. Enfin, sur le soir, afin de reposer sa poitrine, il me dit: Ce jeune huissier du cabinet, mon cousin, qui élève sa fortune et qui élève la mienne, endoctrine ma fille comme j'endoctrine mon fils, et vous allez voir s'il a fait une bonne écolière de celle qui, d'après ma promesse, doit être sa femme.

Juliette! dit-il à sa fille en la faisant approcher de lui, quel est le premier officier de la cour? — Le grand-maître d'hôtel ou grand-maître de France. — Quelles sont ses fonctions? — Il reçoit du roi le mot de l'ordre et il le donne à la garde du palais. Il se fait porter chaque soir les clés. Il ordonnance les dépenses et arrête les comptes. Il commande à tous les officiers [42].

Juliette! à qui appartient la justice civile? — Aux maîtres des requêtes⁴³. — A qui appartient la justice criminelle? — Au prévôt de l'hôtel⁴⁴.

Juliette! la cour arrive dans une ville de résidence royale; que doivent aussitôt faire tous les locataires des maisons? — Déguerpir⁴⁵. — Comment sont marquées les portes des maisons où doivent loger les gens de la maison du roi? — Avec de la craie blanche. — Et la porte de celles où doivent loger les gens de la maison des princes? — Avec de la craie jaune⁴⁶. — Y a-t-il des maisons exemptes des logements des gens de la cour? — Autrefois il y avait des maisons qui avaient des brevets d'exemption⁴⁷; aujourd'hui il n'y a plus de privilèges⁴⁸. — A quelle heure doivent être marqués les logements? — A huit heures du matin du jour où la cour doit arriver⁴⁹. — Quelle serait la peine de celui qui ne serait pas fourrier et qui marquerait les logements? — Il aurait le poing coupé⁵⁰. — Et celui qui les démarquerait? — Même peine⁵¹. — Combien paient les seigneurs de la cour aux propriétaires des logements marqués? — Trois sous par jour. — Et pour chaque cheval? — Un sou. — Et les officiers de la cour? — Deux sous. — Et pour chaque cheval? — Six deniers⁵². — A quelle distance peuvent se loger les étrangers, lorsque la cour est arrivée dans une ville? — A quatre lieues⁵³. — Qui fixe le prix des vivres dans le lieu où est la cour? — Le prévôt de l'hôtel. — De quelle manière? — Il fait crier dans les marchés : A tant la livre de pain! la livre de vin! la livre de mouton! la livre de bœuf! la livre de lard⁵⁴! — Aujourd'hui que l'usage d'offrir au roi, quand il voyage, des futailles de vin, des fournées de pain blanc, des bœufs gras⁵⁵, cesse dans les villes et les campagnes, les pourvoyeurs du roi peuvent-ils faire leurs achats dans le lieu où est la cour? — Non, ils sont obligés d'aller à dix lieues de distance⁵⁶. — Juliette, une personne demeurant à la cour peut-elle faire préparer chez elle ses repas? Non, en France un seul roi sous peine d'être rebelle; à la cour, un seul pot sous peine d'être chassé⁵⁷.

Juliette! a-t-il continué d'un ton un peu emphatique, voyons, que je vous parle comme monsieur Saint-Firmin; c'est le jeune huissier du cabinet, a-t-il dit en se tournant vers moi. Allons, mademoiselle, je vous fais capitaine de la porte. Une foule de courtisans se présentent, les uns dans leurs coches, les autres sur leurs chevaux, amenant leurs femmes masquées, montées en croupe⁵⁸; les laisserez-vous tous entrer dans les cours intérieures? — Non. — Qui forcerez-vous à descendre? — Tout le monde, excepté les princes, les princesses, et ceux à qui le roi aura accordé un brevet pour entrer à cheval ou en voiture⁵⁹.

Juliette! quelles armes peut-on porter à la cour? — L'épée et la dague. — Si quelqu'un portait une arquebuse, un pistolet dans le palais, dans la ville où réside la cour? — Il serait condamné à mort [60]. — S'il portait un casque, une cuirasse? — Il serait mis en prison [61]. — Juliette, un homme dans le palais dit des injures à un autre? — Il en demandera pardon au roi [62]. — Un homme met la main à la poignée de son épée pour menacer quelqu'un? — L'ordonnance veut qu'on l'assomme [63]. — Deux hommes se battent? — L'ordonnance veut qu'on les assomme [64]. — Juliette! comment s'y prit François II pour se débarrasser des demandeurs et des solliciteurs devenus plus nombreux que la cour? — Il menaça de les faire pendre, et il fit dresser une potence [65] plus haute que le clocher de la paroisse.

La garde du roi.

Je partis de grand matin de chez ce bon huissier de cuisine; et comme il est accoutumé à bien défendre les portes, ce n'est pas sans peine que je pus échapper à ses empressements et à ses politesses.

Le même jour j'arrivai ici, où, sans descendre de ma mule, je vis passer la revue de la garde du roi.

Philippe-Auguste s'est le premier environné d'une garde. Depuis son règne, depuis cinq cents ans, elle n'a cessé de s'accroître; elle s'est accrue surtout durant ce siècle. Sous François Ier elle était déjà de cinq ou six cents hommes en temps de paix, et d'environ deux mille hommes en temps de guerre [66]. Sous le règne des trois fils de Henri II, elle s'est accrue encore; il y a eu la garde du roi, la garde de la reine [67]. Maintenant elle fait partie de l'armée; elle en est l'élite; elle est de trois ou quatre mille hommes [68].

Les deux cents gentilshommes, avec leurs haches ou bec de corbin [69]; les quatre cents archers, ou quatre compagnies des gardes du corps [70], avec leur longue barbe brune descendant sur leurs belles casaques de drap blanc, enrichies d'écailles d'argent doré [71]; les archers de la porte, avec leur habit brodé de couronnes et de clés [72]; les cent Suisses, avec leurs grandes piques, leur large pourpoint, leurs larges chausses [73], leur costume antique, étaient rangés dans la cour du Cheval Blanc [74]. En dehors, sur la place de Ferrare [75], était rangé le nombreux régiment des gardes françaises [76].

Les appartements du roi.

Je n'ai pas été à mon arrivée chez l'huissier de cabinet, quoique l'huissier de cuisine me l'eût recommandé; je craignais d'être encore invité, régalé, fêté; mais ce matin je me suis ravisé. Je me suis souvenu que n'y ayant à la cour, suivant la belle fiancée, d'autre cuisine que celle du roi, je n'avais rien à craindre; j'ai donc été chez l'huissier de cabinet à qui j'ai dit que j'avais vu Juliette. Aussitôt il s'est emparé de moi et m'a offert de me mener partout, de me montrer tout, de me parler de tout : j'ai accepté.

Commençons, m'a-t-il dit, par le cabinet. A la cour on nomme ainsi les appartements du roi [77]. Tenez, dans cette grande salle de compagnie, dont vous admirez en ce moment les velours et les dorures, ce soir, le soir qu'il vous plaira, vous vous mettrez derrière moi, ou plus commodément derrière le suisse garde-porte [78], et pendant que les princes du sang entreront, qu'ils seront à faire sur le seuil de la porte ouverte à deux battants les grandes révérences d'usage [79], vous verrez les dames, circulairement rangées, figurer par leurs riches vêtements, par les formes enflées de leurs jupes en toile d'argent et par les formes serrées de leurs corps baleinés [80], recouverts de draps d'or, une enceinte d'argent, à créneaux d'or, par les intervalles desquels se montreront de légers et nombreux essaims de jeunes courtisans montés sur leurs souliers à cric [81], parés de leurs fraises étalées sur de petites charpentes d'osier et de fer-blanc [82], coiffés de leurs cheveux frisés, annelés et poudrés [83]. Vous verrez au haut de la salle assis le roi et la reine [84], objets de tous les regards, de toutes les pensées, de toutes les craintes, de toutes les espérances. La porte se fermera, se rouvrira; voilà une grande dame : sa longue queue traînante est portée au milieu par un laquais, au bout par un autre laquais [85]; elle ira se mettre à genoux devant le roi, lui demander une grâce [86]. A peine sera-t-elle levée qu'un seigneur, pour lui demander une autre grâce, se mettra de même à genoux devant le roi [87]. Monsieur, a-t-il ajouté, dans le temps de troubles et d'insurrection générale où nous vivons, on ne saurait surtout déployer trop d'apparat, user de trop de moyens pour retenir dans la crainte et le respect la haute noblesse qui naît si près du trône, et qui sans cesse brûle d'abaisser les barrières qui l'en séparent. Aussi vois-je avec plaisir, depuis le commencement du règne de Henri III, tout le monde rester nu-tête en présence du roi [88], dont le chapeau ou le bonnet posé sur la sienne est alors une véritable couronne. Aussi vois-je avec plus de plaisir encore nos princes satisfaire au tribut le plus humiliant que la nature impose, accompagnés d'un grand cortège des hommes les plus qualifiés et les plus en faveur [89]; j'ajouterai, et quand les plus grands seigneurs sont sur le point de sacrifier leur fortune et leur vie pour la défense de leur droit d'entrer dans la chambre du roi au moment qu'il prend sa chemise [90], ou de lui présenter la serviette mouillée [91], bien loin de m'affliger de ces rivalités, je rends grâces au ciel de nous avoir conservé ce reste de notre véritable honneur national.

Les repas du roi.

A mesure que le roi s'éloigne des appartements, et qu'il s'approche de la salle à manger, l'importance du chambellan, des gentilshommes de la chambre, du grand-maître, des maîtres de la garde-robe, des huissiers du cabinet, diminue, tandis que celle des huissiers de salle, des panneliers, des échansons, des maîtres-queux, des maîtres d'hôtel [92] augmente; dès qu'il a passé le seuil de la porte, dès qu'il est dans la salle où maintenant nous sommes, avant même qu'il ait passé la balustrade qui entoure la table [93], nos fonctions cessent, et à l'instant nous ne sommes plus rien.

Dans les premiers temps de mon entrée en fonctions, ici, à cette place, au banquet public du dimanche [94], où les serviettes étaient parfumées avec des sachets de fleurs [95], où les instruments s'accordaient pour les grâces en musique, où la royale magnificence éclatait de toute part, je ne pus contenir mes sentiments d'admiration. Mon oncle, un de nos plus anciens verduriers [96], courut à mon oreille et me dit : Taisez-vous, mon neveu, taisez-vous donc! votre jeunesse scandalise tout le monde et me fait baisser les yeux. D'abord, regardez, et répondez-moi : la plus grande partie de ces plats ne sont-ils pas bourgeoisement découverts [97], et si les choses vont encore ainsi, le couvert ne sera-t-il pas avant peu d'années servi en mets découverts? Ces perdrix grises n'ont-elles pas le bec gris, les pattes grises? ont-elle le bec, argenté, les pattes argentées, comme il y a vingt ans? Ces perdrix rouges n'ont-elles pas le bec rouge, les pattes rouges? ont-elles le bec, les pattes dorés [98], comme il y a vingt ans? Ces omelettes sont-elles sucrées de sucre, ou, comme il y a vingt ans, sont-elles sucrées de fines perles [99]? Comme il y a vingt ans, ces grands, ces petits oiseaux sont-ils farcis d'ambre, de musc, de parfums [100]? Comme il y a vingt ans, va-t-on sentir à la bouche les courtisans au sortir de table? non, on se contente de les flairer à la barbe, peinte et parfumée [101].

Mon oncle est un verdurier sévère : je me tus.

Suivant mon oncle, la magnificence de la table a été en augmentant depuis les temps où la marmite bouillonnait dans la salle des rois de la première race [102], jusqu'à ceux où les rois faisaient porter par les prêtres de la paroisse le bénitier au bout de la table [103]; et encore plus rapidement depuis ces temps, jusqu'à ceux du festin du Plessis-les-Tours, servi par les dames toutes habillées de vert, toutes en habit d'homme, toutes les cheveux épars sur le sein [104]; ou absolument jusqu'à ceux des dix-sept festins des noces du duc de Joyeuse, où l'on ne voyait qu'habits de toile d'argent, qu'habits de toile d'or, que robes de perles, que robes de diamants, où il fut dépensé plus de quinze cent mille écus [105]. Depuis, elle a été en diminuant; aussi n'est-il pas fâché d'être vieux : il ne regrette pas la vie, il dit que nous marchons à grands pas vers la décadence, vers la marmite de la première race.

Véritablement l'ordonnance du feu roi, après avoir parlé magnifiquement de la somptueuse table des trente gentilshommes d'honneur de la reine et de leur chef le chevalier d'honneur [106], après avoir parlé de la musique et de la symphonie des repas [107], finit, comme les commères, par le bouillon qu'elle veut moins épais, moins gras, plus juteux, plus nourrissant [108].

Les plaisirs du roi.

Quels sont, ai-je demandé à l'huissier du cabinet, les bâtiments que nous voyons au-delà de l'étang? — Ce sont les écuries, le chenil, la fauconnerie, les héronnières. Ces bâtiments ne vous paraissent que grands : ils sont immenses [109], et cependant je ne puis comprendre comment ils suffisent à loger tant de chevaux, tant de piqueurs, tant de chiens qui, aux chasses du roi, couvrent la terre; tant de faucons, tant de hérons qui remplissent le ciel. Quelquefois le roi, outre ses cent pages, ses deux cents écuyers, piqueurs ou chevaucheurs [110], mène avec lui quatre ou cinq cents gentilshommes [111]; quelquefois il est accompagné de la reine, ou des reines suivies de leurs nombreuses dames d'honneur, filles d'honneur [112], montées sur des haquenées à selles de velours noir [113]. Alors tous les appartements d'en-haut, toutes les salles d'en-bas, tous les étages, tout le château, toute la cour, toute à cheval, toute en habit rouge, semble au milieu de la campagne trotter, galopper à la suite du roi, aussi en habit rouge [114], courant le cerf, le sanglier.

Les menus plaisirs du roi.

En France on nomme plaisirs du roi les chasses : défense de chasser, de tirer sur les plaisirs du roi [115]; et quant aux autres amusements on les nomme les menus plaisirs du roi, ou simplement les menus plaisirs, ou plus simplement les menus [116].

Les jeux font partie des menus; ainsi la longue enceinte du jeu du mail [117] que vous voyez devant vous, le grand vaisseau du jeu de paume [118] que vous voyez à l'opposite, les salles de billard, les salles des échecs, des jeux de cartes, appartiennent tous aux menus [119].

Dans les attributions des menus ou de leurs intendants est aussi la chambre aux oiseaux [120].

Autrefois la cour avait des autruches, des dromadaires, des ours [121], des lions ; Henri III avait encore des lions [122]. Aujourd'hui elle a des perroquets, des singes, qui coûtent presque autant que des dromadaires ou des lions ; car un perroquet ayant la langue bien pendue, bien affilée, coûte seize, vingt écus [123] ; et Bertrand, et Robert, quand ils sont bien vifs, bien malins, se vendent trente, quarante écus pièces [124].

Autrefois les grands seigneurs avaient des fous : ils n'en ont plus ; autrefois les princes avaient et des fous et des réchigneurs [125] ou grimaciers : aujourd'hui ils n'ont que des fous. Le galant Henri IV a dû plutôt avoir une folle ; il en a une [126] qui dépend aussi des menus.

Les baladins [127] dépendent et ne peuvent dépendre que des menus.

Il va sans dire que les nains [128] dépendent aussi des menus, et que leurs valets, que leurs tailleurs [129] en dépendent.

La musique, avec tous les chantres et tous les symphonistes, dépend aussi des menus [130], ainsi que les musettes du Poitou qui sont entrées à la cour du temps de Louis XI [131], et qui sans doute n'en sortiront plus [132].

Il en est de même de la danse.

Belle est la cour le jour, plus belle elle est la nuit ; surtout la nuit quand elle se montre aux flambeaux, et qu'elle danse. Henri III a voulu qu'elle dansât le jeudi et le dimanche, et il a fixé l'heure à laquelle les flambeaux seraient allumés, les musiciens rendus [133]. Les jours les plus courts de la semaine sont le jeudi et le dimanche, tant les heures de la danse passent vite. Le roi et la reine ont leurs places marquées sur des chaises [134] élevées au-dessus des pliants des vingt personnes qui sont assises [135]; ils donnent le signal de l'ouverture de la danse, ils donnent aussi le signal de la retraite. Alors les ténèbres et le silence s'emparent de la salle, d'où ils se répandent dans le palais. Il ne reste plus de lumières qu'aux grandes lanternes de toile pendues dans les escaliers, dans les salles [136] où, sur des matelas, dorment les gardes [137], la main toujours à la poignée de l'épée.

Les goûts du roi.

Il m'a paru que ce jeune et élégant huissier de cabinet ne pouvait guère m'apprendre ce qui me restait à savoir : Monsieur, lui ai-je dit, je ne voudrais point partir sans avoir salué votre vénérable oncle le verdurier. Si je vous ai bien entendu, il a soixante et quatorze ans ; il doit avoir vu l'ancienne cour. Mon oncle, m'a-t-il répondu, évite les étrangers depuis qu'un officier de la cour d'Angleterre, qui voulait ainsi que vous connaître la cour de France, lui fit une réponse dont le souvenir lui est toujours trop présent. Il l'avait mené voir le roi et la reine manger à leur grande table ronde [138] ; il s'attendait à jouir de son étonnement, de son admiration, et lui demanda, tout en riant, si le roi d'Angleterre était aussi bien servi. Il l'est mieux, lui répondit-il. Il est mieux servi, répéta-t-il fièrement ; il est servi à genoux [139]. Ah ! monsieur, ai-je dit alors à l'huissier de cabinet, que n'étais-je là ! j'aurais merveilleusement rabattu l'orgueil de l'Anglais en lui parlant d'une autre cour où le roi est de même servi à genoux, mais c'est un de ses moindres honneurs ; car, à la respectueuse gravité de ceux qui le servent, à leur respectueux silence, à l'antique uniformité, à l'antique richesse de leurs habits, on serait presque tenté de prendre le palais pour un temple, les serviteurs pour des prêtres, le trône pour un autel [140]. Gardez-vous de lui dire cela, s'est écrié l'huissier de cabinet, mon oncle est si passionné pour la gloire de la cour de France que l'Anglais le rendit malade et que vous le feriez mourir. Je lui ai promis de ne rien dire et d'écouter seulement. A cette condition il m'a conduit chez le verdurier. J'ai été mieux reçu que je l'espérais : le verdurier, certes encore fort vert, m'a d'abord fait promener d'un bon pas dans la galerie des tableaux ; puis s'arrêtant tout-à-coup, et me faisant arrêter devant ceux des rois de France, il m'a demandé :

Quel air trouvez-vous à Louis XII ? — L'air antique, mais noble, magnifique. — Tel il était ; telle était sa cour. On y voyait les anciennes luttes, les anciens combats à poing fermé, les anciens combats à la hache [141] ; mais on y voyait aussi une innombrable cour, toujours bien vêtue, toujours bien nourrie, toujours joyeuse, toujours entourant le roi, dont le principal goût était celui du spectacle du bonheur de sa maison qui lui rappelait celui du bonheur de son peuple [142].

Quel air trouvez-vous à François 1er ? — L'air élégant, leste, d'un chevalier français. — Dites la vérité, et dites plutôt que vous lui trouvez l'air pédant et ribleur [143] ; tel il était, telle était sa cour. Ma mère, la verdurière, tombée en paralysie, ne sortait pas ; elle était curieuse, elle voulait savoir ce qu'on disait à la cour ; et je me souviens qu'elle enrageait lorsque mon père lui rapportait qu'il n'avait entendu à la table du roi que du latin et du grec [144] qu'il ne comprenait pas, mais qu'il contrefaisait fort plaisamment. J'ai dit aussi qu'il avait les goûts des ribleurs et que sa cour les avait de même. En effet les jeunes seigneurs allaient ferrailler la nuit contre les premiers venus [145]. Le jour c'étaient d'autres passe-temps de forfanterie, et un matin que les uns assaillaient une maison et que les autres la défendaient, un tison, lancé par le seigneur de Lorges, blessa à la tête un des assaillants ; cet assaillant était le roi qui, obligé de raser ses cheveux, laissa croître sa barbe ; toute la cour, toute la France, comme si chacun avait été blessé à la tête, porta et depuis porte les cheveux courts et la barbe longue [146].

Quel air trouvez-vous à Henri II ? — L'air galant. — Ajoutez : et libertin ; tel il était, telle était sa cour. Partout, sur les panneaux des vitres, sur les frises des édifices, sur les boiseries des portes, sur les grilles, sur les lambris, on voyait empreints les goûts de Henri, j'entends dire les chiffres amoureux de Henri et de sa concubine la duchesse de Valentinois [147], surmontés d'un croissant [148] qui était moins l'emblème de la déesse Diane que la naïve représentation des cornes attachées au front de la jeune reine, si connue depuis, durant son veuvage, sous le nom de Catherine de Médicis. Bientôt toutes les femmes voulurent être des duchesses de Valentinois. Jusqu'à ma petite verdurière : elle avait toujours paru au milieu de la verdure comme une petite rose, fraîche, colorée, pudique, épineuse. Eh bien ! elle fut alors, ainsi que les autres, atteinte par la contagion de l'exemple ; mais je l'envoyai au village, où les bonnes mœurs font périr les coquettes, où elle périt presque dans le même temps que, dans le tournois de l'hôtel des Tournelles, périt Henri II, blessé à la tête d'un coup de lance [149]. Je remarquerai que les goûts, les amusements des sièges figurés finirent à la mort du duc d'Enghien, frappé mortellement par un coffre jeté d'une fenêtre [150], et que les goûts, les amusements des batailles figurées finirent à la mort de Henri II [151]. Ainsi donc, pour faire cesser les goûts, les amusements les plus déraisonnables, les plus dangereux, autorisés par l'usage ou les permanences de la mode, il faut toujours une grande catastrophe.

Quel air trouvez-vous à François II ? — L'air d'un jeune homme languissant. — Oui, d'un grand enfant maladif, n'ayant guère d'autre goût que celui des saignées et des médecines [152].

Quel air trouvez-vous à Charles IX ? — L'air violent, sauvage, féroce. — Tel il était ; cependant telle n'était pas sa cour, bien qu'elle eût comme lui le goût de voir les exécutions de la Grève [153] ; mais le parlement l'avait aussi [154] ; mais d'ailleurs la place était alors remplie de curieux de tous les états. A cet égard, et à bien d'autres, plusieurs historiens ont parlé de Charles IX, qui n'étaient pas sûrs de ce qu'ils en ont dit. Il m'en vint cet été un qui voulait l'être ; il m'aborda ainsi : Monsieur le verdurier, vous êtes ancien officier de la cour et vous ne refuserez pas de me dire ce qui maintenant ne peut plus nuire à votre fortune. Je veux écrire l'histoire de France. Est-il vrai que le jeune Charles IX allait le matin surprendre au lit les jeunes seigneurs ses camarades et leur donnait le fouet [155] ? — Oui. — Est-il vrai qu'il aimait disputer de légèreté à la course dans les jardins royaux ? — Non, c'étaient les jeunes seigneurs ses camarades [156]. — Est-il vrai qu'il aimait faire de grands sauts, et que, sautant quelquefois par-dessus les maisons, il enjambait d'un toit à l'autre toute la largeur d'une rue? — Non, c'étaient les jeunes seigneurs ses camarades [157]. — Est-il vrai qu'il s'amusait à forger? — Oui. — Qu'il s'amusait à forger la fausse monnaie à son coin [158]? — On le disait. — Est-il vrai qu'il prenait des leçons de filouterie des compagnons de La Mathe [159], et que toute sa jeune cour, les princes les premiers, volaient et dérobaient dans les maisons où ils étaient reçus [160]? — On le disait, et on le disait si souvent que mon fils, ni plus ni moins que s'il eût été jeune prince ou jeune seigneur, se mit aussi à filouter. J'avais envoyé ma femme, je l'envoyai de même au village, où en arrivant le bailli le menaça de le faire pendre. Petit garnement, lui dit-il, tu veux donc avoir les goûts du roi, faire comme le roi? mais apprends que le roi, sans attendre plus tard que le lendemain, rend dix fois ce que pour s'amuser il a pris la veille [161]. Apprends d'ailleurs que tout appartient au roi, et que le roi ne peut voler en France [162].

Quel air trouvez-vous à Henri III? — Je ne vous le dirai point, car je n'ai jamais pu me le dire : jamais je n'ai pu lui trouver d'air caractéristique. — Il n'en avait pas; sa cour n'en avait pas. Un jour le voilà avec ses jeunes courtisans, employant des cosmétiques pour embellir la peau, mettant du rouge, portant de grands collets de chemise renversés, attachant des pendants aux oreilles, frisant les cheveux, les brillantant de perles, d'aigrettes, se servant d'un éventail [163]. Le lendemain le voici agenouillé devant l'autel, chantant les antiennes de l'office d'une confrérie instituée pour obtenir du ciel la fécondité de la reine [164]; se mêlant aux processions des pénitents, se mettant dans un sac [165], tenant à sa main un chapelet de têtes de mort [166]; allant passer la nuit en prières, vêtu d'un habit de pèlerin, dans l'église de Notre-Dame de Chartres [167]; courant d'un couvent à l'autre [168], y faisant des retraites, y prêchant les moines [169]; logeant des capucins et des capucines au-dessus de ses appartements [170]. Comment se faisait-il que ce monarque qui, au conseil des rois de l'univers, aurait, par la majesté de sa personne et de ses paroles, occupé le trône d'Agamemnon, ne craignait pas de se montrer à sa cour et à son peuple, tantôt avec un bilboquet à la main [171], tantôt avec une corbeille remplie de petits chiens [172]? Toujours Henri III s'abandonna à la volonté de ses jeunes favoris. Il fut successivement roi de deux grandes nations, il ne régna jamais [173].

Quel air trouvez-vous à Henri IV? — L'air franc et jovial. — Tel il est, telle est sa cour; car le courtisan ne manque pas de se faire avec beaucoup d'art une figure aussi bien qu'une âme à l'image de celles du roi. Henri IV aime beaucoup la joie, en fait grande dépense, parce qu'elle ne coûte rien. Du reste je dois convenir que, pendant quelques années, il n'a pu en faire d'autre. Il était si pauvre qu'il était obligé d'aller manger tantôt chez les riches seigneurs, tantôt chez les riches financiers [174]; si pauvre que souvent, nous ses officiers, nous étions obligés de fournir aux avances de ces nombreuses centaines de pains, de quartes de vin; de ces nombreuses centaines de gigots, de volailles; de ces nombreuses centaines de livres de sucre, de bougies, mentionnées dans de longs rouleaux de parchemin ou états de la dépense du jour appelés paneteries, de leur premier chapitre, toujours celui du pain [175]; si pauvre qu'au premier de l'an on remplissait les bourses des présents avec des jetons de cuivre portant de belles devises, destinées aux jetons d'argent ou d'or [176]. Aujourd'hui le roi est, à la vérité, fort riche; et depuis qu'il a pu renoncer à ses goûts pour la poudre à canon qui, si j'ose ainsi parler, faisaient aller tout son argent en fumée, il a pu se livrer à ses goûts pour les beaux jardins [177], les beaux bâtiments [178], et à ses autres goûts plus galants et moins ostensibles [179].

Les funérailles du roi.

Je me retirais en même temps que je remerciais cet obligeant verdurier. Monsieur! monsieur! m'a-t-il dit en m'invitant à me rasseoir, je vois bien que vous n'êtes pas homme de lettres, car cet homme de lettres qui voulait faire l'histoire de France m'interrogea longtemps, et principalement sur les honneurs funèbres rendus au cercueil des rois. Je n'étais qu'un enfant, me dit-il, quand Charles IX est mort. Henri III n'a pas encore été porté à Saint-Denis [180]; et quant au roi actuel, tous les jours je prie Dieu de lui accorder ses jours aux dépens des miens : Vive! vive Henri IV! Mais vous, monsieur, vous êtes depuis longues années officier à la cour, vous pouvez aussi bien que personne parler des royales funérailles. Monsieur, lui répondis-je, lorsqu'après l'apparition d'une comète [181] que les courtisans ont plus tôt et mieux vue sur le visage du prince que les astronomes dans le ciel, le roi enfin est mort, on moule son visage avec du plâtre et de l'huile; ensuite on fait son effigie en cire et en céruse [182]; ensuite on l'embaume et on l'expose sur son lit de mort [183]. Il en est de même des reines [184], et quelquefois des grandes dames destinées à l'être.

Si vous aviez été dernièrement à Paris, vous auriez vu aux grands appartements du doyenné de Saint-Germain-l'Auxerrois la belle Gabrielle, habillée d'un manteau de satin blanc, exposée sur son lit de velours rouge, environnée de cierges, de prêtres psalmodiant sans interruption; ensuite mise dans un cercueil de plomb recouvert de son effigie qu'on avait vêtue de magnifiques habits; ensuite, pendant plusieurs jours, servie en pains, viandes, fruits sur table, où, comme si elle eût été en vie, ses officiers coupaient, tranchaient; où par intervalles ils remplissaient de vin sa coupe, la présentaient à sa chaise aux moments qu'elle avait accoutumé de boire; où, comme si elle eût été en vie, ce cérémonial qui avait commencé par le laver et le bénédicité se terminait par le laver et par les grâces [185].

Le roi, après sa mort, est servi ainsi quarante jours dans la salle à manger [186]. Le cercueil est ensuite porté à Notre-Dame de Paris, de là à Saint-Denis. Monsieur, ajoutai-je en parlant à cet homme de lettres, je conviendrai volontiers que vous avez bien à vous plaindre du sort, de ne pas vous avoir fait naître assez tôt pour voir les obsèques d'un roi. La maison militaire est alors habillée de noir : elle porte un crêpe à la lame des hallebardes [187]; la maison civile est en manteaux, en bonnets de deuil; tous les officiers, jusqu'aux verduriers, sont drapés de même. Monsieur, ajoutai-je encore, dites dans votre histoire de France qu'il n'est rien de plus grand et de plus imposant que la marche du convoi de Notre-Dame à Saint-Denis. Les rues sont tendues de noir, et d'espace en espace illuminées par une torche de cire blanche. Bientôt elles se remplissent du cortège de différents états. Vous voyez d'abord les capucins, portant leur massive croix de bois, couronnée d'un chapeau d'épines; suivent les autres communautés ecclésiastiques; suivent les cinq cents pauvres en deuil conduits par leur bailli; suivent les magistrats, les cours de justice avec l'appareil armé de leurs sergents; suit le parlement vêtu de ses fourrures, de ses couleurs éclatantes; vient le haut clergé couvert de pourpre et d'or; enfin paraît le char funèbre, traîné par des chevaux caparaçonnés de couvertures de velours noir croisées de deux longues et larges bandes de satin blanc, vous diriez de cercueils animés traînant majestueusement le haut cercueil royal. Immédiatement après marchent les officiers de la chambre, les chambellans, les maîtres de la garde-robe, les médecins, les chirurgiens, les barbiers, les valets de chambre [188], les portiers, les lieutenants de porte, le joueur d'épée, tous en chaperon, en manteau de deuil. Ajoutez les symphonies lugubres des quarante musiciens de la musique du roi, jouant de leurs instruments voilés de longs crêpes [189] qui sont comme la voix de cet immense spectacle. Le cercueil entre dans l'église de Saint-Denis. Il est intronisé sur une espèce de grand piédestal, au milieu des chants, des encensements et de mille lumières. Les offices durent plusieurs jours, et, à la fin du dernier, le cercueil est descendu dans le caveau, où les grands dignitaires, les grands officiers viennent successivement chacun déposer leurs enseignes, leurs bâtons de commandement. Alors, je vous assure, le monde vivant semble descendu dans la tombe. Mais bientôt la même voix qui a crié trois fois : Le roi est mort! crie ensuite et plus fort : Vive le roi! vive le roi [190]! Ce qui est le signal de sortir du caveau, de l'église, d'essuyer ses larmes avec son mouchoir, de mettre son mouchoir dans sa poche, et d'aller chacun chez soi penser à ses affaires.

LES ATELIERS FRANÇAIS.

Station LXVII.

Dominique a déjà fait une description des arts mécaniques ; il les a classés suivant l'ordre chronologique où chaque art a été inventé, c'est-à-dire suivant l'ordre chronologique où le besoin de chaque art s'est fait sentir. J'ai longtemps répugné, comme on s'en doute, à marcher sur les traces littéraires de mon valet, j'ai longtemps cherché un autre ordre de classification ; mais n'en ayant pas trouvé de plus simple, de plus naturel, je l'adopte et je le déclare.

Les premiers hommes, vêtus et nourris par l'heureux climat des régions où ils étaient nés, durent d'abord se construire des retraites contre les bêtes féroces qu'ils entendaient rugir autour d'eux.

Bientôt ils durent porter quelques meubles dans leurs habitations.

Devenus de plus en plus nombreux, ils durent passer dans les régions septentrionales, ils durent se vêtir.

Dans ces régions le froid dut aussi les forcer à se chauffer ;

Les longues nuits, à s'éclairer ;

Le défaut de fruits, à s'approprier de nouveaux aliments, à les préparer.

Après les repas, les festins, ils durent, avec les restes, se faire des osselets, des dés, d'autres instruments de jeu.

Dans leurs joviales assemblées ils durent chanter, se faire des instruments de musique.

Dans leurs disputes, leurs querelles, ils durent s'armer, se faire des armes, ou du moins perfectionner celles qu'ils s'étaient faites pour la chasse.

La diversité des régions qu'ils habitaient dut nécessiter les échanges ou le commerce, qui dut nécessiter les transports et les voitures,

Qui dut nécessiter aussi la monnaie.

Enfin, ils durent éprouver les besoins de l'esprit, les besoins de se communiquer les pensées, les besoins de la parole, les besoins de se la transmettre, les besoins de l'écriture, des livres.

XVIᵉ SIÈCLE.

La maçonnerie.

Ainsi je commencerai par les maisons, par leur construction.

Un Espagnol a d'abord quelque peine à s'accoutumer à l'air épais de Paris. Dans le commencement du séjour que j'y ai fait, j'allais souvent à la campagne. Un jour, en me promenant sur les hauteurs de Fresnes, je me trouvai au milieu d'un atelier de maçons dont le chef me surprit par son intelligence, son activité, et par la précision de ses ordres : Cette pierre est mûre, disait-il à un maçon, celle-là ne l'est pas : Celle-ci, disait-il à un autre, a les dimensions fixées par les ordonnances [1], celle-là ne les a pas : Mon ami, disait-il encore à un autre, le roi a voulu que les briques eussent telle longueur, telle largeur, telle épaisseur [2]; il faut obéir au roi.

Au risque d'être accueilli comme un importun, je me hasardai à aborder cet homme ; je voulus savoir et je lui demandai de quoi était composé le ciment que ses ouvriers mettaient entre les pierres : De fer, de charbon, de résine, d'huile et de graisse [3], me répondit-il avec beaucoup de politesse. Je lui fis une seconde question sur la composition des pierres fondues [4], à laquelle il répondit avec la même politesse. Nous liâmes conversation, et je reconnus que celui que je prenais pour le chef d'atelier était le propriétaire.

Voilà ce que c'est que d'être le maître, lui dis-je ; il n'y a dans votre maison pierre qui ne soit posée à votre fantaisie. — Sans doute ; mais vous ne savez pas combien il m'en coûte ; maintenant on paie :

La journée d'un maçon.	» liv.	10 sous [5].
Celle d'un maçon limousin.		7 [6].
Celle d'un manœuvre.	»	5 [7].
Le millier de briques.	12	» [8].
La toise de pierres de tailles posées.	85	» [9].

Toutefois je prends patience quand je me rappelle que le siècle actuel a dédoublé les murailles du siècle dernier qui avait dédoublé celles du siècle précédent [10], et qu'il m'en aurait coûté le double au quinzième siècle, et le triple au quatorzième.

Ce bon propriétaire paraissait ne se pas lasser encore de moi. Nous tournions autour de ses constructions : En France, me dit-il, la mode des bâtiments offre des changements tout aussi frappants que celle des habits. Plus de lugubres tours ! des pavillons larges et gracieux [11]; plus de vilains escaliers à vis ! des escaliers doux, à repos, à montées droites [12]. On ne voûte plus maintenant que les caves et les premiers étages [13]; maintenant les portes intérieures, raisonnablement exhaussées, ne brisent plus la tête de ceux qui, par distraction, ne la baissent pas. [14]. Dans tous les appartements beaucoup de longues et larges ouvertures, beaucoup de lumière, beaucoup d'air [15].

La charpente.

Comment trouvez-vous mes charpentes ? me demanda ensuite ce propriétaire. — Très belles, très hardies. — Eh bien ! les pièces n'ont pas plus de deux pieds de long ; et cependant par leur disposition, leur agencement, elles sont aussi solides que les forts chevrons, les fortes poutres ; c'est un prodige d'invention et de perfection dû à notre Delorme [16].

La couverture.

Voyez, continua-t-il, avec quel goût on place maintenant les sculptures, et avec quelles précautions nouvelles on les préserve contre l'intempérie des saisons par un enduit transparent [17]. Quel agréable effet que celui des larmiers sculptés [18], que celui des faîtiers en plomb avec leurs ornements dorés [19] qui terminent si heureusement les sommités des toits ! Actuellement une belle maison neuve semble, par l'harmonie de ses divers matériaux, par l'ajustement de ses diverses parties, avoir été tirée d'un grand moule. Je félicitai ce propriétaire du plaisir toujours croissant que son bâtiment lui donnait, et je le saluai.

La menuiserie.

Était-ce lundi ou mardi dernier qu'une personne me dit chez moi : Allez donc voir le nouvel hôtel du banquier en cour de Rome [20], tout Paris y va : J'y allai ; véritablement j'y trouvai beaucoup de monde. On admirait principalement la menuiserie, et certes ce n'était pas sans raison. Moi qui avais vu les plus belles menuiseries de France, les stalles des Jacobins de Troyes [21], si artistement travaillées, les sièges du chœur de la cathédrale de Clermont, sortis de la main de Gilbert Chappart [22] qui ne leur cèdent guère, ceux de la cathédrale d'Auch, où un seul accoudoir porte toute une grande armée rangée en bataille [23] ; moi qui avais vu les magnifiques lambris des appartements de Henri II [24], ceux du Louvre si ingénieusement faits qu'ils se démontent, se remontent [25], se plient, se déplient pour ainsi dire comme une tenture de tapisserie, je ne pouvais me lasser de voir, de revoir, d'examiner, de considérer ces beaux parquets à compartiments de bois de chêne, jaspés d'autres bois de plusieurs couleurs [26] ; ces belles boiseries à arabesques, à filets si déliés, si purs [27] ; ces beaux plafonds à rinceaux, à caissons, à culs de lampe, sculptés, peints, dorés [28]. Cependant, à mon avis, tout était surpassé par les alcôves à rameaux, à feuillages, à grillages [29], à chiffres, non à chiffres de banquiers, mais à chiffres d'amoureux, placés au milieu des emblèmes les plus tendres [30], que tout le monde, en circulant, admirait; c'était un grand chœur de louanges en l'honneur de la menuiserie actuelle.

La métallurgie.

Ce matin, je suis retourné à l'hôtel du banquier, et c'était un bien plus grand chœur en l'honneur de la serrurerie; il est vrai que le jour était superbe et très propre à la faire briller. Bientôt les admirateurs se sont mis à disputer sur la qualité et le pays de ces fers dont l'éclat éblouissait les yeux; bientôt un homme aux poings calleux et noirs, à la moustache brûlée, après avoir longtemps parlé contre tous les autres et en même temps que tous les autres, est parvenu à se faire écouter et à parler seul. Ah! s'est-il écrié d'un ton ironique, je n'y entends rien, moi! je ne suis pas forgeron, je n'ai pas vu extraire, fondre, forger le fer; je n'ai pas été aux mines de Bourgogne! Quelqu'un ici y a-t-il été? qu'il dise, je l'en prie, qu'on ne porte pas dans le four la matière minérale; qu'il dise aussi qu'on ne la couvre pas de castine ou terre ferrugineuse, qu'on ne la recouvre pas de charbon, qu'ensuite on n'allume pas le feu, et que l'activité n'en est pas entretenue par un gros soufflet toujours en mouvement; qu'il dise que, lorsque la matière est en fusion parfaite, on ne l'écume pas, on ne la purifie pas; qu'il dise qu'on ne la laisse pas un peu cailler, et qu'enfin, avant qu'elle soit refroidie, on ne la coupe pas en gueuses ou longues pièces de quinze, dix-huit cents livres, façonnées en lingots, en barres, par le lourd marteau du moulin [31]. Peut-être, a-t-il continué sur le même ton, n'ai-je pas vu non plus les ateliers, les forges de Bourgogne et autres où de grands forgerons couverts d'un grand masque [32], tenant de grandes pelles, de grandes pincettes, de grands marteaux, de grandes cisailles, ressemblent au milieu de la réverbération de ces grandes fournaises à de grands démons travaillant dans un grand enfer [33]. Cet homme, voyant qu'on l'écoutait avec attention, a poursuivi ainsi : Mes amis, je puis vous assurer que la différence des fers ne provient pas seulement de la différence des mines, mais qu'elle provient encore de la différence des fontes. Par exemple, voulez-vous avoir du fer dur, fondez-le avec du marbre, ou fondez-le à un feu de bois dur. Voulez-vous avoir du fer doux, fondez-le avec du sablon, ou fondez-le à un feu de bois doux [34]. La diversité des fers, a-t-il ajouté, provient aussi des trempes, telles que la trempe à l'huile, la trempe au vinaigre, au vin blanc, à l'eau de tartre, à l'eau-de-vert-de-gris, à l'eau de sel commun, à l'eau de raifort, à l'eau de rosée [35].

Cet homme continuait depuis long-temps à parler lorsqu'un autre homme placé à côté de moi, s'en est allé en disant entre ses dents : Oh ! pour cela il n'y entend rien ; je me suis dit aussi entre les miennes que celui qui s'en allait était plus habile. Je l'ai suivi, et, sous prétexte d'avoir affaire dans la même direction, je l'ai joint : N'est-ce pas, lui ai-je demandé, que ce forgeron connaît mieux le fer que l'acier ? Vraiment oui, m'a-t-il répondu, car s'il sait fort bien que le meilleur fer est celui de Bourgogne [36], au-dessous duquel est celui de Nivernais [37], de Périgord [38], de Normandie [39], il ne sait pas que le meilleur acier est celui d'Espagne, de Piémont, d'Allemagne, de France, même des aciéries du Nivernais et du Limousin [40] ; car s'il sait aussi que le quintal de minerai rend quarante, quarante-cinq livres de fer [41], il ne sait pas non plus combien gagne, combien perd le fer en devenant acier par la stratification avec du charbon et de la chaux [42], combien gagne, combien perd l'acier à l'épuration ou à la trempe. Monsieur, ajouta cet homme, je vois avec peine qu'en France on ne veut pas apprendre la métallurgie. Ah ! que ne suis-je capitaine-général des mines [43] ! je trouverais dans notre Normandie [44], notre Rouergue, une partie du cuivre [45] que nous achetons si cher ; je trouverais dans notre Normandie, notre Languedoc, une partie du plomb, de l'étain [46] que nous n'achetons pas moins cher ; je trouverais dans nos différentes montagnes de l'argent, de l'or [47] ; et vous n'ignorez pas que l'extraction, la fusion de ces métaux sont à peu près les mêmes que celles du cuivre, de l'étain qui sont à peu près les mêmes que celles du fer [48], et vous n'ignorez pas non plus que les dernières opérations épuratoires, par lesquelles l'argent n'est aujourd'hui que de l'argent, l'or que de l'or, sont connues de tout le monde [49].

Mais, me direz-vous, prenez garde.

La livre de fer ne valant que six deniers [50],

La livre de plomb qu'un sou [51],

La livre de cuivre que trois sous [52],

La livre d'étain que quatre sous [53],

La livre d'argent que trente-sept francs dix sous [54],

La livre d'or que quatre cent quarante-quatre francs [55],

Il serait possible que le produit des mines fût inférieur aux frais de l'exploitation.

Ah ! vous répondrai-je, n'est-ce donc rien que d'agrandir nos ateliers souterrains, que d'agrandir le domaine de nos arts ? Aussi, honneur, gloire à messire de Lafayette, qui aujourd'hui fouille si profondément la riche mine de sa seigneurie de Pontgibaut, et lui fait tous les ans payer une grosse rente de bel et bon argent [56] qui accroît sensiblement le numéraire de l'Auvergne !

XVIe SIÈCLE.

La serrurerie.

Cependant, monsieur, il faut convenir que si l'ouvrier français n'est pas le premier pour extraire les métaux, il est le premier pour les mettre en œuvre.

Avez-vous assez examiné la magnifique serrurerie de l'hôtel d'où nous sortons ?

Il va sans dire que la grande porte d'entrée, la porte de sûreté du plus riche financier [57], doit être forte, et elle l'est. Vous avez vu qu'elle est assujétie par un grand fléau de fer, qu'elle est défendue et ornée par de gros clous à tête de diamant qui retiennent des rosettes, des plaques ouvragées [58]. Vous avez entendu tout le monde admirer particulièrement les heurtoirs, comme offrant la perfection de la sculpture et de la ciselure [59].

Les grilles des jardins, à mailles égales, interrompues par des chiffres et des écussons [60], annonçant également la richesse du maître et l'habileté de l'ouvrier, ont aussi été remarquées.

Toutefois, on n'a pas assez remarqué dans les appartements les portes fermantes, tombantes, les portes s'ouvrant des deux côtés [61].

On n'a pas non plus assez remarqué des serrures à plusieurs tours, des serrures à loquet, à clanche [62]; d'autres serrures avec des montres représentant des édifices, des colonnades [63], avec des montres à l'antique, à grillages d'acier sur drap de couleur [64].

Moi, je me suis bien gardé de ne pas donner mon attention à toutes ces parties de l'art, de ne pas la donner surtout à celle des targettes brasées au cuivre, à l'étain, à l'argent ; à celle des targettes émaillées en toutes sortes de couleurs ; à celle des ornements en fer fondu, de l'invention du célèbre Biscornette [65] ; surtout à celle des feuillages, des ramages, où l'art s'est joué du fer, l'a aminci, l'a contourné, l'a enroulé, où il l'a diversement coloré, seulement par les diverses trempes [66].

La serrurerie des meubles, a-t-il continué, ne vous a-t-elle pas semblé encore plus belle ? Il n'est pas possible que vous ayez vu sans un vif plaisir celle des grands coffres-forts, des coffrets en fer, des coffrets de bois, dont les serrures à huit, dix, douze pênes, ont des clés si artistement, mais si difficilement travaillées, que l'ouvrier met à un pêneton, à un seul anneau des mois, des années entières [67]. Je suis sûr qu'il en est de même de ces cadenas en gland, en poires, en raisins, en toutes sortes de formes [68] ; qu'il en est de même de ces placages chargés de quatrains français, grecs [69], de maximes en écriture brillante, étincelante [70]. Je suivais depuis assez long-temps cet homme, j'étais comme enchaîné à ses côtés par le plaisir ou le besoin de l'entendre.

La taillanderie.

Il a continué : Je viens de dire que l'ouvrier français est le plus habile à mettre en œuvre les métaux, témoin encore les ouvrages des soixante mille que serruriers que taillandiers de Saint-Étienne ou du Forez qu'on exporte jusqu'en Afrique, jusqu'au fond de l'Éthiopie [71]. Cependant la France paie encore huit cent mille francs de faulx à l'Allemagne [72]. Je fais donc une exception.

La vrillerie.

J'en fais une autre. Bien que la machine à tailler les limes soit gravée ou décrite dans tous les livres [73], la France continue à acheter les siennes chez ses voisins [74].

La dinanderie.

Je n'en fais plus. Le cuivre, le laiton, est en France partout façonné en vases de formes nouvelles, partout teint de diverses couleurs, partout étendu en placages, en filets sur les meubles, où il brille, où il rayonne [75].

La plomberie.

Maintenant, au moyen des nouveaux excellents tire-plomb, les plombs de nos vitres sont également aplatis, également amincis, également ouverts des deux côtés [76].

Dans nos maisons, le plomb est la matière d'une infinité de meubles dorés sans or, dorés avec du safran de fer, de l'orpiment, du vitriol [77].

Dans nos villes, le plomb couvre tous les jours un plus grand nombre d'édifices ; il veine en canaux le sol au-dessous de nos pieds ; il s'élève au milieu des fontaines publiques en gerbes d'argent, d'or [78], surmontées par des gerbes d'eau.

La poterie d'étain.

Monsieur, m'a dit cet homme, que je ne cessais de suivre, d'écouter, d'applaudir, de remercier, vous aimez les arts ; je voudrais ne pas être obligé de vous quitter dans un moment ; toutefois, j'ai encore le temps de vous parler aussi des ouvrages en étain, et peut-être de l'orfèvrerie.

J'entre chez un bourgeois, je crois entrer chez un seigneur en voyant sa vaisselle d'étain qui a l'éclat et les élégantes formes de la vaisselle d'argent [79].

L'orfévrerie.

J'entre chez un seigneur, je crois entrer chez Lucullus, chez Périclés ; toute son argenterie semble avoir été servie sur leurs tables. Aujourd'hui on entend Courtois [80], on entend les orfèvres du pont Saint-Michel, c'est-à-dire les meilleurs orfèvres du monde [81], on entend dans toute la France tous les orfèvres continuellement crier dans leurs ateliers : Le romain ! l'étrusque ! le grec ! l'antique ! l'antique [82] !

La dorure.

A mon grand regret, cet homme si instruit me quitta. Je fus tout étonné, et je le suis encore, qu'il n'employât pas un moment qui lui restait à m'apprendre ce que depuis j'ai appris, à me parler de la dorure sur métaux. En quelques mots, il pouvait me faire sommairement connaître les ingénieux procédés pour battre l'or au moyen du vélin, et pour le réduire en feuilles tellement minces, que celles d'un petit livret de cinq sols suffisent à dorer une statue de grandeur naturelle [83]; tellement minces, que la dorure des galons n'est que la deux-centième partie de l'argent qu'il recouvre [84]. Je fus surpris surtout qu'il ne me parlât pas des ingénieux procédés pour dorer avec l'or moulu, ou l'or amalgamé avec le mercure [85].

L'horlogerie.

Un de ces jours j'allai chez un horloger de la rue de la Harpe ; je marchandai, je fis mes offres. Oh ! me dit-il, de même que vous payez moins le vin de Montmartre que le bon vin de Surène [86], vous paierez moins l'horlogerie de Paris que l'horlogerie de Blois [87]. — Maître, que vos montres d'horloge [88] en or, en argent, en cuivre, en cristal [89], soient ou de Paris ou de Blois, on ne peut que les admirer. Elles ne sont guère plus grosses que le poing [90], et elles marquent les heures, même les minutes [91], avec l'exactitude du cours du soleil ; je me suis plu à voir qu'à plusieurs l'ouvrier a eu le courage de mettre une montre solaire au revers de sa montre à rouages [92], afin que l'une fût la preuve de la bonté de l'autre. — Monsieur, ces toutes petites montres d'horloge, qu'à force de dépense et d'art on pourrait faire bien plus petites, sont filles de ces horloges sonnantes suspendues à nos cheminées qui ne sont guère plus grosses que la tête [93], et petites-filles de ces grosses horloges qui remplissent les sommets de nos clochers et de nos donjons [94]. Toutefois, la gloire de l'art appartient encore toujours aux grosses horloges ; maintenant elles sonnent comme celle du célèbre Balam, qui a laissé à Château-Thierry un admirable monument de son art [95], les demi-heures, les quarts-d'heure [96]. Elles les sonnent même en musique [97]. Elles vous effraient comme celle de Nicolas Copernic à Strasbourg [98], comme celle de Lippe de Bâle à Lyon [99], par les personnages de bronze que vous voyez quitter leur place pour aller frapper les heures, et venir la reprendre après les avoir frappées [100]. Elles vous réjouissent, au contraire, comme celle du château d'Anet, où un grand cerf en bronze que poursuit au son des cors une meute de chiens aboyants, frappe en fuyant les heures avec le pied [101].

La poterie de terre.

Me voilà de nouveau en Picardie pour quelques moments; je veux dire qu'en voulant parler de la poterie mes souvenirs me reportent à mon voyage dans cette province. Je passai à Dourdan, ville toute remplie de potiers de terre, dont les armoiries sont trois pots [102], de même qu'à Bourges, ville toute remplie de drapiers, elles sont un mouton à longue laine [103]. Je passai ensuite à Beauvais, où ne pouvant m'arrêter que très peu de temps, j'aimai mieux ce jour-là voir les pots et les écuelles de cette ville que ses hauts et magnifiques édifices. Cependant, comme je savais que l'art du potier de terre, si ancien, si naturel à l'homme qu'on l'a retrouvé chez les sauvages de l'Amérique [104], n'a pas fait et n'a pu faire de grands progrès; comme d'ailleurs j'avais vu dans la Normandie les belles gresseries sans couverte [105], je ne manifestai pas à Beauvais une grande admiration pour la poterie, pour les flacons vernissés en bleu [106]. Oh! me dit un des chefs d'atelier, ne méprisez pas notre vaisselle de terre : elle n'est pas encore si commune que dans beaucoup de ménages on n'en ressoude les cassures avec du blanc-d'œuf, de la chaux [107], et que bien de petits bourgeois ne s'en passent et ne mangent sur des assiettes de fer [108] ou de bois [109].

La faïencerie.

Monsieur! me dit un autre chef, c'est que peut-être vous avez visité les faïenceries de Paris [110], peut-être même celles de Nevers [111]; c'est que peut-être vous avez même visité celles de Xaintes [112]. Oui, lui répondis-je, cela est vrai. Aussitôt l'atelier se remplit d'ouvriers des autres ateliers qui s'appelaient de proche en proche : tous voulaient voir un homme qui avait vu les faïenceries de Xaintes; tous voulaient savoir comment était fait le fameux Bernard de Palissy, ce premier fabricant de faïence française [113]; comment il procédait, comment il opérait. Je les satisfis d'abord sur sa personne, sa fortune, sur son titre d'inventeur des rustiques figulines du roi et du connétable de Montmorenci que le roi et le connétable lui avaient permis de prendre [114]. Je leur dis ensuite qu'ainsi que tous les habiles potiers il choisissait de bonne argile, qu'il la battait avec une verge de fer, qu'il la pétrissait, la corroyait jusque dans les plus petites parties, qu'il l'épurait, qu'il la tournait avec dextérité sur la roue, qu'il la façonnait avec goût tantôt en assiettes, en plats, en vases ordinaires, tantôt en assiettes, en plats, en vases remplis de fruits, de serpents, d'animaux en bossage [115].

L'émaillerie.

Mais, ajoutai-je, une des grandes difficultés est la couverte ou l'émail que Bernard compose ainsi que les émailleurs sur cuivre, c'est-à-dire qu'il prend du sable, des cendres gravelées, du salicor, de la pierre du Périgord, de l'antimoine, de la litharge, du soufre, du cuivre, du plomb, de l'étain, du fer, de l'acier [116]; une autre grande difficulté, surtout pour les pièces plates, unies, est la peinture à ramages verts, bleus [117], ou bien à personnages comme la faïence peinte par Raphaël [118]; une autre plus grande et la plus grande est, quand l'arrangement des pièces dans les fours est terminé, la conduite du feu [119]; mais aussi quel plaisir pour les faïenciers, lorsqu'ils défournent leurs pièces, de tenir de la faïence !

La porcelainerie.

Ils voulurent savoir ensuite si maintenant l'on ne pourrait avoir, aussi bien que de la faïence, de la porcelaine française : Non, leur dis-je, car soit que la porcelaine consiste en terre ou en sable [120], soit plutôt, ainsi que je le crois, qu'elle consiste en nacre de coquilles pilées [121], la nature a refusé à la France et à l'Europe ces matières.

Les questions recommencèrent : aucune, je pense, ne demeura ou sans bonne ou sans mauvaise réponse.

La verrerie.

J'aime bien l'anecdote de ce cavalier comme moi espagnol, comme moi se trouvant à Paris, cherchant comme moi à s'instruire, qui, à son retour de Saint-Germain-en-Laye qu'il était allé visiter, ne laissa pas débrider son cheval, et remonta dessus dès qu'il apprit qu'il y avait une manufacture de glaces, et ne revint qu'après avoir examiné une à une les savantes opérations d'un art, alors tout nouvellement français. Cette anecdote peut avoir tout au plus cinquante ans [122].

Aujourd'hui ces opérations sont de plus en plus connues; la description en est dans plusieurs livres [123] : voici les principales.

L'ouvrier souffle d'abord au bout de son tube de fer, qu'il a plongé dans le verre en pâte, un grand globe de verre qu'il fend avec des cisailles; ensuite il aplatit ce verre; ensuite il le carre, il le fait chauffer; il l'étend sous une masse de fer, et l'aplatit encore; il le laisse refroidir ; ensuite au moyen de l'émeril et du sable il le polit sur les deux faces, il le couche ; il applique dessus une légère plaque d'étain, sur laquelle il répand de l'argent vif, qu'il distribue également sur toute la surface. Il met par-dessus une feuille de papier ; par-dessus la feuille de papier une pièce d'étoffe de même dimension. Il comprime fortement le mercure sous un grand poids. La glace est terminée [124].

Avec l'art de faire le verre des glaces s'est perfectionné l'art de faire le verre blanc qui, au moyen du sel de barille, substitué au sel des plantes et notamment à celui des fougères [125], n'est plus si jaunâtre que dans le Nivernais [126], le Lyonnais [127], si verdâtre que dans l'Armagnac [128]. Grâce à nos deux ou trois mille gentilshommes verriers [129], la plupart élèves des verriers italiens [130], les Français ne boivent plus dans des tasses de poterie, mais dans des tasses de verre teint en toute sorte de couleurs, en bleu, en jaune, en vert, en rouge, façonné en toute sorte de formes, en nef, en cloche, en cheval, en oiseau, en église [131].

La verroterie.

Je remarquerai comme progrès de l'art en France que les Italiens, il n'y a pas un siècle, riaient des Français qui ne distinguaient pas des vraies pierreries les pierreries en verre qu'ils leur vendaient [132]. Aujourd'hui les Français en font d'aussi belles que celles des Italiens [133], et les Italiens ne rient plus.

La hucherie.

On n'a pas idée du bruit des encans de France, des encans de Paris, des encans de l'après-midi ; il s'en faisait un la semaine dernière, dans une maison du beau quartier du Louvre, au moment où je passais. Je crus qu'on se querellait ou qu'on se battait, qu'il fallait aller porter du secours ; plusieurs personnes entraient, je les suivis : je me trouvai au milieu de la vente des meubles d'un haut magistrat, décédé depuis peu. On enlevait les tonneaux et les autres futailles qu'on venait de vendre, on vendait la hucherie ou meubles en menuiserie ; on criait : le garde-manger ! à tant ! le buffet ! à tant ! Un maître-d'hôtel fut le dernier enchérisseur d'une jolie armoire à confitures [134], il le fut encore d'un superbe dressoir taillé à feuillage [135]. Cependant on rangeait autour de nous des bahuts, des huches, des coffres couverts de cuirs de diverses couleurs, rehaussés de placages de divers métaux [136], des bancs pleins, des bancs à claire-voie, des bancs à dossier, des bancs à coucher ou des bancs-lits [137] ; des chaises en bois sculptées, cirées, frottées comme les bancs [138] ;

des chaises dépouillées de leurs housses [139], afin de laisser voir leur garniture en maroquin [140], en drap [141], en velours [142], en tapisserie [143], en broderie [144]; des chaises pliantes, des chaises à roulettes, à ressorts pour les malades ou les infirmes [145]; des fauteuils dorés, argentés [146]; des tabourets, des placets, des sellettes [147] de plusieurs façons. Tous ces meubles étaient vendus et enlevés en quelques instants.

La tabletterie.

Tant qu'on vendit des pupitres à quatre, cinq étages [148], des tablettes de livres, des tables à écrire, les enchères ne furent guère échauffées; mais bientôt elles s'échauffèrent quand on cria des tables à pieds tournés [149], à tiroirs odorants [150], à dessus en cuir noir, chargé de ramages, de fleurs, d'inscriptions en or [151].

L'ébénisterie.

Elles ne s'échauffèrent pas moins quand on en fut aux armoires; aux secrétaires en placage, en bois d'ébène [152], en bois de rose [153], en bois étrangers contrefaits par la coction des bois indigènes dans de l'huile combinée avec du vitriol et du soufre [154], en bois indigènes teints dans des bains de couleurs combinées avec de l'alun [155]. J'étais de plus en plus assourdi; je me retirai.

La buisserie.

Dans ces encans j'ai cependant appris beaucoup de choses; toutefois j'en ai appris beaucoup plus en fréquentant les marchands de Paris, en achetant, surtout en payant bien.

On vend en France toute sorte d'ouvrages de buis; mais on ne les y fabrique pas tous. Il s'en fabrique une partie dans les pays étrangers [156], et souvent avec du buis de France.

L'ivoirerie.

On ne fabrique pas non plus en France tous les ouvrages d'ivoire qu'on y vend [157], bien que les tourneurs y travaillent l'ivoire avec tant de délicatesse qu'ils renferment tout un jeu de quilles dans une petite boule pas plus grosse qu'un grain de raisin [158].

La bimbeloterie.

J'ai appris aussi que ces bilboquets, ces sauteraux [159], ces poupées, ces bergamotes, ces oiselets en carton [160], ces jolis joujoux qui paraissaient tous de main française n'étaient pas tous faits en France [161].

La quincaillerie.

Bien que dans ce pays on jette mieux en sable le métal [162], qu'on ramollisse, qu'on redresse, qu'on teigne la corne, l'écaille mieux que partout ailleurs [163], tous les petits ouvrages en fonte, en corne, en écaille qui y sont vendus n'y sont pas faits [164].

La tapisserie.

En ce moment il me revient tout à la fois je ne sais combien de choses sur la beauté du château de Fontainebleau, mais je ne veux parler que de son ameublement.

La première fois que je visitai ce château, je faisais en sortant éclater mon admiration pour toutes les richesses et les magnificences qu'il renferme; quelqu'un qui était présent me dit que, puisque je ne parlais pas des tapisseries, je ne les avais pas vues. Je les ai vues, lui dis-je; il me répondit que je ne les avais pas assez vues. Véritablement il me rappela successivement et avec beaucoup d'ordre que j'avais d'abord marché sur des tapis mélangés de chanvre, de lin, de coton et de laine [165]; que j'avais ensuite marché sur des tapis de velours façon de Turquie, façon de Perse [166]. Il me rappela aussi que les vrais tapis de Turquie, les vrais tapis de Perse couvraient les tables [167]. Il me rappela que les belles salles étaient successivement tendues des tapisseries des différentes saisons [168]; que plusieurs appartements étaient tendus de verdures d'Auvergne, de Felletin [169]; que d'autres l'étaient de tapisseries blanches, vertes, à devises et à chiffres [170]; que d'autres l'étaient de tapisseries de Lorraine [171]; que les plus riches l'étaient de tapisseries faites à Paris, dans les ateliers de Dubourg, sur les dessins de Larembert [172].

Il ne me rappela pas, il m'apprit que dans les premiers temps de l'art les tapisseries étaient infiniment plus précieuses qu'aujourd'hui, et qu'à la cour, de même qu'il y avait les gardes du trésor, il y avait les gardes des tapisseries [173].

La chapellerie.

Me voilà, je crois, maintenant aux chapeaux; j'en sais beaucoup, mais monsieur André en sait beaucoup plus, et je ne puis mieux en parler qu'en répétant ce qu'il m'a dit.

Monsieur André est un des plus aimables voisins qu'on puisse avoir. Un jour mon perroquet, qui avait bien déjeûné, s'envola chez lui. Je vis que mon perroquet lui plaisait; je le lui laissai et le lui donnai. Peu de temps après il vint me voir. Il étudie les arts autant que je les étudie. Nous nous entretînmes; nous en discourûmes fort longtemps, et je finis par lui montrer cette partie de mon journal qui leur est relative. Vous voyez, lui dis-je, qu'en ce moment je m'occupe des vêtements. Messire, me dit-il d'un air franc et ouvert, je puis vous fournir quelques documents; imaginez si j'écoutai.

Lorsqu'au sortir de la messe ou des vêpres on se trouve aux galeries de l'église, on peut facilement savoir quelle est la mode actuelle des couleurs et des formes des coiffures. Vous voyez des chapeaux blancs, noirs, gris, verts [174], des chapeaux couverts de taffetas, des chapeaux couverts de velours [175], des chapeaux pointus en pain de sucre sur la tête des gens de guerre [176], des chapeaux à aile retroussée, à panaches sur la tête des gens du monde [177].

Les chapeliers feutrent fort bien la laine, le lapin, le lièvre, le castor, et leur donnent un beau noir [178]. Le prix ordinaire de leurs chapeaux ne passe guère trente sous [179] : leurs fabriques suffisent aujourd'hui à la France.

Les plumassiers français teignent aussi fort bien les plumes; ils emploient le sureau, le safran et le vinaigre [180].

La frisure.

Monsieur André continua ainsi : L'art de la frisure compte à peine quelques années et nous en avons atteint la perfection. Le perruquier français est, depuis Henri III, le premier en Europe. Regardez ce jeune élégant qui sort de ses mains : il balance sur son front l'édifice de sa chevelure poudrée de poudres odorantes [181]; ses moustaches sont cirées en croc; une petite barbe cirée aussi en pointe termine gracieusement le bas de son visage [182]; il va dans la société des dames : il est sûr de son fait.

La toilerie.

Belles et belles toiles de Normandie; belles et belles toiles de Bretagne [183]; belles et belles toiles de Châtelleraud [184]. La toilerie de France n'a pas de rivale, même dans les Pays-Bas [185].

On dit que la Picardie, contre les lois et contre les intérêts du commerce, vend à l'étranger ses lins [186] au lieu de les ouvrer; c'est une honte.

Les Hollandais sont venus établir en France des fabriques de grosses toiles de coffre [187] qui passent pour des toiles françaises, qui les déshonorent; autre honte.

La lingerie.

Au jour actuel la couturière taille la toile, fait les points, compose l'empois, empèse par principes. Il y a au jour actuel des traités de tous les arts; celui de la lingerie, avec figures des diverses pièces dont est formée une chemise [189], mérite d'être mentionné.

La draperie.

Dire comme bien des personnes que nos laines de Berri sont plus douces que celles d'Espagne [189], c'est dire trop; dire qu'elles sont aussi douces, c'est assez dire. Il me paraît que le tissage est de toutes les parties de la fabrication celle où nous avons fait le plus de progrès. Voilà les parements de mon juste-au-corps; ils sont tissus de manière qu'ils se trouvent blancs à l'endroit, rouges à l'envers [190]. Les tisserands français ont été les maîtres bénévoles des tisserands anglais [191], et ils sont encore hors de concurrence [192]. Rien ne surpasse la finesse de nos revêches, de nos estamets, de nos serges, l'éclat de nos frises, de nos camelots ondés [193].

La soierie.

Quant à nos soieries, où sont, je vous le demande, les plus habiles veloutiers, les plus habiles passementiers du monde? Pour moi, je crois qu'aujourd'hui ils sont à Tours, à Lyon [194]. Monsieur André, après m'avoir très bien décrit l'art d'élever les vers à soie, l'art de séparer des cocons la soie, de la mouliner [195], de la dévider aux tournettes qui mettent en mouvement cinquante dévidoirs à la fois [196], a ajouté : Messire, venez maintenant dans nos fabriques, l'ouvrier vous étalera des crêpes de soie d'or et d'argent, fins, déliés, légers, admirables [197], des satins rayés d'or, des velours à bouquets, à ramages d'or ou d'argent [198], faits avec une richesse, un goût tels qu'on n'a pas le courage de marchander. Toutefois croiriez-vous que nos Français, bien qu'ils veuillent tous, jusqu'aux villageois, être vêtus d'étoffes de soie ou de bourre de soie [199], ne les prisent si elles ne viennent de Venise, de Florence, de Lucques, ou de Gênes [200]; en sorte que tandis qu'à Londres les marchands anglais contrefont l'accent des marchands français [201], les marchands français contrefont à Paris l'accent des marchands italiens [202]. Une si déplorable manie décourage les manufactures que Louis XI éleva à Tours [203], celles que sous le règne de François Ier a élevées aussi dans la même ville le seigneur de Semblançai [204], et celles qu'à Lyon vient d'élever l'industrieux Turquet [205]; mais il y a remède sinon à tout du moins à cela, et en ce moment le roi, pour retenir en France les deux ou trois millions que chaque année [206] les Italiens viennent nous enlever, a d'abord fait planter la France de mûriers jusque sous ses fenêtres [207], et il a ensuite proscrit l'entrée des soies et des soieries italiennes [208].

Monsieur André, je vous prie de me donner le prix des soieries. — Le voici :

L'aune de velours à trois poils.	11 liv.	» s.
L'aune de taffetas à six fils.	2	15
L'aune de Damas.	6	»
L'aune de satin.	6	»[209].

La teinturerie.

Tout se tient, poursuivit monsieur André ; mais si quelque chose surtout se tient, c'est la draperie et la teinturerie. Dès que la draperie a eu repris ses travaux, elle a demandé à la teinturerie de nouvaux essais, de nouveaux efforts ; nos teinturiers sont devenus également habiles dans la variété des ingrédiens, dans la variété des combinaisons, dans la variété des procédés. Avec la limaille ils font le noir [210] ; avec la garance et la gaude, le beau noir ; avec la graine d'écarlate ou avec la cochenille, le rouge ; avec une première teinte de gaude, une seconde de cochenille, le violet. Ils ont teint une étoffe en rouge, ils la lessivent, ils la rendent d'un beau violet ; ils l'ont teinte en noir, ils ne veulent pas changer la couleur, ils veulent au contraire la fixer : ils baignent l'étoffe dans une eau de vitriol [211], et dans un baquet d'urine humaine s'ils veulent lui donner un grand éclat [212]. Eh ! qu'ai-je besoin d'en dire davantage ? les teinturiers de Lyon, de Tours sont connus dans l'Europe [213] ; les teinturiers de Paris, parmi lesquels se distinguent les Gobelins [214], le sont jusque dans la Chine [215]. Vous aurez d'ailleurs à remarquer ici que l'indigo a été depuis longtemps et qu'il est aujourd'hui plus sévèrement que jamais interdit ; le roi et le parlement disent qu'il appauvrit, qu'il brûle l'étoffe [216] ; mais je crois que ce sont les cultivateurs des grands champs de pastel qui le leur ont dit.

La façon des habits des hommes.

Maintenant le tailleur français s'empare de ces belles étoffes si bien tissées, si bien teintes ; il a dans ses mains les ciseaux dont il se sert si légèrement. Avec quelle élégance il oppose la draperie large et bouffante des manches à la draperie du corps tendue, serrée, écourtée au-dessus des hanches [217] ! Même principe, même goût pour la forme des chausses à la gigotte [218] ; le haut, enflé par de légères lames de fer [219], est large, bouffant jusqu'aux genoux ; le bas est collant et à pli de jambe [220].

Si vous voulez savoir aussi, ajouta monsieur André, le prix des façons, c'est pour les habits des maîtres soixante sous, et pour celui des valets vingt sous [221].

Je vous dirai encore qu'il y a de jeunes seigneurs assez fous pour mettre cinquante livres de perles à la broderie d'un habit qui leur revient souvent à trente, à quarante mille francs [222].

Monsieur André était de si bonne humeur qu'il ajouta en riant : Puisque l'occasion s'en présente, vous saurez que parfois nos tailleurs ne sont pas plus honnêtes que les vôtres; vous saurez que, pour vos chausses, au lieu de deux aunes de drap, il vous en font acheter trois [223], sous prétexte des doublures ou de la martingale, nouvelle invention des gens de cour qui permet, sans déranger les aiguillettes, les rubans de la ceinture, de satisfaire les besoins naturels [224]; et que, lorsque vous réclamez les retailles, ils vous font mille serments qu'ils vous ont tout rendu, excepté ce qu'ils ont jeté dans la rue; or, la rue, en terme de tailleur, est une grande armoire où ils serrent les pièces et les coupons qu'ils dérobent [225]. Les parlements ont voulu sévir contre ces tours de métier [226], mais ils n'ont pu en venir à bout. Je me crois sûr que les tailleurs jettent dans la rue autant de morceaux de drap de la robe des juges que de l'habit de leurs autres pratiques.

La façon des habits des femmes.

Pour l'habillement des femmes, ce sont aussi des toiles, des étoffes, mais plus douces, plus légères, plus fines, d'une couleur plus délicate, d'un dessin plus gracieux.

Considéré dans son ensemble, ce bel habillement a la forme d'une horloge de sable ou de deux cloches opposées à leur sommet. Le corps de jupe très serré à la ceinture va en s'élargissant jusqu'au bas, le corps de robe très serré aussi à la ceinture, tendu sur le corset de baleine, va de même en s'élargissant jusqu'aux épaules, où par le développement de la fraise il prend encore une plus grande ampleur [227]. On ne cesse de crier contre les parures actuelles; je ne sais en vérité pourquoi, car depuis l'invention des cerceaux de baleine, des buscs et des vertugadins [228], les femmes n'ont jamais été mieux gardées, n'ont jamais été habillées d'une manière aussi respectable : il le faut, car elles n'ont jamais été aussi jolies.

C'est peut-être encore à observer qu'on est infiniment moins rigoureux sur l'habillement légal des femmes; qu'au jour présent, quand elles sont trop bien habillées, trop bien coiffées, on ne les fait plus conduire en prison par quarantaines, cinquantaines, soixantaines à la fois [229].

Les ceintures.

A mon grand plaisir et à mon grand profit, monsieur André ne s'arrêtait pas : Nous en sommes, me dit-il, aux ceintures.

Il en coûterait beaucoup pour avoir des ceintures d'argent : il en coûte beaucoup moins pour avoir des ceintures en étain qui ressemblent à des ceintures d'argent ; et pour qu'elles y ressemblent encore davantage, on les a faites à grillages appliqués sur satin, sur velours [230].

Le cuir.

Finissons par la chaussure.

L'art du tanneur qui fournit les matières à celui du cordonnier n'a cessé de changer et d'améliorer les instruments, les procédés.

L'écharnage des peaux se fait maintenant sur le chevalet avec la pierre ponce [231].

Dans la mégisserie et la maroquinerie, cet art ne s'est pas moins perfectionné. Actuellement le dégraissage se fait par le moyen de la presse [232] ; et l'alun, méthodiquement employé, est devenu un excellent ingrédient pour fixer sur toute sorte de peaux toute sorte de couleurs [233].

Voulez-vous ajouter à mes observations que nos fermiers font souvent chez eux tanner, mégisser, maroquiner les peaux de leurs bœufs, de leurs vaches, de leurs moutons [234] ?

Les souliers.

Et même que nos bourgeois économes font venir dans leur maison les cordonniers et y font faire leurs souliers [235] ?

Je crois incontestable que depuis plusieurs siècles l'art du cordonnier est, en France, arrêté, sinon dans son élan, du moins dans ses développements.

Nous manquons de peaux crues, bien qu'on en importe de la Barbarie, du Cap-Vert, et même du Pérou [236].

Nous manquons encore plus de tanneurs, par conséquent de cuirs [237].

Nous manquons encore plus de cordonniers, par conséquent de souliers [238] ; aussi les Flamands nous en apportent de grandes batelées [239], tous plus ou moins vieux, dont le pauvre peuple s'accommode fort bien.

Nos souliers cependant ne sont pas très chers.

On vend ceux de veau, de maroquin, à raison de 16 deniers le
point.	» fr.	13 s.	4 d.
Ceux de vache, à raison de 2 sous le point.	1	»	»
La paire des grandes bottes.	7	»	»
La paire de bottines.	3	»	» [240]

Pour mettre des bas de chausses de soie, des bas de soie [241], il a fallu des souliers de soie. On connaît dans tout le monde nos souliers de velours rouge déchiquetés en barbe d'écrevisse [242], lacés et serrés comme les jarretières par des nœuds de ruban [243]. On connaît aussi nos souliers à semelles de liège [244], nos patins, nos souliers à cric, ainsi appelés du bruit qu'ils font [245]. On ne connaît pas moins les souliers de nos femmes, leurs élégantes mules à talons déliés [246], leurs hauts patins à talons encore plus déliés [247]. Monsieur André s'est levé : Messire ! n'oubliez pas que le Grand-Turc a fait demander solennellement au roi de France douze cordonniers de Paris [248], et il m'a salué et s'en est allé en riant.

Les combustibles.

Dès que l'antique hache fut sortie de dessous le marteau des premiers métallurgistes ou des premiers forgerons, elle ne reposa plus. L'histoire a conservé le souvenir de vastes régions déboisées, enlevées à l'agriculture et à la végétation [249].

La France, plus vivace et mieux administrée, n'a pas encore manqué de bois; mais le renchérissement successif qu'il éprouve [250] en fait prévoir la prochaine rareté.

Heureusement elle possède dans ses provinces du nord, dirai-je comme certains naturalistes, des terres où le sel blanc s'est évaporé, où seulement reste le sel noir qui a communiqué sa nature pesante, grasse et oléagineuse aux végétaux tombés en dissolution ; ou bien, comme d'autres, dirai-je des terres mélangées de végétaux qui se sont combinés avec le soufre et le salpêtre ; ou bien, comme d'autres, des terres où le soleil échauffant l'eau des marais la réduit en limon onctueux et bitumineux [251] ? je ne sais ; mais toujours est-il sûr que dans la Picardie et l'Artois il y a de grandes tourbières [252], et que l'emploi de la tourbe, reconnue de nos jours propre à remplacer les autres combustibles [253], mieux que les lois les plus sévères, protégera les forêts qui restent à la France.

Les Français achètent de l'Angleterre et de l'Écosse le charbon de terre [254] dont ils ont des mines très abondantes dans l'Orléanais [255], la Bourgogne [256], le Forez [257], le Rouergue [258], dont l'extraction, bien mieux que celle de la tourbe, protégerait les forêts : si je dis que c'est par habitude, je ne dis pas toute la vérité; mais je la dis toute si je dis que c'est par habitude et par impéritie.

J'ajoute que la nouvelle invention des fours à voûte surbaissée qui diminue la consommation des combustibles [259] protégera aussi les forêts.

L'éclairage.

Dans le nord les Français brûlent à la lampe de l'huile de navette [260], dans le midi ils brûlent de l'huile de noix [261].

Je vanterai volontiers leur chandelle. Autrefois on ne la faisait qu'avec du suif pur [202]; aujourd'hui on la fait avec trois couches de cire, grossies d'une couche de suif [203]. On la fait aussi avec du marc d'huile de noix [204]. Autrefois une partie de la mèche était de chanvre [205]; aujourd'hui elle est toute de coton [206].

La chandelle de cire a été encore plus perfectionnée. A peine le mois de mars est commencé que le fermier visite ses ruches. Il en cueille la cire, et après l'avoir séparée du miel il la met dans une chaudière avec un peu d'eau; il la fait bouillir lentement pour que l'eau s'évapore; ensuite il la passe à travers un linge, et il la verse dans de grandes écuelles de bois où elle se refroidit et forme de beaux pains jaunes.

C'est dans cet état qu'elle est vendue au cirier qui, après l'avoir plusieurs fois encore clarifiée, la blanchit de cette manière :

Lorsque la cire est fondue dans la chaudière, le cirier y plonge des palettes de bois plongées auparavant dans l'eau, afin que la cire n'y adhère pas et qu'elle s'en détache par feuilles minces. Ces feuilles minces sont ensuite exposées au grand air, à la rosée, sur des toiles où elles achèvent de se purifier et de blanchir [207].

On fabrique des chandelles de cire blanches, bleues, rouges, vertes, jaunes, jaspées, des chandelles de toutes les couleurs, de toutes les nuances [208].

Piolé, riolé comme la chandelle des rois, dit le proverbe [269]. Cette chandelle, diaprée des couleurs les plus gaies, rappelle la première des joyeuses soirées de l'année. Dans la boutique du cirier elle est pendue près de la chandelle des agonisants [270], de même que dans l'almanach le jour du mardi-gras se trouve près du jour des cendres [271].

On vend la livre de la chandelle de suif. . . . . . 3 s. [272]
Et la livre de la chandelle de cire. . . . . . . 18 » [273]

La cuisine.

Je veux qu'un homme que je rencontrai descendant la côte de Clayes me raconte ici encore son histoire.

Il menait son cheval par la bride, je menais le mien de même; nous fûmes obligés de nous ranger l'un à côté de l'autre pour laisser passer une file de charrettes. Quand elles furent passées, nous ne nous séparâmes pas, nous continuâmes à marcher ensemble, et bientôt nous remontâmes ensemble à cheval; mais au lieu de parler de la pluie et du beau temps, nous parlâmes de la guerre en général, et ensuite de la guerre civile qu'avait excitée la réforme de Calvin. On ne saurait jamais croire, me dit cet homme, combien le diable s'agitait pour attirer les catholiques hors de l'Église ; il les prenait par toute sorte de moyens, par tous leurs sens. J'ai eu quelquefois la gloire de lui tenir tête. Si vous pensez que je me vante, vous allez voir ce qui en est.

Je suis enfant de Paris, né dans la petite bourgeoisie. On me fit étudier par force, et mon dégoût augmenta avec l'âge. Quand j'eus terminé ma rhétorique, la philosophie m'ennuya tellement que je résolus de quitter le collège à la première occasion et de me faire cuisinier. J'avoue toutefois que pendant quelque temps la vanité m'arrêta ; mais je me dis qu'un bon cuisinier valait bien un mauvais médecin, un mauvais avocat, un pauvre prêtre. Enfin un beau matin je déjeûnai de mon Aristote, et le lendemain je me mis en apprentissage ; c'est dans mon nouveau métier que mes progrès furent rapides.

Je me fis d'abord un système bien ordonné ; et de même que les philosophes classent les divers termes du discours en catégories, je classai de même les divers ustensiles de cuisine :

En ustensiles de fer, tels que les éventoirs à tube, les éolipyles ou machines à vapeur [274] pour enflammer le feu, tels que les horloges ou machines à rouage [275] pour tourner la broche ou les broches, tels que les poêles, les marmites à trois, quatre pieds [276], les porte-plats [277] ;

En ustensiles de cuivre, tels que les poêlons, les chapelles ou fontaines, les poissonnières, les chaponnières, les tourtières [278] ;

En ustensiles d'étain, tels que les aiguières, les bassins, les soupières, la vaisselle [279].

A l'exemple des philosophes, je me fis aussi des axiomes :

Blé d'un an, farine d'un mois, pain d'un jour [280].

Quarante animaux terrestres bons à manger, quatre cents aquatiques [281].

Tous les mois où il y a une R les huîtres sont bonnes [282].

En février les bonnes poules [283].

Bon mouton que celui qui a été mordu par le loup [284].

Quand il passait un étranger, je ne cessais de l'interroger ; mais ce n'était pas sur les anciens monuments, sur les mœurs ou les usages de son pays : Monsieur, votre poisson est-il bon ? et votre volaille ? vos légumes ? vos fruits ? et quand j'apprenais quelque chose, je l'écrivais aussitôt, et mes tablettes faisaient naturellement suite à mes axiomes.

Le bœuf du Limousin est bon [285] : celui de la Champagne est meilleur [286].

Le mouton du Berry est bon [287] : celui du Rouergue est meilleur [288].

Le chevreau de l'Auvergne est bon [289] : celui du Poitou est meilleur [290].

La volaille du Mans est bonne [291] ; celle de Caussade est meilleure [292].

Les oisons de Beaune, du Lyonnais sont bons [293] : ceux de la Gascogne sont meilleurs [294].

Les tripes de Paris sont bonnes [295] : les andouilles de Troyes sont excellentes, les meilleures [296].

Les jambons de Lyon sont excellents [297] : ceux de Bayonne sont meilleurs [298].

Les langues fumées de l'Auvergne sont bonnes [299] : celles de Langres sont meilleures [300].

Les huîtres du Hâvre sont bonnes [301] : celles de la Saintonge, d'Angoulême, du Médoc sont excellentes [302].

Les carpes de la Saône sont bonnes [303].

Les éperlans de Quillebœuf sont bons [304].

Les sardines de La Rochelle, celles d'Antibes [305] sont bonnes, bonnes, excellentes, excellentes.

Le thon de Marseille est bon, excellent [306].

Le beurre de Normandie sentant la violette est bon : celui de la Bretagne orangé, est exquis [307].

Le fromage de la Brie [308], du Dauphiné [309], du Languedoc [310] est bon ; le fromage vert de la Provence [311] est bon; le fromage bleu de Roquefort est très bon, le meilleur [312].

La moutarde de Saint-Maixent est excellente ; celle de Dijon est la meilleure [313].

Le cotignac d'Orléans est bon [314].

Les biscuits de Rheims sont bons [315].

Les dragées de Verdun sont excellentes [316] : les dragées au musc, les muscadins de Lyon sont excellents [317].

Bientôt je me persuadai que le cuisinier devait se faire aider par la nature, et que c'était aux aliments dont on nourrissait les animaux à en assaisonner le plus savoureusement la chair. J'eus des cages privées de lumière, où j'engraissai la volaille avec de la farine d'ivraie, de froment, d'orge [318] ; il n'y avait rien de meilleur que mes chapons engraissés dans des caisses où ils ne pouvaient se tourner, se remuer [319] ; que mes pigeons auxquels on n'avait donné que de la mie de pain trempée dans le vin [320]; que mes paons auxquels on n'avait donné que du marc de cidre [321] ; que mes agneaux qui n'avaient pas mangé d'herbe, qui avaient en même temps tété deux mères [322]. Il n'y avait rien de plus délicat, de plus odorant que la chair de mes jeunes pourceaux nourris avec des panais [323] et qu'avant de les faire rôtir on avait remplis de fines herbes [324].

Quelle attention ne mettais-je pas d'ailleurs à interroger continuellement mon goût en même temps que celui des gens instruits, des gens riches, à corriger le mien par le leur, et le leur par le mien !

Enfin je me fis connaître. L'archidiacre d'un grand chapitre m'envoya chercher, et m'offrit beaucoup ; mais l'abbé d'un grand monastère vint lui-même me parler et m'offrit davantage. Maître Luc, me dit-il, j'ai goûté de vos hors-d'œuvre, j'en suis enthousiaste, et il me semble que chez nous vos talents auraient un plus vaste théâtre ; ce n'est pas tout, ils deviendraient plus utiles, ils seraient en quelque manière sanctifiés. Vous saurez, continua-t-il, que depuis quelque temps les Calvinistes nous enlèvent des novices et même des profès. Venez nous aider à les retenir par tous les plaisirs permis, particulièrement par ceux de la bonne chère. Dans ces temps difficiles on ne peut mieux chasser d'un couvent de Bernardins le diable que par la poêle ou la broche. L'abbé obtint la préférence. Je le suivis.

A mon arrivée les anciens de l'abbaye m'entourèrent. Mon ami, me dirent-ils, en me flattant de la main, défendez-nous contre Luther, Calvin, Zuingle, Bèze, Mélanchton, Ecolampade. Mes révérends, leur répondis-je, avec mes bisques [315], je me moque de Luther ; avec ma glace musquée, sucrée, avec ma neige parfumée à la rose [316], je me moque de Calvin ; avec... avec... je me moque de celui-ci... de celui-là... et de tous les autres.

Je leur tins parole.

Le bon abbé, les anciens et moi nous nous félicitions du calme et de l'hilarité répandus sur tous les visages, lorsqu'aux approches de la fête de l'ordre les dangers redoublèrent. Nous vîmes rôder autour de l'enclos des marchands de Genève qu'on soupçonnait d'être ou des libraires de cette ville vendant secrètement leurs livres [317], ou des ministres déguisés. Ce ne fut pas tout : des essaims de jeunes Cauchoises allant en pèlerinage venaient longuement prier à notre église ; or, ceux qui ont été au pays de ces jeunes filles, qui savent qu'il n'y a rien de plus parfait que leur taille, de plus blanc que leur peau, de plus noirs que leurs beaux yeux, se doutent du ravage que leur dévotieuse présence pouvait faire dans les rangs de nos jeunes moines ; l'abbé, le prieur, le sous-prieur, en furent épouvantés : Maître Luc, me dirent-ils, tout le noviciat devient en classe de plus en plus raisonneur, à la récréation de plus en plus indisciplinable, et au dortoir nous entendons la nuit de plus en plus soupirer. Notre recours est en vous : aux armes ! maître Luc, aux armes ! Mes révérends, leur dis-je de nouveau, je vous réponds de vos novices, et je leur tins de nouveau parole. Les cloches, au jour de la fête de notre saint patron, sonnèrent en même temps la fête de l'art, et en même temps ma victoire. On n'était qu'au milieu du repas lorsque mes gens et moi portâmes en pompe un ânon [318], gras, tendre, sur un grand plat fait exprès à sa mesure pendant qu'il pâturait et qu'il bondissait encore dans le pré de l'abbaye. Il était piqué de lard de sanglier [329], il était rôti à point, il exhalait le fumet le plus appétissant. Jamais, non, jamais je n'ai entendu applaudir ainsi un plat; jamais, non, jamais, je n'entendrai de si grandes acclamations. Mais quoi! je n'ai pas fini. Au dessert je servis des sucreries figurant les viandes [330] dont on venait de manger, et non de belles Cauchoises, et non des personnages indécents, comme c'est malheureusement aujourd'hui la mode [331]. Pensez d'ailleurs qu'il ne manquait ni pain d'épice à la cannelle, à la muscade, au girofle [332] ni gauffres, ni masse-pains, ni pâte d'abricots [333], ni conserves de roses, ni conserves de Provins [334]. Pensez qu'il n'y manquait non plus ni vins fins, ni vins muscats, ni vins artificiels, ni vins de groseilles, de framboises, de coings, de prunes, de fenouil [335], ni hippocras au vin d'Espagne ou de Malvoisie, ni clairette au vin blanc, au miel écumé, au girofle, au safran, au musc [336]. Pensez qu'il n'y manquait rien de tout ce qui peut flatter la vue, l'odorat et le goût; aussi notre jeunesse, revenant sincèrement à ses devoirs et à ses vœux, finit, avant de se lever, par entonner l'hymne de saint Bernard, et jura de lui être éternellement fidèle.

Le lendemain, les moines s'assemblèrent au son de la cloche *ad capitulum capitulantes* [337], et, en vertu des privilèges de leurs anciennes chartes, me nommèrent solennellement cuisinier héréditaire de l'abbaye [338].

Tout-à-coup le cuisinier héréditaire cessa de parler; il apercevait à sa droite le chemin de l'abbaye. Il me dit, avant de me quitter, combien il était charmé de ma rencontre; mais emporté par son cheval qui sentait la grange et le foin des moines, il ne put achever son compliment; l'autre moitié resta dans sa bouche.

Les instruments des jeux.

Reviendrai-je encore au travail de Dominique? et pourquoi pas?

Dominique, dans sa description des arts et métiers, divise les instruments des jeux en instruments de jeux sur terre et en instruments de jeux sur table.

Commençant par les premiers,

Il parle du jeu du palet [339];

Il parle du jeu de boules [340];

Il parle du jeu de mail, palemail ou jeu de boules poussées par des maillets emmanchés de pals, de bâtons, dans une enceinte ou de planches ou de maçonnerie ou de terrasses gazonnées [341];

Il parle du jeu des quilles [342] ou jeu de boule, poussant, renversant des pals, des bâtons dressés;

Il parle du jeu de paume, jeu de boules faites en laine, en crin, poussées et repoussées avec des raquettes, soit en plein air, soit dans des bâtiments clos [343] dont la prodigieuse multiplicité avait, il n'y a pas très longtemps, effrayé le parlement [344].

Continuant par les instruments des jeux sur table :

Il parle du jeu de galet, jeu du palet poussé et repoussé avec la main sur une table entourée d'une large rainure, où celui qui laisse tomber le galet, le palet, perd [345];

Il parle du jeu de billard, espèce de jeu de palemail sur une table tendue d'un tapis, où les boules, au lieu d'être poussées dans la même direction par un maillet, sont poussées l'une contre l'autre par le bout de bâtons appelés billards [346];

Il parle du jeu des dés [347], originairement le jeu des osselets;

Il parle du jeu des échecs [348];

Il parle du jeu des dames, matériellement le jeu des échecs, moins les grosses pièces [349]. Il dit qu'on pourrait mettre ce jeu dans une division de jeux sur siége. Effectivement, il y a un grand nombre de formes, de tabourets, d'escabelles, qui ont le dessus empreint d'un damier [350];

Il parle du jeu de cartes et de tarots [351], originairement, lui a-t-on dit, un jeu d'images [352], auquel a été depuis ajouté un jeu de dés dont les points, depuis un jusqu'à dix, ont été empreints sur les cartons ou cartes [353].

Ensuite il dit que la plus grande partie des instruments des jeux se fabriquent au tour, parce que la forme du rond, du cercle, de la roue, de la boule, est celle qui se prête le plus au hasard.

Ensuite il dit que le jeu des cartes envahira ou dominera tous les autres ;

Parce qu'il est le jeu le plus joli ;

Parce qu'il est le plus varié ;

Parce qu'il est le plus amusant ;

Parce qu'il est le jeu de tous les temps, de toutes les saisons, de toutes les heures;

Parce qu'il est le jeu des hommes, des femmes, des vieillards, des enfants; le jeu de tous les sexes et de tous les âges.

Les instruments de musique.

Au moins la moitié de ce chapitre est de Dominique; mais, cette moitié, je l'ai raccourcie de beaucoup ; et sans doute si Dominique eût à son tour retravaillé la mienne, il l'eût de beaucoup allongée.

Dans les maisons où il y a salle à manger, salle de compagnie, salle de jeu, il y a ordinairement salle de musique. Les bancs des musiciens sont rangés : je vois étalés sur leurs pupitres les jolis cahiers d'Attaignant [354] et de Ballart [355], qui aujourd'hui impriment les signes des sons, les signes de la musique, aussi bien que les signes des pensées, les signes de la parole.

Au-dessus des cahiers sont pendus ou posés des instruments de toute espèce.

Il ne m'est guère possible et il m'importe assez peu de savoir quel est le plus ancien. J'aperçois dans le fond l'orgue avec ses divers jeux qui reçoivent l'air des portes-vents qui le reçoivent des soufflets. Je sais qu'aujourd'hui le porte-vent est garni d'une claquette ou tremblant, et que les jeux ont chacun leurs basses ou pédales, dont la touche se trouve sous le pied [356].

Tout près est le clavecin, imité de l'orgue.

Pour moi, et sans doute pour bien d'autres, ce sont les rois des instruments. L'un est à lui seul un concert d'instruments à vent; l'autre un concert d'instruments à corde [357].

L'orgue fait en même temps entendre la trompette à potence, à tortil [358], le dessus de trompette ou clairon [359], la basse de trompette ou saquebute [360]. Il fait en même temps entendre le haut-bois, le dessus de haut-bois ou petit haut-bois, les basses de haut-bois ou grands haut-bois de deux, trois pieds de long [361], la flûte à bec, le dessus de flûte ou flûtet, la basse de flûte, ou flûte allemande, ou flûte traversière, ou grande flûte à neuf trous [362].

Le clavecin, l'orgue à cordes, fait entendre la mélodieuse viole, le dessus de viole ou violon, la première basse de viole ou viole bâtarde, la seconde basse de viole ou contra, la basse de viole, ou simplement la basse [363]. Il fait entendre aussi le luth, le téorbe, la guiterne, et les autres instruments à percussion [364].

Je suis fâché que dans plusieurs concerts on bannisse la trompette marine, cette ancienne basse retentissante composée de trois tables en triangle, assemblée, emmanchée d'une longue touche, montée d'une seule corde portant sur un chevalet dont un pied, qui n'est pas fixe, imite, par le tremblement que lui fait faire la vibration de la corde sous l'archet, le son d'une trompette [365].

C'est un miracle, dit-on, que la justesse de nos instruments actuels. Ah! non, ce n'est pas un miracle, quand on considère qu'outre les bonnes méthodes instrumentales, telles que le Traité de musique pratique par Issandon [366], rien n'est plus commun aujourd'hui que les Tablatures de flûte [367], de guitare [368], de luth [369], de sistre [370], d'épinette [371].

D'abord instruments bons;

Puis instruments beaux.

Autrefois les fabricants d'instruments pouvaient bien employer l'étain, le cuivre pour faire les instruments à vent; mais s'ils employaient l'argent ou l'or, ils étaient querellés par les orfèvres [372]. Ils pouvaient bien aussi employer le sapin et le bois ordinaire, le buis, même l'ébène pour les instruments à cordes ; mais s'ils filetaient les ouïes ou les roses avec des bois coloriés, de la nacre, de l'ivoire, ils étaient querellés par les tabletiers [373]. Maintenant le roi les a réunis en corps de jurande, et il leur a permis d'employer toute sorte de matières [374]. On peut maintenant avoir de bons et beaux instruments.

Les armes.

Ce chapitre est tout entier à Dominique ; je le laisse à peu près tel qu'il l'a fait.

Les hommes ont commencé par se battre avec des ossements, des mâchoires de grands animaux qu'on n'enterrait pas encore. Ces ossements étaient de courtes massues, auxquelles ont succédé les longues et noueuses massues de bois épineux, auxquelles dans toutes les parties du monde ont en différents temps, mais chronologiquement, succédé d'autres armes ou meilleures ou plus meurtrières ; car dans les mêmes besoins l'esprit humain est un, et opère toujours de même [375].

Au Pérou nous sommes encore à l'arc ;

En Europe, en France, on a passé l'arc, l'arbalette ; on les a abandonnés ;

On en est au canon, à la couleuvrine.

On en est venu aux petits canons portatifs, à l'arquebuse, au mousquet.

Je vais dire de quelle manière on les fabrique à Saint-Étienne, où l'on a le charbon, le fer, les chutes d'eau [376] ; où sont les grands ateliers de la France [377], et sans doute du monde.

Le fer est laminé ; le fer laminé est courbé en tube ; le fer courbé en tube est soudé, fourbi, poli, foré, ajusté. C'est un canon d'arquebuse ou de mousquet qu'on enrichit quelquefois de gravures d'or moulu ; alors il est monté sur le bois ou fût ; il est ensuite garni de son serpentin [378] ; il est prêt à recevoir la mèche, la poudre, le plomb, à lancer la mort.

La manière de forger les casques, les corps de cuirasse est la même que celle de forger les arquebuses ; celle de les fourbir, de les polir, la même ; celle de les graver, de les dorer, la même [379].

Dans les nouvelles fabriques on bat les lames d'épée au martinet [380].

Il ne tiendra pas à moi qu'on sache dans mon lointain pays combien la nation française est guerrière. Un de mes amis, valet de chambre d'un homme de robe, a voulu avant que je sortisse de sa maison me montrer le cabinet d'armes : il y a des épées, des hallebardes, des pistolets, des escopettes, des poitrinaux, des arquebuses, des mousquets; il y a six petits canons, six fauconneaux, montés sur leurs affuts [381].

Les voitures.

Maintenant plus de Dominique.

Les Français avec qui je vis me disent : un homme attentif comme vous ; un homme qui écoute comme vous... Je mérite peut-être quelquefois cette petite louange.

Il n'y a pas très longtemps que dans une maison où je me trouvai, un avocat qui était peut-être un médecin, ou même un financier, ou même un commerçant, mais qui à sa mise ne me paraissait point porter sa science en carrosse, parla cependant assez pertinemment des carrosses. On va voir si cette fois aussi je fus attentif et si j'écoutais bien.

Pour moi, dit-il, j'en sais plus qu'on en sait sur les litières et sur les carrosses ; j'en sais sans doute trop, car, dans le monde, toutes les fois que j'en entends parler, je suis obligé de redresser beaucoup de gens.

Je sais que nos litières à brancard sont anciennes en occident, et plus anciennes en orient [382] ;

Je sais encore mieux que je ne sais pas et qu'on ne sait pas quand pour la première fois elles ont été décorées de soieries, de franges, de glaces, de glaces couvertes de devises, de vers écrits en lettres d'or [383] ; mais je fais des recherches, soit dans les inventaires mobiliers, soit dans les comptes des grandes maisons, et je le saurai.

Je sais que les chars où les hommes se font porter sont de même anciens, fort anciens ; je sais que les Romains en avaient [384] ; je sais qu'au XIII° siècle les Françaises en avaient [385], comme aujourd'hui les Françaises et les Français en ont [386].

Je sais encore mieux que je ne sais pas et qu'on ne sait pas quand pour la première fois ces chars ont cessé d'être charrettes couvertes, roulant sur des essieux ; quand pour la première fois ils ont été suspendus sur des ressorts [387] ; quand leur couverture en demi-cercle a été changée en couverture élevée, plate, à quatre eaux, en impériale ; quand ils ont été en dedans rembourrés, matelassés de laine ; quand ils ont été en dehors couverts de cuir, de drap, de velours ; quand ils ont été garnis de mantelets se haussant, s'abattant, de custodes, de rideaux ; quand ils ont été sculptés, peints, cloutés de millions de petits clous dorés [388] ; enfin, quand ils ont été dignes de leur nouveau nom italien, de char rouge, *carro rosso*, carrosse [389]. Du reste, je fais aussi des recherches soit dans les inventaires mobiliers, soit dans les comptes des grandes maisons, et je le saurai.

En attendant, je sais que c'est durant nos troubles civils qu'ils ont été armés, aux quatre coins, d'épieux, de pistolets avec balles, moules de balles, poudre et fourniment [390], que c'est encore vers ce temps qu'ils ont été quelquefois construits en lits de poste [391], qu'ils ont été en temps de deuil drapés de noir [392].

En attendant, je sais aussi que l'usage de ces voitures devient tous les jours plus général [393].

Je sais qu'il en est de même en Allemagne [394]; de même en Italie, où les carrosses sont les plus riches [395]; de même en Angleterre, où ils sont les plus élégants [396].

Je sais que nos successeurs, ne pouvant mieux faire, feront autrement, et que, si nous avions fait comme ils feront, ils auraient bien sûrement fait comme nous faisons.

Enfin je sais qu'on nomme celui qui mène un coche le cocher [397], et celui qui mène un carrosse le carrossier [398].

Le monnoyage.

Voici maintenant une historiette au moins aussi vraie qu'une histoire.

Il y eut sous le règne du feu roi, à l'hôtel des monnoies de Paris une assez plaisante dispute. Un mécanicien nommé Abel avait trouvé le moyen de frapper au balancier les pièces de monnoie [399]. Les frappeurs au marteau se dirent à l'oreille que leur état serait perdu, que tout le monde pourrait aussi bien qu'eux frapper au balancier; ils dirent à tout le monde que la monnoie frappée au balancier était déformée; cependant elle était mieux formée. Ils dirent que l'empreinte n'en était pas nette; cependant elle était plus nette. Ils dirent qu'on avait toujours frappé au marteau [400]; une partie du monde fut alors pour eux. Ils dirent que les innovations avaient bouleversé la religion, l'état; ils eurent alors tout le monde. Depuis on a abandonné le balancier, on a repris le marteau, et sans doute pour ne plus le quitter.

Autant de lettres de l'alphabet, autant d'hôtels de monnoies; chacun a la sienne [401].

A écrire aussi que, depuis François Ier, la valeur métallique des pièces de monnoie égale à peu près la valeur métallique des pièces de métal du même poids [402].

L'écu vaut.	3 liv.	5 s.	» den.
Le demi-écu.	1	12	6
Le quart-d'écu.	»	16	» [403].

Les arithméticiens prétendent que cette division monétaire n'est pas bonne; les monnoyeurs répondent : chacun son métier !

Le papier.

Sous le titre de blason du cabinet [404], la poésie en a décrit le mobilier. Que d'objets!

Je parlerai seulement du papier, qu'on ne fait en aucun lieu de France, pas même à Troyes [405], pas même à Avignon [406], pas même à La Rochelle [407], pas même à Thiers [408], pas même aux moulins anglais établis en France [409], aussi bien qu'à Clermont [410], où la rame ne coûte cependant guère plus de trois livres [411].

L'encre.

Doit-on parler de l'encre avant de parler du papier? Je crois que les avis sont partagés. Ce qu'il y a de sûr, c'est qu'après avoir parlé de l'un il faut parler de l'autre. Je dirai donc que l'encre la plus commune est composée d'eau de pluie [412] ou de vin, de noix de galle, de vitriol et de gomme [413]; qu'il y a de l'encre de toutes les couleurs et notamment de l'encre rouge, composée de brésil et de lie de tartre [414]; qu'il y a de l'encre d'argent liquide [415] qui fait bien sur le vélin noir; qu'il y a de l'encre d'or liquide, composée de feuilles d'or, de miel, de gomme dissoute [416] qui sur le vélin pourpre ne plaît pas moins à l'œil; qu'il y a de l'encre phosphorique dont l'écriture est lue la nuit [417]; enfin, qu'il y a l'encre ammoniaque dont l'écriture n'est visible qu'après l'avoir approché du feu [418].

L'imprimerie.

Il faut obéir aux lois du pays où l'on habite.

Que je suis fâché qu'elles me défendent de mettre l'imprimerie, même la fonte des caractères, parmi les arts mécaniques!

J'aurais mentionné Tory de Bourges qui a trouvé les proportions entre la tête de l'homme et les lettres romaines [419], Vergier et ses successeurs, dessinateurs de lettres grecques [420], l'habile fondeur Le Bé, issu de cette ancienne famille d'habiles papetiers de Troyes [421]; et avant eux Garamon, qui leur a taillé les meilleurs poinçons [422].

Ici je ne puis donc rien dire de ce règlement sévère par lequel les fondeurs sont astreints à travailler depuis cinq heures du matin jusqu'à huit du soir [423].

Ici non plus je ne puis rien dire des perfections mécaniques de la presse si bien disposée pour que le frappement soit égal sur toutes les parties du papier [424], du perfectionnement de l'encre préparée à l'urine humaine [425].

Ici je ne puis sans doute parler même de l'ordonnance qui veut que le tirage soit fait dans les vingt-quatre heures après la composition de la forme [426].

La reliure.

Mais les lois ne me défendent pas de parler ici des relieurs.

Je les ai épiés; je les ai vus assembler les feuillets non comme autrefois avec des gros fils de chanvre, mais avec des nerfs de parchemin, de cuir, je les ai vus aplatir le dos, le rendre quelquefois tout uni ⁴²⁷. Je les ai vus dorer, argenter sur tranche; j'ai suivi leurs ingénieuses opérations. Ils serrent d'abord le livre entre les deux montants d'une presse; ils grattent les trois côtés de la tranche et ils les oignent d'une mixtion de blanc d'œufs, de bol d'arménie et de sucre-candi qu'ils laissent sécher; ensuite, ils passent légèrement sur ces trois côtés un pinceau trempé dans l'eau; et ils y appliquent la feuille d'or ou d'argent, ils la polissent avec une dent de chien ⁴²⁸, et c'est fini.

Je puis dire aussi comment, contre l'action de l'air ou la poussière, ils défendent les couleurs des tranches par des rebords descendant des plats où au milieu de filets, de fleurs, d'enroulements est souvent écrit le nom de celui auquel appartient le livre ⁴²⁹.

La législation des arts.

Il ne faut pas croire que les statuts des corps de métiers soient modernes : ils font partie des lois romaines ⁴³⁰; mais à mesure qu'ils ont été vers l'âge de la féodalité ils se sont chargés de ses chaînes ⁴³¹. Maintenant, à mesure qu'ils s'en éloignent, ils s'en déchargent. Cependant ils sont encore sous le poids de la plus lourde, sous le poids des jurandes et des maîtrises ⁴³².

Peu de temps après mon arrivée en France, je me trouvai dans une belle salle d'une riche maison de Lyon, où je demandai si, aussi bien qu'en Turquie, l'industrie en France ne pourrait être libre

Non, répondit une personne, les ouvrages faits dans les enclos des commanderies ⁴³³, dans l'enceinte de certains hôpitaux ⁴³⁴, des châteaux privilégiés ⁴³⁵, des Salvetat ⁴³⁶, où il n'y a pas de maîtrise, ce qui revient au même, de garantie, sont tous mauvais; j'ai remarqué, moi, que le chapeau, l'habit, les chausses, les souliers, faits dans la ville jurée ⁴³⁷ ou des maîtrises, me durent deux fois plus que ceux faits dans le faubourg non juré ⁴³⁸ qui toutefois touche au rempart.

Si! dit une autre personne, car j'ai remarqué, moi, tout le contraire. J'ajouterai du reste que je suis d'une province dont les états ont demandé l'entière liberté des arts ⁴³⁹; je suis Breton.

Ces jours-ci je lisais diverses lois qui permettent aux maîtres artisans d'exercer à la fois deux métiers; qui permettent aux maîtres artisans des villes où il y a parlement d'exercer leur métier dans toute la France; qui permettent aux artisans d'une ville où il y a présidial de l'exercer dans toute l'étendue de la juridiction. Voilà un commencement de liberté; la voici tout entière. Moyennant finance, l'ordonnance de 1581 déclare maîtres tous les compagnons artisans, lorsque, suivant la grandeur des villes où ils voudront s'établir, ils paieront depuis un écu jusqu'à trente 440.

Et toutefois le public a moins tenu à l'exécution de cette loi que les jurandes ont tenu à son inexécution, aussi est-elle tombée en désuétude 441.

Les artisans.

Dans certaines bourgades les artisans sont encore serfs 442. Dans certaines provinces, s'ils altèrent les matières qu'ils travaillent, ils sont encore punis de mort 443. Dans certaines corporations, leur teneur d'écritures, leur clerc est encore leur magistrat 444.

Qu'on ne croie cependant pas qu'au temps présent ils ne soient beaucoup plus considérés qu'au temps passé.

En effet, il y a aujourd'hui beaucoup plus d'or, beaucoup plus d'orfèvres; beaucoup plus de soie, beaucoup plus de fabricants de velours; beaucoup plus de fabriques, beaucoup plus de chefs de fabrique, c'est-à-dire beaucoup plus d'artisans s'approchant de l'état d'avocat et de magistrat.

Aujourd'hui le roi ne dédaigne pas de conférer lui-même avec les artisans sur le perfectionnement de leurs ouvrages 445.

Il ne dédaigne pas d'ériger en titre d'office le métier de certains d'entre eux 446.

J'ajoute qu'aujourd'hui les artisans se défendent eux-mêmes avec leurs lois, ou si vous voulez qu'ils se défendent eux-mêmes contre leurs lois: elles sont aujourd'hui toutes en français 447.

Hé! qui ne sait d'ailleurs que durant les dissensions religieuses ils ont été jetés dans les conseils des ligueurs, pêle-mêle avec les gens de robe, les nobles, les ecclésiastiques 448? On dit que le souvenir s'en est conservé sur leurs registres; je ne sais; mais je le vois conservé sur leurs figures.

LE TOURMENTEUR DE PARIS.

STATION LXVIII.

Si l'on ne peut pas me dire que je suis logé chez le bourreau, on peut me dire que je le suis chez le tourmenteur ou questionnaire. Ce matin, pendant que je déjeunais, il me l'a appris lui-même. Il ne se soucie pas trop d'ailleurs qu'on le sache. Je ne m'en soucie pas trop non plus, et je lui ai volontiers promis de n'en point parler.

Messire, m'a-t-il dit, je sens qu'il n'appartient guère à un simple logeur d'hôtel garni, tel que moi, d'avoir son cousin-germain premier commis greffier du Châtelet; cependant ce n'en est pas moins la vérité.

Mon cousin-germain, qui a marié avantageusement mes jeunes sœurs, a cru devoir se charger aussi de ma fortune; il me fit venir à Paris pour être tourmenteur ou questionnaire du Châtelet [1] : Tu auras, me dit-il à mon arrivée, de bons appointements, un bon habit, des provisions d'officier royal scellées du grand sceau [2]; et, dans toute l'année, tu n'auras peut-être pas vingt, peut-être pas quinze jours de travail. Je te vois jeune, leste, adroit; la nature t'a jeté dans le moule des tourmenteurs, tu réussiras dans cet état : c'est demain que tu dois y entrer.

Les cordes.

Effectivement, le lendemain à deux heures après-midi, m'étant trouvé avec le tourmenteur provisoire aux prisons du Châtelet, le geôlier vint nous ouvrir une chambre voûtée, au-dessus de laquelle les clercs de la bazoche jouaient la comédie [3]. Nous allons, me dit le tourmenteur provisoire, donner la torture par extension. Il y a deux manières : l'une consiste à passer une corde à la poulie que vous voyez au haut de la voûte, à suspendre l'accusé par ses deux bras attachés ensemble derrière le dos, tandis qu'un énorme poids de cent livres pend à ses deux pieds attachés de même ensemble [4]; l'autre consiste à tirer l'accusé par chaque main et par chaque pied, au moyen de deux cordes passées à ces deux anneaux scellés dans le mur à la hauteur d'environ trois pieds et à deux pieds de distance l'un de l'autre, comme vous voyez, et au moyen de deux autres cordes passées dans ces deux autres anneaux, scellés au pavé à douze pieds de distance du mur, et à un pied de distance l'un de l'autre, comme vous voyez aussi, à augmenter successivement la tension, en mettant au-dessous de l'accusé des tréteaux de plus en plus élevés [5]. C'est celle que nous allons donner.

Au bout d'une heure, longue pour le tourmenteur provisoire, courte pour moi, le juge et le greffier arrivent et s'asseyent.

Bientôt on amène un vieillard à cheveux blancs, mais fort et vigoureux. Pendant le premier degré de tension le juge l'interroge, l'exhorte à confesser son crime. Le vieillard répond par des injures et des jurements. Plus grand degré de tension, plus grandes injures, plus grands jurements. La tension, par ordre du juge, ne cesse d'augmenter; les injures et les jurements redoublent. Enfin, après une demi-heure de questions d'une part, de dénégations obstinées de l'autre, le vieillard est délié; il cesse les injures et les juremens, mais il persiste dans ses réponses : il est absous⁶. Un barbier, qui toujours se trouve là, remet en un tour de main les dislocations⁷, et le vieillard sort de la prison en menaçant la partie civile de bien lui faire payer ses tortures.

L'eau.

J'avoue que durant toute cette question le cœur me faillait continuellement, et que le vieillard n'aurait été torturé que par une de ses mains et par un de ses pieds, ou du moins aurait été fort mal torturé, si le tourmenteur provisoire ne fût venu tirer mes deux cordes; mais je ne fis, me dit-on, pas aussi mal quelques jours après. Il s'agissait de donner la question de l'eau.

On amena un jeune homme pâle, mince et fluet : on l'assit sur une sellette de bois; on lui attacha les deux bras au-dessus de la tête, avec une corde qui passait dans un anneau scellé au mur, et ses deux pieds avec une autre qui passait dans un anneau scellé au pavé. Le tourmenteur provisoire le prit d'une main par le nez, et de l'autre introduisit dans sa bouche une corne remplie d'eau ne tombant que goutte à goutte. Le juge, à chaque corne d'eau épuisée, demandait au jeune homme : Voulez-vous avouer? — Non. — De l'eau! Le juge réitéra longtemps et inutilement sa demande, criant à chaque nouveau refus : De l'eau! Mais enfin, quand le jeune homme vit que sur quatre pintes d'eau à tomber dans sa bouche il en restait encore trois⁸, ne pouvant plus alors résister à ce tourment, il s'avoua coupable. On le délia, et on le ramena dans la prison.

Je remarquerai que, pour rendre ses aveux plus complets, on le menaça de la question de l'eau compliquée de celle de la tension⁹.

Le feu.

Je remarquai aussi qu'on le menaça en outre de la question du feu, quoiqu'elle ne soit maintenant guère en usage¹⁰. Le tourmenteur provisoire était un ancien et habile praticien : je lui demandai en quoi elle consistait. Il me dit qu'on présentait devant un grand feu allumé la plante des pieds de l'accusé, pendant l'espace de temps prescrit par le juge, ou jusqu'à l'aveu du crime¹¹.

Les planchettes.

Mon cousin-germain me loua beaucoup du courage que j'avais montré à la dernière question pendant laquelle j'avais si bravement porté l'eau que le tourmenteur provisoire versait dans la corne. Il me loua d'avoir ainsi, malgré l'opinion des innovateurs et réformateurs [12], aidé les juges à découvrir la vérité; et comme il était le bel esprit du greffe, il ajouta que c'était avec raison que les philosophes disaient que la vérité était au fond du puits.

Mais bientôt il rétracta ses éloges.

Le tourmenteur provisoire, un des plus assidus courtisans de mon cousin-germain, lui proposa de me faire briller à une question de brodequins qu'on devait donner dans quelques jours; mon cousin-germain y consentit. Maître, me dit le tourmenteur provisoire, la question des brodequins est une des tortures les plus simples. Vous asseyez votre accusé; vous lui prenez la jambe droite, vous la mettez entre deux planchettes; vous lui prenez la jambe gauche, vous la mettez entre deux autres planchettes; vous serrez l'une contre l'autre les deux jambes avec des cordes; ensuite, suivant que le juge vous le commande, vous enfoncez avec un gros marteau, entre les deux planchettes placées entre les jambes, un, deux, trois, jusqu'à huit coins de bois [13] : voilà tout; c'est, je vous assure, tout. Cette leçon de torture me parut facile à retenir, et comme les provisions du grand sceau me tenaient au cœur, je promis de bien faire mon devoir. Afin de m'animer encore mieux, on me dit que je n'aurais à torturer qu'une méchante femme qui avait fait périr son époux; qu'il s'agissait d'un exemple pour toutes les femmes, pour la mienne aussi bien que pour les autres. Je m'animai moi-même : je me représentai une femme à la démarche, à l'air audacieux, au visage féroce. Je me rends à la chambre de la question avant l'heure fixée : le juge paraît; il était accompagné de mon cousin-germain qui, ce jour-là, pour me donner plus de courage, était venu remplacer le greffier. Moi, j'étais assisté du tourmenteur provisoire; j'avais tout préparé; j'étais prêt. Enfin la porte s'ouvre; je vois entrer, environnée d'archers, les armes hautes, une toute jeune femme plus belle que le jour; ses yeux doux, tendres et brillants se portent successivement sur ceux qui étaient présents, sur moi comme sur les autres. Asseyez madame, me dit le tourmenteur provisoire; il fut obligé de m'aider. Déchaussez madame, ajouta-t-il; alors je tombai dans une pamoison pendant laquelle on m'emporta chez le geôlier qui eut bien de la peine à me faire revenir. Lorsque j'eus entièrement repris mes sens, ce fut une risée générale parmi les guichetiers et les gens de la geôle. On me plaisanta, on se moqua de moi; et, quand je fus sorti, on jugea unanimement que je n'étais pas né pour jamais faire quelque chose de bon.

Mon cousin-germain me reçut fort mal; il me dit que si j'avais conservé quelques moments encore un peu de courage, j'aurais été quitte; que cette dame n'avait été condamnée qu'à être présentée à la question; qu'on lui avait lu l'arrêt de manière à lui faire croire qu'elle y avait été condamnée; qu'on ne voulait que lui faire peur, afin d'obtenir des aveux [14]; que la justice avait ses ruses, ses finesses, et que je n'étais qu'un sot.

Tu aurais d'ailleurs, ajouta-t-il, pu tirer parti de ta tendre sensibilité, en vendant aux accusés, ainsi que les autres tourmenteurs, des recettes, des secrets, des adoucissements [15]. Tu as irrévocablement tourné le dos à la fortune.

Je me disposais à repartir; mais mon cousin-germain, ne voulant pas laisser sortir de la famille ce bel office, comme il disait, me fit appeler avec le tourmenteur provisoire, et il nous signifia ses arrangements. Toi! me dit-il, tu seras en titre *tourmenteur du Roi nostre Sire* [16]; tu assisteras à la question les yeux fermés et les oreilles bouchées si tu veux, et tu signeras le procès-verbal. Toi! dit-il au tourmenteur provisoire, tu donneras la question, et tu auras seul les salaires et vacations, soit directs, soit indirects; et toi, me dit-il en s'adressant de nouveau à moi, tu n'auras que les appointements fixes. Depuis, j'en fais tous les quartiers la quittance, et j'ai, de plus, ce grand habit bleu que je porte les dimanches.

LES PLAINES DE FLEURI.

Station LXIX.

Il y a en France plusieurs petites villes, beaucoup de bourgs, et encore beaucoup plus de villages du joli nom de Fleuri [1].

Le Fleuri où je suis en ce moment est un village situé sur une aile de la forêt de Fontainebleau [2], et mérite peut-être plus qu'aucun autre son nom. Depuis quelques jours, je me promène dans ses belles plaines gazonnées, pensant, ne cessant de penser à plusieurs différents sujets sur lesquels il me faut et sur lesquels je veux, sans autre délai, écrire. Je prends enfin aujourd'hui la plume, sans trop savoir si je me suis assez promené, si je ne devrais pas me promener encore, si ceux qui liront ceci ne seront pas tentés, suivant la plaisante expression française, de m'envoyer promener.

Les peuples de la France.

J'ai déjà dit, je crois, que l'échelle des climats ou l'action variée des climats a rompu l'unité de l'homme physique, l'unité de sa couleur, de ses traits [3].

Maintenant j'ajoute qu'elle a rompu aussi l'unité de l'homme moral, l'unité de ses goûts, de ses habituelles inclinations.

Assurément, si d'abord le caractère des hommes a été le même, il ne l'est plus. Le caractère du Suédois, du Russe, n'est assurément pas celui de l'Espagnol, de l'Italien.

Et en France, assurément, le caractère du Picard, du Lorrain, n'est pas celui du Béarnais, du Provençal. D'après la position de leur pays, les Français du nord tiennent des Allemands, des Flamands, des Français du midi ; d'après la position de leur pays, les Français du midi tiennent des Espagnols, des Italiens, des Français du nord ; de cette manière cependant que les Français du nord et les Français du midi, à cause de la contiguïté du territoire, des liens du sang, à cause de la langue, des institutions communes, tiennent infiniment plus les uns des autres que des étrangers leurs voisins.

Ces observations me semblent vraies, et non celles des livres de géographie sur le caractère imaginaire des Français de chaque province. Les Picards, suivant ces livres, sont bons, loyaux, prompts, aiment la bonne chère [4] ; suivant moi, tous les Français sont Picards. Les Gascons, suivant ces mêmes livres, sont spirituels, fiers, aiment à se vanter [5] ; suivant moi, tous les Français sont Gascons [6].

Les dénombrements de la France.

Que j'essaie maintenant d'ordonner les documents dont sont en plusieurs endroits chargées mes tablettes ; que j'essaie de faire connaître par ordre cette grande famille française, hommes et biens.

Fromenteau évalue la surface de la France à quarante mille lieues carrées [7].

Boulanger l'évalue à deux cents millions d'arpents, dont la moitié seulement sont en pleine culture [8].

Fromenteau compte quatre millions de maisons [9].

Corrozet divise la France en treize provinces [10].

Bouchel la divise en vingt-une généralités, dont quinze sont *pays d'élection* [11].

Les géographes comptent en France :
Quatre-vingt-seize diocèses [12],
Quarante mille paroisses [13],
Deux mille églises calvinistes [14].

Ils y comptent :
Dix-huit duchés [15],
Quatre-vingt-six comtés [16].
Soixante-dix mille fiefs [17].

Ils y comptent :
Huit parlements [18],
Cinquante présidiaux [19],

Trois cent quatre-vingts bailliages ou sénéchaussées [20],
Les calculateurs politiques disent qu'il y a au moins :
Vingt millions d'habitants [21],
Quatre cent cinquante mille clercs séculiers [22],
Cent soixante-quinze mille clercs réguliers [23],
Douze mille religieuses [24],
Sept mille chevaliers de Malte, ou profès, ou novices [25],
Quatre mille ministres calvinistes [26],
Deux cent mille nobles [27],
Cinquante mille officiers de justice [28],
Trente mille avocats, procureurs, praticiens [29],
Trente mille sergents [30],
Six mille solliciteurs [31],
Six mille financiers [32],
Deux millions de pauvres [33].

Mais là n'est pas, il s'en faut bien, l'entier inventaire du grand ménage national.

Il n'est pas non plus dans les dénombrements que demande le roi par ses dernières ordonnances [34].

Il n'est ou il ne serait pas même dans ceux que demande le pensionnaire de Villepreux.

Et où est-il? où serait-il donc? Il est, il serait là seulement où les dénombrements correspondent, là seulement où les dénombrements correspondraient, sans exception d'aucune, à toutes les parties de l'ordre social.

LES COTEAUX DE FLEURI.

Station LXX.

Irrésistiblement attiré ce soir par la douce pente des coteaux de Fleuri, je me suis donné le plaisir de les parcourir. Dans une longue, agréable promenade, mon imagination, comme mes pieds, a été d'abord vagabonde; mais peu après je l'ai arrêtée et fixée sur ces questions :

Comment la grande famille française est-elle constituée?
Quelle est l'action mutuelle des éléments qui la constituent?

A force de monter, de descendre, de remonter, de redescendre, j'ai enfin trouvé les réponses, et je suis rentré à l'hôtellerie, la tête penchée ainsi que les épis remplis de grains mûrs.

La constitution.

J'ai lu bien des politiques, bien des publicistes français ; mon Dieu ! que de confusion !

Je crois, moi, avoir une idée assez nette de la constitution française, qu'on appelle ici les lois fondamentales de l'état [1].

Ces lois n'étaient originairement que des usages [2].

Elles ne forment pas même encore aujourd'hui un corps ; elles sont éparses dans les registres de l'état, dans ceux des hautes cours ou dans les livres [3].

Elles sont d'ailleurs si obscures, si vagues, qu'au lieu de déterminer les limites du pouvoir, c'est le pouvoir qui détermine leur sens et leur application [4].

Suivant l'esprit de ces lois, le roi a le droit :

De lever les impôts,

De faire la guerre,

De faire la paix,

De faire des lois,

De rendre [5] et de faire rendre la justice,

D'être presque toujours le maître, toujours le maître, presque en tout le maître, en tout le maître [6].

Le clergé a aussi des droits appelés immunités [7].

La noblesse a aussi des droits appelés privilèges [8].

Le tiers-état, comme tiers-état, n'a pas de droits, de privilèges ; mais dans certaines villes [9], dans certaines jurandes [10], la bourgeoisie, qui fait partie du tiers-état, a des droits, des privilèges.

Les doléances.

Lorsque ces trois corps, ou plutôt ces trois membres du corps de l'état souffrent, ils se plaignent au chef commun, ils présentent au roi leurs cahiers de doléances.

Les cahiers des doléances des trois états provinciaux ou demeurent long-temps ou demeurent sans réponse ; mais ceux des états-généraux sont ordinairement convertis en ordonnances royales, datées du lieu où ils sont assemblés [11].

Les trois états provinciaux.

Pourquoi le pensionnaire de Villepreux, quand il disait si clairement et si franchement que l'histoire de France n'était pas une histoire nationale, n'ajoutait-il pas à ses preuves qu'elle n'avait jamais parlé des trois états provinciaux [12] ?

N'est-ce donc pas à l'histoire nationale à m'apprendre :

Qu'il y a certaines provinces où la convocation des trois états est périodique [13], qu'il y en a d'autres où elle ne l'est pas [14]?

Que celles-ci paient, mais n'accordent pas l'impôt [15]; que celles-là ne le paient qu'après l'avoir accordé ou dans l'assemblée des trois états [16], ou même dans la seule assemblée du tiers-état, lorsque le tiers-état seul doit le payer [17]?

Que, dans presque toutes ces provinces, l'assemblée des trois états veille à l'administration [18], surtout au maintien des privilèges [19]?

N'est-ce donc pas encore à l'histoire nationale à m'apprendre :

Que pour le clergé ce sont les dignités cléricales, que pour la noblesse ce sont les grandes seigneuries, ou même dans plusieurs provinces la seule qualité de noble [20], que pour le tiers-état ce sont les charges municipales, qui donnent entrée aux assemblées des trois états provinciaux [21]?

Que les membres sont dans certaines provinces pécuniairement défrayés, que dans d'autres on leur offre tous les jours dans le lieu de leurs séances du pain et du vin, honorablement achetés avec les deniers publics [22]?

Que les trois états provinciaux s'assemblent, tantôt par provinces, tantôt seulement par bailliages [23]; qu'ainsi que les états-généraux ils n'ont pas de palais [24].

Et véritablement j'ai plusieurs fois vu les trois états provinciaux siéger dans les réfectoires des couvents [25], où l'on avait enlevé les tables, où l'on avait laissé les bancs du pourtour destinés aux membres des états, où l'on avait laissé aussi le fauteuil de bois du prieur, l'escabelle du frère servant, la chaire du lecteur destinés au président, au greffier [26] et aux orateurs [27].

Les trois états généraux.

Chose singulière, il y a plus de couleur rouge aux trois états provinciaux, où l'on voit le rouge clérical, le rouge nobiliaire, le rouge municipal, qu'aux trois états généraux où il y a moins de clercs dignitaires, plus de gradués, moins de simples nobles, plus de gens de guerre, plus de chevaliers, de grands officiers, moins de magistrats municipaux, plus de magistrats judiciaires [28].

Je me suis plusieurs fois dit combien je serais heureux de pouvoir avant mon départ assister à une session des états généraux. Il s'en faut bien qu'à cet égard j'aie perdu tout espoir, car si le roi manque d'argent, il voudra les états généraux; si les états provinciaux trouvent que les dépenses publiques sont trop grandes, ils voudront les états généraux; si les catholiques modérés, les protestants modérés désirent une réunion ou du moins une réconciliation sincère, ils voudront les états généraux ; si les catholiques ligueurs espèrent qu'on se déterminera enfin à extirper de vive force les nouvelles opinions, ils voudront les états généraux ; si les protestants fanatiques espèrent obtenir de nouveaux, de meilleurs édits, ils voudront les états généraux [29]. Tout le monde, en France, voudra alors les états généraux : Les états généraux ! sera le cri unanime de la nation.

Et aussitôt le roi écrira aux baillis, aux sénéchaux que le royaume se trouve dans des circonstances difficiles, qu'il veut y pourvoir avec l'aide des états généraux, qu'ils aient à convoquer à jour fixe les gens des trois états de chaque bailliage, de chaque sénéchaussée, pour qu'ils nomment les députés.

Et aussitôt le bailli ou le sénéchal convoquera dans son bailliage ou dans sa sénéchaussée les trois états.

Et aussitôt les trois états du bailliage ou de la sénéchaussée s'assembleront, nommeront chacun leurs députés [30].

Et aussitôt les députés des trois états se rendront au lieu de la réunion.

Maintenant voici ce qu'on a toujours vu et indubitablement ce que je verrai ou ce qu'on verra à la première session :

Une grande salle tendue de riches tapisseries, fraîchement décorée, s'ouvrira au jour fixé ;

Au milieu sera élevé un trône couvert de drap d'or [31] ;

Le roi, entouré de son nombreux cortège, viendra s'y asseoir ;

Les députés du clergé, les députés de la noblesse s'assiéront sur les bancs de devant ; les députés du tiers-état sur les bancs de derrière [32] ;

Les députés se mettront à genoux.

L'huissier, au nom du roi, dira à tous les députés de se lever ;

Tous les députés se lèveront ;

Le roi prononcera une courte harangue et parlera des nécessités de l'État ;

Le chancelier prononcera une longue harangue et parlera des nécessités de l'État ;

Les orateurs du clergé prononceront de longues harangues, parleront des nécessités de l'État, du besoin de réformer l'État, c'est-à-dire du besoin d'accroître l'autorité du clergé ;

Les orateurs de la noblesse prononceront de longues harangues, parleront des nécessités de l'État, du besoin de réformer l'État, c'est-à-dire du besoin d'accroître les privilèges de la noblesse ;

Les orateurs du tiers état prononceront de longues harangues, parleront des nécessités de l'État, du besoin de réformer l'État, c'est-à-dire de diminuer l'autorité du clergé et les privilèges de la noblesse [33].

Peut-être y aura-t-il quelques variantes ; peut-être l'orateur du clergé ne parlera-t-il à genoux qu'un moment devant le pupitre; peut-être l'orateur de la noblesse ne parlera-t-il à genoux qu'un quart-d'heure devant le pupitre; peut-être l'orateur du tiers état ne parlera-t-il à genoux qu'une heure devant le pupitre [34]. Peut-être durant son discours les députés des deux premiers ordres ne se découvriront-ils pas et peut-être alors l'orateur du tiers état ne se découvrira-t-il pas [35]; peut-être le greffier du parlement tiendra-t-il la plume [36] et peut-être ne la tiendra-t-il pas;

Peut-être pendant quelques séances les trois états se disputeront, se querelleront [37];

Peut-être la cour les laissera faire et peut-être ne les laissera-t-elle pas faire.

Mais ensuite, dans tous les cas, elle demandera de l'argent [38].

Alors les trois états se réuniront à faire la sourde oreille, à gémir sur la misère publique.

Fort bien! fort bien! mais il leur sera prouvé qu'il faut de l'argent:

Et les deux premiers états de dire au tiers état : payez!

Et le tiers état de répondre : payons!

Il y aura de longs débats [39];

La cour se lassera, grondera, et enfin grondera si fort, que les trois états accorderont l'argent nécessaire, c'est-à-dire la moitié de l'argent demandé [40];

La session sera close et les députés repartiront pour leurs pays, arriveront chez eux, et tout sera fini.

Oh! non, tout ne sera pas fini : les docteurs, les évêques les plus zélés, les plus hargneux seront faits évêques, cardinaux; les nobles les plus audacieux, les plus mutins seront faits chevaliers des ordres, capitaines de gend'armes; les bourgeois les plus irrités contre le clergé et la noblesse seront anoblis, et leurs enfants seront prieurs ou chanoines [41].

LES VALLONS DE FLEURI.

Station LXXI.

Je cours ici toute la journée sans jamais me fatiguer; je ne puis quitter Fleuri et ses riants environs. Aujourd'hui j'ai été conduit, par le cours de son joli ruisseau, au cours de la jolie rivière d'Écolle [1].

C'est de ma nouvelle promenade que je rapporte la réponse à cette question qui à son tour a dû nécessairement m'occuper : De quelle manière la grande famille française se gouverne-t-elle par ses municipalités, par ses polices ?

Les municipalités.

Un autre jour j'examinerai, et ce ne sera pas long, comment immédiatement après son affranchissement du servage le peuple, à l'ombre protectrice du trône, s'est constitué et gouverné souverainement [3] ; comment ensuite il s'est laissé gouverner par ses représentants, ses magistrats municipaux [3].

Je me bornerai, pour ce moment, à dire que durant les derniers troubles religieux les corps de ville avaient théologiquement et théocratiquement ressaisi la souveraineté [4] qu'aux siècles précédents ils avaient par degré laissé échapper ; mais que sous le règne de Henri IV les choses sont revenues au régime de nos âges [5], à leur état naturel qui est celui-ci :

Les municipalités veillent à la sûreté, à la salubrité de la ville [6] ;

Celles qui avaient la justice civile, criminelle, l'ont conservée [7] malgré l'édit de Moulins qui les en dépouillait [8].

Les municipalités peuvent, avec l'autorisation du roi, lever des impôts [9].

Elles peuvent, si leurs revenus suffisent, avoir une garde soldée [10].

Il y a des municipalités dont le chef porte le beau, que dis-je, le redoutable titre de père du peuple [11].

Il y en a dont les échevins portent le titre de Sieurs, et la rue où ils demeurent, le nom de la rue des Sieurs [12].

Il y en a qui, à défaut d'hôtel-de-ville, s'assemblent sans autre façon dans une boutique [13].

Les assemblées tumultuaires du peuple dans les villes où il n'y a pas de municipalité [14] offrent au milieu des assemblées municipales des autres villes comme des guêpiers au milieu des ruches.

On appelle dans les villes le territoire juridictionnel de la municipalité et ses habitants la communauté [15].

On appelle dans les campagnes où il n'y a pas, du moins où il y a peu de municipalités, le territoire juridictionnel du curé la paroisse [16], et le territoire juridictionnel du seigneur la terre [17] ; les limites en sont à peu près les mêmes [18].

La loi ne reconnaît que le territoire juridictionnel du curé, la paroisse [19].

Le curé, le seigneur remplissent dans leur paroisse, dans leur terre les fonctions de maire [20] : l'autorité de l'un est volontaire [21] est ordinairement populaire, aimable, aimée.

Aux jours de dimanche, si vous parcourez les campagnes, vous voyez souvent le peuple sortant de l'église s'arrêter autour des ormes plantés devant la porte. Bientôt vous l'entendez délibérer sur l'administration des biens communaux, sur les intérêts de la paroisse [22]; mais quel est ce haut personnage qui parle, que l'on entoure, vers lequel toutes les oreilles s'inclinent? ce n'est pas le seigneur, il est à moitié habillé en juge ; ce n'est pas le juge , il est à moitié habillé en paysan : c'est le notaire [23].

La législation policielle.

Une partie des lois de police est dans les lois municipales [24]; une autre est dans les ordonnances des rois [25]; une autre dans les coutumes des provinces [26]. C'est merveille comme ces lois me reviennent en grand nombre à la mémoire; il faut du reste convenir qu'elles sont fort notables :

Qui le premier engraine, ou du moins qui le premier arrive au moulin, n'est cependant pas celui qui le premier peut moudre; c'est la femme qui allaite [27].

Pain mal cuit est confisqué, et il est donné aux hôpitaux [28].

Fruit non mûr est jeté dans la rivière [29].

Les journaliers, les moissonneurs refusent de travailler : prison, saisie de biens [30].

Voyez-vous ces hommes invalides qui glanent dans les champs? c'est bien. Voyez-vous tout à côté ces hommes valides qui glanent aussi ? ils seront battus de verges [31].

Voilà un gagne-denier qui, pour le port d'un pain de beurre, a pris plus que les règlements lui accordent : il sera battu de verges [32].

Ce charretier n'a pas conduit son cheval par la bride : il sera battu de verges [33].

Ce voiturier n'a pas mené à la douane les marchandises qu'il porte : gare les verges [34] !

Ce voiturier a excédé les prix du tarif : gare les verges [35] !

Ce regratier a été au-devant des denrées portées au marché : gare les verges [36] !

Cet aubergiste s'est fait payer au-dessus du taux; les verges [37] ! les verges !

Il a donné à jouer : les verges [38] ! les verges !

L'autre jour, en ma présence, un riche bourgeois ne voulait point passer à son cuisinier quelques articles de son compte : Eh ! monsieur, lui disait le cuisinier, songez que je me suis exposé à avoir le fouet aux quatre coins de la ville : tantôt je vous ai fait des repas de plus de trois services; tantôt je vous ai donné des entrées de plus de six plats; tantôt j'ai doublé les plats [39].

Les Français vous proposent volontiers leurs lois de police comme modèles; à les en croire, je devrais en envoyer la collection ou le *promptuaire* [40] à mon parrain.

La police et ses officiers.

Je ne sais à quoi attribuer ce hasard, cette coïncidence de jours et d'heures; mais la vérité est que souvent et très souvent j'ai rencontré à la porte des villes, rangés en ordre de bataille, le prévôt des maréchaux, le lieutenant, le procureur du roi, le greffier et les dix, quinze, vingt archers [41], tous, ainsi que porte le procès-verbal de revue, *en estat de faire service au roy, tous ayant presté le serment qu'ils avoient achepté leurs chevaux, armes et équipages* [42]. Ces corps de juges armés suivis d'hommes armés, ces cours prévôtales, nuit et jour à cheval, font avec leurs épées et leurs écritoires, sur les grands chemins, une excellente police en même temps qu'une excellente ou du moins une prompte justice [43]; sitôt pris, sitôt pendu.

Les gardes et les officiers judiciaires des seigneurs font aussi la police dans les campagnes; ils sont aussi juges de police [44], et aussi juges fort expéditifs.

Les gardes bourgeoises, depuis que l'ordonnance qui les casse [45] est révoquée, font aussi la police dans les villes [46]; mais elles ne sont dans aucun cas juges de police : ce sont toujours les municipalités [47].

La police sans officiers.

Dernièrement, à une assez nombreuse veillée, on me nia qu'il y eût des pays où le plus souvent la police se fît sans officiers. Tout le monde se réunit à dire que cela ne s'était jamais vu. Cependant, répondis-je, cela se voit tous les jours, ici, chez vous, en France, où les supériorités sociales font le plus souvent la police.

Ainsi, un habit de soie fait la police parmi les habits de drap; un habit de drap parmi les habits de bure; un habit rouge [48] parmi les habits gris; un habit gris parmi les habits blancs [49], un manteau [50] parmi les vestes; un haut bonnet [51] parmi les chapeaux; une épée à fourreau de velours [52] parmi les épées à fourreau de cuir; enfin les bottes qui sont éperonnées [53] parmi celles qui ne le sont pas. Il y a plus : j'ai vu que dans les auberges, lorsqu'il survient quelque débat, ceux qui mangent légalement du gibier [54] en imposent à ceux qui ne mangent légalement que du veau ou du bœuf, et ceux qui boivent légalement du vin [55] à ceux qui ne boivent légalement que de l'eau.

LE RIEUR DE MONTARGIS

Station LXXII.

Je me suis fait, je me suis imposé, comme on voit, un système de questions, et déjà j'ai trouvé la réponse à un grand nombre; mais ce matin, depuis le point du jour, j'ai longtemps et inutilement couru les plaines, les coteaux, les vallons, sans pouvoir trouver la réponse aux autres. Enfin, impatienté je suis rentré de fort mauvaise humeur à l'hôtellerie et je me suis disposé à repartir. Monsieur, m'a dit l'hôtelier avec un regard fin et amical, il vous est survenu une méchante affaire qui hâte votre départ; pourrais-je vous être de quelque secours? Parlez! je vous en prie! Il m'a si obligeamment, si cordialement pressé, que j'ai fini par répéter à toute aventure ce que je me suis, ce matin, cent fois, mille fois, demandé : Comment la grande famille française est-elle constitutionnellement gouvernée? comment est-elle gouvernée par le roi? par ses conseils? par ses grands officiers? par ses ministres?

Oh! m'a répondu l'hôtelier, j'ai votre affaire; allons chez mon oncle.

Nous sommes allés chez l'oncle de l'hôtelier, praticien à la justice du lieu : Oh! m'a dit l'oncle de l'hôtelier, j'ai sûrement votre affaire si vous vous sentez le courage de faire à pied une lieue, une lieue en montant? — Oui. — Eh bien! partons pour Arbonne.

Au bout d'une heure de chemin, il s'est offert à nous une maison grande, agréable. Nous sommes entrés : le premier homme qui s'est présenté a été un homme de haute taille, d'une bonne figure : Mon ami, lui a dit mon conducteur, ouvrez, je vous prie, votre bibliothèque à ce studieux étranger qui en a instantanément besoin? — Volontiers, a-t-il répondu; je voudrais seulement savoir quel est l'objet de ses recherches, je lui épargnerais peut-être une partie de la peine. Je le lui ai dit. Mon patron! mon saint patron! s'est-il joyeusement écrié, vous ne pouviez plus à propos venir; cela n'arrive pas deux fois en la vie. Depuis quelques semaines je porte dans ma tête autant et sans doute plus, beaucoup plus qu'à cet égard il vous en faut; mais, a-t-il ajouté, je commence par vous dire que je ne me souviens jamais de rien qu'après dîné. Dînons donc sans autre retard. Nous avons dîné, et dès que la table a été levée, l'ami de l'oncle de mon hôtelier m'a dit: Monsieur, je puis me vanter d'avoir au nombre de mes parents un des plus grands rieurs qu'il y ait ; c'est un avocat de Montargis.

Le gouvernement français.

Dernièrement j'eus occasion d'aller le voir en revenant de Nevers ; je le trouvai qui riait à se tenir les côtés. Mon cousin, me dit-il, ce matin, à notre réunion, le bâtonnier et le sous-bâtonnier ont disputé avec plus de chaleur qu'à l'audience, et cela devait être, car ils disputaient sur chose qu'il n'entendaient ni l'un ni l'autre ; et l'avocat de Montargis de rire plus fort. Le bâtonnier, continua-t-il, soutenait que le gouvernement de la France était un gouvernement monarchique, suivant la définition d'Aristote [1]. Le sous-bâtonnier soutenait au contraire que le gouvernement de la France était un gouvernement monarchique représentatif. Personne là n'a su dire au sous-bâtonnier que si l'on pouvait donner le nom de gouvernement monarchique représentatif au gouvernement de l'Angleterre [2] on ne pouvait le donner à celui de la France où les états-généraux ne sont assemblés que sous le bon plaisir du roi [3], où ils représentent bien le clergé des villes, le clergé des campagnes, la noblesse des villes, la noblesse des campagnes [4], où ils représentent bien le tiers-état des villes, mais où ils ne représentent pas le tiers-état des campagnes [5], c'est-à-dire les trois-quarts de la nation [6], et au bâtonnier que le gouvernement de la France avait été féodal royal jusqu'à Louis XI, royal depuis [7].

Le gouvernement du roi.

Bientôt mon parent se mit de nouveau à rire ; c'est qu'en ce moment il se rappelait que ses confrères quelques jours auparavant, avaient unanimement décidé que le roi, il y a un ou deux siècles, quand sans autre forme de procès il faisait, en sa présence et à l'instant, couper la tête aux grands de l'État [8], était plus puissant qu'aujourd'hui ; à quoi il avait répondu que le roi peut aujourd'hui, par les arrêts de son parlement, faire couper la tête aux traîtres, aux conspirateurs, aux rebelles, quelque grands qu'ils soient [9], tandis qu'autrefois, s'il ne les tenait déjà sous sa main, il fallait combattre, et le plus souvent finir par un traité de paix [10]. Et comme je le voyais rire encore plus fort, et que je lui en demandai la cause, il me répondit, en parlant toujours de ses confrères : Je ris de leurs rires ; ils se moquèrent de moi lorsque je prétendais, contre leurs assertions, que roi, *rex*, n'était que l'abréviation de *regens*, et que maintenant les rois de France ne régissent ou ne veulent par eux-mêmes régir que la guerre [11] et la haute police [12] ; la guerre, parce qu'à l'exception des rois enfants ils ont tous mis sur le champ de bataille l'épée au vent [13]; la haute police, parce que depuis Philippe-le-Bel le royaume a été fréquemment agité par les soulèvements ou les émeutes [14]; parce que depuis Henri III le fanatisme, forcé d'éteindre les bûchers, cache les poignards sous toute sorte de robes [15]. Je leur donnai des preuves, et c'était à entendre de quelle manière ils m'injurièrent, quand ils eurent enfin reconnu que j'avais raison : laissez-moi rire de leurs injures! laissez-moi rire!

Le gouvernement des conseils du roi.

Dans la journée, mon parent reçut la visite d'un échevin synodal, ou marguillier d'église [16]; il l'accueillit avec les démonstrations de la plus grande politesse. Il adhéra par de continuelles inclinations de corps et de tête à tout ce qu'il lui entendit dire. Oh! le savant échevin synodal! pensai-je; mon parent, si difficile, n'a cependant cessé de lui applaudir; mais à peine l'échevin fut sorti, que mon parent se mit à rire sur nouveaux frais : Ce bon homme, me dit-il, confond tout, brouille tout, absolument tout; il prend le grand conseil, depuis plus d'un siècle une cour de justice [17], pour le conseil d'état, où l'on délibère sur les intérêts des provinces, sur leurs cahiers, sur leurs requêtes [18]. Pour lui, le conseil privé, où l'on délibère quelquefois sur les plus graves, quelquefois sur les plus frivoles intérêts [19], est différent du conseil étroit [20]. Il n'y a que le conseil des finances [21] et le conseil des parties [22] que leurs noms l'empêchent de confondre avec d'autres conseils. Du reste, ajouta-t-il toujours avec la même gaîté, comme le vulgaire de cour n'est pas plus propre à faire une bonne langue que l'est le commun vulgaire, les noms des différents conseils sont dans une mobilité perpétuelle [23].

Mais, dit mon parent, où l'échevin m'a donné le plus à rire, c'est quand il m'a parlé de la vie pénible des conseillers d'état. Ces pauvres gens! ils vont à la messe du conseil à six heures du matin [24], dans toutes les saisons, et quelque temps qu'il fasse! Ils demeurent au conseil, le matin, depuis sept jusqu'à dix heures; le soir, depuis une jusqu'à quatre [25]! Ils ne peuvent d'ailleurs dîner, souper dehors que chez les autres conseillers ou chez le chancelier [26]. Quant à moi, continua mon parent, je me tiens presque sûr que souvent la messe est dite très bien sans eux, et il se mit à rire; que la petite horloge posée au milieu de la table du conseil [27] marque aussi très bien les heures sans eux, et il se mit encore à rire; qu'ils vont manger aussi chez leurs fils, chez leurs gendres, chez leurs parents, d'un degré même assez éloigné, pourvu qu'il y ait bonne chère, et il se mit à rire et à rire. Oh! lui dis-je alors, que croyez-vous donc? Je crois, me répondit-il, que les conseillers ont en général trente-cinq ans [18], et que la plupart en ont plus que moins, que leurs appointements sont de deux mille livres [29]; je crois que leur nombre, moitié moindre que celui des conseillers de la reine [30], est de trente-trois [31], qu'ils sont divisés en trois sections de onze membres chacune, chacune servant quatre mois, chacune spécialement chargée des affaires de certaines provinces [32]; je crois cela, et cela ne me fait pas rire. Je crois qu'il n'y a qu'un tiers de conseillers ou d'église ou de longue robe, et qu'il y a deux tiers de conseillers d'épée ; je crois que la proportion devrait être inverse, et cela me fait rire. Je crois que les conseillers d'épée doivent être nobles de trois races [33], et cela ne me fait pas rire ; je crois qu'il y a, je dois plutôt dire que je connais, à cet égard, beaucoup de fraudes : mon bisaïeul chassait aux chiens et aux oiseaux [34]; mon aïeul était publiquement, par plusieurs gentilshommes, appelé mon cousin [35]; mon père était page, et voilà une attestation devant notaire qu'il a eu, en cette qualité, souvent le fouet au château voisin [36]; telles sont assez communément aujourd'hui les preuves de noblesse, et cela me fait rire, et, quelque chagrin que j'aie, toujours rire. Je crois que les conseillers sont coiffés tous d'un bonnet de velours [37], que les conseillers de robe longue ont une longue robe de velours [38], et cela ne me fait pas rire ; je crois qu'ils ont robe d'hiver, robe d'été [39], et cela est bien près de me faire rire ; je crois qu'ils ne peuvent entrer au conseil qu'avec leur costume [40], et cela ne me fait pas rire. Je crois qu'ils ont chacun une clé de la salle [41], et cela est bien près de me faire rire. Je crois que les secrétaires des commandements de la reine, des frères du roi, entrent au conseil, y opinent [42], et cela me fait rire, beaucoup rire ; je crois que les chevaliers du Saint-Esprit en service près de la personne du roi, les capitaines des gardes, le maistre-de-camp du régiment des gardes, le grand-prévôt y entrent, y opinent [43], et cela aussi me fait rire, beaucoup rire. Je crois que les conseillers sont assis au conseil suivant le rang de leur ancienneté [44], et cela ne me fait pas rire. Je crois que les maîtres des requêtes, lorsqu'en l'absence du roi le chancelier préside et leur demande leur opinion, opinent debout, nu-tête, et cela ne me fait pas rire. Je crois que lorsque le chancelier la demande aux conseillers il n'ôte son bonnet que pour le dernier [45], ce qui me fait un peu rire. Je crois que plusieurs conseillers accompagnent toujours le roi, quand il va dîner, souper [46], restent auprès de lui pendant le repas comme pour le conseiller, et cela me fait rire, beaucoup rire, le plus rire.

Le gouvernement des grands officiers.

Cet échevin synodal, me dit aussi mon parent, n'est pas du pays.

Il est venu à Montargis pour des affaires dont il m'a chargé, et je n'oublierai jamais que la première fois que nous nous vîmes j'eus bien de la peine à ne pas rire lorsqu'il me dit, je ne me rappelle pas trop à quel sujet, mais n'importe : Nous, pauvres petits échevins synodaux, nous tremblons à la seule pensée d'avoir à rendre compte à Dieu de l'administration de notre église; combien ne doivent pas trembler encore plus ces conseillers du conseil du roi qui mettent l'impôt sur les terres et sur les hommes, qui désignent au roi les clercs les plus dignes des bénéfices à charge de plusieurs cent mille âmes, les clercs les plus dignes des évêchés, des archevêchés, qui proposent les lois desquelles dépendent la fortune, l'honneur et la vie des citoyens, qui engagent les sanglantes luttes des peuples que souvent les générations suivantes voient à peine terminer! O mon très cher monsieur l'échevin synodal, étais-je tenté à tout instant de lui dire, vous êtes donc venu à soixante ans sans savoir qu'au conseil secret, au conseil du cabinet du roi [47], le surintendant des finances est le maître [48]; que le grand-aumônier l'est de la feuille des bénéfices [49], que le chancelier l'est des lois [50], que l'amiral l'est de la marine [51]; que le roi, surtout le roi actuel, ne veut pas que ses conseillers s'immiscent dans les affaires de la guerre, de la paix qu'il traite lui-même avec ou sans son connétable [52]!

Le gouvernement des secrétaires d'état.

Dans cette occasion, mes efforts pour contenir le rire avaient été si pénibles, que je m'étais promis de ne plus parler à l'échevin soit de gouvernement, soit de matières politiques, soit de tout ce qui pourrait y avoir rapport. Malheureusement l'échevin ne s'était pas promis de ne pas aller à Fontainebleau, de ne pas y avoir à faire à un secrétaire d'état, de ne pas en être mal reçu. Malheureusement il alla à Fontainebleau; il eut à faire à un secrétaire d'état, il en fut mal reçu. Le voilà qui revient descendre droit chez moi, tout botté, le fouet à la main; le voilà qui se met à déclamer contre les secrétaires d'état [53]; il est lui échevin synodal, du corps du clergé qui toujours a la droite sur les secrétaires d'état, et on aurait dû avoir à son égard plus de considération. Ensuite continuant par l'histoire de l'élévation toute récente des secrétaires d'état, il exhala sa colère. Il dit qu'ils n'étaient anciennement que petits clercs du chancelier [55], qu'ils devinrent notaires du roi [56], notaires clercs du secret [57], notaires secrétaires au nombre de cinquante [58], notaires secrétaires des commandements au nombre de quatre [59]; enfin notaires secrétaires d'état en même nombre aux congrès de Thérouanne, de Crespy, de Cateau-Cambresis, où parce que les secrétaires de l'empereur et ceux du roi d'Espagne prenaient ce titre, ils persuadèrent à Henri II qu'il était de la dignité de sa couronne que le titre de ses secrétaires ne fût pas inférieur [60].

Mais, continua l'échevin irrité, on craint, non sans raison, l'insolence de ces parvenus, et on les a toujours tenus dans un certain abaissement que je me rappelle avec plaisir.

Le roi leur dit dans les règlements :

Secrétaires d'état ! chaque matin à six heures, ne manquez pas de venir à mon antichambre [61] ; qu'importe que souvent je ne me lève qu'à neuf, vous attendrez !

Vous ne décachèterez qu'en ma présence les lettres et les dépêches [62] que la poste a ordre de me remettre et de ne pas vous remettre [63].

Vous me les lirez ; je vous prescrirai les réponses : vous les ferez dans le jour, et le lendemain vous les présenterez à mon approbation et à ma signature [64].

Secrétaires d'état ! lorsqu'un de vous me lira une dépêche, qu'aucun autre secrétaire d'état ne s'approche de manière à pouvoir entendre [65].

Secrétaires d'état ! à moins que je vous fasse appeler, qu'aucun de vous ne se présente dans l'après-midi [66].

Si quelqu'un de vous a des affaires pressantes à me communiquer, qu'il m'envoie un de ses clercs [67].

Secrétaires d'état ! chacun de vous aura dans son département six clercs et un commis [68], pas davantage.

Secrétaires d'état ! vous porterez aussi dans l'intérieur de ma cour le titre des quatre secrétaires extraordinaires de ma chambre [69].

Le roi leur dit encore dans les règlements :

Que les secrétaires d'état ne répondent que d'après mes ordres aux placets que les samedis je reçois des mains du peuple [70], et que je serre dans mon sac de velours violet [71].

Et bien que le roi ne le dise pas, je suis sûr qu'il pense que s'ils ne sont pas contents ils n'ont qu'à parler, qu'il trouvera parmi les cent secrétaires de son cabinet [72], ou parmi les cent de la reine [73], au moins quatre secrétaires d'état qui les vaudront, si mieux ils ne valent.

Il fallait, continua mon parent, que l'échevin eût rencontré un homme plus instruit que lui et surtout un homme aussi irrité contre les secrétaires d'état, car il ne s'arrêta pas là : Que je suis aise, me dit-il en outre, d'avoir appris que le roi, lorsqu'un grand seigneur qu'il envoie en commission lui plaît, et qu'un secrétaire d'état lui déplaît, donne au grand seigneur pour secrétaire le secrétaire d'état [74] ! Que je suis encore aise d'avoir de même appris que lorsque les secrétaires d'état assistent aux conseils du roi, ils n'y assistent pas comme membres [73], mais, en quelque manière, comme secrétaires adjoints aux secrétaires de conseils [76] ; qu'ils ne sont pas assis à la grande table couverte du tapis de velours rouge, bordé de grandes fleurs de lis en toile d'or [77], mais qu'ils le sont à côté, près d'une petite table, devant laquelle, quand le roi est présent, ils se tiennent debout, nu-tête [78] !

Imaginez si la grande colère de l'échevin me donnait l'envie de rire, et si cette envie diminua lorsqu'il finit par me dire qu'il voudrait avoir été ce jour-là duc et pair, pour avoir impunément pu menacer de sa botte éperonnée les secrétaires d'état [79] ; qu'il espérait que le mécontentement général les ferait bientôt rentrer dans les greffes poudreux où ils devraient être encore.

Comment faire, mon cousin, poursuivit l'avocat de Montargis, pour ne pas rire, quand on est continuellement sur le point de rire aux éclats? Dites-le-moi. Je me rappelai tous les malheurs de la France ; j'y joignis les miens : inutiles efforts, je fus obligé de courir vite à la fenêtre, de répondre comme si l'on m'appelait : J'y vais ! tout à l'instant ! j'y arriverai plus tôt que vous ! Aussitôt je demande la permission de sortir. Je sors ; l'échevin sort avec moi. A la première rue je le quitte. Je rentre promptement dans ma maison, où, après avoir fermé portes et fenêtres, je satisfais sans contrainte l'impérieux besoin de rire. Mon jeune frère se présente. Bien qu'il soit dans toute la fraîcheur de l'âge et que sa bouche ne sache encore que tendrement gracieuser les jeunes personnes, je lui dis, à faute d'autre, d'où je venais, ce que j'avais entendu, ce qui me faisait tant rire, à quoi ajoutant que je le prenais pour juge s'il voulait écouter sérieusement une fois en la vie, je lui parlai ainsi :

Mon cher Jacinthe, nous avons en France trois [80] et ordinairement quatre secrétaires d'état [81] âgés au moins de trente-cinq ans [82].

L'un a le département de la guerre [83].

L'autre le département des affaires étrangères [84].

L'autre le département de la maison du roi et de la marine [85].

L'autre le département de l'intérieur [86].

Ils sont chargés, chacun dans son département, de mettre par écrit et d'expédier les ordres du roi [87].

Chacun, dans son département, est donc maître de la forme sous laquelle s'exerce l'autorité royale.

En outre, chacun est aussi maître de la forme sous laquelle s'exerce l'autorité royale administrative dans le quart des provinces que le roi lui a départi [88].

Chacun d'eux est en main, c'est-à-dire en exercice, trois, quatre mois de l'année, pour l'expédition des affaires qui n'appartiennent spécialement à aucun département [89].

Chacun d'eux, lorsqu'il est en main, est de même maître de la forme sous laquelle s'exerce l'autorité royale dans les conseils du roi, car il dresse un état sommaire de leurs délibérations, des dispositions que le roi en a approuvées, n'en a pas approuvées [90].

Chacun d'eux, écoute bien ceci, a ce qu'avaient autrefois les grands de l'État, lorsqu'ils étaient réunis, et qu'ils avaient assisté au conseil [91], le contre-seing des ordonnances [92] qui seul donne au seing du roi sa valeur [93], de même que le coin seul donne aux écus la leur.

Chacun d'eux a une belle épée au côté [94], et sur les épaules un beau manteau de velours cramoisi descendant jusqu'aux pieds, fendu à droite dans toute sa longueur, et à gauche retroussé par un cordon jusques au coude [95].

Les appointements de chacun d'eux sont de dix mille livres [96], c'est-à-dire qu'ils sont aussi considérables que ceux du premier médecin [97].

Maintenant dis-moi si, au contraire de ce sot échevin, tu ne vois pas croître en rang, en puissance, ces quatre secrétaires d'état, ces quatre sous-rois ou vice-rois égaux entre eux, car il paraît qu'on a renoncé à avoir un premier secrétaire d'état [98].

Les vois-tu grandir en honneurs?

Les vois-tu aujourd'hui prêter le serment non comme autrefois, entre les mains du chancelier dont ils ont cessé de dépendre, mais entre les mains du roi [99]?

Les vois-tu grandir en pouvoir?

Les vois-tu habilement renoncer au titre d'office héréditaire, ne s'expédier que de simples commissions, révocables à volonté [100], persister habilement à être toujours des instruments qu'on peut briser à volonté? Et vois-tu dans l'avenir le roi leur confier toute sa puissance? car il trouvera plus commode de se passer de la pédante loquacité du chancelier, du bruyant despotisme du connétable, des maréchaux, de l'amiral, des vice-amiraux, et de ne confier les secrets de sa politique et ses secrets qu'à ses secrétaires. Vois-tu cela? ne le vois-tu pas? Non, certes, je ne le vois pas, me répondit mon jeune frère, je ne vois pas cette grande importance actuelle, cette plus grande importance future des secrétaires d'état. Et comment la verrais-je? l'histoire de France que vous avez là ne dit rien d'eux. Montrez-moi un endroit où elle fasse mention des secrétaires d'état [101], montrez-le-moi. Alors, ajouta mon parent, je cessai de rire de l'échevin synodal, je me mis à rire et de l'histoire de France et des beaux garçons qui la lisent. Je n'ai jamais autant ri.

LES PEINTRES FRANÇAIS.

Station LXXIII.

Vers la fin de l'automne il vint à mon nouveau logement, près le jardin des Tuileries, un peintre m'offrir le tableau de saint Jacques-le-Mineur. Je lui dis que volontiers je lui aurais acheté celui de mon patron, saint Jacques-le-Majeur. Il me répondit que c'était vraiment celui de saint Jacques-le-Majeur, mais que dans la maison ce tableau était appelé saint Jacques-le-Mineur à cause de sa très petite dimension. Le tableau avait des portes [1]; c'était, si l'on peut parler ainsi, un tableau de voyage; il me plaisait, je le pris sans beaucoup marchander.

Ce même peintre revint quelques semaines après : il m'apporta un saint Sébastien, tout fraîchement sorti de son pinceau. Je trouvai son tableau fort bon; je l'admirai aussi longtemps qu'il pouvait le désirer et je le lui rendis : Ah! messire, me dit-il, ce n'est pas un saint Sébastien de la vieille école; voyez la correction du dessin [2], la vérité des couleurs; voyez la naturelle pose du saint; voyez son air céleste que ne peuvent lui faire perdre les tourments du martyre; voyez les flèches qui percent son cœur, qui percent le vôtre; voyez son sang qui jaillit presque sur vous; voyez comme il souffre! Je vis bien plus clairement combien ce pauvre peintre souffrait de la misère : je n'eus pas le courage de ne pas garder encore ce tableau.

Ce peintre est de nouveau revenu aujourd'hui; il ne portait pas de tableau; ses habits étaient neufs; ses joues étaient pleines : il avait un air d'hilarité qui annonçait une meilleure fortune. Je l'ai invité à s'asseoir; il m'a parlé ainsi : Messire, vous n'avez qu'à dire quelques mots pour faire ma fortune; mais d'abord, pour première grâce, je vous demande de m'écouter attentivement, car peut-être voudrez-vous bien vous intéresser, répondre pour moi; et dans ce cas par reconnaissance je dois d'avance vous conseiller de ne jamais vous intéresser, de ne jamais répondre pour aucun artiste, que vous ne connaissiez, outre son savoir-faire, son savoir-dire; j'entends sa théorie; voici la mienne et voici en même temps mon histoire.

La miniature.

Mes parens, a-t-il continué, étaient fort pauvres : ils me donnèrent cependant l'éducation des gens riches; j'appris donc entre autres choses à dessiner³, et je n'appris bien que cela ; mais je l'appris si bien qu'à seize ans je passai mon maître ; je ne tardai pas non plus à le passer pour la peinture qu'il voulut aussi m'enseigner. Alors il me dit : Mon ami, vos talents doivent se perfectionner ailleurs. Je lui avouai que depuis quelque temps mon intention était d'aller à Paris : Non, non ! me répondit-il, les grands artistes, les grandes œuvres ne sont pas seulement à Paris⁴. Commencez par les autres villes, vous finirez par celle-là.

Je pars ; je cours la France.

D'abord il s'offrit à moi des châteaux sans nombre : Avez-vous, demandais-je partout, des miniatures à faire peindre sur le parchemin des hommages, des aveux ou des dénombrements⁵? avez-vous à faire peindre des lettres historiées, des figures zodiacales sur les feuillets des livres⁶, ou seulement sur les couvertures⁷ ? Çà et là je trouvai de la besogne. J'étais mal payé, je n'avais par jour que trois blancs, six blancs⁸ au plus ; mais j'étais bien nourri ; je n'ai jamais mangé tant de perdrix. Cependant je m'en lassai.

J'allai plus loin, je rentrai dans les villes ; et partout où les officiers municipaux avaient le droit d'image, c'est-à-dire le droit de se faire peindre sur les registres historiques de la mairie⁹, je me présentais à eux : Messieurs ! messires ! s'il vous plaisait d'employer un peintre qui, fussiez-vous petits, laids, vous rendrait grands, beaux, et toujours avec ressemblance ; qui vous donnerait à volonté des yeux à la Montmorenci¹⁰, des nez à la François Ier ¹¹, à la Henri IV¹² ; qui vous ferait à volonté petite barbe pointue¹³, barbe d'hermite, barbe de capitaine¹⁴, moustaches pommadées, moustaches cirées, moustaches frisées, moustaches à crocs¹⁵ ; qui vous ferait à volonté une magistrale, une douce, une gracieuse, une bonne, une noble mine ? Me voilà ! me voilà ! Mais les uns me disaient qu'ils avaient été peints trois fois, les autres quatre ; les autres me recevaient avec un air si renfrogné, qu'il était aisé de voir qu'ils n'avaient pas envie de se faire peindre.

Eh bien ! me dis-je, essayons des libraires ; ce sont eux qui aujourd'hui nous fournissent le plus de travail.

J'allai chez les libraires. Un des premiers chez qui j'entrai m'offrit de me donner à peindre des miniatures d'heures manuscrites. Je ne fus pas tenté de me mettre à l'œuvre quand dans l'atelier je vis qu'on peignait toujours les mêmes saints et toujours de la même manière¹⁶. Le libraire s'aperçut de mon dédain : Ah ! venez, me dit-il, en me conduisant à une armoire grillée en fer, dont il tira plusieurs belles heures, plusieurs beaux livres d'église ou autres : Voudriez-vous dessiner sur vélin noir, écrit en lettres d'argent, ces légers papillons, ces légers anges en filets d'or, en filets de couleur¹⁷ ? ou bien voudriez-vous les dessiner sur vélin doré, écrit en lettres blanches ? ou bien voudriez-vous dessiner ces grandes miniatures en écarlate, sur un fond rose? ou bien dessiner ces autres grandes miniatures en vert tendre, sur un fond vert foncé? ou bien ces autres en bleu clair, sur un fond gros-bleu; ou bien voudriez-vous peindre sur vélin pourpre, écrit en lettres d'or, ces miniatures aux couleurs variées et naturelles [18]? Mais, ajouta-t-il, prenez garde au degré d'art avec lequel ces peintres, comme le célèbre Rancurel [19], ont rendu jusqu'au tissu des vêtements des hommes, jusqu'à la flexibilité et à la finesse du poil des animaux [20]. Je lui répondis que les miniatures qu'on peignait chez lui étaient au-dessous de moi, que celles qu'il me montrait étaient au-dessus.

Si je ne m'arrêtai pas chez ce libraire, je m'arrêtai chez son voisin qui, sans me laisser avancer au-delà de la porte de sa boutique, me demanda, de prime-abord, si j'étais bon dessinateur : Oui, lui répondis-je, et à l'instant même je lui en donnai la preuve : Oh! me dit-il tout satisfait, allons, mon cher maître, nous ne nous quitterons pas de sitôt. Véritablement, je lui dessinai dans le genre blanc sur noir [21], les miniatures de la fin des nouvelles Fables de Phèdre, et celles du commencement des Métamorphoses d'Ovide [22].

Les décorations.

Messire, a continué ce peintre, si vous faites bien, vous ne vous intéresserez, vous ne répondrez jamais pour un artiste qui ne saurait pas la perspective aérienne, par conséquent la perspective linéaire [23]. Je ne les savais pas; et pour ne pas les savoir, je ne fus employé que comme un des derniers subalternes dans la peinture des décorations des comédies et des grands ballets, où Patin, peintre du roi, a opéré tant de magiques merveilles [24].

Le paysage.

Heureusement je trouvai un peintre fort savant dans l'une et dans l'autre; plus heureusement il me les enseigna fort vite : Notre œil, me dit-il, est pour chacun de nous le centre de l'univers; portez donc sur la toile les objets non tels qu'ils sont, mais tels que pour notre œil ils semblent être [25].

Dès ce moment mes tableaux se creusèrent, le spectateur y marcha dans les espaces que les effets de ma science de la perspective lui ouvraient; les bêtes fauves fuirent dans l'immensité de mes plaines; les oiseaux volèrent dans l'immensité de mes cieux.

Les marines.

Et les vaisseaux se balancèrent dans mes immenses mers; car vers ce temps je m'essayai au genre des marines auxquelles votre Uroom doit sa célébrité [26]. J'en diversifiai les rivages par des champs de capriers couverts de ruines artificielles où ces arbustes se plaisent [27]; par des champs de riz sillonnés de tranchées remplies d'eau [28]; par des forêts d'oliviers chargés d'olives noirâtres, c'est-à-dire mûres; par des forêts d'orangers dont les oranges étaient les unes vertes, comme celles qu'on met dans les caisses qu'on nous envoie à Paris, et les autres jaunes comme celles qu'on tire des caisses où elles ont jauni; je peignais alors au fond de notre odorante Provence.

La portraiture.

Enfin je repris le chemin du nord :

Lorsque je passai à Limoges, cette ville était remplie d'élèves du fameux Léonard, peintre sur émail [29]. Les frères Mabreaux [30] avaient aussi une grande réputation. Je ne réussis pas dans ce genre de peinture, où il m'aurait fallu être faïencier émailleur [31].

Je me mis à la portraiture sur toile, sur bois, sur cuivre, à grande dimension de quatre, de cinq pieds [32]; à petite dimension de trois, de deux pouces [33]. J'allai de ville en ville.

Les personnes que je peignais me faisaient mille méchantes critiques sur leur portrait; mais à peine étais-je parti de la ville qu'elles le disaient de Court [34], de Rabel [35], de Janet [36], de Corneille [37] ou de Duval [38], si connu par son *Recueil des visages des rois de France* [39].

Je remarquai dans le nord qu'on garnissait d'un rideau les tableaux des portraits [40], et dans le midi qu'on les laissait nus. Y a-t-il donc plus de vanité dans le nord? y en a-t-il plus dans le midi? Ma foi! comme on voudra.

Les allégories.

N'oubliez pas, messire, que le peintre à qui vous accorderez votre honorable témoignage doit être un peu exercé à la portraiture, qu'il doit être familier avec toutes les variétés des figures des rebus [41] dont aujourd'hui les cheminées, les lambris sont couverts [42]. Pour moi, je puis dire que j'en ai peint ma bonne part. On reculait d'effroi devant mes nuages orageux, mes coups de tonnerre; on avançait la main vers mes raisins, mes nichées d'oiseaux; et quant aux devises, toutes les louanges étaient pour le corps, la peinture, toutes les critiques étaient pour l'âme, les vers [43]. Je gagnai encore plus d'argent à peindre des emblèmes [44], surtout des allégories : je peignis, je repeignis avec le même succès l'allégorie de la religion représentée sous la forme d'une jeune personne douce, gracieuse, portant sur sa tête étoilée de diamants, une petite croix [45]; je gagnai encore plus à l'allégorie de la congrégation des jésuites, représentée sous la forme du vaisseau du catholicisme, hors duquel nagent au milieu des mers les sectes hérétiques figurées en serpents sanglants et livides, en diables hérissés de cornes et de griffes [46].

Je peignais aussi des allégories, des emblèmes sur les étendards [47].

Les fresques.

Qu'on ne s'y trompe pas, a continué ce peintre, si les nobles ont toujours aimé et toujours aiment les représentations des faits d'armes, les bourgeois maintenant ne les aiment pas moins; mais tandis que sur les voûtes et les murailles des châteaux il faut des combats de cavalerie, de grandes batailles, sur les voûtes et les murailles des maisons bourgeoises il faut des assauts, où l'on voie des rangées de bourgeois, vêtus d'habits de toutes les couleurs, couronnant d'arquebuses, de flammes et de fumée leurs remparts, ou faisant généreusement rouler leurs meubles les plus précieux sur les assiégeants, et au milieu d'eux leurs jeunes femmes, leurs jeunes filles apportant de grands vases remplis d'eau bouillante, d'huile, de poix, de soufre, bravant tous les dangers, et voyant avec joie couler leur sang [48] pour la défense de leur ville.

En ce genre de peinture l'abbé de Saint-Martin s'est montré le plus grand maître [49]; Roger lui a succédé [50].

L'histoire.

Votre peintre doit donc être peintre d'histoire; par conséquent il est indispensable que vous sachiez bien où en est l'opinion de la France sur cette partie de l'art.

Vénus avait des autels à Amathonte; on peut presque dire que Raphaël a des autels à Lyon; les peintres de cette ville ont pour lui une admiration religieuse [51], participant un peu du culte. Je vis bien lorsque j'y passai quelques grains d'encens fumer aussi en l'honneur de Michel-Ange [52]; mais que Michel-Ange était petit à côté de Raphaël! Les Lyonnais me disaient : Raphaël a créé la peinture ou du moins a changé cet art; les autres peintres ont quelques traits purs, corrects, parfaits; dans Raphaël tout est pur, correct, parfait. Là où les autres sont gracieux, il est céleste; là où les autres sont célestes, il est divin. Il n'a pas été précédé, il se doit tout. J'écoutais, je ne répondais rien; car si j'avais dit qu'il avait pris à la vieille cathédrale de Paris un grand nombre de figures dont on lui avait envoyé la copie, dont il s'était fait honneur [53], je ne sais trop ce qui en aurait été de moi. Mais au Mans, tout rempli de tableaux de Denisot [54], j'avais pu parler dans les termes qui m'avaient plu de Denisot; j'avais pu l'appeler le premier dessinateur de son temps [55]. J'avais pu à Blois, tout rempli des tableaux de Tibergeau [56], l'appeler l'émule de Michel-Ange. Je n'avais pu à Lyon, tout décoré des tableaux du Petit-Bernard [57], laisser éclater les élans de mon admiration française; je quittai cette ville.

Je pris la route de Paris.

Je m'arrêtai à Fontainebleau. Les salles du château renferment le joli monde de la mythologie, sorti des pinceaux de *maëstro* Rosso [58], de *maëstro* Primatice [59], de maître d'Orléans [60], de maître Simon de Paris [61], de maître Claude de Paris [62], de maître Laurent-le-Picard [63] et de maître Roger [64]. Là je vis, non pas seulement de tableau à tableau mais dans le même tableau, le combat et la facile comparaison de l'école italienne avec l'école française [65].

Je les vis bien mieux à Paris; et comme je n'étais pas au milieu des fanatiques peintres italiens-français, français-italien de Lyon, je pus dire hautement que je retrouvais souvent, à un degré égal, la noble et sévère composition de Raphaël, la grâce du Corrége dans les peintures de notre Bunel [66], et notamment dans son Salomon recevant la reine de Saba [67]; les vastes scènes du Véronèse dans la Gigantomachie d'Artus Flamand [68]; l'éclat du Titien dans les personnages de la Bible et des poèmes, peints au Louvre par Dubreul [69], Dubois [70], Évrard [71], Fréminet [72], et toutes ces différentes qualités dans le tableau du Jugement dernier, de Jean Cousin [73].

Je trouvai Jean Cousin encore plus beau sur le verre que sur le bois ou sur la toile; je vis la suite de son Jugement dernier peint sur les vitraux de la sainte chapelle de Vincennes [74], où il a renfermé dans les panneaux de quelques pieds le vaste incendie du monde qui enflamme les immenses profondeurs de l'espace.

A admirer seulement, et même à être seulement admiré, on n'emplit guère la bourse. Je vécus d'abord à Paris assez chichement de saints Barthélemy, de saints Laurents, de saints Sébastiens, quelquefois bien, quelquefois mal payés. Enfin j'ai été chargé de peindre le tableau que chaque année le maître élu d'Amiens offre à la cathédrale de cette ville [75]. Mon nom s'est aussitôt agrandi et il s'agrandit encore. J'ose donc aujourd'hui aspirer au titre de peintre du roi d'Espagne. Pour l'obtenir il suffira sans doute que vous le demandiez à votre ambassadeur, et que votre ambassadeur le demande à votre roi. J'ouvrais la bouche pour lui répondre. Il m'a prévenu : Vous allez me dire qu'il y a sept peintres du roi de France [76]. Cela est vrai : mais ici pour être peintre à la cour il faut deux talents. J'ai celui du pinceau ; je n'ai pas celui de l'intrigue.

LES SCULPTEURS FRANÇAIS.

Station LXXIV.

Messire, m'a dit un vieil homme que j'ai vu ce matin entrer chez moi, au moment où ayant donné à mon habit le dernier coup de vergettes, ayant rajusté les plumes de mon chapeau, la pointe de mes moustaches, j'allais sortir, j'ai été le grand ami du feu père de ce jeune peintre qui a l'honneur d'être connu de vous, et qui d'avance vous a fait agréer ma visite. Je suis sculpteur, a-t-il ajouté; je désire passer en Espagne, car j'espère y prolonger ma vie beaucoup plus qu'en France; et je l'espère, parce qu'exerçant un art où l'on vit surtout de gloire, je me crois sûr d'obtenir en-delà des Pyrénées une réputation qu'on me refuse en-deçà. Je viens donc vous prier de me faire donner avis de votre départ et de vouloir bien me prendre pour votre compagnon de voyage. Ma suite ne grossira pas démesurément la vôtre : je n'emmène que mon valet.

Je n'ai répondu ni oui ni non.

Les bas-reliefs.

Votre hésitation ne me surprend pas, a continué avec un air et un ton de surprise le vieux sculpteur; je ne vous ai pas montré mes œuvres. Allons à mon atelier. Nous sommes sortis, et bientôt nous voilà dans la rue de Sorbonne, et bientôt dans un atelier de sculpture rempli d'un grand nombre d'ouvrages commencés, d'un petit nombre d'ouvrages terminés : Messire, m'a dit le sculpteur en m'arrêtant devant un de ces derniers, vous avez sans doute vu le château d'Anet[1], et tous les jours vous voyez celui des Tuileries[2]; vous avez remarqué ces enroulements sculptés, ces légers filets, ces fleurs à longues tiges que le vent pour ainsi dire agite, enfin ces bas-reliefs que de tous les temps l'architecture qui veut plaire à l'œil de près aussi bien que de loin a demandés à la sculpture; eh bien! voyez les miens, vous les trouverez quelquefois moins bons, quelquefois meilleurs. Mais pour ces bas-reliefs de la fontaine des Innocents; mais pour ces nymphes, ces dryades, dont les vêtements dégouttants d'eau se collent à leurs formes correctes et pures[3]; mais pour ces bas-reliefs de l'hôtel du Carnavalet, ces Flores, ces Pomones, ces jeunes déités, ces jeunes dieux dont les draperies ondoyantes reçoivent les mouvements des muscles et des chairs qu'elles recouvrent [4];

Les demi-reliefs.

Mais pour ces cariatides du Louvre, à demi-corps engagées dans la pierre, qui semblent vouloir s'en dégager, qui sont plus vivantes que ceux qui les regardent; mais pour ces demi-reliefs des cheminées, des portes et des tympans du Louvre [5], je ne vous en ferai pas, personne aujourd'hui ne vous en fera; car ils sont du ciseau le plus fin, le plus gracieux, le plus parfait, du ciseau de Goujon, de ce ciseau si mal ou si parcimonieusement payé [6].

Je voulais me permettre quelques observations; j'ai inutilement essayé de parler; il avait la bouche si pleine de louanges et d'enthousiasme qu'il ne pouvait la fermer.

Le haut relief.

Tandis que Goujon, a poursuivi le sculpteur, est incontestablement victorieux des anciens [7] et des modernes, Germain Pilon dispute aux uns et aux autres la victoire : tout le monde ne va-t-il pas à Saint-Denis voir le groupe de plein relief représentant les trois Grâces qui portent le cœur de Henri II [8]? tout le monde ne dit-il pas : Oh! qu'elles sont belles! On n'a pas vu, on ne peut rien voir de plus beau.

Autour de ces deux géants de l'art se groupent à des degrés inégalement inférieurs maître Lerambert [9], maître Ponce, *maestro Puolo Poncio* de Florence qui s'est francisé [10], comme maître Francheville de Cambrai, *maestro Francavilla*, s'est italianisé [11]; maître Barthélemy Prieur [12], les deux maîtres Jacques [13], maître Pierre Biart [14] et plusieurs autres, parmi lesquels la jalousie, le caprice refusent de me mettre, parmi lesquels je me mets, non pas plus haut, mais tout aussi haut que la justice me met ou doit me mettre.

Messire, je vais continuer à vous dire la vérité : nos sculpteurs sont également habiles à travailler les différentes matières, la terre cuite [15], le bois, la pierre, le marbre, l'albâtre [16], le bronze; mais ils sont parfois servilement imitateurs. Lerambert étend dans leur mausolée, sur un lit de marbre, François Ier et Claude sa femme, nus [17], seulement voilés par l'affaissement des chairs et l'horreur de la mort. Vingt ans après, Paul Ponce étend de même dans leur mausolée Louis XII et Anne sa femme nus, voilés aussi par l'affaissement des chairs, et en outre par la hideuse incision latérale destinée à recevoir les parfums et les aromates de l'embaumement [18]. Germain Pilon ne sort pas non plus de cette forme de composition dans le mausolée de

XVIᵉ SIÈCLE.

Henri II et de sa femme Catherine [19]. Un statuaire porte l'urne, où est renfermé le cœur de François II, sur une colonne [20]. Un autre statuaire porte l'urne, où est renfermé le cœur de Timoléon Cossé-Brissac, sur une autre colonne [21]. Un autre statuaire, Barthélemy Prieur, porte le cœur du connétable Anne de Montmorenci sur une autre colonne, où pendant vingt années l'amitié et la reconnaissance enchaînent son ciseau [22]. Et pour parler de tous les célèbres imitateurs, peut-on dire que les deux maîtres Jacques aient été entièrement originaux dans les statues du haut tombeau de Saint-Remi de Rheims [23], et en bien examinant les ouvrages de tant d'autres sculpteurs, peut-on aussi le dire?

Messire, je dirai plus; maintenant je vais vous faire connaître la vérité sur les Grecs et les Romains. Il n'y a qu'une admiration de mode qui puisse trouver sans défaut les trois mille grandes ou petites statues antiques de l'évêque d'Acqui [24]. Sommes-nous donc obligés d'adorer encore ces mêmes statues que les païens ont adorées? Et qui d'ailleurs me répondra que plusieurs ne sont pas de belles copies, telles que nous en fait aujourd'hui l'habile et célèbre Bandinelli [25]?

Je me suis levé, et le sculpteur, en m'accompagnant, m'a dit : Je le vois, vous ne m'emmènerez pas en Espagne; vous y emmèneriez plus volontiers le fils de mon ami; cependant prenez garde d'y emmener, au lieu d'un vieux sculpteur de ce siècle, un jeune sculpteur du siècle passé, c'est-à-dire un ignorant, un barbare, et surtout un fat, car si nous surpassons nos prédécesseurs en science, nos prédécesseurs, Dieu me pardonne! nous surpassaient, je crois, encore plus en vanité.

LES GRAVEURS FRANÇAIS.

Station LXXV.

Un de ces jours je trouvai à l'entrée de mon appartement un carton de belles estampes. On me dit qu'un marchand graveur [1] l'avait apporté et qu'il devait repasser. Il s'est fait aujourd'hui annoncer que j'étais à peine levé. J'ai voulu m'épargner toutes ses belles paroles : Maître, lui ai-je dit, je n'ai pas choisi ces estampes, je ne les ai pas demandées : Messire, m'a-t-il répondu, je ne vous les ai pas apportées pour vous les vendre, mais bien pour vous les donner. — Oh! lui ai-je dit en changeant entièrement de ton, à ce prix, quelque belles qu'elles soient, je ne les garderai pas. — Messire, si en Espagne vous voulez bien en orner votre salle de compagnie, les faire connaître dans ce pays, j'en retirerai beaucoup plus que tout l'argent que vous pourriez me donner : y consentez-vous ? — J'y consens. — Vous déplairait-il en ce moment d'avoir quelques notions de la manière de graver, particulièrement de la manière des Français, afin de mieux faire connaître la mienne ? — Nullement ! nullement !

La gravure sur bois.

Je ne sais trop, a-t-il continué, si le quinzième siècle peut à juste titre se vanter d'avoir découvert la gravure sur bois, car nous avons des estampes de l'année 1423 ²; mais quant à la gravure sur métal, nous n'en avons pas d'antérieures à l'année 1452, et incontestablement elle a été découverte vers cette année ³.

Remarquez, je vous prie, que la gravure sur bois, qui, jusqu'au milieu de notre siècle, n'avait cessé de faire des progrès ⁴, n'a depuis cessé de déchoir ⁵.

Tenez, regardez cette estampe de Jost Amon; elle est de 1550 ⁶, netteté ! vivacité !

Et regardez cette autre de Jean Perissin; elle est de 1577 ⁷; et cette autre....; et cette autre..... des temps postérieurs ⁸, trait empâté ! trait plus empâté ! couleur terne ! couleur plus terne !

La gravure sur métal.

Mais comment est-il que la gravure sur bois, qui, au contraire de la gravure sur métal, imprime son empreinte par les parties saillantes, qui à la cent millième épreuve est moins fatiguée que la gravure sur métal à la millième, ait déchu ? La réponse est simple : elle a déchu, parce qu'elle a été abandonnée; et elle a été abandonnée, parce qu'elle est d'un exercice long, difficile. En effet, elle exige la coopération de deux artistes, le dessinateur de la planche qui met sa marque au-dessous de son monogramme, ou du millésime ⁹, et l'inciseur de la planche, qui ne devrait pas rester, qui cependant reste inconnu, qui ne met rien ¹⁰. La gravure sur cuivre, au contraire, où le dessinateur est en même temps l'inciseur, est d'un exercice beaucoup plus facile ou beaucoup plus simple; aussi a-t-elle fait et ne cesse-t-elle de faire des progrès.

Messire, vous reconnaîtrez moins positivement le siècle dernier à la barbarie de ses mœurs, de sa fanatique intolérance, qu'à la barbarie de ses arts, de son burin sec, vacillant, inexpérimenté ¹¹; et vous reconnaîtrez surtout le siècle actuel à la science de son burin, devenu depuis Lucas de Leyde ¹², par la régularité, la finesse, la flexibilité des tailles, un vrai pinceau ¹³.

XVIe SIÈCLE.

Je m'interromps ou plutôt j'interromps le discours de ce graveur pour noter ici la promesse que je me suis faite de ne plus accepter, de la part des artistes, le présent de leurs œuvres.

Ah! que j'aurais voulu n'avoir point accepté le carton d'estampes, lorsqu'il a hautement préféré ses maîtres français à Albert Durer [14], à Holbein [15] et à leur école !

Voyez, a-t-il continué, en venant aux graveurs sur cuivre, voyez ces figures de l'Apocalypse par Duvet, orfèvre de Henri II [16], qui, s'il n'a pas, comme l'orfèvre Finiguerra, découvert la gravure sur métal [17], semble en avoir découvert la perfection. Y a-t-il de la grâce et en même temps de l'éclat?

Y a-t-il aussi de la grâce et en même temps de l'éclat dans ces nobles figures de la Bible par De Laulne [18]?

Et dans celle de Bernard Salomon qui se laisse appeler le Petit-Bernard [19], y a-t-il de la grâce et en même temps de l'éclat? Y a-t-il le dernier coup de burin, le dernier effort de l'art?

Ces facétieuses figures de Gargantua, de Pantagruel [20] ne semblent-elles pas avoir été gravées avec la facétieuse plume de Rabelais?

Je voulais lui dire que ces estampes, comparées avec celles d'Allemagne et d'Italie, me paraissaient un peu dures, un peu sèches [21]; mais le carton m'en empêchait.

Que vous semble, a-t-il continué, de la Femme adultère de Duval [22]? Examinez comme son œil est doux, sa peau douce.

Enfin examinez cette conquête de la Toison d'Or, ces fresques du Primatice qui ne peuvent plus périr avec les murailles qu'elles couvrent, depuis que Boivin en a gravé le recueil [23] dont le mérite est bien supérieur aux plus belles estampes et de Sadeler [24] et de Carrache [25]. Maudit carton! maudit carton!

Voilà des portraits que j'oubliais de vous faire remarquer; ils ne sont à la vérité que de Denisot, qui dans son temps n'était que le meilleur dessinateur de France [26], c'est-à-dire du monde entier. En voilà d'autres aussi qui ne sont non plus que de Thomassin [27], devenu aujourd'hui ce qu'autrefois était Denisot.

J'étais lassé de tant de vanité de nation et de métier; j'ai absolument voulu changer de conversation. Maître, lui ai-je dit, le dessin à l'eau-forte [28], appliqué à la gravure sur cuivre, abrège bien la peine et le travail. — Et ajoutez-y, m'a-t-il répondu, le procédé de Hugues de Carpi, au moyen duquel une seule même estampe est colorée avec plusieurs planches, chargées chacune d'une couleur différente [29]; ce qui rend la fabrication des cartes si expéditive qu'on donne maintenant le jeu où se trouvent les douze figures avec les anciens habillements du quinzième siècle [30], pour quelques deniers [31]. Je vous demande si en Espagne, en Allemagne, en Italie même, on peut jouer sa fortune, se ruiner à aussi bon marché.

Messire, tenez pour certain qu'ainsi que l'imprimerie a remplacé aux trois-quarts l'écriture, la gravure remplacera bientôt aux trois-quarts la peinture.

Il s'est levé; il m'a fait un profond salut.

LES ARCHITECTES FRANÇAIS.

Station LXXVI.

En France la gravure est moins considérée que la sculpture : il n'y a pas de graveur, il y a un sculpteur du roi [1] ; la sculpture est moins considérée que la peinture, que l'architecture : il n'y a pas de sculpteurs, il y a des peintres, il y a des architectes abbés et gros abbés. Le peintre le Primatice était abbé de Saint-Martin [2] ; l'architecte Lescot était abbé de Clagny [3] ; l'architecte Delorme est abbé de Saint-Serge, et de plus abbé de Saint-Éloy, et de plus aumônier du roi [4]. Remarquons aussi que l'architecte Androuet ne trouvant pas son nom assez noble pour son art, a pris celui de Du Cerceau, les uns disent d'un fief, les autres de l'enseigne de sa maison [5].

Les beaux-arts font des progrès à proportion des honneurs qu'ils reçoivent; les progrès de l'architecture ont été les plus grands.

Les maisons des villages.

Cependant ils ne se sont pas encore étendus jusqu'aux bâtiments ruraux [6].

Un savant ayant dit, il n'y a pas longtemps, dans une des belles salles de Paris, qu'il avait inutilement perdu bien des jours et des nuits à savoir comment étaient faites les maisons des Gaulois, un bon Parisien lui répondit qu'il le savait, qu'il savait aussi comment étaient faites les maisons de leurs pères les Celtes, même de leurs grands-pères les Gomérites. Aussitôt il se fit un grand silence : Leurs maisons, dit-il, étaient à peu près les maisons de nos villages. On rit aux grands éclats. Le savant avait donné le signal : Rien n'est plus sérieux, repartit le Parisien, rien n'est plus vrai; et, si vous voulez être justes, vous conviendrez avec moi que les marteaux, les tenailles, les scies représentés dans les monuments de la plus haute antiquité, sont parfaitement semblables à ceux dont nous nous servons aujourd'hui. En fait de maisons, d'outils, de tout ce qui est d'une nécessité continuelle et universelle, les premiers degrés de simplicité demeurent longtemps et souvent à jamais universellement les mêmes.

Les maisons des villes.

Le bon Parisien avait certainement raison; et une autre preuve, c'est qu'en Russie, incontestablement la terre antique et boisée des Celtes, les maisons des villages y sont les maisons des villages de France [7].

J'ajouterai même que les maisons des villes n'y sont guère que celles des villages [8].

Mais il n'en est pas ainsi en France où, dans les villes, l'architecture décore l'extérieur d'un grand nombre de maisons [9], tandis qu'à l'intérieur elle remplace par de beaux escaliers à rampe droite et large [10] ces anciens petits escaliers à vis [11], dont les cages étaient si étroites que lorsque deux personnes, venant en sens opposé, s'y rencontraient, il fallait que l'une remontât ou que l'autre redescendît.

A cette innovation l'architecture en a ajouté une autre; elle marque en gros chiffres sculptés sur les maisons l'année de leur construction [12], mais elle ne la marque pas, et elle devrait la marquer sur toutes; on verrait bien plus facilement alors les progrès de la petite architecture.

Les châteaux.

Pour bien voir les progrès de la grande, il faut aller à Fontainebleau, dont le château ou les châteaux ont été successivement bâtis aux quatre derniers siècles [13].

Le château de Saint-Germain, bâti par François Ier, avec son quadruple rang de portiques superposés [14], est beau; celui d'Anet, bâti par Henri II [15], avec ses délicates sculptures [16], est plus beau; celui de Verneuil, bâti par Philippe de Boulainvilliers [17], avec ses grands corps de bâtiment dont les proportions et les formes se raccordent par d'admirables effets de symétrie aux proportions et aux formes des terrasses, des jardins, des bosquets [18], est le plus beau.

Les hôtels.

Je trouve, moi, que les châteaux forment les traits les plus distincts de la face des campagnes : aussi avaient-elles aux siècles derniers une face toute gothique [19].

Je trouve encore que les hôtels forment de même les traits les plus distincts de la face des villes : aussi ont-elles au siècle actuel une face toute romaine, toute grecque [20].

Les palais.

Et cependant, ces grands hôtels qui forment les traits les plus distincts de la face des villes qu'ils sont petits auprès des palais des rois!

Le palais du Louvre, lorsqu'il sera terminé, offrira la figure d'un coffre carré, ouvert par le haut, percé de quatre grandes portes correspondantes entre elles. Un des côtés est déjà élevé[21] : c'est en même temps et le plus beau et le plus magnifique morceau d'architecture qui puisse parer le globe. Il n'y a pourtant que de grandes fenêtres entre de grandes colonnes : oui, sans doute! mais quelles neuves et majestueuses dispositions. Et toutefois le dirai-je! Lescot y a commis trois fautes : le second étage est trop bas; le pavillon du milieu est trop gros; et cet édifice, qui doit être également vu par-devant et par-derrière, a un endroit et un envers.

Si Delorme n'a pas fait au palais des Tuileries[22] cette dernière faute; il a fait les deux autres et beaucoup plus grandes.

Quant aux vieux palais de Paris, je les ai bien vus, mais je n'en parlerai pas. Aujourd'hui on ne les voit plus, on n'en parle plus.

Les temples.

Vainement on se dissimule que malgré les efforts que depuis deux siècles fait l'architecture sacrée pour s'élever, elle tombe et retombe. Son nouveau gothique n'est qu'une méchante copie du beau gothique ancien qu'il a fallu faire dégénérer pour lui faire subir sa monstrueuse alliance avec l'antique architecture qu'il a fallu faire dégénérer de même.

Ce que je dis ici, l'église de Saint-Eustache et l'église de Saint-Étienne de Paris[23] et un grand nombre de grandes églises des provinces l'attestent. Architectes, soyez, si vous voulez, aussi glorieux que les poètes, mais soyez plus dociles; vos œuvres ne peuvent être corrigées, encore moins avoir une seconde édition.

LES MUSICIENS FRANÇAIS.

Station LXXVII.

Ai-je dit que j'aie fait un voyage dans le Poitou; ai-je daté du Poitou quelqu'une de mes stations? Non certes. Eh bien! je n'en ai pas moins fait ce voyage.

XVIᵉ SIÈCLE.

Il me souvient et il me souviendra toujours que j'étais impatient d'arriver à Poitiers ; enfin j'y arrivai. Le soir, dans mon lit, je ne pouvais me décider à m'endormir sans entendre ces douces musettes poitevines si renommées en France[1] ; je n'en entendis cependant pas, mais vers minuit je fus réveillé par les réveilleurs établis dans plusieurs villes[2] qui passèrent en chantant d'un ton lugubre et lamentable :

> « Réveillez-vous, gens qui dormez!
> « Priez Dieu pour les trespassez[3] ! »

En continuant ensuite mon voyage il ne me tarda pas tant d'arriver à Orléans pour entendre les fameux flûteurs de cette ville ; toutefois, à mon passage, j'en fis venir quelques-uns ; ils jouèrent devant moi à quatre parties avec des flûtes de dimensions différentes en longueur et en grosseur[4], de manière à ne pas faire mentir le proverbe, flûteurs d'Orléans[5].

En France chaque province a sa musique, ses instruments ;
Ainsi de même que le Poitou a ses musettes,
L'Orléanais a ses flûtes,
La Provence a ses timbales[6],
La Guienne a ses tambours de basque[7],
L'Auvergne a ses nouvelles vielles à manivelles[8],
La Champagne a ses petits haut-bois[9].
Ainsi des autres.

J'ai remarqué toutefois que dans les provinces du midi les Français avaient plus d'aptitude à la musique que dans les provinces du nord.

Voici ce qui m'arriva dans ce voyage d'où je revins par la Bretagne ; je ne veux pas dire si c'est à Landernau ou à Vannes, quoique je le sache bien. Je partis de la ville au petit point du jour ; en traversant le faubourg, un bruit d'instruments de musique m'arrêta quelques instants : C'est un charivari, dis-je à mon conducteur. C'est une aubade, me répondit-il. C'est un charivari ! c'est une aubade ! fut obstinément répété de part et d'autre jusqu'à ce que nous fûmes sur les lieux. Alors mon conducteur me montra d'un air triomphant les violes, les violons et les luths encore entre les mains des musiciens.

L'académie française.

A Paris, peuplé d'habitants ou originairement ou nouvellement venus de toutes les différentes provinces ; à Paris, la ville des arts, je trouvai, cela va sans dire, de bons musiciens. Aussi dans les premiers jours me fis-je recevoir académicien de l'académie française. Je crus d'abord que ce serait fort difficile, et j'en parlai à un académicien. Il m'apprit que cette académie était composée de trois sortes d'académiciens, des académiciens entrepreneurs ou compositeurs de vers, ou compositeurs de musique; des académiciens musiciens salariés; des académiciens auditeurs dont le premier était le roi de France. Je crus alors la difficulté plus grande, et je dis à l'académicien que je ferais agir mes amis, mes protecteurs; il se mit à rire et me proposa de le suivre. Nous allâmes à l'académie : on me demanda si je m'engageais, quand je viendrais tard, à ne pas entrer, à attendre à la porte jusqu'à la fin du morceau commencé, je m'y engageai; on me demanda si je m'engageais à écouter en silence, je m'y engageai; si je m'engageais à ne point passer la barrière ou balustrade, à ne point entrer dans la niche des musiciens, je m'y engageai; si je m'engageais à ne pas me quereller, à ne porter, à ne recevoir aucun défi, à ne me battre qu'à cent pas de l'académie, je m'y engageai. Enfin on me demanda si je donnerais tous les six mois une petite rétribution pour les frais; on ajouta que c'était à moi à la fixer. Je tirai de ma bourse une pistole qui à l'instant fit ouvrir le grand livre, où, avec tous mes noms et qualités, je fus inscrit académicien de l'académie française. En même temps on me remit la médaille manuelle qui est la carte d'entrée.

Chaque dimanche les académiciens musiciens donnent un concert vocal et instrumental. Chaque jour ils se réunissent pour les répétitions [10]. J'allai un jour à celle du samedi, afin d'examiner la différence entre la musique de préparation et la musique d'exécution publique ou de parade. Je fus bien accueilli par un des chefs d'orchestre. Il me présenta de la musique espagnole, italienne, française, que je chantai à la première vue avec une égale facilité : Monsieur, me dit-il, en ouvrant la barrière, vous méritez de passer en deçà. Nous nous assîmes sur un banc à deux places, je voulais lui parler de musique, à commencer par la notation; il voulut me parler de l'académie; il me dit qu'elle fut d'abord établie sur le rempart, entre la porte Saint-Marceau et la porte Saint-Victor, dans une maison toute couverte de devises grecques, où demeurait le poëte Baïf qui, avec le musicien Courville, l'avait fondée; mais que depuis la mort de Baïf elle avait été transférée à la rue de la Juiverie, où elle semble maintenant fixée. Il me dit encore qu'au moment actuel elle était régie par Mauduit, bon greffier, bon musicien [11].

La notation de la musique.

Qui ferait garder le tacet à un musicien quand il en est sur ses privilèges, ses honneurs? Tout le contenu des lettres-patentes, où le roi déclarait que l'académie française étant fondée pour son plaisir aussi bien que pour celui du public, six des académiciens seraient réputés ses domestiques[12], me fut emphatiquement récité d'un bout à l'autre. Dès que l'académicien eut fini, je ne le laissai pas recommencer, je lui dis : Maître, je ne vous ai pas interrompu ; mais je voudrais vous parler de la notation de la musique qu'en ce moment on vient de vous apporter, de cette notation nouvelle dont les caractères se séparant de ceux du plain-chant ou notes lombardes[13], se sont arrondis en même temps qu'ils se sont élevés sur une tige[14] qui les fait ressembler à des rangées d'asperges liées par le bas, lorsque les notes qu'elles représentent sont des croches qui se succèdent[15]. Êtes-vous pour cette notation? — Oui. — Maître, aimez-vous les notes de la tablature des instruments d'accompagnement que figurent de petites lettres alphabétiques[16]? — C'est assez joli. — Préféreriez-vous à la vieille notation, marquant par elle-même ses mesures, inventée par Francon de Cologne il y a cinq cents, sinon six cents ans[17], la nouvelle manière de marquer la séparation des mesures de quatre en quatre par un bâton qui traverse du haut en bas les lignes de la portée[18] ? — Oui, pourvu qu'on ne multiplie pas trop ces bâtons, qu'on n'embarrasse pas les notes par un bâton à chaque mesure.

La théorie de la musique.

Maître! que pensez-vous, je voudrais bien savoir que penser de l'*Introduction à la musique* par Legendre[19], des *Fondements de la musique* par Menehou[20], de la *Théorie de la musique* par Ducourroy[21], de l'*Institution musicale* par Martin[22], de l'*Invention musicale* par Jennequin[23], de l'*Instruction de musique en huit tons* par Le Roy[24], du *Traité de musique* par Costeley[25], de la *Musique sans gamme* par Blockland[26], de l'*Art de chanter*[27], du *Traité des vices de l'organe vocal*[28]? — Monsieur, voici la règle des jugements : musique et théorie de musique d'aujourd'hui bonne; d'hier, mauvaise; d'avant-hier, détestable. — Maître, lui dis-je encore, que pensez-vous des différents systèmes où sont admis et l'accord de la quinte mineure et l'accord de la septième et l'accord de la neuvième[29] et divers autres accords? — Même règle. — Maître, j'ai pensé et j'ai dû, en ma qualité d'académicien, penser aux différents buts de l'institution de notre académie : il me paraît très difficile que d'abord nous atteignions le premier, celui d'assimiler notre poésie à l'antique poésie, notre musique à l'antique musique. — Monsieur, nous l'atteindrons, car nous l'avons atteint : ce soir vous verrez dans la nouvelle poésie de Baïf, alliée à la nouvelle musique, l'antique mètre poétique et l'antique mètre musical se rejoindre après une séparation de treize ou quatorze cents ans[30], et comme dans l'antique mélopée, agir, réagir l'un sur l'autre[31]. — Maître, il me paraît encore plus difficile que nous atteignions le second. — Monsieur, nous l'atteindrons aussi, car nous l'avons aussi atteint. Aujourd'hui la musique représente clairement la parole. Vous allez entendre *le chant du caquet des femmes* [32], et sûrement dans les deux premiers *superius* vous reconnaîtrez les deux jeunes filles qui disputent ; dans le *tenor* la mère qui leur impose silence ; dans le *bassus* et le *contra-bassus* les deux vieilles qui grondent.

En ce moment les instruments commencèrent à s'accorder. Je me hâtai de repasser la barrière, poursuivi par le musicien qui me disait : Monsieur, vous allez vous convaincre de tout ce que je viens de vous dire ; écoutez seulement ! écoutez ! j'écoutai. Il en fut ce qu'il plut à Dieu.

La musique d'église.

Un beau matin, il y a huit ou dix jours, je rencontrai dans la rue le premier page de notre ambassadeur. Je lui demandai où il courait si vite : Je vais, me répondit-il, à Saint-Étienne du Mont, voir l'enterrement d'un conseiller ; voulez-vous venir ? je passai mon bras sous le sien et nous prîmes le chemin de cette église. Un immense concours de beau monde circulait dans les bas côtés, tendus de drap noir, décorés des armoiries [33] et des insignes du défunt. Dans l'intérieur du chœur, assez près de la bière, était entre deux longues lignes de magistrats, de parents, d'amis en deuil [34], l'estrade de l'orchestre. J'aimais à distinguer au milieu de ce funèbre appareil les figures joviales des musiciens, tous vêtus de leur pourpoint à collet de maroquin [35], tous glorieux de se faire entendre devant tant d'honorables personnages ; les figures encore plus joviales des enfants de chœur tenant fièrement leur papier de musique ; la figure encore plus joviale du beau maître de chapelle ravi de l'ensemble, de l'accord, de la parfaite exécution, sans qu'aucun instrument soutînt les voix [36]. La messe finie, le convoi se remit en mouvement vers l'autre bout de l'église, où une large fosse était ouverte.

Pendant que la terre était bénite et qu'elle recevait le cercueil, nous fûmes poussés par la foule dans une chapelle latérale, où le page appela son maître de musique, où un moment après son maître de musique appela une haute-contre de ses amis ; et nous voilà tous les quatre à parler de la musique que nous venions d'entendre : le peuple était dans l'admiration, nous dit la haute-contre ; il aurait presque remercié le conseiller de s'être laissé mourir. Véritablement, ajouta-t-il, cette musique, à laquelle on ne peut comparer que celle de la messe de Mauduit pour les obsèques de Ronsart [37], est naturelle, ou plutôt surnaturelle, céleste. D'abord Claudin a commencé, suivant l'usage, le *Requiem* et tous les autres morceaux de cette messe par quelques mesures de plain-chant [38], et sa partition montre en même temps à l'œil et à l'oreille la différence de la notation et de la mélodie des deux musiques. Cette haute-contre dit aussi que Claudin, si noble, si sévère dans les messes des morts, était vif, léger et jovial dans les autres messes [39], et que lui, haute-contre, qui les avait chantées à Notre-Dame, se souvenait avec plaisir d'en avoir comme réjoui les voûtes, encore toutes remplies de l'haleine des anciens chantres de Philippe-le-Bel et de leurs successeurs. Il ajouta : C'est surtout par ces motets si jolis, si mélodieux et si gais, tels que celui de *Pater Abraham* en *ré* mineur, celui *d'Angélus* en *la* mineur [40], que Lassus récréa *Lassum orbem*, pour rappeler le distique latin fait en son honneur [41]. Ensuite nous dîmes tous qu'il y avait beaucoup de réminiscences de Lassus dans Maillard [42]. Nous le prouvâmes par son *Dixit* et son *Magnificat* [43]. Mes chers maîtres, dis-je alors, savez-vous d'où vous vient le nouveau caractère gracieux et presque tendre de votre musique d'église? — Il nous vient de Palestrina [44], dit la haute-contre, ou, dit le maître de musique de Saint-Philippe de Néri dont les *oratorio* [45] font accourir aux églises les plus indévots, pourvu qu'ils aient l'oreille juste : Peut-être un peu de ces grandes compositions, leur répondis-je ; mais il vous vient surtout de Goudimel [46], de Santerre [47], de Ferrier [48], de Jambe-de-Fer [49] et d'autres qui ont introduit la musique pastorale dans les psaumes français des calvinistes [50].

La musique de salle.

Nous fûmes assez brusquement interrompus par le grand sacristain : Messieurs ! vous voyez que la tombe est posée, que les joints sont remplis, que tout le monde s'est retiré, que les ouvriers se retirent : agenouillez-vous, priez, ou sortez !

Nous sortîmes ; nous allâmes au cloître des Chartreux, où nous reprîmes plus à l'aise notre entretien : J'ai bien craint dans le temps, dit la haute-contre, que toute la France devînt huguenote, et que c'en fût fait des maîtrises si richement dotées en terres, en métairies et en autres biens [51] ; et voici comment dans mon esprit ces pépinières de musiciens devaient être alors remplacées. Je me disais que la musique de salle était la musique intermédiaire entre la musique d'église et la musique de chambre ; je me disais en même temps que ces solennels ballets où s'entre-parlent en musique divers personnages, comme à celui du festin que l'hôtel-de-ville donna au roi [52], surtout comme à celui de Beaujoyeux, où se trouvaient dix mille spectateurs [53], devaient nécessairement passer des grandes salles de la cour aux grandes salles des châteaux ; que les riches seigneurs, gagnés par l'irrésistible attrait de ces mélodieux intermèdes, finiraient par diminuer leurs vèneries et accroître leur musique [54]; je me le disais, et la tranquillité renaissait dans mon esprit.

La musique de chambre.

Maîtres, leur demandai-je, la cantate avec ses chants variés de récitatifs [55] est-elle de la musique de salle ou de la musique de chambre? — De la musique de chambre, s'il n'y a pas d'accompagnements complets [56]; et s'il y en a c'est de la musique de salle, à cause des dimensions des instruments hauts ou bas [57]. — Et les chansons spirituelles, les cantiques [58], sont-ils de la musique de chambre ou de la musique d'église? — De la musique de chambre et de la musique d'église. — Et les amours de Ronsart [59]? — De la musique de chambre. — Et les odes [60]? — De la musique de chambre. — Et les quatrains [61]? — De la musique de chambre ou même de cabinet.

La musique de table.

Je comprends maintenant pourquoi les Français ont avec les étrangers de si fréquentes et de si vives disputes sur la musique : c'est à cause de leur vanité exclusive. Je savais que les chansons formaient et nécessairement et seules la musique de table; je ne fis aucune question, je n'en parlai point; mais la haute-contre voulut en parler pour avoir occasion de dire que les chansons françaises étaient, de l'aveu universel, les meilleures chansons. Le page qui est de Naples dit que c'étaient les chansons italiennes [62]. Aussitôt la haute-contre cita ou plutôt chanta des chansons de Martin à plusieurs parties [63], des chansons dialoguées entre les bergers et les bergères [64], des chansons poitevines entre les bergères qui s'appellent par des huchements d'une syllabe : Ou! oup! ou! oup [65]! des chansons bourguignonnes : Gué! ô gué [66]! des chansons d'une province avec la réponse d'une autre province [67]. Le page ne demeurait pas muet; il citait la *Romanesca* [68], il chantait des *canzone*, des *canzonnete* [69]. Je prenais grand plaisir à ce joyeux combat, mais il ne dura pas, et ce jour nous devions être deux fois interrompus. Il se faisait tard, lorsque tout à coup, de l'autre extrémité du cloître, nous vîmes venir comme un grand personnage gris : c'était le frère portier. Il s'approcha à pas précipités et nous dit : Qui que vous soyez, sachez que dans cette maison de silence parler est incivil, et chanter est répréhensible. Ce frère tenait un haut bourdon ou haute hallebarde en bois. Il menait deux grands chiens en lesse. Nous avions entendu son impérative réponse à nos excuses; nous ne nous exposâmes pas à sa réplique.

LES DANSEURS FRANÇAIS.

Station LXXVIII.

J'en conviens encore ; je n'avais pas déjà dit que je fusse allé dans le Poitou ; mais j'ai déjà dit que j'étais allé dans la Lorraine ; j'en suis sûr.

Avant d'arriver à Metz, on m'assura que les meilleurs danseurs de France étaient dans cette ville ; je ne fus pas de cet avis. Ensuite il ne tint qu'à moi de croire que les meilleurs danseurs étaient à Nanci ; je ne fus pas de cet avis non plus. Je trouvai que c'était à la ville des rebecs et des violons, à Mirecour [1], qu'il fallait venir voir les meilleurs danseurs.

Je fis quelque séjour dans cette ville : je ne me souviens pas si je logeai à la Maison-Blanche ou à la Tour-Blanche ; ce qu'il y a de bien certain, c'est que l'appartement qu'on me donna était au-dessus d'une de ces grandes salles de danse si communes dans les villes du nord ; car j'ai remarqué que si les Français chantent de plus en plus du nord au midi, ils dansent de plus en plus du midi au nord. Continuellement j'entendais le tambourin sous mes pieds ; enfin, le jour où je voulais partir, il se présenta chez moi un homme en manteau court, coiffure légère. C'est, dis-je en moi-même, un maître à danser. Messire, me dit-il en m'abordant, je suis maître à danser et je viens comme votre plus proche voisin, vous demander s'il vous serait agréable d'assister aujourd'hui à un grand exercice de mes écoliers. Vous verrez si je gagne bien ou si je gagne mal les trente sous par mois qu'ils me donnent [2]. Je le remerciai de sa politesse, et je lui répondis que j'avais fait seller mes mules pour partir, mais que j'allais les faire desseller. Grands remercîments de sa part, grandes démonstrations de reconnaissance et de respect, auxquelles je me hâtai de mettre fin en l'emmenant déjeûner.

Les lois sur les danses.

Quand vous êtes vis-à-vis un maître à danser, je vous défie de parler d'autre chose que de la pluie et du beau temps ou de la danse : Maître, lui dis-je, les lois et l'église sont plus sévères dans votre France que dans notre Espagne : si vous y alliez, vous verriez, sans avancer plus loin que la Biscaye, les prêtres danser aux noces de leurs parents [3]. Messire, me répondit-il gaîment, si nos rois, nos états-généraux par leurs ordonnances empêchent parfois les gens de danser [4], ni le diable ni moi n'y perdons rien. Car, aux élections du bailliage, je fais souvent danser les députés du tiers-état. Quant à la noblesse, tenez pour sûr qu'elle danse aussi aux élections. Il y a plus, c'est que dans plusieurs terres elle force, aux fêtes du village, les filles de joie à danser en les faisant piquer là où l'on donne le fouet aux enfants [5]. Et quant au roi, on sait fort bien que Henri III dansait, et qu'il dansait à l'archevêché de Paris, et qu'il dansait pendant les matines [6]. A la vérité le clergé en France ne danse pas; cependant quelquefois il laisse danser la procession des pèlerins [7]; quelquefois même il laisse danser la procession des funérailles, comme nous l'avons vu à celles du cardinal Birague dont la bière était entourée de danseurs [8] qui peut-être imitaient ou qui du moins voulaient imiter les plaisirs des justes.

Les basses danses.

Mais, continua-t-il, ne pourrait-on réconcilier le roi, les états-généraux, le clergé, ainsi que les chefs de famille qui ne veulent pas non plus qu'on danse, avec la nature qui le veut? Certes on le pourrait par une meilleure police de toutes les danseries [9]. Et d'abord, les pavannes, ces danses de tous les états, je n'en excepte pas les plus graves, où les danseurs pavannent, font la roue de paon l'un devant l'autre [10], bien qu'elles soient aujourd'hui entrecoupées, pour ainsi dire brodées de pas vifs et légers, comme, au contraire, les menuets de Poitou, à mesures ternaires, sont entrecoupés, pour ainsi dire brodés de pas graves, n'en sont pas moins, aussi bien que toutes les basses danses, fort décentes. Il en est de même des danses lourdes, des danses villageoises de la Pagèse, de la Carolle [11].

Les hautes danses.

Il en est encore de même de certaines danses hautes, telles que la gaillarde, où la danseuse, après le salut, s'en va en dansant à l'autre extrémité de la salle, où le danseur la suit en voltigeant autour d'elle chaque fois qu'elle s'arrête [12]; de même de la Cassandre, ainsi appelée du nom de la belle amie du grand Ronsart, pour laquelle on l'a faite [13].

Mais la volte où le danseur enlève dans ses bras la danseuse [14], devrait être interdite. On devrait interdire aussi les rondes de Provence si vives et trop vives. Quant à moi, pour me les interdire, je n'ai pas besoin que le parlement me menace de la peine du fouet [15]. On devrait interdire encore les danses où l'on s'embrasse [16]; aussi, lorsque chez moi les écoliers veulent prendre cette liberté, je me montre fort sévère et je leur dis : Allez-vous-en vous aimer ailleurs ; allez-vous-en vous aimer au diable, pourvu que ma salle n'y soit pour rien.

La danse ainsi mieux policée deviendrait une chose très bonne, d'une utilité générale; tout le monde y gagnerait, et nous qui l'enseignons nous n'y perdrions pas.

Terminant là notre conversation, le maître à danser se leva; il mit son joli petit bonnet de velours à la main gauche, me présenta la main droite, me conduisit dans sa salle à un grand fauteuil préparé pour moi au haut bout, et s'assit à côté. Tout aussitôt les écoliers, ayant quitté leurs souliers à semelles de plomb [17], ayant mis leurs légers escarpins blancs [18], et les joueurs de l'orchestre qui n'étaient pas à moins de cinq parties de viole [19] ayant accordé leurs instruments, l'exercice commença.

Les danses imitatives.

Mes amis, dit le maître à ses écoliers, il m'est tombé dans la tête un joli air de danse; je ne voudrais pas le perdre : comment faire ? — Le noter. — Mes amis, à force de penser, de réfléchir, il m'est venu tout-à-coup de belles inspirations; j'ai dessiné dans mon esprit une nouvelle danse, un charmant ballet; je voudrais encore moins le perdre. — Vous le noterez aussi, mais avec la différence que vous noterez les différents tons de votre air avec des notes de musique, et que vous noterez les différents pas de votre danse avec des lettres de l'alphabet, tantôt doubles, tantôt simples : aa, grève droite; bb, grève gauche; cc... ruades, pieds joints..... petit saut.....; e, congé; r, revenez [20]. — Mes amis, je puis donc envoyer à la Chine, au Pérou, une danse dans une lettre ? — Vous le pouvez. — Quand ont été inventés les signes de la musique ? — Il y a deux mille ans au moins [21]. — Et les signes de la danse ? — De nos jours [22]. — Pourquoi les hommes ont-ils mis à les inventer vingt siècles de plus aux uns qu'aux autres ? — C'est qu'il a fallu plus d'efforts d'esprit aux uns qu'aux autres. — Pour moi tel est mon avis.

On se mit ensuite aux danses, mais dans l'ordre inverse; on commença par le bal et on finit par le ballet [23].

Il y avait des repos, des intervalles que dans la salle de Mirecourt on appelait des entr'actes [24], pendant lesquels le maître à danser tantôt interrogeait, tantôt parlait. Mes amis, la danse est-elle, comme la musique, un art d'imitation ? — Oui, et plus que la musique. — Comme la poésie, peut-elle raconter et peindre ? — Oui, et mieux que la poésie. — En effet, dit le maître, si aujourd'hui la danse multiplie les branles de préférence aux ballets, c'est que dans les ballets la poésie et la musique disputent à la danse le premier rang[25], au lieu que dans les branles dansés au son des simples rebecs[26] elles ne lui disputent rien, car elles n'y sont pour rien[27].

Ainsi dans la courante, qui est une espèce de branle et de danse d'imitation, trois jeunes gens amènent en dansant trois jeunes filles; elles veulent s'enfuir; les jeunes gens parviennent à les rassurer. Chacun d'eux peint ses sentiments à sa maîtresse; les jeunes filles repoussent les jeunes gens. Chacun d'eux alors se retire, refait sa toilette, et, toujours en dansant, rajuste ses dentelles, sa fraise, étire ses habits, revient, sautille, s'incline en cadence, saute, supplie en cadence, pirouette, se désespère en cadence. Les jeunes filles se laissent enfin attendrir, et tous les danseurs ne forment plus qu'une danse très variée, très vive, très légère[28] : n'est-ce pas là un petit tableau frais et agréable?

Dans le branle des lavandières, autre danse d'imitation, les danseurs font entendre avec leurs pieds et leurs mains le bruit du linge et des battoirs[29]; vous croiriez être au village entre le vieux saule et la fontaine.

Dans le branle des sabots[30], vous croiriez encore être au village un jour de pluie ou de neige.

Dans le branle des chevaux[31], vous croiriez être dans un manège.

Dans le branle des ermites[32], vous croiriez voir le frère Lubin, le frère Lucas, le frère Blaise, tentés, tourmentés, lutinés par les démons qui ont pris la forme de jolies filles.

Dans le branle des mathématiques, les pieds du danseur décrivent sur le parquet, comme la plume ou le compas sur le papier, les diverses figures de géométrie[33]. Il y a déjà quelques années qu'un petit bachelier de ma connaissance, qui n'avait pas de fortune et qui voulait épouser une demoiselle qui en avait beaucoup, ne pouvait fléchir ni sa maîtresse ni ses parents. Je lui proposai d'apprendre le branle des mathématiques; il l'apprit, et il l'apprit si bien qu'un beau soir, ayant eu occasion de le danser dans une nombreuse compagnie où, pour ainsi dire, toute la ville se trouvait, le lendemain la demoiselle, la famille et la parenté se rendirent à ses vœux. Mes jeunes amis! on peut quelquefois dans le monde faire son chemin en dansant.

LE SPECTRE DE SAINT-DENIS.

Station LXXIX.

Depuis quelque temps Paris fourmille d'opuscules ou de livrets, soit imprimés, soit manuscrits. En voici un nouveau ; il m'a été donné par l'auteur ; il paraît sous le titre du *Spectre de Saint-Denis* :

« Je suis notaire au Châtelet, et par conséquent conseiller du roi [1], comme tout le monde sait.

« Un jour de cet hiver il fut résolu dans une assemblée de faire à Saint-Denis notre repas de corps ; bien ! Au sortir de table j'allai aux vêpres de l'abbaye ; très bien ! Nous avions bu, ainsi qu'il était juste, trois fois à la santé de chacun des rois de qui nous tenons quelque privilège, et les fumées de tant de vin s'étant portées à la tête, je m'endormis : cependant les vêpres continuèrent, finirent ; le peuple sortit, les portes se fermèrent. Je dormais toujours. Enfin à minuit l'horloge m'éveille en sursaut ; je croyais être dans mon lit ; j'étends les bras, et voilà qu'au lieu de prendre l'épaule de ma femme ou sa coiffe je prends d'une main la corne d'un pilier très froid et de l'autre le marbre d'un bénitier encore plus froid. J'ouvre les yeux, je me trouve sous de hautes voûtes éclairées par plusieurs lampes. Où suis-je ? me demandai-je tout troublé. Je repasse alors dans ma mémoire ce que j'avais fait durant cette journée, et je reconnais que je me suis endormi à l'église de Saint-Denis ; imaginez ma frayeur. Toutefois, comme depuis quelque temps je travaille à un livre qui puisse bien se vendre, à un grand traité de spectres et de revenants, je ne fus pas fâché de pouvoir dire à mes lecteurs que par amour pour la science j'avais passé une longue nuit, seul, dans l'église abbatiale de Saint-Denis. Je m'enhardissais donc le mieux que je pouvais, quand les orgues de l'église font tout à coup entendre de longs gémissements : Ce sont, me dis-je, les soufflets qui se dégonflent dans les tuyaux. Un moment après, les mausolées semblent s'entrouvrir avec le bruit d'une grande rivière lorsqu'elle rompt ses glaces : Oh ! me dis-je encore, un mur s'écroule dans le voisinage, et le fracas de sa chute fait retentir les échos de l'église ; il n'y a rien que de naturel ; n'ayons aucune peur. Cependant, malgré moi, j'en avais une très grande ; elle augmentait de moment en moment, et les cheveux me dressaient à la tête. Tout à coup un spectre blanc se lève au pied du jubé : le bas de sa robe balayait les pavés, et les plumes de son chapeau ondoyaient à la hauteur des lampes. Quelle que fût ma frayeur, je n'en fis pas moins deux observations : la première, qu'il n'est pas vrai, ainsi qu'on le dit, que les spectres soient diaphanes, car l'ombre de celui que je voyais allait se porter contre le mur; ce qui me fit croire, dans le premier moment, qu'il y avait deux spectres, l'un blanc et l'autre noir; la seconde, c'est qu'on a avancé encore une erreur quand on a dit que les spectres étaient d'une substance vaporeuse : mon nez, on va voir, sait très bien le contraire.

« Car le spectre, après avoir fait plusieurs fois le tour de l'église, ayant penché la tête, m'aperçut enfin ; il vient s'asseoir devant moi, sur une charpente de catafalque par hasard dressée la veille à cette place. Ma frayeur redouble ; je ferme les yeux; mais le spectre me force à les ouvrir en me pinçant le nez si rudement que je ne me souviens pas qu'aucun de mes camarades de collège m'ait jamais fait autant de mal ; j'allais me fâcher, je reconnais le roi François Ier. — Qui es-tu? me dit-il. — Je suis notaire au Châtelet et conseiller du roi, comme tout le monde le sait. — Diable ! tu n'es pas un bélître ! Les notaires au Châtelet, conseillers du roi comme tout le monde sait ne sont pas des bélîtres; ce sont gens instruits, et même souvent gens de bonne compagnie. Dis-moi, mon ami, n'est-ce pas qu'on parle assez souvent de moi dans le monde ? mais garde-toi bien de croire tout ce qu'on dit; et apprends que si je n'étais mort que de la maladie dont on me fait mourir [2] je serais encore en vie ; apprends-le surtout aux historiens actuels qui ont, je crois, plus de crédulité que de malice, quoiqu'ils ne manquent cependant pas de malice. Mon fils Henri II se plaignait aussi de notre histoire; mon petit-fils Henri III qui s'en plaignait davantage, et ce n'était pas sans raison, disait qu'elle était aujourd'hui une muse sans pudeur [3]; mon beau-père Louis XII lui reprochait de n'avoir jamais été l'histoire du peuple. Toutefois il en a été fort bien traité, et moi et les miens fort mal. N'importe, je ne crois pas, quoi qu'en aient écrit les historiens huguenots[4], qu'il vaille tant; je ne crois pas non plus que nous vaillions si peu; et puisque je t'ai ici sous la main, je veux faire année par année ce qu'on appelle en termes de pratique l'inventaire ou l'appréciation de nos divers règnes ; je prendrai un compte rond de cent ans : je commencerai et finirai avec le siècle. Ami ! aide-moi. Un apothicaire suivant le proverbe n'est jamais sans sucre; il y a toujours du papier et de l'encre dans la poche d'un notaire : écris donc ce que je vais te dicter et sois sûr qu'à la lueur de la lampe du sanctuaire tu n'écriras que la vérité.

« Il continua ainsi :

« *L'année* 1501.

« Louis régnait depuis trois ans : les commencements de tous les règnes sont heureux. Louis avait conquis le Milanais. A sa place je m'y serais d'abord affermi; mais non, il veut conquérir le royaume de Naples. A sa place, j'aurais écarté le roi d'Espagne; mais non, il l'appelle et il lui donne d'avance la moitié de ce royaume dont cette année les armées des Français et des Espagnols font la conquête.

« *L'année* 1502.

« Il arriva ce qui devait arriver; les Espagnols, alliés infidèles, chassent les Français.

« *L'année* 1506.

« Gênes ne sait ni rester libre ni se passer de liberté; elle se soumet à la France; elle se révolte. L'artillerie française s'approche, et bientôt le peuple, à genoux sur ses remparts renversés, demande pardon à Louis.

« *L'année* 1508.

« Tu n'es pas homme d'état, homme de guerre, je le sais, mais enfin tu as, je pense, du bon sens. Lorsque l'Europe se ligua contre Venise, si tu eusses été roi de France, tu aurais protégé le faible contre le fort, ou du moins tu serais demeuré chez toi. Le roi, mon beau-père, n'en agit pas ainsi. Je n'ai guère pu comprendre pourquoi il s'était mis à la tête de la Ligue de Cambrai. Il ne s'est jamais expliqué bien nettement à cet égard. Pourtant je me doute, et par expérience je me crois sûr qu'ayant laissé entrevoir ses intentions, le conseil qu'il avait assemblé lui prouva, par de bonnes raisons, qu'il devait faire cette sottise.

« *L'année* 1509.

« Commandée par Louis XII, l'armée française forme l'avant-garde de celle de la confédération. Elle gagne la bataille d'Agnadel.

« Je remarquai en ce moment dans les yeux du spectre ce qu'on remarque dans les yeux d'une belle femme obligée de parler de la beauté d'une autre belle femme, ou bien, ou mieux ce qu'on remarque dans les yeux d'un maréchal obligé de parler des victoires d'un autre maréchal. Nos passions devraient-elles entrer dans le tombeau?

« Le spectre continua :

« *L'année* 1510.

« Venise heureuse avait excité la jalousie de tous les princes ; malheureuse elle excite leur pitié. Ils s'unissent contre Louis XII ; et à leur tête se montre le pape, l'épée à la main.

« *L'année* 1511.

« Louis, au lieu d'assembler des troupes, assemble un concile à Pise⁵. Dans le temps je trouvai le tour bon ; j'en ris beaucoup, et tout mort que je suis j'en ris encore.

« *L'année* 1513.

« Bataille de Ravenne. Les confédérés y sont battus.
« Ils s'allient avec les Suisses dont l'armée, roulant du haut des Alpes comme une grosse avalanche, va se briser contre les murailles de Dijon.
« A Novare, les Français demeurent de même victorieux.
« Mais à Guinegate la fortune les trahit. Les peuples les plus braves, les hommes les plus braves, ont eu ainsi que les Français leur journée des Éperons.

« *L'année* 1514.

« Louis, entouré d'ennemis, a recours aux armes des belles Françaises ; alors rien ne lui résiste, il donne sa jeune nièce à un prince, et promet sa jeune fille à un autre.

« *L'année* 1515.

« Lui-même, pour arrêter l'armée des Anglais, épouse la sœur de leur monarque, et peu de temps après meurt presque dans le lit nuptial⁶.
« Première année de mon règne.
« Je suis homme ; j'ai fait des fautes, mais je n'ai pas fait toutes celles que mon beau-père et les historiens m'imputent.

« *L'année* 1516.

« Vois-tu? du temps de Charles VIII, du temps de Louis XII et du mien, les armes des Français tournaient vers l'Italie⁷ comme les aiguilles aimantées vers le pôle. Je voulus à mon tour aller conquérir le duché de Milan qui appartenait à mon épouse Claude, du chef de

XVIe SIÈCLE.

Valentine, une de ses aïeules. Je rencontrai dans les plaines de Marignan l'armée des Suisses venus pour me disputer le passage. A vingt-trois ans on a le sang chaud : Toujours, me dis-je, ces paysans voudront se mêler de nos affaires ; j'en couchai vingt mille sur la place. Ce que c'est qu'une leçon donnée à propos! depuis ils sont nos meilleurs amis [8].

« En ce moment je le remarquai; je le remarquai bien : François Ier avait grossi sa voix, enflé sa poitrine. Je vous assure que la vanité des spectres est à voir.

« François Ier poursuivit ainsi :

« L'année 1517.

« Concordat avec Léon X [9]. Français! vous qui voulez que le clergé ne soit pas trop puissant, pourquoi ne voulez-vous pas le concordat?

« L'année 1519.

« Mon beau-père m'a reproché plusieurs fois d'avoir essayé de me faire élire empereur à la mort de Maximilien Ier. Il a raison ; la France, placée au milieu des états européens, n'est que trop exposée à verser son sang.

« L'année 1520.

« J'eus une entrevue avec le roi d'Angleterre au Camp du drap d'or. Mon beau-père m'a reproché encore cette grande dépense ; mais ne fallait-il pas qu'en ce jour la France mît son habit de crédit?

« L'année 1521.

« Guerre civile d'Espagne, pendant laquelle ce pays reste ouvert. Suivant mon beau-père je n'y fis pas entrer une assez grande armée [10]. Peut-être bien.

« L'année 1525.

« Oui ! je le sais, je ne le sais que trop : si au jeu des échecs on ne prend pas les rois, on les prend au jeu de la guerre. Je fus pris à Pavie où je disputai si longtemps et si malheureusement la partie.

« L'année 1526.

« Bientôt voilà l'armée de Charles-Quint, commandée par le connétable de Bourbon qui vient ravager la Provence. Du fond de ma prison je fais dire à Toulon et à Marseille de fermer leurs portes, de border de soldats leurs murailles, de ne pas avoir peur. Toulon et Marseille ferment leurs portes, bordent de soldats leurs murailles, n'ont pas peur. Les armées étrangères errent dans les campagnes, couvertes de fruits non encore mûrs. Une partie périt par les maladies ; une autre est exterminée par les paysans [11].

« *L'année* 1527.

« Enfin le connétable de Bourbon trouve la mort au pied des murailles de Rome, où il assiégeait le pape. Le rôle de Coriolan n'a jamais été ni long, ni beau, ni heureux.

« *L'année* 1528.

« C'est avec raison qu'on a nommé l'Italie le cimetière des Français. Mes généraux y font encore ensevelir deux armées.

« *L'année* 1529.

« Par qui fut allumée la guerre de Troie? par les femmes. Qui a mis si souvent la discorde dans le monde? les femmes. Cette année elles y mirent la paix. La régente de France et la gouvernante des Pays-Bas conclurent le traité de Cambrai, appelé la paix des dames. Je sortis de prison.

« *L'année* 1531.

« A mon retour je ne fus pas accueilli avec un grand enthousiasme. Oh! me dis-je alors, fondons magnifiquement le collège royal. Je le fondai, je gagnai les savants, et depuis on m'appelle, tu m'appelles et les enfants m'appelleront le père des lettres.

« *L'année* 1537.

« Charles-Quint étant demeuré par le dernier traité comte de Flandre et vassal de ma couronne, je le fais citer devant mon parlement. Mais il se tient toujours assis sur son trône.

« *L'année* 1539.

« Et il n'en descend que lorsque l'insurrection de Gand le force à traverser au plus vite le royaume de France pour aller l'apaiser. On me conseillait de le retenir prisonnier. Je ne voulus prendre ma revanche de Pavie que sur le champ de bataille.

« *L'année* 1542.

« Mes ambassadeurs sont assassinés. Aussitôt je tire l'épée.

« *L'année* 1543.

« Mon allié le roi d'Angleterre m'abandonne et se joint à mes autres ennemis. La France est assiégée, mais elle fait en Italie une sortie par la bataille de Cérisoles.

« *L'année* 1546.

« J'étais enfin parvenu à donner une paix honorable à la France; j'avais réformé la justice; j'avais recruté les armées; j'avais rempli les caisses de mon trésor; j'avais renoncé aux passions; j'avais résolu de ne plus faire de fautes, de ne régner que pour le bonheur de mes peuples; une belle et nombreuse famille de fils et de petit-fils croissait autour de moi; j'habitais le beau château de Rambouillet; je comptais y couler encore de douces et longues années; je comptais sans la mort. La mort se présente : Allons, me dit-elle, comme dans la danse macabre [12] : Monarque! il faut partir; et, au milieu des triples rangs de mes gardes, elle m'emmène.

« Quelle croirais-tu que fut la première personne que je rencontrai dans l'autre monde? ma femme peut-être? ce fut mon beau-père; il était à m'attendre. Dès que je l'aperçus je fis ainsi que les parlements qui à l'entrée du roi dans leurs villes descendent précipitamment de cheval et se mettent à genoux à l'endroit où ils le trouvent [13]. Je ne descendis cependant ni précipitamment ni autrement de cheval, car dans l'autre monde on ne va pas à cheval; mais je me mis à genoux : mon beau-père me releva, et au lieu de m'embrasser il me reprocha d'abord de m'être trop laissé gouverner par les femmes, ensuite de n'avoir pas assez écouté mes bons conseillers, ensuite d'avoir trop donné aux beaux esprits, ensuite d'avoir fait brûler les luthériens en France, et de m'être allié avec eux hors de la France [14]; il ne finissait pas. Je lui lus l'histoire de mon règne, écrite en français, en latin, en grec, par les savants les plus célèbres. La voix du peuple, me disait-il, la voix du peuple! je n'écoute que la voix du peuple! Tu sais que je ne suis guère endurant et tu te doutes comme je devais souffrir; j'aurais cent fois mieux aimé avoir encore en tête Charles-Quint. Tu penseras peut-être aussi qu'entre morts, on est sans façon, j'en conviens; mais c'était mon roi, mon seigneur, mon beau-père : Sire, lui répondis-je, patience! soyez sûr qu'après moi on ne fera pas mieux.

« Effectivement.

« *L'année* 1547.

« On vit régner ce jeune Henri II, sur qui régnèrent les maîtresses ambitieuses et les hommes précédemment disgraciés.

« *L'année* 1553.

« Charles-Quint, mon ancien rival, en conçut de grandes espérances. Il vient avec une formidable armée heurter les frontières de la France. Il assiège Metz; il ne peut le prendre, et de dépit, après avoir donné sa couronne impériale à son frère, sa couronne royale à son fils, il entre dans un cloître [15].

« *L'année* 1557.

« Souvent, le plus souvent la fortune est pour les jeunes gens. L'armée du jeune Philippe II livre, à Saint-Quentin, bataille à la nôtre et la défait. C'était le jour de Saint-Laurent. Nous vîmes aux premières heures arriver à l'autre monde un grand nombre d'Espagnols. Nos Français commençaient à se réjouir; ils croyaient que là-haut nos affaires allaient bien. Ne vous réjouissez pas si vite, leur dis-je; notre nation est impétueuse et d'abord elle a toujours la victoire, attendons. Je n'eus que trop raison. Quelques heures après, il nous arriva plusieurs milliers des nôtres. Tous se plaignaient : l'infanterie se plaignait de la cavalerie; la cavalerie de l'infanterie; l'infanterie et la cavalerie de l'artillerie; l'artillerie de l'infanterie et de la cavalerie. Jamais je ne pus leur faire entendre raison : les soldats battus ne veulent jamais avoir tort.

« *L'année* 1558.

« Mais écoute; tu as vu de ces beaux arbres pleins de sève et de vie : d'un côté une branche leur est coupée, de l'autre une plus vigoureuse repousse. Telle a été dans tous les temps notre France; les rangs de l'armée au lieu de s'éclaircir s'épaississent. On rappelle d'Italie le duc de Guise; on reprend l'offensive; on assiège, on emporte Calais; et les Anglais rentrent dans leur île, en laissant pour toujours tomber au fond de la mer la clef de la France qu'ils tenaient depuis plus de deux siècles.

« Ni Melchior dans son *Statu mortuorum* [16], ni Boyestuau dans ses *Histoires prodigieuses* [17], ni Goulard dans ses *Histoires admirables* [18], ni personne que je sache n'ont jamais parlé du rire des spectres; ce rire est semblable au bruit du parchemin qu'on froisse entre les mains.

« Le spectre se mit tout à coup à rire; il poursuivit en ces termes :

« *L'année* 1559.

« Mon ami, tu sauras que, révérence parlant, les rois font quelquefois comme les chats ; ils se gourment, et le moment d'après ils se font l'amour. Henri II donna une de ses filles au duc de Savoie qui avait gagné la bataille de Saint-Quentin, et une autre à Philippe II, au profit duquel la bataille avait été gagnée.

« La coutume est de danser aux noces et même d'y jouter. Henri II veut montrer son adresse aux lices des Tournelles. Il reçut dans l'œil un tronçon de lance : presque aussitôt il meurt. Dans cette occasion je fus fort content de mon fils; pas une plainte, pas un mot contre Montgoméry. A la vérité, si sa main était coupable, son cœur était innocent [19].

« *L'année* 1560.

« François II, mon petit-fils et mon filleul [20], monte sur le trône. Sous un roi de seize ans les factions sont toutes-puissantes, les troubles agitent l'État. Conjuration d'Amboise. La punition en fut atroce. Si tu étais à la cour, tu as dû voir les corps des conjurés, coupés en quartiers, attachés aux fenêtres du château [21], et les belles dames ne pas laisser de s'y montrer. Le petit roi s'éteignit, sans éclat et sans bruit, au milieu des torches de la guerre civile. Il avait été marié jeune, et sans doute trop jeune, à Marie Stuart. Il prenait le titre de roi de France, d'Angleterre, d'Écosse et d'Irlande [22]. La politique aurait voulu que ses successeurs l'eussent pris aussi jusqu'à ce que les rois d'Angleterre eussent quitté celui de rois de France [23]. États d'Orléans [24].

« *L'année* 1561.

« A un jeune roi de seize ans succède un roi plus jeune. Charles IX n'était âgé que de dix ans.

« On m'impute encore aujourd'hui le mariage de Catherine de Médicis avec mon fils Henri II ; on m'accuse d'avoir donné à la France cette méchante Italienne. En vérité, les Français, et surtout les Parisiens, sont singuliers ; ils s'imaginent qu'un roi peut examiner, connaître sa bru future comme s'il était un simple particulier. Que pouvais-je faire, lorsqu'il fut question de ce mariage ? ne négliger aucune précaution, je n'en négligeai aucune ; prendre toutes les informations, je les pris ; et vous, bourgeois, vous-mêmes, en pareille occasion ne vous trompez-vous jamais ? Du reste tu sauras que cette Catherine de Médicis, qui depuis a fomenté tant de troubles, a excité tant de passions, a mis le feu aux quatre coins du royaume, était alors une jeune fille, belle, douce, timide, osant à peine parler, à peine regarder. Qui aurait deviné que dans la suite, si elle renonçait à vouloir porter la couronne, elle ne cesserait de vouloir tenir le sceptre?

« Après la mort de son fils François II, elle laisse sortir de prison le prince de Condé qu'elle avait laissé condamner à mort quelques jours auparavant. Elle laisse former le triumvirat du duc de Guise, du connétable de Montmorenci et du maréchal de Saint-André. Que lui importe l'autorité du roi, l'intérêt de ses enfants? que lui importe que le vaisseau de l'État soit continuellement en danger de se briser, se brise, pourvu que le gouvernail reste entre ses mains?

« *L'année* 1561.

« Colloque de Poissy. On a de l'esprit en France : on y avait cependant cru que les controversistes catholiques et les controversistes protestants pourraient s'accorder.

« *L'année* 1562.

« Première guerre de religion.
« Bataille de Dreux.

« *L'année* 1563.

« Siège d'Orléans, où le duc de Guise est assassiné.
« Première paix.

« *L'année* 1565.

« Deuxième guerre de religion.

« *L'année* 1567.

« Bataille de Saint-Denis, où le connétable de Montmorenci est blessé mortellement.

« *L'année* 1568.

« Deuxième paix : la petite paix.

« *L'année* 1569.

« Troisième guerre de religion.
« Bataille de Jarnac ; bataille de Montcontour.

« *L'année* 1570.

« Troisième paix : *la paix boiteuse*, qui n'alla pas loin.

XVIe SIÈCLE.

« *L'année* 1572.

« Nuit de la Saint-Barthélemy. Feuillet de notre histoire à arracher, à brûler.

« *L'année* 1574.

« Les protestants échappés aux couteaux des ligueurs se rallient : la guerre devient plus générale, plus vive, plus cruelle.
« Charles IX, entraîné par la douleur et les remords, descend dans l'autre monde, jetant le sang par tous les pores ¹⁵. A son apparition les trois races reculent d'horreur.

« *L'année* 1575.

« Henri III, roi de France et de Pologne, vainqueur à Jarnac et à Moncontour, prend la couronne. On attendait le règne d'un grand monarque ; eh bien ! à côté de la célèbre Élisabeth, qui régnait et qui régna si virilement, il régna comme une femme.

« *L'année* 1576.

« Quatrième guerre de religion.
« Quatrième paix.
« Cinquième guerre de religion.
« Premiers États de Blois.

« *L'année* 1577.

« Cinquième paix.

« *L'année* 1579.

« Sixième guerre de religion.

« *L'année* 1580.

« Sixième paix.

« *L'année* 1584.

« Un père de famille avait deux fils qui ne cessaient de se quereller. Son voisin lui offrit de prendre le plus jeune dans sa maison. Parce qu'il fallait faire quelques dépenses, le père de famille refusa et les dissensions domestiques continuèrent. Henri III refuse les Pays-Bas dont les peuples veulent se donner à lui ; il aurait pu y envoyer et y coloniser ses sujets protestants les plus inquiets.

« *L'année* 1587.

« Septième guerre de religion.
« Bataille de Coutras. Henri IV.

« *L'année* 1588.

« Depuis longtemps Henri III combattait avec désavantage la ligue. Enfin, à la journée des barricades, il se prend avec elle corps à corps, sur le pavé de Paris : Henri se trouva trop heureux de pouvoir s'échapper de sa capitale par la porte Saint-Honoré que le hasard avait laissée ouverte.

« La lutte continue aux seconds États de Blois, Henri veut la terminer à coups de poignards. Il fait tuer le duc et le cardinal de Guise.

« *L'année* 1589.

« Maxime d'État qui ne peut souffrir d'exception : un roi ne doit punir les coupables qu'avec la hache du bourreau. Le poignard passe dans les mains de la ligue : Henri III, réuni à Henri IV, assiégeant Paris avec une armée de catholiques et de protestants, est frappé mortellement à Saint-Cloud par la main du jacobin Clément [20].

« La ligue veut empêcher Henri IV de monter sur le trône ; il y monte sur le corps des ligueurs.

« Bataille d'Arques.

« *L'année* 1590.

« Bataille d'Ivri.

« *L'année* 1592.

« Henri IV assiège Rouen.

« *L'année* 1593.

« Il assiège Paris.

« *L'année* 1594.

« Il fait abjuration ; il entend la messe. Les Parisiens éteignent toutes leurs foudres, toutes leurs mèches, sonnent toutes leurs cloches, ouvrent toutes leurs portes.

« *L'année* 1595.

« Henri est absous par le pape. Les villes de France éteignent toutes leurs mèches, toutes leurs foudres, sonnent toutes leurs cloches, ouvrent toutes leurs portes.

XVIᵉ SIÈCLE.

« *L'année* 1597.

« Édit de Nantes, où les deux religions font sincèrement la paix. Henri est reconnu roi de France par les catholiques, par les protestants, par tous les Français.

« *L'année* 1598.

« Traité de paix de Vervins. Henri est reconnu roi de France par toute l'Europe.

« On crie partout : Vive Henri IV ! vive Henri IV ! Ces acclamations retentissent jusques dans l'autre monde, et, je l'avouerai, font toujours tressaillir le cœur de Louis XII.

« *L'année* 1599.

« Catherine sœur du roi est mariée par les ministres de l'église catholique et par les ministres de l'église calviniste.

« *L'année* 1600.

« Conférence de Fontainebleau où se défient deux théologiens des deux religions, Duperron et Duplessis-Mornay. La victoire demeure à Duperron qui triomphe au Capitole, qui est fait cardinal [27].

« Toute la France paraît enfin lassée d'arguties.

« La controverse meurt.

« On voit successivement les chefs des ligueurs signer leur paix sur le coffre du trésor royal.

« La ligue meurt.

« Dans les temples des calvinistes, dans les temples des catholiques les louanges de Dieu sont chantées également haut.

« Le fanatisme meurt.

« Ces divers évènements sont accomplis par le cours des temps.

« Le siècle meurt.

« Cependant peu à peu ma frayeur avait cessé. J'étais charmé d'apprendre l'histoire de France de la bouche de François Iᵉʳ. Je voulais courageusement disputer avec lui, et lui dire, lui prouver que Louis XII, un de nos meilleurs rois, était aussi un de nos plus grands rois [28].

« Je voulais surtout lui faire une question ; j'allais la lui faire, quand la porte de la sacristie s'ouvre. Les moines entrent, les cierges de l'autel s'allument, l'office matinal commence et le spectre disparaît en suivant les bas côtés de l'église.

« Il est à croire que dans l'autre monde on a l'oreille plus fine que dans celui-ci, car François Iᵉʳ avait entendu plutôt que moi s'ouvrir la porte de la sacristie.

« Je remarquai de plus pour l'histoire naturelle ou surnaturelle des spectres :

« Que leur voix, comme si elle passait par la cavité des tombeaux, est effrayante ;

« Que leurs yeux, où l'on voit briller continuellement une flamme sépulcrale, sont encore plus effrayants.

« Oh ! que d'autres remarques !

« Mais quelle était la question que je regrettais tant de n'avoir pu faire à François Ier ? la voici.

« Je voulais savoir pourquoi l'histoire de France était si courte ou plutôt si abrégée dans l'autre monde ?

« En y pensant bien, je me dis que la raison de notre siècle si forte, si réformatrice, me répondait pour François Ier, qu'afin de laisser de la place aux parties qui manquaient, qui étaient nécessaires, il fallait élaguer celles qui ne manquaient pas, qui n'étaient pas nécessaires ; que dans l'autre monde où l'on voyait plus loin que dans celui-ci, on faisait déjà comme un jour indubitablement nous ferons. Jusqu'à la fin de l'office il me sembla que cette réponse était belle et bonne ; dès que je fus sorti de l'église il me le sembla moins : à Paris au milieu des savants et des livres il ne me le sembla plus. »

LE DÉPART DE FRANCE.

Station LIV.

Tout le monde a entendu parler de Salamanque ; je suis né dans cette ville.

A vingt ans, je formai le projet de voir la France ; à trente, je résolus de partir ; à quarante, après avoir habillé tout de neuf mes gens, rempli de ducats ma valise, je partis.

La détermination.

Quand il m'a pris envie de retourner en Espagne, je m'y suis déterminé à l'instant. C'est que j'ai vécu avec les Français, et que j'ai fini ou que je finis par faire comme eux.

Les adieux.

Adieu donc, Français ! Je vous ai aimés aussitôt que je vous ai connus ; et, tous les jours, je vous ai aimés davantage. En demeurant au milieu de vous, je vous l'ai peut-être quelquefois dit ; de près, je ne cesserai de le dire.

FIN DU SEIZIÈME SIÈCLE.

NOTES
DU SEIZIÈME SIÈCLE.

On rapportera les passages des livres ou des documents manuscrits.
On se bornera à citer le titre et le chapitre des livres ou des documents imprimés.

L'ARRIVÉE EN FRANCE, Station 1re.

(1) Voyez les notes des Stations 32, 48, 65 et 67.

LES AUBERGES FRANÇAISES, Station II.

(1) *Hispaniæ et Lusitaniæ Itinerarium*, Amsterdam, Janson, 1656, cap. 1, *De hospitiis*.
(2) Ordonnance relative aux lettres des hôteliers, mars 1577.
(3) Même ordonnance.
(4) Ordonnance relative aux taux des hôtelleries, 21 mars 1579.
(5) Même ordonnance.
(6) Histoire de Sancerre, par Jean de Léry, chap. 9, De l'appareil de l'ennemy pour affamer Sancerre. Histoire de France, par Piguerre, liv. 35, juin 1573.
(7) Le Guide des chemins de France, par Charles Estienne, Paris, 1563, chap. 1; et les Itinéraires.
(8) *Ibidem*, même chapitre, et les Itinéraires.
(9) Voyage de Michel Montaigne, *Passage à Châlons*.
(10) La fidelle ouverture de l'art du serrurier, par Jousse, Laflèche, 1627, chap. Grillage, et les planches.
(11) Ordonnances de la ville de Metz, *Police des pauvres*, art. 30.
(12) Coutumes de Rheims, art. 396.
(13) Registres du parlement, 15 décembre 1595, 13 février 1596.
(14) J'ai un manuscrit intitulé : Précis des délibérations des États de Bretagne, depuis 1567 jusqu'à 1762, 4 vol. in-fol. Au 9 décembre année 1599, on lit : « Par les baux des « impôts et billots, l'exemption des hôtelleries franches est réservée et stipulée. » Et à l'année 1637, 23 janvier, on lit : « Les États consentent à l'establissement d'une hostellerie fran- « che des impôts et billots à Quintin... permis par lettres-patentes aux héritiers de Lal- « louer de Saint-Brieux en considération des services par lui rendus à Henri IV. » Autres pareilles lettres aux années suivantes.
(15) Registres du parlement de Paris, ordonnance du 20 juillet 1563. « Les hostelliers « désarmeront leurs hostes. »
(16) Histoire de la Ligue sous Henri III et Henri IV.

LES GRANDS HOMMES DE LA CHALOSSE, Station III.

(1) Depuis un temps immémorial les habitants des Landes et de la Chalosse marchent sur des échasses. Lorsque Napoléon traversa ce pays, il eut une garde d'honneur de jeunes gens montés sur des échasses.

(2) Mémoires de Jacques de Thou, année 1582.

(3) « ... Quelques-unes de ces paroisses sont sur le long de la coste qu'on qualifie sau- « vage, depuis Minisan où finit l'élection de Bordeaux... » Mémoires manuscrits des intendants, Mémoire sur la généralité de Bordeaux, chap. Ports de mer, *Élection de Lannes*.

(4) Cosmog. de Belleforêt, chap. Pays du ressort du parlement de Bordeaux.

(5) *Ibidem, ibidem*.

(6) Cosmographie de Thevet, liv. 14, chap. 5, Bayonne et Acqs.

(7) *Ibidem*, même chapitre.

(8) Coutume du pays de Marsan, titre De la police, art. 2 et 4.

(9) Coutume de Saint-Sever, tit. 9.

(10) Coutumes locales de Saint-Sever, tit. 10, art. 6.

(11) Coutumes de Saint-Sever, tit. 3, art. 13.

(12) Coutumes d'Acqs, tit. 11, art. 2.

(13) *Ibidem*, tit. 11, art. 42.

(14) Coutumes de Marsan, tit. Coustume locale, art. 12.

(15) *Ibidem*, tit. Des justices, art. 5.

(16) *Ibidem*, Coust. locales, tit. De la police. Cout. de Saint-Sever, tit. 1 et 2.

LE CRIEUR DE MONTAUBAN, Station IV.

(1) Glossaire du droit français, par Laurière, au mot *Cri*.

(2) Cette injurieuse dénomination de parti se trouve souvent dans les Histoires et les Mémoires du temps; voyez entre autres le dialogue entre le Manant et le Maheutre, 1594.

(3) Glossaire du droit français, par Laurière, au mot *Cri*.

(4) La farine de Moissac a toujours été très belle et elle l'est encore.

(5) Comptes des receptes et despenses de la ville d'Arras, année 1498, manuscrit cité aux notes du quinzième siècle, chap. « Aultre revenue... escheue à la dicte ville... pour « droit des rapports et ypotecques criées. »

(6) Formulaire de la chambre des comptes de Paris, manuscrit du commencement du seizième siècle déjà cité aux notes du quinzième siècle, chap. Cri pour informations de l'établissement d'une garenne.

(7) Dans le procès-verbal des enchères de la ferme de plusieurs offices faites à Bergerac, le dernier juillet 1543, dont j'ai une expédition du temps signée par le greffier, on lit : « Et premièrement le greffe de la court de la sénéchaussée a esté desilvré à Maxime « Bourgeois pour cinquante livres ; le bailliage de monseigneur le sénéchal... soixante- « deux livres ; les bailliages de Mamers et Maledieix délivrés, affermés pour vingt-sept « livres. » On trouve aussi dans le compte d'Arras, manuscrit déjà cité, « Office de ser- « gent à verge vendu aux enchères. »

(8) Bibliothèque de droit français, par Bouchel, au mot *Décrets*. Cout. locales de Commines, à la suite de celle de Lille, art. 13 et 14.

(9) Antiquités de la ville de Bourges et de plusieurs autres villes, par Chenu, Paris, Buon, 1621, *Bourdeaux*.

(10) Cout. de Marsan, tit. de la police, art. 9.

(11) Cout. locales de Saint-Sever, tit. 1, art. 24.

(12) Bibliothèque de droit français, par Bouchel, au mot *Déposition des roys*.

(13) *Ibidem*, même art.

(14) Dans le compte original des recettes et despenses de la ville de Dijon, année 1512,

quo je possède on lit au chap. Despenses communes : « Bans des vendanges publiés aux
« flambeaux... pour la cire... »

(15) J'ai un manuscrit intitulé : Généralité de Poitiers, domaines de la couronne, in-fol. On lit au chap. Prévosté de Montmorillon : « Il se lève à Montmorillon un droit qui
« s'appelle le droit de cuillier; c'est une cuillerée par sac de bled qui se vend au marché...
« Le pourvu de l'office du visa et trompette prend aussi un denier par sac. »

(16) Dans le compte de recette et la despense du comté de Clermont, manuscrit déjà cité
au quinzième siècle, on lit : « De Toussenot, le serrurier, pour le orlage de la ville, vi
« solz. «

(17) Cout. de Marsan, tit. Cout. locales, art. 4.

(18) Privilèges des mairies et municipalités, notamment de celles d'Arras, de Valenciennes, Metz, Dijon et autres.

(19) Ordonnances du 25 mai 1413, art. xxii. Dans plusieurs petites villes, il y a eu
depuis ce temps des crieuses publiques. On se souvient encore à Chevreuse d'une femme
qui, vers la fin du siècle dernier, tambourinait et criait.

(20) Ordonnance du mois de février 1415, relative à la juridiction de l'hôtel-de-ville
de Paris, chap. 9, Des jurés crieurs de vin, art. 9.

(21) Registres du parlement, mercredi 7 juillet 1574.

(22) J'ai plusieurs milliers de chartes, je les rassemble ainsi que tous mes manuscrits,
pour les mettre en vente. Dans le déplacement de la classification, la charte où était mentionnée la levée du peuple au son de la trompette afin de courir sus aux malfaiteurs,
s'est égarée; j'atteste qu'elle existe et que je l'ai vue.

(23) « Nous, officiers du roy notre sire en la sénéchaussée de Lannes au siège d'Acqs,
« certifions à nos très honorés seigneurs nos seigneurs des comptes... dudit seigneur roy
« à Paris... que feu Roland du Halde, receveur ordinaire pour le roy en la dite séné-
« chaussée, a payé, frayé, et despendu des deniers de sa recepte par ordonnance et man-
« dement de l'an MDXV... Item plus Arnault du Sauguenier, trompette ordinaire de la-
« dite ville, pour avoir assisté à ladicte fustigation, cinq sols tournois. » Je possède l'original de ce compte écrit sur un parchemin d'environ deux pieds carrés.

(24) Ordonnance du Livre Jaune de la chambre du procureur du roi du Châtelet. *Cry
touchant la vente de la volaille et du gibier :* « La douzaine d'alouettes xx deniers... et en
« outre est ordonné que ledit rotisseur doresnavant prendra pour larder et appareiller les
« viandes cy-dessus desclarées... le xx° jour d'octobre MDXLVI. »

(25) Ordonnance du mois de février 1415, relative à la juridiction de l'Hôtel-de-Ville
de Paris, chap. 9, Des jurés crieurs de vin, art. 19.

(26) Lettres de Charles VII, données à Tours, janvier 1450, relatives aux statuts des
tailleurs de la Rochelle, préambule.

(27) Édit de Nantes de mars 1598, relatif à la pacification des troubles.

(28) Les portiques de la grande place de Montauban, sont au moins du seizième siècle,
sinon des siècles antérieurs.

LES BOHÉMIENS FRANÇAIS, Station v.

(1) Longue et vieille place de la ville d'Agen.

(2) Ordonnance d'Orléans, 1560, art. 104.

(3) Dans le fond de nos provinces, il est un grand nombre de maisons, de maisons de
campagne surtout, où ces vieilles chaises se trouvent, non-seulement dans les greniers,
mais encore dans les salons, dans les salles. Je puis écrire ici que dans ma chambre
d'écolier il y avait une de ces vieilles chaises à quatre places d'écolier, équivalant au
moins à deux places d'hommes.

(4) Ordonnance d'Orléans de l'année 1560, art. 104.

(5) Même ordonnance, même art.

(6) Bibliothèque de Bouchel, au mot *Bohémien*.

(7) Recherches de Pasquier, liv. 4, chap. 19, Égyptiens, Bohémiens.
(8) Bibliothèque de Bouchel, au mot *Bohémien*.
(9) Histoire comique de Francion, liv. 1, chap. De Valentin.
(10) Dictionnaire universel de Furetière, au mot *Bohémien*.
(11) Les Aventures de Fauneste, liv. 3, chap. 9, De la dame Lacoste, des Bohémiens.
(12) *Ibidem*; Bibliothèque de Bouchel, au mot *Bohémien*.
(13) *Humana physiognomonia* J. B. Portæ, Rouen, 1650, texte et gravure.
(14) Bibliothèque de Bouchel, au mot *Bohémien*.
(15) *Ibidem*.
(16) Discours sur la chiromancie, par La Chambre, Paris, Recolet, 1653.
(17) *Ibidem*; et Chiromancie de Belot.
(18) Traité de la physionomie ou métoposcopie, par Belot.
(19) *Humana physiognomonia*. Portæ, texte et gravures.
(20) Quart d'écu, division monétaire de l'écu souvent mentionnée dans les ordonnances. Registre de la cour des monnaies cité dans Fontanon, liv. 2.
(21) Bibliothèque de Bouchel, au mot *Bohémien*.

LES CHEMINS DE LA FRANCE, Station VI.

(1) Histoire des grands chemins de l'empire romain, par Bergier, liv. 2, chap. 19. J'ai vu de ces bordures faites avec des grosses pierres dans des chemins du seizième siècle, mentionnés tels par les cadastres, ou réputés tels par la tradition. J'en ai vu entre autres sur l'escarpement de la montagne où est situé Rodez. J'en ai vu dans le Gatinois entre Malesherbes et Bussonville.

(2) Voyez dans cette station la note (7).

(3) Histoire des grands chemins de l'empire romain, par Bergier, liv. 2, chap. 30. Et quant aux chemins des plaines basses, boueuses, faits avec des pierres jetées, j'en ai vu en cent différents lieux, si je dis assez; ils existent depuis cent, deux cents, trois cents, quatre cents ans, je ne dis pas sans doute assez.

(4) Ordonnance de janvier 1583, relative aux eaux et forêts et chemins publics, art. 18.

(5) Histoire du commerce, par Laffemas, p. 109.

(6) Glossaire de Ducange, v° *Ferratum iter*, et v° *Viæ ferratæ*. Ces chemins dont les premiers ont été construits par les Romains ont servi de modèle à tous les chemins ferrés couverts de cailloutage qui ont été faits depuis ce temps jusque vers le milieu du dernier siècle. Il n'est pas de provinces où il n'y en ait.

(7) « De par le prévost des marchands et eschevins de Paris, maistre François de Vigne, recoveur des aydes de la ville, payez des deniers de vostre recepte à Pierre Voisin, maistre paveur de graiz... la somme de quatre-vingt-quatre livres ung sols que nous lui avons ordonné pour avoir de nostre commandement charié sur la chaussée Saint-Denis au-dessus de Saint Ladre CCLXIX tombereaux de sable pour asseoir les pavés de ladite chaussée et XLIX tombereaux au bas de la chaussée du Roule. A Paris, 30 mars 1574. » J'ai l'original de cette ordonnance.

(8) « De par le prévost des marchands et eschevins de la ville de Paris, maistre François de Signy, recoveur des aydes de la dite ville, a donné comptant des deniers de la dite recepte à Bernard Simon, maistre paveur de carreaux de graiz... la somme de douze cens livres... sur et tant moings des ouvrages de pavements par luy et ses gens faicts depuis VII ans et demy... en ceste dicte ville... le VIIIᵉ jour d'octobre mil VC soixante ung... » J'ai l'original de cette ordonnance.

(9) « En la présence de Pierre Mellerou, notaire roial à Blois... noble homme maistre René Brisset... sur-intendant des turcies et levées de Loire-et-Cher, a confessé avoir receu de maistre Johan le Turcq, trésorier des dites turcies et levées, la somme de cent livres... le VIIIᵉ jour d'octobre mil cinq cent soixante et douze. » J'ai l'original de cette quittance.

(10) Traité de la police, par Delamare, liv. 6, tit. 13, chap. 5, Des turcies et levées. Bibliothèque du droit français, par Bouchel, au mot *Turcies et levées*.

(11) Registres du parlement, 26 octobre 1662, réquisition du procureur général relative à la réparation des chemins du Perche, et arrêt rendu à la suite.

(12) Le Cout. de France, *Cout. de Lodunois*, ch. 5, Des droits du chastelain.

(13) Expositions des cout. sur la largeur des chemins, Paris, Saugrain, 1688.

(14) *Ibidem*.

(15) Le Précis des délibérations des États de Bretagne, déjà cité, porte : « 18 novembre 1568, on parle d'un devoir de chaussée de huit sous par pipe de vin. »

(16) « Je Estienne Charron, receveur commis de la dite ville, confesse avoir receu la « somme de trente-cinq livres pour les douze deniers que doit la ville, à prendre sur cha- « que minot de sel pour la construction des pavés d'Orle, entre Turi et Angerville, dont le « quitte... le 11 juin 1588. » J'ai l'original de cette quittance. Voyez aussi l'ordonnance du 28 novembre 1560 relative aux chemins.

(17) Bibliothèque de Bouchel, au mot *Turcies et levées*.

(18) Ordonnance du 18 juillet 1576 relative au droit de barrage.

(19) Même ordonnance.

(20) Édit du mois de février 1582, relatif à la juridiction des élus, art. 7.

(21) Voyez dans cette station la note (11).

(22) Cout., notamment celle du Lodunois, ch. 5, Droits du chastelain, art. 1er.

(23) Ordonnance du 22 décembre 1540 sur les officiers de justice en Normandie, art. 39.

(24) *Ibidem, ibidem*.

(25) Édit du mois de février 1582 relatif à la juridiction des élus, art. 7.

(26) Ordonnance du 20 octobre 1508 relative aux trésoriers de France, art. 18.

(27) Ordonnance de janvier 1583 sur les eaux et forêts et chemins publics, art. 14 et 15.

(28) Registres du parlement de Dijon, 16 février et 14 mars 1583, 1er décembre 1563.

(29) Histoire de Brignoles, par M. Raynouard, année 1572.

(30) Ordonnance de mai 1599 relative à la création d'un grand voyer.

(31) Voyez le Guide des chemins de France, déjà cité, aux chapitres des diverses provinces.

LES POSTES FRANÇAISES, Station VII.

(1) Ordonnance de février 1509 relative aux postes aux chevaux, rapportées dans le Traité de police de Delamare, liv. 6, tit. 14, chap. 2, Des postes.

(2) Ordonnance d'août 1602 relative à la réunion des relais aux postes.

(3) Ordonnance citée à l'avant-dernière note.

(4) Ordonnance de juillet 1495, relative aux défenses faites aux courriers d'apporter aucune lettre contre la pragmatique-sanction.

(5) Ordonnance du 19 juin 1464 relative à l'institution des postes.

(6) Ordonnance de mars 1597 relative aux relais de chevaux de louage.

(7) Même ordonnance.

(8) J'ai plusieurs quittances originales de maîtres des postes ; entre autres une du 2 janvier 1576, faite par Pierre Castel, chevaucheur, *assis en poste au lieu de Nyssan-Pequet*, de cent quatre-vingts livres pour *ses gaiges d'une année*, et une autre du 23 mars 1566, faite par Rolland Mareschal, *tenant la poste pour le roi à Colonges*, de deux cent quarante livres pour *une année*.

(9) J'en ai une autre du 16 août 1561 faite par Guillaume Dupuy, *l'un des cinq postes ordinaires de court* de quatre-vingt-dix livres pour *un quartier de gaiges à raison de vingt sols par jour*.

(10) Ordonnance de mars 1597 relative aux relais des chevaux de louage.
(11) Journal de Henri III, juin 1583.
(12) Hommes illustres de Brantôme, *Vie du vidame de Chartres*.
(13) Suivant le Voyage en France de Duval, Paris, 1687, chap. Description des chemins en France, la distance de Paris à Lyon est de 102 lieues. Dans le factum du duc de Guise contre Maillard, son trésorier, dont la date approche de la fin du seizième siècle, on lit : « Audit Maillard, présent trésorier, la somme de quatre cent soixante livres pour « estre allé de Paris à Lyon en poste courant à quatre chevaux, chargé de trois grosses « malles où estoient les habillements de la Saint-Michel de monseigneur, tant à aller qu'à « retourner. » Ce qui fait environ 100 livres par cheval, environ 50 livres pour l'aller, environ dix sols par poste, ce qui était le prix fixé par Louis XI dans son ordonnance du 19 juin 1464.
(14) Le Livre des postes pour aller par toute la France, Italie, Espaignes, Alemaigne, etc., traduit d'italien.
(15) Précis des délibérations des états de Bretagne, manuscrit déjà cité, année 1597, 12 et 31 décembre. « ... Par la commission générale le roi demande vctxx escus pour « partie de l'entretien des postes... On s'excuse par la response à la commission géné- « rale. On y dit au roy que les postes n'ont point été introduites en Bretagne, et qu'il « serait dangereux d'en souffrir l'établissement. »
(16) Ordonnance du 19 juin 1464 relative à l'institution des postes, art. 10.
(17) Je possède un manuscrit intitulé : Parties et sommes de deniers payez et délivrez pour postes et chevaucheurs en l'année MDLXVII. Il est signé de la main de Charles IX. On trouve dans un article : « ... Pour avoir porté à bonne et à grande journée sept pacquetz « des lettres du dit seigneur, XLIV livres tournois. » J'ai aussi l'original d'une quittance de Robert Fanouel, *tenant la poste du roi à Honfleur*, de quinze livres pour avoir porté par la poste les lettres et réponses écrites par la régente au grand sénéchal de Normandie, 2 mai 1525.
(18) Contes d'Eutrapel, Conte, *Suite du mariage*.
(19) Ordonnance de mars 1597 relative aux relais des chevaux de louage.
(20) Instruction et règlement relatifs aux relais des chevaux de louage, insérés dans le Traité de la Police de Delamare, liv. 6, tit. 14, chap. 8, Des relais des chevaux de louage.
(21) Ordonnance du 19 juin 1464 relative à l'institution des postes, art. 18.
(22) Registres du parlement, 8 mars 1595, Enregistrement de l'ordonnance concernant La Varenne, contrôleur général des postes.

LES VOITURES FRANÇAISES, Station VIII.

(1) Relativement à la différence entre les qualifications de *messire* et de *monsieur*, voyez la note (20) de la station XXXIII *La civilité française*.
(2) J'ai l'expédition notariée de l'inventaire des biens de la dame de Billy, veuve de Jean Nicolaï, président de la chambre des comptes, fait le 24 avril 1597 ; on y lit : « En « la cour du dit ostel... Item un petit coche couvert de drap noir... prisé dix escus. »
(3) Mémoires de Sully, chap. 22, Affaires domestiques et de milice.
(4) *Historia universitatis parisiensis*, octavo seculo, depuis 1500 jusqu'à 1600, où il est souvent fait mention des messagers de l'Université.
(5) Voyez la note (170) de la station XXX, *Le vieux écolier de Saint-Flour*.
(6) Ordonnance de novembre 1576 relative à la création d'office des messagers de bailliage, autre ordonnance de janvier 1573, relative au salaire des greffiers et messagers.
(7) Ordonnance du 20 mai 1582 relative à l'interprétation de celle de novembre 1576 concernant les messagers de bailliage.

(8) Voyez l'avant-dernière note.
(9) Ordonnance de janvier 1575 relative au salaire des greffiers et messagers.
(10) Même ordonnance.
(11) Antiquités de Paris par Corrozet, chap. 31, Du règne de Charles IX.
(12) Voyez à la station LXVII, *Les ateliers français* la note (388).
(13) Traité de Police de Delamare, liv. 6, tit. 14, chap. 10, Des coches et carrosses; notes relatives aux coches et carrosses de la station *Les ateliers français*.
(14) Registres du Parlement, arrêt d'enregistrement et de règlement du 12 mai 1595 sur le prix des places des coches de Paris à Orléans, Rouen. Autre arrêt du 3 avril 1601 sur les coches de Paris à Châlons, Vitri, Château-Thierry.
(15) *Ibidem*, Traité de Police de Delamare, liv. 6, tit. 14, ch. 10, Des coches.
(16) Ordonnance du mois d'avril 1594 relative au sur-intendant des coches publics.
(17) Dictionnaire universel de Furetière, au mot *Coche*.

LES RIVIÈRES DE LA FRANCE, Station IX.

(1) Fleuves de la France, par Charles Estienne, imprimé dans ses voyages de la France, Paris, 1553. *Flumina Galliæ*, à Papirio Massone. *Flumina Aquitaniæ*, de Gabriel Lurbé, et les autres ouvrages de ce genre et de ce temps.
(2) Cosmographies de Thevet, de Belleforest, chap. France, art. Commerce.
(3) Code des seigneurs, par Henriquez, chap. 25. Des rivières, art. 27, Curement des rivières; Précis des délibérations des états de Bretagne, manuscrit déjà cité, année 1567. « On implora la libéralité du roi pour continuer l'entreprise de rendre la Vilaine « navigable de Redon à Rennes. » Registres du Parlement, 19 août, 9 janvier 1528, 9 juin 1531, 22 août 1554, 29 juin 1603. Ordonnance du 27 décembre 1577 relative à la navigation de la Loire. Coutumier de Richebourg, *Coutume de Richebourg*, art. 4.
(4) *Flumina Galliæ*, a Papirio Massone, cap. *Garumna*, art. *Baioua*.
(5) *Ibidem*, *ibidem*, Mémoires de Jacques de Thou, année 1582, Bayonne.
(6) Ordonnances de la prévosté de Paris, Paris, Roffet, 1582, chap. 13, De l'office et charge des maistres de pont, chap. 55, Coustumes et constitutions de la rivière de Seine, art. 1er, 2 et 3.
(7) Ordonnance de la prévosté de Paris, ch. 47, Des chablieurs, art. 1er.
(8) *Ibidem*, chap. 38, Des maistres des pertuis.
(9) *Ibidem*, chap. 39, art. 1er.
(10) Description de la France, par Piganiol, chap. Languedoc, art. Toulouse.
(11) Ordonnance de la prévosté de Paris déjà citée, chap. 39, Des maistres des pertuis, art. 2 et chap. 52, Des chablieurs, art. 2.
(12) *Ibidem*, chap. 44, de l'office des maistres des ponts, art. 5; et chap. 55, Coustume et constitution de la rivière de Seine, art. 15.
(13) Coutume de Bordeaux, chap. 15, Du salaire des gabariers.
(14) La Guide des chemins de France, par Charles Estienne, chap. La duché de Guienne, art. Blaye.
(15) *Ibidem*, même chap. art. Coignac.
(16) Ord. de la prévosté de Paris, ch. 54, De l'exercice des hostelliers, art. 8.
(17) La Guide des chemins, par Charles Estienne, chap. Prévosté de Paris, art. Corbeil. *Flumina Galliæ*, a Pap. Massone, cap. *Sequana*, art. *Corbolium*.
(18) A la fin du seizième siècle, tous les ponts de Paris, excepté le Pont-Neuf, étaient bordés de maisons. Voyez les Antiquités de Paris par Corrozet, et celles de Jacques Du Breul aux art. Des ponts.
(19) Voyez dans le plan de la ville de Toulouse, par Melchior Tavernier, Paris, 1631, le pont couvert de cette ville.

(20) Théâtre de la charpenterie, par Jousse, La Flèche, 1627, chap. Charpente d'un pont.
(21) Mémoires de De Thou, liv. 2, année 1582.
(22) Le fidèle Conducteur, par Coulon, Paris, 1654, ch. de Paris à Nîmes.
(23) Ibidem, chap. de Paris à Blois.
(24) Histoire du Nivernois, par Guy Coquille, Ville de Nevers.
(25) Ce pont, qui ne porte que le beau château de Chenonceaux, a été bâti par le financier Boyer et continué par Catherine de Médicis; les piles en sont creuses.
(26) Flumina Gallica, a Papirio Massone, cap. Liger.
(27) Mémoires de Sully, tom. 2, chap. 40, art. Lettre des trésoriers à Rosny.
(28) Cosmographie de Thevet, liv. 14, chap. 10, Nîmes, Avignon.
(29) Voyez les ouvrages cités à la première note de cette station.
(30) Ibidem.
(31) Ibidem.

LES CANAUX, Station x.

(1) Carte d'Antonius Florianus, Hollandiæ descriptio, Venise, 1563. Voyez aussi les autres cartes de Hollande, gravées durant ce siècle.
(2) Voyez au quinzième siècle les notes de l'histoire xiv, Le marchand, note (47).
(3) Ce canal fut ouvert sur les plans d'Adam de Crapone. Histoire de Provence par Bouche, année 1558. Mémoire de Jacques de Thou, année 1582.
(4) Flumina Gallicæ, a Papirio Massone, cap. Sequana, art. Briaria.
(5) Cosniers de Tours donna sous le règne de Henri IV le plan du canal de Briare commencé vers l'année 1600. Histoire de l'Orléanais.
(6) Des plus excellents bâtiments de France par Du Cerceau, Paris, 1576, chap. Le château de Montargis
(7) Mémoires de Sully, chap. dernier, art. Deniers provenus de charges.
(8) Dictionnaire du Commerce par Savary, au mot Canal.
(9) Histoire de la Provence par Bouche, Règne de Henri II.
(10) Mémoires du cardinal de Joyeuse, lettre à Henri IV du 2 octobre 1598, relative à la jonction des deux mers.

LE CHASSEUR DES CÉVENNES, Station xi.

(1) Traité de la vénerie et fauconnerie, imprimé à la suite du Dictionnaire royal de Pomey, Lyon, 1677.
(2) Vénerie de Fouilloux, chap. 15 et chap. suivants relatifs aux cerfs.
(3) Ibidem, chap. 12, Comme doit estre le chenil des chiens, texte et grav.
(4) Ibidem, même chapitre.
(5) Ibidem, chap. Recepte pour guarir les chiens, etc.
(6) Voyez la note (58) de cette station.
(7) Vénerie de Fouilloux, chap. 1er, Des chiens courants; chap. 2, Des chiens blancs ou grefiers; chap. 3, Des chiens fauves; chap. 4, Des chiens gris; chap. 5, Des chiens de l'abbaye Saint-Hubert.
(8) Ibidem, chap. 9, Signe si les petits chiens sont bons ou non.
(9) Ibidem, chap. Receptes pour guarir les chiens aux sept articles de la rage.
(10) Ibidem, Épître aux princes et seigneurs de France. Fauconnerie d'Arthelouche, Poitiers, Marnef, 1567. Traité de fauconnerie par Esparron, 1588.
(11) Fouilloux, chap. 13. Comment le valet des chiens doit les gouverner.
(12) Ibidem, même chap.
(13) Vénerie de Fouilloux, chap. 58, De la chasse du lièvre.
(14) Ibidem, chap. 59, La curée du lièvre.

(15) *Ibidem*, chap. 44, Comme on doit défaire le cerf. Texte et gravure.
(16) *Ibidem*, chap. 50, La curée du lièvre.
(17) *Lex salica*, cap. 35, tit. 3, *De venationibus*.
(18) Antiquités de Castres par Borel, liv. 2, chap. 17.
(19) Voyez dans la règle de saint Benoît les titres et charges des officiers.
(20) Vénerie de Fouilloux, aux divers chapitres de la chasse des cerfs.
(21) *Ibidem*, chap. 35, De l'assemblée.
(22) *Ibidem*, même chap.
(23) *Ibidem*, chap. 44, Comme on doit défaire le cerf.
(24) *Ibidem*, aux divers chapitres du blaireau.
(25) *Ibidem*, Chasse du loup, chap. 9.
(26) *Ibidem*, aux divers chapitres du sanglier.
(27) *Ibidem*, Chasse du loup, chap. 4, Manière de faire traînée. Miroir de Phébus, chap. Du loup. La Chasse du loup par Clamorgan, imprimée avec la Maison rustique de Charles Étienne, Paris, 1566.
(28) *Ibidem*, Chasse du loup, chap. 9, Comment prendre les loups sans limiers ou chiens. Ordonnance de janvier 1583 relative aux eaux et forêts, art. 19.
(29) Cosm. de Thevet, de Belleforet, *États de Davila*, chap. De la France.
(30) Mémoires de Sulli, t. 1, chap. 10, Affaires d'estat et de guerre.
(31) Fouilloux, chap. 62. Comme il faut bêcher et prendre les renards.
(32) Miroir de Phébus, chap. Comment on peut mettre les bestes au tour, chap. Prendre les bestes à la charrette; chap. Comment on doit paler les toiles pour tirer aux bestes.
(33) Faucon. de Franchières, Paris, 1622. Faucon. d'Arthelouche déjà citée.
(34) Théâtre d'agriculture de Liger, *Traité de fauconnerie*.
(35) « A Henri Callebraie, jardinier et gardien de la volière de Chenonceaux, deux « cens escus. » Compte de receptes et despences de la cour de Catherine de Médicis, manuscrit de 1585 que je possède.
(36) Antiquités de Paris, par Sauval, *Comptes de la prévosté*, année 1486.
(37) Histoire des grands officiers par le P. Anselme, *Du grand faulconnier*. L'état de la France, 1736, chap. Le grand faulconnier.
(38) *Ibidem, ibidem*.
(39) « Grand veneur, gaiges et appointements... trois lieutenans... un souslieutenant... « soixante-sept gentilshommes de venerye... gentilshommes des oyseaux de la chambre... « gentilshommes de la fauconnerye... » Compte de la vénerie de Henri III, année 1584, manuscrit conservé aux archives du royaume.
(40) « Aux gardes des levriers... Armé Mublé l'ung desdicts garde... » *Ibidem*. Je remarquerai transitoirement que le nombre et les offices des veneurs variaient si j'en juge par un grand nombre de quittances que j'ai, les unes antérieures, les autres postérieures à ce compte, dans lesquelles sont mentionnés *les gouverneurs des grands chiens, les gardes à cheval des plaisirs du roy, les piqueurs au vol pour les champs, les valets de lymiers de la grande venerye, les maistres valets des chiens à cheval*.
(41) « Rhabilleurs desdictes thoilles Arné Clervaux, l'ung d'eux... cappitaines des « thoilles des chasses... lieutenants... veneurs pour la chasse desdictes thoilles... aux « gardes des chiens desdictes thoilles... aux gardes des dogues... gardes des forests de « Picardie... de Sainct-Germain... de la Garenne; de Boulogne et Rouvray. » *Ibidem*.
(42) Histoire des grands officiers par le père Anselme, *Du grand veneur*.
(43) Traités des chasses déjà cités.
(44) Vénerie de Fouilloux, *Chasse du loup*, chap. Manière de tendre le piège.
(45) Glossaire du droit français par Laurière, au mot *Fenestrage*.
(46) Ordonnance du mois de mars 1515 relative à la chasse, art. 1er.
(47) *Digestis de acquirendo rerum dominio*, leg. 1 et leg. 3.
(48) *Lex salica*, tit. 35.

(49) Capitulaires de Charlemagne, liv. 4, chap. 49. Des forêts et des forestiers, et Capitulaire de Charles-le-Chauve, *Apud Carisiacum*, chap. 52.

(50) Histoire du Languedoc, par Dom Vaissettes, *Privilèges de la province*. Histoires particulières des provinces, *Coutumes du comté de Bourgogne, de Meaux, de Château-Meillan*, titre des chasses.

(51) Ordonnance du 10 janvier 1396 sur l'interdiction de la chasse aux non nobles.

(52) Ordonnances de François Ier, Henri II, Henri IV, relatives aux chasses.

(53) Ordonnance de mars 1515, art. 4, 5, 6, 9 et 15.

(54) Ordonnance du 10 décembre 1581 relative aux chasses, art. 3.

(55) Ordonnance de janvier 1600 relative aux chasses, art. 5.

(56) Même ordonnance, art. 10.

(57) Registres du Parlement de Toulouse, enregistrement de la précédente ordonnance.

(58) Recueil des titres du bailliage et capitainerie du Louvre, etc. Paris 1676. Ordon. du 15 mai 1599 et du 16 décembre 1598, sur les capitaineries des varennes.

(59) Mémoires de Sully, chap. 81, Affaires d'état et de finances.

(60) *Ibidem*, même article.

LE PÊCHEUR DES CÉVENNES, Station XII.

(1) Le Divorce satyrique.

(2) Petite rivière du Gévaudan affluente dans le Lot.

(3) *Campegius de re cib.*, lib. 18, cap. 17, *De piscium in alendo facultatibus*.

(4) Ord. de mars 1461, sur les mariniers de la confrérie de N.-D. de Montuzel.

(5) *De re cibaria*, lib. 22, cap. 12, *De tincu*; cap. 14, *De perca et aliis*. — La nouvelle agriculture par Quiqueran, Tournon, 1616, liv. 2, chap. 25, Des dorades, des loups. — *Rondeletii de piscibus*, lib. 12, cap. 5, *De raia, et aliis*.

(6) Traité de Delamare, lib. 5, titre 40, chap. 6, Des instruments à pêcher.

(7) Glossaire de Ducange, au mot *Tarta vella*.

(8) Voyez aux notes du XVe siècle, histoire II, *Le cultivateur*, la note (112).

(9) Code des seigneurs par Henriquez, section 3, De la pêche.

(10) Conférence des ordonnances, lib. 11, tit. 13, De la pesche.

(11) *Ibidem, ibidem*.

(12) Quelques années avant la révolution, un seigneur des terres sur lesquelles passe l'Allier avait fait griller le cours de cette rivière pour arrêter les saumons et les truites saumonées. Depuis que la révolution a ôté ou plutôt brisé ces grilles, les gros poissons ont remonté jusqu'à la source de l'Allier jusqu'au Gévaudan.

(13) Ordonnance de février 1554 relative aux eaux et forêts et à l'établissement des sièges de la table de marbre dans tous les parlements.

(14) La police de Delamare, liv. 5, tit. 40, ch. 6, Des instruments à pêcher.

(15) Coutumes du Nivernois, chap. 16, Des eaux, art. 3.

(16) Voyez la note (13) de cette station.

(17) *Campegius de re cibaria*, lib. 22, cap. 15, *De trotta*.

(18) Règlement des eaux et forêts, mai 1597, art. 38.

(19) Code des seigneurs par Henriquez, chap. 25, Des rivières, art. 12.

(20) Un grand, un très grand nombre de couvents avaient des étangs ; beaucoup de seigneurs et même de propriétaires en avaient aussi dans ces temps où l'abstinence de la viande était si rigoureusement gardée.

(21) Au XIVe siècle, on comptait, comme nous l'avons vu, plus de quatre mille villes ou bourgs murés qu'alors on appelait villes ; les fossés allaient d'une porte à l'autre ; presque tous étaient remplis d'eau et étaient empoissonnés, ainsi qu'on le voit dans les comptes des villes.

(22) *Flumina Gallica a Papyrio Massone*, cap. *Sequana, Espernay*.

(23) « Le droit était tel ; le celerier faisait crier par le crieur de la justice, chacun en, « la veille de S. Pierre et S. Paul que chascun chef d'ostel demeurant au bourg de « Saint-Denis et dans ladite justice, à peine de 60 sols d'amende, pour qu'il eût à venir « avec pieux, tranches, pelles et autres instrumens pour écluse et chaussée rompre, pour « pêche au moulin de Cantigny sur la rivière d'Indre, et ce dès l'heure du premier coup « de vespres du lendemain. » Inventaire des titres du duché de Châteauroux, bourg de Deols, manuscrit du XVIII siècle que je possède.

(24) Les étangs sont encore en grand nombre dans le Bourbonnais, et ils étaient en bien plus grand nombre, comme on le voit dans le manuscrit du domaine de cette province conservé à la Bibliothèque du roi.

(25) Je possède un manuscrit intitulé : État détaillé de tous les domaines du Poitou ; dans un grand nombre de domaines, il y a des étangs.

(26) Il y a encore aujourd'hui dans le Gévaudan des étangs très étendus, notamment celui de Saint-Andéol.

(27) Il suffit de se rappeler tous les différents ordres monastiques de ce siècle et surtout de ceux que la règle astreignait à faire maigre.

(28) Mémoires hist. de Champagne par Daugier, Chartreuse du Mont-Dieu.

(29) Le grand cuysinier de toute cuysine, Paris, Bonfond, Chap. 5, Anguilles rosties.

(30) « A Jehan le saige pescheur pour... avoir presté sa nacelle pour ledit vivier... « filets à pescher, etc., six livres. » Compte de Pierre Thillet, receveur du comté de Clermont pour le duc de Bourbonnais, année 1458, manuscrit conservé aux archives du royaume.

(31) Le printemps d'yver, Paris, Langelier, 1572. Préface de la 3e journée.

(32) « A Perrin Caillié, charron, pour sa peine et salaire d'avoir fait, lui et son verlet, deux rateliers neufs de boys, pour servir au bout du bachin, pour garder que le « poisson qui chevit en icelui ne s'en allât à val l'eau dudit vivier, viii solz... A Lahire, « pionnier... pour avoir fait toutes les haies neuves d'environ les fossés à poisson dudit « vivier... pieux... Espine à ce faire... LXII solz. Item pour l'achat du boys pour les « auges et ventaux des fossés dudit vivier, payé III solz IV deniers. » Compte de Pierre Thillet, manuscrit déjà cité.

(33) Coutume de Blois, chap. Estangs, art. 229.

(34) *Ibidem*, même chap., art. 228.

(35) Voyez dans cette station la note (21).

(36) « Des religieux Saint-Pierre de Corbeye qui ont seulement à payer pour chascun « un cx anguilles qu'ils doibvent à cause des fossés de leur hostel IV liv. » Compte de Pierre Thillet, manuscrit déjà cité.

(37) « Les droits de pesche de Châtellerault avec le droit de tenir des baraeules « ou réservoirs à poissons affermés cct. livres. » Domaine de la généralité de Poitiers, déjà cité.

(38) Glossaire du droit français par Laurière au mot *Congrier*.

(39) Économie politique de Monchrétien; *Du commerce, pêche du hareng*. — Histoire de la réformation religieuse du Luthéranisme et du Calvinisme.

(40) Réponse de Bodin au paradoxe de Malestroit, *Poisson de la mer océane*.

(41) Essai historique sur la ville de Bayeux par M. Pluquet, chap. 25. Traduction d'une épître de Fortaire, moine du XIe siècle, et chap. 42, De la pêche.

(42) Réponse de Bodin au paradoxe de Malestroit. *Poisson de la mer océane*.

(43) Dictionnaire de l'académie, 1685, art. Licorne. Il parle d'une licorne de mer échouée en 1644.

(44) *Rondeletii, de piscibus, lib.* 16, cap. 19, *De monstro Leonino*.

(45) *Ibidem, lib.* 9, *cap.* 7, *De lupo.* — *Lib.* 16, *cap.* 7, *De vitulo.* — *Cap.* 19, *De monstro Leonino.* — *Cap.* 20, *De pisce monachi habitu.* — *Cap.* 21, *De pisce epis-*

copi habitu. — Cap. 22, *De Nereide.* — Cap. 23, *De pluribus aliis belluis marinis.*

(46) Antiquités bordelaises par Bernadau, chap. 7. Ce droit fut aboli en 1642.

(47) « Je Jacques Durfort, captal de...., Land-Plans, sénéchal et gouverneur de Bordelois, confesse avoir reçu de maistre Arnaud Dunoyer, commis... la somme de cent trente-sept francs dix-sept solz pour deux quartiers de mes gaiges. A Bordeaux le 5 juillet 1667. » L'original de cette quittance est dans mes cartons. Je crois inutile de dire que toutes les côtes de la France étaient assujéties au régime féodal et toutes sujettes à diverses redevances envers les seigneurs.

(48) Glossaire de Ducange, au mot *Piscis regalis.* — Ord. d'août 1681, tit. 7, Des poissons royaux.

(49) « A tous ceux que ces lettres verront Jacques Pougnant, vicomte de Rouen... Par-devant nous fut présent Naudin du Buscq marchand de poisson lequel a affirmé par son serment que ung esturgeon... pesché à Quillebeuf... porté en la ville de Rouen... lequel poisson pour ce que c'estoit un poisson royal il n'avoit osé exposer en vente, mais pour ce qu'il n'estoit pas gardable ne se feust peu porter devant le roi, avait esté fait cuire à Rouen par le receveur du roi et par l'ordonnance de mons. le bailli.... departis aux gens et officiers du roi... le vu jour de juillet l'an mccccxix. » J'ai l'original de ces lettres.

(50) Histoire de Marseille par Ruffi, liv. 10, chap. 4, De la justice de Marseille.

(51) Traité d'économie politique par Mouchrétien, *Du commerce.*

(52) Histoire de Marseille, par Ruffi, liv. 10, chap. 4, Justice de Marseille.

LES CADETS FRANÇAIS, Station XIII.

(1) Coutumes de Normandie, chap. De partage d'héritage, art. 339. — Dictionnaire de Trévoux, ancienne édition, au mot *Aîné.*

(2) Dictionnaire de Furetière, au mot *Aîné.*

(3) Coutumes de Normandie, chap. Des successions en propre au bailliage de Caux, art. 279 et suiv.

(4) *Ibidem.*

(5) *Ibidem, Usages locaux de la vicomté de Bayeux.*

(6) Glossaire du droit français, par Laurière, au mot *Parageau.*

(7) Coutumes de Bretagne, art. 541, tit. 23, Des successions et partages.

(8) *Ibidem.*

(9) *Ibidem.*

(10) *Ibidem;* art. 587, 588 et 589.

(11) Bib. de Bouchel, au mot *Nobles.* Coll. de Denisart, au mot *Nobles.*

(12) Coutumes du Maine, septième partie, art. 272, Des successions.

(13) Bibliothèque de Bouchel, au mot *Noms.*

(14) *Ibidem.*

(15) Coutumes de Bretagne, tit. 23, art. 554 et 587.

(16) Coutumes du Grand-Perche, art. 78, tit. 2, Des fiefs.

(17) C'étaient les dispositions des lois romaines qui ont été en vigueur dans le pays du droit écrit jusqu'à la révolution de 1789.

(18) Coutumes de Bayonne.

(19) *Ibidem,* tit. 12, Des successions légitimes, art. 2 et 3.

(20) Coutumes d'Acqs, tit. 2, Des successions, art. 19.

(21) Coutumes locales d'aucuns bourgs et villages tenus dudit Hesdin, imprimées à la suite des Coutumes du bailliage d'Hesdin.

(22) Coutumes de Ponthieu, art. 59 et suiv., tit. 3, Quint de vivre naturel.

(23) Coutumes de Sole, tit. 27, Des successions de héritages, art. 1 et suiv.

(24) Coutumes d'Acqs, tit. 2, Des successions, art. 1 et suiv.

DU XVIᵉ SIÈCLE.   487

(25) Collection de Denisart, aux mots *Puissance paternelle*, art. 12.
(26) *Ibidem, ibidem*, art. 14, 15, 16 et 17.
(27) Coutumes de Lodunois, chap. 27, De succession de fiefs, art. 28.
(28) Glossaire du droit français, par Laurière au mot *Chenier*.

LES VANTERIES FRANÇAISES, Station xiv.

(1) Le Guide des chemins, par Charles Estienne, Tours.
(2) Cosmographie de Thevet, liv. 15, chap. 5, Cité de Paris.
(3) *Ibidem*, liv. 14, chap. 2, Toulouse.
(4) Cosmographie de Belleforêt, *De l'ancienne cité de Périgueux*, etc.
(5) Cosmographie de Thevet, liv. 15, chap. 11, du païs armorique, dit *Bretaigne*, et liv. 16, chap. 1, Description de l'Angleterre, etc.
(6) Géographies du temps, chap. Dauphiné.
(7) Cosmographie de Belleforêt, *Russie*.
(8) Le fidèle Conducteur, par Coulon, chap. De Paris à Poitiers.
(9) Scaligerana, au mot *Guienne*.
(10) *Ibidem, ibidem*.
(11) Histoire de France. Géographies de la France.
(12) La Guide des chemins, par Charles Estienne; *La duché de Guyenne*.
(13) *Ibidem, Talmon*.
(14) Recherches de Pasquier, liv. 4, ch. 29, De quelques secrets de nature.
(15) Le Théâtre françois, par Bouguereau, chap. La Limagne d'Auvergne.
(16) La Guide des chemins, par Charles Estienne, *Grenoble*.
(17) *Flumina Galliæ, a Papirio Massone*, art. *Fons fortis*.
(18) La Guide des chemins, par Charles Estienne, *Montreuil*.
(19) Histoires de presque toutes les villes.
(20) Le fidèle Conducteur, par Coulon, chap. de Paris à Moulins.
(21) Le Livre des fiefs de la vicomté de Paris.
(22) *Ibidem, Fiefs de Montrouge*.
(23) Antiquités de Paris, par Sauval, liv. 5. État de l'ordre de Malthe, etc.
(24) Essai historique sur Bayeux, chap. 29, Produits du sol, etc.
(25) Cosmographie de Thevet, liv. 14, chap. 10, Provence, Avignon, etc.
(26) *Ibidem, ibidem*.
(27) Auteurs cités dans les notes de cette station.

LES ÉTUDIANTS DE MONTPELLIER, Station xv.

(1) Hist. de Montpellier, par Degrefeuille, liv. 12, ch. 1, Faculté de médecine.
(2) Mémoires pour l'Histoire de la faculté de médecine de Montpellier, par Astruc, liv. 2, xviᵉ siècle.
(3) *Statuta facult. medicinæ Paris. lata anno 1598, mense septemb., die 3*.
(4) *Ibidem*, art. 45 et 55.
(5) Voyez la note (3) de cette station.
(6) « ... Et pour estre docteur à Paris couste cinq ou six cens escus... » Registres du Parlement, 6 août 1506.
(7) *Academia Monspeliensis a Primirosio*, Oxford, 1631, cap. *De gradibus*.
(8) Mémoires d'Astruc déjà cités, liv. 2, xviᵉ siècle.
(9) *Academia Monspeliensis a Primirosio*, cap. *De gradibus*.
(10) Voyez la note (1) de cette station.

(11) *Decreta ritus medicorum Parisiensium*, Paris, 1744; *Decreta facultatis medicinæ cutanis a majore bidello recitenda... die 31 Augusti 1574.*

(12) *Ibidem, ibidem.*

(13) « ... Ce jour suivant la remonstrance faite par le procureur général... que les
« médecins de cette ville par envie et mauvais vouloir des uns contre les autres trou-
« voient mauvais ce que chacun de leurs compaignons ordonnoit aux malades, leur
« baillant souvent des receptes et medecines du tout contraires à la qualité de leur mala-
« die, et se trouvoient ordinairement contraires en opinion les uns des autres, non pas à
« autre fin sinon *animo contradicendi et per invidiam*... qui estoit chose très périlleuse...
« est venu le doyen de la dite Faculté auquel a esté remonstré... qu'il ait à assembler la
« Faculté et adviser ensemble de se conduire de sorte que Dieu et la république n'y
« soient plus offensés... ce qu'il a promis faire. » *Registres du Parlement*, octobre
1558.

(14) *Statuta facultatis medicinæ*, anno 1598, art. 50.

(15) Voyez la note (1) de cette station.

(16) *Registres du Parlement*, arrêt du 6 août 1506 et autres arrêts relatifs à l'opposition que mettaient les médecins de Paris à ce que la médecine fût exercée dans cette ville
par les médecins étrangers.

(17) *Civitates orbis terrarum*, auctore Braun, cap. *Monspessulanus.*

(18) Voyez la note (1) de cette station.

(19) *Mémoires d'Astruc* déjà cités, année 1537.

(20) Arrêt du Parlement du 6 août 1506 déjà cité.

LE GARDE-MALADE DE MONTPELLIER, Station XVI.

(1) *Histoire de Montpellier, De son Université exclusivement florissante pour la médecine, De ses établissements, De sa typographie au XVIᵉ siècle.*

(2) *Histoire de Toulouse, De son Université exclusivement florissante pour le droit,
De son Parlement, De ses établissemens judiciaires, De sa typographie au XVIᵉ siècle.*

(3) *Histoire de Genève, De ses collèges, De sa polémique, De sa typographie au XVIᵉ
siècle.*

(4) *Les pourtraicts anatomiques de Vesal*, etc., Paris, Wéchel, 1569.

(5) *Anatomie de Vesal, Anatomie du singe.*

(6) *Gabrielis Falloppii anatome; de organis generationi subservientibus.*

(7) *Notice des plus célèbres médecins de Paris*, par Hazon, extraites du manuscrit de
Bertrand, Paris, 1798, chap. *Jean Gonthier et autres anatomistes*.

(8) *Hippostologie, l'anatomie du cheval*, etc., ouvrage non imprimé cité à ce mot
dans la Bib. de Vauprivas. — *Contes d'Eutrapel; Conte des trois garces.*

(9) *Notice* par Hazon, déjà citée, chap. *Jacques Sylvius*.

(10) *Traités d'anatomie* de Gonthier, d'Audernache, de Vesal, Falloppe.

(11) *Opera Fernellii, physiologia.*

(12) *Bibliothèque de Vauprivas*, au mot *Fernel*.

(13) *Opera Fernellii, pathologia.*

(14) *Riverii inst. medicæ, physiologia*, sectio 7 *De hominis procreatione.*

(15) *Questionum medicarum circa medicinæ theoriam et praxim series chronologica.* Ce
manuscrit, que j'ai et qui est relié en un volume in-4°, est un extrait fait vers le milieu
du XVIIIᵉ siècle aux archives de l'Ecole de méd. de Paris; on y lit : « Anno 1074, an or-
tus et interitus facultatum aliquis ordo? affirmative... »

(16) « An caput morborum radix... anno 1573... affirmative. An mulieri ab utero
« quam a capite plures morbi?... affirmative, anno 1474. » Ibidem.

(17) *Ferrerii medendi meth.* Lyon, 1574, lib. I, cap. I et seq. *De indicatione.*

(18) Voyez aux notes du xive et du xve siècle les notes sur la médecine.
(19) « .... Estne pulsus quam urina febrium certior index ?.... affirmativè.... anno 1586. » Questionum medicarum series, manuscrit déjà cité.
(20) Compendium, de victûs ratione, a Nicolao Pletio Vimaco, Paris, 1556, cap. De panibus, De vinorum differentia, De animalium nutrimento, De animalium partibus, De volatilibus, De fructibus.
(21) « Questionum medicarum series, manuscrit déjà cité, anno 1559. An in alimento medicamentum optimum? affirmativè... »
(22) « .... An in aere... quam in cibis et potu remedium prestantius? affirmativè... anno 1589. » Ibidem.
(23) « An animi exercitium lethargicis prosit? affirmativè anno 1551. » Ibid.
(24) « An Venus morbos gignat et expellat?... affirmativè. An natura morborum medicatrix? affirmativè..., anno 1548. » Ibidem.
(25) Traité des médicaments, par Ranchin, imprimé dans sa Pharmacie, chap. De l'agaric, chap. De l'antimoine.
(26) Ibidem, chap. De la scamonée, chap. De l'ellebore.
(27) Ibidem, chap. Du turbith.
(28) Ferrerii methodus, déjà cité, lib. 2, cap. 11, De homerica medicatione.
(29) Ibidem, ibidem.
(30) Guillelmi Loselli praxis medica.
(31) Compendiolum curatricis scientiæ a Montuo medico, Lyon, 1556.
(32) L'Amadis des Gaules, par Des Essars, Gohorry et autres, Lyon, 1575.
(33) Délie, object de la plus haulte vertu, poème en dixains, Lyon, 1544.
(34) Division des vaisseaux du corps humain, en six tables, Paris, 1571.
(35) Carvini medici Montisalbani de sanguine, dial. 7, Lyon, Gryphe, 1562.
(36) Ibidem, Dialogus secundus de sanguinis distributione.
(37) La Science du pouls, par Eusèbe, docteur de Montpellier, Lyon, 1568.
(38) De morbis cutaneis, ex ore Hieronymi Mercurialis, Venise, 1589.
(39) Maladies des femmes, par Jean Liébaut, Paris, Jacques Dupuis.
(40) Man. de guérir les maladies des enfants, par Vallembert, Poitiers, 1565.
(41) Mémoires de De Thou, année 1585.
(42) Traité des causes du ris et de ses accidents, par Joubert, Lyon, 1560.
(43) Des vertus du potum, par Gohorry, Paris, 1580.
(44) Traité de la vertu de la racine des Indes de Mechioacan, par Donat, Lyon, 1572.
(45) Traité des venins, par Ranchin, imprimé dans sa Pharmacie.
(46) Baptistæ Codronchii medici de morbis veneficis, Milan, 1618.
(47) Baptistæ Codronchii methodus testificandi, Francfort, 1597.
(48) Entretenement de vie, par Goevrot, Paris, 1530.
(49) Erreurs populaires touchant la médecine, par Joubert, Paris, 1587.
(50) Ibidem, épître apologétique en tête de la deuxième partie.
(51) Bibliographies des xvie et xviie siècles, où un grand nombre de livres de polémique ont pour titre le Rabat-Joie.
(52) Registres du Parlement, arrêts contre l'émétique. Lettres de Pasquier, liv. 10, lettre sur les bêtes, et liv. 19, lettre sur la médecine.
(53) Ibidem.
(54) Petite place près la porte de ce nom à Montpellier.
(55) Contes et Nouvelles de Bonaventure des Perriers.
(56) De la vertu de l'antimoine, par De Launay, La Rochelle, Berton, 1566.
(57) Theophrasti Paracelsi liber de Tartaro.
(58) Gabr. Naudæi orationes inconmiasticæ, cap. Brajerii elogium.
(59) Theophrasti Paracelsi liber de Tartaro.
(60) Le fidelle Conducteur en France, par Coulon, chap. De Paris à Montpellier. — Civitates orbis terrarum, autore Braun, cap. Monspessulanus.

(61) Éloge de Duret, par Chomel.
(62) Il composa un commentaire sur Hyppocrate et un autre sur Gallien ; Notice du médecin Hazon déjà citée.
(63) Auteur du livre *Interpretationes in concas prænotiones Hippocratis*, Leyde, 1737.
(64) Voyez la note précédente.
(65) Notice de Hazon déjà citée, chap. *Baillou*.
(66) *Consiliorum medicinalium libri duo*, autore Baillou, Paris, 1635.
(67) Notice de Hazon, chap. *Jean Riolan*.
(68) Lettres de Guy Patin, lettres 31, 109 et autres.
(69) *Ibidem, ibidem.*
(70) *Hist. universitatis, Parisiensis*, anno 1579 ; *decretum 28 martii.*
(71) Registres du Parlement de Paris, arrêt du 3 août 1666, relatif à la proscription de l'émétique.
(72) *Theophrasti Paracelsi liber de Tartaro.*
(73) *Symbola aureæ mensæ*. Essais de Montaigne, l. 2, ch. 36, De la ressemblance des enfants au père. — La Sagesse de Charron, liv. 1, ch. 7, Présomption.

LE PARISIEN DE MONTPELLIER. Station XVII.

(1) *Appendix ad reformationem facultatis medicinæ*, anni 1600, art. 21 et 22.
(2) Ambroise Paré et autres grands chirurgiens exerçaient la chirurgie à Paris.
(3) *Nicolai Dortomanni de Thermis Belilucanarum*, Lyon, 1579, cap. 2, art. *Medici Monspellenses præ cœteris dicuntur.*
(4) *Appendix ad reformationem facultatis medicinæ*, art. 10.
(5) *Ibidem, ibidem.*
(6) *Ibidem*, art. 7 et art. 9.
(7) *Ibidem*, art. 3 et art. 9.
(8) *Statuta facultatis medicinæ Parisiensis*, lata anno 1598, art. 22.
(9) Registres du Parlement, 12 janvier 1553 et 10 novembre 1554. « Les chirurgiens « ne pourront être receuz maistres sans avoir pansé les malades. »
(10) Recherches de Pasquier, liv. 9, chap. 30, Collèges de chirurgiens.
(11) *Ibidem, ibidem.*
(12) *Ibidem*, chap. 31, Différend entre les médecins et les chirurgiens.
(13) *Ibidem, ibidem.*
(14) *Ibidem, ibidem, Ad impudentiam quorumdam chirurgorum qui medicis æquari et chirurgiam publice profiteri velint pro veteri medicinæ dignitate apologia*, par Jean Riolan, Paris, 1577.
(15) Recherches de Pasquier, liv. 9, chap. 30, Collège des chirurgiens.
(16) *Ibidem, ibidem.*
(17) Hommes illustres de Brantôme, *Vie du maréchal de Saint-André*.
(18) *Ibidem, ibidem.*
(19) *Ibidem, Vie de Charles IX.*
(20) *Ibidem, ibidem.*
(21) Coligni, amiral de France, massacré la nuit de la Saint-Barthélemy ; Histoires et Mémoires du temps.
(22) De la grossesse et accouchement, par Guillemeau, chir. Paris, 1642.
(23) Statuts des chirurgiens de Paris. Paris, Louis Colin, 1701, tit. 8, *Des prérogatives*, etc., art. 25, texte et gravures.
(24) « Je, Anthoine Portail, premier chirurgien du roy, confesse avoir receu de maistre Estienne Puget, trésorier de son espargne, la somme de huict cens escuz soiz à moi

« ordonné pour la pension qu'il plaict à Sa Majesté de me donner durant la présente an-
« née 1598. » J'ai l'original de cette quittance.

(25) *Historia univ. Paris*, année 1505, *Adoptio chirurgorum barbitonsorum*.
(26) Recherches de Pasquier, liv. 9, chap. 30, Collège des chirurgiens.
(27) *Ibidem*, *ibidem*.
(28) *Ibidem*, chap. 31, Différend entre les médecins et les chirurgiens.
(29) Histoire de Paris, par Félibien et Lobineau, preuves, registres de l'hôtel-de-ville de Paris ; obsèques de Henri IV.
(30) Histoire de Montpellier, par Degrefeuille, liv. 12, chap. 1, De la faculté de médecine.
(31) *Statuta facultatis medicinæ Parisiensis*, déjà cités, *art.* 24.
(32) Recherches de Pasquier, liv. 9, chap. 31, déjà cité.
(33) Voyez la note (25).
(34) *Ibidem*, *ibidem*.
(35) Registres du Parlement, 6 août 1506, procès relatif aux médecins et barbiers de Paris.
(36) Pasquier, liv. 9, ch. 32, Différend entre les chirurgiens et les barbiers.
(37) Ordonnance du mois de mai 1575, relative au premier barbier du roi. — Dans le compte de la ville de Dijon, déjà cité, on lit, f° 69, *recto* : « Cirurgie et barberie ;
« ont esté commis maistre Simon... Benoist barbier. »
(38) Recherches de Pasquier, liv. 9, chap. 32, déjà cité.
(39) *Ibidem*, chap. 30, Collège des chirurgiens.
(40) *Ibidem*, chap. 32, Différend entre les chirurgiens et les barbiers.
(41) *Ibidem*, *ibidem*.
(42) Les viguiers étaient, dans le Languedoc, les juges inférieurs. Histoire de cette province, par dom Vaissette, année 1552, *et alias*. — A Montpellier, les consuls étaient les viguiers.
(43) Histoire du Languedoc, par dom Vic et dom Vaissette, année 1552.
(44) Les instruments de chirurgie en usage à cette époque sont gravés dans les Œuvres d'Ambroise Paré, et dans l'Officine, jardin de chirurgie, par Esaïe Le Lièvre, Paris, 1583, où l'on voit entre autres le scarificateur.
(45) Histoire du diocèse de Paris, par l'abbé Lebœuf, chap. Lusarche.
(46) Recherches de Pasquier, liv. 9, chap. 30, déjà cité.
(47) Histoire de Montpellier, par Degrefeuille, ch. Eglise S.-Cosme et S.-Damien.
(48) Notice des médecins, par Hazon, chap. Louis Duret.
(49) *Practica Serapionis dicta breviarum*, *cap.* 22, *De extractione lapidis*.
(50) *Opera Cornelii Celsi*, *lib.* 7.
(51) *Chirurgia Albucassis*, *De extractione lapidis*.
(52) Voyez aux notes du xv° siècle, histoire xviii, *le médecin*, les notes (81), (82), (83), (84) et (85).
(53) *De naturæ arcanis*, Oxfort, 1622, *lib.* 2, *art.* De extrahendo lapide à vesica absque incisione.
(54) *Theorica y pratica en cirugia de Juan de Vigo medico*, Perpignan, 1637, *liv.* 9, chap. 6, De la arte de hazer medr con instrumentos.
(55) Traité de l'enfantement césarien, par François Rousset, Paris, 1581.
(56) Œuvres d'Ambroise Paré, liv. 21, Des venins, chap. 46.
(57) *Ibidem*, liv. 9, chap. 7, et liv. 12, chap. 31.
(58) *Ibidem*, *ibidem*.
(59) *Ibidem*, liv. 21, Des venins, chap. 20 et 21.
(60) Leçons de La Nauche, liv. 3, ch. 29, Des vertus médicinales du for.
(61) *Guillelmi Loselli medici praxis medica*, *cap.* 36 *De lue venerea*.
(62) *Ibidem*, *ibidem*.
(63) *Alfonsi Ferri medici de ligno sancto*, Bâle, 1538, *cap* 6 *et cap*. 28.

(64) Traité du mal français, par Ambroise Paré, liv. 19.
(65) Contes d'Eutrapel, conte xxviiie.

LE LATINISTE DE MONTPELLIER, Station XVIII.

(1) Ancienne rue de Montpellier.
(2) Voyez les notes sur *les ateliers français* à l'article de *la hucherie*.
(3) *Ibidem*, à l'article de *la poterie de terre*, la note (106).
(4) Facétieux devis, par Moulinet, Paris, Techener, place du Louvre, chap. D'un apothicaire d'Angers.
(5) *Claudii Galeni de compositione pharmacorum localium*, Lyon, 1561.
(6) *Serapionis tractatus de antidotis*, cap. 11, *de canone*, etc., *et alias*.
(7) Voyez les notes du xive siècle, *les vespéries*, épître LIII. notes (14) et (15).
(8) *Schola Salernitana. — Paracelsi de restituta medicinæ vera praxi*.
(9) *Opera Arnaldi Villanovani, Antidotarium*.
(10) Trésor des remèdes secrets, par Evonyme Philiatre, Lyon, 1557.
(11) *Vera medendi methodus Ferrerii Tolosates*, Lyon, 1574, *lib. practicæ medicina castigationum*.
(12) La Dialectique françoise pour les chirurgiens, par Bertrand, Paris, 1571. — La Philosophie rationale, par Eusèbe, Lyon, Saugrain, 1568.
(13) Œuvres pharmaceutiques de maistre François Ranchin, à Montpellier.
(14) *Methodus medicamenta componendi, autore Sylvio, medico*, Paris, 1541.
(15) *Ibidem, lib. 1, lib. 2, cum tabulis*.
(16) *Ibidem, lib. 2, cum tabulis*.
(17) *Ibidem, lib. 2, cap. Methodus componendi, lib. 3, cap. De dolis, cap. Quid pro quo*.
(18) Trésor des remèdes d'Evonyme, chap. 3, 4 et 5, Du bain-Marie.
(19) *Ibidem*, chap. 55, Des rosaires.
(20) *Ibidem*, chap. 18, De la quintessence.
(21) *Methodus medicamenta componendi a Sylvio, lib. 3, cap. Instrumenta pharmacopolarum*.
(22) *Ibidem, lib. 2, cap. Tempus sumendi medicamenti*.
(23) *Ricettario utilissimo... a tutti che vogliono preparar le medicine*, Venise, 1560. Trésor des remèdes d'Evonyme, chap. Auteurs alleguez en ce livre.
(24) *Ibidem*.
(25) *Nicandri poetæ et medici alexipharmaca, per Cordum in latinum carmen redacta*, Francfort, 1532.
(26) *Nicandri theriaca per Cordum in latinos versus reducta*, Francfort.
(27) J'ai l'original du compte des remèdes fournis par Catherine Goguet, veuve de Guillaume Duval, maistre apothicaire et espicier, à messieurs de Sainct-Denis, prieur et couvent du dict lieu, depuis le mois d'aoust 1581 jusqu'au mois de juin 1583. Ce compte monte à 1301 livres 9 sous 6 deniers. Dans ce compte, sont écrites tout au long les ordonnances des médecins. Toutes sont en latin, et celles qu'on vient de lire en sont littéralement extraites.
(28) *Philander epitome de ponderibus et mensuris. Methodus medicamenta componendi a Sylvio, lib. 3, De ponderibus et mensuris*.
(29) Traité des médicaments, dicté à Montpellier aux compagnons pharmaciens, Imprimé dans la Pharmacie de Ranchin.
(30) Traicté des venins, par Ranchin, deuxième partie, chap. De la vipère.
(31) C'est le titre que porte le quatrième livre de la Pharmacie de Mesvée.
(32) Erreurs populaires de Joubert, 2e partie, chap. 17, Comment il se faut gouverner le jour qu'on prend médecine.

(33) Œuvres pharmac. de Ranchin, chap. 4, Du devoir des pharmaciens.
(34) Œuvres pharmaceutiques de Ranchin, préface.
(35) *Ibidem, ibidem.*
(36) *Ibidem*, chap. 4, Du devoir des pharmaciens, art. Mesvéo.
(37) Erreurs populaires de Joubert, 2° partie, chap. Mélanges, propos vulgaires, n° 75.
(38) Œuvres pharmaceutiques de Ranchin, chap. 4, déjà cité.
(39) *Ibidem, ibidem.*
(40) *Statuta facultatis medicina anni* 1598, *art.* 62.

LE PÉNITENT D'AVIGNON, Station xix.

(1) Histoire de Marseille, par Ruffi, liv. 10, chap. 1er, Églises, etc.
(2) On voit dans les histoires des villes, aux chapitres des confréries, que celles des pénitents sont toutes dans le midi.
(3) Histoire de Marseille, par Ruffi, liv. 10, chap. 1er, Églises, etc.
(4) Institution, règles et exercices des pénitents, par Molinier, Toulouse, 1625, liv. 3, chap. 19, Des officiers.
(5) Histoire de Lyon, par Rubys, Lyon, 1604, liv. 3, chap. 53, Choses survenues à Lyon jusqu'au trespas du roi François 1er.
(6) Institution des pénitents, par Molinier, liv. 3, chap. 21, La contribution des confrères.
(7) Histoire de Lyon, par Rubys, liv. 3, ch. 62, Arrivée de Henri III à Lyon.
(8) Bullaire romain, const. 38 et 79 de Grégoire XIII.
(9) Histoire de Marseille, par Ruffi, liv. 10, chap. 1er, Églises.
(10) *Ibidem, ibidem.*
(11) *Ibidem, ibidem.*
(12) Hist. de Brignolles, par M. Raynouard, § 8, Exercice de la religion réf.
(13) Institution des pénitents, par Molinier, chap. De la réception des pénitents.
(14) Histoire de Brignolles, par M. Raynouard, § 7, Confrérie des pénitents.
(15) *Ibidem, ibidem.*
(16) *Ibidem, ibidem*, et Institution des pénitents, par Molinier, liv. 2 chap. 4, De l'escusson ou image que les pénitents portent sur le sac.
(17) Journal de Henri III, année 1583, jeudi 31 novembre.
(18) *Ibidem, ibidem*, et dimanche 27 mars, jeudi 27 avril.
(19) Dictionnaire universel de Furetière au mot *Battus*.
(20) Inst. des pénitents, par Molinier, l. 4, ch. 6 et 17, Exercices des confrères.
(21) *Ibidem*, lib. 1er, chap. 3, Suite de l'origine des pénitents.
(22) Histoire de Marseille, par Ruffi, liv. 10, chap. 1er, Églises.
(23) Inst. des pénitents, par Molinier, liv. 4, ch. 14, De la visite des confrères.
(24) *Ibidem*, liv. 4, chap. 15, De la sépulture des confrères.
(25) Histoire de Marseille, par Ruffi, liv. 10, chap. 1er, Églises, etc.
(26) *Ibidem, ibidem.*
(27) Voyez aux notes du xve siècle, la note (154) de l'histoire xv, *L'hôtellier* où il a été fait mention du bâton des confréries. Les pénitents avaient multiplié les bâtons de la leur; on en comptait avant la révolution, et j'en ai compté au moins dix ou douze dans chaque procession.
(28) Avant la révolution, il en était ainsi, et il est vraisemblable, pour ne pas dire certain, qu'au xvie siècle la concurrence devait être plus grande.
(29) Voyez dans l'histoire des villes les établissements des confréries.
(30) Registres du Parlement, 9 mars 1584, 20 décembre 1585, 23 mars 1586.
(31) Histoire de Lyon, par Rubys, liv. 3, chap. 62, déjà cité.
(32) Institution de Molinier, liv. 1er, ch. 3, Suite de l'origine des pénitents.

LE BOURGEOIS DE NIMES, Station xx.

(1) Voyez dans les notes de la LXXI° station, *les comédiens*, la notice des comédiens du temps.
(2) Voyez les Bibliographies de ce siècle.
(3) Hist. des comtes de Toulouse, par Catel. — Hist. du Languedoc, Preuves.
(4) Voyez dans la station XXII, *l'Avocat de Toulouse*, les notes relatives aux parlements.
(5) « Année 1551, messire Robert Tirol, lieutenant général à la vicomté, trois cens « livres... » Estat des lettres d'annoblissement de la province de Normandie, vérifiées à la chambre des comptes de la même province, depuis 1520 jusqu'à présent, manuscrit du XVIII° siècle que je possède. Voyez aussi dans le Recueil des lois, par Fontanon, les édits sur la vente de la noblesse au XVI° siècle.
(6) Traité de la noblesse, par Thierriat, Paris, 1606.
(7) *Ibidem*.
(8) Registres du Parlement, 9 janvier 1614, *annoblissement de la nourrice du roi et de son mari*.
(9) Cout. d'Orléans, procès-verbal, *Estat de noblesse du Chastelet de Paris*.
(10) Recueil des priviléges de la ville de Lyon, *Lettres de provision de la charge du capitaine de la ville de Lyon*, etc.
(11) Glossaire de Ducange, au mot *Condamina*.
(12) Traité des droits honorifiques des seigneurs ès-églises, par Mareschal, Paris, 1633, chap. 2, Des séances, bancs, siéges, etc., et chap. 3, De la distribution du pain bénit et de l'encensement.
(13) Journal de Henri IV, année 1594, dimanche 27 mars.
(14) Traité, par Mareschal, déjà cité, ch. 5, Des litres et ceintures funèbres.
(15) Coutume de Thionville, tit. 2, art. 11.
(16) Plusieurs seigneurs avaient le droit de nommer les consuls; j'ai eu entre les mains des titres de la petite terre de Saint-Geniès en Rouergue, portant ces mots : *Jus creandi consules dicti loci*.
(17) Je cite dans les notes de l'*Histoire des Français* plusieurs recueils de titres féodaux et notamment le Grand Gauthier ou *Livre des fiez du Poictou*, où se trouvent des redevances analogues. M. Dupin, préfet des Deux-Sèvres, fait mention dans son deuxième mémoire sur ce département, chap. 3, d'une redevance à peu près semblable due au seigneur de la Tour-Chabot.
(18) Bibliothèque de droit français, par Bouchel, au mot *Arrérages*.
(19) « ... En suit la teneur du brevet : le roy a permis au sieur de Vitry qu'il puisse « prendre de celui qui luy voudra prester jusques à la somme de trois cens livres de « rente au denier 12... nonobstant la rigueur des ordonnances, l'en relève et dispense « ainsi que les notaires qui passeront l'acte... » Registres du Parlement, 6 mars 1574.
(20) Œuvres de Guy Coquille, *Annotations sur les coutumes de Nivernais*, chap. 42, Des subhastations; annotation sur l'art. 22.
(21) Histoire de Bayeux, par M. Pluquet, chap. 48, De l'ancien langage, section Proverbes et dictons.
(22) *Ibidem, ibidem*.
(23) *Ibidem*, chap. 7, Antiquités celtiques.
(24) Dans tous les temps, comme aujourd'hui, les provinces à grandes pâtures ont approvisionné les ports du midi. Voyez d'ailleurs la note suivante.
(25) La Nouvelle agriculture de Quiqueran, liv. 2, chap. 21, Des perdrix.
(26) Bibliothèque de droit français, par Bouchel, au mot *Blanque*.
(27) Traité de l'économie politique, par Montchrestien, *De la navigation*.
(28) Mémoires de De Thou, année 1582.

(29) Mémoires de D'Aubigné.
(30) Hommes illustres français de Brantôme, *Vie de M. du Gua*.
(31) Coutume du Pays de Laugle, rubrique 13, Serviteurs et servantes.
(32) Formulaire récréatif, chap. Transaction sur résolution et rupture d'un mariage faict par parole du futur.
(33) Bibliothèque du droit français, par Bouchel, au mot *Mariage*.
(34) Formulaire récréatif, au chapitre cité à l'avant-dernière note.
(35) *Ibidem, ibidem*.
(36) « Françoys... savoir fesons... receu l'humble supplication de Regnauld le Bastard
« furent faites en icelle église de Danjo les flanssailles... après icelles faictes le dict Ber-
« thelot... demanda par esbattement et joyeusement le vin des flanssailles, ainsi que l'on
« avoit accoustumé faire... et en signe le dict Berthelot print une pinte de vin pour don-
« ner à boire à l'assistance... quoy voyant ung nommé Pierre Heret s'adressa audit Ber-
« thelot, luy disant qu'il ne lui appartenoit avoir le vin... qu'il n'estoit enfant du vil-
« laige pour ce faire ; donné à Paris au mois de juillet 1526. » Registres du trésor des
chartes conservé aux archives du royaume. Reg. de François Ier, lett. de grâce pour
Regnauld-le-Bastard.
(37) Discours facétieux ou ruses de Ragot, chap. 12, Des gobe-mouches.
(38) Journal de Henri III, mercredi 15 mai 1577.
(39) Rituels cérémoniaux, *De nuptiis*.
(40) Histoire de Rouen, par Amiot, 1re partie, *Entrées à Rouen faites en divers temps*.
(41) Dictionnaires étymologiques, au mot *Capette*.
(42) Cet antique vêtement de femme qu'on voit dans les miniatures des manuscrits s'est conservé dans les campagnes des provinces septentrionales. Histoire de Bayeux, chap. 44, Anciens habillements. — Il s'est conservé aussi dans les montagnes de l'Auvergne où on l'appelle capette.
(43) Voyez aux notes du xve siècle, note (88) de l'histoire *Le financier*, la citation relative aux livres paroissiaux.
(44) Bibliothèque de Bouchel, aux mots *Baptesme*, *Registre-baptistaire*, *Revenus en biens et en hommes*.
(45) Mémoires de De Thou, année 1582.
(46) Le trésor de santé, Lyon, 1607, liv. 3, chap. Du pourceau.
(47) *Ibidem, ibidem*.
(48) Lettres de Pasquier, liv. 19, lettre 10 à Tournebus. Cet usage s'est conservé dans le midi jusque vers la fin du siècle dernier.
(49) Erreurs populaires de Joubert, 2e part., chap. 9, Si c'est mal faict de boire au coucher.
(50) « A Johan Chartier la somme de quinze livres tournois due à lui pour avoir dé-
« livré trois poinçons de vin clairet qui ont été distribués à nosdits seigneurs desdits
« grands jours... plus quarante pintes de vin blanc... plus deux poinçons de vin blanc...
« plus sept poinçons à nosdits seigneurs. » Compte de la mairie de Tours, arrêté le 16
« novembre 1533 par Nicolas Leclerc, maire. J'en possède l'original.
(51) Bibliothèque de droit Français, par Bouchel, au mot *Adultère*.
(52) Histoire du Languedoc, par dom Vaissettes, livre 41, année 1589.
(53) Coutumes de l'évêché de Metz, tit. 2, Droit à gens mariés, art. 14.
(54) Bibliothèque de droit français, par Bouchel, au mot *Adultère*.
(55) *Ibidem*, au mot *Assignat*.
(56) Coutume de Tournay, chap. 15, Des droits des gens mariés, art. 13.
(57) Formulaire récréatif, chap. Transaction, etc., déjà cité.
(58) Coutumes de Lalleue, dérogeant aux coutumes d'Artois sur l'art. 150.
(59) Histoire de Bayeux, chap. 48, Proverbes et dictons.
(60) Bibliothèque de Bouchel, aux mots *Chalos de Saint-Mas*, et *Chancellerie*.

(61) Coutume de Lodunois, chap. 2, Droit de moyenne justice, art. 5.
(62) Annales d'Aquitaine, par Dubouchet, *Listes des maires de Poictiers*, année 1588.
(63) Mémoires de Sully, chap. 21, Diverses affaires d'estat et de milice.
(64) Ordonnance du 14 juin 1532 relative à la défense faite aux financiers de jouer à quelque jeu que ce soit.
(65) Œuvres de Rabelais, *Gargantua*, l. 1, ch. 22, Les jeux de Gargantua.
(66) Journal du voyage de Montaigne, *Ville de Tiers*.
(67) Gargantua, liv. 1er, chap. 22, déjà cité.
(68) Recherches de Pasquier, liv. 8, ch. 47, Vertueux par-dessus l'épaule.
(69) Histoire de Francion, liv. 3, chap. Histoire de la famille de Francion.
(70) Erreurs de Joubert, part. 2, ch. Meslanges d'autres propos vulgaires.
(71) Mémoires pour servir à l'histoire de la Faculté de médecine de Montpellier, par Astruc, année 1537.
(72) Œuvres de Rabelais, *Pantagruel*, chap. 14, Continuation des chicanous daulbés, chap. 15, Antiques coustumes des fiançailles.
(73) Discours facétieux ou ruses de Ragot, ch. 12, De Perrot claque-dent.
(74) Œuvres de Rabelais, *Pantagruel*, chap. 15, Antiques coustumes des fiançailles, et le commentaire de Le Duchat.
(75) Histoire de Francion, liv. 8, chap. De Valentin.
(76) Journal de Henri III, portrait de Henri III et des personnages du temps.
(77) Œuvres poétiques de Pierre Le Loyer, Paris, 1579, *Livre des sonnets*, sonnet pour une More.
(78) Journal du voyage de Montaigne, *Ville de Lucques*. — Description de l'île des hermaphrodites, chap. 1er.
(79) Les Oracles divertissants, Paris, 1652, chap. Signification de la couleur des fleurs, chap. Blazon des arbres, herbes et fleurs.
(80) Bibliothèque de Bouchel, au mot *Adultère*.
(81) *Scaligerana verbo mulieres*.
(82) La confrérie de saint Benezech, formée autrefois par les rieurs de certaines villes qui dressaient une table au milieu de laquelle était un grand registre entouré de chandelles et de cornes, a subsisté à Toulouse jusqu'à la révolution.
(83) Bibliothèque de Bouchel, au mot *Séparation*, sect. Possédée des démons.
(84) *Ibidem*, au mot *Frigidité*.
(85) Mémoires de Sully, chap. 30, Affaires de milice et domestiques.
(86) *Ibidem*, chap. 45, Affaires d'estat.
(87) « Item un manteau de satin blanc rayé d'or... Item un cotillon de camelot de « soye jaulne paille, braudé de passements d'argent... » Inventaire des biens de la veuve du président Nicolaï, année 1597, chap. Habits à l'usage de la dicte dame, manuscrit que je possède.
(88) « Deux robbes de velours noir plain dont l'une figurée par en bas... Item une « autre de taffetas à fond gris... quatre corps de robe... l'autre d'estamine à fond de sa-« tin gris garny de gects par dessus... à manches ouvertes deschiquetez... Item trois « paires de brassars, une de satin blanc... et une autre de taffetas orangé... Item ung « manchon de velours doublé de martre... Item une paire de chausses de velours rou-« ge... ung cotillon de satin couleur de pain bis... ung devant de cotte garni de ses » manches, le tout de drap d'or. » *Ibidem*, *ibidem*.
(89) Bibliothèque de Bouchel, au mot *Divorce*.
(90) Traicté de la dissolution du mariage par l'impuissance et froideur de l'homme ou de la femme, Mamert Patisson, 1581.
(91) *Ibidem*.
(92) *Ibidem*.
(93) Erreurs populaires de Joubert, liv. 2, ch. 11, Abus des femmes qui ont cinq cents remèdes.

(94) *Ibidem*, l. 3, ch. 1, Comment d'une seule ventrée la femme porte neuf enfants.
(95) *Ibidem, ibidem*.
(96) De la grossesse, par Guillemeau, chirurgien, liv. De la nourriture des enfants, chap. 5, Comment il faut remuer l'enfant.
(97) *Pædotrophiæ, sive de puerorum educatione, libri duo*, par Sainte-Marthe, Paris, Mamert Patisson, 1580.
(98) De la grossesse, par Guillemeau, liv. De la nourriture des enfans, chap. 7, Temps où l'on doit donner à téter à l'enfant.
(99) *Ibidem*, épistre liminaire.
(100) Erreurs populaires de Joubert, liv. 5, chap. 1.
(101) Vignoble depuis longtemps célèbre.
(102) L'Ulysse français, art. Flandre.
(103) De la grossesse, par Guillemeau, liv. De la nourriture des enfants, chap. 49, Du hocquet.
(104) Erreurs populaires, par Joubert, liv. 3, chap. 8.
(105) Si aujourd'hui le meilleur cotignac ne se fait point dans la petite ville de Cotignac, en Provence, il a dû s'y faire puisqu'il en a originairement pris le nom.
(106) Accademie françoise, traictant de l'institution, par La Primaudaye, Paris, Chaudières, 1577.
(107) J'ai un manuscrit intitulé Mémoires touchant le Parlement de Provence, du milieu du XVIIe siècle ou environ; on lit au chap. 2, f° 24 : « Chopin s'est trompé au livre 3 « de la police ecclésiastique... le roi Louis XII, en établissant le parlement de Provence, « créa les offices d'avocat et procureur des pauvres, afin que les ordonnances en faveur « des pauvres fussent mieux gardées. » Et chap. 5, 1567, 12 sept. : « Défauts contre « l'avocat et procureur des pauvres. »
(108) Voyez la note ci-dessus.
(109) Sur les différents Nostradamus, astrologues, voyez l'Histoire de Provence et les Bibliographies du XVIe siècle.
(110) *Ibidem*.
(111) Bibliothèque de droit français, par Bouchel, au mot *Marguillier*.
(112) *Ibidem*, au mot *Roy*.
(113) Dialogue de la Noblesse, par Froideville, juge général des bastilles de Périgord, Lyon, 1574.
(114) Coutumes du château de Limoges, art. 25, Procureurs des mariages.
(115) La Vie de saint Hiérôme, extraite de plusieurs auteurs, translatée de latin, par Lasser, chanoine et granger en l'église Saint-Martin de Tours, Paris, Guillard.
(116) Dict. de droit canonique, par Maillane, au mot *Doyen, Doyenné*.
(117) « Par-devant moi, Pierre Gelat, notaire royal en la sénéchaussée... résidant à « Caors... Pierre Bertrand, archer de monseigneur le visse-sénéchal du présent pays de « Quercy... lequel... confessé et accordé avoir receu de M. Maistre Prévost, receveur gé-« néral du taillon en Guienne, la somme de deux cens livres pour ses gaiges des quatre « quartiers de l'année 1618... fait audit Caors, le 2 janvier 1619. » J'ai l'original de cette quittance.

L'AVOCAT DE TOULOUSE, Station XXI.

(1) Lettres de madame Dunoyer, lettre datée de Toulouse.
(2) « Item une robbe de drap noir... une robbe de satin noir... un hault-chausse de « satin noir, deux capuchons, et une bonnette de velours noir. » Inventaire des biens de la veuve du président Nicolaï, chap. Habits dudit sieur, manuscrit déjà cité.
(3) « Item une robbe de taffetas à grandes manches et parrements de velours... une « soubstanne de damas... de satin doublées de serge... item une juppe de velours à la

« relatre, deux calottes, l'une de velours, item troys chappeaux de feustre, l'ung garny
« de taffetas... » *Ibidem, ibidem.*

(4) Ancienne porte de Toulouse qui subsiste encore.

(5) Histoire des grands officiers, par le père Anselme. *Du chancelier.*

(6) Histoire des chanceliers, *De l'origine des chanceliers.*

(7) *Ibidem*, de l'office des chanceliers de France.

(8) *Ibidem.*

(9) *Ibidem.*

(10) Bibliothèque du droit français, par Bouchel, au mot *Parlement.*

(11) Registres des parlements, où il est si souvent fait mention des messes rouges ou messes entendues en habits rouges, d'arrêts rendus en robes rouges.

(12) Ordonnance du mois de juillet 1501, relative à l'érection du parlement d'Aix, et du mois de mars 1553, relative à l'érection du parlement de Rennes.

(13) Voyez les huit ordonnances relatives à l'institution des huit parlements ; et relativement aux grands jours, voyez les registres de ces mêmes parlements.

(14) Voyez l'ordonnance du 11 octobre 1443, relative à l'institution du parlement de Toulouse, où le roi ne lui donne qu'une existence temporaire, *quandiù tamen nostræ placuerit voluntati*, et où il semble reconnaître que ce second parlement n'était qu'une branche détachée du parlement de Paris, du grand parlement français, comme l'appellent Philippe V, dans son ordonnance du 17 novembre 1318, et Charles V dans celle du 8 octobre 1371. J'ajouterai que les conseillers d'un parlement allaient à leur volonté siéger aux autres parlements. « Le 23 janvier 1582, fut arrêté que les conseillers du parlement de
« Paris arrivant à la cour seraient assis après les deux conseillers plus anciens de la
« grand'chambre du costé des fenestres... Le 19 novembre 1614, jour de l'ouverture, M. Le
« Berton-Mornac, conseiller des enquestes de Toulouse, est entré, assis devant l'anté-pé-
« nultieme de messieurs de la grand'chambre du costé des fenestres... » Extraits des registres du parlement de Bordeaux. J'ajouterai que jusqu'à la révolution, dans leurs démêlés politiques avec la cour, ils se sont toujours courageusement soutenus les uns les autres : leurs registres en font foi.

(15) Bibliothèque du droit français, par Bouchel, au mot *Vérification.*

(16) Registres du parlement de Paris, année 1545, Procès du chancelier Poyet.

(17) « Ce jour 24 mars 1545, la cour... mande les généraux des aydes... et seront con-
« traincts par toute voie. » Registres du parlement.

(18) « Le quatrième jour de janvier 1556, la cour enjoinct au greffier de la chambre
« des comptes rayer la délibération de ladite chambre, et y enregistrer l'arrest de ladicte
« cour suivant son ordonnance. » Registres du parlement.

(19) Histoire des grands officiers de la couronne par le père Anselme.

(20) Ils portaient la simarre de soie à la révolution, et ils la portaient au moins depuis le xvie siècle, comme on le voit dans les tableaux du temps. Remarquons que les habillements des officiers publics n'ont guère changé.

(21) « Je Denis de Lafouye, conseiller du roy et magistrat présidial en la sénéchaus-
« sée et siège présidial de Guyenne.... le dernier jour de juing 1592. » C'est le commencement d'une quittance sur parchemin que j'ai.

(22) Ordonnance du mois de mars 1551, relative à l'institution des présidiaux.

(23) Ord. de juin 1557, relative aux cours présidiales.

(24) Cette singulière organisation d'un seul corps en deux corps, ou de deux corps en un seul corps, a subsisté à peu près ainsi jusqu'à la révolution. Voyez d'ailleurs le traité de la juridiction des présidiaux par Jousse.

(25) Collection de Denisart, aux mots *baillis* et *sénéchaux.*

(26) Les juges des justices royales, à très peu d'exceptions près, ont porté jusqu'à la révolution la robe de laine noire ; on ne peut naturellement croire qu'au xvie siècle ils la portassent d'une étoffe plus précieuse.

(27) Bibliothèque du droit français, par Bouchel, au mot *Appellations.*

(28) Voyez dans la collection de Fontanon, liv. 2, Des présidiaux, les érections successives de ces cours, voyez aussi l'histoire des provinces et des villes.

(29) J'ai les manuscrits posthumes de Guyot, successivement bibliothécaire de l'abbaye de Saint-Victor de Paris, curé de Saint-Guénault de Corbeil, 4 v. in-fol., où se trouve le dessin d'une miniature d'un manuscrit de 1612, qui représente les assises de la justice de Corbeil, tenues dans le chœur de l'église. On y voit les nombreux juges des assises sur leurs sièges figurant un fer à cheval ; sur le devant on voit une barrière en bois gardée par les sergents.

(30) Histoire des villes.

(31) Dans le midi, les jugements par conjures, par juges fieffés, ou pairs, n'avaient pas lieu ou avaient cessé d'avoir lieu à la fin du xvie siècle. J'ai lu beaucoup de sentences postérieures ; toutes étaient rendues par le juge banneret seul.

(32) Le titre de conseiller, depuis le milieu du xvie siècle jusqu'à la révolution, a été donné aux membres de presque toutes les cours judiciaires, financières, militaires et autres. Histoire des diverses juridictions.

(33) Voyez la note ci-dessus ; j'ajoute que j'ai une infinité de quittances de ce temps faites par des trésoriers, de simples payeurs militaires qui prennent le titre de conseillers du roi.

(34) Opuscules tirés des Mémoires d'Antoine Loysel, par Joly son petit-fils, Paris, Guillemeau, 1652, chap. Juges sous l'orme.

(35) Tels ils ont été jusqu'à la révolution.

(36) Ordonnance du 13 juillet 1498, relative à l'érection ou confirmation de l'érection du grand conseil.

(37) Ordonnance de septembre 1555, relative à l'exécution des arrêts du grand conseil dans tout le royaume.

(38) Registres du parlement, xvie siècle ; on y voit le grand conseil humilié et méconnu toutes les fois qu'il voulait évoquer des procès ou quereller la compétence des parlements. Arrêts du 5 avril 1564, du 13 avril 1580.

(39) Histoire universelle de d'Aubigné, liv. 2, chap. 25.

(40) Coutumes de Troyes, chap. Des juridictions et sièges, imprimées à la suite du procès-verbal, dans le nouveau Coutumier de Richebourg.

(41) Dictionnaires de droit.

(42) Voyez l'avant-dernière note.

(43) Histoire ecclésiastique de la cour, par Dupeyrat, liv. 1er, chap. 79, La chapelle de musique établie en la cour par François 1er.

(44) Voyez aux notes sur les théâtres du xve et du xvie siècle, celles qui sont relatives aux basoches.

(45) Traité de la procédure de l'enclos, par Legier.

(46) Bibliothèque du droit français, par Bouchel, au mot *Bazoche*.

(47) Mémoires de Miraulmont, chap. Royaume de la Bazoche.

(48) *Ibidem, ibidem.*

(49) « Du 16 janvier 1544 ouy Jean Puchablier roy de la Bazoche lui a esté faict in-
« hibitions et deffences de ne jouer plus le jeu qu'il a faict jouer ces jours passez es mai-
« sons privées de ceste ville ne autres jeux doresnavant ne en privé ne en public que ledit
« jeu n'ayt esté premièrement veu par la cour. » Registres du conseil secret du parle-
« ment de Bordeaux déjà cités. Bibliothèque de Bouchel, au mot *Roy*.

(50) *Ibidem*, au mot *Roy de la Bazoche*.

(51) Mémoires de Miraulmont sur l'origine des cours souveraines, etc., chap. Parquet des gens du roy, et ord. du 11 mars 1344, sur le serment des procureurs.

(52) Glossaire de Ducange, *Procurator fiscalis*, notes du xvie siècle, épître 70, Les chaperons noirs, relatives au ministère public.

(53) Registres des cours judiciaires ; Réquisitoires, conclusions des gens du roi.

(54) Ordonnance de mai 1586, sur la création des substituts des procureurs généraux du roy.

(55) Registres des cours judiciaires, Réquisitoires, exécutions des jugements.

(56) « Créons et establissons par l'édit du mois d'août 1522 en tous et chascuns « les siéges de bailliages, sénéchaussées, et juridictions de notre royaume, un procu- « reur pour nous en chef et titre d'office. » Registres du conseil secret du parlement de Bordeaux, manuscrit que je possède; Bibliothèque de Bouchel, au mot *Aydes*, art. Despenço.

(57) « Je Sébastien de Nouilles, procureur général du roy en la maréchaussée des ports « et passaiges de la province de Tholoze et seigneurie d'Armaignac et Bigorre, confesse « avoir eu et reçu comptant de messire Baptiste... le vingt-ungiesme jour du moys de « may 1563. » J'ai l'original de cette quittance.

(58) Reg. du parlement, arrêts du 16 février 1543, du 27 août 1558, du 7 juin 1591, du 30 mars 1601, relatifs au procureur du roy sur le faict de la marée.

(59) Il y avait déjà en ce temps des procureurs du roi près les cours ecclésiastiques, art. 35 de l'ord. du 1 août 1610. Il y en avait même près les cours d'*inquisition de la foy* et d'*hérésies*. J'ai l'original d'une quittance faite à Toulouse le 13 février 1557, par Adrien Duplais en cette qualité.

(60) Dans les dépôts publics où sont conservés les registres des maréchaussées des greniers à sel, des traites foraines, etc., on trouve les réquisitoires des procureurs du roy.

(61) Opuscules tirés des mémoires de Loysel, chap. des avocats. Dans les villes des anciens parlements ces salles subsistent encore.

(62) Des Parlements de France, par Laroche-Flavin, liv. 3e, chap. 2, Des advocats écoutans.

(63) Bibliothèque du droit français, par Bouchel, au mot *Séance*.

(64) Opuscules tirés des Mémoires de Loysel, dialogue des avocats, 3e conf.

(65) Pasquier, liv. 7e, lettre 10e, à M. de la Bite, juge de Mayenne.

(66) *Ibidem, ibidem.*

(67) *Ibidem, ibidem.*

(68) Opuscules tirés des Mémoires de Loysel, chap. Dialogue des avocats, 2e conf.

(69) *Ibidem*, liste des avocats de l'année 1599, art. Pierre de la Martillière.

(70) Suivant Antoine Loysel, dialogue des avocats, 3e conf., l'avocat De la Vergne fit imprimer le premier ses factums. Ce fut vers la fin du XVIe siècle. J'ai cité plusieurs fois celui du duc de Guise contre Maillard, imprimé vers ce temps.

(71) Œuvres de Pasquier, liv. 7e, lettre 10e, à M. de la Bite.

(72) *Ibidem*, Plaidoyé d'Estienne Pasquier pour le duc de Lorraine.

(73) Voyez, entre autres plaidoyers, les reliefs forenses de maistre Sébastien Rouillard de Melun, advocat au parlement, Paris, 1611, chez Théodore Drouello.

(74) Bibliothèque de Bouchel, au mot *Advocats*.

(75) *Ibidem.*

(76) Œuvres de Pasquier, liv. 7, lettre 10e, déjà citée.

(77) Bibliothèque de Bouchel, au mot *Advocats*.

(78) *Ibidem.*

(79) *Ibidem.*

(80) Suivant l'usage de tous les temps.

(81) Bibliothèque du droit français, par Bouchel, au mot *Avocats*.

(82) Œuvres de Pasquier, liv. 7, lettre 10e, déjà citée.

(83) Le monologue de Robineau, par Jean Bolceau, Poitiers, à l'enseigne de la fontaine.

(84) Ordonnance de novembre 1554, art. 25.

(85) Arrêt du parlement relatif aux avocats et aux procureurs, 18 décembre 1557.

(86) Des parlements de France, par Laroche-Flavin, liv. 4, art. 94.

(87) *Ibidem*, les procureurs et les plaideurs étant à genoux, les solliciteurs devaient y être.

(88) Les princes même ne dédaignaient pas de s'en servir. On lit dans le compte des dépenses de la cour de Catherine de Médicis, année 1586, manuscrit original que je possède : « De damoiselle Marguerite du Drac, cohéritière de feu mestre Augustin, le prévost « sieur de Brevaan en son vivant, solliciteur des affaires de la dicte dame. »

(89) Registres du parlement, arrêts du 26 juin 1568, du 15 mars 1588, relatifs à l'érection des greffes civils, en titre d'office, et du 18 décembre 1573, du 17 février, 25 mai 1574, 6 septembre 1595, etc., relatifs à la surcréation des clercs de greffes civils, en titre d'office.

(90) Ibidem, arrêts du 5 octobre 1582 et du dernier mai 1586 relatifs aux greffiers et clercs de greffiers criminels en titre d'office.

(91) Ibidem, arrêts du 12 août 1505, du 18 janvier, 5 décembre 1528, 5 mars 1557, 12 février 1568 et 1588, du 6 septembre 1575, 1578, 2 décembre 1581, 4 septembre 1585, 3 juillet, 18 décembre 1609, relatifs à ces divers greffiers.

(92) Ordonnance de février 1509, relative aux postes.

(93) Il y avait en France au moins 60,000 huissiers, dont 50,000 étaient attachés aux justices rurales des seigneurs, et 10,000 aux justices urbaines des différentes cours. Voyez aux notes du xvi° siècle, épître 70, *Les chaperons noirs*, la note (37).

(94) Voyez après la note (114).

(95) Voyez aux notes du xv° siècle, histoire 17, l'avocat, la note (103).

(96) « Fut présent en sa personne honorable homme François Drouet, marchand apo- « thicaire, lequel a confessé... avoir... reçu... de M. Jehan Vanisse, conseiller du roy re- « cepveur... fait et passé audict Chaumont ès estudes des notaires soubsignés *avant* « *midy*, le vingt-cinquiesme jour de may mil six cens et quinze. » J'ai l'original de cette quittance.

(97) Cet usage qui subsiste encore doit être sans doute aussi ancien que l'institution des notaires.

(98) Voyez aux notes du xiv° siècle, épître 72, les six couleurs, la note (174).

(99) J'ai une quittance faite en 1604, par Martial Dufeuil, notaire, de la somme de 20 livres 4 sols de rente constituée sur l'équivalent du Bas Limousin, qui commence ainsi : *Faict à Tulle en ma bouticque.*

(100) Bibliothèque du droit français, par Bouchel, au mot *Notaires.*

(101) Collection des ordonnances de Fontanon, titre des notaires et tabellions. Traités du notariat.

(102) Ibidem, ibidem.

(103) Édit du mois de juillet 1580, relatif aux notaires.

(104) « *Debentur mihi Timoleonti Grangier domini nostri regis in suâ parlamenti curiâ* « *consiliario clerico... pro tribus julii, augusti, et septembris mensibus anni Domini mille-* « *simi sexcentissimi decimi quinti trecentas octoginta septem libras quinque solidi cum* « *quatuor denariis turonensibus... quam summam accepi à magistro curiæ receptori.* » J'ai l'original de cette quittance.

(105) Les gages du conseiller au présidial étaient de cent francs par an, suivant l'ordonnance de leur institution, au mois de janvier 1551, art. 4, et il n'avait pas varié à la fin du xvi° siècle. J'ai des originaux des quittances du procureur du roy au siége présidial de Rouergue, année 1556, 25 *livres pour quartier de gages*; j'en ai d'un conseiller au présidial de Bordeaux, année 1601, 8 escuz un tiers pour un quartier de ses *gaiges.*

(106) « Je Bertrand de la Sarrette, licencié ès droicts et juge de Rieupeiroux, a confessé « avoir heu réallement maistre Jehan Mauroux, recepveur ordinaire du roy, en Rouergue, « pour mes guaiges de l'an mil vcxxvi... dix livres tournois de laquelle somme de x liv. « me tiens païé comptant... le xxiii de juing mil vcxxvii. » J'ai l'original de cette quittance.

(107) « Je Jehan de la Brue, procureur de maistre Anthoine Guyin juge de Noncuque, « confesse avoir reçu des héritiers de feu Jehan Colain en son vivant trésorier et recep-

« veur audit lieu de Rouergue, la somme de cinquante soubs tournois, et ce pour la
« moitié des gaiges dudit office de juge restraines en l'année mil cinq cens dix huit,
« le dernier jour de juing mil cinq cens vingt et troys. » J'ai l'original de cette quittance.

(108) Coutumes de Lodunois, chap. 30, Des crimes, art. 9, et Œuvres de Rabelais, liv. 2 de Pentagruel, chap. 7, Comment Pentagruel vint à Paris.

(109) Bibliothèque du droit français, par Bouchel, au mot *Fausseté*.

(110) Ordonnance du 11 juillet 1543, relative à la défense faite à tous notaires de mettre en grosse les contracts, procurations, actes, et de les délivrer aux parties, si elles ne sont grossoyées par les tabellions.

(111) Ordonnance du mois de may 1575, relative à la création des notaires gardenotes en tous les bailliages, sénéchaussées et autres sièges de ce royaume.

(112) On sait que tous les actes commencent aujourd'hui ainsi; au xvi° siècle, ils commençaient de même.

(113) Ordonnance du 12 décembre 1577, relative aux survivances octroyées aux notaires du Chastelet de Paris.

(114) « Nous notaires et tabellions royaux du nombre de quarante establis par le roy
« en la ville et cité de Bourdeaux, sénéchaussée de Guyenne... nous estans assemblés au
« couvent des Carmes de ladite ville pour délibérer de tous affaires... lequel service sera
« célébré le jour et feste de Saint-Jean l'évangéliste qui est le sixiesme mai, une frairie
« desdits quarante notaires... le cinq mai mil cinq cens soixante et dix. » Extrait d'un acte écrit sur parchemin, que j'ai.

(115) Ordonnance du 16 octobre 1561, relative à la réduction des notaires de Tours au nombre de vingt.

(116) *Ibidem*, du 24 juillet 1544, relative aux douze notaires de Sens, à qui appartiendra la confection et réception de tous les contrats, actes, etc.

(117) Ordonnance de novembre 1582, relative au nombre des notaires.

(118) Coutumes des provinces, tit. Des notaires.

(119) Arrêt d'enregistrement du 23 juin 1575, relatif à la création de notaires en chacun bailliage de France, après les remontrances du parlement.

(120) Histoire du Languedoc par dom Vaissette, liv. 35, années 1466 et 1558.

(121) Recherches de Pasquier, liv. 4, chap. 17, Distribution des offices, etc.

(122) Ordonnance du 12 décembre 1577, relative aux survivances octroyées aux notaires du Chastelet de Paris; on y voit que la finance de chaque office de notaire au Chastelet de Paris était de cent écus.

(123) Mémoires de Sully, t. 2, chap. 38, Affaires de finances d'estats, et *alias*.

(124) Histoire des derniers troubles e..us le règne de Henri III, liv. 5. Secret des finances par Froumenteau, chap. Etat au vrai des deniers levés depuis l'avènement de Henri II à la couronne jusqu'en 1580, art. Parties casuelles et art. Confirmation d'offices.

(125) Mémoires de Sully, t. 1, chap. 75, Affaires domestiques et de finances.

LE JURISCONSULTE DE TOULOUSE, Station XXII.

(1) Voyez la note (15) de la station XLVI, *les noms propres français*.

(2) Une enseigne de Paris, quai Saint-Michel, représentant un grand Y, porte qu'elle existe depuis l'année 1522 et qu'elle est la première des enseignes à l'*i grec*.

(3) Éditions de droit romain au xvi° siècle, avec glose et commentaires. Collections des ordonnances des rois de France; Collections des coutumes imprimées au xvi° siècle.

(4) Les testaments, les substitutions, les successions, le sénatus-consulte Velléien, les pécules et quelques autres parties de l'ancien droit romain, en fort petit nombre,

(5) Ord. d'août 1606 relative à l'abolition du sénatus-consulte Velléien.
(6) Histoire du droit municipal, par M. Raynouard, liv. 2, chap. 9, Documents spéciaux prouvant que les lois et les institutions romaines furent maintenues dans les Gaules. Cette même tolérance s'étendait nécessairement aux lois des Sarrazins qui étaient établis en France, et qui ont laissé leur nom à tant de parties de notre territoire, à des villages et même à des villes.
(7) Histoire du droit romain, par Terrasson.
(8) Voyez dans le Coutumier de Richebourg les anciennes coutumes latines.
(9) Œuvres de Pasquier, liv. 4, chap. 20, Dont vient qu'anciennement en France représentation n'avait lieu tant en ligne directe que collatérale.
(10) *Codex Justiniani*, chap. *Quals messios pot recobrar aquel qui ret la heretat*, traduction du Code de Justinien en langue provençale, manuscrit du xiii° siècle conservé à la Bibliothèque du roi.
(11) Voyez à la fin des diverses coutumes le procès-verbal des trois états provinciaux qui revoient la coutume, l'acceptent, et lui donnent force de loi.
(12) Coutumes du bailliage d'Amiens, revues en 1567, procès-verbal.
(13) On connaît cet ancien axiome de droit : *Ordonnances royaux, courrent par toute la France*.
(14) Voyez dans la station xxi, *L'avocat de Toulouse*, la note (7).
(15) Un grand nombre d'arrêts du parlement, et notamment ceux relatifs aux procureurs rapportés, dans la Conf. des ord., l. 2, tit. 4, des procureurs, ont été dans plusieurs de leurs dispositions convertis en lois. Les registres du parlement mentionnent les demandes de certaines lois: Histoire des parlements.
(16) Œuvres de Pasquier, liv. 19, lettre 14, à M. Loisel, advocat en la cour du parlement de Paris.
(17) Lorsqu'on lit avec attention l'ensemble des ordonnances de Henri II, de Charles IX et le Code de Henri III, on voit que les législateurs de ces temps voulaient ou remplir ou refondre les diverses parties de l'entier système de la législation civile.
(18) Ordonnance rendue aux états de Blois, en 1579, art. 181.
(19) Ordonnance de février 1556, art. 1.
(20) Ordonnance rendue aux états de Blois en 1579, art. 40.
(21) *Ibidem, ibidem*.
(22) *Ibidem, ibidem*.
(23) *Ibidem*, art. 41.
(24) Ordonnance du mois de janvier 1563, art. 17.
(25) Bibliothèque du droit français, par Bouchel, au mot *Lésion*.
(26) Ordonnance donnée à Villiers-Cotterêts au mois d'août, 1539, art. 111.
(27) *Ibidem*, art. 133.
(28) Bibliothèque du droit français, par Bouchel, au mot *Insinuation*.
(29) Œuvres de Pasquier, *Lettres*, liv. 19, lettre 15, à M. Robert, advocat.
(30) Ordonnance rendue aux estats d'Orléans en 1560, art. 59.
(31) Voyez dans cette station la note (18).
(32) Ord. criminelles du xvi° siècle, dispositions pénales des lois romaines.
(33) Dans le pays au-delà de la Loire, où le droit civil romain était la loi vivante, le droit criminel romain devait aussi naturellement l'être, et dans les pays en deçà, où la plupart de nos anciennes coutumes avaient des dispositions pénales, ces deux législations n'étaient guère en usage qu'à défaut des ordonnances.
(34) Ancienne rue de cette ville.
(35) Ord. du 3 février 1563, relative à la défense de vendre chair en caresme.
(36) Bigarrures de Des Accords, escraigne 23.
(37) Registres du parlement, arrêt du mois de mars 1560, relatif à la défense de manger chair en caresme sur peine de la hart.

(38) Ordonnance du 4 décembre 1581, relative aux blasphémateurs.
(39) Ordonnance de Blois, 1579, art. 36.
(40) Registres du parlement, arrêt du 27 mars 1517, relatif à la défense de tenir berlans, dez et jeux publics, à peine de prison et punition corporelle.
(41) Ordonnance du 16 avril 1571, art. 10.
(42) Ordonnances criminelles, ordonn. de police du xvi⁰ siècle, des peines.
(43) *Ibidem*.
(44) Pratiques judiciaires ès causes criminelles, par Josse de Damhoudère, chap. 89, De l'adultère; et Journal de Henri IV, année 1600, lundi 17 janvier.
(45) Ordonnance rendue aux états de Blois en 1579. art. 42.
(46) Commentaire de Coquille sur l'art. de l'ordonnance ci-dessus.
(47) Practique judiciaire ès causes criminelles, par Josse de la Damhoudère, chap. 92, *De stupro*.
(48) Ord. de février 1556 relative aux femmes célant leur grossesse, etc.
(49) Ordonnance rendue aux états de Blois en 1579, art. 194.
(50) *Ibidem*, art. 195, relatif au projet d'assassinat, etc.
(51) Hommes illustres français de Brantôme, *Vie d'Anne de Montmorency*.
(52) Voyez la Conf. des ord., 1 vol. in-fol.

LE CLERC DU JURISCONSULTE DE TOULOUSE, Station XXIII.

(1) J'ai un plan de Toulouse, Paris, 1731, chez Melchior Tavernier, où l'on voit l'ancien Capitole existant encore à cette époque dont l'architecture à cintres pleins paraît fort antique.
(2) Cela devait être et cela doit être encore ainsi, car l'opinion du juge inférieur se compose et de la sienne et de celle du juge supérieur qui approuve ou réforme son jugement.
(3) Voyez les arrétistes du xvi⁰ siècle.

LE PROCUREUR DE TOULOUSE, Station XXIV.

(1) Arrêt du parlement du 18 décembre 1537 sur les avocats et procureurs.
(2) Voyez dans les gravures de l'Arbitre charitable, par le prieur de Saint-Pierre, Paris, Raveneau, 1668, la forme du sac à procès que les plaideurs portaient pendu par une courroie.
(3) Ordonnance du pénult. aoust 1536, chap. 1ᵉʳ, art. 1ᵉʳ.
(4) *Ibidem*, chap. 1ᵉʳ, art. 9.
(5) *Ibidem, ibidem*, art. 22.
(6) *Ibidem, ibidem*, art. 1 et 2, l'ord. de 1667, art. Des ajournements, est encore plus formelle.
(7) Ordonnance rendue à Melun en 1580, art. 55.
(8) Bibliothèque du droit français, par Bouchel, au mot *Procès*.
(9) Styles du parlement, chap. Requêtes.
(10) Bibliothèque du droit français, par Bouchel, au mot *Procès*.
(11) Dans le manuscrit du procès entre le chapitre de Laon et le maieur de cette ville, cité aux notes du xiv⁰ siècle, épître LXIX, *La lampe*, note (2), se trouve souvent le mot de *petitio* pour *requesta*.
(12) Depuis le xiii⁰ ou le xiv⁰ siècle le mot de *requête* avait prévalu. Voyez les divers styles des cours judiciaires.
(13) Bibliothèque du droit français, par Bouchel, au mot *Actions*.
(14) Ordonnances du 16 juillet 1539 et du mois de novembre 1563, relatives à l'a-

bréviation des procez. Registres du conseil secret du parlement de Bordeaux du 25 juin 1519, « comme par cy-devant l'on nous a plusieurs fois remontré que pour le bien de justice, accélération et abréviation des procès d'entre nos sujets..., » et du 12 juillet 1519, « comme nous avons été advertis... que à cause de la longueur de l'administration de la justice de notre royaume la poursuite des procez était tellement onéreuse tant en frais que labeurs. »

(15) Voyez les styles cités aux notes du XIVe et du XVe siècle relatives à l'ordre judiciaire, et les styles du XVIe siècle.

(16) Voyez dans les nombreuses ordonnances du XVIe siècle les délais pour les enquêtes et les reproches des témoins.

(17) Ordonnance du mois d'aoust 1539, art. 36.

(18) *Ibidem*, chap. 2, art. 2.

(19) Ordonnance de Moulins, 1565, art. 54.

(20) Les examens à futur, comme on le voit dans la Bibliothèque du droit français, par Bouchel, au mot *Examen à futur*, étaient assujétis à des restrictions, à des conditions qui ont préparé la prohibition définitive prononcée par l'ordonnance de 1667.

(21) Ordonnance du mois d'octobre 1535, chap. 1er, art. 99.

(22) Ordonnance rendue aux estats de Blois ou 1579, art. 203.

(23) Edict du mois de février 1514, relatif à la création d'enquesteurs et examinateurs en chacune juridiction.

(24) « Du 6 mai 1517, avons pour l'abréviation des procez... fait créer certains examinateurs et enquesteurs en chacun bailliage et seneschaussée de notre royaume... suivant l'affluence des procez... et aussy que nosdits greffiers, leurs clercs et commis soient et demeurent adjoints avec lesdits enquesteurs quand ils feront les enquestes... » Registres du conseil secret du parlement de Bordeaux.

(25) Styles des parlements et des cours inférieures. Les immenses archives du palais de justice sont bossoyées de sentences ou d'appointements du XVIe siècle.

(26) Il en était alors comme il en est aujourd'hui.

(27) Voyez dans les diverses ordonnances du XVIe siècle les dispositions relatives à l'abréviation des procès, et notamment dans celles citées à la note (14) de cette station.

(28) Collection des ordonnances de Fontanon, liv. 3, tit. 24, Des évocations.

(29) Glossaire du droit français, par Laurière, au mot *Apostres*.

(30) Je vais faire un article supplémentaire sur la partie du droit ecclésiastique, aujourd'hui bien surannée. Les anciens traités des matières bénéficiales n'avaient point parlé des prieurés, et cela parce qu'ils étaient écrits à Paris, où en général on connaît beaucoup mieux la partie de la France en deçà que celle en delà de la Loire. Avant la révolution, il y avait en delà de la Loire, dans toutes ou dans la plupart des paroisses, un prieur, anciennement curé primitif, qui percevait les dîmes, qui avait des biens-fonds, des biens féodaux; le curé n'avait que ses droits casuels, une portion congrue, et, dans quelques paroisses, une portion des dîmes. L'on trouve ou l'on trouvait aux anciens pouillés, aux anciens registres des receveurs des décimes des diocèses de cette moitié de la France, presque autant de prieurés que de paroisses. En deçà de la Loire, il n'y avait que des prieurés conventuels.

(31) Bibliothèque du droit français, par Bouchel, au mot *Baptiser*.

(32) *Ibidem*, au mot *Evangéliser*.

(33) Ord. de mars 1551 relative à la création des présidiaux, art. 40.

(34) Bibliothèque du droit français, par Bouchel, au mot *Anticipation*.

(35) *Ibidem*, au mot *Arrests*.

(36) *Ibidem*, au mot *Propositions d'erreur*.

(37) *Ibidem, ibidem*.

(38) *Ibidem*, au mot *Dépot*, où est rapporté le texte latin de l'arrêt du parlement de Chambéry.

(39) *Ibidem*, au mot *Propositions d'erreur.*
(40) Ordonnance du 5 septembre 1551 relative aux criées.
(41) Dictionnaire universel de Furetière, au mot *Garde-Marteau.*
(42) « Je François Ysarn, morte-paie du château de Minerve, confesse avoir reçu « contant de M° Guabriel Luyllier, trésorier en la sénéchaussée de Carcassonne, la « somme de six livres t. pour partie de mes gaiges de cette présente année... le xxi no- « vembre MVCLVIII. » J'ai cette quittance sur parchemin.
(43) Voyez la note (2) de cette station.
(44) Bibliothèque du droit français, par Bouchel, au mot *Criées.*
(45) Ordonnance du 5 septembre 1551 relative aux criées, art. 14.
(46) Ordonnance de Blois, 1579, art. 155.
(47) Bibliothèque du droit français, par Bouchel, au mot *Criées.*
(48) Style du Châtelet de Paris, année 1639, sans nom de lieu ni d'imprimeur, chap. Affiche de par notaire.
(49) Bibliothèque du droit français, par Bouchel, au mot *Criées.*
(50) *Ibidem.*
(51) *Ibidem.*
(52) *Ibidem*, au mot *Requeste.*
(53) *Ibidem*, au mot *Propositions d'erreur ; Formule des requestes civiles.*
(54) Ordonnance de Blois, 1579, art. 158.
(55) Glossaire du droit français, par Laurière, au mot *Quinquenelle.*
(56) Bibliothèque du droit français, par Bouchel, au mot *Estat.*
(57) La maison des jeux académiques, Paris, Loyson, 1668, chap. Le jeu royal de la paume. — Journal de Henri IV, 1594, jeudi 27 octobre.
(58) Bibliothèque du droit français, par Bouchel, au mot *Accrochement.*
(59) Ordonnances du mois de septembre 1402 et du mois de mars 1515, relatives aux eaux et forêts, art. 24 et 41.
(60) Bibliothèque du droit français, par Bouchel, au mot *Appellations.*
(61) *Ibidem*, au mot *Barre.*
(62) Ord. du mois d'août 1539 relative à l'abréviation des procès, art. 103.
(63) Ord. d'octobre 1535 sur le règlement de la justice, chap. 7, art. 9.
(64) Instruction pour les dépens et liquidation d'iceux. Cette instruction, à la suite du style du Châtelet, contient cent articles ni plus ni moins.
(65) J'en possède de fort longs, j'en ai vu de bien plus longs; mais au xvi° siècle ils étaient rarement cousus comme ceux du xiv° et du xv° siècle.
(66) La place du Salin est beaucoup plus près de l'ancien château Narbonnais ou palais de justice du parlement de Toulouse que la place Saint-Georges. Topographie de cette ville.
(67) L'arrêt du conseil d'état du mois de mars 1610 fixe à deux cents le nombre des procureurs au Châtelet de Paris.
(68) Registres du parlement, arrêt du 7 janvier 1573, sur le nombre des procureurs.
(69) Traité de la procédure de l'Enclos, par Legier, Bazoche.
(70) Registres du parlement, ordonnance du 22 mars 1567 relative à l'injonction faite à toute personne estant dans cette ville sous ombre de leurs procez, de eux retirer jusqu'au 15 avril prochain, sur peine d'être déclarez déchus des droits par eux prétendus es dits procez.
(71) L'Arbitre charitable, chap. 8, Que les évesques doivent travailler à accorder les procez, etc.
(72) Ordonnances de la ville et cité de Metz suivies des coutumes de cette ville.

LE CLERC DU PROCUREUR DE TOULOUSE, Station XXV.

(1) Ordonnance du pénult. août 1536 sur le fait, ordre et style des matières civiles et criminelles, etc., art. 52.

DU XVIᵉ SIÈCLE.

(2) Ordonnance du mois d'octobre 1535, chap. 21, art. 11.
(3) Ord. de Valence, dernier août 1536, sur l'interrogation des témoins.
(4) Ord. de Villiers-Cotterets, août 1539, sur l'information des crimes.
(5) Collection des ordonnances, par Fontanon.
(6) Bibliothèque du droit français, par Bouchel, au mot *Procès*.
(7) Ordonnances criminelles déjà citées ; Dispositions relatives à l'accusé, à la partie publique, à la partie civile.
(8) Ordonnance du mois d'octobre 1535, chap. 13, art. 16.
(9) *Ibidem*, art. 47.
(10) *Ibidem*, art. 23.
(11) Bibliothèque du droit français, par Bouchel, au mot *Accord*.
(12) Ordonnance de novembre 1507, art. 205.
(13) Ordonnances criminelles déjà citées ; Dispositions pénales.
(14) *Ibidem* ; Dispositions relatives aux appels.
(15) Registres du parlement, arrêts du 16 mai 1542, du 23 janvier 1549, du 28 mars 1555, du 9 mai 1556, du 25 janvier 1559, du 2 janvier 1565, du 4 décembre 1571, du 4 mai 1580, relatifs à la composition de plusieurs tournelles pour l'expédition des prisonniers.
(16) Registres du parlement, ordonnance du 16 mai 1552, relative aux appelants de la condamnation à la peine de mort.
(17) *Ibidem*, arrêt du 23 avril 1545 relatif au chancelier Poyet qui ouït son arrêt debout, tête nue.
(18) Journal de Henri III, année 1582, samedi 19 mai.
(19) Mémoires de De Thou, liv. 2, année 1582.
(20) Bibliothèque du droit français, par Bouchel, au mot *Absolution*.
(21) « Vidal de Plantade, escuier, seigneur de Cleyrac, cappitaine et chastellain pour « le roy nostre sire en la ville de Pezenas, au receveur et trésorier ordinaire... du conté « de Pezenas... salut. Nous vous mandons que des deniers de votre recepte payés et déli- « vrés à Simon Mulche, arbalestrier de Pezenas, la somme de vingt troys livres tournoys « à luy ordonné... pour avoir conduit des prisons du chasteau royal de Pezenas en la « conciergerie de la court du parlement de Thoulouse, Bernard Faurtus, dict Rust, pri- « sonnier... condempné à mort pour réparation de meurdre... pour la poursuite de l'ap- « pel... par le dict Rust en ladicte court du parlement que pour le ramener s'il y a lieu... « donné à Pezenas le xvii de septembre MVCLVI. » J'ai l'original de ce mandement.
(22) Ordonnance des états d'Orléans, janvier 1560, art. 56.
(23) Il n'y a pas à douter que les fouets du bourreau du xviiiᵉ siècle fussent les mêmes que ceux du xviᵉ ; et les personnes qui ont vécu avant la révolution peuvent se souvenir que les fouets étaient en cordes plombées.
(24) Supplément au Journal de Henri IV, année 1610, jeudi 27 mai.
(25) Il y avait des villes où le bourreau demandait pour le patient un *Pater* que le peuple récitait à genoux. Cet usage a subsisté jusqu'à la révolution.
(26) Ordonnance du mois d'aoust 1536, chap. 2, art. 20.
(27) *Ibidem, ibidem*.
(28) « En la présence de moy, notaire cy dessoubs signé, constitué personnellement, « Estienne Jenton Fauve... qui cognoit et confesse avoir eu et receu de Jehan de Mont- « fort, trésorier et recevour ordinaire... la somme de deux livres dix sols six deniers « tournois, et ce pour avoir aiguisé et esmolu le grant couteau duquel l'exécuteur de la « haulte justice descapite et desmembre les mualxfaiteurs... aussi a forny les crochets et « chevilles qui ont esté nécessaires à mestre aux pauls les testes et membres desdits jus- « ticiers... le xviᵉ jour du moys de may l'an mil cinq cents et douze. » J'ai l'original de cette quittance.
(29) Les recueils du trésor des chartes, conservés aux archives du royaume, surtout ceux du xviᵉ siècle, sont enflés par des milliers de ces lettres de grâce accordées à la suite des duels appelés alors querelles.

(30) Ordonnance du mois de janvier 1572 sur le règlement de la justice, art. 9.
(31) Antiquités de Paris, par Corrozet, samedi 7 février 1582.
(32) Bibliothèque de Bouchel, au mot *Commutation de peine*.

LE MAIRE DE RABASTENS, Station XXVI.

(1) bibliographie du temps.
(2) Voyez la note (1) de la station LIX, *Le libraire de Paris*.
(3) Les pairs n'étaient pas seulement égaux entre eux, mais ils l'étaient encore avec le prince, ainsi que cela paraît prouvé dans les premières notes du rapport des commissaires chargés en 1764 par le parlement de recueillir les faits historiques de la pairie. J'ai une copie authentique de ce manuscrit.
(4) On les voit ainsi représentés aux tombeaux de saint Remi à Rheims.
(5) Recueil des rois de France, etc., par Du Tillet, chap. Des pairs de France.
(6) *Ibidem, ibidem*.
(7) Abrégé chronologique des grands fiefs, etc., jusqu'à leur réunion à la couronne, par Brunet père et fils, Paris, 1759.
(8) Dans le factum du duc de Guise contre son trésorier Maillard, on voit une quittance de la duchesse de Guise, comtesse d'Eu, pair de France. La dédicace de la carte de la principauté de Dombes, par Leclerc, gravée dans ce temps, porte à *Marie de Bourbon, princesse de Dombes, pair et trois fois duchesse*.
(9) Titres et lettres d'érections des pairies aux cinq derniers siècles.
(10) Voyez la note (14) de la station LXIX, *Les plaines de Fleuri*. Il n'y avait pas de duché qui ne fût duché-pairie; le nombre des duchés augmenta considérablement sous Louis XIII, encore plus sous Louis XIV, registres de la chambre des comptes, XVII° siècle.
(11) Registres du parlement depuis les Olim jusqu'à la révolution.
(12) « Loys de Rohan, comte de Montbazon, baron de... prince de Guemené, seigneur de Corllo, à tous ceulx qui ces présentes lettres verront salut, savoir faisons que nous à plein confiance en sens, littérature prudhomie... de nostre bien aymé Guillaume Burlot, notaire... l'instituons et par c'est commettons l'ung des notaires et tabellions en nostre terre et juridiction de Corllo au lieu et place de Jean Colin... décédé... sans lui en donner aucun trouble et empeschement, car tel est nostre plaisir, donné en nostre chastel soubs notre seign et cachet avecques le signe de notre segrettaire, ce 15 août 1587. » J'ai ces lettres; j'en ai encore d'autres du 28 avril 1558, signées par ce même Loys de Rohan portant aussi nomination de notaire à peu près en la même forme et terminé de même par ces mots : *Car tel est nostre plaisir*.
(13) Dans le factum du duc de Guise on voit plusieurs actes de ce duc signés seulement *Henri*.
(14) Voyez aux notes du XIV siècle de l'épître LXVIII, *La cloche matinale*, les notes (8), (9), (10), (12).
(15) *Ibidem*.
(16) Il est dans la nature des choses que le juge permanent ait peu à peu envahi les fonctions du juge hebdomadaire. Cet envahissement déjà très grand au XVI° siècle fut encore plus grand au XVII°, et la procédure par jurés féodaux avait, je crois, à peu près cessé avant la révolution.
(17) Je possède l'original de l'aveu du seigneur d'Alençay, du XVI° siècle, où sont mentionnés les arrière-fiefs de sa seigneurie; on y lit en plusieurs endroits : Plus, j'avoue tenir de vous mon dit seigneur... pour lequel je suis obligé de me trouver en plaids de vos assises trois jours... deux jours... un jour...
(18) *Britannia sive Angliæ, Scotiæ, Hiberniæ chorographica descriptio à Camdeno*, Francfort, Vechel, 1590, cap. Britanniæ divisio, art. Justitiarii itinerantes.

LE CAPISCOL DE GAILLAC, Station XXVII.

(1) Glossaire de Ducange, aux mots *Capischolia, Caput scholæ, Capischolus.*
(2) *Corpus juri canonici*, Paris, 1687.
(3) *Harduini collectio conciliorum*, Paris, 1715.
(4) Règlement des officialités, notamment celui de 1600.
(5) Stil de la cour épiscopale de Paris faict en l'année 1620, tit. Taxes de monsieur l'official, règlements sur les salaires des procureurs, des greffiers, etc.
(6) Stil de la juridiction ecclésiastique de Bourdeaux tiré du concile provincial, année 1583.
(7) Traité de la juridiction des officiaux, par Jousse, tit. 3, Des officiaux, et sect. 9, Du devoir des officiaux en leurs fonctions.
(8) Stil de la cour archiépiscopale de Sens faict en l'an 1573, *Des exploits des causes d'appel.*
(9) *De ministeriis et beneficiis ecclesiasticis*, par Duaren, Paris, 1551.
(10) Bibliothèque canonique. — Somme bénéficiale, par Bouchel. — *Decreta ecclesiæ Gallicanæ Laurentii Bochelli.*
(11) Traité de la juridiction des officiaux, par Jousse, tit. 4, sect. 2, Des appels. Dictionnaire de droit canonique, par Durand de Maillane.
(12) Traité de la juridiction des officiaux, par Jousse, tit. 3, sect. 2, Des délits privilégiés.
(13) *Ibidem, ibidem.*
(14) *Ibidem, ibidem.* De la compétence des officiaux en matière criminelle.
(15) *Ibidem*, tit. 4, sect. 3, Des appels comme d'abus. — « Du 24 may 1564. Maître « Jacques de Vintemille a fait raport d'une requête présentée par Jeanne Thomas au « fait de ce que l'official de Langres l'a veu distraire hors le ressort de ce parlement « pour juger une instance. » Registres du conseil secret du Parlement de Dijon.
(16) J'ai l'expédition d'un arrêt du grand conseil, 7 août 1607, qui déclare le chapitre de Saint-André de Bordeaux non-recevable dans l'appel comme d'abus des visites faites en diverses églises paroissiales par l'archevêque de Bordeaux. Le chapitre de Saint-André y est condamné aux dépens et à 150 liv. d'amende.
(17) Traité des officiaux, à l'endroit cité à l'avant-dernière note.
(18) Registres du parlement et des parlements.
(19) Voyez la première note de cette station.
(20) Béranger, écolâtre de Saint-Martin-de-Tours, au 11e siècle. Voyez la bibliothèque des auteurs ecclésiastiques, par Du-Pin, 11e siècle.
(21) Voyez à la station XXVI, *Le maire de Rabastens*, la note (18).
(22) La court ordonne... à Maistre Arnaud de Gabro exécuteur des exploits et amendes d'icelles que de ses deniers il fasse payer, bailler réellement à Ramond Ribre, exécuteur de la haulte justice, la somme de cinq livres tournois par lui fournye, tant en une chaîne de fer, bois, fagot et soufro, et autres menus frais par lui exposés à l'encontre de Jeanne Sembreste, dicte Crochenu, condamnée par arrêt de la chambre, ordonnée pour les vacations, prononcée le 14e jour d'octobre dernier passé, 1546.
(23) Histoire des troubles religieux de la France depuis le XIIe jusqu'au XVIIe siècle.
(24) Traité de la juridiction des officiaux, par Jousse, tit. 3, sect. 8, Des bornes dans lesquelles est enfermée la juridiction des officiaux en matière criminelle.

LES DEUX SCELLEURS D'ALBY, Station XXVIII.

(1) Il en est encore de même; il y a des choses qui ne changent qu'à fort longs intervalles, entre autres l'agriculture.

(2) *Scaligerana*, au mot *Hôtellerie*.

(3) Œuvres de Loyseau, *Traité des offices*, liv. 2, chap. 4, Des sceaux.

(4) Stil de la jurisdiction ecclésiastique de la province de Normandie, dressé au concile provincial de Rouen l'an 1581. Des monitions afin de révélation, art. 10.

(5) *Noverint cuncti quot constitutus personaliter coram nobis Johanne Amery notario regio magister Dumon procurator regius judicature Abigensis recognovit habuisse Castellano thesorario regio summam octo libras, novem solidos, octo denarios turonenses pro parte vadiorum meorum ad rationem xxv, lib. tur. et VIII den. sub regno domini nostri, die XIII mensis aprillis, anno domini MCCCCLVIII.* A cette quittance que j'ai, et qui est écrite sur une bande de parchemin, est joint un sceau en pâte comprimée entre deux papiers figurant une seule mais grande fleur de lys. Voyez, relativement aux sceaux de ce genre, Loyseau à l'endroit cité dans l'avant dernière note.

(6) *Ibidem, ibidem*.

(7) On conserve aux archives du royaume l'acte du clergé de France portant appel au concile des censures du pape Boniface contre Philippe-le-Bel. Les quatre côtés de cet acte sont bordés d'environ cent-vingt sceaux en cire pendants, représentant ou les armoiries ou la figure des prélats signataires.

(8) On y voit aussi, dans les cartons des XIIe, XIIIe et XIVe siècles, les actes solennels de ce temps tout entourés de sceaux.

(9) Les archives du royaume et le cabinet des manuscrits de la Bibliothèque du roi ont des milliers de ces actes.

(10) Ce qui est plus rare, ce sont les sceaux des bourgeois; j'en ai plusieurs, le plus ancien est celui d'un bonhomme de conseiller qui, n'ayant rien de mieux à mettre dans son écusson, y a mis sa figure avec laquelle il a scellé sa cédule du prix d'un cheval sommier par lui vendu au roi Charles-le-Sage, le 4 février 1376.

(11) Toutes les chartes du XVe siècle, si j'en juge par mes collections, portent, lorsqu'elles ont pour objet un paiement ou une quittance, l'empreinte d'un sceau à quatre longues cornes.

(12) Ceux qui ont des collections de chartes du XVIe siècle savent qu'on n'y voit guère de sceaux qu'aux actes émanés de l'autorité royale ou de l'autorité judiciaire. Si quelqu'un fait jamais l'histoire des sceaux, il dira qu'aux XIIe, XIIIe et XIVe siècles surtout ils ont été les plus beaux; les cires de couleur, très artistement composées, étaient d'une finesse à recevoir les plus légers traits. J'en ai de cette époque en cire rouge, jaune, des évêques de Laon, des baillis de Vermandois, etc., qui en sont la preuve; mais aux XVe et XVIe siècles, et la gravure et la qualité de cire se détériorent sensiblement. Quant au grand sceau royal ou de cire jaune, ou de cire verte, ou de cire rouge, il n'a guère ni cru ni décru; j'en ai trois: l'un de 1574 attaché à un acte portant don d'une coupe de bois des forêts royales au président Morsan; l'autre de 1611 attaché à un acte portant pareil don en faveur du chancelier de la reine, Blancmesnil; l'autre de 1621 attaché au brevet de maistre de camp d'infanterie accordé au sieur de Sainte-Rume : ils sont grands comme des écuelles. Aux archives du royaume j'en ai vu de cette même grandeur attachés aux chartes des cinq ou six derniers siècles, et en si grande quantité qu'on pourrait, je crois, en illuminer le château des Tuileries les jours où il y a bal à deux mille billets.

(13) Bacquet, *Traité des droits de justice*, chap. 8, Le sceel royal, art. 5.

(14) *Ibidem, ibidem*.

(15) Collection de Denisart, art. *Sceau du Châtelet*.

(16) Bacquet, *Traité des droits de justice*, chap. 8, cité.

(17) Ordonnance du mois de juin 1368 relative à l'élection des gardes des sceaux. — Autre ordonnance du 8 février 1571 relative à l'ordonnance précédente.

(18) J'ai mes cartons pleins d'actes du XVe et du XVIe siècle ainsi formulés.

(19) Registres des Parlements, taxes des chancelleries royales.

(20) Taxes de la daterie romaine, Taxes des officialités épiscopales.

LE BOURGEOIS DE RODÈS, Station XXIX.

(1) Ancienne porte de cette ville, où viennent aboutir les deux rues des Ambergues.
(2) J'ai l'original d'un passeport écrit sur parchemin, daté du dernier jour de mai 1607, signé de la main de Henri IV; il est conçu en mêmes termes. J'en ai un autre aussi sur parchemin, du 4 octobre 1568, qui n'est pas signé par le roi, mais qui est seulement contresigné par de l'Aubespine, où il y a quelques variantes; entre autres, on y donne la permission de porter armes et *pistolles*. Le sceau de France est encore attaché au premier.
(3) Histoire de Languedoc, par dom Vaissette, preuves, nombre cv, Lettre de Joyeuse à la reine.—Opuscules de Loysel, chap. De la police, art. 17.
(4) Arrêt du parl. de Toulouse, 23 août 1547. Arrêts de Laroche-Flavin, liv. 3, tit. 1er.
(5) Histoire du Rouergue, par l'abbé Bosc.
(6) Registres du Parlement, arrêt du 27 août 1603 sur les visiteurs des fruits.
(7) Dans l'idiome méridional le faubourg s'appelle *barri*; ce mot n'est point d'origine latine; il vient sans doute des barres, des barrières placées à leur extrémité du côté de la campagne.
(8) Sérées de Bouchet, 34e sérée, Des fols, plaisants, ydiots et badins.
(9) Grand et ancien faubourg de cette ville.
(10) Mémoire des intendants, Mémoire sur la province d'Auvergne, Mémoire sur la généralité de Montauban, Mémoire sur le Languedoc, aux ch. Commerce.
(11) *Ibidem*, où il est parlé de cet ancien et riche commerce.
(12) Histoire de Francion, liv. 10, ch. Voyage de Francion à Lyon.
(13) Leçons de La Rauche, liv. 2, ch. 6, Comparaison des habillements, etc.
(14) Hist. de Lyon, par Rubys, liv. 3, ch. 61. Venue de Maudelot à Lyon.
(15) Œuvres de Rabelais, *Pantagruel*, ch. 8, Pantagruel estant à Paris.
(16) Maison de campagne des environs de Rodès.
(17) Autre maison de campagne des environs de cette ville.
(18) Autre maison de campagne des environs de cette ville.
(19) Practique judiciaire ès causes criminelles, par Josse, ch. 89, D'adultère.
(20) *Ibidem*, ch. 92, Du stupre, etc.
(21) Glossaire du droit français, par Laurière, au mot *Pilier*. Il y avait à Rodès, avant la révolution, sur la place de la Cité, un ancien carcan ou collier de fer attaché à un poteau de bois qui fut brûlé par le peuple.
(22) « Le prieuré de Leignieu (de l'ordre de Saint-Benoît)... Il est d'usage qu'elles (les « chanoinesses) soient de familles nobles... elles ne sont pas sujettes à la clôture... vivent « en particulier; leurs prébendes valent environ 200 livres. » Mémoires des intendants. Mémoire sur le gouvernement de Lyon, par d'Herbigny, intendant de la province, chap. Religieuses.
(23) Practique judiciaire ès causes criminelles, par Josse, ch. 94, D'Inceste.
(24) Deux anciennes places de cette ville.
(25) Journal de Henri III, année 1582, mercredi 28 septembre.
(26) Ordonnance du 25 mars 1567 relative à la police générale, tit. 3, art. 4.
(27) Ord. du 22 mai 1539 sur la défense de faire des échalas avec du chêne.
(28) Ord. 25 mars 1567, la police générale, tit. De la police des grains, art. 4.
(29) Le trésor de santé, liv. 1er, chap. Quel il faut que soit le bon froment, et de la garde d'icelui.
(30) On a vu aux notes du xve siècle, histoire II, *Le cultivateur*, note (3), que la valeur d'une ferme ordinaire était de trois mille livres; le numéraire avait quintuplé au xvie siècle, note (10) de la station XLVIII, *Les calculs de Chartres*.
(31) Le cabinet du roy de France dans lequel il y a trois perles, 1581, liv. 2, Les blasons de la cour.

(32) Journal de Henr III, année 1587, lundi 26 février, et Histoire des troubles sous Henri III, etc.

(33) Vénerie de Fouilloux, *La chasse du loup*, ch. 1, Quelle bête est le loup.

(34) Le Rouergue est en même temps montagneux et boisé. D'après l'état des loups tués chaque année, publié par le ministre de l'intérieur, ce pays est celui où l'on en tue le plus.

(35) Dans ce temps les fourrures étaient d'un usage général. Le Dictionnaire de Furetière mentionne les anciens pelissons ou habits fourrés. Les statuts donnés aux pelletiers en l'année 1588 mentionnent aussi les manchons ou bouts de manche fourrés. Par la précédente note on voit quel devait être dans le Rouergue le genre des fourrures.

(36) Antiquités de Paris, par Sauval, liv. 3, chap. Le Pont-au-Change.

(37) Cosmographie de Thevet, liv. 1er, chap. 12, Ile de Malte.

(38) Journal de Henri III, année 1575, novembre.

(39) Voyez la note (38).

(40) La locution *miauler au naturel* est la locution mère de *bœuf au naturel*.

(41) Ant. de Paris, par Sauval; Comptes de la prévôté de Paris, année 1573.

(42) Traité de la police, par Delamarre, liv. 5, tit. 23, ch. 5.

(43) *Ibidem, ibidem*.

(44) *Ibidem, ibidem*.

(45) *Ibidem, ibidem*.

(46) *Ibidem, ibidem*.

(47) Œuvres de Rabelais, *Pantagruel*, liv. 5, chap. 3, Comment en l'isle sonnante n'est qu'un papegaut.

(48) Journal de Henri III, année 1576, 14 juillet.

(49) Traité de la police, par Delamare, liv. 5, tit. 23, chap. 5, Les volières.—Satires de Courval, satire 5.

(50) Voyez aux notes de la station XXXII, *Les paysans français*, la note (84).

(51) Contes facétieux du sieur Goulart.

(52) L'île des hermaphrodites, chap. Les lois militaires.

(53) Journal de Henri III, année 1576, lundi 23 juillet. — Description de l'île des hermaphrodites, chap. 1er.

(54) Voyage de Montaigne, séjour à Pise.

(55) Voyez à la station XXXIII, *La civilité française*, la note (92).

(56) « Item deux cuviers à lessive, l'ung moyen, l'autre petit, prisés ensemble quarante sols... » Inventaire des biens de la veuve du président Nicolaï, ch. Cave de ladite maison, manuscrit déjà cité.

(57) « Item... ung grand saloir de bois de chêne à une serrure fermant à clef, dedans lequel s'est trouvé sept flèches de lart poisant le tout sept vingt livres, prisé la livre six sols... » Même manuscrit, même chapitre.

(58) Traité de la police, par Delamare, liv. 13, tit. 1, chap. 14, Du luxe.

(59) Le Chemin pour aller à l'Hôspital, par Robert de Balzac, seigneur d'Entraigues, Paris, Philippe Le Noir, 1525, in-4.

(60) Tel est le beau clocher de la cathédrale de Rodès, un des plus hauts de France, un de ceux dont la forme est la plus originale; il fut bâti vers le commencement du XVIe siècle, par l'évêque François d'Estaing.

(61) C'est un des plus anciens proverbes de la province.

LE VIEUX ÉCOLIER DE SAINT-FLOUR, Station XXX.

(1) On nomme ainsi le plateau des montagnes du Cantal entre Saint-Flour et la vallée de Massiac.

(2) Histoire du Languedoc, par dom Vaissette, tom. 5, preuves, nombre 64, Érection de deux collèges à Toulouse.

(3) Bibliothèque de droit français, par Bouchel, au mot *Barreau*.
(4) *Ibidem*, au mot *Prince*.
(5) *De scholasticorum, bibliopolarum atque ceterorum universitatum omnium ministrorum juratorumque privilegiis*, auctore Rebuffo, Paris, 1540, Priv. XLV.
(6) Recueil d'arrêts, par Laroche-Flavin, liv. 1er, tit. 34, Collège; Arrêt du parlement de Toulouse, 8 mars 1575.
(7) *De scholasticorum privilegiis a Rebuffo, Nonagesimum tertium privilegium*.
(8) *Ibidem, ibidem*.
(9) *Ibidem, Centesimum septuagesimum quintum privilegium*.
(10) Bibliothèque du droit français, par Bouchel, au mot *Etude*.
(11) *De privilegiis scholasticorum a Rebuffo*, Priv. CXLVIII.
(12) Bibliothèque du droit français, par Bouchel, au mot *Escholier*.
(13) Ordonnance du mois de mai 1577 relative à l'érection d'un juge conservateur en l'université d'Angers.
(14) *De scholasticorum privilegiis a Rebuffo*.
(15) *Ibidem*, cap. *Ultimum privilegium*.
(16) Antiquités de Paris, par Dubreul, liv. 3, chap. De la vallée de misère.
(17) Cette arcade qui était sous les bâtiments du Châtelet, qui ouvrait un passage à toute la largeur de la rue Saint-Denis, a disparu avec le Châtelet.
(18) Recherches de Pasquier, liv. 8, chap. 62, De quelques proverbes.
(19) Statuts et règlements des petites écoles de Paris, par Joly, chap. Règlements et interprétations des anciens statuts des petites écoles, etc., art. 9.
(20) *Ibidem*, chap. Extrait des registres du synode du chantre de Paris.
(21) Dictionnaire de Furetière, au mot *Croix*.
(22) *Sermones Menoti, feria 3, dominicæ 2 adventus*, sermo XXIV. — *El Summa de exemplis*, 1497, lib. 10, cap. 87.
(23) Voyez les livres imprimés au XVIe siècle et notamment les Heures.
(24) Moyens de promptement et facilement apprendre à bien lire, prononcer et escrire, par Pierre Habert, Paris, in-16 (vers 1568).
(25) Statuts et règlements des petites écoles de Paris, par Joly, chantre, ch. Les quartiers de la ville, art. 4.
(26) *Ibidem*, chap. *Antiqua statuta parvarum scholarum*, art. 18.
(27) Mélanges hist. de Camusat, *Lettres missives, Description de la Pologne*.
(28) *Scaligerana verbo Hollandia*.
(29) Statuts et règlements des petites écoles de Paris, par Joly, chap. Règlements et interprétations des anciens statuts des petites écoles, art. 9 et 10.
(30) *Ibidem, ibidem*, art. 10.
(31) Traité des officiaux, par Jousse, tit. 5, art. 2, Des promoteurs.
(32) Voyez l'avant-dernière note.
(33) Registres du parlement, arrêt du 7 février 1554 relatif aux écoles buissonnières soupçonnées de protestantisme.
(34) Statuts et règlements des petites écoles de Paris, par Joly, chap. Forme des lettres de permission données par le chantre aux maîtres et maîtresses d'école.
(35) Traité des officiaux, par Jousse, tit. 6, Juridiction des scholastiques.
(36) *Ibidem, ibidem*.
(37) *Ibidem, ibidem*.
(38) Traité historique des écoles ecclésiastiques, par Joly, 3e part., chapitre relatif aux différends entre l'université et le chantre.
(39) Instructions de bien et parfaitement escrire, tailler la plume... avec quadrins en ordre d'A, B, C, etc., par Jean Lemoine, escrivain de Paris. Paris, Jean Bridier et Jean Hulpeau, 1556.
(40) L'art ou instruction pour apprendre à escrire en grosses lettres, par Nicolas Gigantis, cordelier, Paris, Lenoir, 1559.

(41) *Historia universitatis Paris.*, anno 1574, cap. *Scriptorum ordo institutus.*
(42) Alphabet ou exemplaire d'escriture, par Legaingneur, Paris, 1584.
(43) Au xvi° siècle les lettres historiées se sont multipliées dans les beaux manuscrits ; ceux de cette époque, conservés à la Bibliothèque du roi, en sont la preuve. Les comptes des finances commençaient aussi par des lettres historiées, si j'en juge par ceux que j'ai, et notamment par celui de la cour de Catherine de Médicis plusieurs fois cité dans ces notes. Le grand C initial est tortillé de serpents rempli d'oiseaux, de pattes et d'ailes attachés à la lettre.
(44) Bibliothèque de la croix du Maine, art. Pierre Hamon.
(45) Voyez à la station LXVII *Les ateliers français*, les notes de l'art. La Hucherie.
(46) Voyez aux notes du xiv° siècle, épître LXXII, *Les six couleurs*, les notes (6), (7) et (8).
(47) Voyez aux notes du xv° siècle, histoire XXI, *L'artiste*, les notes (37), (38), (39) et (40).
(48) Tous les paléographes demeurent d'accord que l'écriture du xvi° siècle est la plus difficile à lire.
(49) *Historia universitatis Paris.*, anno 1571, cap. *Scriptorum ordo institutus.*
(50) *Joannis Despauterii Ninivitæ latina grammatica.*
(51) *Alexandri Galli vulgo de Villa Dei grammatica.*
(52) *Laurentii Vallæ de linguæ latinæ elegantia, libri sex*, Paris, 1559.
(53) *Donatus de octo partibus orationis.*
(54) *Isagoge in primas literas cum Gallica interpretatione*, etc., autore Petro Godefroy, Lyon, Gryphe, 1559.
(55) Voyez la note précédente.
(56) *Linacri Britanni rudimenta grammatices, libri sex*, Lyon, Gryphe, 1552.
(57) *Epitomæ grammatices Despauterii*, autore Joanne Pelisson, Lyon (vers l'année 1550). *Despauterius minor seu Despauterii Epitome.*
(58) Colloques de Mathurin Cordier, colloque 63, Anthoino, Bernard.
(59) Guerre grammaticale des deux roys, le nom et le verbe, combattant pour la principauté de l'oraison, par André Guarna, Lyon, Jove, sans date.
(60) *Historia universitatis Parisiensis*, anno 1557, cap. *Rationes facultatis artium contra nominationes decretistarum.*
(61) Bibliothèque du droit français, par Bouchel, au mot *Pactions.*
(62) Les pouillés des anciens diocèses renferment sous divers noms un grand nombre de bénéfices de maître d'école.
(63) « Despenses pour anniversaires, aux chappelains du trésor de ceste église aux« quels... furent assignés sur la maison à la Jobeline sept livres tournois de rente pour « dire... une messe pour feu Simon Morel, jadis maîtrescole de ceste église. » Compte original des deniers de la fabrique Saint-Estienne de Troyes, année 1432, manuscrit in-fol. sur parchemin que je possède. Statuts et règlements des petites écoles de Paris, par Joly, chap. *Varia cantoris nomina*, art. 9.—Glossaire de Ducange, à ces quatre mots.
(64) Traité des officiaux, par Jousse, tit. 6, De la juridiction des scholastiques, écolâtres.
(65) Ant. de Paris, par Dubreul, liv. 2, Fondation du collège de Sorbonne.
(66) *Ibidem, ibidem,* chap. Fondation des collèges.
(67) Voyez aux notes du xiv° siècle celle de l'épître XLV, *Les écoliers de Paris*, et aux notes du xv° celle de l'histoire XX, *Le savant.*
(68) *Ibidem, ibidem.*
(69) Voyez aux notes du xv° siècle, histoire XX, *Le savant*, les notes (6), (7), (8), (9), (10) et (11).
(70) Histoire de l'université de Paris et des autres universités.
(71) *Scaligerana, verbo Paris.*
(72) *Apologia pro senatus consulto, adversus scholæ Lexoveæ paranomion*, 1602, sans nom d'imprimeur, petit in-12, publié au nom du collège de Lisieux.

(73) Voyage de France, par du Verdier, chap. Bordeaux.
(74) Histoire du Languedoc, par dom Vaissette, tom. 5, preuves, nomb. LXIV, Érection de deux collèges à Toulouse.
(75) Mémoires de Sully, chap. 3, Affaires domestiques. — Histoire de Languedoc, par dom Vaissette, tom. 5. Lettre de Joyeuse à la reine-mère.
(76) Dans les Œuvres de Jean Caures, Paris, 1585, en regard du titre du premier chapitre, est le portrait gravé de Jean Caures, principal au collège d'Amiens; sa robe ou soutane est garnie d'une rangée de boutons fort serrée.
(77) *Statuta universitatis Parisiensis*, anno 1598, *De facultate artium*, art. 65, vêtement des régens et escoliers.
(78) *Ibidem, ibidem*.
(79) Cabinet du roi de France, par Fromenteau, liv. 2, chap. Des académies.
(80) Recherches de Pasquier, liv. 3, chap. 44, Plaidoyer de l'université de Paris contre les jésuites.
(81) Voyez la note (84) relative à l'écolage.
(82) *Apologia pro senatus consulto adversus scholæ Lexoveæ paranomum*.
(83) Recherches de Pasquier, liv. 9, chap. 22, Le recteur de l'université.
(84) Registres du parlement, arrêt relatif à l'université de Paris, 13 août 1575, art. 12.
(85) *Statuta universitatis Parisiensis*, anno 1598, *De facultate artium*, art. 32, Toiles et chandelles.
(86) *Ibidem, ibidem*, art. 23, Livres des écoliers.
(87) Les prix sont tirés d'un catalogue de Robert Étienne, imprimé en 1546, un vol. in-16; il a pour titre : *Libri in officina Roberti Stephani*.
(88) *Statuta universitatis Parisiensis*, anno 1598, art. 11.
(89) *Pantagruel*, liv. 2, chap. 18, Un clerc voulait arguer contre Pantagruel.
(90) *Appendix ad reformationem facultatis artium*, anno 1601, art. 10.
(91) *Hist. universitatis Paris.*, Bulæo, anno 1557, cap. *Reformatio rei papiraceæ*.
(92) *Statuta universitatis Parisiensis*, anno 1598, art. 79, 98.
(93) *Ibidem, ibidem*.
(94) Histoire de Paris, par Félibien et Lobineau, *Statuts du collège de Tours*.
(95) *Historia universitatis Parisiensis*, anno 1576.
(96) *De patronis universitatis a Bulæo*, cap. *De veris regentibus*.
(97) Mém. de Marolles, année 1607. — Le manuscrit, Les jésuites, déjà cité, dit aussi qu'ordinairement les classes en province commençaient par la cinquième.
(98) Les anciens collèges bâtis au XVIe siècle, tels que ceux de Paris, Clermont, Rodés, Toulouse, etc., avaient et ont encore au-dessus des portes des classes une grande dalle en pierre noire portant écrit en grosses lettres : *Sexta. Quinta. Humanitas. Rhetorica*.
(99) Voyez la note ci-dessus.
(100) *Apologia pro senatus consulto, adversus scholæ Lexoveæ paranomum*.
(101) Antiquités de Paris, par Dubreul, liv. 2, chap. Collège des jésuites.
(102) Bigarrures de Desaccords, liv. 4, chap. 1er, Quelques traits utiles pour l'institution des enfants.
(103) *Apologia pro senatus consulto adversus scholæ Lexoveæ paranomum*. 1602, déjà cité.
(104) Histoire de l'université de Paris et des 16 autres universités de France.
(105) Je possède un assez grand dossier de pièces concernant le collège d'Aubenas qui paraissent avoir été distraites de ses archives. Il y a entre autres une copie des lettres-patentes de Henri IV du mois de septembre 1603 relatives au rétablissement des jésuites, où sont nommés leurs vingt collèges français.
(106) Mon libraire et mon ami M. Cotelle m'a communiqué un manuscrit de la fin du XVIe siècle, intitulé Jésuites; au fº 15 on lit : « *Collegia* 249. »
(107) Dans le même manuscrit, même feuillet. « ...*Socii denique omnes hoc tempore*

« *supra undecim millia in Europa, Asia et America.* » L'évaluation de six à sept mille maîtres sur onze mille jésuites est la plus vraisemblable.

(108) Même manuscrit, enseignement des collèges.

(109) *Ibidem.* « F° 16. Il y a trois sortes de collèges... La première est des grands col-
« lèges où l'on fait profession de la théologie, de la probatique, des décisions des cas de
« conscience... de la philosophie, des trois cours de langue hébraïque, grecque, latine,
« et des lettres humaines à cinq et six classes. »

(110) Arrêt du conseil du 27 septembre 1526 : Entre les syndics de l'université de la
« ville de Tournon de la compagnie de Jésus et les syndics des universités de Toulouse,
« Valence et Cahors... Le dispositif porte : « ... Vu la copie des bulles du pape Jules IV,
« portant création de ladicte université de Tournon... donnée à Rome en 1552... lesdits
« syndics de l'université de Tournon, demandeurs en cassation d'arrest du parlement de
« Toulouse, par lequel défenses leur sont faictes de prendre le nom et qualité d'université
« et de bailler degrez en aucune faculté... » Le *vidimus* de ce dispositif rapporte les longs
débats qui duraient depuis quarante ans.

(111) Voyez la note ci-dessus.

(112) Histoire de France, par Hénault, année 1594.

(113) Les jésuites furent rappelés en 1603, *ibidem.*

(114) « ... Et doivent estre entretenues pour le moins trente personnes, d'autant que
« pour le vivre et le vestement d'un chacun il ne peut être à moins de soixante escus. »
F° 16 du manuscrit intitulé Jésuites, déjà cité.

(115) *Apologia pro senatus consulto, adversus scholæ Lexoveæ paranomiam.*

(116) *Ibidem.*

(117) *Statuta universitatis Parisiensis*, anni 1598, art. 67.

(118) Œuvres de Jean de Caures, liv. 7, ch. 55, Que tous les écoliers doivent demeurer en un collège.

(119) Recherches de Pasquier, liv. 9, chap. 17, Autre plan de l'université.

(120) *Ibidem, ibidem.*

(121) *Ibidem, ibidem.*

(122) Registres du parlement, arrêt du 20 décembre 1537 où l'on voit qu'un président d'une des chambres des enquestes était principal de collège.

(123) Colloques de Mathurin Cordier, colloque 48, Columbier, Simon.

(124) *Ibidem, ibidem.*

(125) *Ibidem, ibidem.*

(126) « Vénérable et scientifique personne maistre Robert Liot, docteur-régent en la
« faculté de théologie en l'université de Paris, reconnait avoir eu et receu de mon-
« sieur, etc., à Paris, le 10 avril 1573. » C'est une quittance de rente constituée; j'en ai l'original.

(127) *Erasmi colloquia, monita pædagogica.*

(128) *De Civilitate morum puerilium ab Erasmo, cap. De conviviis, cap. De lusu, cap. De cubiculo.*

(129) Antiquités de Paris, par Dubreul, liv. 2, chap. Collège de Montagu, statut 11.

(130) Ce vieux édifice subsiste encore.

(131) Antiquités de Paris, par Dubreul, liv. 2, chap. Collège de Montagu.

(132) *Ibidem, ibidem.*

(133) *Ibidem, ibidem.*

(134) Histoire de Francion, par Moulinet-Duparc, liv. 4, Balet des écoliers.

(135) Antiquités de Paris, par Dubreul, liv. 2, chap. Collège de Montagu.

(136) *Hist. universitatis Parisiensis a Buleo*, anno 1534, cap. *Articuli pro scholastica reparatione.*

(137) Voyez les Rudiments de ce temps, notamment le *Despautere* et le *Petit Behourt*, par Jean Behourt, régent du collège des Bons-Enfants à Rouen ; ce rudiment avait une aussi grande vogue que le *Despautere.*

(138) Registres du parlement, arrêt du 30 décembre 1621, qui ordonne aux femmes et aux filles de vider les collèges.

(139) Martyrologe ou mémoire des fondations de Saint-Séverin, Paris, Leprest, 1678, chap. Office du dimanche.

(140) « Je Ulrich Buld, escholier de la ligue des dix droictures, estudiant aux estudes « de ceste ville confesse avoir receu de maistre Pierre Chomel, trésorier général des ligues « de Suisse et Grisons la somme de cinquante livres pour un quartier de la pension qu'il « plaist à Sa Majesté me donner pour subvenir à mon entretenement aux dictes estudes... « A Paris, le 1er août 1610. » J'ai cette quittance.

(141) Registres du parlement, 23 mai 1557, ordonnance du roi... « Enjoint ledit « seigneur à tous estudians estrangers des pays de ses ennemis de sortir de ce « royaume quinze jours après la publication, sur peine d'estre déclarés prisonniers de « bonne guerre. »

(142) « Gilette de Corby, nourrice de madame sœur du roi, confesse avoir eu et receu « la somme de deux cens livres tournois pour la pension et entretenement aux escolles, « de Jehan et Anthoine-le-Bel, ses enfans, durant l'année 1563... à Paris, le 10 janvier « 1563. » J'ai l'original de cette quittance.

(143) Arrêts de Laroche-Flavin, liv. 1, tit. 34, Collèges, arrêt du 8 mars 1573.

(144) Histoire de Languedoc, par dom Vaissette, preuves, nombre LXIV, Érection de deux collèges à Toulouse.

(145) Cet édifice du XVIe siècle, soutenu par des portiques dont sa grande cour était entourée, subsistait à l'époque de la révolution.

(146) Pantagruel, liv. 3, chap. 30. Comment Hippothadée, etc.

(147) Histoire de Languedoc, par dom Vaissette, preuves, année 1555, nombre XXIV, et année 1589, nombre XXXVII.

(148) *De Scholasticorum privilegiis auctore Rebuffo* LXXI privil.

(149) Histoire de Languedoc, par Dom Vaissette, preuves, nombre LXIV, Érection de deux collèges à Toulouse.

(150) *Statuta universitatis Parisiensis,* anno 1598, art. 37, 38, 39, 40, Cours de philosophie.

(151) Advertissemens sur la réforme de l'université de Paris, par Ramus, 1562.

(152) Recherches de la France, par Pasquier, liv. 9, chap. 20, Abus en la promotion des professeurs du roi.

(153) La révolution a renversé les anciens et antiques pupitres de philosophie. Les personnes qui les ont vus se souviennent qu'ils avaient la forme d'un large banc à pupitre élevé de quatre pieds où l'on montait par une ou deux marches, et qu'ils étaient placés devant la chaire du professeur encore plus élevée.

(154) Je possède un recueil de Thèses originales de plusieurs collèges de France et d'autres parties de l'Europe; elles sont de la fin du XVIe siècle ou du commencement du XVIIe, format in-4°. Il y en a une entre autres du collège de La Rochelle, année 1607, intitulée *Theses logicæ*, et une de Saumur, année 1600, intitulée *Theses ex omnibus philosophiæ partibus*. On y trouve les mathématiques, la physique, la métaphysique, et autres matières disposées par tables.

(155) Les différentes thèses de ce recueil sont dédiées à des magistrats, à des docteurs, à des régents, et même à des écoliers *nobles et savants étudiants*.

(156) Voyez à la station XVII, *Le Parisien de Montpellier,* la note (42).

(157) Dans le midi de la France et notamment à Toulouse on appelait *juge-mage* les lieutenans généraux des sénéchaux ou baillis, et les présidens de présidial. Cette dénomination existait déjà au XIVe siècle sous le nom de *judex major;* elle s'est conservée jusqu'à la révolution.

(158) Les Toulousains se souviennent encore de leur ancienne chanson :

« Lou capitani de la bosocho

« Que n'o pas un hardit en pocho. »

(159) C'était un ancien usage dans les écoles, notamment dans celle de droit. A vingt cinq ans on était gradué sur examen sans suivre les cours.
(160) Colloque de Mathurin Cordier, colloque 5, Claude Durand.
(161) Manière de nourrir à bon marché les escoliers pauvres, par Sylvius.
(162) Ordonnances des états de Blois, mai 1579, tit. Université, art. 74.
(163) Advertissemens sur la réformation de l'université, 1562, par Ramus.
(164) *Ibidem*.
(165) Antiquités bordelaises, par Bernadau, chap. 14.
(166) *Historia universitatis Parisiensis*, anno 1538. Ordonnance du roi relative à la nomination des gradués de l'université, 8 mai 1538.
(167) Recueil de Proverbes.
(168) Hist. de Paris, par Félibien, liv. 19, chap. 60, Fondation du collège Royal.
(169) *Ibidem, ibidem*.
(170) *Ibidem, ibidem*.
(171) *Ibidem*, liv. 22, chap. 8, Ord. au sujet des chaires du collège royal.
(172) *Hist. universitatis Parisiensis*, anno 1517, cap. *Collegium trilingue*, et anno 1520, cap. *Collegium regium*.
(173) Histoire de Paris, par Félibien, liv. 19, chap. 60, Collège royal.
(174) « Je confesse et recongnais avoir receu la somme de deux cens livres pour la pen-
« sion qu'il plait à Sa Majesté de me donner pendant les quartiers de janvier et avril mil
« six cens douze, tesmoing mon seing manuel y mis, le dernier jour de may mil six cens
« douze, Jean Passerat. » L'original de cette quittance est entre les mains de M. Campe-
non, de l'Académie française, qui a bien voulu m'en donner communication.
(175) Registres du parlement, année 1534, arrêt du 9 janvier.
(176) Histoire de Paris, par Félibien et Lobineau, liv. 19, chap. 60, Collège royal. Lettres de François I*er*, mars 1545.

LES HABITS DES FRANÇAIS, Station xxxi.

(1) Voyez la note (28) de la station xxxiii, *La civilité*.
(2) *Ibidem*, notes (38) et (39).
(3) Traité de la police, par Delamare, liv. 3, tit. 1*er*, chap. 4.
(4) Ordonnance du 15 février 1573 relative aux vêtements, art. 5 et 6; autre ordonnance de juillet 1549 relative aussi aux vêtements, art. 5.
(5) Histoire de Francion, liv. 10, chap. Des bottes.
(6) *Ibidem, ibidem*.
(7) *Ibidem, ibidem*.
(8) Anciens statuts des chapitres; les archidiacres ont porté la soutane de cette couleur jusqu'à la révolution.
(9) Satires de Courval, satire 5; satires faisant suite, satire 11, Le gentilhomme.
(10) Hommes illustres français de Brantôme, chap. La roche du Maine.
(11) Voyez les notes (113), (114) de la station xxxii, *Les paysans français*.
(12) Satires faisant suite à celles de Courval, satire 10, L'ignorant.
(13) Ordonnance de juillet 1549 relative aux vêtements, art. 5.
(14) Ordonnance du 24 mars 1583 relative aux parures, art. 5.
(15) Discours de Lanoue, discours 8, La pauvreté de la noblesse de France.
(16) Registres du parlement, arrêt du 19 juillet 1623, qui défend aux nobles de faire
porter leurs épées par les laquais.
(17) Ordonnance du 22 avril 1561 relative à la réformation des habits, art. 6.
(18) Gargantua, liv. 1, chap. 13, Comment Grand Gousier cogneut l'esprit de Gargantua.

DU XVIᵉ SIÈCLE

(19) Pantagruel, liv. 2, chap. 33, Comment Pantagruel feut malade.
(20) Gargantua, chap. 13, cité à l'avant-dernière note.
(21) Satires de Courval, satire 2, La suite des exercices du temps.
(22) Voyez à la station XXIX, Le bourgeois de Rodès, la note (58).
(23) Bigarrures de Des Accords, chap. 8, Des antistrophes.
(24) Dictionnaire de Nicot, au mot *Chaperon*.
(25) *Ibidem*.
(26) Traité de la noblesse, par Thiériat.
(27) Ord. du 24 mars 1583 relative à la réformation des parures, art. 3.
(28) *Ibidem*, art. 8.
(29) *Ibidem*, art. 3.
(30) *Ibidem*, art. 9.
(31) *Ibidem*, art. 11.
(32) *Ibidem*, art. 8.

LES PAYSANS FRANÇAIS, Station XXXII.

(1) J'ai à citer mieux que des voyages en Espagne; mon ami M. le maréchal de camp Béteille et mon ami M. l'intendant militaire Vergne, qui ont parcouru ce pays dans tous les sens, m'ont dit qu'il n'y avait que des villes, des bourgs ou des fermes isolées ayant l'aspect de longues granges.

(2) Il en a été de nos villages comme de nos villes : la ville vieille au haut de la montagne, la ville nouvelle au bas. La plus grande partie de nos villages bâtis dans les plaines, datent de la cessation des guerres féodales.

(3) Voyez la note (1) de cette station.

(4) Anciens cadastres des provinces.

(5) J'ai vu dans les campagnes de presque toutes nos provinces un assez grand nombre de ces grands vieux bâtiments formant les quatre côtés d'une spacieuse cour carrée dont plusieurs familles se partageaient la propriété et l'habitation. Ces maisons-hameaux, si l'on peut parler ainsi, étaient faites à l'imitation des grandes cours des villes. Voyez aux notes du XVᵉ siècle, histoire XVI, *L'artiste*, la note (135).

(6) Voyez la note (1) de cette station.

(7) Théâtre d'agriculture de Serres, liv. 1ᵉʳ, chap. 5, Des bâtiments.

(8) Parmi celles de la province où je suis né, le Rouergue, pays de petite culture, je me contenterai de citer celle d'Aubignac de l'ancienne domerie d'Aubrac, celle de Cornus ayant appartenu de même à l'église. Dans les autres provinces il y en avait d'aussi considérables et en bien plus grand nombre.

(9) Théâtre d'agriculture de Serres, liv. 1, chap. 1, Des terres, et liv. 2, chap. 3.

(10) Traité d'agriculture, par Bernard Palissy.

(11) Maison rustique de Liébaut, liv. 5.

(12) Ces mares à faire pourrir les pailles ont toujours infecté les campagnes.

(13) Théâtre d'agriculture de Serres, liv. 2, chap. 11.

(14) Nouvelle agricult., par Quiquerun, liv. 1, chap. 15, Fertilité de la Camargue.

(15) Maison rustique de Liébaut, liv. 5, chap. 11, 12 et 13.

(16) *Ibidem*, liv. 5, chap. 17.

(17) *Ibidem*, ibidem.

(18) Contes d'Eutrapel, conte *Un apothicaire d'Angers*.

(19) Campegius de re cibaria, lib. 3, cap. 18, De milio.

(20) *Hispaniæ et Lusitaniæ itinerarium*, cap. 1, art. De fertilitate terræ, etc.

(21) Histoire de sainte Radegonde, par le père Joseph Du Monteil, Rodez, 1627, liv. 3, et Éclaircissements apologétiques.
(22) Théâtre d'agriculture de Serres, liv. 6, chap. 7.
(23) Traités d'agriculture de ce temps.
(24) *Hispaniæ et Lusitaniæ itinerarium*, cap. 1, art. *De terra*, etc.
(25) Leçons de La Nauche, liv. 4, chap. 7, Blé gardé dans les greniers.
(26) *Hispaniæ et Lusitaniæ itinerarium*, cap. 1, art. *Terra*. Il en est de même aujourd'hui; il n'y avait pas, il n'y a pas de prés en Espagne.
(27) Maison rustique de Liébaut, liv. 3, chap. 4. Théâtre de Serres, liv. 4, chap. 6.
(28) Traités d'agriculture de ces temps, *Fauchaison*.
(29) *Ibidem, Ibidem*.
(30) *Ibidem, Ibidem*.
(31) Ce mot ne se trouve ni dans les anciens ni dans les nouveaux dictionnaires espagnols.
(32) Cette forme de meules est ancienne sinon antique, car les anciens agronomes, notamment Liger, liv. 3, chap. 12, Desprez, en fait mention.
(33) Voyez aux notes sur l'agriculture du xiv° et du xv° siècle, la taille des vignes.
(34) Nouvelle agriculture de Quiqueran, liv. 2, chap. 30, Vin d'Arles.
(35) Je tiens ce fait de M. le général Bétoille. Il est bien certain qu'il en était de même au xvi° siècle.
(36) Voyez aux notes du xv° siècle, histoire II, *Le cultivateur*, les notes (30), (31) et (32).
(37) Maison rustique de Liébaut, liv. 6, ch. 21. Essai des merveilles de la nature, par René François, chap. 37, Le vin.
(38) Cosmog. de Thevet, liv. 13, ch. 1, De l'Espagne, art. Vin d'Espagne.
(39) Traité du jardinage, par Boyceau, éditeur du manuscrit de La Baraudorie, son oncle, jardinier de Henri IV, liv. 3, chap. 16, Des espaliers.
(40) Epitome de la maison rustique, par Mizauld, Traité de la culture des arbres, chap. 10, Artifice d'enter.
(41) *Ibidem*, Traité de la culture des jardins, ch. 14, Du pommier, ch. 15, Manière de cultiver l'oranger, le citronnier, etc.
(42) Histoire des provinces, et notamment Histoire de Bayeux, par Pluquet, ch. 60, Du cidre.
(43) Histoire du Languedoc, du Rouergue, de l'Auvergne, du Limousin, Agriculture.
(44) *Ibidem, ibidem*.
(45) Voyez dans le Recueil des lois, par Fontanon, liv. 2, tit. 6, Eaux et forêts, les ordonnances du xvi° siècle sur l'administration des bois.
(46) Telle est encore l'étendue de cette forêt.
(47) Des bastimens de France, par Du Cerceau, ch. Chasteau de Montargis.
(48) Cosmographie de Belleforêt, chap. Du pays, bailliage et duché d'Orléans. Voyage de France, par Du Verdier, chap. Beausse, art. Forêt d'Orléans.
(49) *Hispaniæ et Lusitaniæ itinerarium*, cap. 1, art. 4, *De animalibus*.
(50) Théâtre d'agriculture de Serres, chap. De la basse-cour.
(51) Maison rustique de Liébaut, chapitre relatif aux oiseaux nourris dans les châteaux.
(52) Remontrances sur l'agriculture, par Belon.
(53) Des origines de la langue française, par Ménage, au mot *Poules-d'Inde*. — Journal de Henri IV, année 1603, samedi 16 août.
(54) Théâtre d'agriculture de Serres, chap. De la laiterie.
(55) *Ibidem*.
(56) *Campegius de re cibaria*, lib. 12, cap. 4, *Differentia carnis*.
(57) Maison rustique de Liébaut, et Théâtre de Serres, à l'art. Du cheval.

(58) *Hispaniæ et Lusitaniæ itinerarium*, cap. 1er, art. 4.
(59) Voyez l'avant-dernière note.
(60) Maison rustique de Liébaut, et Théâtre de Serres, à l'art. Du mulet.
(61) *Ibidem*, à l'art. De l'âne.
(62) Traité de la navigation et des voyages, Paris, 1629, in-12, § xi.
(63) Je tiens de M. le général Bétaille qu'il y a en Espagne de ces grands troupeaux de bœufs, et il me paraît bien certain qu'au xvie siècle il devait y en avoir d'aussi nombreux et sans doute de plus nombreux.
(64) Chopin, Privilèges des rustiques, liv. 2, chap. 1er.
(65) Chasse du loup, par Clamorgan, Rouen, 1598, texte et figures.
(66) *Civitates orbis terrarum de Braun*, lib. 1, *Astir. vulgo Ecya*, texte et figures.
(67) Journal de Henri IV, année 1585, samedi 12 août.
(68) Trésor d'histoires, par Goulart, ch. Ville ruinée après cruel traitement fait à ses habitants.
(69) Histoire des grands officiers de la couronne, par le Père Anselme, chap. Grand Louvetier de France.
(70) Traité de la police, par Delamare, liv. 5, tit. 23, chap. 3, De la chasse.
(71) Ordonnances relatives aux eaux et forêts rendues au xvie siècle, déjà citée.
(72) Opuscules de Loysel, chap. Remontrances à M. Dumesnil sur les magasins de bleds. Essai sur les monnoies, par Dupré de Saint-Maur, année 1601.
(73) Le Prévost de l'hostel, par Miraulmont, chap. Taxe des vivres en 1556.
(74) Essais sur les monnoies, déjà cité, année 1577.
(75) Le Miroir des Français, par De Montaud, 1582, ch. Taux des vivres.
(76) Journal de Henri III, année 1589, 14 mars.
(77) Maison rustique de Liébaut, liv. 5, chap. 3.
(78) Par évaluation relative au prix de la vache.
(79) Leçons de La Nauche, liv. 3, chap. 35, Réponse de Caton, etc.
(80) Essai sur les monnoies, déjà cité, année 1600.
(81) Miroir des Français, par De Montaud, chap. Taux des vivres.
(82) Ordonnance du 4 février 1567, relative à la police générale du royaume, chap. Police pour la volaille.
(83) *Ibidem, ibidem.*
(84) Miroir des Français, par De Montaud, chap. Taux des vivres.
(85) Essai sur les monnoies, déjà cité, année 1600.
(86) Cabinet du roi de France, liv. 3, chap. Appréciation des denrées.
(87) Essai sur les monnoies, déjà cité, année 1601.
(88) Ant. de Paris, par Sauval Comptes de la prévosté de Paris, année 1373.
(89) Essai sur les monnoies, déjà cité, année 1583.
(90) *Ibidem, ibidem.*
(91) Ordonn. du 21 novembre 1577 sur la police générale, ch. Police pour le foin.
(92) Règlement du prévôt de Paris, 17 octobre 1601.
(93) *Ibidem, ibidem.*
(94) *Ibidem, ibidem.*
(95) *Ibidem, ibidem.*
(96) *Ibidem, ibidem.*
(97) *Ibidem, ibidem.*
(98) Voyages de Montaigne, *Description de la Toscane*.
(99) *Perroniana*, verbo Paysans.
(100) *Symbola aureæ mensæ duodecim nationum*, Francfort, 1617, lib. 10.
(101) Histoire du gouvernement de Suède.
(102) *Campegius de re cibaria*, lib. 5, cap. 20, *De bromo sive avena*.
(103) Lettres de Mad. de Sévigné. — Soulèvement des paysans de Bretagne.

(104) *Campegius de re cibaria*, lib. 11, cap. 25, *De castaneis*. Œuvres de Rabelais, *Pentagruel*, chap. 6, Comment Pentagruel rencontra ung Limousin.
(105) *Scaligeriana*, verbo Bordeaux.
(106) Théâtre d'agriculture de Serres, liv. 8, chap. De la chèvre.
(107) Telle est encore la manière de vivre des habitants.
(108) Histoire de Henri IV, par Péréfixe, Jeunesse de ce prince.
(109) Voyez à la station XXIX, *Le bourgeois de Rhodès*, la note (26).
(110) *Ibidem*.
(111) Dans l'inventaire des titres du domaine de Châteauroux, manuscrit du XVIIIe siècle, 2 vol. in-fol. que je possède, on lit au 2e vol., Division des titres de la seigneurie du bourg de Déols, dépendant de l'ancienne abbaye de ce nom, sécularisée, chap. Inventaire des titres du sac *métairies*. « ... La seizième liasse est la grosse d'un arrentement « fait par le cèlerier de Déols à vingt-neuf ans à Gilles Jardat et François Blondeau, la-« boureur, pour trois muys, neuf setiers de bled... six fromages, six chappons, un porc « et trois oysons... à la charge de payer douze boisseaux rez, avoine et un chappon... « dus au sous-aumônier de ladite abbaye, de la métairie de Grange-Roux, dépendante « du dit office sise au dit lieu paroisse de Sainte-Marie-la-Petite, en date du 22 décem-« bre 1584, signé Sallé, notaire, au pied duquel est la déclaration des héritages dépen-« dans de la dite métairie, premier le Cheuzal où sont les bâtimens, cours, jardins... « chenevières... champs... prez... » La nomenclature tient trois grandes pages de pareils arrentemens. Je pourrais citer de ce manuscrit plusieurs autres arrentemens, accensemens ou baux à ferme à long terme faits au XVIe siècle.
(112) Articles proposés à l'assemblée tenue à Saint-Germain-en-Laye, au mois de nov. 1583, chap. Police générale, art. 14. Ord. de Fontanon, appendix.
(113) Règlement du prévôt de Paris du 17 octobre 1601.
(114) *Ibidem*.
(115) Journal de Henri IV, année 1594, lundi 15 septembre, samedi 24 septembre, dimanche 8 novembre.
(116) Voyez la note (113) de cette station.
(117) Histoire de Henri IV.

LA CIVILITÉ FRANÇAISE, Station XXXIII.

(1) Lettres de Pasquier, liv. 10, lettre 11 à Coignet, seigneur de Congy.
(2) *Ibidem*, l'Île des hermaphrodites, ch. Ce qui concerne l'entregent.
(3) Contes d'Eutrapel, conte *Débats et accords*. Dict. de Richelet, éd. de 1680, au mot *Bonneter*. — Journal de Henri IV, année 1595, dim. 15 janvier.
(4) Orchésographie d'Arbeau, ch. Mém. des mouvements pour les basses danses.
(5) Les gens âgés peuvent se souvenir qu'avant la révolution le bourreau avait un habit bleu avec des boutons d'étain. Dans certaines villes il portait sur le dos une échelle et une potence brodées.
(6) Ils peuvent se souvenir aussi qu'avant la révolution le bourreau disait à ceux qu'il rencontrait dans les chemins : *Dieu vous garde de mes mains*.
(7) Ils peuvent encore se souvenir qu'avant la révolution le bourreau disait au patient en lui passant la corde au cou : *Le roi te salue*.
(8) Arrêts de La Roche-Flavin, chap. 20, De la chasse, arrêt du 28 juin 1611.
(9) Bibliothèque du droit Français, par Bouchel, au mot *Saisie féodale*.
(10) Journal du maréchal de Bassompierre, année 1607, *Projet de mariage avec la fille du connétable*. — Mémoires de Sully, ch. 15, Affaires domestiques.
(11) Histoire de Francion, liv. 10, chap. Du charlatan.

(12) Mémoires de Sully, chap. 7 et 17.
(13) Contes d'Eutrapel, Conte *Eutrapel et un vielleur*.
(14) *Ibidem, ibidem*.
(15) Mémoires, romans, livres du temps.
(16) *Ibidem*.
(17) Contes d'Eutrapel, Conte *du gentilhomme qui fit un tour au marchand*.
(18) Mémoires du temps (XVIIe siècle), réception faite par la reine Christine de Suède aux dames de la cour.
(19) Tous les mémoires, tous les romans, tous les livres de ce temps.
(20) Bibliothèque du droit français, par Bouchel, au mot *Avant-nom*.
(21) Contes d'Eutrapel, Conte *du gentilhomme qui fit un tour au marchand*.
(22) Voyez dans la station XLI, *Les pédescaux de Metz*, la note (61).
(23) *Ibidem*; voyez aussi l'avant-dernière note de cette station.
(24) Contes d'Eutrapel, Conte *du gentilhomme qui fit un tour au marchand*.
(25) Voyez aux notes du XVe siècle, histoire XV, *L'hôtelier*, la note (109).
(26) Journal de Henri IV, année 1594, samedi 27 août.
(27) Contes d'Eutrapel, Conte *Tel refuse qui muse*.
(28) *Ibidem*, Conte *du gentilhomme qui fit un tour au marchand*.
(29) Quelquefois les prêtres étaient qualifiés de *maîtres*, mais le plus souvent de *messires*. C'est dans tous les actes manuscrits, dans tous les livres.
(30) Histoire de la prise d'Auxerre, par Lebeuf, pièces justificatives, lettres de l'évêque d'Auxerre au gardien des cordeliers de Paris.
(31) Bibliothèque du droit français, par Bouchel, au mot *Avant-nom*.
(32) Heptameron de la reine de Navarre, prologue.
(33) Supplément au Journal de Henri IV, année 1607, mardi 6 février.
(34) Bibliothèque du droit français, par Bouchel, au mot *Avant-nom*.
(35) Lettres de la révérende mère Marie-Angélique Arnauld, abbesse du Port-Royal, lettre 1re à la mère du Chantal, et autres lettres.
(36) *Ibidem*.
(37) Voyez aux notes de la station XLVIII, *Les calculs de Chartres*, les quittances données par les sœurs abbesses, les humbles sœurs abbesses.
(38) Bibliothèque de Bouchel, au mot *Avant-nom*.
(39) *Ibidem, ibidem*.
(40) *Ibidem, ibidem*.
(41) *Ibidem, ibidem*.
(42) *Ibidem, ibidem*.
(43) Encore on dit dans le midi *doue jeune* et on le dira sans doute longtemps.
(44) Trésor des antiquités gauloises, par Borel, au mot *Escarbillat*.
(45) Encore on dit et on dira longtemps dans le midi *escarabillade*.
(46) Journal de Henri IV, année 1594, lundi 28 mars.
(47) Dans le factum du duc de Guise déjà cité, se trouvent plusieurs comptes des fournitures faites par la dame Rose, marchande.
(48) Journal de Henri IV, année 1594, 22 mars. — Année 1610, 15 juin.
(49) Contes d'Eutrapel, Conte *Les bonnes mines durent quelque peu*.
(50) Journal de Henri IV, année 1594, dimanche 19 juin.
(51) Mémoires de la Ligue, conspiration contre le duc d'Épernon, année 1588.
(52) Histoire ecclésiastique des églises réformées, par Théodore de Bèze, *passim*, aux divers endroits où Bèze mentionne le duc de Montmorenci, le duc de Guise, Calvin et où il se mentionne lui-même.
(53) Recherches de la France, par Pasquier, liv. 8, ch. 4, *Du tu et du vous*.
(54) Voyez les préfaces des livres de ces temps.
(55) Mélanges historiques et matières paradoxales, par Pierre de Saint-Julien, chap. Paradoxe de ceux qui disent toy à Dieu ou au roy.

(56) Le grand Cuysinier de toutes cuysines, très utile et profitable, Paris, Jean Bonfonds, un vol. in-18, chap. 1ᵉʳ, Brouet, civet, etc.
(57) Recherches de Pasquier, liv. 8, chap. 37, Forté, Parage et autres dictions.
(58) La Cabale des réformés, impr. en 1600.
(59) Histoire de Francion, liv. 4, chap. De la tragédie du collège.
(60) Recueil des proverbes.
(61) Mémoires et romans du temps.
(62) Traité de civilité puérile, par Saliat, Paris, Simon Colines, ch. Des visites.
(63) Voyez aux notes de la station LXVII, *Les ateliers français*, la note (139) et les notes suivantes.
(64) Mémoires de la Ligue, année 1588, conspiration contre le duc d'Épernon. — Mémoires de la reine de Navarre.
(65) Voyez aux notes de la station LXVII, *Les ateliers français*, la note (147).
(66) « Le 20 novembre 1601, a été fait rapport du procès criminel... de François de
« Nagu, sieur de Varennes, chevalier de la cour... a été mis en délibération s'il seroit
« ouï sur la sellette... » Registre du conseil secret du parlement de Dijon, manuscrit déjà cité.
(67) Arrêts de Papon, liv. 24, Des peines, arrêt du mardi 5 septembre 1566, arrêt 10.
(68) Contes d'Eutrapel, Conte *L'accord entre deux gentilshommes*.
(69) Il faut voir dans Érasme *De reverentiâ juventutis*, et avant le temps de Érasme dans les sermons de Menot qui dit : *Filii loquebatur, le bonnet à la main*, et avant ce temps de Menot dans les vieilles ordonnances des XIIIᵉ et XIVᵉ siècles qui portent qu'il est permis à un homme notable, *compescere manu*, les gens du petit peuple, la distance des échelons que formaient ou l'âge ou la dignité dans le système social de la nation.
(70) Prologue de l'Heptameron de la reine de Navarre.
(71) Notes de Graverol sur les arrêts de La Roche-Flavin, liv. 2, tit. 5, Injures.
(72) Journal de Henri IV, année 1594, mardi 22 mars. — Supplément au Journal de Henri IV, année 1607, mardi 6 février.
(73) Voyez les comédies de ce temps.
(74) Bibliothèque de Bouchel, au mot *Félonie*.
(75) *Ibidem*, au mot *Démenti*.
(76) Ancienne forme de civilité qui s'est perpétuée jusqu'à nous.
(77) Traité de civilité puérile déjà cité.
(78) « Le 14 avril 1572... fut parlé par l'avocat général... que le 13 du dit mois les
« jurats fondateurs d'une procession aux Augustins vouloient précéder le sieur Allennes,
« président, et quelques conseillers de la cour... dans la rue du Loup vis-à-vis la maison
« de messire Charles de Malvin, conseiller... Moucy et Lestonnac, jurats, et Pichon,
« clerc de la maison commune, seraient sortis pour se mettre au plus près de la proces-
« sion... lesdits Pichon décrétés de prise de corps et les deux jurats d'ajournement per-
« sonnel... » Registres du parlement de Bordeaux déjà cité. Les registres de tous les parlements, de toutes les juridictions sont remplis de procès-verbaux et de procédures relatifs à la dispute du pas.
(79) Histoire de Bretagne, par dom Morice, règlement du duc de Bretagne fait à Châteaubriant le 28 mars 1454.
(80) Les Oracles divertissans, déjà cités.
(81) Traité de civilité puérile déjà cité, chap. De l'église.
(82) Bibliothèque de Bouchel, au mot *Saisies féodales*.
(83) Traité de civilité, dédié au duc de Chevreuse, 6ᵉ édition, Paris, Josset, 1682, chap. 9, De ce que l'on doit faire dans l'église.
(84) Tous les anciens contrats de mariage des nobles ou des bourgeois sont ainsi formulés. Voyez les preuves des généalogies manuscrites ou imprimées.

(85) Voyez la note ci-dessus.
(86) L'Ile des hermaphrodites, chap. Lois militaires de cet état.
(87) Contes d'Eutrapel, Conte *d'un fils qui trompa l'avarice de son père*.
(88) Les Bigarrures de Des Accords, chap. 6, Des équivoques et entends-trois.
(89) Romans de la fin du XVIe siècle, fêtes, banquets. L'usage des santés et de leur cérémonial s'était minutieusement conservé jusqu'à la fin du règne de Louis XV; les hommes âgés l'attestent.
(90) Aventures de Fœneste, liv. 4, chap. 2, du Pont de Cé, et de la mode.
(91) Économie politique, par Montchrétien, chap. Du commerce.
(92) L'Ile des hermaprodites, chap. Lois militaires.
(93) *Ibidem, ibidem.*
(94) Contes d'Eutrapel, Conte *Les bonnes mines durent quelque peu*.
(95) Orchésographie de Thoinot-Arbeau, dial. 1 entre Capriol et Arbeau.
(96) *Ibidem*, chap. Des gavottes.
(97) Martial d'Auvergne, arrêts d'amour.
(98) *Ibidem.*
(99) Bigarrures de Des Accords, chap. Des équivoques et entends-trois.
(100) Factum du duc de Guise, déjà cité, compte entre le duc et son trésorier, Pièces comptables.
(101) *Ibidem,* Voyez aussi la note (12) de la station XXVI, *Le maire de Rabastens.*
(102) Bigarrures de Des Accords, chap. Des équivoques et entends-trois.
(103) Lettres de Villeroi, de Noailles, et notamment les lettres insérées dans le recueil des mémoires de Bouillerot, Paris, 1620.
(104) Voyez la note ci-dessus.
(105) Œuvres de Rabelais, *Pantagruel*, liv. 4, chap. 4.
(106) Mémoires de Sully, chap. 77, Diverses lettres d'affaires de finances et domestiques.
(107) Mélanges historiques de Camusat, chap. Lettres.
(108) *Ibidem, ibidem.*
(109) Factum du duc de Guise.
(110) J'ai un grand nombre de ces lettres ainsi tailladées pour recevoir une étroite lisière en parchemin dont les deux bouts étaient engagés dans la cire du sceau, et dont l'acte faisait mention par ces mots : *Scellé en double queue*, à la différence des actes scellés en simple queue, où une large lisière, non entièrement détachée du parchemin, était engagée dans la cire par l'extrémité opposée à celle tenant au parchemin.
(111) Telle est une lettre écrite sur parchemin, signée de la main de Charles VII, le 29 septembre, sans millésime, adressée *à nos amés et féaux conseillers... et aux bourgeois habitans de ma ville de Lyon*. Je possède cette lettre.
(112) Telle est une autre lettre écrite sur papier, signée par Pierre de Loranty, le 10 may, sans autre forme de date, adressée *à monseigneur, monseigneur le président de Nicolay, à Paris*. Je possède aussi cette lettre dont l'écriture est de la fin du XVIe siècle.
(113) L'Ile des hermaphrodites, chap. Des mœurs, lois, etc.
(114) Confession de Sancy, épître.
(115) Recueil de mémoires, par Bouillerot, chap. Instruction à M. de Sancy s'en allant en Suisse, année 1589.

LE CLERGÉ FRANÇAIS, Station XXXIV.

(1) Hommes illustres français de Brantôme, *Vie de François Ier*.
(2) *Ibidem, ibidem.*

(3) *Concordata inter papam Leonem decimum, et christianissimum regem Franciscum primum*, Parisiis, 15 maii, anno 1517, cap. *De electione*.
(4) *Ibidem, ibidem*.
(5) *Gallia christiana*, évêques depuis l'année 1517 jusqu'à la fin du siècle.
(6) *Menoti Sermones*.
(7) Gloss. de Ducange, v° *Soutana*. — Dict. de La Martillière, v° *Soutanelle*.
(8) Les gravures des livres du temps représentent ce bonnet carré qui n'avait pas la forme des bonnets de prêtre d'aujourd'hui, mais qui était aplati et évasé. Je cite seulement la Cosmographie de Thevet, et les Œuvres de Jean de Caures.
(9) Voyez aux notes du xvi° siècle, hist. vii, *Le bourgeois*, les notes (207) et (208).
(10) Voyez l'avant-dernière note.
(11) Hommes illustres français de Brantôme, *Vie de François I°°*. — Ordonnance de Henri II, 27 juin 1551, relative à la religion chrétienne, art. 45.
(12) *Ibidem, ibidem*.
(13) Voyez dans l'Histoire de Paris, par Félibien et Lobineau, la réforme des moines au xvi° siècle.
(14) *Des Moines*, par Camus, évêque de Belley.
(15) Voyez les notes du *Vieux écolier* relatives aux langues savantes.
(16) Relation du siège de Paris par Henri IV, Abbaye de Montmartre. — Mémoires pour servir à l'histoire du Port-Royal et à la Vie de Marie-Angélique, etc., par Dufossé, Fontaine et Lancelot, Utrecht, 1742, première relation, art. 48, État de cette maison sous madame d'Estrées. — Voyez aux notes de la station lxvii, *Les ateliers français*, la note (246).
(17) *Sermones Menoti, De monachis albis, De monachis nigris*.
(18) Journal de Henri IV, année 1610, dimanche 8 août.
(19) Voyez l'avant-dernière note.
(20) Journal de Henri III, année 1579, 8 juin et 19 août. — Hommes illustres français de Brantôme, *Vie de Du Gua*.
(21) « On demande que les bénéfices interposés au profit des seigneurs et des dames « soient déclarés vacants. » Précis des délibérations des états de Bretagne, manuscrit déjà cité, année 1576, 1°° octobre, Remontrances très humbles au roi de France Henri III, — Journal de Henri III, année 1586, 10 janvier.
(22) Journal de Henri III, année 1578, vendredi 25 juillet.
(23) Ordonnance donnée aux états de Blois, mai 1579, art. 11.
(24) Reg. du parlement, arrêt du 18 avril 1596 sur les assemblées du clergé.
(25) *Ibidem*, arrêt du 15 décembre 1611 sur les interventions des agents du clergé.
(26) Histoire du concile de Trente.
(27) Voyez les Bibliographies du xvi° siècle.
(28) *Ibidem, ibidem*.

LE COLLOQUE DE POISSY, Station xxxv.

(1) Cosmographie de Belleforêt, livre 1°°, ch. Lyonnois, Lyon, texte et grav.
(2) Monuments de la monarchie française, par Montfaucon, année 1561.
(3) Histoire ecclésiastique de Fleury, continuation par Fabre, année 1561.
(4) *Gallia christiana*, diocèse de Paris, monastère de Poissy.
(5) Histoire de France, par Mezeray, année 1561.
(6) Recueil de plusieurs lettres concernant *Le colloque de Poissy*, imprimé dans le tome 1°° des additions de Le Laboureur aux Mémoires de Castelnau.

LES DEUX ÉPOUX DE MACON, Station xxxvi.

(1) Voyez-en le plan figuratif dans l'atlas de Braun, *Civitates orbis terrarum*, liv. 4, nombre 4. La gravure est de 1580.
(2) Ordonnance du mois d'avril 1598, ordinairement appelée *édit de Nantes*.
(3) Histoire de France; je suis tenté d'écrire Histoire des batailles de la France, années 1587, 1589 et 1590.
(4) On sait que les religieuses perdaient leur nom de famille et prenaient celui d'un saint ou d'une sainte : Saint-Sébastien-Souffrant, Saint-Étienne-Mourant, Saint-Pierre-aux-Liens, Saint-Jérôme-au-Désert.
(5) Satires de Courval, satire 2e, Suite des exercices du temps.
(6) *Ibidem, ibidem.*
(7) Hist. eccl. des églises réformées au royaume de France, par Théod. de Bèze.
(8) Les saints Cantiques, mis en rimes françaises par Théodore de Bèze, 1608, pour Mathieu Berjon, à la suite desquels est imprimé un formulaire des prières d'administration et de sacrements, ch. De la manière de célébrer le mariage.
(9) Heptameron, nouvelle 2, Une dame de la cour se venge de son mari.
(10) Œuvres de Jamin, sec. de la chambre du roi, Patisson, 1577, Le Mysogame.
(11) Bibliothèque de la Croix du Maine, art. Estienne Dolet.
(12) Histoire de Languedoc, par dom Vaissette, liv. 37, année 1532.
(13) Histoire de Paris, par Félibien et Lobineau, liv. 21, année 1562.
(14) *Ibidem, ibidem.*
(15) Reg. du parlement, arrêt du 23 décembre 1559, condamnation de Dubourg.
(16) Bibliothèque du droit français, par Bouchel, au mot *Mercuriale*.
(17) *Ibidem, ibidem.*
(18) Nombreux écrits des calvinistes publiés après la Saint-Barthélemy. — Nombreux écrits des catholiques, et notamment l'advertissement saint et chrestien sur le port des armes, par Charpentier, Paris, Nyvel, 1575, Projet d'édit.
(19) Recueil de choses mémorables advenues en France sous le règne de Henri II, François II, Charles IX, Henri III et Henri IV, Heden, 1603, Règne de Charles IX, année 1572, samedi, jour du massacre.
(20) L'Esprit de la ligue, par Anquetil, liv. 4, année 1572.
(21) Hist. de Lyon, par Rubys, l. 3, ch. 64, Venue de Mandelot à Lyon, etc.
(22) Recueil des choses mémorables sous Henri II, déjà cité, année 1572.
(23) Advertissement saint et chrestien touchant le port des armes, par Pierre Charpentier, Projet d'édit.
(24) Recueil des choses mémorables sous Henri II, etc., déjà cité, année 1572.
(25) Mémoires de Sully, chap. 6, Diverses affaires domestiques. — Histoire universelle de d'Aubigné, année 1572. — *Jacobi Augusti Thuani historiarum sui temporis pars prima*, anno 1572.
(26) *Ibidem, ibidem.*
(27) Lettres de l'Hôpital, Lettre au cardinal de Lorraine revenant d'un voyage d'Italie, écrite vers la fin du règne de Henri II.
(28) Journal de Henri III, année 1578, dimanche 27 avril.
(29) Histoire de Lyon, par Rubys, liv. 3, ch. 64, Barricades de Lyon.
(30) Journal de Henri IV, année 1591, jeudi 6 juin.
(31) Histoire de Marseille, par Ruffi, liv. 7. ch. 2, Daries, second consul.
(32) Les Mémoires de la ligue sous Henri III et Henri IV, depuis l'an 1576 jusqu'à l'an 1598, Genève, 1602; mais la ligue avait commencé bien avant ce temps. Voyez dans le Journal de Henri III, le serment des associés de la ligue chrétienne dans la Champagne, le 25 juin 1568; et l'association de Péronne, 1576.

(33) Articles accordés et jurés entre les confraires de la confrairie du Saint-Nom de Jésus pour la manutention de la religion cath., Paris, Bichon, 1590.
(34) Voyez les épitres dédicatoires des livres aux femmes illustres de ce temps.
(35) Journal de Henri III, année 1589, dimanche 8 janvier.
(36) Ibidem, 1ᵉʳ janvier.
(37) Ibidem, et Journal de Henri IV. Voyez combien de fois y sont mentionnés les prédicateurs boutefeu étrangers, Lincestre, Hamilton; et les prédicateurs boutefeu français, Rose, Boucher, le petit Feuillant.
(38) Ibidem.
(39) Journal de Henri IV, 1594, mardi 22 et jeudi 31 mars.
(40) Édit de Henri II, 27 juin 1551, relatif à la religion catholique, art. 35.
(41) Trésor d'histoires, par Goulart, chap. Ville ruinée, vengée de Dieu.
(42) Ibidem, chap. Famine mémorable.
(43) Ancienne place de Dijon.
(44) Mouvement d'armes, arquebuses... piques, représenté par figures, par Jacques Thérin, Amsterdam. 1608, chap. Maniement de la pique.
(45) Journal de Henri IV, année 1590, lundi 10 septembre.
(46) Ibidem, samedi 2 juin.
(47) Ibidem, dimanche 3 juin.
(48) Journal du palais, chap. Final du tom. 2, 23 mai 1554, Registre de l'église d'Amiens relatif à la permission donnée au cardinal de Créquy de porter la barbe comme bon lui semblerait.
(49) *Hydrographum spagyricum*, lib. 2, cap. 14, *De fonte qui in suburbio Clarimontis in Avernia reperitur*.
(50) Journal de Henri IV, année 1593, jeudi 25 février.
(51) La Confession de Sancy, chap. 1ᵉʳ, De l'autorité de l'église.
(52) Journal de Henri IV, année 1589, mardi 31 octobre.
(53) La vie, mœurs et déportemens de Henri Béarnois, roi de Navarre, 1589.
(54) Voyez dans cette station la note (36). Il est inutile de chercher à prouver que dans les colléges les supérieurs faisaient prêter aussi un serment aux écoliers; que ce serment, pour qu'il fût entendu de tous les plus petits écoliers, était en latin fort facile, fort plat.
(55) Cet ancien usage s'est encore conservé à Clermont.
(56) Trahison découverte des politiques de Rouen, Paris, 1589.
(57) Voyez la note (25) de la station suivante.
(58) Procès-verbal des premiers états de Blois, année 1577, séances des 8, 9, 14 janvier et 6 février.
(59) Satire Ménippée, et Journal de Henri IV, année 1594.
(60) Satire Ménippée.
(61) Procès-verbal des seconds états de Blois, année 1588, Discours de Henri III à la séance d'ouverture.
(62) Édit donné à Rouen au mois de juillet 1588, appelé *édit d'union*. — Déclaration sur cet édit datée des états de Blois, le mardi 18 octobre 1588.
(63) Journal de Henri III, dimanche 27 mars, année 1585. — Histoire véritable de la vie de Henri de Valois, jadis roi de France, Paris, Michel, 1589. — La récompense du tyran de la France, etc., Paris, Jovin, 1589.
(64) Recueil des choses mémorables advenues en France sous Henri II, etc., déjà cité, année 1588.
(65) Histoire de Languedoc, par dom Vaissette, année 1589 et suivantes.
(66) Journal de Henri III, année 1589, jeudi 26 janvier.
(67) Ibidem, 29 juillet.
(68) Histoire de Henri IV, par Péréfixe, année 1589.
(69) Recueil de choses mémorables advenues en France, déjà cité.

(70) Histoire générale de d'Aubigné, liv. 3, chap. 5, année 1562.
(71) Voyez l'avant-dernière note.
(72) Voyez aux notes de la station XLI, *Le pêcheur de Metz*, la note (82).
(73) J'ai, dans un registre en parchemin écrit vers la fin du xvi° siècle, contenant divers actes, un inventaire intitulé : *Reliquaires, joyaulx et autres vaisseaux sacrez de l'église de Paris, vendus par messeigneurs de la dicte église, pour subvenir aux affaires du roy pour le payement de sa gendarmerie, levée contre les huguenotz et rebelles à Sa Majesté en l'an 1562 :* « 1° fonte, 46 marcs ; 2° fonte, 7 marcs 7 onces ; 3° fonte, « 6 marcs 5 onces ; 4° fonte, 368 marcs 7 onces ; 5° fonte, 337 marcs 5 onces, somme « totale et générale de tout ledit or et argent fondu, vingt-ung mille deux cens vingt-« neuf livres dix sols. » Une grande partie de cette argenterie était composée de tableaux d'argent ou d'or donnés au xv° siècle. — Voyez aussi les hommes illustres français de Brantôme, *Vie de l'amiral de Châtillon*. — Journal de Henri IV, 1590, samedi 26 juin. — Secret des finances, par Froumenteau, chap. Argenterie et reliques.
(74) Registres du parlement, année 1525, délibération du 17 mai relative à la fonte des cloches pour faire de l'artillerie.
(75) Le secret des finances, par Froumenteau, 1580, chap. Estat final.
(76) Journal de Henri IV, année 1594, jeudi 23 juin.
(77) « Le cardinal de Lorraine... administrateur temporel de l'evêché de Metz... or-« donne à tous les subgiets des terres dudit evêché... de ne vivre doresnavant que selon « les commandemens de nostre dicte saincte esglise catholique... romaine... de ne dog-« matiser... ou de se retirer et vendre les biens... sinon voulons qu'ilz soient par vous... « juges, maires, chassez, banniz perpétuellement de nos dictes terres... à Joinville le « xvi mai MVCLXXVI. » Livre des ordonnances de l'evêché de Metz, manuscrit in-4° de l'an 1602 que j'ai.
(78) Registres du parlement, lettres-patentes du roi du 7 septembre 1559 relatives au rasement des maisons où est profané l'usage du saint-sacrement.
(79) Histoire de Marseille, par Ruffi, liv. 7, ch. 9, Daries, second consul.
(80) *Remberti Dodonœi Mechliniensis stirpium historiæ*, Anvers, 1583, fig.
(81) *Historia stirpium a Fuschio*, Bâle, 1542, fig.
(82) Histoire de Languedoc, par dom Vaissette, année 1563, chap. 106.
(83) Ce catéchisme est imprimé à la suite des saints cantiques, 1608, déjà cités.
(84) Commentaires de Montluc, liv. 5.

LA FAMILLE CHAMPENOISE, Station xxxvii.

(1) Le théâtre français, par Bouguereau, *Du pays de Limosin*.
(2) Cosmographies de Thevet, de Belleforêt, Les états et empires, par Davity, chap. France, art. Languedoc.
(3) Histoire de France, par Piguerro, déjà citée, liv. 7, art. Des Albigeois.
(4) Histoire ecclésiastique, par Théodore de Bèze, liv. 1er.
(5) Histoire générale, de d'Aubigné, *Edit de Maile*.
(6) Histoire de Lyon, par Rubys, liv. 3, chap. 57, Troubles de l'an 1562.
(7) Commentaires de Montluc, liv. 5.
(8) Voyez les deux notes précédentes.
(9) Voyez aux notes du xv° siècle, histoire 1re, *Le pauvre*, la note (20).
(10) Histoire ecclésiastique de Théodore de Bèze, liv. 1er.
(11) *Ibidem, ibidem*.
(12) Bibliothèque de la Croix du Maine, art. Jean Cauvin. — *Historia universitatis Parisiensis, a Dulæo, anno* 1509, *De Calvino*.
(13) Histoire ecclésiastique de Théodore de Bèze.

(14) Registres du parlement, arrêt du 27 février 1572, sur les collèges.

(15) L'expansion de la doctrine des calvinistes, favorisée par bien des causes, fut arrêtée par le spectacle de leurs dévastations et de leurs excès, plus que par la crainte de leur esprit révolutionnaire et de leur but politique. Voyez les notes (17), (19), (22), (23) et (24) relatives à la cause et à l'esprit de la cause.

(16) Histoire ecclésiastique de Théodore de Bèze.

(17) Histoire de Henri IV, par Péréfixe.

(18) Journal de Henri III, année 1578, dimanche 27 avril.

(19) Lettres de Pasquier, liv. 5, lettre 7 à M. d'Ardivilliers.

(20) La légende de Charles, cardinal de Lorraine, et de ses frères de la maison de Guise, par François de l'Isle, Rheims, Martin, 1576.

(21) Tel était incontestablement l'esprit secret de la faction des Seize. — Dialogue du royaume auquel est discouru des vices et vertus des rois, de l'état de la monarchie et de la république, Paris, Millot, 1589.

(22) Histoire de Henri IV, par Péréfixe.

(23) Commentaires de Montluc, liv. 5.

(24) *Ibidem, ibidem.*

(25) Journal de Henri III, 25 et 30 septembre 1576, et 24 février 1577.

(26) Dialogue entre le Maheutre et le Manant, inséré dans les pièces justificatives de la Satire Ménippée.

(27) Histoire du Luthéranisme, par le Père Maimbourg, année 1529.

(28) Histoire du siège de Sancerre, par Jean de Léry, chap. 9, Des forts, blocus, tranchées, etc.

(29) Response à ceux qui appellent les chrestiens idolâtres, par Benoist, curé de Saint-Eustache de Paris, Chaudière, vers 1566.

(30) Histoire ecclésiastique des églises réformées, par Théodore de Bèze.

(31) Hommes illustres français de Brantôme, *Vie de M. de Montpensier.*

(32) Cabale des réformés, Montpellier, 1600, chap. Du Mithridate, art. 8.

(33) Dict. de droit canonique, par Durand de Maillane, au mot *Exorcisme.*

(34) Mémoires de Théodore-Agrippa d'Aubigné.

(35) Dict. de droit canonique, par Maillane, au mot *Excommunication.*

(36) Remontrances faites au roy par les trois estats de Languedoc, insérées par extraits dans les lettres-patentes données en conseil privé le 20 mars 1567.

(37) Reg. du parlement, ord. du 15 juin 1562, sur la procession de ce jour.

(38) Histoire de Genève, année 1553, *Condamnation de Michel Servet.* — Oraison funèbre de Pierre d'Anes prononcée à Saint-Germain-des-Prez, le 27 avril 1577, imprimée dans la vie de Pierre d'Anes, Paris, 1731, dernier point.

(39) Histoires de La Rochelle, de Montauban, de Nîmes, de Genève, ch. Fondation des hôpitaux.

(40) Mémoires historiques de Champagne, par Baugier, *Évesché de Troyes.*

(41) Les premiers calvinistes, comme tous les réformateurs, furent fort rigides. Voyez dans la Vie de Henri IV les continuelles admonitions de leurs ministres; voyez aussi leurs premiers sermonnaires.

(42) Anciens tableaux de l'école flamande représentant des ministres protestants.

(43) Conférences et Colloques cités dans ces notes.

(44) Journal de Henri IV, année 1600, mois de mars, d'avril, de mai, Conférence à Fontainebleau entre l'évêque d'Évreux et Duplessis Mornay.

(45) J'ai déjà parlé aux notes du *Vieux écolier,* de mon Recueil de thèses. Il y en a une de l'université d'Heidelberg dédiée aux magistrats d'Amsterdam, année 1613. Dans le chapitre *Octavium* se trouvent attaquées plusieurs opinions reçues par l'église catholique.

(46) *Scaligerana,* au mot *Hieronymus.*

(47) Les temples des protestants furent, dès les premiers temps de la réformation, aussi nus qu'ils le sont aujourd'hui.

(48) Les généalogies des familles qui habitent les pays où il y a des catholiques et des protestants attestent que les mariages entre les personnes des deux communions n'ont guère commencé qu'après l'édit de Nantes.

(49) Je prie le lecteur qui a lu les Mémoires et les ouvrages publiés pendant le temps de la ligue de se souvenir de la colère, de la fureur des partis.

(50) Histoire des provinces, Histoire des villes, et notamment l'Histoire du siège de Sancerre, par Jean de Léry, 1574, chap. Catalogue des blessés, chap. Catalogue des tués, chap. De la famine, chap. des désolations.

(51) Psaumes de David, mis en rime française, par Clément Marot et Théodore de Bèze, Charenton, 1641, Psaume 21.

(52) *Ibidem*.

(53) Mém. de la Ligue, *Discours de la reprise de l'isle de Marans*, juin 1588.

(54) Voyez les notes de la station XLVII, *L'épée française*.

(55) Voyez la note (49).

(56) Vers le milieu du XVIII° siècle les protestants très âgés qui avaient vu le temple de Charenton détruit à la révocation de l'édit de Nantes en avaient fait figurer un sur une table de bois qui représentait non seulement sa forme, mais encore ses matériaux. Un calomniateur éventaliste qui en avait fait un semblable, me le montra il y a environ trente ans : une grande partie des murs était de charpente. Les autres temples des protestants, dans les villes où ils n'avaient pas été les plus forts, où ils ne s'étaient pas emparés des églises, avaient été ainsi construits.

(57) Cosmographie de Thevet, livre 14, chap. 5, De la ville d'Angoulesme.

(58) Dans les Histoires des villes il est souvent fait mention d'églises ruinées ou presque ruinées, de clochers renversés ou étêtés. Les graveurs de la fin du XVI° siècle durent représenter et représentèrent l'aspect des villes tel qu'encore il était alors. J'ai vu de ces gravures.

(59) Cosmographie de Thevet, liv. 14, chap. 5, De la ville d'Angoulesme.

(60) *Ibidem*.

(61) Le Paradis délicieux de la Touraine, par Martin Marteau.

(62) Histoires des villes ; si je ne fais pas de citation, ce n'est pas que les preuves me manquent, c'est qu'elles sont en trop grand nombre.

(63) Histoire de Languedoc, par dom Vaissette, année 1562.

(64) L'Esprit de la Ligue déjà cité, liv. 4, année 1572.

(65) Voyez les notes de l'avant-dernière station, *Le spectre de Saint-Denis*.

(66) Histoire de Languedoc, par dom Vaissette, tom. 5, preuves, nomb. CXIII, Publication de la croisade faite à Toulouse.

(67) Voyez l'avant-dernière note.

(68) Edit de Nantes du mois d'avril 1598 relatif à la pacification des troubles.

L'ONCLE DE MAREUIL, Station XXXVIII.

(1) Conf. des ordonnances, liv. 1er, tit. 2, part. 1re, Aliénation du temporel des églises. — Lettres de Pasquier, liv. 4, lettre 32, A M. de Foussome.

(2) Histoire des Albigeois et des tribunaux ecclésiastiques des moines.

(3) Voyez la note ci-dessus.

(4) Je vois encore cette petite montagne à droite de la route d'Epernay à Dormans, son aspect pittoresque frappe les voyageurs.

(5) Essais de Montaigne, *passim*.

(6) Au XVI° siècle on était bien loin de voir, comme l'a vu depuis M. Laromiguière ;

une des sources de nos idées dans le sentiment moral : on le confondait avec le libre arbitre.

(7) Exposition de la doctrine de l'église protestante.

(8) Aux notes sur l'imprimerie du xve et du xvie siècle il a été prouvé qu'on imprimait sur le papier, sur le vélin, sur la soie. J'ai vu d'anciennes thèses imprimées sur satin.

(9) Note ci-dessus.

(10) Conférence des diverses doctrines des églises des protestants.

(11) Histoires des controverses théologiques.

(12) Exposition de la doctrine de l'église cath., De la communion des saints.

(13) Les Romains faisaient signifier le mot *serment* au mot *sacramentum*. L'église au ixe siècle lui a fait signifier *forme, formule*. J'ai un manuscrit de ce même siècle qui a pour titre : *Liber sacramentorum qualiter missa celebratur per anni circulum, a beato Gregorio*, où se trouvent toutes les différentes messes de l'année. Mais aux siècles postérieurs le mot *sacramentum* a été étendu aux sept cérémonies de l'église ou sept rites que nous appelons les sept sacrements.

(14) Livres de théologie des différentes églises, aux chapitres De la confession.

(15) Heures à l'usage de Rome, Missels romains, gravures de la messe.

(16) Cité de Dieu, par saint Augustin, traduction de Raoul de Presles, édit. de 1486, gravure du 4e livre où saint Augustin est représenté disant la messe avec une très longue chasuble, et gravure du 10e livre.

(17) Remontrance envoyée au roi sur le fait des idoles abattues et jetées hors des temples en quelques villes de ce royaume, un vol. in-8, imprimé au xvie siècle, sans millésime, sans nom d'auteur ni de lieu d'impression.

(18) Histoire ecclésiastique de Théodore de Bèze.

(19) *Martini Cromeri Orechovius sive de conjugio sacerdotum*, Cologne, 1564.

LA NIÈCE DE CHATILLON, Station xxxix.

(1) Les articles salutaires de la paix catholique et universelle avec le Traité entre le peuple de Dieu et ses adversaires en tous estats, par Viard, Paris, Niverd, 1572. Traité pour l'union entre les chrétiens, par de Genillé, Tours, Lemercier, 1592. *De procuranda œtate omnium gentium a patre Thoma*, Carmelita, Anvers, veuve Beller, 1613.

(2) Journal de Henri IV, année 1610, dimanche 30 mai.

(3) *Ibidem, ibidem*.

(4) Journal de Henri IV, année 1593, mercredi 21, jeudi 22, dim. 25 juillet.

(5) Contes d'Eutrapel, conte *Du temps présent*.

(6) Voyez ci-après la note (8).

(7) Gargantua, liv. 1er, ch. 5, Le propos des buveurs, notes de Le Duchat.

(8) Hommes illustres français de Brantôme, *Vie du connétable Anne de Montmorenci*, à l'endroit où il parle de L'Hôpital. — Lettres de L'Hôpital, *Lettre à ses hôtes qui étaient venus le voir à sa campagne près Paris*.

(9) Ile des hermaphrodites, chap. Des lois militaires.

(10) *Ibidem, ibidem*. Dans l'inventaire des biens de la veuve du président Nicolaï, déjà cité. On trouve à l'article *vaisselle d'argent* : « Item une douzaine de fourchettes à « mufles, demy-douzaine de cuillères. »

(11) Bibliographies du xvie siècle.

(12) Dans les anciens châteaux, dans les anciennes maisons où se sont conservés les anciens meubles, se sont aussi conservés les anciens usages, surtout les anciens usages religieux. Je pourrais citer plusieurs provinces : je pourrais en citer entre autres une

où cette espèce de liturgie domestique existe encore dans un assez grand nombre de familles.

(13) Heures du xvie siècle.

LES AMENDES, Station XL.

(1) Registres du parlement, arrêt du 14 novembre 1538 relatif à la commutation d'amendes pécuniaires en peine corporelle.

(2) Sommaire des loix, statutz, ordonnances, etc., rédigées par alphabet, par Michel Berland, advocat, Paris, Micard, 1567, à l'art. Amende.

(3) Je possède un rôle d'amendes ainsi intitulé : « S'on suivent les esmendes, con-
« dempnations et confiscations eschoues en le comté de Castres, année 1555..., Antoine
« Lévesque... consul dudit Castres en l'esmende de 50 sols... maistre Maurel, notaire...
« messire Pierre Négrier, prebstre... 50 sols... Vidal Flottes, consul de Saint-Félix, 20
« sols. »

(4) Dans le même rôle on lit aussi : « Pierre Marro, sergent, 10 sols... Jehan Frontel,
« sergent, 10 sols. » — Dans un autre rôle d'amendes de la forest de la Londe, année
1547, taxées par Pierre Dauvergne, verdier et chastelain de la dite forest, que j'ai, on
lit encore : « Exploits de nous verdier... Jean Larcher, sergent, 5 sols, Pierre Hezot,
« sergent, 10 sols... »

(5) J'ai aussi un recueil d'amendes qui a pour titre : « Amendes eschues par-devant
« messieurs les esleux d'Alençon au siège de Bellesme, année 1540... » et qui est ainsi
terminé : « Sur laquelle somme a esté prins pour le vin, torches, bougies, et rooles la
« somme de IV liv. XV sols. » Dans les registres du conseil secret du parlement de Bordeaux on lit : « Du 10 juillet 1544 a esté enjoint à Guérin, commis des receveurs des
« amendes, de faire faire les chandelons pour les conseillers de la cour... » et 13 juillet
1582... « le receveur des amendes de la dite cour et le garde du palais fournira aux gens
« des requestes du parlement chandelles, bois, bouquets, buvettes... »

(6) Ibidem, « Du 10 décembre 1519, déclarons par ces présentes que en la dite somme
« de VE livres tournois ordonnée pour les frais et mises de la cour du parlement les chan-
« delles, feu et buvettes n'y sont ne y entendons estre comprises... sera payé par le rece-
« veur des exploits et amendes de la dite cour les sommes que se pourront monter cha-
« cune année lesdites chandelles, feu et buvettes... » Voyez aussi la note précédente.

(7) Lorsqu'au XVIe siècle la mode des grands rouleaux en parchemin, dont j'ai parlé
aux notes des XIVe et XVe siècles, fut passée, on les remplaça par de grands registres ou
grands livres de papier; il en fut de même pour les rouleaux des amendes dont un grand
nombre subsiste aux archives de la chambre des comptes et aux archives du royaume.

(8) J'ai au moins une brassée de rouleaux d'exécutoires d'amendes. Les anciens greffes
des justices inférieures en avaient de petites meules; les greffes des parlements de grandes meules. Les chambres des comptes en avaient de quoi remplir une grange, et la
chambre des comptes de Paris plusieurs granges, si j'en juge par l'immense quantité des
rouleaux d'amendes en parchemin qu'on a vendus, qu'on a détruits, qu'on ne cesse de
vendre, qu'on ne cesse de détruire.

(9) Voyez la note (6), et la Bibliothèque de Bouchel, au mot Amendes.

(10) « Inventaire des titres du sac écrit : Fermes muables... La 11e pièce est un pro-
« cès-verbal du bail des fermes de Châteauroux en l'année 1577; les fermes suivantes y
« sont dénommées... Les défauts et amendes... La 12e est le procès-verbal des fermes à
« la date du 5 novembre 1612... la ferme des défauts et amendes. » Inventaire du domaine de Châteauroux, manuscrit déjà cité. — Voyez aussi la Bibliothèque de Bouchel,
au mot Amendes.

(11) Bibliothèque du droit français, par Bouchel, au mot Arrogans.

(12) « Amendes de ceulx qui mectent immondices à l'entour de la fontaine du Champ-de-Mas et qui lavent leurs lestes et aultres choses deshonestes à l'entour d'icelle. Neant pour l'année de ce présent compte. » Compte de recette et despense de la ville de Dijon, année 1511, manuscrit déjà cité.

(13) Notes des xive, xve s. ; Comptes des villes du xvie s., Querelles, Hutins.

(14) Factum du duc de Guise contre Maillard, déjà cité, *Pièces fausses*.

(15) « Je soubsigné Jehan Amelot, conseiller du roy en sa court de parlement et président aux enquêtes d'icelle, confesse avoir eu et receu du receveur général des amendes de la dite court la somme de L escus soleil, que j'ay droit de prendre par chacun an sur la recepte par forme de pension pour mon dict estat et office, à Paris le xv avril 1595. » J'ai l'original de cette quittance. « Le 3 avril 1566, les presidens des enquestes... ont poursuivi par plusieurs fois... les 200 livres de pension que le roy leur a données sur la recepte des amendes... » Registres du parlement de Bordeaux.

(16) Des parlemens de France, par Laroche-Flavin, liv. 2, chap. 23, De la garde du palais de Tholoso, art. 5 et 6.

(17) *Ibidem, ibidem.*

(18) Les estats et empires de Davity, *De la France, Richesses de la France.*

(19) « ... La cour en l'église de Sainct-Denis en France... ordonne... aux trois presidens des generaulx des aydes, de quitter le chaperon d'escarlate fourré d'hermine sur peine de dix mille livres d'amende. » Registres du parlement, Mémorial du 3 janvier 1552.

(20) « Veu par la cour, les chambres d'icelle assemblées... la requeste du syndic des chanoines et chapitre de l'église métropolitaine Saint-André de la présente ville... ordonne à tous artisans, de quelque qualité qu'ilz soient, de faire aulcune desmolition sans l'advis dudict chapitre, le tout à peyne de 10,000 escuz, et autres amendes arbitraires... » Reg. du parl. de Bordeaux, 1er mars 1602.

(21) Voyez à la station xxxvii, *La famille champenoise*, les notes (20), (21) et (22). Voyez aussi les notes ci-dessous.

(22) Histoire de Genève, xvie siècle.

(23) « La première aliénation fut faite par le roy Henry II à James Hamilton, comte de Har, gouverneur d'Écosse, par lettres-patentes du 6 may 1549. Elles portent que le roy lui donne la duché-pairie de Châtelleraut pour 12,000 livres de rente, compris 1,200 livres de rente à prendre sur les aydes de Poitiers en récompense de certaines places fortes et de ce qu'il avoit conduit en France Marie Stuart pour être mariée avec le Dauphin son fils; mais le comte de Har ne jouit que dix ans de ce duché. Il faisait de Châtelleraut une petite république; il y faisait de petites assemblées de religionnaires. Complice d'ailleurs de la conjuration d'Amboise, il se sauva trois jours avant l'exécution des ordres qui avaient été donnés de l'arrêter mort ou vif. » État et détail des domaines de la généralité de Poitiers, manuscrit déjà cité.

(24) Lettres de Pasquier, liv. 5, lettre 1re à M. de Querqulfinen.

(25) Ordonnance du 24 mars 1583 relative à la réformation des parures.

LE PÉDESCAUX DE METZ, Station XLI.

(1) Lettres de L'Hôpital, année 1553, Metz sauvée par François de Guise.

(2) Maniement d'armes, arquebuse, mousquet et pique, représenté par figures, par Jacques de Thérin, Amsterdam, 1608, chap. Maniement de l'arquebuse.

(3) Discours militaires de Praissac, Paris, Guillemot, 1614, chap. 1er, Comme un prince se doit préparer à la guerre.

(4) Ord. du 12 février 1553 sur les gages et habillements des gendarmes.

(5) Mémoires de la Ligue, année 1589, *Discours sur la mort de Henri III*.
(6) Cette dénomination de village prise de la culture du chanvre est fort commune dans le haut Rouergue et la haute Auvergne.
(7) Hist. de France, par Piguerre, liv. 8, année 1562, mai. Recueil de mémoires, par Bouillerot, Lettre du roi au duc d'Espernon, 19 septembre 1586.
(8) Alphabet de l'art militaire, par Montycon, Rouen, 1620.
(9) Ibidem.
(10) Ord. militaires, par Saint-Chaman, Rouen, 1633, chap. Ord. de Strossy, colonel de l'infanterie, art. 3; chap. Ord. de Charles IX aux états d'Orléans, de Henri III, juillet 1575, et à Blois en 1579. — Hist. de Francion, par Moulinet, liv. 4.
(11) Voyez aux notes de la station XXXI, *Les habits français*, la note (9).
(12) Bibliothèque de Bouchel, au mot *Hérauts*.
(13) Ord. du 24 juillet 1834 relative à l'institution des légionnaires, art. 4.
(14) Voyez ci-après la note (61).
(15) Alphabet de l'art militaire.
(16) Ibidem.
(17) Ordonnance du 23 décembre 1583, relative à l'infanterie, art. 1er.
(18) Ibidem, ibidem.
(19) Hommes illustres étrangers de Brantôme, *Vie du colonel Strossy*.
(20) Ordonnance du 23 décembre 1583, relative à l'infanterie, art. 1er. — Alphabet militaire, chap. Du lanspessade.
(21) Ibidem, chap. Du sergent.
(22) Discours militaires de Praissac, chap. 14, Des offices, art. Du tambour.
(23) J'ai une revue sur parchemin faite à Sainte-Énimie en Gévaudan, le 3 janvier 1575, d'une compagnie de *gens de pied français*, dont un capitaine, deux caporaulx et vingt-sept soldats qui tous y sont nommés. Leur solde pour le mois de décembre est de 376 livres, dont 20 livres pour le capitaine, 32 livres pour les deux caporaulx et 12 livres pour chaque soldat.
(24) Voyez la note ci-dessus.
(25) Alphabet militaire, chap. Du caporal.
(26) Règlement militaire fait à Villers-Cotterêt, le 29 décembre 1570, art. 3.
(27) Ordonnances, police militaire, 12 fév. 1566, art. 4; et 1er juillet 1575, art. 4.
(28) Discours militaires de Praissac, chap. 14, Des offices, art. Du fourrier.
(29) Alphabet de l'art militaire, chap. Du sergent.
(30) Ibidem, chap. De l'enseigne.
(31) Ibidem, ibidem.
(32) Discours militaires de Praissac, chap. 14, Des offices, art. Du lieutenant.
(33) Œuvres de Brantôme, et notamment son *Testament*, dernier volume.
(34) Ibidem, ibidem.
(35) Discours militaires de Praissac, chap. Des offices, art. Mestre de camp.
(36) Mémoires de Sully, tome 2, chap. 50.
(37) Mémoires de Du Bellay, liv. 10, année 1545.
(38) Hommes illustres français, de Brantôme, ch. Des colonels-généraux.
(39) Journal de Henri IV, année 1593, janvier; et année 1594, 28 avril.
(40) Ord. de mars 1600 sur le règlement général des tailles, art. 30.
(41) Principes de l'art militaire, par Billon, chap. 2, Du soldat.
(42) « Magasin d'armes... Le roy veut que lors des baux les adjudicataires soient
« chargés, au lieu de pots de vin, de fournir des piques, mousquets, arquebuses et autres
« ustensiles de guerre au magasin qu'il fait établir... » Précis des délibérations des états de Bretagne, man. déjà cité, année 1599, 3 décembre.
(43) Hommes illustres étrangers de Brantôme, *Vie du colonel Strozzi*.
(44) Ibidem, ibidem.
(45) Mémoires de Du Bellay, année 1515.

(46) Discours militaires de Praissac, Exercice de la pique, chap. 1er, texte et grav.
(47) Essai des merveilles de la nature, par René François, chap. 17.
(48) Discours militaires de Praissac, chap. 1er, texte et gravures.
(49) *Ibidem, ibidem.*
(50) *Ibidem, ibidem.*
(51) *Ibidem, ibidem.*
(52) *Discours* de La Noue, disc. 11, S'il y a moyen de régler les arrière-bans.
(53) Voyez au xve siècle, histoire xxiii, *L'homme d'armes*, la note (58).
(54) Précis des délibérations des états de Bretagne, manuscrit déjà cité, année 1592, 31 décembre, « Francs archers... les esleus ont dit que la dite solde monte ordinairement à 35,000 livres quand la province est soumise... »
(55) Ordonnance du 24 juillet 1534 relative à l'institution des légionnaires.
(56) *Ibidem,* et ord. du 22 mars 1557 relative aussi aux légionnaires.
(57) Hommes illustres français de Brantôme, *Discours de l'infant. françoise.*
(58) Histoire de la milice française, par Daniel, liv. 11, chap. Des quatre premiers vieux régiments d'infanterie.
(59) *Ibidem,* chap. Des régiments appelés *petits vieux.*
(60) *Ibidem, ibidem.*
(61) « Nous Claude Cuissot, sieur de Gisencourt, capitaine d'une bande de 100 hommes de guerre à pied françois, tenant garnison pour le service du roy à Châlons, confessons avoir receu... le 18 avril 1590... »—« Nous Jacques de Camby, seigneur de Sériguac, capitaine d'une compagnie de deux cens hommes de guerre à pied françois du régiment dont est mestre de camp le sieur de Foncouvert, confessons avoir eu et receu comptant de mestre Jehan Fabry, conseiller du roy, trésorier général de l'extraordinaire des guerres... la somme de 1,200 livres à nous ordonné pour la levée de la susdite compagnie le 5e jour d'aoust 1605. » J'ai les originaux de ces deux quittances.
(62) Discours de La Noue, discours 13, Quatre régimens d'infanterie.
(63) « Roole de la monstre et reveue faicte en la ville de Lyon le viie jour d'octobre 1581, de huict vingt quatorze hommes à pied suisses y estant en garnison pour le service du roy soubs la charge du capitaine Hamis-Roche, tant pour la garde et seureté d'icelle... ensemble de huict Françoys assistants ordinairement en garde avec iceulx Suisses, et servant à leurs guides et conduite; par nous Merle, commissaire des guerres... » J'ai l'original de cette revue.
(64) Voyez la note précédente.
(65) Secret des finances, par Froumenteau, liv. 1er, chap. Infanterie.
(66) Disc. de La Noue, disc. 13, Le roy doit entretenir quatre régimens d'infanterie.
(67) *Ibidem, ibidem.*
(68) *Ibidem,* disc. 10, Des camarades recommandés en l'infanterie espagnole.
(69) Commentaires de Montluc.
(70) Discours de La Noue, 13e discours. Commentaires de Montluc sur la discipline de l'infanterie espagnole.
(71) L'infanterie fut la force de l'armée espagnole jusques aux journées de Rocroi, de Fribourg, de Nordlingue et de Lens où elle fut détruite par Condé.
(72) Ordonnance du 24 juillet 1534 relative à l'institution des légionnaires.
(73) Voyez dans Du Bellay, Guichardin, Paul Jove, les guerres de François Ier, notamment celles des années 1516, 1525, 1528 et 1543.
(74) États et empires de Davity, *De la France,* chap. Les forces de la France.
(75) *Ibidem, ibidem,* Mémoires de Sully, chap. 32, Affaires de milice.
(76) « Roole de la monstre et reveue faicte en la ville de Langogne... le 1 mars 1575... et 1er Anthoine Colombet, cappitaine, Barthelemy Dumont de Pradelle, sergeant, capporaux, Claude, Ganbargi... soldatz... Nous Anthoine Colombet, cappitaine d'une compagnie de 30 hommes de pied pour le service du roi... » Colombet signé. J'ai l'original de cette revue.

(77) Mémoires de la ville de Dourdan, Paris, 1834, chap. Articles accordés au capitaine Jacques.

(78) Ordonnance donnée aux états de Blois, année 1579, art. 289.

(79) Ord. du 9 février 1584 sur la police de la gendarmerie, art. 40.

(80) « Nous Anthoine de Manterne, porteur d'enseigne de la compagnie de cinquante « lances fournies... confessons avoir eu et receu de maistre Guy de la Malladure, con- « seiller du dit seigneur, trésorier de ses guerres... la somme de cinquante livres... à « nous ordonnée pour nostre estat de porte-enseigne... oultre le payement de nostre « place et soulde d'hommes d'armes... fait et scellé du seel de nos armes... l'an MVCXLV. » « Nous Anthoine de Lopiat, enseigne d'une compagnie de trente lances fournies... con- « fessons avoir receu de muistre François de Baroms, conseiller du roi, trésorier ordi- « naire de ses guerres... la somme de cent livres tournois à moy ordonnés pour mon dict « estat d'enseigne... oultre et par-dessus ma place et soulde d'hommes d'armes de sa « dicte compaignie... le XXe jour de novembre MVCLX. » J'ai les originaux de ces quittances.

(81) Cette induction sort naturellement de l'art. 4 de l'ordonnance du 9 février 1547 relative à l'équipement de l'arrière-ban.

(82) Ord. du 9 fév. 1584 sur la gendarmerie, art. 7. — Mém. de d'Aubigné.

(83) Discours militaires de La Noue, discours 18, 1er paradoxe.

(84) Histoire des troubles sous Henri III et Henri IV, liv. 2.

(85) *Ibidem, ibidem*; Origines de Claude Fauchet, ch. L'origine des armes.

(86) Ordonnance du 9 février 1584 relative à la gendarmerie, art. 31.

(87) Du temps des guerres de religion, qui ne cessèrent qu'à la fin du XVIe siècle, il y avait *probablement* un *plus grand nombre de compagnies*, même en ne comptant que dix mille hommes de gendarmerie ; car j'ai un carton rempli de revues : quelques compagnies s'élèvent jusqu'à 60, 70 gens d'armes ; quelques autres descendent jusqu'à 35, 30.

(88) Voyez aux notes du XVe siècle, histoire XXIII, *L'homme d'armes*, les notes (77) et (78).

(89) Ord. du 12 novembre 1549 sur la solde de la gendarmerie, art. 1er.

(90) Voyez les extraits de revues de cette station.

(91) « Roole de la monstre et reveue faicte en armes et non en robbe le 24e jour d'oc- « tobre 1601 en la plaine d'Escherolles en Daulphiné de la compagnie de 100 hommes « d'armes des ordonnances du roy soubs la charge de M. de Lesdiguières, par nous « Claude Tomard, commissaire ordinaire des guerres, 1° chefs Messire François de Bone, « sieur de Lesdiguières, capitaine, LXXIII escus... Hommes d'armes : Jacques Brunet, « sieur dudit lieu, XL escus, Sexte de Beauregard, sieur du dit lieu, XL escus. » J'ai l'original de cette revue dont je vais donner la suite.

(92) « ... Officier Aymar Jardin, trompette, XXX escus ; Pierre Garde, trompette, XXX « escus ; Jacques Thomas, mareschal-ferrant, XXX escus ; Jehan Rollin, fourrier-sellier, « XXX escus ; Jehan Millon, chirurgien, XXX escus... »

(93) Voyez la note précédente.

(94) La milice française, par Daniel, ch. Du colonel général de la cavalerie légère.

(95) Discours de Praissac, chap. 1er, Se préparer pour faire la guerre.

(96) Histoire du voyage de Charles VIII à Naples, insérée dans l'Histoire de Charles VIII, par Godefroy, Paris, 1617, année 1495.

(97) Théâtre françois, par Bouguereau, chap. de la Touraine.

(98) Discours de La Noue, discours 11, Rubrique de l'aliénation des fiefs.

(99) Escuyer, sieur de... dans les actes du temps ; j'en ai des milliers.

(100) Ord. du 26 fév. 1555 sur la convocation du ban et arrière-ban, art. 1.

(101) Régl. du roi sur l'équipement du ban et arrière-ban, 23 mai 1545, art. 10.

(102) Bacquet, des Droits du roi.

(103) Ord. du 9 fév. 1547 sur l'équipement du ban et arrière-ban, art. 26.

(104) Bibliothèque du droit françois, par Bouchel, au mot *Arrière-ban*.

(105) *Ibidem*, au mot *Baron*.

(106) États et empires de Davity, *De la France*, ch. Forces de la France.
(107) Ord. du 3 mai 1545 sur la convocation du ban et arrière-ban, art. 2.
(108) Discours de La Noue, rubrique, Redresser les arrière-bans.
(109) Recueil d'antiquités de Bourges, par Chenu, *Ban et arrière-ban*.
(110) Ord. du 5 fév. 1553 sur le règlement du ban et arrière-ban, art. 8.
(111) Ibidem, art. 6.
(112) États et empires de Davity, *De l'Angleterre*, art. Forces de l'Angleterre.
(113) Bibliothèque du droit français, par Bouchel, au mot *Vagabond*.
(114) Règlement du roi du 23 mai 1545, art. 12.
(115) Règlement du roi relatif au ban et arrière-ban, 13 mai 1545, art. 12.
(116) Discours politiques et militaires de La Noue, discours 11.
(117) Ord. du 21 juin 1553 sur l'ordre et équipage du ban et arrière-ban.
(118) L'institution des 15 compagnies d'ord. donna à la France une cavalerie d'environ 9 à 10,000 hommes. Voyez-en l'organisation dans les Lettres de Charles VII, citées aux notes du xve siècle, hist. xxiii, *L'homme d'armes*. Cette cavalerie remplaçait celle du ban ; naturellement elle devait être en même nombre.
(119) Discours militaires de La Noue, discours 14, Ban et arrière-ban.
(120) C'est ainsi que sont habillés les canonniers dans la soixante et unième planche, des Artifices de feu, par Joseph Boillot, Langrois, Strasbourg, 1603.
(121) Instructions sur l'artillerie, par Davelourt, Paris, 1608, ch. 1er, Des arsenaux.
(122) Antiquités de Paris, par Corozet, chap. 28. L'entrée du roi Henri II.
(123) Il existe encore dans les arsenaux plusieurs de ces vieux canons polygones à l'extérieur. François Ier fit présent aux habitants de Bayeux de six couleuvrines de cette forme dont plusieurs servent aujourd'hui de bornes sur la place Saint-Patrice. Essai hist. de Bayeux, par Pluquet, ch. 13, Du château.
(124) Instructions sur l'artillerie, par Davelourt, chap. De la fonte.
(125) Discours militaires de Praissac, chap. 13, Des fontes, alliages, etc.
(126) Voyez au xve siècle, histoire xxiii, *L'homme d'armes*, la note (94).
(127) Discours militaires de Praissac, chap. 13, Fontes, alliages, etc.
(128) Histoire de Marseille, par Ruffi, liv. 6, chap. 4, Siége de Marseille.
(129) Discours militaires de Praissac, chap. 13, Fontes, alliages, etc.
(130) Ibidem, ibidem.
(131) Ibidem, ibidem.
(132) Artifices de feu, par Boillot, chap. 55, texte et figures.
(133) Ibidem, ch. 46. L'arsenal de Davelourt, ch. 7, Composition de la poudre.
Autant que j'ai pu, j'ai donné l'histoire de la poudre pendant les trois premiers siècles où elle a été connue. Mais depuis la première édition de mon œuvre les notions ont été bien étendues, grâce aux travaux de l'académie de la Morinie, c'est-à-dire de son illustre président, M. de Givenchy ; grâce aux travaux de l'Institut, de M. Reinaud qui en est membre, du savant M. Lacabane qui le sera ; grâce aux travaux du prince Louis-Napoléon Bonaparte. Leurs ouvrages reculent l'origine de la poudre de plusieurs siècles, au delà de l'époque si hautement et si inébranlablement fixée par les historiens français, anglais, allemands et autres. Je n'ai pas osé faire dire au xive siècle ce qu'il ne disait pas, ce qu'il ne savait pas, ce que les savants du xixe ont su et dit.
(134) Artifices de feu, par Boillot, chap. 47, texte et figures.
(135) « Je Claude Lecomte, conseiller du roi, trésorier et garde général de l'artillerie
« de France, confesse avoir receu de feu Nicolas Duchat en son vivant, commis à la fas-
« son et composition des pouldres à canon au magasin du roi à Troye... la quantité de
« 30 milliers de pouldres à canon... des trois sortes... grosse grenue... menue grenue...
« et 500 livres d'amorce en dix cartaulx couverts et revêtus de leur chappe... le dernier
« jour de mars 1581. » J'ai l'original de cette quittance.
(136) Ord. de février 1582 sur l'approvisionnement des arsenaux, art. 1er.
(137) Instruction sur l'artillerie, par Davelourt, ch. 7, Poudre à canon.

DU XVIe SIÈCLE.

(138) « Je Gaston Mydorge, conseiller du roy et thrésorier général de l'artillerie du
« dict seigneur, confesse avoir receu de mestre François Sabathier, aussi conseiller du
« roi et thrésorier de son espargne, la somme de 1,200 livres tournois en ung mande-
« ment... pour avances de la somme de... pour sept milliers cinq cens livres de salpêtre
« faisant partie de 15 milliers qu'il a entrepris fournir par chascun an la dicte ville de
« Verdun... tesmoings mon seing manuel le xix janvier 1577. » J'ai l'original de cette
quittance.

(139) Artifices de feu, par Boillot, chap. 42 et 43.
(140) *Ibidem*, chap. 44.
(141) Instr. sur l'artillerie, par Davelourt, ch. 9, De la charge de poudre.
(142) Discours militaires de Praissac, chap. 13, De l'artillerie.
(143) « En la présence de moy notiaire roial à Lion soubsigné, et tesmoings, après
« nommez Johan Deschamps... tous voicturiers par terre demeurants à Lion, ont con-
« fessé avoir receu 5 escuz à eux ordonnés pour le paiment des gaiges, nourritures et en-
« tretenement de cent sept chevaulx roulliers et de traict qu'ilz ont ce jourd'huy prestez
« et fournis en l'arsenal de ceste ville pour servir en traict ez bandes d'artillerie que l'on
« faict marcher en l'armée conduitte pour le service du roy par monseigneur d'Ornano
« au païs de Bresse... faicte au dict Lyon le xvii juing 1595. » J'ai l'original de cette
quittance.

(144) Discours militaires de Praissac, chap. 13, De l'artillerie française.
(145) L'Arsenal de Davelourt, ch. 38, Que c'est de tirer de poinct en blanc.
(146) Mém. de Sully, ch. 95, Par lequel est donné commencement à l'année 1600.
(147) Artifices de feu, par Boillot, chap. 57, texte et fig.
(148) *Ibidem*, chap. 58, texte et fig.
(149) L'Artilleur, par Davelourt, chap. 2, Canonniers.
(150) L'Arsenal d'artillerie, par Davelourt, chap. 31, Manière de charger.
(151) Mémoires de Sully, chap. 95, cité à la note (146).
(152) Instr. sur l'artillerie, par Davelourt, chap. 6, Des chargeoires, etc.
(153) L'arsenal de Davelourt, chap. 31, Manière de charger.
(154) Instructions sur l'artillerie, par Davelourt, chap. 9, Charge ordinaire de poudre; et de l'Arsenal du même, chap. 32, Du rafraîchissement des pièces.
(155) *Ibidem*, chap. 31, Manière de charger.
(156) *Ibidem*, ibidem.
(157) Histoire universelle de d'Aubigné, liv. 1er chap. 7, Combat de Renti, liv. 5,
ch. 16, Bat. de Moncontour. — Mém. de Sully, ch. 23, Bat. de Coutras, etc.
(158) Traité de l'artillerie, par Davelourt, 4e traité.
(159) On verra à l'administration militaire, art. Des contrôleurs, qu'il n'y avait point
de dépenses qui ne fussent par eux vérifiées.
(160) Mémoires de Sully, ch. 92, Grand discours du roy à Rosny.
(161) Artifices de feu, par Boillot, chap. 69, texte et fig.
(162) *Ibidem*, chap. 75, 76, 77, 78, 79, 81, 82.
(163) Discours militaires de Praissac, ch. 10, Différence des forteresses.
(164) Artifices de feu, déjà cités, 11e fig., texte et gravures.
(165) Recherches et considérations sur l'artillerie, par Davelourt, Paris, 1617, chap. 22,
Des inventions nouvelles.
(166) Artifices de feu, par Boillot, chap. 66 et 67, texte et fig.
(167) Disc. milit. de Praissac, ch. 6, Prise des places par pétards, texte et fig.
(168) *Ibidem*, chap. 15, Des feux d'artifices.
(169) Artifices de feu, par Boillot, chap. 71.
(170) L'Arsenal de Davelourt, chap. 42, Du bailliage de l'artillerie.
(171) Instr. sur l'artillerie, par Davelourt, ch. 14, Des officiers de l'artillerie.
(172) Dans les divers comptes des villes et notamment dans celui d'Arras il est parlé
des maîtres canonniers.

(173) Instructions sur l'artillerie, par Davelourt, chap. 14, Des officiers ordinaires de l'artillerie.
(174) *Ibidem, ibidem.*
(175) *Ibidem, ibidem.*
(176) *Ibidem, ibidem.*
(177) Ord. de décembre 1552 relative aux charrois de l'artillerie, art. 10.
(178) Artifices de feu, par Boillot, chap. 50.
(179) Hommes illustres français de Brantôme, *Vie de Pommereul.* Il semble que dans l'espèce humaine la nature ait privilégié des familles pour certaines sciences, certains arts. Les Asclépiades naissaient tous médecins, les Plantins tous imprimeurs, les Sainte-Marthe tous érudits, les Doria tous marins; les Pommereul naissent depuis longtemps tous artilleurs. Ce Jean de Pommereul, 33ᵉ grand-maître d'artillerie, était aïeul d'un autre Pommereul, contemporain de madame de Sévigné, chargé de la défense des côtes de la Bretagne, aïeul du feu baron de Pommereul, lieutenant-général au corps d'artillerie, père de M. le baron de Pommereul, maréchal-de-camp au même corps.
(180) Hommes illustres français de Brantôme, *Vie de Pommereul.*
(181) L'Arsenal de l'artillerie, par Davelourt, chap. 25, Des gabions.
(182) Secrets des finances, par Froumenteau, chap. Estat au vray des deniers... levés... ensemble des despences depuis 1547 jusques à 1580, § Artillerie.
(183) Mémoires de Sully, chap. 93, Duc de Savoie arrivé à Paris.
(184) *Civitates orbis terrarum,* par Braun, liv. 2, chap. *Metis.*
(185) *Ibidem, ibidem.*
(186) Mémoires de Vieilleville, liv. 9, chap. 23.
(187) Plans et profils de toutes les principales villes de France, par Tassin, Paris, Van Lochum, 1636, aux divers chapitres de ces villes, texte et grav.
(188) L'Arsenal d'artillerie, par Davelourt, chap. 17, De ne s'opiniastrer à défendre ou assiéger une place avec peu d'artillerie et munitions.
(189) Voyez du xvᵉ siècle, histoire XXIII, *L'homme d'armes,* la note (102). Voyez aussi la Manière de fortifier, par La Treille, Lyon, Rouille, 1556.
(190) Voyez au xvᵉ siècle, histoire XXIII, *L'homme d'armes,* la note (108).
(191) Manière de fortifier, par La Treille. Discours militaires de Praissac.
(192) *Ibidem,* chap. 4, De la fabrique des forteresses.
(193) *Ibidem, ibidem.*
(194) *Ibidem.* La manière de fortifier, par La Treille.
(195) Discours sur l'architecture de guerre, les fortifications, etc., par Aurelio de Pasino, Ferrarois, architecte du duc de Bouillon, Anvers, Plantin, 1579.
(196) Voyez les planches des ouvrages ci-dessus cités.
(197) *Ibidem.*
(198) *Ibidem.*
(199) Ancienne rue de Verdun.
(200) J'ai plusieurs revues de diverses époques du xviᵉ siècle : les signature du chef du corps et du commissaire aux revues sont au milieu et au bas.
(201) Ni dans les pièces comptables que je cite, ni dans celles que j'ai et que je ne cite pas, ni dans les revues, il n'est fait mention d'un chef général.
(202) Bibliothèque de Bouchel, aux mots *Trésoriers ordinaires des guerres, Trésoriers extraordinaires.*
(203) *Ibidem,* au mot *Ordinaire des guerres.*
(204) Ord. de mars 1551 sur la juridiction de la cour des aydes, art. Tailles... solde de 50,000 hommes. J'ai eu en ma possession un rôle de cette solde de 50,000 hommes ; il était écrit sur papier et ne contenait que la banlieue de Paris.
(205) Bibliothèque de Bouchel, au mot *Recepte générale.*
(206) *Ibidem,* au mot *Ordinaire des guerres.*

(207) *Ibidem*, au mot *Extraordinaire des guerres*.
(208) *Ibidem*, au mot *Trésoriers ordinaires des guerres*.
(209) *Ibidem*, au mot *Trésoriers de France et généraux des finances*.
(210) *Ibidem*, au mot *Trésoriers ordinaires des guerres*.
(211) *Ibidem*, au mot *Trésoriers de l'extraordinaire*.
(212) Voyez aux notes du xv⁰ siècle, histoire xxiii, *L'homme d'armes*, la note (14). Il en était encore de même au xv⁰ siècle. « Roole de la monstre et revcue faicte à Quercaz « le xxiii⁰ jour de juing l'an mil vc et vii de trente hommes d'armes et soixante archiers… « soubs la charge… de messire Johan d'Estrac… par nous François Herpin, conseiller et « maistre d'ostel ordinaire du roy… » Je possède cette revue.
(213) Je prends dans mes cartons la quittance qui suit : « Nous Guychard de Thou, « seigneur de Portaulx, commissaire ordinaire de la guerre… confessons avoir eu et receu « de maistre René Thizart… trésorier… la somme de cent livres… pour nos gaiges du « dict office… le 12 janvier 1593. »
(214) Bibliothèque de Bouchel, au mot *Extraordinaires des guerres*.
(215) Œuvres de Tabourot, chap. Du changement de surnom.
(216) Bibliothèque de Bouchel, au mot *Extraordinaires des guerres*.
(217) *Ibidem, ibidem*.
(218) « Roole de la monstre et revue faicte en robbes, à Rennes, le 4ᵉ jour d'aoust « 1501, de 30 hommes d'armes et 45 archiers, faisant nombre de 30 lances fournies, « par nous René de Boujardière de Montausson, commissaire ordinaire des guerres… » J'ai l'original de cette revue.
(219) J'ai vu plusieurs revues d'hommes d'armes faictes à la fin du xvi⁰ siècle où chaque homme d'armes signe au-dessous de son nom. J'ai celle de la compagnie de Balsac d'Entragues passée à Baugency le 1ᵉʳ février 1592 ; il n'y a que trois croix et deux signatures imitant les lettres imprimées. Dans une autre de la compagnie de Lesdiguières citée à la note (91), tous les gens d'armes, tous ont signé. Il en est de même dans celle du capitaine d'Arques, 1593, que j'ai aussi.
(220) Recueil de Mémoires, par Bouillerot, chap. Monstre des nouveaux gens d'armes qui serviront près d'Espernon.
(221) *Ibidem, ibidem*.
(222) Mémoires de Sully, chap. 52, Affaires d'estat et de milice.
(223) *Ibidem, ibidem*.
(224) Qu'on ne perde pas de vue que la cavalerie, la gendarmerie, la partie de l'armée la plus dispendieuse, ne recevait pas de vivres et ne se nourrissait qu'avec sa solde. Voyez la note (230).
(225) « Jean Bourgoing et Guillaume Marcoureau, maistres jurez jaugeurs de Paris, « confessent avoir receu de Pierre Gougeon, marchand, demeurant à Meaux, commis de « par messieurs les commissaires des vivres des camps et armées du roy… la somme de « deux escus ausquels leur avoir esté taxé par lesdits sieurs commissaires pour « avoir par eux vacqué l'espace de cinq journées à jauger les farines estans à Saint-« Martin et autres lieux dont quittance le 28 décembre 1544. » J'ai l'original de cette quittance. Voyez aussi Discours de Praissac, chap. 14, sect. Du commissaire général des vivres.
(226) « Je André Bouchan, clerc et commis des vivres en l'armée estant en Pro-« vence… confesse avoir receu comptant de Me Pierre Billiad… trésorier général de « l'extraordinaire des guerres… le huictiesme jour de janvier mil vc quatre-vingts et « sept… » J'ai l'original de cette quittance.
(227) Voyez l'avant-dernière note.
(228) Discours de Praissac, ch. 14, sect. Du commissaire général des vivres.
(229) *Ibidem, ibidem*.
(230) *Ibidem, ibidem*.
(231) Lettres de Pasquier, *Lettre à M. Fousomme, siège de Metz*.

(232) Ord. portant règlement des fournitures militaires, 7 avril 1548, art. 9.
(233) Leçons de La Nouche, l. 3, ch. 39, Comparaison des Romains et des Turcs.
(234) Les Estats et empires du monde, par Davity, disc. De l'Angleterre, chap. Forces de l'Angleterre.
(235) Règlement fait à Paris le 12 février 1535, art. 5.
(236) Ibidem, ibidem.
(237) Mém. de Sully, ch. 64, Relation de vostre voyage de Châtellerault.
(238) Ibidem, ibidem.
(239) « Je Abraham Petit, aulmosnier du régiment de Picardye et Cambray, confesse « avoir receu de M⁰ Pierre Billiad... trésorier général de l'extraordinaire de la guerre... « le 18 juillet 1586. » J'ai l'original de cette quittance.
(240) Mémoires de Sully, à l'endroit cité à la note (237).
(241) Bibliothèque de droit français, par Bouchel, au mot *Mort-gage*.
(242) Alphabet militaire, ch. Instruction pour donner le morion aux soldats.
(243) Dictionnaire de Richelet, édition de 1680, au mot *Estrapade*. — Antiquités de Paris, par Sauval, liv. 10, chap. L'estrapade.
(244) Alphabet militaire, chap. Ord. sur le règlement de l'infanterie.
(245) Ibidem, ibidem.
(246) Voyez les notes de la station XLVII, *L'épée française*.
(247) Ord. militaires de Saint-Chaman ; ord. de mars 1550, art. 24.
(248) Ibidem, ordonnance de l'année 1586, art. 3 et suivants.
(249) Ordonnance du 20 janvier 1514 relative aux gens d'armes, art. 5.
(250) Voyez la note (27) de cette station.
(251) Ordonnance du 20 janvier 1514 relative aux gens d'armes, art. 5.
(252) Œuvres de Jean de Caurres, l. 6, ch. 5, Des prévôts des maréchaux.
(253) Hommes illustres français de Brantôme, *Vie d'Anne de Montmorenci*.
(254) Hommes illustres étrangers de Brantôme, *Vie de Strozzi*.
(255) Histoire de la ville et siège de Sancerre, par Jean de Léry, chap. 12, Des désolations et désordres des assiégés.
(256) Ordonnance relative aux légions d'infanterie, 24 juillet 1534, art. 56.
(257) « Ce jour commença le convoi de monseigneur le duc de Guise... quatre rangs, « cinq à cinq, de caporaulx et sergents de bande, la hallebarde basse, suivis de quelques « tambourins portés sur le dos, couverts de drap noir... si vinrent six enseignes desdits « capitaines... portans leurs enseignes ployées sur l'épaule, le fer contre bas... huit « cens piquiers tenant leurs piques vers le fer et les traînant... » Reg. du parlement, « Mémorial du 19 mars 1563.

LA CAPITALE DE LA FRANCE, Station XLII.

(1) Atlas de Braun, chap. Madrid, Tolède, Paris, texte et gravures.
(2) Registres du parlement, 29 mai 1550.
(3) Antiquités de Paris, par Corrozet, ch. 28, L'entrée de Henri II à Paris.
(4) Instr. de l'artillerie, par Davelourt, ch. 1, Des arsenaux et magasins du roi.
(5) Ibidem, chap. 7, De la poudre à canon.
(6) Voyez le plan de Paris, par Melchior Tavernier, déjà cité.
(7) Antiquités de Paris, par Dubreul, liv. 1, ch. Fondation de la cathédrale.
(8) Ibidem, ibidem.
(9) Ibidem, ibidem.
(10) Ibidem, ibidem.
(11) Antiquités de Paris, par Dubreul, *Louvre, Tuileries*.

(12) *Theatrum de las grandezas de Madrid. Hispan. et Lusit. itin.* c. 2, art. 11.
(13) Antiquités de Paris, par Sauval, liv. 14, chap. Hôtel du Carnavalet.
(14) *Ibidem*, chap. Hôtel de Cluny.
(15) Antiquités de Paris, par Dubreul, liv. 2, chap. Hostel d'Hercule.
(16) *Ibidem, ibidem*.
(17) Antiquités de Paris, par Sauval, liv. 7, chap. Hôtel de Nevers.
(18) *Ibidem*, chap. Hôtel de Guise.
(19) *Ibidem*, chap. Hôtel de Montpensier.
(20) *Ibidem*, chap. Hôtel de Soissons.
(21) *Ibidem*, chap. Le Petit-Bourbon.
(22) *Ibidem*, chap. Hôtel de Brissac.
(23) Mémoires de De Thou, année 1588.
(24) Mémoires d'État, par Villeroi, *Discours du siège de Paris en 1590*.
(25) Descript. de Paris, par Piganiol, *Quartier de la Cité*, ch. du Pont-Neuf.
(26) *Ibidem, ibidem*.
(27) Ainsi dans la carte de Melchior Tavernier sont représentés ces ponts.
(28) *Ibidem*, l'île de Saint-Louis y porte le nom d'*Ile Notre-Dame*.
(29) *Ibidem*, on y voit de grandes croix au milieu de ces ponts.
(30) *Ibidem*, la représentation de ces trois ponts annonce évidemment qu'ils sont construits en bois.
(31) Antiquités de Paris, par Corrozet, chap. dernier, Rues de Paris.
(32) Ordonnance du 21 novembre 1577 sur le nétoiement des rues, art. 6.
(33) *Ibidem*, art. 7.
(34) Histoire générale de d'Aubigné, liv. 2, chap. 14.
(35) Il a été prouvé qu'on disait indifféremment *carrossier* ou *cocher*. On peut en induire que dans les commencements on a de même dit indifféremment *portes cochères*, *portes carrossières*, car les carrosses et le nom de carrosses étaient aussi communs que les coches et le nom de coches.
(36) Ant. de Paris, par Dubreul, liv. 2, Écoles de médecine. — La ville de Paris, avec le nom des rues, etc., par Colletet, 1679, chap. Des enseignes.
(37) *Ibidem, ibidem*.
(38) L'esprit de parti en agirait aujourd'hui de même; il dut donc en agir ainsi.
(39) Plan de la ville de Paris, par Melchior Tavernier, déjà cité.
(40) Antiquités de Paris, par Corrozet, chap. dernier, Noms des rues, etc.
(41) Antiquités de Paris, par Sauval, liv. 7, chap. De la grande halle.
(42) *Ibidem*, chap. La halle des Mathurins.
(43) Recueil d'ordonnances de la prévosté de Paris, Paris, Roffet, 1582. Arrêt pour la vente des vins, 14 août 1577.
(44) Cosmographie de Thevet, liv. 15, chap. 5, De la cité de Paris.
(45) États et empires du monde, par Davity, chap. De la Grande-Bretagne, art. Richesses d'Angleterre.
(46) *Ibidem*, chap. De l'état du Turc, art. Constantinople.
(47) Cosmographie de Thevet, liv. 15, chap. 5, De la cité de Paris.
(48) Le Théâtre français, par Bouguereau, chap. de la Touraine.
(49) Antiquités de Sauval, liv. 6, chap. Boucherie du faubourg Saint-Germain.
(50) Journal de Henri IV, année 1606, vendredi 10 novembre.
(51) Traité de police, par Delamare, liv. 5, chap. 13, Police des grains, etc.
(52) L'Anti-Hermaphrodite, Paris, 1606.
(53) *Ibidem, ibidem*.
(54) Antiquités de Paris, par Sauval, liv. 6, chap. État des boulangers.
(55) Histoire de Paris, par Félibien et Lobineau, Preuves, Registres de l'hostel de ville de Paris, chap. Don de 150 mille livres fait au roi.
(56) Articles et propositions sur lesquels le roi a voulu estre délibéré par les princes

officiers de la couronne et autres seigneurs de son conseil assemblés pour ce faict à Saint-Germain-en-Laye en novembre 1583, chap. Des finances.

(57) Note (60) de la station LVIII, *L'imprimerie et la librairie françaises.*

(58) Registres du parlement : « La cour faict deffenses... aux escrimeurs et tireurs « d'armes de s'establir dedans le quartier de l'Université. » 21 aoust 1567.

(59) Journal de Henri IV, année 1606, vendredi 19 mai.

(60) « La cour a défendu aux personnes accoustumées de loger de nuit pour un liard « et au jour la journée... les gens oiseux de... » Règl. du parl., 12 déc. 1551.

(61) Cosmog. de Belleforêt, ch. Cité de Paris, art. Ausmones des chartreux.

(62) Supplément au Journal de Henri IV, 11 septembre 1608.

(63) Histoire de Francion, liv. 2, chap. Histoire de Narsault.

(64) *Ibidem, ibidem.*

(65) *Ibidem, ibidem.*

(66) *Ibidem, ibidem.*

(67) *Ibidem, ibidem.*

(68) Journal de Henri IV, année 1605, vendredi 30 décembre.

(69) *Ibidem*, année 1596, mardi 4 juin.

(70) Ordonnance de Blois, 1579, chap. De la justice, art. 193.

(71) Journal de Henri IV, année 1606, jeudi 25 janvier et jeudi 9 mars.

(72) Mémoires de d'Aubigné.

(73) Journal de Henri IV, année 1606, jeudi 25 janvier et jeudi 9 mars.

(74) Histoire de Paris, par Félibien et Lobineau, Preuves, Registres de l'hostel de ville de Paris, *Ordre de n'avoir qu'une porte ouverte à chaque maison.*

(75) Registres du parlement, Règlement pour la sûreté de la ville, 7 septembre 1598, et du 29 octobre 1558, relatifs au guet extraordinaire, etc.

(76) La fameuse compagnie de la Lésine, chap. Loix et canons, art. 12.

(77) Registres du parl., Règlement pour la sûreté de la ville, 29 août 1598.

(78) *Ibidem*, 16 novembre 1526.

(79) « Plus ordonne la dicte chambre que au lieu de lanternes... il y aura au coin de « chacune rue... un fallot ardent depuis les dix heures du soir jusques à quatre heures « du matin, et où les dictes rues seront si longues que le dict fallot ne puisse esclairer « d'un bout à l'autre, en sera mis ung au milieu des dites rues ou plus selon la gran- « deur d'icelles... » Registres du parlement, 29 octobre 1558. « ... La cour a ordonné « que les dictes lanternes et potences pour icelles assoeir seront exposées en vente... » *Ibidem*, 21 février 1559.

(80) Antiquités de Paris, par Sauval, chap. Comptes de la prévôté de Paris.

(81) Antiquités de Paris, par Corrozet, chap. 11, Création des prévôts, etc.

(82) Ordre pour le gouverneur de Paris, du 14 août 1587, Fontanon, appendix.

(83) Bibliothèque de Bouchel, au mot *Guet, Gens du guet portant l'estoile.*

(84) Recueil de chartes relatives à la garde de Paris, par Drouart, colonel des archers, Paris, 1667.—Ord. de mars 1523 sur les archers et arbalétriers.

(85) *Ibidem*, Ordonnance du mois de juillet 1563 relative aux arquebusiers.

(86) Recueil d'ordonnances sur la prévôté de Paris, ch. Ord. du guet.

(87) *Ibidem, ibidem.*

(88) *Ibidem*, chap. Privilèges du prévôt des marchands et eschevins.

(89) Ord. de nov. 1563 sur la création d'un juge marchand et quatre consuls.

(90) Années de la ligue et du siège de Paris.

(91) Mémoires de Villeroi, chap. Discours du siège de Paris en l'an 1590.

(92) *Ibidem, ibidem.*

(93) Journal de Henri IV, année 1590, lundi 30 juillet.

(94) Champier, *De re cibariâ, lib.* 11, *cap.* 31, *De malo medico, citrio,* etc.

(95) *Ibidem, ibidem.*

(96) *Ibidem, lib.* 11, *cap.* 8, *De cerasiis.*

(97) *Ibidem*, cap. 15, *De persicis malis*.
(98) *Ibidem*, cap. 18, *De pyris*.
(99) *Ibidem, ibidem*.
(100) *Ibidem*, cap. 15, *De castaneis*.
(101) *Ibidem*, lib. 9, cap. 4, *De napis*.
(102) *Ibidem*, cap. 9, *De cœpis*.
(103) Antiquités de Paris, par Sauval, liv. 6, chap. État des boulangers.
(104) *Prædium rusticum Caroli Stephani*, cap. *Vinetum*.
(105) Pantagruel, liv. 2, chap. 31, Pantagruel entra en la ville des Amaurotes.
(106) Antiquités de Paris, par Dubreul, liv. 3, chap. Hôpital de la Trinité.
(107) Trésor de santé ou Mónago de la vie humaine, Lyon, 1607, liv. 1er, chap. Ouvrages de four les plus vulgaires.
(108) Antiquités de Paris, par Sauval, liv. 7, chap. Hôtels des ambassadeurs extraordinaires avec leur réception, § Sous Henri II.
(109) Trésor de santé, déjà cité, liv. 1er, chap. Ouvrages de four, etc.
(110) Traité de la police, par Delamare, liv. 5, tit. 23, chap. 6, Des rôtisseurs. — Ord. du 4 février 1567 et du 27 novembre 1577 sur les rôtisseurs et cuysiniers. — Ancien Dictionnaire de Furetière, au mot *Cuysinier public*.
(111) *Ibidem*, liv. 5, tit. 5, chap. 10, Exposition des ventes des grains. — Ordonnance du 23 novembre 1546 sur les oblayers, pasticiers.
(112) Voyez l'avant-dernière note.
(113) Traité de Delamare, liv. 1er, chap. 3, De la police du Châtelet.
(114) Catalogue des rues de Paris avec la dépense qui se fait chacun jour en la dicte ville, par Ogier, Paris.
(115) Registres du parlement, arrêt du 12 janvier 1575 : « Le parlement mande De-
« lastre, imprimeur pour avoir imprimé ce quatrain :

        Les plus hardis et guerriers généreux,
        Les mieux disants et plus gentilles dames
        Mourront ce mois, et Paris plantureux
        Sera détruit par la fureur des armes. »

(116) La farce joyeuse du vendeur de livres, Paris, Techner.
(117) Recherches de Pasquier, liv. 8, ch. 62, De quelques proverbes. — Reg. du parlement, 18 avril 1560 sur les porte-paniers et porte-tablettes.
(118) Dans la carte de l'Île de France, par La Guillotière, géographe de la fin du XVIe siècle, au lieu d'*Antoni* on lit *Saint-Antoni*.
(119) On y lit aussi dans la direction de Paris à Saint-Germain *la Malemaison*.
(120) Dans la même carte on voit aussi le parc de Madrid clos de murs.
(121) Le plan de Paris, de Melchior Tavernier, offre les îles de Louviers et de Saint-Louis toutes couvertes de plantations, de moulins, de petites maisons.
(122) Le terrain entre les Tuileries et les Bons-Hommes était libre comme aujourd'hui. Pour l'autre rive voyez la note (124).
(123) Le plan de Paris, dit de Tapisserie, à peu près le même que celui de l'*Orbis terrarum* de Braun, bien qu'il soit antérieur de quelques années, car celui de Braun est de 1576 au moins... ne marque point, comme celui du Traité de police de Delamare, règne de Henri III, ou celui de Tavernier, fin du règne de Henri IV, un long jeu de mail défendu par des barrières. Mais ce jeu devait exister en 1600 et attirer le beau monde au quai des Ormes.
(124) Plan de Paris, par Delamare, dans son Traité de la police.
(125) Rabelais, *Gargantua*, liv. 1er, chap. 22, Les jeux de Gargantua.
(126) *Ibidem, ibidem*.
(127) Antiquités de Paris, par Sauval, liv. 6, chap. Autres places.
(128) Ordonnances du 9 mai 1559, 5 février 1561, relatives aux masques, et l'art. 198 de l'ordonnance de Blois, 1579. — Journal de Henri IV, année 1595, mardi 7 février;

année 1597, dimanche 23 février. — Le livre de la mommerie, par Claude Noirot, juge en la mairie de Langres.

(129) Antiquités de Paris, par Sauval, liv. 6, chap. La foire Saint-Germain.
(130) Journal de Henri IV, année 1607, vendredi 23 février.
(131) Journal de Henri IV, année 1594 et suivantes.
(132) *Ibidem*, année 1594, jeudi 14 avril.
(133) Registres du parlement, mémoriaux. « L'orologe du palais sonna à carillons en « signe de réjouissances... » 4 juillet 1550; il en fut de même durant ce siècle : mêmes registres mémoriaux du 29 mars 1549, 12 juing 1598, 28 septembre 1601, 26 avril 1608.
(134) Voyez le Cérémonial des églises, chap. Des marguilliers.
(135) Ordonnances relatives à la prévosté des marchands de Paris, § La forme de faire payer le guet, et de ceux qui sont subjects à le faire.
(136) Calendrier historique de Paris, chap. Dimanches d'après Pâques.
(137) Statuts des jardiniers et des boutiquiers du xvie siècle.
(138) Antiquités de Paris, par Corrozet, f° 194, *verso*.
(139) Recueil d'ordonnances de la prévosté de Paris, art. Ord. des péages.
(140) *Ibidem, ibidem*.

LA BOUTIQUE DE CALAIS, Station XLIII.

(1) Cartes de Mercator, Duysbourg, 1585; Cartes du *Theatrum orbis terrarum*, d'Ortellius, Anvers, 1595; Cartes de Hondius, auteur de la Description de l'univers, 1607. — Hondius a gravé bien avant cette époque un grand nombre de cartes; j'en possède plusieurs.
(2) J'ai un recueil de cartes italiennes de Floriano, de Giacomo di Castaldi et d'autres géographes, gravées au xvie siècle depuis l'année 1535 jusqu'à l'année 1565; le dessin en est moelleux, gracieux.
(3) Cosmog. de Belleforêt, *France, Picardie*, Plan de la ville et port de Calais.
(4) Atlas de Ptolomée, Venise, 1511; même atlas, Venise, 1597. — Cartes de Pomponius Mela, Bâle, 1538. — *Disegno dell' Asia di Castaldi cosmographo*, Venise, 1561. Cartes de Thevet, de Belleforêt; cartes du Théâtre de Bouguereau.
(5) Atlas de Ptolomée de 1511, déjà cité, *Tabula* 2, tab. 3 *Africæ*, tab. 2 *Asiæ*.
(6) J'ai un atlas qui a appartenu au célèbre géographe Buache; il est composé de plusieurs cartes des provinces françaises, gravées à diverses époques du xvie siècle. Ces signes géographiques se trouvent dans plusieurs de ces cartes.
(7) Cartes du Théâtre français de Bouguereau.
(8) Il suffit de conférer ensemble les atlas et les cartes cités dans ces notes.
(9) Il suffit aussi de conférer ensemble ces mêmes atlas.
(10) *Orontii Finæi Delphinatis regii mathematic. Lutetiæ professoris, arithmetica, geometrica et cosmographia*, Paris, Simon Colline, 1544.
(11) *Galliæ descript., ab Orontio F. Delph. Venetiis, Zenoi excidebat*, MDLXIII.
(12) Tels que La Guillotière cité dans le Journal de Henri IV, année 1594, jeudi 27 octobre; Jean du Temps, blaisoys; Jean du Fayen, limosin; Isaac François, tourangeau; les Ainguyet, angevins, cités dans l'advertissement du Théâtre françois de Bouguereau.
(13) *Hispaniæ descrip.*, Venise, 1560. Cette carte est à l'atlas cité note (6).
(14) Carte du *Novus orbis veteribus incognitus*, Paris, Jean Petit, 1532, et le chap. des Terres septentrionales.
(15) *Hakluit's principal navigations of the english nation*, London, 1598.
(16) Carte de l'Europe de l'atlas de Mercator, Duisbourg, 1595.
(17) Elle est surtout clairement dessinée dans la carte de l'Europe, corrigée par Ber-

tius, cosmographe et lecteur du roi, Paris, 1627, où elle est appelée *Saisec*, muraille élevée par le czar Fœdor.

(18) Notamment celle d'Adrien entre New-Castle et Carlisle, celle de la Chine.

(19) Histoire du Portugal, année 1580, époque de sa réunion avec l'Espagne après la mort du cardinal Henri.

(20) Atlas et cartes du xvi° siècle.

(21) Atlas déjà cités. Cartes d'Afrique. Voyage des Portugais, en 1497, au-delà du cap de Bonne-Espérance.

(22) Géographies de Ptolomée et de Pomponius Mela, *De Africa*.

(23) Cosm. de Thevet, de Munster, Afrique. *Africa Nic. Stopius*, Venise, 1513.

(24) Le Quart du Nouveau-Monde et navigations faites, par Emeric de Vespuce, Paris, à l'enseigne de l'escu de France, un volume in-12, caractères gothiques. Ce livre fut traduit de l'espagnol en italien, et de l'italien en français par Mathurin de Redouet ; j'en possède un exemplaire de la première édition qui ne se trouve dans aucune des bibliothèques publiques de Paris. C'est le premier ouvrage écrit en langue française sur la découverte de l'Amérique ; il se termine ainsi : *Cy finist le livre intitulé le Nouveau-Monde et navigations de Almeric de Vespuce*. Je n'ai cité qu'un frontispice d'une édition postérieure à la première ; je ne puis dire si le frontispice de la première porte *Emeric* ou *Almeric*, car il manque à mon exemplaire. Au feuillet 71 de mon édition on trouve : *C'est une lettre d'Alberic Vespuce*. Dans le *Novus orbis regionum veteribus incognitarum*, déjà cité, on lit : *Navigationum Alberici Vesputii epitome* ; ce mot d'*Alberici* est répété à la tête de toutes les pages de ce chapitre. On lit encore un autre chapitre intitulé : *Americi Vesputii navigatio prima*. Mais toujours est-il vraisemblable que parmi ces quatre variantes de l'orthographe d'*Améric* le véritable nom a été *Almeric*, car le traducteur l'écrit ainsi à une date très rapprochée de la découverte du nouveau continent, et en même temps qu'il est hors de doute que le mot *Améric* ou plutôt *Almeric* était un prénom, puisque dans le *Novus orbis*, déjà cité, on lit après le 142° chapitre, dans la lettre d'Améric Vespuce au duc de Lorraine : « *Cum grammaticé rudimenta imbibentes sub doctrina « Georgii Antonii Vesputii avunculi mei pariter militaremus...* »

(25) Histoire des Indes Occidentales, traduite de l'espagnol de Lopez de Gomara par le sieur de Genillié, Paris, 1597.

(26) Dans le Planisphère terrestre de Floriau, gravé au xvi° siècle, on trouve écrit dans l'espace occupé par l'Amérique septentrionale : *Hispania major capta anno 1530*. — Voyez aussi Herrera, années 1521 et 1533, *Conquête du Mexique, Conquête du Pérou*.

(27) Histoire de l'Amérique portugaise, par Sébastien Rocha, Lisbonne, 1730.

(28) *Annales anglicarum rerum, autore Camdeno*, année 1587, *et aliâs*.

(29) Histoire de l'Europe au xvi° siècle.

(30) Recueil des navigations, par Ramusio, Venise, Giunti, 1563, *Relatione di Giovan da Verrazzano della terra, per Louis Scoperta in nome di sua maesta christianissima, scritta da Dieppe*, 1524.

(31) *Prima relatione della navigatione di Cartier piloto di francia della terra nuov*, année 1534.

(32) Voyage de Champlain, de Brouage, fait en la Nouvelle-France, Paris, 1603.

(33) Cosm. de Thevet, l. 23, ch. Des Breuvages dont usent ceux de la Floride.

(34) Histoire de France, par Piguerro, liv. 5, janvier 1558.

(35) Traicté de l'économie politique, par Montchrestien, *De la navigation*.

(36) Histoire de la Nouvelle-France, par Lescarbot, Paris, Millot, 1612.

(37) *Ibidem*, texte et cartes. Cartes de l'Amérique de Thevet, de Belleforêt.

(38) *Ibidem*.

(39) *Ibidem*.

(40) Histoire de la Nouvelle-France, par Lescarbot, liv. 1, ch. 5, année 1502, et liv. 2, chap. 8, Description de la rivière ou fort de Canabara, etc.

(41) Mappemonde du *Theatrum orbis terrarum* d'Ortelius, et de la Description de l'univers par Hondius.
(42) Mappemonde de la Cosmographie de Thevet.
(43) Mappemondes de Hondius et des autres géographes de cette époque.
(44) Cosmographies de Ptoloméo et de Pomponius Mela.
(45) Telle est la carte-mappemonde d'*Antonius Florianus Utinensis*.
(46) Théâtre français de Bouguereau, *Blois*.
(47) Voyez aux notes du xvᵉ siècle, histoire ix, *L'artisan*, la note (84).
(48) Un vaste cabinet de géographie a été ouvert dans les bâtiments de la Bibliothèque royale, par le savant géographe, M. Jomard, de l'Institut. Tous les vieux et tous les nouveaux siècles de la science y sont chronologiquement rangés. J'invite ceux de mes lecteurs qui désireraient des notes plus étendues à aller les y compléter. Monsieur Jomard, vous nous devez une histoire de la science, il faut enfin payer ses dettes.

L'ÉCRIVAIN DE CALAIS, Station XLIV.

(1) Cartes marines de Gérard Mercator; et pour le genre de gravure à bouillons noirs, voyez la carte de l'île de Malthe d'Antonius Lafreri, Rome, 1551 ; et celle de la Grèce de François Salamanca, géographe italien, du même temps.
(2) Carte du grand Océan, *di Nicolo del Dauphinatto*, Venise, 1560.
(3) Voyez les cartes de la France déjà citées, auxquelles il faut ajouter celles de La Guillotière et celles de Jean Besson, Paris, 1593.
(4) Cartes des provinces maritimes du xviᵉ siècle ou commencement du xviiᵉ, et entre autres les cartes de la coste de La Rochelle, gravées par Tavernier.
(5) Cosm. de Thevet et de Belleforêt, plans des villes maritimes de France.
(6) « Roolle des parties de despenses que messire... de Moy chevalier, seigneur de la « Meilleraye... visse admiral de France a ordonné estre payé... Claude Guyot, notaire et « secretaire du roy et par lui commis à tenir ce compte et faire le payement de la con- « struction du port du Hâvre de grâce... en la présence de moi Régy, tabellion... dernier « sept. 1532. » J'ai l'original de ce compte.
(7) Histoire de Provence au xviᵉ siècle, *Toulon et ses fortifications*.
(8) Voyez la note (6).
(9) Histoire de Bretagne au xviᵉ siècle, *Saint-Malo, Vannes, Nantes*.
(10) Histoire de Languedoc, par dom Vaissette, xviᵉ siècle, preuves, nᵒ 159, art. accordés par Henri IV au Languedoc à l'occasion du don gratuit, 1599.
(11) Us et coutumes d'Oleron, chap. Parties du corps du navire.
(12) *Ibidem, ibidem.*
(13) *Ibidem, ibidem.*
(14) *Ibidem, ibidem.*
(15) Voyez aux notes du xvᵉ siècle, histoire xiv, *Le marin*, la note (6).
(16) Histoire du Hâvre-de-Grâce, par l'abbé Pleuvri, Paris, 1769.
(17) *Ibidem, ibidem*. Mémoires de Du Bellay, liv. 10, année 1565.
(18) Hommes illustres de Brantôme, chap. Vie du baron de La Garde.
(19) Estats et empires du monde, par Davity, chap. Les forces de la France.
(20) Voyez la note (17).
(21) « Noble homme Jehan Durant, cappitaine ordinaire du charrol de l'artillerie du « roy et cappitaine de l'artillerie de la ville de Paris... confesse avoir receu de noble « homme... le 2 mars 1583. » J'ai l'original de cette quittance.
(22) Recueil de mém., par Bouillerot, 1586, *M. d'Espernon au roy de Thunis*.
(23) Bibliothèque du droit français, par Bouchel, au mot *Marchandises*.
(24) *Ibidem, ibidem.*

(25) Voyez à la station LXV, *La belle Lyonnaise*, la note (97).
(26) Bibliothèque du droit français, par Bouchel, au mot *Asseurance de navire*.
(27) Essai des merveilles de nature, par René François, chap. 12.
(28) *Ibidem, ibidem.*
(29) Hommes illustres français, par Brantôme, chap. Vie de Strozzi, etc.
(30) Mémoires de Du Bellay, liv. 10, année 1563.
(31) Histoire de Marseille, par Ruffi, liv. 8, chap. 4, Siège de Marseille.
(32) Voyez aux notes du xve siècle, histoire xxiv, *Le marin*, entre autres les notes (16), (18). — Journal de Henri IV, année 1595, janvier.
(33) J'ai une quittance du cappitaine ordinaire en la marine du roy, Mancomble, ainsi conçue : « ... Je... confesse avoir receu comptant... la somme de cinq cens livres à moy « ordonnée par monseigneur de La Meilleraye, l'un des lieutenans-généraux pour Sa « Majesté en Normendye et visse amiral de France le 2 octobre 1575. » J'en ai une autre du 9 juillet 1545 faite par Manterne, où le même La Meilleraye est mentionné comme cappitaine de cinquante hommes d'armes avant de l'être comme vice-amiral. Dans les contrats notariés surtout, l'officier de terre et de mer commençait toujours par sa qualité d'officier de terre.
(34) Les Mémoires de Sully, chap. 17 du tome 2, nous apprennent jusques à quel point, durant nos guerres civiles du xvie siècle, la marine militaire avait dépéri.
(35) « Le roy promet de faire punir les pirates qui volent les marchands et habitans « du pays. » Précis des états de Bretagne, 26 juillet 1574, man. déjà cité.
(36) Ordonnance de mars 1584, pouvoir des vice-amiraux, art. 60.
(37) Histoire de Louis XII, par d'Auton, année 1507.
(38) Hommes illustres français de Brantôme, *Vie de Henri II*.
(39) *Ferreti de jure et re navali*, lib. 7.
(40) Mémoires de Du Bellay, liv. 10, année 1545.
(41) Hommes illustres français de Brantôme, chap. *Vie de Henri II*.
(42) *Ibidem, ibidem.*
(43) Secret des finances, par Froumenteau, 1581, *Estat au vray des deniers ordinaires et extraordinaires levez depuis* 1547 *jusques à* 1580, art. Armées de mer.
(44) Bibliothèque du droit français, par Bouchel, au mot *Marine*.
(45) « Mons de Mévillon, j'ay ci-devant faict expédier une commission à mon cousin « le grand prieur de France pour faire délivrer à mon oncle le duc de Savoye deux ga- « lères qui lui restent à fournir des quatre qui lui ont été promises et suivant icelles il a « faict estimer l'une de vos galères à douze mille écus... » Lettre de Charles IX du 5 juillet 1561, dont j'ai une copie du temps.
(46) « Nous Philiber Chabot, chevalier de l'ordre... admiral de France, gouverneur « et lieutenant-général pour le roy en ses païs et duché de Bourgogne, et lieutenant-gé- « néral de monseigneur le daulphin au gouvernement de Normandie, gouverneur, bailly « et cappitaine de Coucy, confessons avoir eu et receu de Jehan Cornille, receveur ordi- « naire du domaine du dict Coucy, la somme de quatorze cens quatre vingts livres tour- « nois, et ce pour nos estats, guiges et pensions de gouverneur, bailly et cappitaine de « Coucy pour deux années... le 20 mars 1535 avant Pasques. » J'ai l'original de cette quittance.
(47) « En la présence de moy notaire et secrétaire du roy, messire Richard Duboys, « chevalier, sieur de Bérigny, pensionnaire du roy en l'estat de sa marine, a confessé « avoir receu de mestre Jehan de Bymont, trésorier et receveur général de la dite ma- « rine, la somme de cent liv. pour sa pension et estat de la dicte marine de l'année 1531. » J'ai l'original de cette quittance.
(48) Ordonnance de mars 1584 sur le pouvoir des vice-amiraux, art. 97.
(49) *Ibidem*, art. 98.
(50) Ord. de mars 1548 et du 6 mai 1557 relatives à l'armement des galères.
(51) Ordonnance de mars 1548 relative à l'armement des galères.

(52) Ordonnance de mars 1548 relative à l'armement des galères.
(53) *Ibidem, ibidem.*
(54) *Ibidem, ibidem.*
(55) Traité de l'économie politique, par Montchrestien, *De la navigation.*
(56) Le Cabinet du roy de France, déjà cité, liv. 2, Le grand nombre de gentilshommes qu'il y a en France.
(57) *Ibidem, ibidem.*
(58) Ordonnance de Henri II, du mois de mars 1548, déjà citée.
(59) *Ibidem*, Ordonnance du 15 mars 1584 relative à l'amiral, art. 2. Voyage de France, par Du Verdier, chap. Provence.
(60) Table de la déclinaison de la ligne équinoctiale par le soleil, par Bosselin, Poitiers, Marnef, 1559. Le Cosmolabe, concernant toutes observations tant en ciel, en la terre comme en la mer, par Besson, Paris, Derouille, 1567.
(61) Art de naviguer, traduit de l'espagnol de Pierre de Médine, par Nicolas de Nicolaï, Lyon, Rouille, 1570. Navig. du capit. Forbisher, Chappin, 1578.
(62) Le grand routier, ou pilotage des côtes de l'Europe, par Pierre Garcie, La Rochelle, Breton, 1560. Le Portulan, description des mers du Ponant et de la Méditerranée, traduit de l'italien, Avignon, Roux, 1577.
(63) Cosmographie de Thevet, liv. 1, ch. 14, Siège du Turc devant Malte.
(64) *Ibidem, ibidem.*
(65) *De bello Cyprio, autore Gratiani,* Rome, 1624, année 1571.
(66) Histoire de Gênes, André Doria.
(67) *Martini Schoockii imperium maritimum,* Amsterdam, 1654, caput, 8, *De gallorum potentia maritima.*
(68) Histoire de Marseille, par Ruffi, liv. 6, ch. 4, Bourbon assiège Marseille.
(69) Mémoires de Du Bellay, année 1595, *Descente à l'île de Witch.*
(70) Chroniques de Froissart, *Siège et prise de Calais.*
(71) *Schoockii imperium maritimum,* c. 21, *De Indiæ ori. societate in Belgio.*
(72) Mém. de Condé, année 1587, *Lettre envoyée d'Angleterre à dom Mendoce.*
(73) L'art héraldique, par Baron, Paris, 1689, ch. 5, Pavillon des nations.

LE VIELLEUR D'AMIENS, Station XLV.

(1) Sérées de Bouchet, sérée 29, Des Mores, des nègres et des noirs. — Dictionnaire de commerce, par Savary, aux articles de ces différents métiers.
(2) Voyez à la station LXIV, *Les comédiens français,* la note (134).
(3) Cette industrie musicale tient au caractère des peuples de cette province.
(4) Il en est, il en était ainsi, où il y avait partage égal des successions.
(5) Ces divers métiers qui, en général, ne sont exercés que par les habitants de l'Auvergne, sont presque tous mentionnés dans les Œuvres de Rabelais, *Pantagruel,* liv. 2, chap. 30, Comment Epistemon fut guéry par Panurge; et dans les Sérées de Bouchet, sérée 29, Des Mores, des nègres, etc.
(6) Coutumes d'Auvergne, chap. 25, Des tailles, guets et autres servitudes, art. 21. Coutumes de La Marche, ch. 17, Des hommes francs, serfs, art. 139.
(7) « Item une jupe de velours à la reistre, doublée de pluche... » Inventaire des biens de la veuve de Nicolaï, manuscrit déjà cité.
(8) « A Cloquart, mercier du palais, pour son payement... de trois jarretières d'or et « d'argent pour le service de monseigneur. » Factum du duc de Guise.
(9) « ... A Bras-de-Fer, tailleur de mondit seigneur, la somme de trente livres em- « ployée à acheter du drap verd pour faire un manteau de pluie. » *Ibidem.*
(10) Telle a été jusqu'à la révolution l'habit de chœur de ces chanoines.
(11) Voyez dans l'hist. de la Merci, par Latomy, Paris, 1631, les statuts de cet ordre.

(12) « La court a ordonné à Pierre Potier, recoveur des gages, exploicts et amendes « d'icelle, que des deniers de sa recepte il baille à Bernard Gasquet, maistre des œuvres « de la haulte justice de Thoulouse, trente solz tournois pour avoir bastu et fustigué par « les carrefours accoustumés de la dicte ville... le nommé Jehan Vallet... faict à Tholose « audit parlement le xvii° jour de juing mil v° et x... » J'ai l'original de la quittance de l'exécuteur mise au dos de l'extrait de l'ordonnance. Depuis 1510 les gages devaient avoir augmenté.

(13) Bibliothèque de Bouchel, au mot *Arbres*.
(14) Petite monnaie de cuivre. Traité des monnaies, par Le Blanc, xvii° siècle.
(15) Journal de Henri IV, 26 août 1606.
(16) *Ibidem*, 3 avril 1604.
(17) Les vrayes centuries et prophéties de maistre Michel Nostradamus, 1568, épitre dédicatoire à l'invictissime Henri II.
(18) Reg. du parl. de Toulouse cités par Laroche-Flavin, liv. 2, tit. 2, art. 4, Défense de faire festins et banquets à cause de la prise du roy François I°.
(19) Bibliothèque de Bouchel, au mot *Boulangers*.
(20) Ancienne danse de l'Auvergne qu'on danse encore.
(21) Voyez à la station LXXVIII, *Les danseurs français*, la note (50).
(22) Œuvres de Rabelais, édition de Valence, 1547, *Le voyage et navigation que fist Panurge*, etc., chap. 16, Comment l'on dança, etc.
(23) *Ibidem, ibidem*.
(24) *Ibidem, ibidem*. On chante encore dans les montagnes de l'Auvergne et du Rouergue cette très vieille chanson ; à en juger par l'air tout composé de blanches ou de noires non pointées, elle est au moins du xv° siècle.
(25) « Un ais de bois garni d'un grand cousteau à couper pain, attaché à icelui avec « un grand panier d'osier fermant à clef, » Inventaire des biens de la veuve Nicolas, manuscrit déjà cité.
(26) « La quantité de vingt huict mulds deux septiers de bled froment au grenier de « la maison, prisé le muld soixante escus... » *ibidem, ibidem*.
(27) *Campegius de re cibaria, lib.* 13, *cap.* 2, *De porcello*.
(28) Dictionnaire de Furetière, au mot *Tourne-broche*.
(29) Cosmographie de Thevet, liv. 14, chap. 8, Du païs de Limosin.
(30) Mémoires de Troyes, par Grosley, *Maison de Valois*.
(31) Telles sont encore toutes les vieilles maisons de cette ville.
(32) Voyez la représentation de Limoges au xvi° siècle dans la carte, *Totius Lemovici descriptio autore Ant. J. Fayano*, Tours, 1594.
(33) Traité des monnoies, par Le Blanc, *Limoges*.
(34) *Scaligerana*, au mot *Poictiers*.
(35) Voyage de France, par Du Verdier, chap. Guyenne.
(36) « Boutiques du palais de Poitiers affermées savoir : une à Charles Hautot... une « autre à David, gantier... une autre à Jean Genais, marchand pelletier... une autre à... « une autre... » Domaines de Poitiers, manuscrit déjà cité.
(37) « En outre à condition de payer... au maire comme numéraire de l'hôtel de ville... « L livres. » *Ibidem, ibidem*.
(38) « Aux gardes du maire vii liv. x sols, au trompette iv liv. x sols. » *Ibid.*
(39) « Il y a trois foires par an à Fontenay, savoir : à la fête de saint Jean, celle de « saint Pierre et celle de saint Venant ; il s'y vend toutes sortes de marchandises et une « grande quantité de bestiaux, chevaux, etc... » *Ibidem*.
(40) Cosmographie de Thevet, liv. 14, chap. 7, De Saint-Maixent, etc.
(41) *Ibidem*, chap. 4, De Bourdeaux, etc.
(42) On ne peut se faire une idée de la multiplicité des perceptions féodales, royales dans le sens de domaine seigneurial uni au domaine de la couronne, auxquelles était

assujétie la province du Berri, quand on n'a pas lu l'inventaire des titres du duché de Châteauroux déjà cité.

(43) L'usage des fiefs, par Brussel, liv. 3, chap. 15, Des bourgeoisies, notamment les articles des jurés. Glossaire de droit français, par Laurière, aux mots *Avenage, Bourgeoisie, Devoirs de bourgeoisie, Avenage* ou plutôt *Civadage* du mot *Civada, Droits de jurés*. Dans l'inventaire des titres du duché de Châteauroux, manuscrit déjà cité, sont mentionnés plusieurs actes relatifs à des taxes d'argent payées par les bourgeois au duc pour la protection de leur bourgeoisie. Il y est aussi fait mention d'un acte portant au-dessus de la cotte : *Bourgeois de Châteauroux condamnés à payer au seigneur la cense de la bourgeoisie ;* on lit à un autre endroit : *Rôle des tailles de la cense bourgeoisie*.

(44) Coutumes du Berry, tit. 15.

(45) Voyez aux notes du xive siècle, épître xc, *Le pélerinage*, la note (40).

(46) « La ville de Lusignan est divisée en haute et basse ville : le château est situé « dans la haute ville... Il y a une petite porte ; on monte par cinq marches pour entrer « dans un grand clos qui était autrefois l'emplacement de l'ancien château... lequel clos « est planté de vignes... » Domaines de Poitiers, déjà cité.

(47) Propos rustiques de Ragot, chap. 8, De Tailleboudin.

(48) Coutumes du Bourbonnais, art. 161.

(49) Dans les plus vieux almanachs de Pierre Larivey de Marseille se trouve le joli conte de M. Passerés, fait au sujet de ce cri du *Passe rès*, passe-t-il rien, qu'on entend après l'heure de la retraite dans les villes du midi.

(50) Antiquités de Bourges, par Chenu, chap. Arrest contre Jacques Cœur.

(51) Voyage de France, par Du Verdier, chap. Du Berry.

(52) Antiquités de Bourges, par Chenu, chap. Des boulangers.

(53) Domaines de Poitiers. Il y avait Bois-le-Roi, Pré-le-Roi, Maison-le-Roi ; naturellement, pour ne pas dire certainement, il devait y avoir Champ-le-Roi.

(54) « Le Pré-le-Roy seitué le long de la rivière de Sèvre... une maison qu'on appe-« loit autrefois la Maison-du-Roy... Le Pré-le-Roy, paroisse de Vaille... un autre Pré-« le-Roy paroisse de Secondigny... » Domaines de Poitiers, déjà cité.

(55) « ... Les rentes dues... procèdent en partie du dict terrain de la Forêt-du-Roy « qu'on ne connoît plus sous ce nom... » *Ibidem*.

(56) « ... Le Marais-le-Roy situé à Voluire... » *Ibidem*.

(57) Voyez les coutumes de ces trois provinces où les prestations et les devoirs féodaux occupent de si longs chapitres.

(58) « A Jehan Robichon, marchand boulanger, demeurant au dict Tours, la somme « de 61 sol 8 den. tourn. qui deue luy est par la dicte ville, pour nombre et quantité de « sept vingts huict pains, par luy fournis à la dicte ville, ainsi qu'on a de coustume, en « icelle ville faire par chascune assemblée d'icelle... » Compte de la mairie de Tours « arrêté le dernier octobre 1533 par Nicolas Leclerc, maire. « A Jehan Robichon, mar-« chand boulanger, la somme de 56 sols, 3 den. tourn., pour le nombre de six vingts « quinze pains blancs de 5 den. tourn. pièce, lesquels ont été distribuez au maire, esche-« vins, gens d'église et officiers de la dicte ville, par chascun jour des assemblées ordi-« naires faictes en l'hostel et maison de la dicte ville... » *Ibidem*, Guillaume Doyer, maire, le dernier octobre 1537.

(59) « Pour dix-sept aulnes de drap de Forbrun pour faire les robbes de quatre clercs « et sergens de la dicte ville, à raison de cinquante-cinq sols tournois l'aulne... » *Ibidem*, « 5 janv. 1537, Guillaume Chaussede, maire. « A Johan Ducas, orfebvre, la somme de « 40 livres 10 sols tourn., pour deux marcs deux onces d'argent, convertis en orfebvrerie « blanche dorée... pour icelle mettre et asseoir sur les manches des robbes des quatre « clercs et sergens de la dicte ville, qu'ils ont accoustumé d'avoir à chasque fête de Noël, « et au brodeur pour avoir brodé dessus les armes de la dicte ville... » *Ibidem, ibidem*.

(60) « A Alexandre, maistre maçon de la dicte ville, la somme de cent sols tournois à « luy ordonnée pour avoir fourni de pierre et taillé l'armoirie de nous maire, mis et

« apposé en la dicte salle de la dicte maison de la dicte ville... » Compte de la mairie de Tours, année 1526.

(61) « ... A Loys Ronce, paintre, la somme de quarante sols tournois à luy ordonnée « pour avoir painct les armoiries de nous maire, mises et apposées en la salle de la dicte « ville de Tours, ainsi qu'ont fait les autres maires de la dicte ville de Tours... » Même compte. J'ai les originaux de tous ces comptes.

(62) Voyage de France, par Du Verdier, chap. Du Berri.

(63) Ibidem, ibidem.

(64) Ibidem, ibidem.

(65) Ibidem, ibidem.

(66) Ibidem, chap. Anjou.

(67) Le Théâtre français de Bouguereau, Du pays du Maine.

(68) Ibidem, De la Bretagne.

(69) Traité de l'œconomie politique, par Montchrestien, De la navigation.

(70) Coutumes de Bretagne, tit. 2, art. 89 et 90.

(71) Ibidem, tit. 25, art. 630.

(72) Ibidem, art. 529.

(73) Ibidem, chap. 6, art. 1er et suivants.

(74) Ibidem, tit. 3, art. 114.

(75) « Sous Henri IV états assemblés régulièrement à peu près tous les ans... » Précis des délibérations des états de Bretagne, manuscrit déjà cité.

(76) « Commissaire du roi pour assister aux états... » 23 sept. 1567. Ibid.

(77) « On charge le proc. général... de s'y opposer... » 1er oct. 1576. Ibid.

(78) « On charge une commission de terminer un procès par l'avis du conseil des « estats et en présence du procureur général syndic... » 9 oct. 1600. Ibid.

(79) « Jean Avril, sieur de Lormage, trésorier des états,... les sieurs Beaujouan, et « Leslic commis sur la nomination des députés en cour pour remplir sa charge... » 27 septembre 1567. Ibidem, ibidem.

(80) « On enregistre acte faisant mention de l'offre faite au roi par le comte de Brissac « de ses services comme chambellan héréditaire de Bretagne... mais le roi déclare que « cette qualité attachée à la baronnie de Château-Giron ne fait aucune cérémonie pour la « tenue des états. » 28 août 1614. Ibidem, ibidem.

(81) « Le droit de porter le manteau royal à l'ouverture et pendant la tenue des états, « et d'en être gratifié après la clôture, est attaché à la terre de Pontauroux... » 28 août 1614. Ibidem, Ibidem.

(82) Ibidem, ibidem.

(83) « On arrête qu'à l'ouverture de chaque assemblée le hérault fera l'appel des « trois ordres... » 11 octobre 1573, ibidem, ibidem.

(84) « Les états réclament les contrats de mariage de Charles VIII et de Louis XII « avec Anne, duchesse de Bretagne, surtout pour prouver la nécessité du consentement « des états à la levée des fouages... » 26 déc. 1578, Ibidem.

(85) « On arrête que la levée de 15 écus par clocher monte à plus de 180,000 livres, « le surplus servira à acquitter les dettes des états... » 18 mars 1588, ibidem, ibidem.

(86) « On donne pouvoir aux députés en cour d'offrir jusqu'à 200,000 écus pour la « suppression des nouveaux offices et les levées de deniers extraordinaires, d'en passer « contrat avec le roi et d'imposer les sommes nécessaires à cet effet... » 5 avril 1582, Ibidem, ibidem.

(87) « Les états ratifient le contrat passé par leurs députés avec les commissaires du « roy au sujet d'un secours extraordinaire demandé par Sa Majesté, mais ils déclarent « que le dit contrat n'aura nul effet si le roi ne l'accepte dans toutes ses parties... » 13 novembre 1617. Ibidem. Voyez aussi la note ci-dessus.

(88) « On supplie le roi de faire élever dans la religion catholique les seigneurs de « Rohan et de Laval... » 28 janvier 1595, ibidem, ibidem.

(89) « On fait l'appel des trois ordres et le procureur général syndic requiert la saisie « des biens des absens... » 25 septembre 1577, *ibidem, ibidem.*

(90) Dans tous les procès-verbaux des états de Bretagne dont j'ai le précis en un manuscrit de cinq vol. in-fol. déjà cité, on voit les états réclamer impérieusement que tous offices de la Bretagne ne soient donnés qu'aux gens du pays.

(91) Il n'est donc pas étonnant que l'île ou presqu'île de Bretagne formât une espèce de petite France ; mais il l'est que la Normandie, entourée de plusieurs provinces, ait conservé un type particulier de mœurs et de goûts.

(92) Coutumes de Normandie, chap. Juridiction, art. 5.
(93) *Ibidem*, art. 54, et chap. Charte aux Normans et confirmation d'icelle.
(94) *Ibidem, ibidem*, art. 38.
(95) Essai hist. sur Bayeux, par Pluquet, chap. 29, Des foires et marchés.
(96) Histoire de Rouen.
(97) Histoire de Rouen, par Amiot, chap. 54, Siége et prise de Rouen, l'an 1418.
(98) *Ibidem, ibidem.*
(99) Mémoires de Sully, chap. 43, Affaires d'estat.
(100) *Ibidem, ibidem.*
(101) Essai historique sur la ville de Bayeux, par Pluquet, ch. 60, Du cidre.
(102) *Ibidem, ibidem.*
(103) Mémoires de Sully, chap. 41, Affaires d'estat et domestiques.
(104) Monuments de la monarchie franç., par Montfaucon, *Règne de Henri II, triomphe de La Rivière à Rouen*, 1550. Journ. de Henri III, 1581, mardi 10 oct.
(105) Gargantua, liv. 1, ch. 25, Comment feut le débat entre les fouaciers.
(106) Coutumes de l'Anjou, *Rubrica decima tertia.*
(107) Sérées de Bouchet, sérée 35, Des gens d'église.
(108) Essai hist. sur la ville de Bayeux, par Pluquet, ch. 62, Usage divers.
(109) Propos rustiques de Ragot, chap. banquet rustique.
(110) Histoire de Francion, liv. 7, chap. Mariage de Joblin.
(111) Contes d'Eutrapel, conte *Suite du mariage.*
(112) Registres du parlement, 19 février 1587, Amendes contre les hérétiques baillées aux pauvres de Picardie.
(113) Journal de Henri IV, vendredi 16 juin, année 1610.
(114) « Ausdits deux guetteurs du beffroy d'icelle ville pour leurs gages d'avoir fait le « guet au dit beffroy chacun jour de l'an... et avoir tinté les cloches quand ils ont apperçu « gens de cheval pour entrer en la dicte ville... cui livres. » Compte de recepte et despence de la ville d'Arras, 1587. Manuscrit dont j'ai l'original.
(115) « *Primo pro vestibus vitrarii, casularii, carpentarii, coopertoris, tegularii, lato-« mii, et clientis capitul, cui libet* vi *lib. Item suffatori organi*, viii *lib. Item fossori et « suo adjuncto, qui eodem dies detulerunt vexilla* viii *s... Item fossori ecclesia pro mun-« datione ambitus processionum et cursu aquarum in cemeterio* xii *s., et naturam ecclesiæ, « iv s... Item Johanni Cressan, pro mundatione tumbarum comitis et comitissæ et om-« nium clausurarum cuprearum... per totam ecclesiam, pro hoc,* ivxxx *l... Item clerico « accedente ad extinguendas candelas,* cxiv *s... Item custodi ecclesiæ, pro floribus et « ramis et aliis, in die dedicationis ecclesiæ, cum gratia dominorum et proadjutoribus « xxiv l... » Computus fabricæ s. Petri insulanensis, redditus per Philip. Froidure*, anno 1602. J'ai l'original de ce compte.
(116) Voyez la note ci-dessus.
(117) Ordonnances de Metz, art. 130.
(118) *Ibidem*, art. 66 et suivants.
(119) Coutumes de Marsal, art. 25.
(120) Coutumes générales de la comté de Guisnes, art. 6.
(121) « ... N'entendons toutefois par cette présente ordonnance déroger aux droits des « officiers de justice pour les despens de bouche que les parties leur doibvent et qui leur

« sont ordonnez par les précédens réglemens... » Livre des ordonnances civiles de l'évêché de Metz, manuscrit de 1602 que je possède.

(122) « Lesdits boulangiers ne feront faire aucune sorte de patisseries... et autres ne « seront en pain blanc, sans qu'il leur soit loisible y mettre œufs, beurre, ny huille, ny « aucune gresse à peine de six livres d'amendes; ains seulement dorer d'œufs ou safran le « dessus... » Ordonnance du 11 mai 1593. *Ibidem.*

(123) « ... Pourront et sera loisible au dit boulangier faire cuire et vendre connits, « flamiches et pain d'épice en temps de caresme... » *Ibidem, ibidem.*

(124) « ... Patissiers ne feront aucunes pastisseries, comme tartes, corbions, et aultres « semblables pastisseries qui se patissent aux œufs, beurre, fromaige, si donc n'est que « les dites tartes leur soient commandées... » *Ibidem, ibidem.*

(125) « Défendons... jouer farces... sonner aucuns instrumens... après la cloche « sonnée... » *Ibidem.*

(126) Coutumes locales de Pernes, art. 24, Des taverniers.

(127) Les abus et tromperies des taverniers et tavernières qui brouillent le vin et comment on les doit punir, Lyon, Jean Saugrain.

(128) « ... Ne défendons que nos dits subjets ne puissent pour une fois seulement aller « manger en taverne avec quelque leur amy forain qui les auroient appelez à ses fraiz. » Ordonnances civiles de l'évêché de Metz, déjà cité.

(129) « Item sera aussi défendu à tous bourgeois de fréquenter tavernes, cabaret ou « feuillée pour s'enyvrer, sur peine pour chascune fois qu'il sera yvre de payer vi liv. « d'amendes; et là où un tombera en pareil accident, l'hoste sera tenu advertir le procu- « reur de monsieur soubz pareille peine... » *Ibidem.*

(130) Voyez les deux notes suivantes.

(131) « Des religieux abbé et couvent de S.-Estienne de Dijon, la somme de dix liv. « qu'ils doyvent payer chascun an à la dicte ville à cause des grans bans à vendre vin « en menu en icelle ville et es faubourgs avant ce qu'ils ayent licence de faire cryer les- « dits grans bans... » Chap. Grans bans du compte de la ville de Dijon, année 1340, manuscrit que je possède.

(132) « Du cryement des vings en ceste dicte ville, néant cy pour l'an de ce présent « compte, pour ce que personne ne l'a mis à prix et apport... » *Ibidem.*

(133) « Des gardes des vignes... messiers... » *Ibidem.*

(134) « De la ferme du rellage des futailles... reliés à longue barre... » *Ibidem.*

(135) « Du courretaige des vins à deux blancs par queühe à prendre sur les acheteurs « estrangiers lequel a esté mis en criée au bail des fermes... » *Ibidem.*

(136) « De Jehan de Lille, demeurant à Dijon, la somme de trente trois francs pour « l'admodiation du chargeuige des vings et autres danrées, dont l'on est requis à ce faire « par les marchans estrangiers de ceste ville... » *Ibidem.*

(137) « Bail à ferme de la ville... bans à ving... vings cervoise... louage des verres... « déduction des verres cassés. » *Ibidem.*

(138) « A Jehan Le Peust, Perrin Guichardet, Jehan Nyelle, Huguenin Populot, Jehan « Charmot, Jehan Moureau, Jehan Galyon et Jehan Lembert, tous vignerons demourans « à Dijon, la somme de quatre frans, monnoye roial qui deue leur estoit pour leurs « peines, salaires et vacquations, d'avoir veu et visité les vignes du Finaige et banlieue « du dict Dijon avec d'aucuns de messeigneurs les eschevins de la dicte ville ad ce commis « et députez pour savoir lesquelx finaiges estoient les plus meurs et prestz à vendangier « affin de y asseoir les bans des vendanges comme l'on a accoutumé d'ancienneté... » *Ibidem.*

(139) « Cent poinssons de vins donnés au roy et conduicts à Blois... » *Ibidem.*

(140) « Le 15 janvier 1527... a été conclu que par manière de recognaissance on en- « voyera quatre tonneaux de vin blanc d'Arbois à monsieur le chancellier et à monsieur « le trésorier de Pestigny deux tonneaux et un poinçon de vin cléret... » Registres du conseil secret du parlement de Dijon.

(141) Bibliothèque de Bouchel, au mot *Roy*, art. Roy de la bazoche.
(142) Histoire de Lyon, par Rubys, liv. 4, ch. 5, Du capitaine de la ville.
(143) Moreri, Dictionnaire historique, au mot *Cisteaux*.
(144) Mémoires hist. de Champagne, par Baugier, ch. 2, De l'état ecclésiastique.
(145) Je suis sûr qu'il existe dans une des chartes-coutumes ou privilèges des villes insérées dans la collection des ordonnances du Louvre, une disposition qui donne ce droit aux propriétaires des vignes.
(146) Contes d'Eutrapel, conte *Des escoliers et des messiers*.
(147) *Ibidem*, conte *Débats et accords*.
(148) Hist. du siége de Sancerre, par Léry, ch. 8, Assaut donné à Sancerre.
(149) Glossaire du droit français, par Laurière, au mot *Perdriaux*.
(150) Cet usage, quoique moins fréquent, n'est pas encore perdu.
(151) Histoire de Lyon, par Rubys, liv. 3, ch. 59, De Philippe-le-Bel, etc.
(152) Histoire de France, année 1510.
(153) *Ibidem*, année 1525.
(154) Histoire de Lyon, par Rubys, liv. 4, ch. 6, Des assemblées de ville.
(155) *Ibidem*, liv. 3, chap. 63, Vœu faict à Notre-Dame de Lorrette.
(156) *Ibidem*, chap. 53, Reste des choses survenues à Lyon.
(157) *Ibidem*, chap. 57, Des troubles de l'an 1562.
(158) *Ibidem*, liv. 4, chap. 1er, Establissement du consulat de Lyon.
(159) *Ibidem, ibidem*.
(160) *Ibidem*, liv. 3, chap. 62, Du roi Henri III, etc.
(161) *Ibidem, ibidem*.
(162) *Ibidem*, chap. 61, Venue de M. Mandelot à Lyon.
(163) *Ibidem, ibidem*.
(164) *Ibidem*, liv. 4, chap. 4, Des deniers communs, etc.
(165) *Ibidem*, liv. 3, chap. 62, Du roi Henri III, etc.
(166) *Ibidem*, ch. 59, Venue de Charles IX à Lyon, etc. Voyez surtout la République de Bodin au chapitre où il parle de la banque de cette ville.
(167) Hist. de Lyon, par Rubys, liv. 4, ch. 1, Establissement du consulat à Lyon.
(168) *Ibidem, ibidem*.
(169) Je crois les vielleurs de Barcelonnette aussi anciens que les vielles.
(170) Les Provençaux veulent que cette ancienne chanson soit de leur pays, les Auvergnas veulent qu'elle soit du leur.
(171) Ces refrains terminent les plus vieilles chansons de ces montagnes.
(172) Histoire de Marseille, liv. 10, chap. 5, Du terroir de Marseille.
(173) *Ibidem, ibidem*.
(174) Le Théâtre français, par Bouguereau, *Du Daulphiné, Languedoc*, etc.
(175) « Nulle police… à quatre ou cinq cens barques ou bateaux qui sont dans un con-« tinuel mouvement… dans le port de Marseille… » Très humbles remontrances au roy et au conseil de marine pour les prudhommes et patrons pescheurs de Marseille. J'ai cette pièce qui s'approche de la fin du XVIIe siècle.
(176) Plan de Marseille du XVIe siècle, par Matheo Florimi.
(177) Hist. de Marseille, par Ruffi, liv. 10, ch. 4, Des églises, monastères, etc.
(178) *Ibidem, ibidem*.
(179) Essai hist. sur Bayeux, par Pluquet, ch. 17, Bayeux il y a cent ans.
(180) Les comptes de la prévosté de Paris, les comptes de Valenciennes, Arras, Dijon, Toulouse et autres mentionnent une messe matinale dite à la halle.
(181) Voyage de France, par Du Verdier, chap. Provence.
(182) Histoire de Marseille, par Ruffi, liv. 10, ch. 5, Du terroir de Marseille.
(183) *Ibidem, ibidem*.
(184) *Ibidem*, chap. 3, Des édifices publics, etc.
(185) « On peut compter entre les droits du parlement les droits de bonnet qu'il a

« accoustumé de prendre de tous les officiers qu'il reçoit... la plus ancienne délibération
« est du 9 février 1536... sera baillé un bonnet et une gibecière de velours au président,
« à chaque conseiller et huissier, avocat et procureur, etc... » Mémoires sur le parlement
de Provence, manuscrit que j'ai.

(186) La cabale des réformés, Montpellier, 1600.
(187) Gargantua, liv. 2, chap. 30, Comment Épistemon, etc.
(188) Dans tous les pays où l'on travaille le cuivre, les vieillards ont leurs cheveux
teints en vert par les émanations métalliques.
(189) Voyage de France, par Du Verdier, *Guyenne*.
(190) Plan de la ville de Tholose, Paris, Melchior-Tavernier, année 1631.
(191) Arrêts de La Roche Flavin, liv. 3, tit. 7, Peste. Régl. du 14 avril 1587.
(192) « Item deux chappeaux de foustre... l'un garny de fer... » Inventaire des biens
de la veuve du président Nicolaï, manuscrit déjà cité.
(193) Voyage de France, par Du Verdier, chap. Du Languedoc.
(194) Histoire de cette ville, nombre des églises.
(195) Description de la France, par Piganiol, ch. 8, art. Toulouse.
(196) Voyage de France, par Du Verdier, *De la Normandie*.
(197) Hist. du Rouergue, par Bosc, preuv., nomb. 81, Inscription latine sur la cloche
de Caumont.
(198) Cette inscription de l'année 1623 fait l'histoire de la cloche depuis le XIIIe siècle,
infrà annum fracta septimo confecta fui. Les chanoines-ouvriers, suivant la tradition,
avaient toujours peur qu'il lui arrivât nouvelle mésaventure et ne permettaient guère de
la sonner qu'aux fêtes solennelles ; mais, suivant la même tradition, on la sonna si fortement à la mort de l'un d'eux qu'on la cassa.
(199) Le dicton de la cloche de Mende, par d'Abundance, Lyon, Jaques.
(200) Histoire de Languedoc, par dom Vic et dom Vaissette, liv. 40, année 1581.
(201) Voyez le specimen de ces rapports, dans l'Essai de comparaison de l'idiome languedocien actuel avec la langue des troubadours, par M. Raynouard, imprimé à la fin du
Dictionnaire Languedocien français de l'abbé Sauvage, 3e édition, Alais, Martin, 1820.
(202) Le fidèle Conducteur, par Coulon, *De la France, De Paris à Lectoure*.
(203) Le voyage de France, par Du Verdier, *De la Guyenne*.
(204) Coutumes de Labourt, tit. 7, art. 8 et suivants.
(205) Voyage de France, par Du Verdier, *Guyenne*.
(206) Histoire de Francion, liv. 10, chap. De l'arracheur des dents.
(207) Traicté de la manière de bien emboucher, manier et ferrer les chevaux, par
Cæsar Fiaski, naguère tourné en françois, Paris, Périers, 1567, l. 2, chap. 11, Du maniement appelé galop racourcy avec son temps en musique, et chap. 12, 13, 14, 15, 16
et 17, texte et musique.
(208) Contes d'Eutrapel, conte *Que les juges doivent rendre la justice*.
(209) Journ. de Henri IV, 1610, merc. 30 juin, *Petites observations curieuses*.
(210) *De re cibariâ*, par Champier, liv. 6, ch. 9, *Panis varia genera*.

LES NOMS PROPRES FRANÇAIS, Station XLVI.

(1) Prononciation actuelle, et certainement prononciation du XVIe siècle.
(2) Il en est de même, et il en était de même en Provence.
(3) Cartes des provinces de la France. Dénombrement du royaume par paroisses et
feux, Paris, Saugrain, 1709.
(4) *Ibidem*, cartes de Cassini.
(5) *Ibidem, ibidem.*
(6) Les chartes des divers siècles, et pour ma part j'en ai un assez grand nombre,

mettent, dans le nord, l'article à ces noms, et, dans le midi, ne le mettent pas. Quelques noms font sans doute exception, mais ce sont ceux des familles originaires du nord qui ont passé dans le midi, ou des familles originaires du midi qui ont passé dans le nord.

(7) Je citerai les sous-divisions du territoire de Paris, le Vexin, le Hurepoix, la Goele, le Josas, le Gatinois, la Brie, toutes de la plus haute antiquité.

(8) Bibl. de la Croix du Maine, Discours sur les ouvrages qu'il a recueillis.

(9) Histoire des Celtes, par Pelloutier, Paris, 1770.

(10) Dictionnaire étymologique des noms propres, au mot *Goele*.

(11) Carte de la France d'Oroncefine, déjà citée.

(12) Cela est encore un peu vrai aujourd'hui, bien que les grandes routes, le mouvement de la révolution, aient tant contribué à l'extension de la langue d'oui; combien cela ne devait-il pas être plus vrai au XVIᵉ siècle, où l'idiome provençal était si tenace jusqu'à la Loire? J'en ai des preuves dans des actes notariés.

(13) On a vu au XIVᵉ siècle, épître XL, *Le dessert des cordeliers*, notes (1) et (2), que la France était partagée en pays de la langue d'oui au nord, de la langue d'oc au midi. La province de Languedoc n'occupait qu'une partie du pays de la langue d'oc.

(14) Relativement à la langue d'oui, voyez la note précédente.

(15) Nicolaï Dortomani, libri duo, De thermis Bellilucanis, Lyon, Pesnot, 1579, *lib.* 1, cap. 3, *Etimonologia thermarum*.

(16) Quand dans l'enfoncement des siècles futurs, si l'on peut ainsi parler, il y aura une académie de la langue d'oc, une académie languedocienne, comme il y a aujourd'hui une académie de la langue des Celtes, une académie celtique; elle aura pour documents non les débris d'une langue morte conservés dans la langue des Bas-Bretons ou des Gallois, mais un impérissable monument, le Dictionnaire de la langue des troubadours comparée avec les autres langues de l'Europe latine, ouvrage fait, parfait, auquel cependant M. Raynouard ne cesse de travailler et auquel, je crois, il ne cessera de travailler que lorsque tous les vieux titres de cette langue auront tous, jusqu'à la dernière page du dernier, passé sous ses yeux.

L'ÉPÉE FRANÇAISE, Station XLVII.

(1) Les maisons d'Argenteuil sont encore fort espacées et encore en grand nombre entourées de vergers ou de jardins.

(2) Voyage de France, par Du Verdier, chap. Beausse, Berry, art. Moulins, chap. Guyenne, art. Poitiers, etc.

(3) Exhortation à la noblesse pour la dissuader et détourner des duels, par Sorbin; Paris, Chaudière, 1578.

(4) Discours du point d'honneur touchant les moyens de le bien connaître et pratiquer, par Rivault, sieur de Flurance, Paris, Bertault, 1599.

(5) Le baron de Fœneste, liv. 1ᵉʳ, chap. 9.

(6) « De par le roy... plusieurs escoliers des maistres jurez d'armes voulans faire des « florestz... à l'arrivée prochaine de Sa Majesté.... » Ordonnance du lieutenant-général du Lyonnais, 1ᵉʳ août 1595, archives du royaume.

(7) Voyez la note ci-dessus.

(8) Traicté de l'escrime, contenant les secrets de l'espée, par Henry de Sainct-Didier, Paris, Jean Métayer, 1573.

(9) Michel de Nostre-Dame, dit Nostradamus, auteur des prophéties en quatrains, imprimées à Lyon en 1556 par Denyse, fut père de Michel de Nostre-Dame ou Nostradamus, auteur d'un almanach ou prophétie de l'an 1508, imprimé à Paris.

(10) Voyez à la station LXVII, *Les ateliers français*, la note (404).

(11) Journal de Henri IV, année 1590, lundi 9 juillet.

(12) Trésor d'histoires admirables, par Goulart, chap. Duel.
(13) Essais de Montaigne, liv. 1ᵉʳ, ch. 22, De la coustume, etc.
(14) Trésors d'histoires admirables, par Goulart, chap. Duel.
(15) Œuvres de Pasquier, liv. 10, lettre 4, à M. le baron de Ramfort.
(16) Anciens recueils des proverbes.
(17) Histoires admirables de Goulart, chap. Duel.
(18) « Certain hommage rendu par Nicolas Mabonneau, procureur à Châteauroux... à messire Jean Daumont, chevalier, seigneur, baron du dit Châteauroux, de la somme de vingt-cinq livres de rente qu'il avoit acquise de François d'Au, écuier, sieur de Bornay sur la seigneurie de Colombiers, 25 mai 1572. » Inventaire des titres du domaine de Châteauroux, manuscrit que j'ai.
(19) « Contrat de revente et retrocession faite à prudent homme Étienne Rouet... du pré de Corcenay... que monseigneur avoit retiré par droit de roteure féodale... ensuite de quoi est la foi et hommage des dicts prés... du 11 septembre 1618. » *Ibidem*, plusieurs autres endroits de ce manuscrit font mention d'*accensemens de coupes et tontures d'herbes*.
(20) Mémoires de la reine Marguerite, première femme de Henri IV.
(21) Aventures de Fœneste, liv. 3, chap. 9, Songe du connestable.
(22) « Item épées garnies de leurs dagues ou poignards... » Inventaire de la veuve du président Nicolaï, déjà cité, art. Cabinet d'armes.
(23) Aventures de Fœneste, liv. 2, chap. 13, Du mareschal de Fervaques.
(24) Journal de Henri III, année 1578, vendredi 10 janvier.
(25) États et empires de Davity, France, art. Mœurs des François de ce temps.
(26) Voyez la note précédente.
(27) Voyez au xivᵉ siècle, les notes de l'épître LXVII, *Le duel*.
(28) Mémoires de Du Bellay, liv. 3, année 1527.
(29) Hist. admirables, par Goulart, ch. Duel de Jarnac et de Chasteigneraye.
(30) *Ibidem, ibidem*, et Relation du combat et duel des seigneurs de la Chasteigneraye et de Jarnac, 1547.
(31) Ordonnance du mois de février 1566 relative à la défense des duels.
(32) Voyez à la station XXV, *Le clerc du procureur de Toulouse*, la note (50).
(33) Ordonnance du 10 février 1566 relative à la défense des duels.
(34) Trésor d'histoires admirables, par Goulart, chap. Duel.
(35) « Que ceux qui seront jugez et trouvez capables pourront tenir salle ouverte et l'espée en monstre par an et jour après le certificat de capacité du prévost qui leur sera baillé par les dicts maitres et non aultrement... » Ordonnance du 14 novembre 1595, archives du royaume.
(36) Journal de Henri IV, vendredi 9 mars 1607.
(37) Journal de Henri III, année 1578, vendredi 10 janvier.
(38) Mémoires de Sully, chap. 12, Affaires militaires.
(39) Aventures de Fœneste, liv. 1ᵉʳ, chap. 2, Moyens de paroistre.
(40) Leçons de La Nauche, liv. 3, chap. 4.
(41) Advertissement sur le port des armes, par Charpentier, Paris, 1575.
(42) Mémoires historiques de La Houssaie, au mot Duel, duellistes.
(43) Trésor d'histoires admirables, par Goulart, chap. Duel.

LES CALCULS DE CHARTRES, Station XLVIII.

(1) Ordonnance du 8 octobre 1371 relative au règlement des juridictions du bailli des ressorts et exemptions de Touraine.
(2) Notes du xvᵉ siècle, histoire V, *Le financier*, depuis 17 jusqu'à 26 inclusivement.

(3) Depuis que par la cessation du régime féodal le roi a été en France le seul qui ait levé les impôts, la proportion entre les impôts et le numéraire paraît avoir été dans tous les temps la même. On sait que de notre temps les contributions de la France sont en général élevées au cinquième de son numéraire.

(4) Notes de cette station, note suivante et notes depuis 51 jusqu'à 67 inclusivement. Il faut tenir compte qu'il n'y a là qu'une partie des états de l'Europe, et même que le montant de leurs impôts n'y est pas à beaucoup près en entier.

(5) Recherches sur les finances, par Forbonnais, année 1598.

(6) Bibliothèque du droit français, par Bouchel, au mot *Trésor royal*.

(7) Voyez dans cette station les notes (3) et (4).

(8) Nous n'avons pas besoin que l'Histoire des provinces nous dise qu'au XVIe siècle par l'importation des métaux de l'Amérique les frais d'exploitation d'un grand nombre de mines dépassèrent le produit.

(9) Traité d'économie politique de Montchrestien, chap. De la navigation, Le Denier royal, traité curieux de l'or et de l'argent, par Scipion de Grammont, Paris, 1620, *Quantité d'argent entré en Europe depuis cent ans*.

(10) Voyez au XVe siècle, histoire II, *Le cultivateur*, la note (75); histoire IX, *L'artisan*, les notes (288), (345) et (346); aux notes du XVIe siècle, station XXXII, *Les paysans*, la note (72), et les notes (107) et (108) de cette station.

(11) Mémoires de Sully, chap. 84, Affaires de finances.

(12) Voyez aux notes du XIVe siècle, épître LXXXIX, *Le songe*, la note (87).

(13) Voyez aux notes du XVe siècle, histoire V, *Le financier*, la note (18).

(14) Hist. du Nivernois, par Coquille, ch. De l'assiette et naturel du Nivernois.

(15) *Ibidem, ibidem*.

(16) *Ibidem, ibidem*.

(17) Recherches sur les finances, par Forbonnais, chap. année 1598.

(18) Traité des tailles, par Jean Combes, Poitiers, 1586, ch. Des gabelles.

(19) *Ibidem, ibidem*.

(20) République de Bodin, liv. 6, chap. 2.

(21) *Ibidem, ibidem*.

(22) Journal de Henri III, année 1581, 1er août.

(23) Bibliothèque de Bouchel, au mot *Receveurs*.

(24) Voyez dans le Code de Henri III, par Brisson, la volumineuse collection des édits de ce prince relativement à la ferme des aides.

(25) République de Bodin, liv. 6, chap. 2.

(26) Bibliothèque de Bouchel, au mot *Receveurs*.

(27) Secret des finances, par Froumenteau, chap. État des deniers levez.

(28) *Ibidem*, liv. 1er, chap. 1er, De la recepte.

(29) *Ibidem, ibidem*.

(30) *Ibidem, ibidem*.

(31) *Ibidem, ibidem*; et Bibliothèque de Bouchel, au mot *Receveurs ordinaires*.

(32) *Ibidem*, au mot *Recepte générale*.

(33) Secret des finances, par Froumenteau, liv. 1er, ch. 1er, Recepte.

(34) Voyez dans le Bullaire romain les diverses permissions que les papes ont accordées aux rois et au clergé de France de lever et de payer l'impôt.

(35) On sait que François Ier disait en parlant des accroissements de l'autorité royale *que Louis XI avait mis les rois hors de page*.

(36) Bibliothèque de Bouchel, au mot *Décimes*.

(37) Je possède le compte original du clergé divisé par généralités et par diocèses, année 1590, rendu par Castille, receveur-général. Ce manuscrit, de plus de 300 pages, n'offre pas dans toutes ses parties des résultats bien nets, soit qu'en ce temps de troubles le clergé n'acquittât pas bien exactement ses subsides, soit que Castille, receveur-général,

n'ait pas su être plus clair. J'aime mieux faire usage des Mémoires du clergé, années 1580, 1586, 1596, où le clergé accorde par contrat 1,500,000 liv.

(38) Journal de Henri III, année 1585, commencement de janvier. « Le 31 may 1582, « la cour enjoignit aux jurats d'assembler les plus apparens bourgeois pour les obliger « de prêter au roi par forme d'avance... » Registres du parlement de Bordeaux déjà cité.

(39) République de Bodin, liv. 3, chap. 2, Des officiers et commissaires.

(40) Voyez aux notes de la station XXI, L'avocat de Toulouse, la note (124).

(41) Ibidem.

(42) Et notamment lorsqu'en 1597 Amiens fut surpris par les Espagnols. — Voyez les Mémoires de Sully, chap. 51.

(43) Secret des finances, par Froumenteau, liv. 1er, ch. 1er, Recepte.

(44) Ibidem, ibidem.

(45) Ibidem, introduction qui précède le chap. 1er, Recepte.

(46) Ibidem, liv. 1er, chap. 1er, Recepte.

(47) Ibidem, ibidem.

(48) Journal de Henri III, année 1580, lundi 10 juin.

(49) Œuvres de Pasquier, liv. 11, lettre 2, à M. de Sainte-Marthe.

(50) Voyez les deux notes ci-dessus.

(51) Empires de Davity, ch. Ce que le roy d'Espagne tire de ses pays.

(52) Ibidem, chap. Revenus du Portugal.

(53) Ibidem, chap. Richesses des Pays-Bas.

(54) Ibidem, chap. Richesses de la Grande-Bretagne.

(55) Ibidem, chap. Richesses de la Suède.

(56) Ibidem, chap. Richesses de l'empire.

(57) Ibidem, chap. Richesses de Pologne.

(58) Ibidem, chap. Richesses de la Turquie.

(59) Ibidem, chap. Richesses de la Savoie.

(60) Ibidem, chap. Richesses de Gênes.

(61) Ibidem, chap. Richesses de Venise.

(62) Ibidem, chap. Richesses de Milan.

(63) Ibidem, chap. Richesses de la Toscane.

(64) Scaligerana, verbo Princeps.

(65) Estats et empires du monde, par Davity, chap. Richesses de Naples et richesses de la Sicile. On peut voir aussi sur les revenus publics des états de l'Europe, l'*Orbis terrarum*, de Bertius, cap. *Europa*, art. *Opes principum*.

(66) Je citerai l'Allemagne, la Hongrie, la Pologne, et avant tout la Russie.

(67) Voyez aux notes du XIVe siècle, épître LXXXIX, Le songe, la note (87).

(68) « ... Avons nommé maistre Martin Fumée, maistre des requétes, maistre Anthoine « Bohier, général des finances, et maistre Guillaume Bohier, maistre des comptes, com- « missaires pour emprunter pour nous et en nostre nom des dicts prélatz, chapitres et « aultres particuliers... selon leurs moyens, richesses et facultez... et si aucuns de nos « bons et loyaux subjectz ne ayans argent ou or monnoyé offroient en lieu de ce, vais- « selles, chaisnes, bagues d'or et d'argent, nous voulons icelles, ensemble leur valeur « raisonnable, ils preignent et reçoivent pour argent comptant... » Lettres de François Ier du 10 juillet 1544, imprimées en gothique sur une feuille de parchemin et revêtues des signatures. J'ai ces lettres.

(69) République de Bodin, liv. 2, ch. 4, De la monarchie tyrannique.

(70) Mémoires de Nevers, Extrait d'un journal fait par M. le duc de Nevers pendant les estats tenus à Blois en 1576 et 1577.

(71) « Henri, par la grace de Dieu, roi de France à tous ceulx qui ces lettres verront, « salut. Comme ainsi soit que nos grans amys, alliez... et bons compères, les advoyers « petit et grant conseil et communaulté de la ville et quanton de Solleure à nostre prière « pour nous complaire nous aient levé et presté la somme de L mille escuz... et pour

« icelle somme les censes accoustumées cinq pour cent... obligé leur ville, païs... que
« nous sur ce sçachant et bien advisé de aucunement circonvenus... promectons pour
« nous et nos successeurs... en bonne foy, en lieu de serment et en parolle de roy, de
« payer les dictes censes... et par faulte d'avoir par nous, nos successeurs payé les dictes
« censes d'an en an et rembourser les dicts t. mille escus du jourd'huy en huict ans...
« dessoubz l'expresse hypothecque... et en deffault nostre royaume... lequel nos dicts
« alliez et bons compères pourront... empescher, harrer, arrester et engaiger, aliéner...
« et sans procès de justice de leur propre auctorité par eux mesmes et tous autres qui en
« ce leurs vouldroient bailler faveur, secours et assistance... et en tout ce qui sera ainsi
« faict par eulx, leurs aydeurs et assistours, et dehors justice en quelque façon que ce
« soit, ils ne pourront commettre aucune faulte, violence, excès ne erreur... nous et nos
« successeurs ne pourront... permettre estre faict aucun empeschement, opposition...
« jusqu'à ce qu'ils soient entièrement payez... et au cas que en ce fussions défaillans
« nos dicts alliés et bons compères auront puissance, droict et raison de invader, moles-
« ter... les assignaulx et biens ypothecquez... comme cy dessus a esté faict mention...
« avons signé ces présentes de nostre main l'an de grace mil cinq cens LI le XI mars. »
Au dos de ces lettres sont trois paiements partiels, l'an de 15,000 écus fait le 6 may 1589,
l'autre de 20,000 écus fait le 9 avril 1609, l'autre de 18,000 écus fait le 2 août 1613. J'ai
l'original de ces lettres.

(72) République de Bodin, liv. 6, chap. 2, Des finances.

(73) « Les bons et loyaux subjets du roy de Paris devant estre assemblez... les prier
« de subvenir au dit seigneur roy de la somme de cinq cent mille livres par prest à
« rendre dans les premiers jours de janvier prochain ou à rente soit sur gages des bagues
« et plus précieux joyaux des dicts seigneurs roy et royne... » Registres du parlement,
mémorial du 4 août 1562.

(74) Œuvres de Pasquier, liv. 15, lettre 18.

(75) Histoire des troubles sous Henri III et Henri IV, Lyon, 1597, liv. 1er, Harangue
de Henri III aux premiers états de Blois.

(76) Mémoires de Sully, t. 2, ch. 50, art. Estat des sommes acquittées, etc.

(77) Ibidem, tom. 1, chap. Panégyrique au duc de Sully.

(78) Ibidem, tom. 2, chap. 37, Affaires de police et finance.

(79) Règlement sur le maniement des finances dans l'ord. du 28 déc. 1523.

(80) Voyez les diverses lois relatives aux finances depuis 1523 jusqu'à 1600.

(81) Voyez la pénultième note.

(82) Secrets des finances, par Froumenteau, ch. 1, Estat au vray des deniers levez,
art. Gendarmerie et infanterie.

(83) Voyez aux notes de la station XLIV, L'écrivain de Calais, la note (34).

(84) Mémoires de Sully, tom. 2, ch. 37, Affaires de police et finance.

(85) Ibidem, ibidem.

(86) Ibidem, chap. 51, art. Revenus du royaume engagez.

(87) Ibidem, chap. 38, Affaires de finance et d'estat.

(88) Ibidem, ibidem.

(89) Dans le manuscrit formulaire de la chambre des comptes fait par ordre de cette
chambre, cité aux notes du XVe siècle, histoire V, Le financier, note (84), il est fait
mention des greffes et des tabellionnats à la nomenclature des revenus du domaine; mais
on voit aux ord. du XVIe siècle, sur les notaires et greffiers, que tous leurs offices dépendants des juridictions royales furent aliénés moyennant finance.

(90) Voyez la note précédente.

(91) Voyez la note (11) de cette station.

(92) Lettre de M. de Rosny à la royne régente, 1611, in-8°.

(93) Remontrances très humbles au roy de France et de Pologne Henri III.

(94) Mémoires de Sully, tom. 1, chap. 84, Affaires de finances.

(95) Ibidem, ibidem.

(96) Voyez dans l'histoire particulière d'Amboise, de Blois, de Fontainebleau et de Saint-Germain-en-Laye, le chapitre des édifices et de leur construction.
(97) *Ibidem.*
(98) « ... Domestiques, deux maîtres d'hôtel, un valet de chambre, un cuisinier, un
« sommelier, un cocher, un palefrenier, un portier, quatre servantes dont une demoiselle
« Geneviève de Barnet... » Inventaire de la veuve Nicolaï déjà cité.
(99) Traité de Police, par Delamare, ordonnance du 30 mars 1635 sur le règlement de la police de Paris rappelant les anciennes ordonnances.
(100) Dictionnaire de Furetière, au mot *Jacquette.*
(101) « ... Item une jupe de velours à la reistre doublée de pluche. Item trois pour-
« points, un de velours, un de taffetas et l'autre de serge... Item trois chapeaux de feu-
« tre, l'un garny de velours... Item deux calottes, l'une de velours, l'autre de satin
« noir... » Inventaire de la veuve Nicolaï, déjà cité.
(102) « Pour une paire de pantoufles de velours noir et avoir fourny de velours, cy
« II escuz XXX s... » Compte de l'argenterie du roi pour l'année 1591, manuscrit conservé aux archives du royaume.
(103) « Item une bassinoire d'argent... deux réchauds pesant sept marcs deux onces...
« un grand miroir garny d'or de basse taille à fond de jaspe... deux petits bassins à
« cracher pesant trois marcs... » Inventaire des biens de la veuve Nicolaï, manuscrit
déjà cité, chap. Vaisselle d'argent.
(104) « Pour ung pot de chambre d'argent poisant deux marcs et demy, XX escuz... »
Compte de l'argenterie du roi déjà cité.
(105) Sérées de Bouchet, serée 29, Des mores, des negres et des noirs.
(106) « Pour un grand cingo nommé Robert XVII escuz... pour une grande guenon
« orengée XXX escuz... pour un petit cingo X escuz... » Compte de l'argenterie du roi
déjà cité.
(107) « Pour 35 aulnes un quart de drap pour soutenir le corps des chausses des dits
« suisses à raison de 70 souls l'aulne... » Roole de la despence faite en la petite escuyerie
de mgr. frère du roy, année 1574. Manuscrit que j'ai.
(108) Ord. du 21 nov. 1577 sur la police du royaume, art. Pour le cuir.
(109) Voyez dans cette station la note (3).
(110) Voyez l'avant-dernière note.
(111) Histoire de François Ier.
(112) Lettre de M. de Rosny à la royne régente, déjà citée.
(113) Mémoires de Sully, tom. 1, ch. 59, Affaires de milice et finances.
(114) *Ibidem,* chap. 47, Affaires d'estat.
(115) Recherches de Pasquier, liv. 2, chap. 8, Des trésoriers de France.
(116) Voyez au XVe siècle, hist. v, *Le financier,* notes (21), (22), (23), (24), etc.

LE CONCIERGE DE RAMBOUILLET, Station XLIX.

(1) Œconomie politique de Montchrestien, sect. Du commerce.
(2) Antiquités de Paris, par Dubreul, liv. 4.
(3) Martyrologe de Saint-Severin, 1678.
(4) Recherches de Pasquier, liv. 4, ch. 18, Du couvre-feu ou carfou.
(5) Journal de Henri IV, année 1596, lundi 21 octobre.
(6) Ce château vient d'être démoli ; il portait le nom de *Seigneurie,* et l'emplacement
où l'on bâtit aujourd'hui des maisons s'appelle encore La Seigneurie ; on peut d'ailleurs
voir Histoire du diocèse de Paris, par Lebœuf, le ch. Passy.
(7) *Ibidem, ibidem,* art. Château de la Muette.
(8) *Ibidem, ibidem.*

(9) On a vu dans les diverses notes des xiv° et xv° siècles que le premier de chaque état s'appelait *Roi*. On a vu même le premier bedeau s'appeler *roi de l'église*. Il en était ainsi dans les colléges, et encore à la révolution dans ceux de Paris le premier de la classe s'appelait *l'empereur*.

(10) « Au roy connestable et confrères des canonniers de ceste dicte ville la somme de seize livres par assignation à eulx faicte... » Compte de recepte et despence de la ville d'Arras, 1587, Manuscrit original que j'ai.

(11) Bibliothèque de la Croix du Maine, au mot *Martin Du Bellay*.

(12) Edict du mois de janvier 1634 sur le règlement général des tailles.

(13) Coutumes de Sole, tit. 1, art. 3.

(14) Lettres du mois de décembre 1410 relatives aux vendeurs de vin.

(15) Essai historique de Bayeux, par Pluquet, ch. 28, Des foires et marchés.

(16) Coutumes de Sole, tit. 3, art. 1er et suivants, et tit. 35, art. 10.

(17) Bigarrures de Des Accords, chap. Des entends-trois. — Erreurs populaires, par Joubert, 2e part., ch. 21, Des huîtres et truffes.

(18) Voyez aux notes du xv° siècle, histoire xiii, *Le champion*, la note (37).

(19) Coustumes de Haultbourdin, art. 1er.

(20) Voyage de France, par du Verdier, chap. Guyenne.

(21) *Ibidem, ibidem.*

(22) Hist. de Bresse, par Guichenon, chapitre de la principauté de Dombes.

(23) Cosmographie de Thevet, liv. 14, chap. 11, Du Daulphiné, etc.

(24) « Nicolas Bosmard..., évêque et comte de Verdun, prince du Saint-Empire... » Livre des ordonnances civiles de l'évêché de Metz, déjà cité.

(25) Coutumes de Gorze.

(26) « Les corps de garde de la ville de Poitiers étoient cy devant affermés aux sergents de maire de la dicte ville, savoir ceux des portes de Saint-Lazarre et Bochereuil au sieur Lebeau, sergent de maire pour 20 liv... » Domaines de Poitiers dépendans de la couronne, manuscrit déjà cité.

(27) « On arrête de faire payer à M. le duc de Mercoeur, gouverneur de Bretagne, 6,000 livres, tant pour sa garde de trente arquebusiers à cheval... » Précis des états de Bretagne, manuscrit déjà cité.

(28) Origines des chevaliers, armoiries et héraux, par Fauchet, liv. 1, ch. 1.

(29) Mém. de Villeroi, *Testament de M. du Vair, garde des sceaux de France*.

(30) Voyez dans les Décrétales, éditions du xvi° siècle, arbres de consanguinité, le degré de parenté auquel le mariage est prohibé.

(31) Police de Delamare, liv. 1, tit. 9, Juridiction du prévôt de Paris, ch. 3.

(32) *Ibidem, ibidem.*

(33) *Ibidem, ibidem.*

(34) Œuvres de Pasquier, liv. 6, chap. 35, Conservation de la justice.

(35) « Le roi promet que les traitants du parti du sel ne uniront point à la Bretagne et donne la liberté d'en faire commerce comme par le passé... » 15 octobre 1588, Précis des états de Bretagne déjà cité.

(36) Registres du parlement, arrêts du 14 août 1552, du 30 novembre 1558, des 10 janvier et 21 mars 1557, du 23 febvrier 1559, du 8 juin 1562 sur les procez relatifs aux finances jugez en la tour carrée.

(37) Registres du parlement du xvi° siècle relatifs aux chambres de justice.

(38) Par devant nous a comparu N, lequel a déclaré avoir eu et receu de noble homme conseiller du roi, trésorier extraordinaire des guerres... de noble homme conseiller du roi, trésorier de ses finances en la généralité de... de noble homme recepveur du grenier à sel en l'élection de... de noble homme recepveur et payeur des rentes en la généralité de... Il m'est passé par les mains mille, dix mille quittances ou actes de ces temps où se trouvent ces qualifications.

(39) Factum du duc de Guise contre Maillard son trésorier.

(40) Traité de la police, par Delamare, liv. 1er, tit. 9, chap. 5, Police du Châtelet, Préambule de l'ordonnance du 30 mars 1635.
(41) Factum du duc de Guise déjà cité.
(42) Recherches de Pasquier, liv. 6, chap. 35, Conservation de la justice.
(43) Registres du parlement, déclaration du roi du 27 mai 1588 relative à ceux qui donneroient des nouveaux advis pour faire des édits à la foule du peuple.
(44) Bibliothèque de Vauprivas, au mot *Loyse Labe*.
(45) *Ibidem, ibidem*.
(46) Police de Delamare, liv. 1er, tit. 9, Juridiction du prévôt, chap. 3.
(47) Antiquités de Paris, par Corrozet, ch. 28, L'entrée de Henri II à Paris.
(48) Leçons de La Nauche, liv. 3, chap. 3, De la terre scellée ou sigillée.
(49) Cosm. de Thevot, l. 6, ch. 10, De Bethléem, vertu de quelque terre.
(50) Voyages en Turquie, par Nicolas de Nicolay, Anvers, 1586, *La terre sainte*.
(51) Descr. de la France, par Desrues, *Périgueux*. Voyez aussi note suiv.
(52) Voyage de France, par Du Verdier, chap. du Berry.
(53) *Ibidem, ibidem*.
(54) *Ibidem, ibidem*, et note (48).
(55) Traité d'agriculture, par Philibert Delorme, liv. 11, chap. 5.
(56) Journal de Henri III, 22 juillet 1585.
(57) Factum du duc de Guise contre Maillard son trésorier.
(58) Description de l'île des Hermaphrodites, ch. Mœurs et coustumes.
(59) Dictionnaire de la Martinière, au mot *Culotte*, où l'on voit que la nouvelle dénomination du haut des chausses date au moins du xvie siècle.
(60) Bibliothèque de Vauprivas, au mot *Pierre-le-Loyer*.
(61) Voyez aux notes du xve siècle, histoire xv, *L'hôtelier*, la note (154).
(62) « Item est ordonné qu'il sera faict faire aux despens des dicts fraires une figure
« et représentation de la très saincte et adorable trinité, laquelle sera mise et posée...
« avec un baston ou chappelle dans laquelle il y aura pareillement une petite figure de
« la même saincte trinité... » Statuts de la pieuse et dévote confrairie des Treize-Fraires estably en mémoire des douze apostres à Sainct-Germain de Drieux, diocèse d'Evreux, en vertu des bulles du pape des années 1514 et 1539; manuscrit du temps, que je possède.
(63) « Lequel baston sera tenu et gardé par l'un des dicts fraires qui sera tenu le dict
« jour préparer ung disner honneste et modique... auquel disner tous les dicts fraires
« servants seront obligés d'y assister... » *Ibidem*.
(64) Calendrier historique des cérémonies, Paris, 1741, vingt-un décembre.
(65) « A esté statué, ordonné et establi que ladite confrairie sera réglé et gouvernée
« par traize notables hommes confraires pris en icelle... dont ils seront tenus rendre
« compte... au logis du nouveau roy... » Statuts de la confrairie des Treize-Fraires, manuscrit déjà cité.
(66) « ... Lequel disner... sera payé par chascun desdicts fraires au roy qui aura faict
« le dict banquet la somme de dix solz... » *Ibidem*.
(67) « Item s'il estoit trouvé que dans une même année il y en eust eu plusieurs enre-
« gistrés et mesme qu'il y eust un fils des dicts fraires servans lequel... demandast le
« chapperon de son dit feu père ; en ce cas il sera préféré aux autres... luy sera porté le
« chapperon de son deffunt père... » *Ibidem*.
(68) « Item est ordonné qu'il y aura deux livres relliés... le deuxiesme sera dit et ap-
« pellé martyrologe auquel seront escripts et enregistrés chascun an les noms et surnoms
« des personnes qui se mettront en la dicte confrairie... » *Ibidem*.
(69) Satire Ménippée.
(70) Pantagruel, liv. 2, ch. 33, Pantagruel malade, et Comment. de Le Duchat.
(71) Satire Ménippée.
(72) Recherches de Pasquier, liv. 3, ch. 23, De quelques proverbes, etc.

LES PRISONS DE LA FRANCE, Station L.

(1) Le fidèle Conducteur, par Coulon, *De Paris à Poissy*, etc.
(2) Ordonnance d'Orléans en 1560, art. 55.
(3) Registres du parlement, arrêt du 22 février 1578 qui ordonne que les prisons seigneuriales seront séparées du château.
(4) *Ibidem*, arrêt du 15 janvier 1563 relatif à la saisie du revenu de Saint-Magloire pour la construction de la prison seigneuriale au rez-de-chaussée.
(5) Coutumes du comté de Poitou, tit. 1er, art. 14.
(6) Histoire de cette ville. Jusqu'à la révolution les prisons ont été dans l'enceinte de l'ancien château narbonnais, et peut-être y sont-elles encore.
(7) J'ai un devis manuscrit des nouvelles prisons à construire à Clermont-Ferrand, où il est dit que les anciennes faisaient partie d'un édifice public ruiné.
(8) Voyez aux notes du XVe siècle, histoire XVI, *Le valet*, la note (100).
(9) Histoire de cette ville. Longtemps le château Trompette a servi de prison.
(10) Il en a été de même du château de Pierre-Encise. Histoire de cette ville.
(11) Histoire de cette ville. Les prisons étaient au vieux château et s'appelaient la *Maison de Pierre du château*.
(12) Hist. de cette ville. Les prisons étaient au grand châtelet, au petit châtelet.
(13) Registres du parlement de Paris du 7 aoust 1548, et registres du parlement de Toulouse du 10 septembre 1557.
(14) Bibliothèque de Bouchel, au mot *Emprisonnement*.
(15) Ord. d'octobre 1525 sur la manière de procéder contre les criminels.
(16) *Ibidem, ibidem*.
(17) Bibliothèque de Bouchel, au mot *Prison claustrale*.
(18) *Ibidem*, au mot *Prisons*.
(19) Ord. d'octobre 1525 sur la manière de procéder contre les criminels.
(20) Bibliothèque de droit français, par Bouchel, au mot *Prisons*.
(21) *Ibidem*, au mot *Geoliers*.
(22) *Ibidem, ibidem*.
(23) Reg. du parl., 3 déc. 1547 : « Médecins des prisons de la conciergerie... »
(24) « Aux vénérables religieux, prieur... à Dijon, la somme de cent cinq solz qui « deue leur estoit pour ung an... à raison de la desserte de soixante basses messes qu'ils « sont tenus de dire... en la prison de la ville assavoir chascun dimanche de l'an une « des dictes messes... » Compte de la ville de Dijon, man. déjà cité.
(25) Registres du parlement, 1er octobre 1569, Bourses affectées à des bacheliers pour prescher les prisonniers.
(26) « Pierre de Bellissend, viguier pour le roi à Carcassonne,... à maistre Guillaume « de Zeuly, fermier général du domaine du roy en la dicte sénéchaussée, salut; man- « dons que des deniers ordonnés pour le payement des fraiz de sa justice payez... à « Musse Damuret, fermier et garde des carces royaulx de la ville... le 15 juillet 1568. » J'ai l'original de ce mandement.
(27) Glossaire du droit français, par Laurière, au mot *Chartre*.
(28) « A tous ceulx que ces présentes lettres verront, Pierre des Amonelles, prévost « forain et juge ordinaire de la ville et chastellenie de Crespy en Valois, salut; scavoir « faisons que veu les sallaires acquies par Pierre Rousseau, geollier et garde des prisons « du beffroy du dict Crespy pour avoir gardé et nourry... Guillaume... par l'espace de « six vingts huit jours... la somme de sept livres dix sols dix deniers... à la raison de « quatorze deniers parisis par chascun jour... faict le 14 juing. » J'ai l'original de cette ordonnance.
(29) Registres du parlement, 27 février, 12 mars 1549 et 5 mars 1571.
(30) Bibliothèque de Bouchel, au mot *Cession*.

DU XVIᵉ SIÈCLE.   567

(31) Œuvres de Pasquier, liv. 7, lettre 10 à M. de la Bito, juge général.

(32) « De par le prévost de Paris, maistre Claude Amaury, recepveur du domaine de cette ville... vous mandons que des deniers de vostre recepte vous paiez, délivriez comptant à Pierre de Muy, nettoieur et balloteur des prisons du grand chastelet de Paris, la somme de six escus xl solz pour avoir par lui et ses gens balloté les dittes prisons... à raison de vingt escus par chascun an... ce 12 febvrier 1604. » J'ai l'original de ce mandement.

(33) « Item pour avoir y mys feu, pappier, chandoille, vinaigre et autres choses nécessaires pour faire les procès des dits prisonniers depuis le 28 mars jusqu'au 28 sept. la somme de vingt livres... » Compte du geollage de Caen depuis le 28 mars jusqu'au 28 sept. 1533. J'ai l'original de ce compte.

(34) *Ibidem.*

(35) « Pour avoir ferré et déferré les diets prisonniers, vi liv. » *Ibidem.*

(36) Antiquités de Paris, par Dubreul, liv. 1ᵉʳ, chap. Eglise Sainte-Marine. Traités de la pratique des officialités, déjà cités.

LE CONCIERGE DE MEUDON, Station 11.

(1) Recueil des plans et élévations des châteaux royaux.

(2) Histoire de Rabelais dans l'édition de ses œuvres donnée par Le Duchat.

(3) Epîtres de L'Hôpital, *Voyage de Nice*. — Dictionnaire du commerce par Savary, au mot *Sel*.

(4) Dans l'histoire des gabelles il faut distinguer le prix du sel des salines du prix du sel du grenier royal ou sel gabellé. Je possède une collection de pièces originales relatives à ces deux espèces de sel chronologiquement classées. On y voit que le prix du sel des salines variait, soit à raison des localités, soit à raison du prix de la main-d'œuvre pour la fabrication. On y voit aussi qu'il variait encore bien plus pour le prix du sel porté aux greniers royaux, à cause de la différence des distances. Le prix de deux, de trois sous le quintal était le prix moyen du sel acheté aux salines.

(5) « Il y avait autrefois des salines dans le Languedoc, le long de la coste de la mer... réduites maintenant à celles de Pécais, Mardirac et Sigean... » Mémoires des intendants, Mém. sur le Languedoc, par Baville, 1698.

(6) « La terre-ferme est disposée par tables... d'un pied de profondeur. Les personnes préposées pour faire le sel prennent soin d'enfermer pendant l'hiver... tout autant d'eau qu'ils peuvent... cette eau qui croupit cinq ou six mois... se charge et s'imbibe du sel qui est naturellement dans ce terrain, et, venant à se raréfier par l'ardeur du soleil, se cristallise en sel... » *Ibidem.*

(7) Dictionnaire du commerce, par Savary, au mot *Sel*.

(8) Corps diplomatique de Dumont, Traités du xvıᵉ siècle entre la France et les autres états de l'Europe.

(9) *Ibidem*, Traités entre la France et les cantons suisses.

(10) Voyez le Recueil des plans des châteaux royaux déjà cité.

(11) Dictionnaire du commerce, par Savary, au mot *Sel*.

(12) *Ibidem*, aux mots *Salines* et *Sel*.

(13) *Ibidem, ibidem*.

(14) *Ibidem*, au mot *Sel*.

(15) Le château vieux bâti par François Iᵉʳ subsiste encore; le château neuf bâti par Henri IV et Louis XIII est presque entièrement rasé.

LE CHEVALIER DE MELUN, Station LII.

(1) Voyez à la station xxi, *Le vieux écolier de Saint-Flour*, la note (4).
(2) Antiq. de Paris, par Dubreul, l. 2, ch. Cérém. observées en Jérusalem.
(3) *Ibidem, ibidem*.

LES AUMÔNES FRANÇAISES, Station LIII.

(1) Dictionnaire du commerce, par Savary, au mot *Marron d'Inde*.
(2) Voyez les notes suivantes.
(3) Bibliothèque de Bouchel, au mot *Aumosnerie*.
(4) Hist. de Lyon, par Rubys, l. 3, ch. 53, Reste des choses survenues à Lyon.
(5) Bibl. de Bouchel, au mot *Aumosnerie*, art. Logis des pauvres, Bedeaux.
(6) *Ibidem*, art. Invention et commencement de la grande aumosne générale.
(7) *Ibidem*, art. Recouvrement des deniers de l'aumosne, Offices des six recteurs.
(8) *Ibidem*, au mot *Aumosnerie*, art. Procession.
(9) La police mise sur la famine et affluence des pauvres en 1531 dans la ville de Lyon, Lyon, Griphe, 1530.
(10) Institution de la maison de la charité chrétienne establie à Paris en 1578, par Nicolas Houel, Paris, Chevillot, 1580.
(11) Ordonnance du mois de juillet 1566 relative à la police des pauvres.
(12) *Ibidem* du 22 avril 1532 relative aux pauvres mendiants de la ville de Paris.
(13) *Ibidem* du mois de juillet 1566 relative à la police des pauvres.
(14) *Ibidem* du 12 nov. 1543, Deffence aux basteleurs de jouer pendant les questes.
(15) Reg. du parl., arrêt du 8 febv. 1607 sur les cotisations des pauvres que les propriétaires des maisons sont obligés d'acquitter pour les locataires.
(16) *Ibidem*, arrêt du 22 janvier 1588 relatif au prêt de cinq cens escus d'un bourgeois qui refuse d'accepter la recepte pour les pauvres.
(17) Complainte de charité malade, par Jean Martin, procureur en parlement, Paris, Gervais Mallot, 1580.
(18) Cout. de Metz, tit. 3; ordonnances sur la police des pauvres de cette ville.
(19) « Le cardinal... sur la remontrance... roles et taxes des pauvres... et des pauvres « malades faites par l'assemblée du peuple... en conseil privé le 17 oct. 1572... » Livre des ord. civiles de l'évêché de Metz, manuscrit déjà cité.
(20) Hist. de la Flandre, *De la souveraineté de la France sur cette province*.
(21) « Le roy d'Espagne et... des Pays-Bas... fit divers placards pour les pauvres de « Lille ès années 1506, 1515 et 1527... Ils se trouvent en un tableau reposant en la « chambre des dits pauvres, daté du mardy dernier avril 1527... » Hist. des communautés de Lille, man. du XVIII° siècle que j'ai.
(22) *Ibidem, ibidem*.
(23) « Furent commis douze personnages bourgeois de la dicte ville... pour être ministres généraux des pauvres... lesquels, par l'avis des ministres particuliers de chaque « parroisse... ordonnent la distribution des aumosnes... » *Ibidem*.
(24) Institutions de l'aumosne de Paris, de Lyon; Hist. d'Orléans, par Lemaire, chap. Hôpitaux, Aumosne; Hist. de Rouen, chap. Bureau des pauvres; Hist. de Poitiers, chap. relatif à la dominicale; Hist. de Verdun, chap. Hôpitaux; Hist. d'Amiens, Hôpitaux, etc.; Hist. des villes, Coutumes des villes et des provinces.
(25) « Les ministres généraux ont un receveur... un greffier... 4 sergeans des pau« vres... » Hist. des communautés de Lille, déjà citée. Voyez aussi la note (23).
(26) « ... Comme il sembloit que la charité des particuliers étoit empêchée, les ma-

« gistrais eurent recours au doyen et faculté de la sainte théologie de Paris... lesquels en
« leur générale assemblée en l'église Saint-Mathurin le 16 janvier 1530 conclurent que
« les dites ordonnances pouvoient être pratiquées et maintenues... » Histoire des communautés de Lille déjà citée.

(27) Bibliothèque de Bouchel, au mot *Pauvres*.
(28) *Ibidem, ibidem*.
(29) Ord. de juillet 1506, sur l'instruction pour la police des pauvres.
(30) Histoire d'Amiens, *Aumosne, Pauvres*.
(31) Antiq. de Paris, par Dubreul, liv. 3, ch. Police des pauvres de Paris.
(32) Reg. du parlement, 9 juillet 1546, Pauvres enrolez porteront l'écharpe.
(33) Institutions de l'aumosne de Paris, de Lyon, déjà citées.

LES HÔPITAUX DE LA FRANCE, Station LIV.

(1) Antiquités de Paris, par Dubreul, liv. 3, art. Hospital de la Saincte-Trinité.
(2) Contes d'Eutrapel, conte 2°.
(3) Bibliothèque de Bouchel, au mot *Hospitaux*, article Hospital de la Trinité.
(4) Ord. de juin 1554 et 1578 sur les privilèges de l'hôpital de la Trinité.
(5) Ordonnance sur l'instit. des enfants de la Trinité, du 1er juillet 1545 avec leurs privilèges.
(6) Antiquités de Paris, par Sauval, liv. 9, chap. Tapisseries.
(7) *Ibidem, ibidem*.
(8) Antiquités de Paris, par Dubreul, liv. 3, ch. Hospital de la Saincte-Trinité.
(9) *Ibidem*, ch. Hospital des enfans de Dieu, autrement dits Enfans-Rouges.
(10) *Ibidem, ibidem*.
(11) *Ibidem, ibidem*.
(12) « Après que Charles-le-Hardi, duc de Bourgogne, fut tué... esquelles guerres
« tout le plat pays fut désolé... et comme par la mort des manans grand nombre des
« pauvres enfans orphelins furent séquestrez en certaines granges... d'où ils sont encore
« nommez... » Hist. des communautés de Lille déjà citée.
(13) « Le 25 nov. 1499, Jaques de Landes et Gerard Lieulaine, maîtres des enfans
« de la Grange, achetèrent une maison appelée l'Abbaye pour s'appliquer à la dite maison de la Grange... les dits enfans venans à marier on leur donne quelque gratuit, en-
« viron 50 florins... » *Ibidem*.
(14) Histoire de Marseille, par Ruffi, liv. 10, chap. 1er, Des églises, etc.
(15) Instruction pour la police des pauvres de la ville de Paris, insérée dans le Recueil des lois par Fontanon, liv. 5, tit. 9, Des mendians de Paris.
(16) Antiquités de Paris, par Dubreul, liv. 3, art. Hospital du Saint-Esprit.
(17) *Ibidem, ibidem*.
(18) Hist. de la conquête des Indes par les Portugais, *Villes de Cochin et de Goa*.
(19) Ant. bordelaises, par Bernadau, ch. 12. Hist. particulières des villes.
(20) *Ibidem, ibidem*.
(21) Histoire de Paris, par Félibien et Lobineau, *Hôtel-Dieu*.
(22) Bibl. de Bouchel, au mot *Aumosnerie*, art. Grand Hostel-Dieu, etc.
(23) Histoire ecclésiastique de Fleury, *Hôpitaux*.
(24) Ant. de Paris, par Dubreul, liv. 2, chap. Hospital Saint-Germain-des-Prez.
(25) *Ibidem, ibidem*.
(26) Bibliothèque de Bouchel, au mot *Aumosnerie*, art. Grand Hostel-Dieu.
(27) Antiquités de Paris, par Dubreul, ch. Hospital Saint-Germain-des-Prez.
(28) Voyez aux notes des XIVe et XVe siècles les notes sur les hôpitaux.

LE SERGENT DE VALOGNE, Station LV.

(1) « Pour la sergenterie de Saint-Victor, par le sieur Foulloley, sergent, représentant « le sieur Gros, fils... » Etat détaillé des domaines du roy de la généralité de Rouen, manuscrit que je possède.

(2) « Pour la noble fief-ferme appellée le Moulin, au comte par le sieur de Raffetot... « pour la fief-ferme de Ribeuf, par le sieur de Raffetot... » *Ibidem.*

(3) « La seigneurie de Vaudreville a fait la matière d'un procès entre le sieur de Cauy « qui la prétendoit à cause de son manoir de la Crée et les religieux de Longueville qui « la soutenoient dépendante de leur fief-ferme d'Epinay, leur a esté défendu de se qua-« lifier seigneurs de la paroisse... » *Ibidem, ibidem.* — Mal à propos Bourgueville de Bras qui vivait au commencement du XVII° siècle, dit que c'est de Vire que sont venues les chansons appelées vaudevilles. Mal à propos encore André Du Chesne, dans ses Antiquités des villes, art. *Vire*, donne à ses poésies la même origine. Je suis bien plutôt autorisé à dire qu'elles sont venues d'un autre lieu de Normandie, appelé Vaudreville. Si le poète Basselin n'est pas pour moi, j'ai pour moi l'étymologie. Les recherches historiques, comme peut voir le beau monde, ne sont pas inutiles à l'histoire de leur théâtre.

(4) « A tous ceulx que ces présentes lettres verront et orront, Reignier Lammellon, « sieur de la Patoudière et de la Villaye, garde du scel des obligations de la vicomté « d'Auge... fut présent hault et puissant seigneur messire Jaques de Montmorency... « lequel... bailla en pure, vraye et perpétuelle fieffe et rente... à honnorable homme Loys « Varin, chirurgien demeurant à Crevecœur... une portion de terre... la présente fieffe « fait pour le prix et somme de vii s. vi den. tournois et ung chappon..., le tout de rente... « à la charge aussi par le dit Varin de faire la barbe et cheveux du dit seigneur et de « ses gentilshommes deux fois l'an... vigille de Noël et Pasques... et en faute de faire la « barbe et cheveux du dit seigneur et gentilshommes... paiera XII den... fait... le XIII « juillet mil VI° et VI... » Ce titre d'accensement féodal est conservé aux archives du royaume.

(5) J'ai l'original d'un compte de tailles de serfs commençant ainsi : « C'est la taille « des hommes et femmes de la mairie des Noes, appartenant à messeigneurs doyen et « chapitre de l'église de Troyes, qui sont de poursuite et de main-morte quand le cas y « escheiet fuicte, assise et imposée le seiziesme jour de décembre l'an mil quatre cens « quatre vingt et dix neuf, par nous Noël Bruley, prebtre, collecteur des gros... en pré-« sence de maître Cauchet Tetel, prebtre notaire... et scribe du chapitre... messeigneurs « Jehan Viapré, Jehan Baudin, maire, Jehan Guenin, sergent de messeigneurs au dit « lieu des Noes, Pierre-Simon Gilot de Lutel, Michan Doney, dict Gaultherot, hommes « de la dicte condicion, lesquels maire, sergent et hommes de corps ont juré aux saints « evangilles de Dieu, de bien et deument nommer et imposer les dessoubs escripts selon « leurs facultez et déclarer au vray de qu'elle portion ils sont de la dite église et nommer « leurs enfans qui sont en celle au mieux qu'ils pourront... » On voit dans le commencement de ce compte le mode d'assiette de la taille des serfs; on y voit que ce n'est pas seulement les seigneurs ou les agents du seigneur qui étaient les asséeurs, mais que les serfs étaient appelés à procéder par députation, par représentation à l'assiette. On y voit que les serfs députés juraient d'assoir équitablement la taille et de l'assoir sur tous les taillables; on y voit, dans un très grand nombre d'articles, que le seigneur possédait des serfs par trois quarts, par moitié, par quarts et même par fractions moindres. « Gillet « Doey, dict Gaultherot, fils de feu Gilot Doey et de Johanne sa femme, tout, marié en « Guillemette, fille de feu Marc et Babelon sa femme, trois quars et demi et ung seiziesme, « et ont deux fils nommez Jehan et Gilet, quatorze deniers. » Quand ils possédaient le serf en entier, le rôle portait *tout*. Jehan Mernusse, tout, et Marion, à présent sa « femme, qui fut femme de feu Thomas Pasquote de Sainct George, qui est toute... deux « deniers. »

(6) Coutumes de Thionville, tit. 1er, De l'estat, droit et qualité des personnes, art. 7 et suiv., et Coutumes du Bassigny, tit. 5, De l'estat et condition des personnes, art 40.

(7) Les historiens français, avant la fin du xvie siècle et depuis, ont, les uns, fixé le temps de l'affranchissement des serfs aux croisades, les autres à Louis-le-Hutin. Aucun n'a continué l'histoire du servage qui d'ailleurs peut être réduite à quelques lignes : la diminution progressive du servage a été lente dans les domaines de l'église, moins lente dans ceux des seigneurs, moins lente dans ceux du roi ; au xvie siècle il y avait encore un assez grand nombre de serfs ; au xviie il n'y en avait presque plus ; au xviiie, à la révolution, il n'y en eut plus.

(8) Traité des servitudes rustiques.

(9) Dans un très grand nombre de communes il en est toujours de même. Voyez d'ailleurs les registres du domaine.

(10) « *Item* de la dicte seigneurie sous l'aisnesse et vavassorie de Quievremont appartenant aux dames maitresses d'école ainées une pièce de terre en labour... » État des domaines du roy, de la généralité de Rouen, déjà cité.

(11) « M. Le Villain, sieur de la Corbière... tient de la seigneurie de Bazomesnil un tennement ou aisnesse nommé le tennement, sont plusieurs personnes tenant comme puisnées qui en doivent déclaration au dict sieur aisné... » *Ibidem*.

(12) « Duché de Gisors... gardes nobles réservées au roy... les officiers du roy doivent continuer d'exercer pour S. M. le droit de garde noble déjà réservé... » *Ibidem*. « ... Et se réservant aussy moy ditte dame les patronages et garde noble dudict Cailly... » Ball des rentes seigneuriales de la baronne de Cailly, du 21 avril 1629 ; je possède cet acte.

(13) Voyez la note ci-dessus et les ordonnances sur les engagistes.

(14) « Arques, sergenterie du pied de l'épée pour moitié, il en a été rendu hommage en 1509 et 1532... Arques, sergenterie du pied de l'épée, deuxiesme moitié... » État des domaines du roy de la généralité de Rouen déjà cité.

(15) Discours des offices, par Figon, chap. Des prévosts de mareschaux.

(16) *Ibidem*, chap. Des officiers de la gabelle à sel.

(17) *Ibidem*, chap. Du maistre des ports et passages.

(18) « Il a aliéné plusieurs offices dans la ville, savoir : ... celui de vendeur de poissons de mer frais, sec et salé, à Nicolas Charron... » État des domaines du roy de la généralité de Rouen, manuscrit déjà cité.

(19) « Et celui de vendeur de cuir à Dieppe, à Rouen et autres lieux... » *Ibidem*.

(20) Ordonnance de novembre 1576, relative à la création en titre d'offices formez de regrattiers et mesureurs de sel en tous les greniers à sel du royaume.

(21) On a vu aux notes de la station XLVIII, *Les calculs de Chartres*, que tous les offices avaient été aliénés. Qu'on voie en outre le Traité des offices, par Joli.

(22) *Ibidem*.

LE CONFRÈRE DE CHAILLOT, Station LVI.

(1) Antiquités de Rouen, par Taille-pied, chap. 39, Fête de Nostre-Dame.
(2) *Historia universitatis Paris.*, anno 1571, cap. *Scriptorum ordo institutus*.
(3) Le livre d'arithmétique, par Pierre Forcadel, Paris, Cavellat, 1556.
(4) Livre d'arithmétique, par Valentin, Anvers, 1573, ch. Des nombres roupts.
(5) Le troisième livre d'arithmétique, par Forcadel, Paris, Cavellat, 1558.
(6) Histoire des mathématiques, par Montucla.
(7) *Ibidem*.
(8) *Ibidem*.
(9) *Ibidem*.

(10) *Ibidem*, xv° siècle, Léonard de Pise, Lucas de Borgo.
(11) *Ibidem*, xvi° siècle.
(12) *Ibidem*.
(13) *Opus novum de proportionibus numerorum, motuum, ponderum*, etc.
(14) Artifices de feu, p. 16.
(15) Voyez aux notes de la station XLIV, *l'Écrivain de Calais*, la note (60).
(16) Voyez à la station XLI, le *Pédescaux de Metz*, les notes sur l'artillerie.
(17) *Homo centrica, à Fracastore, operum pars posterior, sect. 3, cap.* 28.
(18) *Copernici de revolutionibus orbium cœlestium, lib.* 6, Nuremberg, 1543.
(19) République de Bodin, liv. 4, chap. 2.
(20) Histoire des mathématiques, par Montuela, liv. 4, sect. 9. Table de la réformation de l'an, par Jean Gosselin, Paris, 1582.
(21) Bibliothèque de la Croix du Maine, au mot Abel Foulon.
(22) Le théâtre des instruments de mathém., par Besson, Lyon, Vincent, 1578.
(23) Bibl. de la Croix du Maine, aux mots Abel Foulon, et Antoine Crespin.
(24) Discours contre ceux qui, par les conjonctions des planètes qui se doivent faire ont voulu prédire la fin du monde, par Du Verdier, Lyon, 1583.
(25) Voyez aux notes du xiv° et du xv° siècle les notes où Aristote est cité.
(26) Théâtre de la nature, par Bodin, liv. 4, sect. 6, Des principes du monde. *Margarita philosophica nova, lib.* 8, *cap.* 8, *Si materia prima fuerit*, etc.
(27) *Ibid., lib.* 9, *cap.* 2, *De origine element.*, Bodin, liv. 2, sect. 3, Des éléments.
(28) *Margarita, lib.* 7, *tract.* 1, *cap.* 44 et suivants. — Avant-discours du livre des Trois-Mondes, par la Popelinière, Paris, 1582. *Homo centrica, à Fracastore, sect.* 3, *cap.* 25.
(29) Théâtre de la nature, par Bodin, liv. 2, sect. 6, De l'eau et de la terre.
(30) Stevin, physicien du xv° siècle, cité par Libes, Progr. de la phys., t. 1, ch. 12.
(31) Les raisons des forces mouvantes, par De Caus, 1615, Définition 3°.
(32) Théâtre de la nature, par Bodin, liv. 2, sect. 6, De l'eau et de la terre, etc.
(33) Les raisons des forces mouvantes, par De Caus, Machines hydrauliques.
(34) Théâtre de la nature, par Bodin, liv. 2, sect. 5, De l'air, des vents.
(35) *Ibidem, ibidem*.
(36) *Margarita philosophica nova, lib.* 9, *cap.* 18, *De ventis*.
(37) Théâtre de la nature, par Bodin, liv. 2, sect. 5, De l'air, des vents.
(38) Œuvres de Caures, liv. 2, ch. 33, Le vent ne vient du hault en bas.
(39) Théâtre de la nature, par Bodin, liv. 2, sect. 4, Du feu, de la flamme.
(40) *Cardanus de subtilitate, lib.* 4, *cap. Lux quid sit et lumen*.
(41) Progrès de la physique, par Libes, 12, Notice sur Dominico.
(42) *Ibidem, ibidem*, sur Porta, inventeur. — *Magia naturalis, lib.* 17, *cap.* 6, § *Ut quisque picturæ ignarus, rei alicujus, vel hominis effigiem delineare possit.*
(43) *Cardanus de subtilitate, lib. cap. Colores omnes ex tribus constant.*
(44) Théâtre de la nature, par Bodin, liv. 4, sect. 4, De l'ouye, du son.
(45) Progrès de la physique, par Libes, tit. 1, chap. 13.
(46) *Ibidem, ibidem*.
(47) Relation de la mort du duc et du cardinal de Guise, par Miron, médecin de Henri III, imprimé aux preuves du Journal de Henri III, année 1588.
(48) Ce calcul a été fait par approximation d'après le catalogue donné par Borel dans sa *Bibliotheca chimica*, Paris, 1654.
(49) *De genealogia mineralium, auctore Paracelso*.
(50) *Cœlum philosophorum, seu liber de secretis*, par Alstadius, Lyon, 1553. Voyez les gravures.
(51) Maison rust. de Liebaut, et Théâtre d'agric. de Serres, ch. Distillation.
(52) *Ibidem, ibidem*.
(53) Éléments de chimie, par Beguin, liv. 1, chap. 4, De l'extraction.

(54) *Ibidem, ibidem*, art. Rectification.
(55) *Ibidem*, chap. 3, art. Dessiccation, et chap. 4, art. Digestion.
(56) *Ibidem*, chap. 3, art. Stratification, et chap. 5, De la coagulation.
(57) *Ibidem*, chap. 3, art. Cementation.
(58) Voyez à la station XVIII, *Le latiniste de Montpellier*, les notes sur la pharmacie.
(59) Description du jardin royal des plantes establi par le roy Louis-le-Juste à Paris, par Guy de la Brosse, Paris, 1636.
(60) *Ibidem*, chap. 1, Pour la culture des plantes médicinales.
(61) Histoire des drogues, par Pomet, chap. 31, Salsepareille.
(62) Jardin des plantes, par La Brosse, Cat. des plantes, *Solanum americanum*.
(63) Instruction sur l'herbe du petun, par Gohori, Paris, 1572.
(64) Théâtre de la nature, par Bodin, liv. 2, sect. 9, Des pierres précieuses.
(65) *Ibidem, ibidem*.
(66) *Ibidem, Ibidem*.
(67) *De omni rerum fossilium genere*, a Conrado Gesneri, Tiguri, 1565.
(68) Commentaires de Mathiole sur les quatre premiers livres de la Dioscoride, traduction imprimée à Lyon, 1572.
(69) *Historia stirpium, auctore Fuschio*, Bâle, 1542.
(70) *Dodonæi stirpium historiæ sex pemptades*, cap. 1.
(71) *Phytognomonica Portæ, lib.* 2, cap. 25.
(72) *Synopsis methodi, Andreas cæsalpini, distributio herbarum*.
(73) Histoire des poissons, par Belon, Paris, Robert Etienne. — De la nature des oiseaux, par Belon, Paris, Cavelat.
(74) *Rondeletti de piscibus*, Lyon, Bonhomme, 1554.
(75) Le petit Jardin pour les enfants, par Fontaine, Lyon, Pesnot, 1581.
(76) Traité du vitriol, traduit du latin de Paracelse, par Boiron, Lyon, 1581. — Apologie et nature de l'antimoine, par Grevin, Paris, 1567.
(77) Instruction sur l'herbe du petun, par Gohori, déjà cité. — Traité des melons, par Jacques Pons, Lyon, 1584.
(78) Théâtre de la nature, par Bodin, septième table pour le troisième livre, En laquelle nature est spécialement monstrée en la cognoissance des plantes.
(79) Voyez la note (73) de cette station.
(80) Traicté des oyseaux de proye, par Charles Estienne.
(81) Voyez les notes (73) et (74) de cette station.
(82) De la nature des bestes à quatre pieds, des oiseaux, des serpens et des poissons, par Geoffroy Linocier, Paris, Charles Macé, 1584.
(83) Histoire et description du phœnix, par Guy de Lagarde, Paris, 1550.
(84) Cosmographie de Thevet, liv. 3, chap. 16, De l'île de Triste, du basilic.
(85) Histoires prodigieuses, par Boyestuau, Paris, 1567.
(86) Voyez aux XIVe et XVe siècles les notes sur les 3 règnes d'hist. naturelle.
(87) Théâtre de la nature, par Bodin, quatrième table pour le livre 2, En laquelle nature est monstrée spécialement en l'estre naturel.

LE PENSIONNAIRE DE VILLEPREUX, Station LVIII.

(1) Histoire d'Espagne, par Ferreras, année 1578.
(2) Mémoires de la Champagne, par Baugier, ch. 2, Estat ecclésiastique.
(3) Hist. des ordres monastiques, par Hélyot, ch. 34. — Hist. de Clairvaux.
(4) Histoire du diocèse de Paris, par Lebeuf, chap. Villepreux.
(5) *Ibidem, ibidem*.
(6) *Ibidem, ibidem*.

(7) *Ibidem, ibidem.*
(8) *Ibidem, ibidem.*
(9) Voyez aux notes de la station LXVI, *La vie domestique du roi*, la note (144). Il est inutile d'ajouter que les grands seigneurs, dans ces temps comme dans tous les temps, imitaient en tout le roi.
(10) On prie les jeunes lecteurs de se souvenir que jusqu'à la révolution la nation française a été divisée en trois ordres.
(11) Voyez en tête des Œuvres de Jean de Caures, la gravure de son portrait. Voyez aussi dans la traduction des Mémoires de De Thou les portraits de Scaliger et de Nicolas Lefebvre, gravés d'après les portraits de ce temps, etc., etc.
(12) *Joannis Bodini methodus ad facilem historiarum cognitionem*, 1576.
(13) *Ibidem.*
(14) *Ibidem.*
(15) Voyez les histoires citées aux notes de la station LIX, *Le Libraire de Paris*.
(16) Il existe encore beaucoup de ces vieilles tapisseries du XVIe siècle dans les vieux châteaux, dans les églises, dans les garde-meubles de la couronne.
(17) *Bodini methodus*, chap. 3, *De locis historiarum recté instituendis*.
(18) *Artis historicæ Penus*.
(19) *Bodini methodus*, lib. 3, cap. 10, *De historicorum ordine et collectione*.

L'IMPRIMERIE ET LA LIBRAIRIE FRANÇAISES, Station LVIII.

(1) Voyez les frontispices d'un grand nombre de livres du XVIe siècle où les boutiques des libraires sont indiquées au 1er, au 2e, au 3e pilier de la grande salle.
(2) Règlement de l'imprimerie, François Ier, 21 décembre 1541.
(3) Voyez les bibliographies citées dans les diverses notes du XVIe siècle.
(4) Voyez les livres imprimés depuis 1500 jusqu'à 1525 ou 30.
(5) Voyez les livres imprimés après le règne de François Ier.
(6) Ord. de may 1571, sur la réformation de l'imprimerie, art. 23.
(7) Ordonnance du 21 déc. 1541 sur le règlement de l'imprimerie, art. 1.
(8) Messieurs les imprimeurs, ai-je dit aux imprimeurs de cet ouvrage, vous m'avez promis de me donner la preuve que dans leur salle de travail vos prédécesseurs portaient comme vous le léger chapeau de papier : Oh ! m'ont-ils répondu, nous le savons par tradition ; il y a pourtant une différence, des chapitres de théologie étaient imprimés sur le leur ; sur le nôtre sont imprimés des chapitres de politique.
(9) Ord. de mai 1571, sur la réformation de l'imprimerie, art. 2.
(10) *Ibidem*, art. 10.
(11) *Ibidem*, art. 5.
(12) *Ibidem*, art. 6.
(13) *Ibidem, ibidem.*
(14) Règlement de l'imprimerie, par François Ier, 21 décembre 1541.
(15) Ord. du 10 septembre 1572, sur la réformation de l'imprimerie, art. 5.
(16) *Ibidem*, art. 1.
(17) Ord. du 27 juin 1551, sur le faict de la religion catholique, art. 8.
(18) Ordonnance de may 1571, déjà citée, art. 17 et 20.
(19) Bibliothèque de La Croix du Maine, au mot *Nicolas Dumont*.
(20) Ordonnance du mois de may 1571, déjà citée, art. 18.
(21) Ordonn. du 21 décembre 1541 relative à l'imprimerie et à la librairie.
(22) Bibliothèque de La Croix du Maine, au mot *Michel de Vascosan*.
(23) Histoire de l'imprimerie et de la librairie, par La Caille, *Les Estienne*.

(24) *Ibidem, ibidem.*
(25) *Ibidem, ibidem,* aux mots *Chrétien Wechel* et *André Wechel.*
(26) *Ibidem,* aux différents *Morel.*
(27) *Ibidem,* aux mots *Mamert Patisson* et *Philippes Patisson.*
(28) Heures de Nostre-Dame pour les confrères de l'oratoire Nostre-Dame de Vicène, Paris, Mettayer, 1588.
(29) Histoire de l'imprimerie.
(30) Histoire de l'imprimerie, par La Caille, liv. 2, etc., *Baltasar Plantin.*
(31) Surtout par ses caractères imitant l'écriture.
(32) Ordonnance de may 1571 déjà citée, art. 24.
(33) « Item, un Essai de Montaigne, in-8, prisé 6 s., Tacite in-8, Plantin, 8 s., *Vitœ Plutarchii*, 7 vol. in-8, 40 s., *Virgilius* in-16, Plantin, 3 s. » Inventaire des biens de la veuve du président Nicolaï, manuscrit déjà cité.
(34) Requête de la communauté des libraires de Paris contre Mettayer et autres, citée dans la Bibliothèque de Bouchel, au mot *Usages.*
(35) *Ibidem.*
(36) *Ibidem.*
(37) *Ibidem.*
(38) *Ibidem.*
(39) Hist. de l'imprim., par La Caille, 1000, *Compagnie de la grande Navire.*
(40) Voyez aux notes du XIV° siècle, épître LXV, *L'organiste*, la note (1). Au XV° siècle on essaya aussi de faire des encyclopédies; telle est la *Margarita philosophica*, Strasbourg, 1500. En 1620 Alstedius publia une encyclopédie.
(41) L'Ulysse françois, art. Orléans, Bibliothèque de l'université.
(42) La Guide des arts et sciences, promptuaire de tous les livres, tant composés que traduits en françois, chap. 1, Division.
(43) Requête de la communauté des libraires de Paris, etc., déjà citée.
(44) Ordonnance du 27 juin 1554 déjà citée, art. 20.
(45) Lois et règlements de l'imprimerie de la fin du XVI° siècle.
(46) Ordonnance du 11 décembre 1547 sur la défense d'imprimer aucun livre concernant la sainte-escriture, sans estre examiné.
(47) Ordonnance du 27 juin 1551 déjà citée, art. 6 et 15.
(48) Ord. de septembre 1577 sur la pacification des troubles, art. 14.
(49) Voyez la note (45) de cette station.
(50) Ord. du 10 sept. 1563 sur la défense d'imprimer livres sans permission.
(51) Ord. du 16 avril 1571 sur la défense d'imprimer livres sans permission.
(52) Conférence des ordonnances, Des imprimeurs et libraires, statuts, art. 75, où est cité un édit de Charles IX.
(53) Bibliographies de la fin du XVI° siècle.
(54) Registres du parlement, arrêt du 26 février 1554 relatif aux vingt-quatre imprimeurs nommés par lad. cour, dont douze seront choisis par le roy.
(55) Voyez la note (45) de cette station.
(56) Ord. du 10 sept. 1563 sur la défense d'imprimer aucuns livres, n'autres escrits sans permission, sur peine de confiscation de corps et de biens.
(57) Ordonnance du mois de janvier 1626 relative à la confirmation des ordonnances du roy Charles IX touchant la deffence d'imprimer aucuns livres sans permission, à peine de confiscation de corps et de biens.
(58) Ord. du mois de juillet 1565 sur la défense d'imprimer aucuns placarts ou libelles diffamatoires, sur peine de confiscation de corps et de biens.
(59) Sentence du bailly du palais contre Bouillerot et Mondière, 27 avril 1618.
(60) Registres du parlement, arrêt du 5 juillet 1629 relatif aux libraires, qui voulaient demeurer hors de l'université.
(61) Ordonn. de 1547 et 1554, art. 8, de 1566, art. 78, et 1571, art. 10.

(62) Privilèges des livres imprimés jusqu'à la fin de la première moitié du xvie siècle. — Privilèges des livres imprimés durant la deuxième moitié.
(63) Ibidem, ibidem.
(64) Perioche des sept premiers livres de la Thérapeutique de Galien, par Christian, médecin lisant à Orléans; au verso du frontispice est la requête de Jannot, libraire-imprimeur demandant la permission d'imprimer cet ouvrage exclusivement pendant trois ans; au pied de la requête est le soit fait comme il est requis du prévôt, 19 février 1540. Je pourrais en citer cent, deux cents autres.
(65) Confirmation des privilèges des imprimeurs et libraires, juin 1618.
(66) Voyez les lettres et les brevets des imprimeurs, des libraires du roi.
(67) Ord. du 5 juin 1543 relative aux guets et gardes des portes de Paris.
(68) Arrêt du 17 déc. 1594 sur l'exemption de paiement en faveur des libraires, imprimeurs, pour confirmation des privilèges du nouvel advénement du roy.

LE LIBRAIRE DE PARIS, Station LIX.

(1) Contes d'Eutrapel, conte 19.
(2) Que ne devrait-on pas à quelqu'un qui nous ferait l'histoire de la langue française siècle par siècle, qui, au xvie, au chapitre des signes, nous dirait, soit avec les grammairiens Pelletier, Maigret, Ramus, soit avec les imprimeurs Griphe, Robert Étienne, Vascosan, Metayer, Patisson, comment la cédille a remplacé l'e dans certains aoristes tels que receut, conceut, aperceut, qui nous dirait aussi comment l'apostrophe est devenue un signe d'élision; comment les voyelles, surtout l'e, se sont couronnées d'accents; comment les différents signes de la moderne ponctuation se sont introduits?
(3) De la ponctuation françoise et de ses accents, par Et. Dolet, Lyon, 1543.
(4) Dialogues de l'orthographe et prononciation françoise, par Jacques Pelletier, Lyon, 1555, Jean de Tournes.
(5) De la grammaire françoise, par Maigret, Paris, 1550, Chrestien Wechel.
(6) Grammaire franç., par La Ramée, dit Ramus, Paris, 1562, André Wechel.
(7) Traité de la prononciation françoise, par Jean Antoine de Baïf.
(8) Voyez les différentes notes ci-dessus.
(9) Dialogue sur la cacographie franç., par Joubert, Paris, Chesneau, 1579.
(10) Bigarrures de Des Accords, chap. Des entends-trois.
(11) Voyez la note (2).
(12) Plaidoyers cités à la station XXI. — Poésies de Ronsard et de Dubartas.
(13) Voyage de France, par Du Verdier, chap. Du Berry.
(14) Histoires de Charles VII, Louis XI, Charles VIII, Louis XII.
(15) Voyez la pénultième note.
(16) Bib. de La Croix du Maine, *Discours dédié au vicomte de Paulmy*.
(17) Ibidem.
(18) Ibidem.
(19) Ibidem.
(20) Ibidem.
(21) Ibidem.
(22) Gramm. latine et françoise, par Du Bois, Paris, 1531, Robert Estienne.
(23) Traité de l'anc. orthogr. franç., par Des Autels, Lyon, Tournes, 1551.
(24) De la précellence du langage françois, Paris, Mamert Patisson, 1579.
(25) Dictionnaire françois-latin, par Robert Estienne, Paris, Jacques Dupuis.
(26) Adriani, *nomenclator omnium rerum, lingua latina gallica*, Paris, 1567.
(27) Voyez les deux notes précédentes.

DU XVI° SIÈCLE.

(28) Dictionnaire des huict languaiges, grec, latin, flamen, françois, italien, anglois et alleman, Lyon, 1558.
(29) Les Comment. de César traduits, par Vigenère, Paris, Chesneau, 1576.
(30) Œuvres de Plutarque, traduites par Jacques Amiot, Paris, Morel, 1584.
(31) *Scaligerana*, verbo *Casaubon*.
(32) Essais de Montaigne, liv. 1, chap. 24, Du pédantisme.
(33) *Hist. universitatis Paris., Catalogus illustrium academicorum*, Turnebus.
(34) *Scaligerana*, verbo *Muret*.
(35) *Ibidem, ibidem.*
(36) Le fidèle Conducteur, par Coulon, *France*, chap. de Paris à Agen.
(37) Bibliothèque de Du Verdier de Vauprivas, au mot *Guillaume Postel*.
(38) Œuvres de Scaliger et autres savants du temps.
(39) *De militiâ romanâ*, par Juste Lipse.
(40) *Lazari Bayfii de re navali*, Paris, Robert Étienne, 1536.
(41) *De asse*, par Budé, Venise, Alde, 1522.
(42) Lettres de Pasquier, liv. 21, lettre 7 à M. Favereau, estudiant, etc.
(43) Le Viandier pour appareiller toutes sortes de viandes, par Taillevent. — Le grand Cuysinier de toutes cuysines, Paris, Bonfond.
(44) *Ibidem, ibidem.*
(45) *Ibidem, ibidem.*
(46) Grammaire de La Ramée. Logique, autres arts et sciences, Paris, 1577.
(47) *Institutiones dialecticæ a Fonseca*, Lyon, 1608, *lib. 7, De syllogismis et locis communibus*. — *Historia universitatis Parisiensis*, année 1544.
(48) *Institutiones dialecticæ a Ramo.*
(49) *Hist. universitatis Paris.*, anno 1544. *Litteræ Francisci I*, 19 Martii 1544.
(50) *Ibidem. Catalogus illustrium academicorum*, Petrus de La Ramée.
(51) *De sensu rerum*, par Campanella.
(52) *De subtilitate et inventione rerum, a Cardano*, Nuremburg, 1550.
(53) La République de Bodin, Paris, 1578.
(54) Œuvres de Pasquier, liv. 9, chap. 18, Des professeurs du roy, etc.
(55) *De variâ Aristotelis fortunâ*, par De Launoy, Paris, Martin, 1655.
(56) Traité de la sagesse, par Charron, Bordeaux, 1601.
(57) Essais de morale, par Montaigne, Bordeaux, 1580.
(58) Bibliothèque de La Croix du Maine, au mot *Michel de Montagne*.
(59) Les Allumettes du feu divin, par Pierre Doré, Paris, 1538.
(60) Le Sucre spirituel, etc., par Auger, Lyon, Michel Jove, 1570.
(61) Le Glaive du géant Goliath, Philistin et ennemy de Dieu, 1561.
(62) La Cheute du diable et de ses adhérents, Paris, Verard, 1500.
(63) Le Réveille-Matin des calvinistes.
(64) De la vérité de la religion chrétienne, par Mornay, Paris, 1582.
(65) *Confessio christianæ fidei*, par Théodore de Bèze, 1560.
(66) Confession de foi au nom des églises réformées de France, par Calvin.
(67) *Della ragione di stato di Giovani Boteri*, Milan, 1598.
(68) *Sermones fideles, ethici, politici, œconomici*, Leyde, 1644.
(69) *De optimo reipub. statu deq. nova insula Utopia, Th. Mori*, Louvain, 1516.
(70) Oraison de la paix, par Guillaume Aubert, Paris, Vincent Sertenas, 1559.
(71) Traicté de la police et respublique françoise, par Pierre Tahureau.
(72) Les six livres de la république, par Bodin, Paris, Jacques Du Puis.
(73) Par Prudent Choyselat, Paris, Nicolas, 1572.
(74) Imprimé à Paris chez Martin-le-Jeune en 1568.
(75) Catalogue des paroisses du Maine, par Samson Bedouin, imp. au Mans.
(76) *Vita Caroli Molinæi, jurisconsulti, a Papirio Massone*, Paris, 1608.
(77) *Vita Jacobi Cujacii, jurisconsulti, a Papirio Massone*, Paris, 1590.

(78) Vies des plus célèbres jurisconsultes de toutes les nations, Paris, 1791, au mot *Antoine Despeisses*.

(79) Histoire du Rouergue, par l'abbé Bose, 3ᵉ part.; Villes, Marcillac.

(80) Œuvres de Pasquier, liv. 19, lettre 15, à M. Robert, advocat.

(81) Auteur du *Praxis beneficiorum*.

(82) *De sacris ecclesiæ Gallicæ adversùs Romanum Defensio Parisiensis curiæ, auctore Duaren*, Lyon, 1578.

(83) Auteur du Domaine de France, Paris.

(84) Auteur du Domaine des rois de France, Paris, 1577.

(85) Son recueil d'ordonnances est très souvent cité dans ces notes.

(86) Auteur de la Conférence des ordonnances souvent citées dans ces notes.

(87) *Ibidem*.

(88) Œuvres de Pasquier, liv. 19, lettre 15, à M. Robert, advocat, etc.

(89) *Ibidem, ibidem*.

(90) *Ibidem, ibidem*.

(91) Arrêts notables du parlement de Toulouse, par La Roche Flavin.

(92) Cosmog. de Munster trad. par Belleforest, Paris, Chesneau, 1575.

(93) Cosmographie universelle de Thevet, Paris, 1575.

(94) Les Trois mondes, par La Popelinière, Paris, 1582.

(95) Cartes citées aux notes de la station XLIII, *La boutique de Calais*.

(96) Qu'il a lui-même imprimé en français, latin, espagnol et italien.

(97) *De emendatione temporum, auctore Scaligero*.

(98) Hist. du roy Loys XII, par Claude de Seyssel, Paris, Du Puis, 1587.

(99) Dessein de l'histoire de France, par Du Haillan, Paris, L'huillier, 1571.

(100) *Ibidem*, épître.

(101) Voyez la note (92).

(102) Histoire littéraire de la France.

(103) Bibliothèque de La Croix du Maine, au mot *Pierre Le Bauld*.

(104) *Ibidem, ibidem*.

(105) Voyez la note suivante.

(106) « On renvoie M. d'Argentré fils pour les six mille livres promises à son père au temps qu'il aura fait paroître une nouvelle édition de l'Histoire de Bretagne... » Précis des délibérations des états de Bretagne, man. déjà cité.

(107) Mémoires et recherches touchant plusieurs choses mémorables pour l'intelligence de l'estat et des affaires de France, par Jean du Tillet, Rouen, 1577.

(108) Inventaire de l'Histoire de France, par Jean de Serres.

(109) Voyez les deux notes précédentes.

(110) Chronique et Histoire universelle, par Carion, Paris, Berrion, 1579.

(111) Histoire du temps, par Guillaume Paradin, Paris, Jean de Tournes.

(112) Les Annales d'Aquitaine, par Jean Bouchet, Paris, 1537.

(113) Mémoires des comtes de Champagne et de Brie, par Pithou, Paris, Patisson, 1581.

(114) L'Histoire de Provence, par Jean de Nostradamus, Lyon.

(115) Hist. des neuf Charles de France, par Belleforest, Paris, L'Huillier, 1568.

(116) Histoire des François, traitant principalement des choses advenues durant le règne de François Iᵉʳ, par Guillaume Du Bellay.

(117) Histoire de France, contenant les troubles advenuz en France par La Popelinière, depuis 1555 jusqu'en 1581. La Rochelle, François Bolin, 1581.

(118) Histoire de France touchant les troubles advenuz pour la religion, par Milles Piguerre, Paris, Robert Le Fizelier, 1582.

(119) Commentaires de Montluc, Bordeaux, 1592.

(120) Les Éphémérides, ou almanach du jour et de la nuict pour cent ans, par Jean Gosselin, Paris, Guillaume Chaudière, 1571.

(121) Les vingt-un livres d'Amadis de Gaule mis en françois par Des Essarts, Lyon, Rigaud, 1575.
(122) La Diane de George de Montemayor traduite d'espaignol par Gabriel Chapuis, Lyon, Loys Cloquemin, 1582.
(123) Histoire de dom Flores de Grèce, surnommé le chevalier des Cygnes, traduite de l'espagnol, par Nicolas de Herberay, Paris, Jean Longis, 1552.
(124) Dans ce temps-là on disait *Collèges trilangues, romans bilangues*.
(125) Chronique et histoire du chevalier Mabrian, Paris, 1530.
(126) Histoire du roi Perceforest, Paris, 1528.
(127) L'Heptameron de la royne de Navarre, Paris, Prévost, 1559.
(128) Discours d'aucuns propos rustiques, facétieux et de singulière récréation, par Noel du Fail, Paris, 1534.
(129) Joyeuses adventures et récréations, Techner, place du Louvre.
(130) La conférence des servantes de la ville de Paris, *ibidem*.
(131) Fluste de Robin, *ibidem*.
(132) Livret de folastreries à Janot, Parisien, *ibidem*.
(133) Fanfreluche et gaudichon, mythistoire, barragouyne, de la valeur de dix atomes pour la récréation de tous bons fanfreluchistes, Lyon, Jean Diepi.
(134) Les serées de Bouchet, Paris, 1608.
(135) Bibliographies du XVIe siècle.
(136) Les bigarrures, les escraignes de Des Accords, Paris, Richer, 1583.
(137) Rhétorique françoise, par Antoine Fouquelin, Paris, 1557, Wechel.
(138) Discours de la Croix du Maine, dédié au vicomte de Paulmy, déjà cité.
(139) Sermons de Boucher, Paris, 1594.
(140) Sermons sur l'oraison dominicale, par Montluc, 1561, Guil. Regnoult.
(141) Le victorieux combat de Gédéon, représenté à Paris en 1612, en présence de la royne Marguerite, par le père Souffrand, prédicateur, Bordeaux, 1616.
(142) Oraison funèbre et obsèques de messire François Olivier, en son vivant chevalier et chancelier de France, prononcée à Saint-Germain-de-l'Auxerrois à Paris, le 29 avril 1560, par Claude Despence, Paris, 1561, Vascosan.
(143) Oraison funèbre de François Ier, prononcée à Nostre-Dame de Paris, le 23 may 1547, par Castellan, Paris, Robert Estienne, 1547.
(144) Recueil d'oraisons funèbres de Claude Morenne, Bertaut, 1605.
(145) Recueil des discours prononcez en l'assemblée des Estats provinciaux de Normandie, tenus à Rouen le 20 nov. 1578, par Nic. Clorel, Rouen, 1578.
(146) Harangue prononcée en la présence du roy, aux Estats d'Orléans, au mois de janvier 1561, par l'Hospital, imprimée à Blois, 1561, L'Angelier.
(147) Recueil des Etats-Généraux, par Quinet, Paris, 1651, États-Généraux de Moulins, d'Orléans, de Blois.
(148) *Ibidem, ibidem.*
(149) Bib. de La Croix du Maine, au mot *Henry de Valois*, IIIe du nom.
(150) Art poétique françois, par Sibilet, Lyon, Temporal, 1551.
(151) *Ibidem*.
(152) *Ibidem*.
(153) Dict. de rimes françoises, par le Fevre, Paris, 1572, Gallot du Pré.
(154) *Ibidem*, corrigé par Tabourot, Paris, Richer, 1588.
(155) Le livre d'épithètes, par Maurice de la Porte, Paris, Buon, 1571.
(156) Description en vers des deux voyages de Gênes et Venise, victorieusement mis à fin par le roy Louis XII, par Jean Marot, Lyon, Juste, 1537.
(157) Traduction en vers des Psalmes de David, par Clément Marot.
(158) Poésies françoises, par Ponthus de Tyard, Paris, 1575.
(159) Œuvres poétiques de Melin de Saint-Gelais, Lyon, 1574.
(160) Les poesies de Jean Dorat, Paris, 1586.

(161) Recueil de la Muse cosmopolitique, par Maillard de Caux, Paris, Loys.
(162) Poésies françoises de Jean Passerat, Paris, 1606.
(163) Soupirs amoureux d'Olivier de Magny, Paris, vers l'an 1559.
(164) Fables de Philibert Hegemont, Paris, Robert le Fizelier, 1583.
(165) Voyez au XIVe siècle, épître XV, *Les deux arbres*, la note (66).
(166) Œuvres de Jean Antoine de Bayf, Paris, 1572.
(167) Cinquante quatrains, par Guy de Pybrac, Lyon, Tournes, 1584.
(168) Bibliothèque françaíse de l'abbé Goujet, chapitre Pierre de Ronsard.
(169) Œuvres de Pasquier, la Puce ou jeux poétiques françois et latins.
(170) Œuvres des dames des Roches, mère et fille, Paris, L'Angelier, 1579.
(171) *Ibidem*.
(172) Voyez la note (169).
(173) *Ibidem*.
(174) Voyez la note (176).
(175) Œuvres de Ronsard, Paris, Buon, 1584.
(176) La Semaine, ou Création du monde, par Du Bartas, Paris, Feburier.
(177) Bibliothèque françaíse, par l'abbé Goujet, chapitre Du Bartas.
(178) Bibl. de la Croix du Maine, *Guillaume de Salluste, sieur du Bartas*.
(179) Bibliothèque françaíse de Goujet, chapitre Pierre Ronsard.
(180) *Ibidem, ibidem*.
(181) Bibliothèque de Du Verdier, au mot *Pierre de Ronsard*.
(182) Œuv. de Ronsard, comment. par Muret et Belleau, Paris, Buon, 1584.
(183) Dans la collection des airs et ballets du XVIe siècle, mis en tablature par Bataille, Paris, Ballard, 1612, se trouvent des odes de Ronsard en musique.
(184) *Antoniis arena provencialis de bragardissima villa de Solertis*, Lyon, Benoist Rigaud, 1587. *Recitus super emeuta paysanorum de Ruellio, a Saniyona*.
(185) Depuis la Philippide de Guillaume le breton qui vivait au temps de Philippe-Auguste jusques à Jacques Poilles qui vivait sous Henri IV, plusieurs historiens ont écrit en vers.
(186) Traduction de l'Iliade en vers françaís, par Salet et Jamin, Paris, 1580. Trad. de Virgile en vers françaís, par les frères d'Agneaux, Paris, 1582.
(187) Dans ces temps il était fort difficile d'aborder livre, n'importe la matière qu'il traitât, sans être obligé de passer à travers une plus ou moins grande forêt d'acrostiches, d'anagrammes, de tercets, de quatrains, de sonnets françaís, latins, grecs. J'ai un petit manuscrit de 1610, pas plus grand que la paume de la main, pas plus épais que le petit doigt, intitulé : *Le théâtre de l'inconstance où sont les amours d'Amidor et de Lysis*, par Blaise Moulinier, sieur de Beauregard, Xaintongeois. Ce jeune auteur, *écolier de philosophie*, ainsi qu'il le dit dans son épître au lecteur, n'a pas manqué d'amis qui lui ont composé, par douzaines, des pièces de vers latins ou grecs à son éloge. Il y en a au commencement, il y en a à la fin. Je cite ce petit livre ; je pourrais citer toutes les bibliothèques de livres imprimés dans ce siècle ou au commencement du suivant.
(188) Paradoxe contre les lettres, Lyon, Jean de Tournes, 1545.
(189) Voyez les bibliographies du XVIe siècle.
(190) Mémoires de De Thou, liv. 2, année 1582.
(191) Contes d'Eutrapel.

LES HOMMES ILLUSTRES DE LA FRANCE, Station LX.

(1) Antiquités de Rouen, par Taillepied, chap. 44, Des Palinods de Dieppe.
(2) Voyez à la station LVI, le Confrère de Chaillot, la note (1).
(3) Mémoires contenant l'histoire des jeux floraux, Toulouse, Robert, 1775.

DU XVIe SIÈCLE.

(4) Par Claude Despence, Paris, 1570.
(5) Bibliothèque de la Croix du Maine, au mot *Marie Stuart*.
(6) Journal de Henri IV, année 1604, dimanche 8 février.
(7) Bibl. de la Croix du Maine, *Discours dédié au vicomte de Paulmy*.
(8) *De viris qui superiori seculo claruerunt*, imprimé en Allemagne au xvie siècle.

LE BOURGEOIS DE GONESSE, Station LXI.

(1) *Hydrographum spagyricum* Fabri, Toulouse, 1639, *lib.* 2, *cap.* 12, *De aquis ac fontibus* du Montdor.
(2) Discours des eaux de Plombières, par Perthemin, Nanci, Garnich, 1609.
(3) L'hydrothérapeutique des fontaines médicinales, par Duval, Rouen, 1805, ch. 13, Description du pays de Brey, etc.
(4) *Ibidem*, chap. 14, De la fontaine de Gemare.
(5) *Ibidem*, chap. 19, De la fontaine du parlement.
(6) *Ibidem*, chap. 13, Description du pays de Brey, etc.
(7) *Ibidem*, *ibidem*.
(8) *Hydrographum spagyricum*, lib. 2, cap. 16, *De fontibus nivernensibus, vulgo dictis* les eaux de rougues.
(9) Traité des eaux de Bourbon-l'Archambault, par Pascal, chap. 3, Du lieu et de la source des eaux de Bourbon.
(10) *Ibidem*, chap. 5, De la douche.
(11) *Hydrographum spagyricum*, lib. 2, *cap.* 12, *De fontibus* du Montdor.
(12) *Ibidem*, cap. 11, *De aquis ac fontibus loci* de Vic-le-Comte.
(13) *Ibidem*, cap. 13, *De thermis ac fontibus loci* d'Aygues-Caudes.
(14) *Ibidem*, cap. 1, *De fonte* Belesta.
(15) *Ibidem*, cap. 7, *De thermis* Montferrand, cap. 11, *De aquis* Vic-le-Comte, *et cap.* 17, *De thermis Borbonensibus*.
(16) *Ibidem*, cap. 2, *De fonte qui dicitur* Sou.
(17) *Ibidem*, cap. 1, *De fonte Belesta*.
(18) *Ibidem*, cap. 7, *De thermis ac fontibus loci* de Montferrand.
(19) *Ibidem*, cap. 8, *De fontibus ac thermis loci* de Baignières.
(20) *Ibidem*, cap. 10, *De fontibus ac thermis loci* de Barèges.
(21) *Ibidem, capita libri* 2. — Mémoires des merveilles des eaux françaises, par Jean Banc, Paris, Sevestre, 1605.
(22) *Ibidem*.
(23) *Nicolai Dortomani, de thermis Belilucanis*, déjà cité.
(24) *Ibidem*, lib. 1, cap. 3 et 4, texte et figures.
(25) *Ibidem*, lib. 1, cap. 4, et tous les chapitres du deuxième livre.
(26) *Ibidem, ibidem*.

LE MARÉCHAL DE GORZE, Station LXII.

(1) Le cabinet du roi de France, liv. 1, ch. Preuves du nombre des primats, etc.
(2) Coustumes de Gorze, tit. 2, Des droits souverains et seigneuriaux.
(3) Journal de Henri IV, année 1602, dimanche 20 octobre.
(4) *Scaligerana, verbo Palatinus*.
(5) Bibliothèque du droit français, par Bouchel, au mot *Ambassadeurs*.

(6) Voyez au xiv siècle, épître 91, *Le pèlerinage de Remiremont*, note (140).

(7) Histoire de Louis XII, par Seyssel, année 1506, harangue de Seyssel, ambassadeur de France, à Henri VII, roi d'Angleterre, etc. Histoire de Louis XII, par D'Auton, année 1506, chap. 2, Ambassade au roy des Romains.

(8) Abrégé de la vie de Pierre Danès déjà cité, *Apologetica pro Francisco prima adversus imperatorem Carolum-Quintum*.

(9) Hommes illustres françois de Brantôme, chap. Vie de François Ier.

(10) Hist. de Lyon, par Rubys, l. 3, ch. 63, Vœu à Nostre-Dame-de-Lorrette.

(11) Bibliothèque du droit françois, par Bouchel, au mot *Fait*.

(12) *Ibidem, ibidem*.

(13) Coutumes de Gorze.

(14) Journal de Henri III, année 1581, mercredi 18 octobre.

(15) Hommes illustres français de Brantôme, chap. François Ier.

(16) *Ibidem, ibidem*.

(17) *Ibidem, ibidem*.

(18) Bibliothèque du droit français, par Bouchel, au mot *Ambassadeur*.

(19) Histoire de Marseille, par Ruffi, l. 6, ch. 6, Charles V devant Marseille.

(20) *Ibidem*, liv. 7, chap. 1, Entreprise sur Marseille descouverte.

(21) Bibliothèque du droit français, par Bouchel, au mot *Ambassadeur*.

(22) *Ibidem, ibidem*.

(23) Histoire de Hongrie.

(24) Bibliothèque du droit français, par Bouchel, au mot *Ambassadeur*.

(25) Journal de Henri IV, année 1594, mardi 22 mars.

(26) Voyez au xve siècle, hist. 27, *Le clerc d'ambassade*, notes (10), (15) et (41).

(27) Bibliothèque du droit français, par Bouchel, au mot *Ambassadeurs*.

(28) *Ibidem*, au mot *Consuls*.

(29) *Ibidem*, au mot *Marchandises*.

(30) Recueil de mémoires, par Boullerot, lettre d'Espernon au roy, 1586.

(31) Coutumes de Gorze, tit. 2, Des droits souverains, art. 11.

(32) Bibliothèque du droit français, par Bouchel, au mot *Ambassadeur*.

(33) *Ibidem, ibidem*.

(34) *Ceremoniale romanum*. Bibliothèque de Bouchel, au mot *Empereur*.

(35) Histoire du royaume de Jérusalem. — Hist. du royaume d'Angleterre.

(36) Bibliothèque du droit français, par Bouchel, au mot *Ambassadeur*.

(37) Notes de l'hist. 27, *Le clerc d'ambassade*, xve siècle, notes de cette station.

(38) Ambassades de messieurs de Noailles en Angleterre, par Vertot, double de la lettre de l'ambassadeur d'Angleterre au connétable, 23 janvier 1553.

(39) Meslanges historiques de Camusat, Lettre du roy au roy d'Angleterre, lettres aux autres rois.

(40) *Ibidem*, formulaire pour les secrétaires du roy.

(41) Lettres de Noailles, de Villeroy, et autres.

(42) Ambassades de MM. Noailles en Angleterre, par Vertot, Lettre de d'Oysel à de Noailles, 6 novembre 1555.

(43) Traduction d'une dépêche du duc de Savoie au roi d'Espagne. — Dépêche en chiffres du même duc, 1589.

(44) Histoire d'Espagne, par Ferreras, chap. relatif aux Cortez.

(45) La séance de l'empereur, *folio elevato*, et celle des princes de l'empire, Paris, 1674, Des princes, états, cercles, etc.

(46) Ambassades de Noailles, déjà citées, 4 nov. 1553 et 27 oct. 1555.

(47) Mém. du chevalier de Rochefort, Lahaye, 1681, ministère de Richelieu.

(48) Voyez au xve siècle, les notes de l'histoire xxvii, *Le clerc d'ambassade*.

(49) Le conducteur des ambassadeurs, quand il viendra quelque ambassadeur pour resider... ait soin d'en avertir afin qu'il soit donné ordre pour le recevoir, loger et

« traiter dignement. » Ordre que le roy veut estre tenu par celui qui conduit les ambassadeurs, 1ᵉʳ janvier 1585. Recueil des ordonnances et règlements des conseils du roy, manuscrit du XVIIᵉ siècle que j'ai. Antiquités de Paris, par Sauval, hôtels des ambassadeurs extraordinaires, etc.

(50) « ... Il y aura de la vaisselle d'argent tant pour la cuisine que pour servir quatre
« ou cinq plats... et tel nombre d'officiers de chacun office que besoin sera pour servir
« ledict ambassadeur... chevaulx et carosse pour l'amener et conduire au logis de sa
« dicte majesté et pour le ramener en son logis... se promener... Il y aura avec luy cinq
« ou six pages de Sa Majesté... quelques gentilshommes et lacquais... » Règlement de ceulx de la maison du roy et des principaux officiers servans en icelle, manuscrit du temps de Louis XIII conservé aux archives du royaume. Règlement faict au mois d'aoust 1578.

(51) Ant. de Paris, par Sauval, Hôtels des ambassadeurs extraordinaires.

(52) Bibliographies du temps, les harangues des ambassadeurs.

(53) « Nous, François de Mandelot, seigneur de Passy, chevalier de l'ordre du roy...
« confessons avoir receu de maistre Abel de Brugnons... son trésorier aux ligues de
« Suysse, la somme de 666 escus deux livres... à nous ordonnée par Sa Majesté pour
« nostre estat d'ambassadeur et depputté pour le renouvellement de ses alliances avec les
« seigneurs des dictes ligues du mois de novembre de la présente année 1582... » J'ai l'original de cette quittance.

(54) « Lorsque ledit conducteur viendra avec les ambassadeurs, se tiendra derrière
« eux pour faire connaître au capitaine des gardes les gentilshommes ou autres de la
« suite dudit ambassadeur qui devront entrer... » Recueil des règlements des conseils, mau. déjà cité, 1ᵉʳ janvier 1585. — Mém. de Sully, t. 2, ch. 17, M. de Rosny en Angleterre. — Brantôme, Vie de Henri II.

(55) Bibliothèque du droit français, par Bouchel, au mot *Ambassadeur*.

(56) *Ibidem, ibidem.*

(57) *Ibidem, ibidem.*

(58) Journal de Henri IV, année 1604, mercredi 23 juin.

(59) Bibliothèque du droit français, par Bouchel, au mot *Marchandises*.

(60) Le ministre public dans les cours étrangères, par Barraz du Franquesnay, Paris, Ganeau, 1731, les 4 premiers chapitres.

(61) Bibliothèque du droit français, par Bouchel, au mot *Ambassadeur*.

LE FILS DU MARÉCHAL DE GORZE, Station LXIII.

(1) Voyez dans les Décrétales manuscrites ou imprimées les divers arbres de consanguinité en toute sorte de figures et de couleurs. Les familles avaient par imitation fait des arbres de consanguinité généalogique; j'en possède plusieurs. Il y en a par brassées à la Bibliothèque du roi et aux archives du royaume.

(2) République de Bodin. Essais de morale et de politique de Bacon.

(3) *Ibidem, ibidem.*

(4) *Ibidem, ibidem.* Histoire de l'Europe.

(5) Le prince de Machiavel, chap. 8, De ceux qui par leurs crimes se sont élevés à la puissance souveraine, chap. 18, Les princes obligés de garder la foi.

(6) *Del governo di Sansovino*, Venise, 1583.

(7) Voyez à la station LIX, Le libraire de Paris, la note (67).

(8) *Ibidem*, note (72).

(9) Histoire de l'empire d'Allemagne. Histoire de l'Italie, XVᵉ et XVIᵉ siècles.

(10) Histoire de la Russie, XVIᵉ siècle.

(11) Histoire de France, par Matthieu, liv. 1, 1ʳᵉ narration.

(12) Hist. de France, règne de Henri IV. — Hist. de l'Europe, xvıe siècle.
(13) Géog. de la France, par Desroes. — Hist. d'Espagne, par Ferreras, xvıe siècle.
(14) Voyez à la station LVII, *Le pensionnaire de Villepreux*, la note (4).
(15) Traités entre l'Espagne et la France, Anvers, 1604. Traité de Vervins.
(16) Hist. de Philippe II, par Cabrera. Hist. de l'Espagne. Hist. de l'Europe.
(17) Hist. de l'empire, par Hoies, 1684. — Hist. d'Allemagne, par Barre.
(18) *Ibidem, Ibidem.*
(19) *Ibidem, ibidem.*
(20) *Balbini epitome hist. rerum Bohemicarum*, Prague, 1677.
(21) Hist. des révolutions de Hongrie, par Brenner, La Haye, 1739.
(22) *Ibidem.*
(23) *Scaligerana verbo* Turcs.
(24) Histoire générale de l'Allemagne, par Barre, année 1529.
(25) Histoire des guerres religieuses de l'Europe au xvıe siècle.
(26) En voici la preuve. « Les généraulx conseillers du roy nostre sire, sur le fait et
« gouvernement de ses finances, ont fait recevoir... la somme de sept cent cinquante livres
« tournois par maistre Henri Bohier..., commis par ledict seigneur à tenir le compte et
« faire le paiement des sommes ordonnées par le dict seigneur au roy d'Angleterre pour
« sa récompense montant L mil livres par an jusqu'à le parfait paiement de six cens mil
« escus ensemble de certaines pensions que le roy nostre sire a aussy ordonné à aucuns
« chevaliers et personnaiges estant du party d'Angleterre en faveur du traité de paix der-
« renièrement conclud entr'eulx... Escript le xxııe jour d'apvril mil cinq cens et deux. »
Suivent les signatures... « Les généraulx conseillers... ont fait recevoir... la somme de
« deux mil huict cens livres tournois par Astremoine Faure, commis par le dict seigneur
« à tenir le compte et faire le payement de la debte deue au roy d'Angleterre et des pen-
« sions particulières ordonnées pour le bien de paix à aucuns seigneurs et prellats dudit
« pays... Escript le xvııı d'apvril 1516... » Suivent les signatures.
(27) *Scaligerana,* verbo *Jacques.*
(28) Histoire de la reine Elisabeth, par Camden, année 1577.
(29) Histoire d'Angleterre. — Histoire d'Ecosse, année 1600.
(30) Voyez à la station LXV, *La belle Lyonnaise*, les notes (24), (25) et (26).
(31) *Ibidem, ibidem*, et notes du xvıı° siècle sur les fabriques.
(32) *Ibidem, ibidem.*
(33) Cosmographies et géographies du xvı° siècle déjà citées, chap. Pologne.
(34) *Annales Polonorum a Sarnicio*, Cracovie, 1587, xıv°, xv° et xvı° siècles.
(35) *Poloniæ historicæ corpus,* Bâle, 1582.
(36) *Ibidem.*
(37) Histoire de l'Europe, *De la Pologne.*
(38) Histoire de la Pologne, xvı° siècle.
(39) *Ibidem, ibidem.*
(40) Histoire de la Suède, xvı°, xvıı° siècles.
(41) Histoire du Danemarck, xvı° siècle.
(42) Histoire de la Suisse, xv°, xvı° et xvıı° siècles. Cette nation a surtout fourni des
troupes à la France. J'ai un grand nombre de revues de régiments d'infanterie suisse de
ce temps ; j'en ai cité plusieurs aux notes du *Pédescaux.*
(43) Géographies de l'Italie. — Histoire de l'Italie au xvı° siècle.
(44) Histoire de la Russie, xvı° siècle.
(45) Géographies de la Russie, cartes du xvı° siècle.
(46) *Ibidem.*
(47) *Ibidem.*
(48) Histoire de la Russie.
(49) *Ibidem,* année 1579.
(50) *Ibidem.*

(51) Bibliothèque de Bouchel, au mot *Ambassadeurs*, art. *Ses domestiques*.
(52) Supp. au journ. de Henri IV, vend. 15 mai 1598; et sam. 25 nov. 1600.
(53) Etats et empires de Davity, De la duché de Savoye, *Richesses*.
(54) Histoire du règne de Henri IV, par Matthieu, liv. 3, narrations 4 et 5.
(55) Hist. de l'Allemagne rhénane, fin du xviᵉ et commencement du xviiiᵉ siècle.
(56) Mémoires de Sully, t. 2, ch. 14, art. Mémoires des sieurs Arnaults.
(57) *Ibidem, ibidem*.
(58) Histoire de l'Europe, xviᵉ siècle, *Manifestes des princes*.

LES COMÉDIENS FRANÇAIS, Station LXIV.

(1) Essais de Montaigne, chap. 25, De l'institution des enfants.
(2) Voyage de France, par Du Verdier, chap. Du Berry.
(3) Arrêts du parlement de Toulouse, par La Roche Flavin, tit. 16, arr. 1.
(4) « A luy la somme de xviii sols t. qu'il a paié par ord. que devant pour vin de
« présent baillié de par la ville en pots et cymarres d'ycelle aux joueurs de ceste dicte
« ville lesqueulx dernièrement jouerent certain miracle de Nostre-Dame au couvent des
« jacobins de ceste ville et apport par lettres du viconte maieur... » Compte de la ville
de Dijon, manuscrit déjà cité.
(5) Police de Delamare, liv. 3, tit. 3, chap. 2, De l'origine des histrions.
(6) Gargantua, ch. 24, Comment il employait le temps quand il était pluvieux.
(7) *Ibidem, ibidem*.
(8) Hist. du théâtre français, par les frères Parfait, année 1527, 2ᵉ journée.
(9) Gargantua, chap. 24, cité à la note (6).
(10) Fantaisies de Tabarin.
(11) *Ibidem*, gravure du frontispice.
(12) *Ibidem*, seconde farce tabarinique, Le capitaine Rodomont.
(13) *Ibidem*, première farce, Piphagne.
(14) Voyez au xivᵉ siècle les notes de l'épître LVI, *Le théâtre*.
(15) Histoire du théâtre français, xviᵉ siècle.
(16) *Ibidem*, Mystère de sainct Christofle, 1527.
(17) *Ibidem*, chap. Mystère de saint Pierre et de saint Paul, année 1520.
(18) *Ibidem*, chap. Mystère de l'Apocalypse, année 1541.
(19) Voyez à la station LXXVII, *Les musiciens français*, la note (10).
(20) Histoire du théâtre français, *Anciens mystères*.
(21) *Ibidem*, Mystère de sainct Andry, 1530.
(22) *Ibidem*, Mystère de saincte Barbe, 1534.
(23) Registres du parlement, ordonnances du 23 may, du 10 juin 1541, du 15 septembre 1571 touchant le jeu du maistre des actes des apôtres.
(24) Police de Delamare, liv. 3, tit. 3, chap. 3, Du théâtre français.
(25) *Ibidem, ibidem*.
(26) *Ibidem, ibidem*.
(27) *Ibidem, ibidem*.
(28) *Ibidem, ibidem*.
(29) *Ibidem, ibidem*.
(30) Reg. du parlement, 23 février 1514, Les bazochiens dansent devant le roi.
(31) Bibliothèque de Bouchel, au mot *Bazoche*.
(32) Registres du parlement, arrêts sur la bazoche, et notamment ceux du 7 mai 1540 et du 11 mars 1545.
(33) Bibliothèque de Bouchel, au mot *Roy de la buzoche*.
(34) Antiquités de Paris, par Sauval, *Comptes de la prévosté*, année 1505.

(35) *Annales Francorum regum a Roberto Gaguino*, f. 19, *Rex Ludovicus XII*.
(36) *Ibidem, ibidem*.
(37) Histoire du théâtre français, *Jeu du prince des sots et mère sotte*, 1511.
(38) *Ibidem, ibidem*.
(39) *Ibidem, ibidem*.
(40) *Ibidem, ibidem*.
(41) *Ibidem, ibidem*.
(42) *Ibidem*, chap. Hôtel de Bourgogne, 1608.
(43) *Ibidem, ibidem*.
(44) *Ibidem*, chap. Premier théâtre français établi à l'hôpital de la Trinité.
(45) *Ibidem, ibidem*.
(46) Antiquités de Paris, par Corrozet, chap. 11, Des prévôts, etc.
(47) Registres du parlement, 5 janvier 1516, jeux des collèges.
(48) On représentait dans les collèges des pièces latines, Histoire de Francion, liv. 4, à l'endroit où il est parlé d'une moralité latine. On devait incontestablement y représenter aussi des pièces grecques.
(49) *Ovis perdita*, Francfort, 1565.
(50) Hist. de Francion, liv. 4, à l'endroit où il est parlé de la comédie du régent.
(51) Voyez les traducteurs du temps.
(52) Journal de Bassompierre, année 1619, lundi 7 septembre.
(53) Ordonnance de Blois, année 1579, art. 80.
(54) Mémoires pour l'histoire du Port-Royal, etc., 2e part., 1re relation.
(55) Cette troupe était toute nouvelle; les théâtres se recrutaient alors dans les collèges. Notes de cette station.
(56) Histoire du théâtre français, XVIe siècle.
(57) *Ibidem*, année 1541, Lyon, Marchant.
(58) *Ibidem*, chap. Cammate.
(59) Voyez dans l'hist. du théâtre français le catalogue des pièces jouées au XVIe siècle.
(60) Histoire du théâtre français, *Bradamante*, 1582.
(61) Voyez la note (59).
(62) Histoire du théâtre français, *Bradamante*, 1582.
(63) *Ibidem*, année 1507, *Moralité du banquet*.
(64) *Ibidem*, année 1561, *Tragédie à huit personnages*.
(65) *Ibidem*, Hôtel de Bourgogne, 1552.
(66) Tragédie du meurtre d'Abel; personnages : Adam, Ève, etc., le Diable, les Remords, le Péché, la Mort ; Paris, Bonfons. — Tragédie du Franc-Arbitre, Crespin, 1558. — La Défaite de la Piaffe et la Piquorée, Paris, Mettayer, 1579.
(67) Histoire du théâtre français, préface du troisième volume.
(68) *Ibidem*.
(69) Guislade, tragédie en laquelle est représenté le massacre de Guise, Lyon, 1589. La double tragédie du duc et cardinal de Guise, Paris, 1589.
(70) Histoire du théâtre français, année 1541, Lyon, Marchant.
(71) *Ibidem, ibidem*.
(72) *Ibidem, ibidem*.
(73) La condamnation du Banquet, comédie-moralité déjà citée, où la médecine, la pharmacie ont un rôle; la tragédie théologique du Franc-Arbitre déjà citée. J'ajoute que le branle des mathématiques cité à la note (35) de la station LXXVIII, *Les danseurs*, dut aussi être joué au théâtre.
(74) Le combat du verbe, cité à la note (60) de la station XXX, *Le vieux écolier*, dut aussi être porté le théâtre des collèges qui, hors des collèges, devint le Théâtre-Français.
(75) Reg. du parlement, 19 avril 1566 et 18 avril 1567, solliciteur des restes.
(76) Histoire du théâtre français, Hôtel de Bourgogne, 1582.

(77) *Ibidem, ibidem*, 1548.
(78) *Ibidem*, chap. Jodelle, 1552.
(79) *Ibidem, ibidem*.
(80) Hist. de Lyon, par Rubys, liv. 3, ch. 53, Reste des choses survenues à Lyon.
(81) Hommes illustres français de Brantôme, *Vie de Charles IX*.
(82) Histoire du théâtre français, *Hôtel de Bourgogne*, 1584.
(83) *Ibidem*, 1588; et Journal de Henri III, 19 may 1587.
(84) *Ibidem*, 26 juin 1577; et Histoire du théâtre français, 1588.
(85) Journal de Henri III, samedi 27 juillet 1577.
(86) Journal de Bassompierre, année 1619.
(87) Histoire du théâtre français, *Hôtel de Bourgogne*, 1598.
(88) *Ibidem*, année 1588.
(89) *Ibidem, ibidem*.
(90) Registres du parlement, 15 septembre 1574, peine de la hart pour joueurs de farces non autorisés.
(91) Histoire du théâtre français, *Hôtel de Bourgogne*, 1596.
(92) *Ibidem, ibidem*.
(93) *Ibidem*, chap. Remontrances au roy, année 1614.
(94) Police de Delamare, liv. 3, tit. 3, chap. 4, De la comédie française.
(95) Hist. du théâtre français, *Hôtel de Bourgogne*, années 1596 et 1600.
(96) Voyez dans cette station la note (48).
(97) Comédie de Sègne Peire et de Sègne Jouan, 1580 et 1581. On peut encore citer Le Ramelet Moundi, par Goudelin, Toulouse, 1637, où se trouve *Passotens de Carmantran, en formo de trayecomedio*, les acteurs soun dansayres.
(98) Histoire du théâtre français, chap. Polixène, 1597.
(99) *Ibidem*, ch. Jodelle, 1552; Saint-Gelais, 1558; La Taille, 1562, etc.
(100) Le Brave, comédie de Baïf, Paris, Robert Estienne, 1567.
(101) Histoire du théâtre français, chap. Jephté, 1567.
(102) Bibliothèque de Du Verdier de Vauprivas, au mot *Cosme la Gambe*.
(103) *Ibidem*, aux mots *Jacques* et *Jean de la Taille*.
(104) Bibliothèque de La Croix du Maine, au mot *Paschal Robin du Fauz*.
(105) Histoire du théâtre français, ch. Tragédie des Machabées, 1600.
(106) Bibliothèque de Du Verdier, au mot *Jean de Pontalais*.
(107) Histoire du théâtre français, chap. Les contents, 1580.
(108) Bibliothèque de La Croix du Maine, au mot *Robert Garnier*.
(109) Histoire du théâtre français, chap. Grévin, 1558.
(110) *Ibidem*, chap. Régulus, 1582, et Acoubar, 1586.
(111) *Ibidem*, chap. Sophonisbe, 1583.
(112) Bibliothèque de La Croix du Maine, au mot *Marguerite de Valois*.
(113) *Ibidem*, au mot *Catherine de Parthenay*.
(114) *Ibidem*, au mot *Catherine Des Roches*.
(115) *Ibidem*, au mot *Magdeleine Neveu*.
(116) Histoire du théâtre français, *Cléopâtre*, 1552.
(117) Recueil des poésies de Jodelle, Paris, 1574, chap. Didon.
(118) Histoire du théâtre français, chap. Mort de César, 1560.
(119) *Ibidem*, chap. Hippolyte, 1575.
(120) *Ibidem*, chap. Porcie, 1568.
(121) *Ibidem*, chap. Eugène ou la Rencontre, 1552.
(122) *Ibidem*, chap. La Trésorière, 1558.
(123) *Ibidem*, chap. Les Contents, 1580.
(124) *Ibidem*, chap. Les femmes sallées, 1558.
(125) Satires de Courval, Satires impr. à la suite, sat. 9, *Le Débauché*.
(126) Police de Delamare, liv. 3, tit. 3, chap. 4, De la comédie française.

(127) Remontrances très humbles au roi de France et de Pologne Henri III.
(128) Registres du parlement, 8 août 1656, arrêt relatif aux fontaines.
(129) Mémoires de Nevers.
(130) Police de Delamare, liv. 3, tit. 3, chap. 4, De la comédie française.
(131) Histoire du théâtre français, *Hôtel de Bourgogne*, 1572.
(132) *Ibidem*, chap. Mystère de sainte Barbe, 1534.
(133) *Ibidem*, chap. Hippolyte, 1573.
(134) Comment. sur l'ord. de Blois, par Coquille, ch. Des Universités, art. 80.
(135) Histoire de Lyon, par Rubys, liv. 3, chap. 55 et 60.
(136) Histoire du théâtre français, *Les Contents*, 1580.
(137) *Ibidem*, chap. Les femmes saltées, 1558.
(138) Bigarrures de Des Accords, chap. 5, Des équivoques.
(139) Satires de Courval, Satires impr. à la suite, satire 9, *Le Débauché*.
(140) Antiquités de Paris, par Sauval, liv. 14, chap. Turlupin.
(141) *Ibidem*, chap. Gaultier-Garguille.
(142) *Ibidem*, ch. Gros Guillaume, Contes d'Eutrapel, *Dispute avec Léopold*.
(143) Antiquités de Paris, par Sauval, liv. 14, chap. Gaultier-Garguille.
(144) Histoire du théâtre français, *Hôtel de Bourgogne*, année 1600.
(145) Voyez la note (75) de cette station.
(146) Description de la France, par Piganiol, ch. Saint-Germain-en-Laye.
(147) Journal de Henri IV, année 1600, lundi 9 octobre.
(148) Ballet comique de la royne, par Beaujoyeulx, Paris, 1582.
(149) *Ibidem*.

LA BELLE LYONNAISE, Station LXV.

(1) Sérées de Bouchet, sérée 4, Des roys qu'on crie le roy boit.
(2) *Ibidem, ibidem*.
(3) « Gardez-vous d'une mule qui fait hin
« Et d'une femme qui boit du vin. »
Ancien proverbe de ces contrées.
(4) Les barbeaux du Lot sont excellents et fort connus.
(5) Bien meilleurs que ceux de Lyon, mais bien moins connus.
(6) Recherchés dans le midi de la France.
(7) Histoire de Lyon, par Rubys, liv. 4, chap. 9, Des changes.
(8) *Ibidem*, liv. 3, chap. 57, Troubles de l'an 1562, etc.
(9) Mémoires de Sully, t. 2, ch. 5, Economies royales.
(10) Veut-on se faire une idée de la France d'alors ? qu'on lise les Mémoires de Nevers, t. 1, depuis la page 605 jusqu'à la page 627 et la page 877.
(11) Mém. milit. de Mergey, impr. à la suite des Meslanges hist. de Camusat.
(12) Estats et empires du monde, par Davity, ch. Richesses de la France.
(13) *Ibidem, ibidem*.
(14) Le fidèle Conducteur, par Coulon, *Description de la France*.
(15) « Estat et pancarte des devoirs ordonnez par Mgr. Du Bois Dauphin, gouverneur
« des provinces d'Anjou et de Mayenne, estre levez et pris au château de Rochefort en ce
« qui dépend du tablier du dit lieu sur les marchandises voiturées et menées tant par eau
« que par terre... seront contraints les marchans... des dites marchandises paier aux
« receprours... les tributs ordonnez... donné à Nantes ce 2 janvier 1583. » J'ai l'original de cette pancarte.
(16) « Marchandises, pancarte arrêtée par les commissaires du roy et les députés des
« états pour les droits imposés sur différentes marchandises entrant et sortant de Bre-

« tagne, afin de fournir 70,000 écus accordés au roy pendant cinq ans... » Mars 1583; Précis des états de Bretagne, manuscrit déjà cité.

(17) Mém. des intendants. Mém. sur Lyon, par d'Herbigny, chap. Hist. du païs, art. Boutheon. « La maison de Gadagne est de Florence. Au commencement du dernier siècle, « deux frères de cette maison vinrent s'établir à Lyon où ils négocièrent, et leurs descen- « dants furent échevins de Lyon... Les Gadagne s'étant enrichis en assez peu de temps au « point que leurs richesses passoient en proverbe dans Lyon pour exprimer des biens « immenses... »

(18) Au xv° siècle, hist. 2, note (3), et à la station xxix du xvi° siècle, note (30), a été faite une évaluation du prix des fermes moyennes. Ici de même a été faite une évaluation de la valeur des fortunes moyennes des marchands.

(19) Statuts des six corps des marchands de Paris, Brevet.
(20) Voyez les notes de la station XLIV, L'écrivain de Calais.
(21) Empires de Davity, ch. Richesses de Pologne, du Danemarck, de la Suède.
(22) Cosm. de Thevet, liv. 20, ch. 2, Mœurs de Pologne, ch. 17, Danemarck.
(23) États et empires de Davity, Richesses de la Grande-Bretagne.
(24) « Le 16 janvier 1574 le sieur de Montferrand, gouverneur de Bordeaux, a remon- « tré qu'il étoit arrivé un gentilhomme anglais qui achetait du vin pour la reine... et « disoit avoir le privilège de venir avec ses navires sans laisser son artillerie à Blaye... la « cour arrête que les navires n'étant qu'au nombre de quatre on ne peut refuser à la reine « d'Angleterre de faire venir les dits navires au devant du Hâvre... » Reg. du parlement de Bordeaux.
(25) Cosmographie de Thevet, liv. 16, chap. 2, Londres.
(26) Ibidem, ibidem.
(27) États et empires de Davity, chap. Richesses de la France.
(28) Ibidem, ibidem.
(29) Mémoires des intendants.
(30) États et empires de Davity, chap. Richesses de la France.
(31) Voyez au xv° siècle, hist. xiv, Le marchand, la note (14).
(32) États et empires de Davity, chap. Richesses de la France.
(33) Ibidem, ibidem.
(34) Voyage de France, par Du Verdier, chap. Provence.
(35) Leçons de La Nauche, liv. 1, chap. 5, Adoration du chat.
(36) Ibidem, ibidem.
(37) Histoire du Portugal, de l'Espagne, de la Hollande, xvi° siècle.
(38) Bibliothèque de droit français, par Bouchel, au mot Marchands.
(39) Histoire d'Espagne, des sept provinces unies, xvi° siècle.
(40) États et empires de Davity, chap. Richesses d'Espagne.
(41) Œconomie politique de Montchrestien, Du commerce.
(42) Ibidem, ibidem.
(43) Ibidem, ibidem.
(44) Ibidem, ibidem.
(45) Ibidem, ibidem.
(46) Histoire des provinces unies, par Leclerc, Amsterdam.
(47) Origines Antuerpiensium, a Scribanio, Anvers, 1610.
(48) Histoire de Henri IV, Alliance avec les provinces unies.
(49) Histoire des provinces unies, par Leclerc, année 1600.
(50) Articles accordés par le grand seigneur en faveur du roi et de ses sujets à messire Claude Dubourg, pour la liberté et sûreté du commerce au Levant, Paris, Jean de Bor- deaux, 1570. — Bibliothèque de Bouchel, au mot Marchandises.
(51) Œconomie politique de Montchrestien, Commerce.
(52) Bibliothèque de Bouchel, au mot Marchands.
(53) Œconomie politique de Montchrestien, chap. Du commerce.

(54) *Ibidem, ibidem.*
(55) Chopin, Traité du domaine, *Privilèges des marchands estrangers.*
(56) Histoire des troubles de la France sous Henri III, liv. 3.
(57) Tarif et concordance des poids de vingt-deux provinces pratiqués par les marchands français, par Mamine Gisse, Lyon, 1571.
(58) Ordonnances d'avril 1540, d'octobre 1557, du 29 janvier 1564, du 14 juin 1575 sur les poids et mesures.
(59) Traité du domaine, par Chopin.
(60) Ordonnance d'octobre 1557 sur la réduction des poids et mesures.
(61) Ord. du 12 nov. 1506, du 14 sept. 1540, du 29 déc. 1548, du 12 sept. 1587, du 15 fév. 1609 sur le transport de l'or de France et d'Espagne.
(62) Mémoires de Sully, t. 2, ch. 5.
(63) Ord. de septembre 1549 sur la visite des marchandises.
(64) Reg. du parlement, arrêts du dernier janvier 1575, du 20 novembre 1595, du 17 mai 1597, relatifs au visiteur des marchandises et général refformateur.
(65) Ordonnances du 25 novembre 1540, de septembre 1549, de novembre 1551, de mai 1581, sur l'imposition et traite foraine.
(66) Ordonnance de février 1577 sur les ports et passages défendus.
(67) Ordonnance d'août 1539 sur les monopoles défendus.
(68) Registres du parlement, 26 juin 1582 relatif aux cessionnaires.
(69) Ordonnances des rois de France relatives aux foires, surtout à celles de Champagne et de Brie, xive et xve siècle.
(70) Ordonnance de juillet 1549, Erection d'une bourse à Toulouse.
(71) Histoire du Languedoc, liv. 38, année 1549.
(72) Ord. de mars 1556 sur l'établissement d'une place à Rouen.
(73) Description de Rheims, par Geruzez, Justice consulaire, 1566.
(74) Antiquités bordelaises, par Bernadau, chap. 12.
(75) Ordonnance de mai 1566 relative à la bourse de Poitiers.
(76) Ordonnance de may 1566 relative à la place des marchands de Paris.
(77) Histoire de Paris, par Félibien, Dissertation sur un ancien monument trouvé dans le choeur de l'église de Notre-Dame de Paris le 16 mars 1711.
(78) Dans l'inventaire des titres du duché de Châteauroux, man. déjà cité, se trouve une pancarte de 1505 où il est fait mention de Philibert Archambault, maître des merciers du Berry. Il y est aussi fait mention du roy des merciers.
(79) Hist. de Marseille, par Ruffi, l. 10, ch. 4, Justice de Marseille.
(80) Ord. de nov. 1563, de mai 1566, sur le prieur et consuls des marchands.
(81) Arrêts du 1er juin 1609 sur les banqueroutiers, leurs enfants et gendres.
(82) Ord. de mai et 16 déc. 1566 sur la juridiction des consuls des marchands.
(83) Ord. de juillet 1549 sur l'érection d'une bourse à Tholose.
(84) Ord. de may 1566 relative à la place des marchands de Paris.
(85) Ord. de mars 1556 sur l'establissement d'une place à Rouen.
(86) *Ibidem, ibidem.*
(87) Hist. de Lyon, par Rubys, l. 4, ch. 9, Des changes, etc.
(88) Dictionnaire de Furetière, au mot *Endosser.*
(89) Hist. de Lyon, par Rubys, l. 4, ch. 9, Des changes, etc.
(90) *Ibidem, ibidem.*
(91) *Ibidem, ibidem.*
(92) Instruction sur le faict des finances, par Le Grand, chap. Maximes observées en la chambre des comptes pour chaque charge de cheval, mulet, etc.
(93) La Regle des marchands, par Jean le Liseur, Provins, 1497.
(94) Livre d'arithmétique contenant plusieurs belles questions et demandes utiles à tous marchans, par Valentin Menuher de Kempten, Anvers, 1573.
(95) *Ibidem.*

90) Livres de comptes par parties doubles, par Savonne, Lyon, 1567.
97) Voyages aventureux du capitaine Alphonse, contenans le moyen de se gouverner envers les barbares, les sortes de marchandises qu'ils ont, et ce qu'on doit porter de petit prix pour troquer avec iceux, Paris, Mallard, 1598.
(98) Plan de Paris, par Tavernier, où les marchands sont ainsi représentés.

LA VIE DOMESTIQUE DU ROI DE FRANCE, Station LXVI.

(1) « A Foy Baudry, première nourrisse de mgr. d'Orléans... » Compte de la cour, année 1607, conservé aux archives du royaume. Plusieurs autres art. des comptes de 1608 mentionnent aussi des premières, secondes nourrices, etc.

(2) « Femmes de chambre pour veiller madame... huict... une remueuse... » Compte de la cour, année 1608, conservé aux archives du royaume. Madame était Henriette, fille de Henri IV, née l'année de ce compte.

(3) Note ci-dessus.

(4) « En la présence de nous, notaire du roy au Châtelet de Paris... noble femme
« Charlotte Bougie, nourrice de mgr. le duc d'Alençon, frère du roy, confesse avoir
« receu... de M° Jehan de Faulxy, trésorier général de la maison de mon dit seigneur,
« la somme de 50 livres... à elle ordonnée pour ses gaiges durant le quartier d'avril,
« mai, juing dernier passés... fait et passé le 11 août 1568. » J'ai l'original de cette quittance.

(5) « A la demoiselle Riocquet, nourrice de mgr. le daulphin, pour sa pension... » Compte de la cour, année 1608, manuscrit déjà cité.

(6) Comptes de la cour, XVI° siècle, commencement du XVII°.

(7) « Portefais de la chambre de la royne : Le Paige, Jehan de Romaignac qui estoit
« serdeau. Potagers, François Sebilleau et Claude Sebilleau père et filz à survivance...
« hasteurs : Denis Rousseau... enfants de cuisine : Félix Boucher... et Martin son frère
« à survivance... gallopins : Estienne Fran... porteurs... Jehan Patron à survivance...
« garde vaselle : René Bauldry... au dict Bauldry pour porter la vaisselle de la table des
« dames... verduriers : Carquilleau et Marteau son beau-frère à survivance... à Jehan
« Pineau, fruictier... à Michel Claustre, porte-table de madame la princesse de Lor-
« raine... à Jehan Bougnon, sommier des bouteilles, à Gilles Paurendeau, maistre
« queux... » Compte de la cour de Catherine de Médicis, manuscrit déjà cité.

(8) L'état de la France, Paris, 1699, Maison du roi, Huissiers.

(9) « Huissiers de cuisine, Pierre et Jéhan Thorin père et filz à survivance... » Compte de la cour de Catherine de Médicis, manuscrit déjà cité.

(10) « Albert Poitonnois qui servira d'huissier du cabinet LX escuz... » Ibidem.

(11) « A Nicolas Prehon, huissier du bureau, la somme de... » Ibidem.

(12) « A Philippe Lambert, huissier de la salle, la somme... » Ibidem.

(13) Huissiers de chambre... Jehan, Martin Denis à survivance... » Ibidem.

(14) Voyez dans la station LXVII, Les ateliers français, la note (405).

(15) Il m'est tombé entre les mains un de ces arbres généalogiques d'office ; c'est celui d'un office de secrétaire du roi : le premier médaillon qui est au bas du tronc de l'arbre porte : Raimond Phelippeaux a levé aux parties casuelles une charge de secrétaire du roy, 1507; suivent treize autres médaillons en ligne latérale; le plus haut ou le dernier porte au dessous du n° 14 : François Arson de la Ville-Anne s'est enfin fait recevoir le quatorzième titulaire de la dite charge le 31 mars 1694. Cette généalogie est sur vélin, format in-4°.

(16) « Premier médecin... médecin ordinaire... médecins au nombre de huict par
« quartier... médecins consultans au nombre de quinze... » Paiement des gaiges des officiers de la maison du roy, 1608. Man. des archives du royaume.

(17) « Médecin spargirie et distillateur, deux cens escuz... » Ibidem.

(18) « Deux chirurgiens, chacun trois cens trente trois escuz... huict chirurgiens par « quartier, chacun deux cens escuz... » *Ibidem.*

(19) Deux renoueurs... un opérateur pour la pierre... un op. oculiste... » *Ibidem.*

(20) « Quatre apothicaires... un apothicaire-distillateur... un herboriste... » *Ibidem.*

(21) « Treize prédicateurs à cent escuz chacun... » *Ibidem.*

(22) « Premier maistre d'ostel, mille escuz... maistre d'ostel ordinaire, quatre cens « escuz... trente cinq maistres d'ostel par quartier... trois cens escus... » *Ibidem.*

(23) « Quatre vingt dix dames d'honneur, à chacune six vingt treize escuz... » Compte de la cour de Catherine de Médicis, manuscrit déjà cité.

(24) « Coureurs de vin qui seront réduicts à deux... » Paiement des gages des officiers domestiques de la maison du roi, manuscrit déjà cité.

(25) Reg. du parlement, 2 février 1551, Huit vivandiers à la suite de la cour.

(26) « Trois conducteurs de la hacquenée du goblet... » Paiement des gages des officiers domestiques de la maison du roi, manuscrit déjà cité.

(27) « Pour les gaiges et despences du lacquais qui suit le chariot de la royne, cy... « xxxiii escuz... lacquais du chariot des femmes de chambre, xxxiii escuz. » Compte de la cour de Catherine de Médicis, manuscrit déjà cité.

(28) « En la présence des notaires du roi nostre sire en son chastellet de Paris, soubz-« signez Jehan du Barle, cappitaine des mulets de monseigneur d'Alençon frère du roy, « a confessé avoir receu... la somme de cinquante livres... pour un quartier de ses gaiges, « le 22 apvril 1568. » J'ai cette quittance.

(29) « En la présence des notaires gardenotes du roy nostre sire en son chastellet de « Paris, soubsigné Habraham de Portault, hasteur en cuisine, bouche du roy, a confessé « avoir receu la somme de trois cens livres... pour un quartier de ses gaiges de l'année « 1614... » J'ai l'original de cette quittance.

(30) « A Michel Lemoyne et Pomelet Antoine, porteschaises d'affaires du roy, la « somme de douze cens livres pour leurs gages de la dite année... » Compte des menus-plaisirs du roi, année 1677. Manuscrit original que j'ai.

(31) L'État de la France en 1699, chap. La fruiterie.

(32) « Pour les habillemens de six basques à raison de sept vingts dix livres pour « chacun... » Compte de la cour de Catherine de Médicis, man. déjà cité.

(33) « A Guy Sachet Vallet de Fourrière, la somme de... » *Ibidem.*

(34) « En la présence de nous Vallerand Fournel et Jehan Serito, nottaires et commis « de par le roy... au conté de Boullongne sur la mer fut présent et comparant en sa « personne noble homme Jehan de Sainct Clerc Paillassier et clerc du guet de la garde « escossoise du roy... confesse avoir eu et receu comptant... le 30 octobre 1532. » J'ai l'original de cette quittance.

(35) « A Abraham Bougara, lavandier de bouche, pareille somme de... » Compte de la cour de Catherine de Médicis, manuscrit déjà cité.

(36) « A Celet, la lingière, pour la façon lxiii fleurs de liz de fil noir foictes au dit « linge, 4 den. la pièce, valent xxi s. xi den... » Compte des despens de l'ostel du roy Charles VI, année 1409. Manuscrit que je possède.

(37) « A Bartholemy Moylon, mareschal des dames, la somme de... » Compte de la cour de Catherine de Médicis, manuscrit déjà cité.

(38) « Margueritte Mahannine, turcque, jusques à ce qu'elle soit mariée... xxx escuz... « Catherine Sougrié, aussy turcque, à présent mariée... xvi escuz... » *Ibidem.*

(39) « A François Bassin, mareschal des filles, la somme de... mareschal des filles, « François Bassin au lieu de Bastian Fery... xx escuz. » *Ibidem.*

(40) Tels sont les anciens comptes de la cour conservés à la bibliothèque du roi et aux archives du royaume. J'ajouterai : Tels sont aussi ceux que j'ai.

(41) Dans les différents départements de la maison du roi les comptes des dépenses étaient faits en quatre originaux. Dans celui de la véherie, par exemple, il y en avait un

pour le grand veneur, un autre pour l'argentier ou comptable, un autre pour le roi, un autre pour la chambre des comptes.

(42) Le Prévôt de l'hôtel, par Miraulmont, ord. du 25 sept. 1574, grand-maître.
(43) Mémoires de Miraulmont, chap. Requestes de l'hostel.
(44) Le Prévôt de l'hôtel, par Miraulmont, arrest du 26 mars 1580, relatif à la juridiction du prévôt de l'hôtel ès matières criminelles.
(45) Ibidem, édict du 7 juillet 1608 sur les logemens à la cour et suitte du roy.
(46) Ibidem, ibidem.
(47) Ibidem, ibidem.
(48) Ibidem, ibidem.
(49) Ibidem, ibidem.
(50) Ibidem, ibidem.
(51) Ibidem, ibidem.
(52) Ibidem, ibidem.
(53) Ibidem, ibidem.
(54) Ibidem, ord. du 24 mars 1559 sur le faict des vivres de la cour.
(55) « De II septiers de pain blanc présentez au roi par le chappitre de la ville de
« Chartres le XI° jour de febvrier... de 1 queue vin françois présentée au roy par l'abbé
« de Vendosme le VIII° jour de février... de 1 queue vin de Beaune présentée comme
« dessus par l'évesque de Chartres le XIII° jour de février .. de II bœufs présentés au roy
« le XVII° jour de février par l'évesque de Chartres... » Compte des despens de l'ostel le
roy Charles VI, man. déjà cité.
(56) Le Prévôt de l'hôtel, par Miraulmont, ord. 24 mars 1559 sur les vivres.
(57) « Et pour ce que Sa Majesté ne veult plus qu'il se fasse cuisine dans son château
« pour estre chose trop deshonnête et indigne du respect que l'on lui doibt porter ; elle
« commande au grand mareschal de ses logis... que s'il y a quelqu'un qui fasse faire
« cuisine dans son dit logis, il l'en advertisse pour avoir la honte d'estre délogé du dit
« chasteau... » Règlement de ceulx de la maison du roy, etc. Manuscrit déjà cité, Règlement du 1er janvier 1585.
(58) Monumens de la monarchie française, par Montfaucon, Règne de Henri III,
planche 47, Grand seigneur à cheval ayant sa femme derrière lui.
(59) « Sera enjoint au capitaine de la porte de la maison du dit seigneur de ne laisser
« doresnavant entrer en la cour de son logis aucune personne quelle qu'elle soit, à che-
« val ni en chariot, hormis la personne de Sa Majesté, celles des reines... messeigneurs
« ses frères... messieurs de Lorraine, de Savoie, de Ferrare... » Ordre du roi, 24 octobre 1572. Recueil des règlemens des conseils du roy, manuscrit du XVII° siècle que j'ai.
(60) Le Prévost, par Miraulmont, ord. du 12 janvier 1578 sur les querelles.
(61) Ibidem, ibidem.
(62) Ibidem, ibidem, et autre ordonnance du dernier octobre 1576.
(63) Ibidem, ibidem.
(64) Ibidem, ibidem.
(65) Hist. générale de D'Aubigné, t. 1, liv. 2, chap. 13.
(66) Mémoires manuscrits de Robert de la Mark, dit Le Maréchal de Fleurange, cités
dans la Milice françoise, par Daniel, liv. 10, Maison du roi.
(67) « Je Claude Sozeau, capitaine des gardes de la royne, mère du roy, confesse
« avoir receu... la somme de vingt cinq escuz soleil pour ung quartier de rente consti-
« tuée... 3 may 1585. » J'ai l'original de cette quittance. Gardes : « Amblard de Chadieu,
« capplaine... » Compte de Catherine de Médicis, déjà cité.
(68) Milice française, par le P. Daniel, Maison du roy.
(69) « Les deux cens gentilshommes de la maison du roy à pied, en deuil, portant
« leur bec de courbin devant eux... » Registres du parlement, ord. du 11 juillet 1574
relative aux obsèques de Charles IX.
(70) Mém. de Robert de la Mark. Milice françoise, par Daniel. Maison du roy.

(71) Voyage de France, par Du Verdier, ch. Descr. du voyage de la France.
(72) Origine des dignités, chap. Du capitaine de la porte.
(73) Milice françoise, par Daniel, gravure du cent-suisse.
(74) Des bâtiments, par Du Cerceau, déjà cité, Fontainebleau.
(75) Ibidem.
(76) Hommes illustres de Brantôme. Discours sur les colonels de l'infanterie.
(77) L'état de la France déjà cité.
(78) « A Diutaine Melor, suisse qui garde la porte de la salle, la somme de... » Compte de la cour de Catherine de Médicis déjà cité.
(79) Ces révérences s'étaient, je crois, conservées au parlement. Calendrier historique des cérémonies et usages de la cour, Paris, Chardon, 1741.
(80) Voyez à la station LXVII, Les ateliers français, les notes (227) et (228).
(81) Aventures du baron de Fœneste, argument de l'ouvrage.
(82) Les aventures de Fœneste, l. 3, ch. 3, Du théologal de Maillezais.
(83) Voyez à la station XXIX, Le bourgeois de Rodès, la note (53).
(84) Ballet de Beaujoyeux déjà cité, gravures.
(85) Cérémoniaux, mémoires, romans, comédies du temps.
(86) Cet usage a subsisté jusqu'au règne de Louis XV et de Louis XVI.
(87) Hist. de Henri IV, 1re entrevue avec Villars, 1re entrevue avec Mayenne.
(88) « La coutume de se tenir teste nue devant les roys ne s'est introduite que depuis
« Henri II, du temps duquel en sa propre chambre nul ne se tenoit descouvert, et s'il
« eut vu quelqu'un descouvert, il luy eut envoyé demander ce qu'il vouloit, ainsy que
« je l'ai appris de feu monsieur le connestable de Montmorency, mais à présent la cou-
« tume est autre... Monsieur de Sillery écrit à monsieur de Beaumont, ambassadeur en
« Angleterre, le 19 février 1606..... Anciennement nos rois estoient servis à table par
« les gentilshommes estant couverts et ne permettaient pas qu'en leur chambre les
« princes, seigneurs ni les gentilshommes demeurassent nue teste s'ils ne parloient au
« roy, mais quand le feu roi Henri III revint de Pologne, il permit que ceste liberté fust
« changée en l'imitation des princes estrangers qu'il avoit visités en son voyage.... »
Recueil des ordonnances et réglements des conseils du roy ; man. déjà cité.
(89) « Lorsque le roi voudra entrer à ses affaires sortiront tous ceux qui seront en la
« dite chambre, réservé les princes..., ducs..., mareschaulx... et les secrétaires d'estat...
« sortant sa dite majesté de ses affaires, elle ira en sa chambre pour s'habiller... »
Ibidem.
(90) « Que dorésnavant sa majesté estant au matin en sa chambre, lorsqu'elle voudra
« prendre sa chemise, entreront en icelle tous les princes, ducs, mareschaux, admiral,
« grand escuyer et tous ceux qui avoient accoutumé d'y entrer du vivant du feu roy
« Henry, son père. Règlement du 24 oct. 1572. » Ibidem.
(91) Journal de Henri III, année 1587.
(92) « A Gilles Paurendeau, maistre queux... Maistres d'hostels le sieur de Serlan, et
« Jullian Vivadoar, son petit-fils, à la survivance l'un de l'autre... pannetiers : Fran-
« çois de Monceaulx... eschansons Nicolas de Sainct-Bellin... » Compte de Catherine de
Médicis déjà cité.
(93) « Demeureront trois des susdits conseillers d'état dont il y en aura pour le moins
« un d'épée durant le disner de sa majesté, lesquels s'il y a des barrières auront l'hon-
« neur d'y entrer lorsqu'il mangera en public. » Recueil des ordonnances et réglemens
du conseil du roy ; manuscrit déjà cité.
(94) « Tous les dimanches sera dressée la table ronde en laquelle, outre leurs majestés,
« seront conviées une douzaine de personnes que le roy nommera au maistre d'hostel... »
Règlement de ceux de la maison du roy, etc.; manuscrit déjà cité, Règlement du 10 octobre 1582.
(95) Cet usage de parfumer le linge avec des fleurs se trouve dans les blasons du XVIe
siècle. Blasons du lict, de la chaire, du coffre.

(96) « Verduriers Loys Carquilleau et François Marteau, son beau-frère à survivance... « xx escuz... » Compte de Catherine de Médicis déjà cité.
(97) Description de l'île des Hermaphrodites, ch. Lois militaires.
(98) Essai des merveilles de la nature, introduction au ch. 22.
(99) Description de l'île des Hermaphrodites, ch. Police, art. 17.
(100) Leçons de Le Naucho, t. 2, l. 1, ch. 9.
(101) Description de l'île des Hermaphrodites, ch. 1.
(102) Vies des Saints, par Baillet, *Vie de saint Bavon*.
(103) « Le clerc de la paroisse Saint-Pol, lequel avoit apporté eau benoiste au disner « du roy, pour aumosne faicte à luy par commandement dudit seigneur, dimanche viie « jour de juillet, le roy audit lieu de Saint-Pol, argent, xvi s... » Compte des despens de « l'ostel du roy Charles VI, manuscrit déjà cité.
(104) Journal de Henri III, année 1577, mercredi 15 mai.
(105) *Ibidem*.
(106) « Les trente gentilshommes d'honneur de la reine... servans dix à la fois pen-« dant quatre mois... douze cens livres chacun par an... leur chef est le chevalier d'hon-« neur... ont une table servie à part pour eux seuls... » Règlement de ceux de la maison du roy, etc.; manuscrit déjà cité, 1er janvier 1585.
(107) « Se trouvera la musique de la chapelle de sa majesté au disner d'icelle tous les « jours de dimanche en lieu de séjour quand elle mangera en public pour chanter au dict « lieu durant le disner... » *Ibidem, ibidem*.
(108) Les jours que le roi mangera de la chair aura son bouillon le matin bien cuit et bien consommé et non si plein de graisse et clair comme il est quelquefois... » *Ibidem*, Règlement du 10 octobre 1582.
(109) Trésor des merveilles de Fontainebleau, *Ecuries, chenil*, etc.
(110) Compte de l'escurie du roy, année 1600; man. des archiv. du royaume.
(111) Mémoires du maréchal de Bassompierre, 1re partie.
(112) *Ibidem, ibidem*.
(113) « Pour sept harnois de velours noir pour les hacquenées des filles damoiselles... » Compte de Catherine de Médicis déjà cité.
(114) Journal de Henri IV, année 1599, mercredi 14 décembre.
(115) Nom donné aux forêts et terres destinées à la chasse du roi. Ord. sur les chasses et varennes.
(116) J'ai des comptes des menus-plaisirs du roi de 1677 et 1678. Voyez mon Traité des Matériaux manuscrits, chap. Des beaux-arts. A Versailles, à Fontainebleau il y a des bâtiments dépendants du château qui s'appellent les Menus. Il y a aussi à Paris l'hôtel des Menus.
(117) A Fontainebleau l'enceinte de ce jeu qui était au-delà de l'allée de Maintenon a été détruite, mais le lieu s'appelle encore le Mail.
(118) Ce bâtiment situé sur les fossés subsiste encore.
(119) Comptes des Menus déjà cités où sont plusieurs articles analogues.
(120) Mémoires de Sully, t. 1, ch. 75, Affaires domestiques et de finances.
(121) « ... Pour les despens de bouche de Guillemin Merlin, garde de l'ostruce, et « Colin de Bleron, garde des deux ours de mon dit seigneur, dix escuz... Item pour deux « muselières pour les dits deux ours dix huicts sols, huict deniers tournois... Item pour les « despens de Symonet Garnier, valet du grand levrier... et de deux autres varlets qui gar-« dent le dromadaire de mondit seigneur... » Compte de Jean, duc de Berry, année 1400. Archives du royaume.
(122) Journal de Henri III, 21 janvier 1583.
(123) « Pour ung grand perroquet seize escus... » Compte de l'argenterie du roi, année 1591, manuscrit conservé aux archives du royaume.
(124) « Pour ung grand cinge nommé Robert, dix sept escuz... pour une grande guenon « orangée la somme de trente escuz... » *Ibidem*.

(125) Dans le compte des despens de l'ostel du roi Jehan, année 1350, conservé aux archives du royaume, il est fait mention du fol... du rechigueur...

(126) Journal de Henri IV, année 1594, mardi 27 décembre.

(127) « Deux balladins, à chacun cent livres. » Payement des gages des officiers domestiques de la maison du roy; manuscrit déjà cité.

(128) « Nains au nombre de trois, à chacun cent escuz... » *Ibidem*.

(129) « Noël Cochon, gouverneur des nains... LIII escuz I l. A Rondeau, tailleur des « nains, tant pour ses gaiges, façon d'habits, fil de soie à coudre et toutes aultres dou- « bleures LXVI escuz II l, A Yves Bourdin, varlet des naynes... L escuz... » Compte de la cour de Catherine de Médicis déjà cité.

(130) « Joueurs d'instrumens ordinaires de la chambre... Une basse contre violle, « deux cens escuz; un joueur de violle, un joueur de luth..., un joueur d'espinette, un « joueur de flute, à chacun deux cens escuz... superintendant trois cens escuz... chantres... « un hault contre... deux basses contre, une taille, chacun deux cens escuz... deux petits « enfans, chacun vingt escuz... maistre Eustache de Courroy, compositeur de musique « de la chapelle, deux cens escuz... maistre Lejeune, compositeur de musique de la « chambre,... » Payement des gages des officiers domestiques de la maison du roy; manuscrit déjà cité.

(131) Chronique de Jean de Troyes, année 1482, octobre.

(132) J'ai plusieurs originaux des comptes du trésor royal rendus par Saralette, garde du trésor, signés par Louis XVI, Montmorin, etc., où on lit : « à... musette du Poitou, « la somme de... » En rétrogradant jusqu'à l'année 1482, les divers comptes, dont une grande partie est conservée aux archives du royaume, mentionnent les joueurs de musette du Poitou.

(133) « Tous les dimanches et jeudis, si ce n'est quelque grande feste... seront allumez « des flambeaux à la salle du bal et mandez tous les joueurs d'instrumens pour le bal. » Règlement de ceux de la maison du roy; manuscrit déjà cité, Règlement du 10 octobre 1582.

(134) « Et seront portez les chaires de leurs majestés et une vingtaine d'autres sièges, « tant tabourets pour ceux et celles qui se devront asseoir... » *Ibidem*.

(135) Description de l'Ile des Hermaphrodites, chap. Suite de la relation.

(136) « Toute la nuict y aura une grande lanterne de toille en chacun degré du logis « du roy pour durer depuis le commencement de la nuict jusques au poinct du jour dont « aura quelqu'un le soing de ne les laisser esteindre... » Règlement de ceux de la maison du roy; déjà cité, Règlement du 10 oct. 1582.

(137) Voyez à cette station la note (34).

(138) Voyez à cette station la note (94).

(139) Mémoires de Sully, t. 2, chap. 19, OEconomies royales, amiables.

(140) *Hispaniæ et Lusitaniæ itinerarium*, ch. 1, art. 12. — Relation du voyage d'Espagne, Paris, Barbin, 1699, 11e lettre, 14e lettre, 15e lettre.

(141) Histoire de Louis XII, par d'Auton, année 1507.

(142) Histoire de Louis XII, par Seyssel, ch. 1.

(143) Voyez les trois notes suivantes.

(144) Hommes illustres François de Brantôme, *Vie de François Ier*.

(145) *Ibidem*, M. de Montpezat.

(146) Recherc. de Pasquier, l. 8, ch. 9, Du proverbe : *Je veux qu'on me tonde*.

(147) Ils sont notablement sculptés sur les murs du vieux Louvre.

(148) On y voit ces chiffres couronnés du croissant.

(149) Hommes illustres françois de Brantôme, *Vie de Henri II*.

(150) Annales d'Aquitaine, par Bouchet, avril 1545.

(151) Le Théâtre d'honneur et de chevalerie, par La Colombière, Paris, 1648

(152) Histoire de France, par Duploix, *Règne de François II*.

(153) Hommes illustres françois de Brantôme, *Vie de Charles IX*.

(154) *Scaligerana*, au mot *Exécution des criminels*.
(155) Hommes illustres françois de Brantôme, *Vie de Charles IX*.
(156) Trésor d'histoires admirables, par Goulard, art. Duel.
(157) Hommes illustres françois de Brantôme, *Vie du mar. Saint-André*.
(158) *Ibidem*, chap. Vie de Charles IX.
(159) *Ibidem, ibidem*.
(160) Mém. pour servir à l'Hist. de France. Journal de Henri III, année 1573.
(161) *Ibidem, ibidem*.
(162) Hommes illustres françois de Brantôme, ch. Vie de Charles IX.
(163) Description de l'île des Hermaphrodites, chap. 1er.
(164) Heures de Nostre-Dame pour les confrères de l'oratoire Nostre-Dame de Viscène, Paris, Mettayer, 1586, chap. Prière pour le roy qui se dit tous les matins à la fin du service.
(165) Journal de Henri III, année 1583, commencement de mars.
(166) *Ibidem*, année 1587, dimanche 5 avril et 30 août.
(167) *Ibidem*, année 1582, vendredi 26 janvier.
(168) *Ibidem*, année 1575, nov., et année 1576, commencement de janvier.
(169) *Ibidem*, année 1585, dernier octobre.
(170) Histoire des troubles sous Henri III, liv. 4.
(171) Journal de Henri III, 22 juillet 1585.
(172) Mémoires de Sully, t. 1, chap. 21, Affaires d'estat et de milice.
(173) Hist. univ. de d'Aubigné depuis l'année 1575 jusqu'à l'année 1589.
(174) Histoire de Henri IV.
(175) J'ai un fort grand nombre de ces paneteries, j'en ai depuis 1540 jusqu'en 1697; les dernières sont imprimées. Les unes sont pour la dépense du roi, les autres pour celle de la reine, des frères du roi ou d'autres personnes de la famille royale; toutes pendant 200 ans, car je n'ai sans doute ni les premières ni les dernières, commencent par le chapitre de la paneterie, suivi de celui de l'échansonnerie, de celui de la cuisine, de celui de la fruiterie et celui de la fourrière; toutes sont signées par les contrôleurs. Du temps de Catherine et de Marie de Médicis les noms de ces contrôleurs sont ordinairement terminés en *i*; non-seulement la forme, mais les expressions des premières sont conservées dans les dernières. Je noterai seulement une seule petite exception : « Le mercredi le roy et son « train à Amboise, à Fontainebleau; » le jeudi la royne et son train; monsieur et son « train; madame et son train. » Après le xvie siècle, la plaisante expression de *train* disparaît. Voyez mon Traité des Matériaux manuscrits, chap. De la cour.
(176) Mémoires de Sully, t. 2, chap. 2 et 9.
(177) Histoire du château de Saint-Germain-en-Laye. Histoire du château de Fontainebleau, *Parcs et jardins*.
(178) *Ibidem*, et Histoire de Paris, *Le Louvre*.
(179) Histoire de Henri IV.
(180) Antiquités de Paris, par Dubreul, liv. 1, art. Saint-Denis.
(181) Journal de Henri III, année 1577, jeudi 7 novembre.
(182) « Et premièrement à François Clouet, peintre et valet de chambre du dit sei-« gneur... à sçavoir vingt sols en plâtre, huile et pinceaulx pour mouler le visaige et « effigie d'icelui deffeunct roy... douze livres dix solz pour vingt cinq livres de cire « blanche... employée pour la dite effigie... quarante huit solz pour six livres de ceruse « pour mettre avec la cire blanche... » Roole des parties et sommes payées pour les obsèques et pompes funèbres du feu roy Henri II, manuscrit de 1559, in-folio que j'ai.
(183) « Le vendredy premier jour d'avril fut par les médecins et chirurgiens du dit « feu sieur roy ouvert son corps et embaumé après avoir esté dedans son lit le visage « descouvert à la veue d'ung chacun depuis son décez... » Pompe funèbre de François Ier, Manuscrit du xvie siècle que je possède.
(184) Cérémonial de France, *obsèques des reines*.

(185) « La dicte dame... au doyenné de Sainct-Germain-l'Auxerrois... fut vehue d'un chacun qui y vouldust aller estant dans son lict... vestue d'un manteau de satin blanc... le dict lict de velour cramoisy rouge... environnée de six gros cierges... et autour d'icelle huict religieux chantans et psalmodians sans intermission... le dict jour au soir le corps... fut mis en son cercueil de plomb, en attendant que l'effigie ou salle d'honneur et tout ce qui estoit requis fût préparé. Elle fut veue par l'espace de trois jours servie aux heures de disner et soupper... le service porté par le gentilhomme servant... la table benoiste par son aulmosnier, la chaize de la dite dame comme sy elle eût esté en vie et assise... la présentation de la coupe aux endroicts et heures qu'elle avoit accoustumé de boire; la fin du dit repas continué par le donner à laver et les graces dictes par le dit aulmosnier... » Registre du bureau de l'hôtel de ville de Paris, depuis 1598 jusqu'à 1602, manuscrit conservé aux archives du royaume, Ordre et cérémonie tenue par feu madame la duchesse de Beaufort.

(186) Cérémonial de France, *Obsèques des rois.*

(187) Journal de Henri III, année 1584, 24 juin.

(188) « ... Viennent les capucins... au nombre de unze... avec leurs croyx de boys de largeur environ ung pied couronné d'un gros chapeau d'espine... le bailli des pauvres vestu de deuil et après luy cinq cens pauvres vestu de deuil... devant chacune maison y avoit une torche ardente... les notaires et greffiers... vestus de robe d'écarlate et chapperon de même fourrez... le premier huissier en robe d'escarlate ayant son bonnet de drap d'or fourré... les deux cens gentilshommes de la maison du roy à pied, en deuil, portant leur bec de courbin... divers officiers de la maison du roy... les chirurgiens... barbiers, valets de chambre et médecins vestus en deuil, chapperon en teste... l'évesque avec son clergé... et parlement... chevaux de chariot couverts de velours noir croisé de satin blanc... » Registres du parlement, ordonnance du 11 juillet 1574 relative aux obsèques de Charles IX.

(189) « ... Trompettes, fifres, tabourins et aultres joueurs d'instrumens du dict feu roy... au nombre de quarante... un chapelain de la dicte escuyerie... joueur d'espée... les paiges du dict feu roy... fourriers, lieutenant de la porte et portiers ordinaires de la maison du dict feu roy... tous vétus de deuil... » Roole des parties et sommes payées pour les obsèques de Henri II, manuscrit déjà cité.

(190) « ... Au milieu du cœur fut mis la bière du dit feu seigneur sur trois tretteaux... autour étoient seize gros cierges de cire blanche... toute la dicte église entre les piliers... innombrable quantité de cierges et luminaires... services pendant plusieurs jours... le lendemain mardy... à la fin de la messe... le cardinal de Bourbon et ses religieux vindrent devant la cave où devoit être inhumé le dit seigneur... Le corps du dit seigneur roi fut dévalé en la dicte cave... le corps ainsy dévalé, Normandie, plus ancien roys d'armes, appela à haute voix... monseigneur de Sedan, apportez votre enseigne, ce qu'il fit... la mit bas et dans la cave... etc. des autres... monseigneur d'Annebaud, apportez la bannière de France, ce qu'il fit et fut mise en bas en la dite cave... le roy d'armes cria par trois fois le roy est mort... et après vive le roy répété par tous les roys d'armes... » Pompe funèbre de François 1er, man. déjà cité.

LES ATELIERS FRANÇAIS, Station LXVII.

(1) Ord. du 21 nov. 1577 sur le fait de la police, art. Maçons, tuilliers, etc.
(2) *Ibidem, ibidem.*
(3) Théâtre d'agric. de Serres, liv. 7, chap. 5, art. Façon de ciment, chaux.
(4) *Scaligerana*, au mot *Fusiles lapides.*
(5) Ord. du 4 février 1567 sur le fait de la police, art. Maçons, tuilliers, etc.
(6) Leçons de La Nauche, liv. 2, ch. 1, Le courtisan quel il doit être.

(7) Ord. du 4 février 1567 sur le fait de la police, art. Maçons, tuilliers, etc.
(8) Ibidem, ibidem.
(9) Journal de Henri III, année 1578, mai, *Construction du Pont-Neuf*.
(10) Voyez l'architecture et la maçonnerie, xiv° et xv° siècles.
(11) Des bastiments de France, par Du Cerceau, Paris, 1576, chap. Chambord.
(12) Grand nombre de bâtiments, d'escaliers de la fin du xvi° siècle subsistent.
(13) Même observation.
(14) Mémoires de Commines, liv. 8, chap. 18, *Mort de Charles VIII*.
(15) Voyez les gravures des châteaux de la fin du xvi° siècle.
(16) Architecture de Philibert Delorme, ch. De la charpenterie.
(17) L'Ulysse français, art. Valenciennes.
(18) Des bastimens de France, par Du Cerceau, Paris, 1576, ch. Chambord.
(19) Gargantua, liv. 1, ch. 53, Comment feut bastie l'abbaye des Thelemites.
(20) « François Parisot... banquier expéditionnaire en cour de Rome... confesse avoir
« receu la somme de... le 13 janvier 1632. » J'ai cette quittance.
(21) Description de la France, par Desrues, ch. Eglises, abbayes de Troyes.
(22) Origines de Clermont, par Saveron, art. 79, Jacques d'Amboise.
(23) Tabl. des prov. de France, par Bonnecase, Paris, 1664, ch. Armagnac.
(24) Monuments de la monarchie française, par Montfaucon, xvi° siècle.
(25) Antiquités de Paris, par Sauval, liv. 14, ch. Le Louvre.
(26) Les Secrets de Wecker, liv. 16, ch. 6, Des secrets des faiseurs de couleurs, Façon
pour teindre les bois desquels se servent les menuisiers.
(27) Architecture de Philibert Delorme.
(28) Ibidem, liv. 2, chap. 5.
(29) Monuments de la monarchie française, par Montfaucon, xvi° siècle.
(30) Il reste encore beaucoup de ces emblèmes, de ces chiffres dans les maisons royales,
dans les châteaux et chez les marchands de curiosités de Paris.
(31) La Pyrotechnie, par Biringuccio, Paris, 1572, liv. 1, ch. 6, Minière de fer.
(32) Agriculture de Quiqueran, liv. 2, ch 57, Minières de la Provence.
(33) *Descriptio fluminum Galliæ*, a Massone, Liger, § Saint-Estienne.
(34) La Pyrotechnie, par Biringuccio, liv. 1, ch. 6, Minière de fer, ch. 7, Pratique
de faire l'acier.
(35) Ibidem, liv. 9, ch. 6, De l'art de ceux qui besonguent le fer.
(36) Voyage de France, par Du Verdier, ch. Bourgogne.
(37) Hist. du Nivernois, par Coquille, art. De l'assiette et naturel du pays.
(38) Voyage de France, par Du Verdier, ch. Du Périgord.
(39) Ibidem, ch. De la Normandie.
(40) L'art du serrurier, par Jousse, La Flèche, 1627, ch. 66, L'acier.
(41) La Pyrotechnie, par Biringuccio, liv. 1, ch. 6, Minière de fer.
(42) Ibidem, ch. 7, De la pratique de faire l'acier.
(43) Registres du parlement, ord. du 20 juillet 1553 relative à la nomination du sieur
de Robertval, chef et capitaine-général des mines du royaume.
(44) Voyage de France, par Du Verdier, ch. De la Normandie.
(45) Histoire du Rouergue, par l'abbé Bosc, ch. Mines.
(46) L'Hydrothérapeutique des fontaines médicinales, ch. 4. Minéraux de Normandie.
— La Restitution de Pluton au cardinal de Richelieu, *Mines des Pyrénées et du Languedoc*.
(47) Ibidem, et Théâtre français de Bouguereau, *De la Limagne*.
(48) La Pyrotechnie, par Vanoccio Biringuccio, aux chap. de ces métaux.
(49) Essai des merveilles de nature, par René François, ch. 29, Merv. de la nature,
ch. 23, La coupelle, ch. 24, Le départ ; et la Pyrotechnie, liv. 2, 3, 4 et 5.
(50) Ord. du 30 juin 1621 relative à l'appréciation des marchandises.
(51) Ibidem, ibidem.

(52) *Ibidem, ibidem.*
(53) *Ibidem, ibidem.*
(54) Essai sur les monnoies, par Dupré, tableau du prix du marc d'argent.
(55) Tableau historique des monnoyes de France, par Le Blanc, table contenant par année les prix du marc d'or et d'argent.
(56) Le théatre français, par Bouguereau, ch. De la Limagne d'Auvergne.
(57) L'art du serrurier, par Jousse, ch. 45, Les portes de devant les logis.
(58) *Ibidem, ibidem.*
(59) *Ibidem*, ch. 50, Pour faire boucles, heurtoirs.
(60) *Ibidem*, Grilles, grillages, textes et gravures.
(61) *Ibidem*, chap. 45, Portes qui s'ouvrent des deux cotés; ch. 46, Portes fermant d'elles-mêmes.
(62) *Ibidem*, ch. 30, 31 et suivants.
(63) *Ibidem*, chap. 7, Serrures antiques.
(64) J'ai vu chez le marchand de curiosités Warée, quai Voltaire, un coffre du xive siècle dont les ornements de ce temps sont bien caractéristiques et dont la serrure a une montre ouvragée percée à jour appliquée sur le drap.
(65) L'art du serrurier, par Jousse, ch. 7, 52 et 53; et Antiquités de Paris, par Sauval, liv. 14, ch. Choses rares en plusieurs sortes d'art.
(66) L'art du serrurier, par Jousse, ch. Fer et acier de la couleur qu'on voudra.
(67) *Ibidem*, ch. 10, Serrures antiques, et ch. 49, Pour ferrer coffres.
(68) *Ibidem*, ch. 11, Pour faire cadenas à ressorts les plus communs.
(69) *Ibidem*, gravure sur fer.
(70) Il n'est pas rare de voir chez les marchands de curiosités de Paris des bahuts, des coffres ou d'autres meubles garnis de plaques de fer sur lesquelles sont gravées des inscriptions; j'y en ai vus, j'en ai vus aussi, je crois, au vieux château de Bléré, près Amboise, sur les ornements des verroux des portes, etc.
(71) *Descriptio fluminum Galliæ*, a Massone, Liger, § Saint-Estienne.
(72) L'Œconomie politique, par Montchrestien, *Utilité des arts méchaniques.*
(73) L'art du serrurier, par Jousse, ch. 69 et fig. 65, Machine à tailler limes.
(74) Même du temps du serrurier Jousse qui écrivait en 1627, on ne fabriquait guère de limes en France; on en fabriquait sans doute encore moins à la fin du xvie siècle. A la fin du xviie, comme on le voit dans le Dictionnaire de commerce de Savary, au mot *Lime*, on en achetait encore beaucoup en Allemagne.
(75) Les Secrets de nature, par Wecker, liv. 10, ch. 5, Tirage de l'airain.
(76) L'art du serrurier, par Jousse, ch. 60, Tire-plomb des vitriers, etc.
(77) Les Secrets de nature, par Wecker, ch. 7, Des secrets du plomb.
(78) Origines de Clermont, par Savaron, art. 79, Jacques d'Amboise.
(79) Voyez la note (82) de cette station.
(80) Antiquités de Paris, par Sauval, liv. 9, ch. Tapisseries.
(81) *Descriptio fluminum Galliæ*, chap. *Sequanu.*
(82) Mon. de la monarchie française, par Montfaucon, *Chambre de Henri II.*
(83) Merv. de nature, par René François, ch. 25, L'or filé; ch. 27, L'or battu.
(84) *Ibidem, ibidem.*
(85) Bibliothèque de Bouchel, au mot *Orfèvres.*
(86) *Rodolphi Botereii Lutetia*, Paris, 1611, *Surena.*
(87) Voyage de France, par Du Verdier, ch. Du Berry.
(88) Journal de Henri III, année 1588, jeudi 3 mars.
(89) Dictionnaire de l'Académie, Paris, 1684, au mot *Monstre.* « Item une monstre de « cristal garnie d'or... deux petites monstres d'horloge... » Inventaire des biens de la veuve du président Nicolaï, manuscrit déjà cité.
(90) Dans les provinces et surtout à Paris chez les horlogers et les marchands de curiosités, il existe grand nombre de ces vieilles monstres de cette dimension.

(91) Histoire de Francion, liv. 1, ch. Rencontre à Paris d'une belle bourgeoise.
(92) « A Abraham de La-Garde, horloger du roy, pour une monstre d'argent taillée, « dorée, avec cadren au soleil... » Argenterie du roi, man. déjà cité.
(93) Emblèmes d'Alciat, où l'on voit des gravures représentant de petites horloges suspendues contre la cheminée ou contre la tapisserie.
(94) Avant la révolution il y en avait, et peut-être y en a-t-il encore dans plusieurs anciens châteaux.
(95) L'horloge n'existe plus, mais la tour où elle était porte encore son nom.
(96) Voyages de Montaigne, art. Lansperg.
(97) Le fidèle Conducteur, par Coulon, *France*, De Paris à Caen, Bayeux.
(98) Voyages de Dumont en France, en Italie, en Allemagne, etc., *Voyage du Rhyn*, lettre 11, Description de l'horloge de Strasbourg.
(99) *Ibidem, Voyage de France*, lettre 4, Description de l'horloge de Lyon.
(100) Voyez les deux notes précédentes.
(101) Le fidèle Conducteur, par Coulon, *France*, De Paris à Alençon.
(102) Mémoires de la ville de Dourdan, par Delescornay, ch. Des armoiries.
(103) L'Ulysse françois, *Bourges*.
(104) Livre du Nouveau-Monde d'Emeric Vespuco, *Arts des naturels du pays*.
(105) Hist. de Bayeux, par Pluquet, ch. 29, Produits du sol, etc.
(106) Œuvres de Rabelais, Valence, 1547, *Les navig. de Panurge*, ch. 22.
(107) Œuvres de Caures, liv. 7, ch. 53, Enseignements divers de nature.
(108) Satires à la suite de celle de Courval, *Le débauché*, satire 9.
(109) Edict du 21 juin 1543 relatif à l'appréciation des marchandises obmises.
(110) Mémoires de De Thou, année 1603.
(111) *Ibidem, ibidem*.
(112) Œuvres de Bernard Palissy.
(113) De l'art de la terre et des esmaux, par Bernard Palissy.
(114) Bibliothèque de Du Verdier, au mot *Bernard Palissy*.
(115) De l'art de la terre et des esmaux, par Palissy.
(116) *Ibidem, ibidem*.
(117) Chez les marchands d'antiques et de curiosités de Paris il y a encore de ces grands plats, fort creux, points de fleurs et d'ornements jaunes, verts ou bleus sur un fond blanc.
(118) *Naudœana, Vaisselle de faïence*.
(119) De l'art de la terre et des esmaux, par Palissy.
(120) *De subtilitate et inventione rerum a Cardano, l. 5, Vasa figulina*.
(121) *Ibidem, ibidem*.
(122) Hist. du diocèse de Paris, par Lebeuf, ch. Saint-Germain-en-Laye.
(123) Miroir universel des arts et des sciences, par Fioravanti, liv. 1, ch. 23. De l'art des miroirs et magie naturelle de Porta, liv. 4, ch. 18, *Specula*.
(124) *Ibidem, ibidem*.
(125) Œconomie politique, par Montchrestien, *Utilité des arts méchaniques*.
(126) Dictionnaire du commerce de Savary, au mot *Verre*. Il n'y a qu'un demi-siècle que le verre du Nivernais a cessé d'avoir une teinte jaune.
(127) Hist. du Lyonnais, Forez et Beaujollois, *Fabriques, Verreries*.
(128) Bibliothèque de Bouchel, au mot *Verre*. Je ne sais depuis combien de temps le verre du Lyonnais a cessé d'être jaunâtre; mais si celui de l'Armagnac a cessé d'être verdâtre, il n'y a pas longtemps.
(129) Œconomie politique, par Montchrestien, *Utilité des arts méchaniques*.
(130) *Ibidem, ibidem*.
(131) Essai des merveilles de nature, par Réné François, ch. 44, Du verre.
(132) Responce de Bodin aux paradoxes de Malestroit.
(133) Merveilles de la nature, par Réné François, ch. 44, Le verre.

(134) « Une petite armoire à confiture de bois de noyer d'un pied de haut... » Inventaire des biens de la veuve du président Nicolaï, manuscrit déjà cité.

(135) « Item une armoire rond gyronnée... Item trois coffres de boys, de chesne... « l'un taillé à panneaux... » Ibidem; Blazons du xvie siècle, La chaire.

(136) Description de l'île des Hermaphrodites, chap. De la police.

(137) « Item ung banc à coucher gurny de matelas et travertins... » Inventaire des biens de la veuve Nicolaï, manuscrit déjà cité, et note suivante.

(138) Blasons des xve et xvie siècles, Blason du banc.

(139) « Item huict chaizes de boys de noyer dont trois couvertes de tapisserie et par « dessus de serge noire, deux haultes avec les troys busses à bras couvertes de cuir rouge « et par dessus de serge noire... » Inventaire des biens de la veuve Nicolaï, manuscrit déjà cité.

(140) Voyez la note ci-dessus.

(141) « Item... formes de boys de noyer couvertes de drap verd et par dessus de drap « noir... » Ibidem.

(142) « Du 19 décembre 1572... le dit sieur duc d'Aumale assis en une chaire cou-« verte de velours... » et du 12 juillet 1586, « Le dit sieur maréchal ayant près place en « la chaire de velours... » Registres du conseil secret du parlement de Dijon, manuscrit déjà cité.

(143) Voyez dans cette station la note (139).

(144) « Item trois haultes chaizes couvertes de tapisserie au gros poinct faict à l'es-« guilla... » Inventaire des biens de la veuve Nicolaï, manuscrit déjà cité.

(145) L'Art du serrurier, par Jousse, ch. 57, Chaire pour advancer, reculer, etc.

(146) Description de l'île des Hermaphrodites, chap. Suite de la relation.

(147) « Item neuf scabelles fassons de placets de boys de noyer... Item un placet et « une selle... » Inventaire de la veuve Nicolaï, manuscrit déjà cité.

(148) Dans les gravures d'un grand nombre de livres imprimés au xvie siècle, dans celles de la Margarita philosophica, on voit des pupitres à plusieurs étages.

(149) Monuments de la monarchie française, par Montfaucon, Henri II.

(150) Blasons du xvie siècle, Blason du coffre.

(151) Antiquités de Paris, par Sauval, Compte de la prévôté de Paris, année 1573.

(152) Statuts des peigniers, tabletiers, confirmés par lettres du roi, juin 1578.

(153) Ibidem.

(154) Secrets de nature, par Wecker, liv. 16, ch. 6, Secrets des vendeurs de couleur, Moyen de faire de l'ébène, etc.

(155) Ibidem, Belle façon pour teindre diversement le bois.

(156) Théâtre d'agriculture de Serres, liv. 6, ch. 10, Du jardin bouquetier.

(157) Observations sur l'estat et peuple de France, par Regnault, ch. 22. — Edits d'appréciation de marchandises, de François 1er et Henri III, déjà cités.

(158) Observations sur l'estat et peuple de France, par Regnault, ch. 22.

(159) Bigarrures de Des Accord, Escraignes, xve escraignes.

(160) Traité d'architecture, par Philibert Delorme, liv. 11, ch. 5.

(161) Observations sur l'estat et peuple de France, par Regnault, ch. 22.

(162) Ibidem, ibidem.

(163) De subtilitate a Cardano, lib. 17, De artibus, Cornua ut moliantur.

(164) Voyez ci-dessus la note (161).

(165) Théâtre d'agriculture de Serres, liv. 8, ch. Lumières, meubles, habits.

(166) « Item un tapis de Turquie contrefaict... Item un aultre tapis persien d'une « aulne trois quarts de long... un aultre petit tapis de Turquie, sur champ-rouge... « Item un grand tapis verd à bordure jaulne... » Inventaire des biens de la veuve Nicolaï, manuscrit déjà cité.

(167) Ibidem.

(168) Gargantua, liv. 1, ch. 55, Comment estoit le manoir des Thelemites.

(169) Ord. du 20 avril 1542 relative à l'appréciation des marchandises.
(170) « Item huict aultres pièces de tapisseries blanc et vert à chiffre, de haute lice, « de ceste ville... » Inventaire des biens de la veuve Nicolaï déjà cité.
(171) Ord. du 20 avril 1542 relative à l'appréciation des marchandises.
(172) Antiquités de Paris, par Sauval, liv. 9, Tapisseries.
(173) « Jehan Cirot dit Frerot, garde de la la tapisserie, pour ses gaiges... tout ce « terme... » Compte des dépenses de la cour de Charles VI, man. déjà cité.
(174) Les Bigarrures de Des Accords, ch. Des entends-trois. — « Pour avoir doublé « un feustro gris... pour deux feustres noir... à faire chapeaulx... » Compte de la chambre aux deniers, manuscrit de l'année 1530 que je possède.
(175) « Item trois chapeaux de feustre, l'un garny de taffetas, l'aultre de velours « ras... » Inventaire des biens de la veuve Nicolaï, manuscrit déjà cité.
(176) Voyez cette forme de chapeaux dans les gravures des livres d'exercices militaires cités aux notes du *Pédescaux*.
(177) Monuments de la monarchie française, par Montfaucon, xvie siècle.
(178) OEconomie politique de Montchrestien, *Utilité des arts méchaniques*.
(179) Leçons de La Nauche, liv. 4, ch. 12, Sujets sont tels que leurs princes.
(180) *De naturæ arcanis*, Oxford, 1622, *liber primus*.
(181) Voyez à la station xxix, *Le bourgeois de Rodès*, la note (53).
(182) Monuments de la monarchie française, par Montfaucon, xvie siècle.
(183) Ord. du 20 avril 1542 relative à l'appréciation des marchandises.
(184) Gargantua, liv. 1, ch. 8, Comment on vestit Gargantua.
(185) OEconomie politique, par Montchrestien, *Utilité des arts méchaniques*.
(186) Cosmographie de Belleforêt, *Beauvais*.
(187) OEconomie politique, par Montchrestien, *Utilité des arts méchaniques*.
(188) Livre de lingerie, par Dominique de Sera, Paris, Marnef, 1583.
(189) OEconomie politique, par Montchrestien, *Utilité des arts méchaniques*.
(190) L'Ulysse français, *Bourges*.
(191) OEconomie politique, par Montchrestien, *Utilité des arts méchaniques*.
(192) Ibidem, ibidem.
(193) Edict du 19 mars 1571 relatif à la manufacture des draps, sarges.
(194) OEconomie politique, par Montchrestien, *Utilité des arts méchaniques*.
(195) Théâtre d'agriculture de Serres, liv. 5, chap. 15, Des vers à soye.
(196) Voyages de Montagne, art. Florence.
(197) Statuts des tissutiers, rubanniers, ouvriers en drap d'or, etc., homologués par lettres du roi, août 1585, art. 26.
(198) Satires de Courval, satire 5.
(199) Théâtre d'agriculture de Serres, ch. Des vers à soye.
(200) Ord. du 21 nov. 1577 sur la police générale, art. Des draps de soye.
(201) OEconomie politique, par Montchrestien, *Utilité des arts méchaniques*.
(202) Sommaire-exposition de l'ord. d'Orléans de Charles IX, Lyon, 1565.
(203) Voyez les diverses lettres de Louis XI sur les soieries de Tours.
(204) Le théâtre français, par Bouguereau, *De la Tourraine*.
(205) Hist. de Lyon, par Rubys, liv. 3, ch. 55, Reste des choses survenues.
(206) OEconomie politique, par Montchrestien, *Utilité des arts méchaniques*.
(207) Ibidem, ibidem, et Mémoires de Sully, t. 2, ch. 50, OEconomies royales.
(208) Edict de janv. 1599 sur la prohib. des estoffes étrang. d'or, d'argent, etc.
(209) Ord. du 21 nov. 1577 sur la police générale, art. Des draps de soye.
(210) Voyez l'art du serrurier, par Jousse, ch. 4, Les noms des outils du serrurier; et les règlements des manufactures et teintures, Paris, Saugrain, 1701. Statuts du 20 juin 1669, art. 6, et du 22 juillet 1669, art. 46.
(211) Miroir des arts, par Fioravanti, liv. 1, ch. 51, De l'art du teinturier.
(212) OEuvres de Rabelais.

(213) Histoire du commerce, par Laffemas.
(214) Le fidèle Conducteur, par Coulon, *Description de la France*, Paris.
(215) Antiquités de Paris, par Sauval, *Preuves, Testes et testimonia*.
(216) Ord. du 21 nov. 1577 sur la police générale, art. Pour les taintures.
(217) Monuments français de Montfaucon, portraits en pied de ce temps.
(218) « Pour avoir remonté des chausses à la gigotte de drap de bure garnies de passement d'argent... » Compte de l'argenterie du roy, manuscrit déjà cité.
(219) Description de l'île des Hermaphrodites, ch. 1, Des mœurs, lois, etc.
(220) Monuments français de Montfaucon, *Règnes de Henri III et de Henri IV*.
(221) Ord. du 17 janvier 1563 sur la réformation des habits, art. 5 et 16.
(222) Journal de Bassompierre, année 1606.
(223) Aventures de Fœneste, liv. 1, ch. 2, Moyens de paroistre.
(224) Gargantua, ch. 20, Comment le sophiste emporta son drap, etc.
(225) Les Bigarrures de Des Accords, chap. Des entends-trois.
(226) Reg. du parlement, arrêt du 4 juin 1575 relatif aux tailleurs d'habits.
(227) Monuments de la monarchie française, par Montfaucon, XVIᵉ siècle.
(228) Traité de police de Delamare, liv. 3, tit. 1, ch. 4, Vertugadins.
(229) Journal de Henri III, année 1583, dimanche 13 novembre.
(230) Ord. de déc. 1598 relative aux statuts des ceinturiers ou estaing.
(231) Secrets de Wecker, liv. 16, ch. 6, Secrets des vendeurs de couleurs.
(232) Ibidem, ibidem, art. Pour teindre les peaux en rouge.
(233) Ibidem, ibidem, art. Pour faire prendre aux peaux une couleur verde.
(234) Agriculture de Serres, liv. 8, ch. 3, Des lumières, meubles et habits.
(235) *Ibidem, ibidem.*
(236) Edict du 3 oct. 1581 sur l'imposition des marchandises estrangères.
(237) *Ibidem, ibidem.*
(238) Œconomie politique de Montchrestien, *Utilité des arts méchaniques*.
(239) *Ibidem, ibidem.*
(240) Ord. du 21 novembre 1577 sur la police générale, art. Du cuir.
(241) Description de l'île des Hermaphrodites, ch. 1, Des mœurs, lois, etc.
(242) Gargantua, ch. 8, Son vestement, et ch. 56, Vestement des Thelemites.
(243) Monuments français de Montfaucon, *Portrait de Henri III*.
(244) Gargantua, ch. 21, L'estude de Gargantua.
(245) Le baron de Fœneste, liv. 1, ch. 9, Argument.
(246) Monuments de la monarchie française, par Montfaucon, XVIᵉ siècle.
(247) *Ibidem.*
(248) Observations sur l'estat et peuple de France, par Regnault d'Orléans.
(249) Voyez les auteurs grecs cités par Barthélemy dans son Voyage d'Anacharsis, déboisement de l'Attique par l'exploitation des mines.
(250) Essai sur les monnoies, par Dupré, ch. Variations des prix, XVIᵉ siècle.
(251) Bibliothèque de Bouchel, au mot *Tourbes*.
(252) *Ibidem, ibidem.*
(253) *Ibidem, ibidem.*
(254) *Ibidem, ibidem, Parallèles du charbon d'Angleterre et d'Écosse*, etc.
(255) *Ibidem, ibidem.*
(256) « A l'égard des mines on ne peut rien observer de considérable qu'un endroit où l'on tire du charbon de pierre à une demi-lieue de Montcenis... » Mém. des intendants; Mém. sur la Bourgogne, ch. Descr. du baill. de Montcenis.
(257) *Descriptio fluminum Galliæ, a Massone, Liger.*
(258) Cosmog. de Thevet, liv. 14, ch. 8, De l'Aquitaine et Limosin.
(259) Bibliothèque de Bouchel, au mot *Fours*.
(260) Théâtre d'agriculture de Serres, ch. Des huiles.
(261) *Ibidem.*

(262) Voyez au xv⁰ siècle, hist. 9, *L'artisan*, la note (235).
(263) Théâtre d'agriculture de Serres, liv. 8, ch. Lumières, meubles, habits.
(264) Maison rustique de Liébault, liv. 3, ch. 59, Du noyer.
(265) Voyez au xiv⁰ siècle, épître LXXXVI, *Les étrennes*, la note (43).
(266) Théâtre d'agriculture de Serres, liv. 8, ch. 3, Lumières, meubles, habits.
(267) *Ibidem*, liv. 5, ch. 16, Mouches à miel, art. Blanchiment de la cire.
(268) *Ibidem*, liv. 8, ch. 3, Lumières, meubles, habits, art. Chandelles de cire.
(269) Dictionnaire universel de Furetière, au mot *Chandelle*.
(270) *Ibidem, ibidem*.
(271) Journal de Henri III, *Carême-Prenant, jour des cendres*.
(272) Ord. du 21 nov. 1577 sur la police générale, art. De la grosse chair.
(273) Mémoires de Nevers.
(274) Secrets de nature, par Wecker, liv. 16, ch. 5, De l'art des forgerons.
(275) *Ibidem, ibidem*. « Item une roue à tourner rot garnie de trois broches de fer... » Inventaire de la veuve Nicolaï, manuscrit déjà cité.
(276) « Item deux grands pots à trois piedz garnys de leurs couvercles, l'un grand et « l'autre moyen, le tout d'airin... » *Ibidem*.
(277) « Deux porteplats, le tout de fer... » *Ibidem*.
(278) « Item une chaponnière de cuivre de Lyon, trois tourtières... Item un coqus- « mart de cuivre... Item trois poisles, deux poisons, une grande lechefrite... deux fon- « taines d'airin garnys de leurs couvercles et robinets... » *Ibidem*.
(279) « ... Un bassin à laver mains et un pot à barbier... une tinette... une cuvette... « Item en pots, plats, escuolles et aultres ustanciles d'estain... » *Ibidem*.
(280) Agriculture de Serres, Maison rustique de Liébaut, art. Boulangerie.
(281) Le Trésor de la santé, liv. 5, ch. Des poissons.
(282) *Ibidem*, ch. Des ouistres.
(283) Champier, *De re cibaria*, lib. 15, cap. 21, *De gallinis*.
(284) Le Trésor de santé, liv. 3, ch. Du mouton.
(285) Champier, *De re cibaria, de bove*. — Trésor de santé, *Du bœuf*.
(286) Histoire de la Champagne.
(287) Champier, *De re cibaria*, lib. 13, cap. 13, *De vervecina*.
(288) Histoire du Rouergue, *Montagnes, pâturages d'Aubin, de Cransac*.
(289) Le chevreau d'Auvergne est encore un régal.
(290) Champier, *De re cibaria*, lib. 13, cap. 17, *De hœdina*.
(291) Histoire du Maine.
(292) Histoire du Querci.
(293) Champier, *De re cibaria*, lib. 15, cap. 29, *De anseribus*.
(294) Trésor de santé, liv. 4, chap. De l'oye privée.
(295) Ancien recueil de proverbes déjà cité.
(296) Trésor de santé, liv. 3, chap. Du pourceau.
(297) Champier, *De re cibaria*, lib. 15, cap. 1, *De suilla*.
(298) L'antique réputation de ces jambons remonte au moins à Rabelais.
(299) Agriculture de Serres; Maison rustique de Liébault, ch. Des salaisons.
(300) *Ibidem*.
(301) Trésor de santé, liv. 5, ch. Des ouistres.
(302) *Ibidem, ibidem*.
(303) *Ibidem*, ch. De la carpe; *Descriptio fluminum Galliæ, a Massone, Arar*.
(304) Trésor de santé, liv. 6, ch. De l'esperlan.
(305) *Ibidem*, liv. 5, ch. Sardines.
(306) Agriculture de Quiqueran, liv. 2, chap. 24, Du turbot, du thon.
(307) Trésor de santé, liv. 7, ch. Du beurre.
(308) Agriculture de Liébault, de Serres, ch. Du fromage.
(309) *Ibidem, ibidem*.

(310) *Ibidem.*
(311) Histoire agricole de la Provence.
(312) Histoire du Rouergue, par l'abbé Bosc, *Fromage de Roquefort.*
(313) Trésor de santé, liv. 7, ch. De la moustarde.
(314) Théâtre d'agriculture de Serres, art. Colignac.
(315) Maison rustique de Liébault, art. Biscuit.
(316) Histoire de Francion, liv. 11, ch. Hortensius élu roi de Pologne.
(317) Trésor de santé, liv. 10, ch. Des muscadins.
(318) *Ibidem*, liv. 4, ch. Du chapon. — Champier, *De re cibaria, lib.* 15, cap. 2, *De avibus conclusis carcere.*
(319) Trésor de santé, liv. 4, ch. Du chapon.
(320) Champier, *De re cibaria, lib.* 15, cap. 27, *De palumbo.*
(321) *Ibidem*, cap. 28, *De pavonibus.*
(322) *Ibidem, lib.* 13, cap. 12, *De agnina.*
(323) Trésor de santé, liv. 5, ch. Du pourceau.
(324) Champier, *De re cibaria, lib.* 13, cap. 2, *De porcello.*
(325) Poésies de Boileau, satire 3e, sur un repas.
(326) Description de l'île des Hermaphrodites, ch. Lois militaires.
(327) Ord. du 27 juin 1551, art. 6.
(328) Trésor de santé, liv. 5, ch. Du pourceau. — *De re cibaria*, Champier, *lib.* 13, cap. 20, *De asinina.*
(329) Le grand Cuysinier de toute cuysine, Paris, Benfouds, ch. 5.
(330) Annales de Bouchet, art. L'entrée que fit la reine à Poitiers en 1574.
(331) Champier, *De re cibaria, lib.* 6, cap. 7, *De placentis.*
(332) Police de Delamare, liv. 5, tit. 45, ch. Statuts des pâtissiers, etc.
(333) Agriculture de Serres, liv. 8, ch. 1, Des aliments, et ch. 2, Des confitures.
(334) Cosmographie de Belleforêt, art. Provins.
(335) Champier, *De re cibaria, lib.* 17, cap. 14, *De vinis factitiis.*
(336) Trésor de santé, liv. 2, ch. Clairette, et ch. Des vins aromatiques.
(337) Gargantua, ch. 27, Un moyne de Séville sauva le clos de l'abbaye, etc.
(338) Glossaire de Ducange, verbo *Coquus.*
(339) Gargantua, ch. 22, Les jeux de Gargantua.
(340) *Ibidem, ibidem.*
(341) Maison des jeux, Paris, Étienne, 1668, Palemail. On voit encore à Fontainebleau, au bout de l'allée de Maintenon, les restes du mail de Henri IV. Le plan de Paris, par Tavernier, offre un jeu de mail entouré de planches.
(342) Gargantua, ch. 22, Les jeux, etc.
(343) Maison des jeux déjà citée, *Jeu de paume.*
(344) Registres du parlement, 24 juillet 1543.
(345) Dictionnaire universel de Furetière, au mot *Galet.*
(346) Maison des jeux déjà citée, *Jeu du billard.*
(347) Gargantua, ch. 22, Les jeux, etc.
(348) *Ibidem, ibidem.*
(349) *Ibidem, ibidem.*
(350) « Item deux scabelles de boys de chesne avec un damier de pareil boys... » Inventaire des biens de la veuve Nicolaï, manuscrit déjà cité.
(351) Edit du 22 mai 1583 sur les cartes, tarots et dez.
(352) Voyez au xve siècle, hist. xix, *Le paumier*, la note (55).
(353) Maison des jeux déjà citée, *Les cartes.*
(354) *Missarum musicalium lib.* 3, Paris, vefve d'Attaingnant, 1556.
(355) Airs et ballets du xvie siècle, Paris, Ballard, 1600.
(356) Les raisons des forces mouv., etc., déjà citées, liv. 5, Probl. 4, 7, 9, 12.
(357) *Arena, de bassis dansis*, Lyon, Benoist Rigaud, 1587, introduction.

DU XVIᵉ SIÈCLE.

(358) Les diverses espèces de trompettes sont mentionnées et figurées dans le ballet de Beaujoyeux, dans la Vénerie de Fouilloux, dans les Devises de Paradin.

(359) Dictionnaire royal, par Pomey, Lyon, 1677, au mot *Clairon*.

(360) *Antonius Arena, de bassis dansis*, introduction.

(361) Il y avait, je parle de quinze ou vingt ans, à Paris, quai de la Féraille, chez un facteur d'instruments, de vieux hautbois de cette longueur.

(362) *Antonius Arena, de bassis dansis*, introduction.

(363) Ballet de Beaujoyeux déjà cité. Airs et ballets du XVIᵉ siècle déjà cités.

(364) *Antonius Arena, de bassis dansis*, introduction.

(365) *Ibidem, ibidem*, et Dictionnaire de Furetière, au mot *Trompette marine*.

(366) Traité de la musique pratique, Paris, Loroy, 1582.

(367) Airs et ballets du XVIᵉ siècle déjà cités.

(368) *Ibidem*.

(369) *Ibidem*.

(370) *Ibidem*.

(371) *Ibidem*.

(372) Statuts des maîtres faiseurs d'instruments de musique, juillet 1599.

(373) *Ibidem*.

(374) Lettres du roi, juillet 1599 pour la création en corps de jurande des maîtres faiseurs d'instruments de musique de la ville de Paris.

(375) Hist. des armes des div. nations dans les divers âges dans les deux continents.

(376) Voyage de France, par Du Verdier, ch. Berry.

(377) *Descriptio fluminum Galliæ*, a Massone, Liger.

(378) Le musée central d'artillerie de Paris possède un assez grand nombre de ces anciennes armes; voyez d'ailleurs les ordonnances de septembre 1562 et de mars 1566 relatives aux armuriers et heaumiers-fourbisseurs.

(379) *Ibidem, ibidem*.

(380) L'Ulysse français, Vienne.

(381) « Troys arquebuses de Metz garnyes de leur fourniment... un poitrinal-bandouiller garny de son fourniment de corne... deux mousquets garnis de leur fourchette... une petite escoupette garnie de son fourreau... trois pistoletz garnis d'argent... trois espées, l'une à garde dorée, l'aultre argentée, l'autre noire avec une dague... Item une arquebuse à mèche garnie de son fût de boys... deux hallebardes, un espieu... Item six fauconneaux de plusieurs grandeurs garnis de leurs monteures... » Inventaire des biens de la veuve du président Nicolaï, manuscrit déjà cité.

(382) L'antiquité expliquée par Montfaucon, t. 4, 2ᵉ part., chap. 6.

(383) Mémoires de la reyne Marguerite, liv. 2, Son voyage en Flandres.

(384) La loi *Oppia* défendait aux Romains d'aller en voiture dans la ville.

(385) Art. 1 de l'ordonnance de Philippe-le-Bel, année 1294, sur les superfluités, rapportée par la Thaumassière dans ses notes sur Beaumanoir.

(386) Lettres de L'Hôpital, lettre 1ʳᵉ écrite en 1543. Il y est parlé du grand nombre de voitures couvertes de cuir dans lesquelles on allait à la campagne.

(387) « Guillaume Boullard, conducteur de l'un des chariots branlans de la royne douairière, demeurant à Saint-Germain-en-Laye, confesse avoir receu... la somme de... le 20 février 1577. » J'ai l'original de cette quittance.

(388) « ... A sçavoir pour XLII aulnes de velours... pour servir à doubler les trois impériales... ensemble pour faire le grand matelas doublé de velours... pour rembourrer de laine la dite carroche... pour seize aulnes de damas rouge pour faire les rideaux... pour une douzaine de vaches grasses pour couvrir les trois impériales... pour doubler le carroche de velours cramoisy... cinq milliers de cloux à rosette pour la dite carroche... pour douze crochets dorez pour servir aux mantelets... soixante six anneaulx pour servir aux custodes... à maistre Lazare, peinctre, pour avoir peinct la dite carroche de fin or, argent et couleur vermeille et y avoir mis les chiffres et armes de mon-

« seigneur... » Roole de la despence extraordinaire faite en la petite escurye de monseigneur frère du roy, durant l'année 1574, manuscrit du temps que je possède.

(389) Dictionnaire étymologique de Ménage, au mot *Carrosse*.

(390) « Pour quatre paires de pistolles... pour mettre aux quatre coins de la dite carroche... pour une escarcelle de marroquin à mettre plons, moulles et boulles... pour quatre livres de pouldre pour emplir les fournimens... pour espieux pour mettre aux coins de la dite carroche... » Roolle de la despence faite en la petite escurye de monseigneur, manuscrit déjà cité.

(391) « En la présence de moi Pierre Jamet, notaire et tabellion royal à Bloys, François Mezelier, archer de la royne, mère du roy, a confessé avoir receu... la somme de six vingts livres... pour la despence de deux cochers et deux hommes pour servir et mener par pays le charriot du lict de poste et des femmes de chambre de la dicte dame... faict le 21 janvier 1577. » J'ai l'original de cette quittance.

(392) Journal de Henri III, 24 juin 1584.

(393) Journal de Henri IV, année 1595, lundi 27 décembre.

(394) *Civitates orbis terrarum* de Braun, lib. 1, n° 54, Vienne.

(395) *Ibidem*, n° 42, Milan.

(396) *Ibidem*, lib. 5, n° 1, Noncutz, gravure de ce palais.

(397) « Pour les habillemens... de six cochers comprins celly qui mène la petite coche noire... » Compte de la cour de Catherine de Médicis, man. déjà cité.

(398) Mémoires de Sully, t. 2, ch. 49, Commencement de l'année 1605.

(399) Bibliothèque de La Croix du Maine, au mot *Abel Foulon*.

(400) Édit de septembre 1585 sur la révocation de l'édit de juillet 1553 relatif au frappement de la monnaie au balancier.

(401) Bibliothèque de Bouchel, au mot *Monnoyes*.

(402) Sauf le seigneuriage et le remède, l'un et l'autre beaucoup moindres que sous le règne précédent. Ord. sur les monnaies depuis 1516 jusques à 1600.

(403) Ord. de sept. 1602 sur le fait et règlement général des monnaies.

(404) Dans les blasons du XVIe siècle se trouve le blason du cabinet.

(405) *Scaligerana*, au mot *Papyrus*.

(406) Description de la France, par Desrues, *Fondation d'Avignon*.

(407) *Scaligerana*, au mot *Papyrus*.

(408) Voyages de Montaigne, *Thiers en Auvergne*.

(409) Œconomie politique, par Montchrestien, *Utilité des arts méchaniques*.

(410) Description de la France, par Desrues, *Description de Clermont*.

(411) Ant. de Sauval, *Comptes de la prévôté de Paris*, année 1572.

(412) *De naturæ arcanis*, déjà cité, liber primus.

(413) Secrets de Wecker, liv. 16, ch. 6, Secrets des vendeurs de couleurs.

(414) *De naturæ arcanis*, déjà cité, lib. secundus.

(415) Secrets de Wecker, liv. 16, ch. 6, Secrets des vendeurs de couleurs.

(416) *Ibidem, ibidem*.

(417) *De naturæ arcanis*, déjà cité, lib. primus.

(418) Secrets de Wecker, liv. 14, ch. 2, Des secrets d'écriture.

(419) Champ fleury, auquel est contenu l'art de la vraye proportion des lettres rom. selon le visaige et corps humain, par Tory, Paris, Gourmont, 1529.

(420) Antiquités de Paris, par Dubreul, liv. 2, Université de Paris.

(421) Histoire de l'imprimerie, etc., par La Caille, au mot *Guillaume Le Bé*.

(422) *Ibidem*, aux mots *Badius*, et *Gilles de Gourmont*.

(423) Edict du mois de may 1571 sur la réformation de l'Imprimerie, art. 18.

(424) *Historia universitatis Parisiensis, Reformatio rei papyraceæ*, 1537. — Bibliothèque de Vauprivas. Encomion, calcographiæ, texte et grav.

(425) Trésor d'Evonime, ch. 7, Des animaux entiers.

(426) Déclaration du 10 sept. 1572 sur l'édict de la réform. de l'impr., art. 6.

(427) M. Ysabeau, maître relieur à Paris, dont j'ai parlé aux notes du xve siècle, est toujours mon homme. Je lui ai aussi porté des reliures du xvie siècle; il les a artistement dépecées, comme il avait artistement dépecé celles du xve. Il m'a fait et je fais au lecteur ces observations.

(428) Secrets de nature, par Wecker, liv. 14, ch. 2, Secrets d'écriture.

(429) J'ai un grand nombre de ces reliures, d'ailleurs fort communes.

(430) Hist. du droit municipal, par M. Raynouard, liv. 1, ch. 21.

(431) Ordonnances des rois de France, Paris, imprimerie royale.

(432) Ord. du mois d'avril 1597 relative aux maistrises jurées, etc.

(433) Histoire de Paris. *Le Temple, Saint-Jean-de-Latran*, etc.

(434) Voyez la station LIV, *Les hôpitaux de la France*, la note (4).

(435) Coutumes de Limoges.

(436) Antiquités bordelaises, par Bernadau, chap. 14.

(437) Ord. du mois d'avril 1597 relatives aux maistrises jurées, etc.

(438) *Ibidem, ibidem.*

(439) « Au moyen de ce qu'on offre pour don gratuit, on demande la révocation de « l'édit des arts et métiers érigés en communaultés. » Précis des états de Bretagne, manuscrit déjà cité, 9, 18 et 20 décembre 1573.

(440) Edict du mois de décembre 1581 relatif aux maistrises, etc., art. 20.

(441) On voit à la Conf. des ord., l. 10, tit. 14, § 19, par combien d'édits postérieurs les rois ont été obligés de maintenir l'abolition du privilège des maîtrises, sans pouvoir y réussir; il a fallu que la révolution de 1789 s'en soit mêlée.

(442) Coutumes de La Marche, art. 136.

(443) Ordonnances de la ville et cité de Metz, tit. 1, art. 133.

(444) Entre autres dans celles des maçons et des charpentiers, registres du parlement, 3 mars 1557.

(445) Histoire de Henri IV, Etablissemens de la savonnerie, plantations de mûriers, Fabriques de soies, Fabriques de verres, de faïence, etc., etc.

(446) Registres du parlement, 24 novembre 1574, 8 mars 1578, enregistrement des surcréations d'offices de jurés charpentiers.

(447) Ordonnance d'Orléans, 1560, art. 99.

(448) Etats nominatifs des membres du conseil des Seize de Paris et des conseils des ligueurs des principales villes. Hist. des prov. et des villes, preuv, xvie s.

LE TOURMENTEUR DE PARIS, Station LXVIII.

(1) « Louis Barbotte, questionnaire en la cour du Chatellet de Paris... confesse avoir « receu... la somme de xviii l. xv s. pour deux quartiers de ses gages... le 3 février 1603. » J'ai l'original de cette quittance. Voyez aussi la note (16).

(2) Toutes les lettres de provisions d'offices royaux l'étaient.

(3) Reg. du parl., 15 may 1476, arrêt sur les jeux des clercs du Chastellet.

(4) Bibliothèque du droit français, par Bouchel, au mot *Question*.

(5) Collection de jurisprudence, par Denisart, au mot *Question*.

(6) Bibliothèque du droit français, par Bouchel, au mot *Receveurs*.

(7) *Ibidem*, au mot *Question*.

(8) Collection de jurisprudence, par Denisart, au mot *Question*.

(9) Bibliothèque du droit français, par Bouchel, au mot *Question*.

(10) Traité des matières criminelles, par Rousseau de La Combe. — Traité de la justice criminelle, par Jousse, *Torture, Question*.

(11) *Ibidem, ibidem.*

(12) Œuvres de Jean de Caures, liv. 6, ch. 5. Des prévosts des maréchaux. — Essais de Montaigne, liv. 2, chap. 5, De la conscience.

(13) Collection de jurisprudence, par Denisart, au mot *Question*.
(14) Conf. des ord. de Louis XIV, par Bornier, Paris, 1755, tit. 19, art. 5.
(15) Bigarrures de Des Accords, *Des faux sorciers et de leurs impostures*.
(16) Dans les comptes de la prévosté de Paris, manuscrit de l'année 1489 que j'ai ; dans les comptes de la même prévosté, imprimé à la suite des Antiquités de Paris, par Sauval, il est fait plusieurs fois mention, notamment aux années 1259 et 1498, du tourmenteur de Paris, du questionneur du Chastelet.

LES PLAINES DE FLEURI, Station LXIX.

(1) Dénombrement du royaume de France déjà cité. — Supplément au Traité des aydes, Paris, Besongne, 1645.
(2) A environ deux lieues nord-ouest de Fontainebleau.
(3) Empires de Davity, *Mœurs des Français* ; et les autres géog. du temps.
(4) *Ibidem, ibidem*.
(5) Voyez les jugements sur les Français dans les livres des auteurs étrangers contemporains.
(6) Le cabinet du roy de France, l. 2, Nombre des gentilshommes en France.
(7) Calculation et description de la France, par Boulenger, Lyon, 1525.
(8) Secret des finances, par Froumenteau, preuves, *gendarmerie et infanterie*.
(9) Trésor des histoires, par Corrozet, tit. 15, Provinces en gouvernement.
(10) Bibliothèque de Bouchel, au mot *Généralités*.
(11) Cabinet du roy de France, liv. 1, Preuve que le revenu de l'église, etc.
(12) Mémoires de Sully, ch. 84 du tome 1er.
(13) Cabinet du roy de France, l. 1, Eglise après le colloque de Poissy, etc.
(14) Bibliothèque de Bouchel, au mot *Roy*, Roy par la grace de Dieu.
(15) *Ibidem, ibidem*.
(16) Description de la France, par Desrues.
(17) Histoire des parlements.
(18) Empires du monde, par Davity, *Discours de la France*, Gouvernement.
(19) Le Cabinet du roy de France, liv. 2, Ban et arrière-ban.
(20) Empires du monde, par Davity, *De la France*, Forces de la France.
(21) Le Cabinet du roy de France, liv. 1, Nombre des curez, vicaires, etc.
(22) *Ibidem*, Preuve du nombre des primats et chefs des ordres, etc.
(23) *Ibidem*, Preuve du nombre des nonnains et religieuses, etc.
(24) *Ibidem*, Preuve du nombre des commanderies, etc.
(25) *Ibidem*, Eglises en France après le colloque de Poissy, etc.
(26) Secret des finances, par Froumenteau, preuves, *Noblesse françoise*.
(27) Il a été prouvé qu'en France il y avait 40,000 paroisses, qu'il y avait plusieurs fiefs par paroisses. Chaque fief avait ses officiers, mais il est à présumer que les mêmes officiers desservaient plusieurs fiefs.
(28) Secret des finances, par Froumenteau, ch. L'autheur.
(29) Voyez la note (93) de la station XXI, *L'avocat de Toulouse*. Il est à croire que des 60,000 sergents qu'il y avait en France, les sergents judiciaires ne formaient guère que la moitié de ce nombre.
(30) Secret des finances, par Froumenteau, ch. L'autheur.
(31) *Ibidem, ibidem*.
(32) Contes d'Eutrapel, conte *Les juges doivent rendre justice sur les lieux*.
(33) Ordonnance sur la police générale, janvier 1572, art. 4.

DU XVIᵉ SIÈCLE.

LES COTEAUX DE FLEURI, Station LXX.

(1) De la vraie constitution de l'état, 1591, sans nom d'auteur ni de lieu d'impression. — Harangues aux états généraux, ouvrages et écrits du temps.

(2) Histoires de France.

(3) Registres des cours souveraines, recueil des ordonnances.

(4) Registres du grand conseil et des conseils du roi.

(5) « Le 24 mars 1564... le dit seigneur roy à huis ouverts a donné audience publi- « que et a été plaidée par devant luy une cause entre Marie... et a été par le roy donné « arrest en la dite cause... » Registres du parlement de Dijon.

(6) Bibliothèque de Bouchel, au mot *Roy*.

(7) Dict. du droit canonique, par Durand de Maillane, au mot *Immunités*.

(8) Articles et propositions délibérés en conseil à Saint-Germain-en-Laye, au mois de novembre 1583, art. De la noblesse.

(9) Recueil des privilèges des villes, par Chenu, déjà cité.

(10) Recueil des ordonnances, statuts des arts et métiers au XVIᵉ siècle.

(11) Recueil des états généraux, par Quinet, Paris, 1651.

(12) Voyez les histoires de France.

(13) « États ordinaires et extraord. de Bretagne... Sous Charles IX furent assemblez « onze fois, dont trois fois extraord... Sous Henri III ils furent assemblez vingt trois fois, « dont cinq fois extraord... Sous Henri IV ils furent assemblez régulièrement à peu près « tous les ans... » Précis des délibérations des états de Bretagne, manuscrit déjà cité. Il y avait encore d'autres états dont la convocation était périodique, entre autres ceux de Bourgogne, de Languedoc, de Provence, de Navarre, de Bigorre ; Histoire de ces provinces.

(14) Toutes les autres ou presque toutes les autres provinces de France avaient aussi des états. J'en possède d'excellentes et authentiques preuves dans mon Recueil in-folio d'anciens titres originaux ou autres concernant les états provinciaux de France, province par province. Mais il ne paraît pas que ces états eussent droit de convocation périodique. « De par le roy nostre amé et féal, pour aucunes causes qui touchent... nostre bien et « celui de nostre royaume... il est besoin de faire assembler les estats dudit pays de « Normandie... Donné à Paris le 11 sept. l'an mil cinq et cenz XXIX. » Copie notariée des lettres de convocation des états de Normandie insérée dans mon Recueil ci-dessus mentionné. Voyez aussi mon Traité des matériaux manuscrits, chap. Représentation nationale.

(15) La petite province de Soule, la grande province de Bretagne, entre autres, ne payaient au roi d'autres impôts que ceux qu'elles lui accordaient, Hist. de ces provinces; mais d'autres, excepté qu'elles eussent fait un abonnement avec le roi comme celle du Languedoc, étaient astreintes au paiement des impôts généraux.

(16) Voyez la note ci-dessus.

(17) « ... Au diocèze de Beziers, la somme de six cens LXVIII livres à quoy les con- « suls, manans et habitans des villes et lieux du dit diocèse ont été imposez... pour leur « quoté part et portion de XV mille livres accordée au roy... par les gens de l'estat « commun des séneschaucées de Thoulouse et de Carcassonne au moys d'octobre mil « CCCCLXXI... » Vidimus des lettres du roy données aux Montils-les-Tours le 20 juillet l'an 1471 ; j'en ai l'original.

(18) Registres des anciens états de Bourgogne, de Languedoc, de Provence, de Bretagne. J'ai plusieurs fois cité le manuscrit du Précis des délibérations de ces derniers. Dans l'intervalle des sessions, les trois états étaient représentés par des commissions. Ceux du Béarn l'étaient par une commission nommée l'*Abrégé*; l'organisation de ces états est dans l'arrêt du conseil d'état, 6 février 1779 dont j'ai une copie sur parchemin assez volumineuse pour former manuscrit.

(19) *Ibidem, ibidem.*
(20) *Ibidem, ibidem.*
(21) *Ibidem, ibidem*; il faut y ajouter ceux des états de Bigorre, de Lorraine, de Dauphiné, de Navarre, etc.
(22) Voyez au xv⁰ siècle, hist. xxvi, *Le conseiller d'état*, la note (34).
(23) « ... Nous avons donné à notre conseiller et général de nos finances, maistre
« Jehan Herbert, plain pouvoir, commission et mandement especial de convocquer et
« assembler les gens des estats de notre pays de Languedoc en tels lieux, villes et places
« qu'il verra estre à faire soit ensemble ou séparément ceux de chacune seneschaucée et
« aveoques eux... traiter, appoincter... et accorder à une somme d'argent... pour le
« droit, prouffit desdicts francs fiefs et nouveaux acquests... » Vidimus des lettres, 20
juil. 1471, citées à la note (17).
(24) Voyez la note (18) et le recueil manuscrit des procès-verbaux des séances des états
généraux; ils ne sont pas très rares, et pour ma part j'en ai trois volumes in-fol., écriture du temps.
(25) « Autres pareils dons... aux cordeliers... jacobins de Vannes de Nantes, de Ren-
« nes, de Dinan, de Quimper, carmes de Ploermel, où les états ont tenu leurs séances. »
Précis des états de Bretagne, manuscrit déjà cité. Dans ces temps pieux, il n'est pas
vraisemblable que les états fussent tenus à l'église; et comme ils ne pouvaient être tenus
que dans un grand vaisseau, ils devaient l'être au réfectoire. C'est au réfectoire des cordeliers d'Alby que les états de Languedoc se tinrent en 1593; Histoire de Languedoc, par
dom Vaissette, liv. 41, année 1593. Ce fut encore au réfectoire des cordeliers de Villefranche que les états du Rouergue se tinrent en 1651; Histoire du Rouergue, preuves,
n° cxxxii.
(26) Tous les gens âgés se souviennent que ces anciens réfectoires des couvents qui
ont subsisté jusqu'à la révolution étaient ainsi disposés. « Certiffie je Guilhaume Martin,
« greffier des estats de la conté de Rodès, que aux estats tenus à Villefranche... le 25
« janvier 1535. » L'original de cet extrait des registres des états est dans mon recueil
ci-dessus mentionné.
(27) Voyez la note (18).
(28) Procès-verbaux des états provinciaux. On a vu que plusieurs dignitaires ecclésiastiques étaient habillés de rouge, que c'était aussi la couleur distinctive de la noblesse et que dans plusieurs municipalités la robe des officiers était aussi de cette couleur. Procès-verbaux des états généraux.
(29) Recueil des états généraux, Discours et harangues du xvi⁰ siècle.
(30) Convocation des états gén. à Blois, au 15 sept. 1588. Rec. de Fontanon.
(31) Recueil des états généraux, par Quinet, déjà cité.
(32) Cérém. de Fr., par Godefroid. *L'ordre observé aux états généraux*, 1560.
(33) Recueil des états généraux, déjà cité.
(34) Histoire générale de d'Aubigné, liv. 3, ch. 5.
(35) Recueil des états généraux, déjà cité, *Premiers états de Blois*.
(36) Reg. du parl., estats assemblés en la salle Saint-Louis le 10 janvier 1557.
(37) Recueil des états généraux déjà cité.
(38) *Ibidem*.
(39) *Ibidem*.
(40) *Ibidem*.
(41) Si je donnais au lecteur la liste des grands titulaires de l'opposition des états de
Blois, des dons qu'ils reçurent, eux et leurs familles, il me répondrait : Je n'en ai pas
besoin; encre, papier perdus.

LES VALLONS DE FLEURI, Station LXXI.

(1) Petite rivière qui se jette dans la Seine entre Corbeil et Melun.

(2) Notes sur les anciennes communes, xv⁰ siècle, histoire vii, *Le bourgeois*.
(3) *Ibidem*, notes relatives aux municipalités.
(4) Histoire des villes aux temps de la ligue.
(5) *Ibidem*, commencement du règne de Henri IV.
(6) Ordonnances, coutumes.
(7) Entre autres Toulouse, Rheims. Il paraît que de petites municipalités avaient aussi conservé la justice civile et criminelle, si j'en juge par l'aveu et dénombrement des habitants de la vallée d'Œilh, manuscrit de 1612 que je possède, où le commissaire du roi déclare que les consuls conserveront le droit de régler le prix des vivres, mais non celui de rendre la justice.
(8) Février 1566, art. 71.
(9) Bibliothèque de Bouchel, au mot *Deniers*.
(10) Recueil des priviléges des arquebusiers, arbalestriers de Paris; Recueil des priviléges de Lyon déjà cités, etc., etc. Histoire des grandes villes.
(11) Registres du parlement, 9, 11, 22 décembre 1553.
(12) Histoire d'Alençon, liv. 5, ch. 5, Des rues.
(13) Histoire de Brignoles, par M. Raynouard, *Noblesse, consulat des nobles*.
(14) « Loys, par la grace de Dieu... nos chers et bien amez les échevins, officiers et
« aultres habitans de la ville d'Argenten, nous ont fait dire et remonstrer que la dite
« ville est composée d'un grand nombre de personnes de diverses conditions et diverses
« humeurs, lesquelles quand il est question de décider les affaires de la dite ville se
« trouvent aussy contraires en opinions et advis... pour traicter lesquelles affaires s'as-
« sembloient par devant le lieutenant du bailli à jour de dimanche en la salle d'au-
« dience... ausqu'elles assemblées... il ne s'y void que... troubles n'estant remplis que
« de simples gens, artisans ignorans les affaires... pour à quoy obvier... promettons
« d'establir ung corps de ville... donné à Paris, mars 1611. » J'ai l'original de ces
lettres.
(15) On a vu au xiv⁰ siècle l'érection des communes dans les villes, bourgs ou villages qui prenaient le nom de ville. La commune s'appelait aussi *communitas*, Glossaire de Ducange. Du nom de *communitas* vint le nom français *communauté*, qu'aux xvi⁰ et xvii⁰ siècles je trouve donné aux villes ou bourgs ayant le titre de communes, mais jamais aux villages simplement villages. Au xviii⁰ siècle seulement, le mot de *communauté* passe aux villages. J'ai vu des monceaux de rôles de tailles dont les uns portaient : *Communauté*, les autres : *Paroisses*.
(16) « Aujourd'huy, pardevant nous Nicollas Chanudet et Mathurin Ratier, notaires
« jurez de la principauté de la Roche-sur-Yon, ont esté présent Niccollas Jannet, Pierre
« Mussuyau... habitans de la paroisse de Sainct-André d'Ornay... lesqueulx ont confessé
« avoir recheu de maistre Claude de la Bistrate, bourgeoys de Paris... la somme de
« soixante et huict livres... pour le remboursement des dicts paroissiens... au devant de
« la porte de l'église dudict lieu de Sainct-André en l'assemblée accoustumée en sembla-
« bles cas au son de la cloche le 8 juillet 1582. » J'ai l'original de cette quittance. Dans
ce temps les rôles d'impositions ne mentionnent, dans les campagnes, que les paroisses.
(17) Aveux et dénomb. des fiefs qui alors couvraient tout le territoire français.
(18) L'arrondissement clérical du clocher, l'arrondissement seigneurial du château, alors à peu près les mêmes, l'ont été aussi jusqu'à la révolution.
(19) Voyez l'avant-dernière note.
(20) Quant au curé, l'usage le voulait et l'a voulu ainsi jusqu'à la révolution ; quant au seigneur c'était et ç'a été le droit et l'usage.
(21) Voyez la note ci-dessus.
(22) Voyez la note (16).
(23) Il en est encore ainsi, il en était ainsi au xvi⁰ siècle. On me dira qu'il y avait alors le seigneur ; je dirai qu'il y a aujourd'hui le maire.
(24) Recueil des règlements des corps de ville.

NOTES

(25) Ordonnances des rois de France relatives aux villes.
(26) Coutumes, ch. Droits des mayeurs, eschevins, eb. Usages.
(27) Coutumes de Marsal, art. 25.
(28) Voyez au xve siècle, histoire ix, *L'artizan* la note (222).
(29) Lois municipales relatives aux inspecteurs et visiteurs des comestibles.
(30) Registres du parlement, arrêt du 15 juill. 1578 relatif aux gens de journée, etc.
(31) *Ibidem, ibidem.*
(32) Police de Delamare, liv. 1, tit. 9, chap. 3, Police conservée au Châtelet.
(33) *Ibidem, ibidem.*
(34) Ord. du 25 juillet 1568 sur les marchandises foraines, etc., art. 18.
(35) Ord. du 21 novembre 1577 relative aux voituriers, chartiers, art. 5.
(36) Ord. du 29 décembre 1570 relative à la police de la cour, art. 10.
(37) Ord. du 17 oct. 1540 sur le taux des vivres dans les auberges, art. 3.
(38) Arrêt du parlement de Toulouse du 7 décembre 1576 relative aux taverniers, cabaretiers, cité dans Laroche-Flavin, l. 4, tit. 2, arr. 1.
(39) Ord. du 20 janvier 1563 sur les hosteliers, banquets, etc., art. 30 et 33.
(40) Le promptuaire des lois municipales et Coustumes des bailliages, sénéschaussées et pays du royaume de France, par Breche, Tours, Roset, 1553.
(41) « Roole de la monstre et reveue faicte en la ville de Lyon, par nous Phi-
« libert de La Guiche, chevalier des ordres du roi... de vingt trois hommes à
« nous présentes par le sieur Thomé, prévost général des seign. mareschaux de France...
« desqueis vingt trois hommes les noms ensuyvent... Anthoine Thomé, prévost; Jehan
« de Chastillon, lieutenant; François Clapisson, procureur du roy; Deponieu, greffier;
« Chaussonet, paleur; archiers... au nombre de dix huict... 11 octobre mil six cens. »
J'ai l'original de cette revue.
(42) Dans cette revue, dans celle des archers du prévot provincial, des maréchaux, de Thouars, année 1600; dans celle des archers du vice-sénéchal de Xaintonge, année 1628, et autres revues que j'ai, se trouvent ces formules qui ne varient que de quelques différences, en *estat de faire service de leurs charges; ont assuré par serment que leurs chevaux, armes et equipages leur appartenoient.*
(43) Discours des états et offices, par Figon, *Des prévots, des maréchaux,* etc.
(44) Dans les campagnes la justice policielle était confondue avec la justice civile, seigneuriale, et surtout avec la justice criminelle.
(45) Reg. du parlement, ordonnance du 1er septembre 1563, désarmement des bourgeois, etc.
(46) Règlemens de la garde bourgeoise. Ces livrets sont assez rares; j'en ai cependant un, celui de Troyes, année 1675, qui se réfère à de plus anciens.
(47) Recueil des lois municipales.
(48) Voyez à la station xxxi, *Les habits français,* la note (9).
(49) Régl. du prévost de Paris du 17 oct. 1601 pour restablir l'ancien pied.
(50) *Ibidem, ibidem.*
(51) Voyez à la station xxxi, *Les habits français,* la note (10).
(52) *Ibidem,* note (13).
(53) On voit qu'il s'agit ici des éperons d'or, d'argent, exclusivement attribués aux chevaliers et aux écuyers dont les nobles s'étaient arrogé les droits.
(54) Ord. du 29 décembre 1570 relative à la police de la cour, art. 35.
(55) Ord. du 25 mars 1567 relative à la police pour le vin, tit. 3, art. 3.

LE RIEUR DE MONTARGIS, Station LXXII.

(1) Politique d'Aristote, *Des formes du gouvernement.*
(2) *Britannia à Canuleno, tribunalia Angliæ.*

DU XVIe SIÈCLE.

(3) Recueil des états généraux.

(4) L'ordre du clergé était un dans les villes et les campagnes; il en était de même de l'ordre de la noblesse : ils étaient donc représentés.

(5) Mais l'ordre du tiers-état des villes et des campagnes n'était pas un, l'intérêt du tiers-état des villes était différent de celui du tiers-état des campagnes, et cependant le tiers-état des villes était seul représenté par les maires et échevins aux états généraux. Liste des députés à ces états au XVIe siècle, Recueil des états généraux déjà cité.

(6) C'est encore vrai aujourd'hui, ce l'était encore bien plus au XVIe siècle, où l'agriculture, moins avancée, était moins productive. Je crois être le premier qui ait découvert que, jusqu'aux temps de la révolution, les trois quarts de la nation n'étaient pas représentés aux états généraux ; je crois devoir le dire.

(7) Abrégé chron. des gr. fiefs, par Brunet, Paris, 1759, *Règne de Louis XI*.

(8) Chr. de Froissart, v. 1, ch. 156, Le roy fist décapiter le comte de Harcourt.

(9) Registres du parlement, procès du connét. de Bourbon, de Biron.

(10) Abrégé chron. des grands fiefs, déjà cité, *Flandre, Bourgogne*, etc.

(11) Histoire des rois de France au XVIe siècle.

(12) Registres du conseil privé, XVIe siècle.

(13) Histoire des rois de France, XVIe siècle.

(14) Histoire de France, XVIe siècle.

(15) Histoire de Henri III, de Henri IV.

(16) « A tous ceux qui ces lettres verront, par devant Fourin et Colin, notaires de par « mgr. evesque et comte de Verdun... est comparu Diederot le Ruse et Jean Dieudevet, « eschevin sinodal de l'église de Manheure... le 22 janv. 1534. » J'ai l'original de cet acte qui est une déclaration.

(17) Recherches de Pasquier, liv. 2, ch. 6, Establissement du grand conseil.

(18) « Qu'au conseil d'estat... les matinées de mardy et vendredy seront employées aux « affaires d'estat comme voir les cahiers et remontrances des provinces... » Recueil d'ord. et réglemens du conseil du roy, manuscrit déjà cité.

(19) Recherches de Pasquier, l. 2, ch. 6, Establissement du grand conseil.

(20) *Ibidem, ibidem*.

(21) « Sa dite Majesté veut et entend que doresnavant il se tienne... le conseil des fi- « nances... » Recueil d'ord. du conseil du roy, manuscrit déjà cité.

(22) « Sa Majesté a ordonné que le mardy et vendredy de chacune sepmaine sera tenu « conseil pour les parties où toutes requestes seront ouyes... » *Ibidem*.

(23) Registres des conseils du roi conservés aux archives du conseil d'état.

(24) « A ordonné que l'un des chapelains célébrera, tous les jours une messe basse en « l'église ou chapelle plus prochaine du lieu où se tiendra le dit conseil entre six et sept « heures du matin où sa dite Majesté désire que tous les dits sieurs se trouvent et assis- « tent... et se nommera la dite messe, la messe du conseil... » Recueil d'ordonnances du conseil du roy, manuscrit déjà cité.

(25) « Sa d. M. veut que le dit conseil se tienne tous les jours depuis sept heures du « matin jusques à dix heures... enjoint sa d. M. de ne faillir point d'entrer au dit con- « seil d'une heure après midy... et qui ne sortira quand il y sera entré jusques à ce que « quatre heures après midy soient sonnées... » *Ibidem*.

(26) « Les dits trente trois durant les quatre mois de leur service n'iront dîner ni sou- « per que chez eux ensemble ou en particulier chez M. le chancelier... » *Ibidem*.

(27) « ... Y aura une montre sur la table du conseil qui sera ajustée le plus justement « que se pourra selon les heures. » *Ibidem*.

(28) « Des dits trente trois conseillers d'estat... lesquels ne pourront avoir moins de « trente cinq ans... » *Ibidem*.

(29) « ... A chacun desquels sa dite Majesté donne deux mille livres par an pour leur « estat et gages... » *Ibidem*.

(30) Dans le compte de recette et dépense de la cour de Catherine de Médicis, déjà cité, le nombre de ses conseillers passe soixante.

(31) « Les susdits trente trois seront départis par Sa Majesté... par quatre mois de « l'année selon le département ordonné par sa dite Majesté... » Recueil des ord. et réglemens du conseil du roy, manuscrit déjà cité.

(32) « S. M... départira auxdits conseillers... les provinces que bon luy semblera, afin « que chacun d'eux ait à recevoir et raporter les cahiers, articles, et remontrances et re- « questes qui viendront de celles qui leur auront été départies... » Ibidem. Voyez aussi la note précédente.

(33) « Des dits trente trois conseillers d'estat il y en aura six d'église, vingt un d'épée « et six de robe longue... les vingt et un d'épée n'en pourront estre qu'au préalable ils « n'ayent fait preuve de leur noblesse de trois races par dessus eux du côté du père... » Ibidem.

(34) « Aussy a toujours le dict déposant veu le dict Martin de Masparraulte vivre no- « blement, etc... et... tenoit chiens et oyseaulx en sa maison, alloit à la chasse vivant « noblement comme les autres gentilshommes... » Enqueste de noblesse du 10 décembre « 1543 par Pierre de Masparraulte, man. dont j'ai l'original.

(35) « Duquel seigneur de Gramont Martin de Masparraulte, mon ayeul, estoyt pa- « rent et l'appeloit le dict seigneur de Gramont son cousin... » Ibidem.

(36) « Au pays quant les enffans des bonnes maisons sont pages ès grosses maisons, « on ne les appelle que par le nom de leurs maisons; par quoy on n'appeloyt le dict « jeune filz que Masparraulte, et luy a baillé souventesfoys le dict déposant la discipline « par le commandement du dict seigneur de Gramont... » Ibidem.

(37) « Ceux qui ne seront de robe longue auront, d'après le règlement, des bonnets de « velours noir, sans que nul dans les dits conseils puisse porter de chapeau... » Recueil des ord. et réglemens des conseils du roy, manuscrit déjà cité.

(38) « Depuis le 1er octobre jusques au 1er may... ceux de robe longue... seront ves- « tus de robe de velours violet cramoisy ayant les manches larges... » Ibidem.

(39) « Depuis le 1er may jusques au 1er octobre... ils porteront du satin... » Ibidem.

(40) « ..... Veut S. M.... que tous ceux desd. conseils soient vestus, avant qu'il leur « soit permis d'entrer ny assister auxd. conseils, de la façon susdits...» Ib.

(41) « Auront ceux dudit conseil... chacun une clef de la porte du conseil... Ib.

(42) « Lorsqu'il plaira à la reine... s'y trouver, entreront avec elle le duc d'Usez et « Chantereau, secrétaires de Sa Majesté.... Sared, secrétaire des finances de mon dit sei- « gneur d'Anjou, y entrera aussi... » Ibidem.

(43) « S. M. déclare aussy que les commandeurs du Saint-Esprit.... près de S. M.... « auront entrée, séance et voix délibérative en ses conseils, aussi le capitaine des gardes « servant en quartier, le grand prévost et le mestre de camp de sa garde françoise.... » Ibidem.

(44) «... Chacun sera assis auxdits conseils selon l'ancienneté de son serment... » Ib.

(45) « Ledit sieur chancelier demande les avis sans oster son chapeau, si ce n'est à « celui qui doit opiner le dernier... les maîtres des requestes opinent debout et décou- « verts, et les conseillers opinent assis et descouverts...» Ibidem.

(46) « Les susdits conseillers durant... leur service... accompagneront le roy, lors- « qu'il sortira... jusqu'à ce qu'il se mette à table, demeureront trois dessusdits dont il y « en aura pour le moins un d'épée durant le disner de S. M...» Ibid.

(47) Mémoires de Sully, où il est souvent parlé de ces conseils de confiance.

(48) Ibidem.

(49) Il en était alors ainsi; il en a été ainsi jusqu'à la révolution.

(50) Même observation.

(51) Même observation.

(52) Histoire de Henri IV.

(53) Notes suivantes relatives aux secrétaires-d'etat.

(54) Journal de Henri IV, jeudi 4 mai, année 1600.
(55) Bibliothèque de Bouchel, au mot *Chancellerie*.
(56) Recherches de Pasquier, liv. 8, ch. 13, Des mots de clerc et secrétaire.
(57) *Ibidem, ibidem*.
(58) « Secrétaires et notaires au nombre de cinquante... » Compte des dépenses de la cour de Charles VI; manuscrit déjà cité.
(59) Bibliothèque de Bouchel, au mot *Chancellerie*.
(60) Histoire des secrétaires d'état, par Fauvelet du Toc, Paris, 1668.
(61) « Les secrétaires d'état ne faudront d'estre tous les matins en la chambre de sa
 « d. M. où ils doivent entrer à six heures précisément, avec les depesches... » Recueil des
 « ordonnances et réglements du conseil du roy, manuscrit déjà cité.
(62) « Les pacquets leur seront par S. M. distribués, lesquels lesd. secrétaires ouvri-
 « ront quand elle leur commandera et en sa présence... » *Ibidem*.
(63) « ..... Les pacquets, depesches et lettres qui viendront à S. M., luy seront portés
 « tous les matins à cinq heures, à sçavoir ceux qui viendront au bureau des postes par le
 « contrôleur d'icelles... deffendans sa d. M. aux dits secrétaires ne recevoir aucuns pac-
 « quets par les mains du dit contrôleur... » *Ibidem*.
(64) « Leur ayant Sa Majesté commandé les réponses sur icelles et autres depesches
 « qui s'offriront les lui porteront faites le matin suivant au plus tard pour les signer
 « après qu'ils les luy auront pareillement leues... » *Ibidem*.
(65) « Cependant que l'un d'eux lira les lettres si Sa Majesté ne veut que ce soit tout
 « haut nul des autres ne s'en approchera si sa dite Majesté ne l'y appelle... » *Ibid*.
(66) « Les dits secrétaires ne viendront trouver sa dite Majesté aux heures d'après
 « disnées et du soir, mais envoyeront chacun l'après disnée à midy faire sçavoir de Sa
 « Majesté s'il leur commandera de l'aller trouver... » *Ibidem*.
(67) « Et feront le semblable le soir à sept heures employant à cet effet chacun de
 « leurs clers qui portera à la dite heure par même moyen à Sa Majesté les dits extraits
 « bien cachetés... » *Ibidem*.
(68) « Auront un commis et six clercs et non davantage pour leur ayder aux expédi-
 « tions des dites charges... » *Ibidem*.
(69) « Secrétaires extraordinaires de la chambre, Martin Ruzé, Nicolas de Neufville,
 « Loys Potier, Pierre Forgé..., » Payement des gages des officiers domestiques de la maison du roy, manuscrit déjà cité.
(70) « Tous ceux qui prétendront faire requestes se présenteront le samedy... à S. M...
 « le sec. d'estat ne pourra faire aucune expédition... que selon ce qui sera par S. M. mis
 « sur le rolle... » Recueil d'ord. du conseil du roy, manuscrit déjà cité.
(71) « ... Mettra les dicts pacquets... lettres dans un sac de velours violet... » *Ibidem*.
(72) « Secrétaires de la chambre et du cabinet ordinaire au nombre de 108... » Payement des gages des officiers de la maison du roy, manuscrit déjà cité.
(73) « Secrétaires... au nombre de 104... » Compte de la cour de Catherine de Médicis,
manuscrit déjà cité.
(74) Recueil de mémoires, par Bouillerot, *Pouvoir pour l'intendance des finances aux
forces qui seront conduites par le duc d'Espernon pour M. de Revol*.
(75) Voyez ci-dessous la note (78).
(76) « Tout ce qui se passoit au dit conseil estoit par le secrétaire du conseil mis en
 « cahier à part, lequel le secrétaire du conseil envoyoit au secrétaire d'état, lequel le
 « lisoit au roy... » Recueil d'ord. du conseil du roy déjà cité.
(77) « ... Les tables des dits conseils ayant le tapis dessus de velours violet cramoisy
 « bandé de demy pied de fleurs de lys de toile d'or à l'entour... » *Ibidem*.
(78) « Les secrétaires d'estat... au dit conseil seront assis près d'une petite table à
 « part et séparément de la séance des conseillers réservé toutefois en iceux où les per-
 « sonnes de Leur Majesté seront qu'ils demeureront debout... » *Ibidem*.
(79) Journal de Henri III, octobre 1587.

(80) « .... S. M. entend aussy que les trois secrétaires d'estat ayent entrée au dit con-
« seil... » Recueil d'ord. et régl. du conseil du roy, manuscrit déjà cité.
(81) « Les dits secrétaires d'estat seront en nombre de quatre pour le plus et pourvus
« par commission et non autrement.... » Ibidem.
(82) « ...Veut, sa dite Majesté, qu'aux dits offices de secrétaires d'estat il n'en soit ad-
« mis aucun qui n'ait trente cinq ans passés... » Ibidem.
(83) Origine des sec. d'état, par Briquet, La Haye, 1747, Suite des sec. d'état.
(84) Ibidem, ibidem.
(85) Ibidem, ibidem.
(86) Ibidem, ibidem.
(87) Voyez la note (84).
(88) Ibidem. « Provinces de la charge du sieur Villeroy, qui sont Guyenne, Poi-
« tou, etc... de la charge du sieur Bruslart, Picardie, Champagne, etc... » Recueil d'ord.
des conseils du roy, manuscrit déjà cité.
(89) Histoires des secrétaires d'état, par Fauvelet, par Briquet, déjà citées.
(90) « Il ne se résoudra aucune affaire esdits conseils d'estat et privé qu'elle ne soit
« écrite par le secrétaire ou greffier d'iceux servant en quartier... et le lendemain au
« matin baillera iceluy résultat au secrétaire d'estat en main, lequel le lira devant
« S. M.... » Recueil des ord. du conseil du roy, manuscrit déjà cité.
(91) Voyez les dernières lignes des ord. des rois des siècles précédents.
(92) « ... Tout ce qui se passoit audit conseil estoit par le secrétaire du conseil mis en
« un cahier à part, envoyé au secrétaire d'estat, lequel le lisoit au roy... Sa Majesté si-
« gnoit le dit résultat et le secrétaire d'estat au-dessous... » Recueil d'ord. et règlements
du conseil du roy, manuscrit déjà cité.
(93) Les contreseings sont bien antérieurs au XVIe siècle ; j'en ai une assez nombreuse
collection sur actes originaux qui va jusqu'au XIIIe. Je remarquerai qu'au règne de
Charles VII et aux règnes précédents les seings des membres du conseil étaient contresi-
gnés avec celui du roi ; mais à Louis XI cet usage cesse. Voyez mon Traité des matériaux
manuscrits, chap. Royauté.
(94) Il est hors de vraisemblance que les secrétaires d'état qui avaient le même habillement que les conseillers de robe courte n'eussent pas comme eux l'épée.
(95) « Ceux de robe courte portant espée et les secrétaires d'estat... auront de longs
« manteaux de velours violet fendu jusqu'au bas par le côté droit attachés d'un cordon
« de soye violette, et sera retroussé du costé gauche jusques par dessus le coude... »
Recueil d'ordonnances et règlements du conseil du roy, manuscrit déjà cité.
(96) « Et afin qu'ils ayent moyen de s'entretenir et suporter la dépense qu'il leur
« conviendra faire à la suite de S. M., elle leur ordonne à chacun la somme de trois
« mil écus par an qui leur sera payée par quartier en son épargne... » Ibidem.
(97) Les appointements des médecins n'étaient pas fixes ; je vois que sous Henri IV
ils n'ont pas 4,000 livres, mais Henri IV n'était pas maladif : Henri II, François II,
Henri III les ont mieux payés.
(98) Pièces imprim. à la suite du Journal de Henri III, Certificat des seigneurs, etc.
(99) Histoire des secrétaires d'état, par Fauvelet du Toc.
(100) Voyez la note (81) de cette station.
(101) Histoires de France publiées au XVIe siècle.

LES PEINTRES FRANÇAIS, Station LXXIII.

(1) « Deux tableaux peints en huille dont un enchâssé en bois fermant à deux guichets... » Inventaire des biens de la veuve Nicolaï, manuscrit déjà cité.
(2) Entre autres peintures de ce temps, on peut citer celles de Jean Cousin.

(3) Mémoires de De Thou, liv. 1, année 1553.
(4) Voyez les notes de cette station.
(5) Aux archives du royaume, ancien trésor des chartres, lettre O, on conserve plusieurs aveux où se trouve peinte en tête du parchemin une miniature; il y en a entre autres une sur un hommage rendu à René, roi de Sicile, où le vassal est représenté à genoux, ayant les mains jointes dans celles du seigneur.
(6) On y conserve aussi, même lettre, un grand nombre d'aveux, de dénombrements ornés d'arabesques, de torneures or et couleur.
(7) On y conserve aussi, lettre L, le livre censier de Meudon, année 1518, peint de grotesques, de lettres historiées avec figures.
(8) Ord. du 18 avril 1578 relative au règlement général des monnoyes.
(9) Description de la France, par Piganiol, ch. 8, Du Languedoc, *Toulouse*.
(10) Dicton populaire qui n'est d'hier ni d'avant-hier.
(11) Le dicton *Nez à la François Ier* doit dater et date de ce roi.
(12) Il en est de même du dicton *Nez à la Henri IV*.
(13) Les portraits des personnages de ce temps, ainsi représentés, existent encore en grand et en très grand nombre.
(14) Ancien dicton du temps où les gens de guerre portaient la barbe longue, et par conséquent bien antérieur au XVIe siècle.
(15) Note (13) de cette station.
(16) Voyez les gravures des livres du temps.
(17) Déjà au XVIe siècle, et probablement avant, on écrivait en lettres d'argent. J'ai de toutes petites heures écrites en ces caractères, et que je crois avoir appartenu à Charles-le-Sage. Au XVe et au XVIe siècle cette écriture n'était pas encore perdue; j'ai vu à la vente de la bibliothèque de feu M. D'Urier un manuscrit de ces temps contenant l'office de la Vierge sur vélin noir écrit en lettres d'argent, et à certains mots en lettres d'or. Les encadrements, peints avec goût, étaient entremêlés de feuillages, d'oiseaux, de papillons, en vert et en or. Je voulais ce manuscrit, mais le roi de Prusse le voulait aussi; il avait plus d'argent et son commissionnaire était là. Je disputai, je combattis longtemps par enchères, surenchères; le roi de Prusse, comme on s'en doute bien, gagna la bataille.
(18) Au cabinet des manuscrits de la bibliothèque du roi, n° 19 de la réserve, sont conservées les Heures les plus précieuses des divers siècles. Toutes les miniatures ici décrites s'y trouvent parmi grand nombre d'autres aussi belles et plus belles. Je suis à concevoir comment, dans l'histoire de la peinture, les peintures des manuscrits de la bibliothèque du roi n'occupent aucune place.
(19) Bibliothèque de La Croix du Maine, au mot *Raimond Rancurel*.
(20) J'ai un manuscrit du XVIe siècle intitulé : Sixains en rime françoise, rempli de miniatures dont les formes, les couleurs, sont celles de la nature.
(21) Bibliothèque de La Croix du Maine, au mot *Nicolas Houel*.
(22) Il y avait, à la vente de la bibliothèque de feu M. D'Urier, le manuscrit des Métamorphoses d'Ovide, écriture du XVIe siècle, dont les miniatures peintes en blanc et en noir m'ont charmé et ont charmé bien d'autres, car un des enchérisseurs a cru qu'elles n'étaient pas trop chères à 3,500 fr.
(23) Livre de perspectives de Jean Cousin, maistre peinctre, Paris, Royer, 1560.
(24) Ballet comique de Beaujoyeux déjà cité.
(25) Livre de perspectives de Jean Cousin, déjà cité.
(26) Peintre de marines fort célèbre au XVIe siècle. J'ignore si ses tableaux existent encore en Hollande ou en Angleterre.
(27) Agriculture de Quiqueran, chap. Capriers.
(28) *Ibidem*, ch. Rizières.
(29) De l'art de laver, par Gaultier de Nismes, Lyon, 1687, ch. 2; et Musée des monuments français, par M. Lenoir.

(30) Voyage de France, par Du Verdier, *Limosin*.
(31) De l'art des émaux, par Bernard de Palissy, déjà cité.
(32) Item un tableau de thoille peincte enchassé en boys, où est figuré « Nostre-Sei-
« gnour en une forme de boys de chesne de quatre pieds de long ou environ... Item autre
« tableau... » Invent. de la veuve Nicolaï, manuscrit déjà cité.
(33) Il y avait, à la vente des tableaux de feu M. Everd, deux petits tableaux-portraits
de deux pouces en carré. Je les examinai bien ; je les crois de Clouet.
(34) « A De Court, peintre du roy, pour un portraict qu'il a faict de ma dite dame de
« Guise, quatre vingt dix livres... » Factum du duc de Guise déjà cité.
(35) Journal de Henri IV, année 1603, mardi 4 mars.
(36) « A François Clouet, dict Jannet, peintre et valet de chambre dudit seigneur... »
Roole des sommes payées pour les obsèques du feu roy Henri II, man. déjà cité.
(37) Peintre lyonnais du XVIe siècle.
(38) Peintre de Henri III, natif du Mans.
(39) Ce recueil a été gravé.
(40) « Item six tableaux de thoille peinctes garnyes de leur chassis de boys en une
« thoille sans chassis... » Inventaire de la veuve Nicolaï, man. déjà cité.
(41) Bigarrures de Des Accords, les deux chap. Des rebus, texte et figures.
(42) *Ibidem*, chap. Des équivoques, texte et figures.
(43) Les devises de Paradin, Anvers, Plantin, 1561, texte et figures.
(44) Emblèmes d'Alciat. — *Poesis tacens, pictura loquens*, Gaspard, 1630.
(45) On conserve au cabinet des manuscrits de la bibliothèque du roi, exposition sous
verre, le manuscrit des dévots élancemens du poète chrestien, qui est de l'année 1600,
où, dans une miniature, la religion sous la figure d'une jeune personne en vertugadine,
robe à la Médicis, frisure en cheveux annelés surmontée d'une petite croix, se présente à
Henri IV.
(46) C'est la notice abrégée du fameux tableau des jésuites de Billom conservé aux
archives du palais de justice.
(47) « En la prévence de moy notaire et secrétaire du roy, Jehan Bourdichon, peintre
« dudit seigneur, a confessé avoir receu... la somme de trente liv. tournois pour avoir
« paint et figuré de fin or... sur chascun costé d'une enseigne qui sort en la bande des
« cent Souysses... l'ymage de Mgr saint Michel armé, combattant ung dragon, et au
« meilleu de la dite enseigne ung soleil remply de rayons dudit or et vers la queue de la
« dite enseigne ung porc espy couronné et tout le champ de la dite enseigne remply de
« porc espy faiz d'icellui or... le 11 mars 1511. » J'ai l'original de cette quittance.
(48) Hommes illustres français de Brantôme, *Vie de Charles VIII*.
(49) Vies des peintres du roi, par l'Epicié, Disc. prélim., XVIe siècle, *Primatice*.
(50) *Ibidem, ibidem*, Roger de Rogeri.
(51) Lyon était pour ainsi dire peuplé d'Italiens; Hist. de Lyon, par Rubys.
(52) Note précédente.
(53) Mon ami M. Lebrun, peintre amateur fort distingué, m'a dit qu'à son avis et à
celui de plusieurs artistes, la ressemblance entre ces diverses figures et les diverses figures
des tableaux de Raphaël était fort reconnaissable.
(54) Bibliothèque de La Croix du Maine, au mot *Nicolas Denisot*.
(55) *Ibidem, ibidem*.
(56) Le Théâtre françois, par Bouguereau. *Du comté de Bloys*.
(57) Bibliothèque de Du Verdier, au mot *Bernard Salomon*.
(58) *Vasari, terza parte, vita del Rosso pitor Fiorentino*.
(59) *Ibidem, ibidem*.
(60) *Ibidem, ibidem*.
(61) *Ibidem*.
(62) *Ibidem*.
(63) *Ibidem*.

(64) Voyez la note (50) de cette station.
(65) Vies des peintres du roi, par l'Epicié, Disc. prél. *Primatice*.
(66) Ant. de Paris, par Sauval, liv. 7, Le Louvre, Dedans de la petite gallerie.
(67) *Ibidem*, liv. 14, La grande gallerie.
(68) *Ibidem*, liv. 7, Dedans de la petite gallerie.
(69) *Ibidem, ibidem*.
(70) *Ibidem, ibidem*, et Appartement de la reine.
(71) *Ibidem, ibidem*.
(72) *Ibidem, ibidem*.
(73) Histoire du diocèse de Paris, par Lobeuf, *Vincennes*.
(74) Vies des peintres du roi, par L'Epicié, Disc. prél. *Jean Cousin*.
(75) Blason de la ville et cité d'Amiens, par Pierre Grosnet.
(76) « Peintres qui auront aussi qualité de vallets de chambre, au nombre de quatre, « à chacun 33 escuz... trois autres peintres, à chacun x escuz... » Payement des gages des officiers domestiques de la maison du roy, man. déjà cité.

LES SCULPTEURS FRANÇAIS, Station LXXIV.

(1) Des plus excellents bâtiments de France, par Du Cerceau, *Anet*. Le beau portail sculpté de ce château a été transporté au musée des Petits-Augustins.
(2) Antiquités de Paris, par Sauval, liv. 7, *Les Tuileries*.
(3) Antiquités de Paris, par Corrozet, ch. 28, L'entrée de Henri II à Paris, etc.
(4) Antiquités de Paris, par Sauval, liv. 14, art. *Hôtel de Carnavalet*. Cet hôtel appartient à M. le baron de Pommereul et à M. le chevalier de Pommereul son frère. Il devrait appartenir à la France; il devrait renfermer un musée, et ses incomparables sculptures, l'honneur de l'art, qui déjà ont été en la possession de tant de propriétaires ne dépériraient plus.
(5) Antiquités de Paris, par Sauval, liv. 14, *Le Louvre*.
(6) « Pierre Nanyn demourant à Paris, au nom et comme procureur de maistre Goujon, « sculteur... confesse avoir receu la somme de vingt trois livres à luy ordonnée... sur et « tant moings des ouvraiges de sculture par luy faict au chasteau du Louvre et qu'il fera « cy après... faict et passé l'an mil cinq cens soixante et ung le xvii may... » J'ai l'original de cette quittance.
(7) Je tiens de mon ami M. Liosu, propriétaire à Tournus dans la Brie, que feu son ami, le célèbre sculpteur Lemot, préférait les bas-reliefs de Goujon à tout ce qu'en ce genre les antiques sculpteurs avaient fait de plus admirable.
(8) Description des monuments français du musée, par Lenoir, xvie siècle.
(9) Ce statuaire est mentionné en ces termes dans le compte des frais du mausolée de Henri II conservé aux archives du royaume : « A Louis Le Rambert l'aîné, conducteur de « la dite sépulture à raison de xx l. xvi s. viii d. par mois... »
(10) Voyez la note (18) de cette station.
(11) Musée des monuments français, par Lenoir, xvie siècle.
(12) Voyez la note (22) de cette station.
(13) Voyez la note (23) de cette station.
(14) Ant. de Paris, par Sauval, liv. 7, Le Louvre, la petite gallerie, ses dehors.
(15) Musée des monuments français, par Lenoir, xvie siècle. J'ai vu, dans une vieille maison à Loches un médaillon du xvie siècle, en terre cuite représentant François Ier.
(16) Musée des monuments français, par Lenoir, xvie siècle.
(17) Ant. de Paris, par Dubreul, liv. 4, Saint-Denis. — Le mausolée de François Ier est attribué à divers sculpteurs ; les uns croient qu'il est de Jean Cousin, les autres qu'il est de Le Rambert.

(18) *Ibidem*, et Musée des monuments français, par Lenoir, xvie siècle.
(19) *Ibidem*, mausolée de Henri II.
(20) *Ibidem*, mausolée de François II.
(21) *Ibidem*, de Timoléon Cossé-Brissac.
(22) *Ibidem*, d'Anne de Montmorency.
(23) Histoire de Reims, par M. Gerusez, *Abbaye de Saint-Remi*.
(24) *Scaligerana*, au mot *Cæsiorum*.
(25) Antiquités de Paris, par Sauval, liv. 7, Le Louvre, la salle des antiques.

LES GRAVEURS FRANÇAIS, Station LXXV.

(1) Il n'y a guère ou de marchands d'estampes jusque vers le xviiie siècle, comme on peut s'en convaincre en lisant les adresses mises au bas des estampes.
(2) On voit au cabinet des estampes de la bibliothèque du roi, une épreuve d'une gravure de l'année 1423, sous verre, qui représente un saint Christophe.
(3) Essai sur les nielles, par M. Duchesne aîné, Paris, Merlin, 1826, ch. 2, 3.
(4) On n'a qu'à voir à la bibliothèque du roi, les estampes des grav. sur bois, xvie sièc.
(5) Note ci-dessus.
(6) Cette estampe est à la bibliothèque du roi.
(7) Cette autre estampe est aussi à la bibliothèque du roi.
(8) On peut voir à la bibliothèque du roi, les gravures sur bois de la fin du xvie sièc.
(9) Art de la gravure sur bois, estampes de ce temps.
(10) Voyez les estampes de ce temps.
(11) Même observation.
(12) Vasari, *vite de piu eccellenti pittori*, terza parte, vite de Valerio Vicentino intagliatore et di altri intagliatori.
(13) *Ibidem, ibidem*.
(14) *Passio Christi ab Alberto Durero effigiata*, 1510.
(15) La danse des paysans, la danse de la mort et autres estampes d'Holbein.
(16) Figures de l'Apocalypse, par Duvet, Lyon, De Tournes, 1561.
(17) Voyez au xve siècle, histoire xxi, *L'artiste*, la note (64).
(18) Recueil des estampes de De l'Aulne, conservé à la bibliothèque du roi.
(19) Bibliothèque de Du Verdier, au mot *Bernard Salomon*.
(20) Gargantua, Pantagruel, Valence, Claude de la Ville, 1547, avec fig.
(21) Voyez les estampes des graveurs d'Allemagne et d'Italie au xvie siècle.
(22) Cette estampe a six pouces ; la femme adultère y est figurée à moitié corps.
(23) Ces diverses gravures sont conservées à la bibliothèque du roi.
(24) Graveur flamand du xvie siècle.
(25) Graveur italien du xvie siècle.
(26) Voyez à la station LXXIII, *Les peintres français*, la note (55).
(27) Lucien en belle humeur ou nouvelles conversations des morts.
(28) Note (12) de cette station.
(29) *Ibidem, ibidem*.
(30) Les figures des cartes à jouer s'éloignent de plus en plus de leur costume primitif, elles rappellent cependant par leurs couleurs tranchées celui du xvie siècle.
(31) Voyages de Montaigne, *Thiers*.

LES ARCHITECTES FRANÇAIS, Station LXXVI.

(1) « Item ung sculpteur portant titre de vallet de chambre... trente trois escuz... » Payement des gages des officiers de la maison du roi, man. déjà cité.

(2) Voyez à la station LXXIII, *Les peintres français*, la note (49).
(3) Bibliothèque de La Croix du Maine, au mot *Pierre l'Escot*.
(4) *Ibidem*, au mot *Philibert Delorme*.
(5) *Ibidem*, au mot *Jaques Androuet*.
(6) Livres d'architecture de De Lorme, de Du Cerceau, etc.
(7) Notamment pour l'escalier qui était comme aujourd'hui en dehors.
(8) Même dans la ville capitale les escaliers de toutes les maisons étaient en dehors. *Orbis terrarum* de Braun, liv. 2, n° 47, *Moscovia urbs*.
(9) Il n'est guère en France de villes où il n'y ait de ces belles maisons du XVI° siècle ornées de pilastres et de cordons sculptés.
(10) Voyez à la station LXVII, *Les ateliers français*, la note (12).
(11) Plusieurs de ces escaliers subsistent encore; on s'y casse encore le cou.
(12) Essai sur Bayeux, par Pluquet, ch. 15, Maisons d'ancienne construction.
(13) Description de Fontainebleau, par Guilbert, *Le Château*.
(14) Des bâtiments de France, par Du Cerceau, *Château de Saint-Germain*.
(15) Le fidèle Conducteur, par Coulon, *De Paris à Alençon*, etc.
(16) Voyez à la station LXXIV, *Les sculpteurs français*, la note (1).
(17) Des bâtiments de France, par Du Cerceau, *Chasteau de Verneuil*.
(18) *Ibidem, ibidem*.
(19) Les vieux châteaux du XV° siècle existent encore en grand nombre.
(20) Plusieurs de ces hôtels du XVI° siècle ont été cités à la station *Paris*.
(21) Des plus excellens bastimens de France, par Du Cerceau, *Le Louvre*.
(22) Antiquités de Paris, par Sauval, liv. 7, Le palais des Tuileries.
(23) Histoire de Paris, *Saint-Eustache, Saint-Estienne*.

LES MUSICIENS FRANÇAIS, Station LXXVII.

(1) Mémoires de Marguerite, reine de Navarre, *Fête donnée à Bayonne*.
(2) Sérées de Bouchet, sérée 5.
(3) *Ibidem*. Jusqu'à la révolution les réveilleurs de Toulouse ont fait entendre dans les rues de cette ville, au milieu de la nuit, cette lugubre exhortation.
(4) Je lis dans les savantes recherches que M. Fétis, professeur, bibliothécaire du Conservatoire, a bien voulu faire sur mon invitation : « Les flûteurs d'Orléans jouaient de la « flûte à neuf trous sous les règnes de François Ier et de Henri II.
(5) Bibliothèque de l'abbé Goujet, *Martial d'Auvergne*.
(6) Mémoires de Marguerite déjà cités, *Fête donnée à Bayonne*.
(7) Tambours de la Biscaïe faisant partie de la Cuisine suivant Belleforêt.
(8) Dans les miniatures des manuscrits des XIV° et XV° siècles on ne voit point de vielles à manivelle; ce n'est qu'à celles du XVI°.
(9) Mémoires de Marguerite déjà cités, *Fête donnée à Bayonne*.
(10) Lettres du roy, novembre 1570, relatives à l'institution de l'Académie françoise, *Historia universitatis Parisiensis*, année 1570.
(11) Antiquités de Paris, par Sauval, liv. 9, art. Académies.
(12) Lettres du roi, novembre 1570, déjà citées.
(13) J'ai dans mon *Excerpta membranea* une f. de musique du XI° siècle ainsi notée.
(14) Telle est la musique manuscrite ou imprimée du XVI° siècle.
(15) Musique du ballet de Beaujoyeux. Musique des dernières années du XVI° siècle.
(16) Même observation.
(17) *Ars cantus mensurabilis, auctore Franconio coloniæ agrippinæ*.
(18) Voyez la musique de la fin du XVI° siècle.
(19) Introduction en la musique, par Le Gendre, Paris, d'Attaignaut, 1554.

(20) Des fondements de la musique, par Meuchou, Paris, Duchemin, 1574.
(21) Bibliothèque de La Croix du Maine, au mot *Eustace du Courroy*.
(22) Institution musicale, par Claude Martin, Paris, Nicolas Duchemin.
(23) Inventions musicales, par Clément Jennequin, Lyon, Jacques Moderne.
(24) Instruction de partir toute musique des huict divers tons, par Leroy.
(25) Traicté de musique, par Guillaume Costeley, Paris, Adrian Leroy, 1579.
(26) Instr. pour apprendre la musique sans gamme, par Blockland, Lyon, 1573.
(27) *Ibidem.*
(28) *Codronchii de vitiis vocis, libri duo*, Francfort, 1597.
(29) Madrigaux, par Monteverde, Venise, 1596, où se trouvent ces accords.
(30) Lettres du roi, novembre 1570, déjà citées, règlement à la suite. — Au 3e livre des Airs et ballets du XVIe siècle déjà cités on trouve un morceau de musique qui a pour titre : *Vers mesurés de Baïf.*
(31) Voyage d'Anacharsis en Grèce, par Barthélemy, ch. Musique.
(32) Inventions musicales, par Jennequin, liv. 1, Le caquet des femmes.
(33) Mon. franç., par Montfaucon, XVIe siècle, *Catafalque d'Anne de Bretagne.*
(34) Voyez les dernières notes de la station LXVI, *La cour.*
(35) « Pour deux collets de maroquin auxd. chantres. » Factum de Guise.
(36) Musique des messes des morts déjà cités.
(37) Ant. de Paris, par Sauval, liv. 9, Autre projet d'académie par Mauduit.
(38) Messe de requiem, par Claudin, Paris, veuve D'Attaignant, 1556.
(39) Messes de Claudin, et notamment la messe sur fantaisie.
(40) *Liber modulorum quinis vocibus, Orlando Lassusio*, Louvain, 1571.
(41) « *Hic ille Orlandus lassum qui recreat orbem.* » Biog. du temps.
(42) Œuvres de musique de Maillard, Lyon, Tournes, années 1581 et suiv.
(43) *Ibidem, Vespres, Magnificat.*
(44) *Zacconi pratica di musica*, cap. Palestrina.
(45) *Ibidem, cap. San Philippo di Neri.*
(46) Les Psalmes de David mis en musique par Goudimel, Paris, Leroy, 1565.
(47) Psalmes de David mis en musique par Santerre, Poitiers, Logerois, 1567.
(48) Psalmes français, par Marot, mis en musique par Ferrier, Paris, 1568.
(49) Psalm. de Marot et Bèze, mis en musique par Jambe-de-Fer, Lyon, 1561.
(50) Musique des psaumes des auteurs des notes ci-dessus cités.
(51) « Métayers de la métayrie du maistre des enfans de l'abbaye de Déols... » Inventaire des titres du duché de Châteauroux déjà cité.
(52) Vers récitez en musique devant le roy au festin de messieurs de la ville de Paris, par Jean-Antoine de Baïf, Paris, Frédéric Morel, 1578.
(53) Ballet comique de la royne, par Beaujoyeulx déjà cité.
(54) Factum du duc de Guise déjà cité. « Pour neuf aulnes et demye de drap verd qui « ont esté employez à faire des chausses et manteaulx à deux chantres de mgr... » Voyez aussi le cabinet du roi de France, ch. Des évêques.
(55) Dict. des musiciens, par MM. Choron et Fayole, au mot *Carissimi.*
(56) A cause de la grande dimension de certains instruments de ce temps.
(57) Même observation.
(58) Chansons spirituelles mises en musique par Didier Lupi, Paris, Duchemin.
(59) Amours de Ronsard mis en musique par Jean de Maletty, Paris, 1578.
(60) Airs et ballets du XVIe siècle déjà cités où sont des odes de Ronsard.
(61) Les quatrains de Pybrac mis en musique par Boni, Paris, Ballard, 1582.
(62) Airs et ballets du XVIe siècle déjà cités. — *Arena leges dansandi.*
(63) Noëls et chansons, par Martin, Lyon, Bonhomme, 1556.
(64) Vénerie de Fouilloux, *Comme les bergères erodent leurs brebis.*
(65) *Ibidem, ibidem.*
(66) Passez devant les cabarets borgnes ou non borgnes dans les villes, dans les pro-

vinces, vous entendrez ce joyeux monosyllabe *Gué, ogué;* vous l'entendrez surtout en Bourgogne où il est fort ancien, car on le trouve dans de vieux noëls bourguignons.

(67) La Réplique aux chansons de ceux de Nuz au bas pays du Maine, par Bedouin, Le Mans, vers 1560.

(68) On a entendu la *romanesca* aux célèbres concerts historiques de M. Fétis que nous venons de céder à la Belgique, mais à cette condition qu'il reviendra tous les ans, tous les deux ans au moins, renouveler ses fêtes d'une érudition musicale, si originale, si piquante, dont on lui doit l'invention et dont les amateurs conserveront à ses descendants l'honorable et noble privilège exclusif.

(69) Voyez la note (62) de cette station.

LES DANSEURS FRANÇAIS, Station LXXVIII.

(1) Dictionnaire de commerce de Savary, au mot *Violon*.
(2) Formulaire récréatif, ch. Transaction sur la rupture d'un mariage.
(3) Amitié, amours et amourettes de Le Pays, lettre 2.
(4) Ordonnances d'Orléans, 1560, art. 25; de Blois, 1579, art. 58.
(5) Noms féodaux ou noms de ceux qui ont tenu fief en France depuis le XIVᵉ siècle jusqu'au XVIIIᵉ, par l'abbé de Béthencourt, Paris, 1826, au mot *Beauvau*.
(6) Pasquier, liv. 11, lettre 2, à sainte Marthe. Journal de Henri III, année 1584.
(7) Histoire des miracles de Notre-Dame-de-Liesse, Reims, 1617, 4ᵉ partie, ch. 5.
(8) Mémoires de De Thou, liv. 2, année 1583.
(9) Quatre livres de danseries mis en musique par d'Estrée, Paris, 1564.
(10) *Ibidem*, ch. Pavannes.
(11) Le Printemps, par Yver, Paris, Langelier, 1578, 3ᵉ journée, préface.
(12) L'Orchésographie, par Thoinot-Arbeau, ch. De la gaillarde.
(13) Dictionnaire étymologique de Ménage, au mot *Cassandre*.
(14) L'Orchésographie de Thoinot-Arbeau, chap. De la volte.
(15) Registres du parlement de Provence, arrêt du dernier jour de mars 1542 relatif à la défense de danser la pilher, la voulto, sous peine du fouet.
(16) Orchésographie de Thoinot-Arbeau déjà citée.
(17) Formulaire récréatif, chap. Transaction sur la rupture d'un mariage.
(18) *Ibidem, ibidem*.
(19) Premier, second et tiers livre des pièces de violes à cinq parties, par Gervaise, Paris, veuve d'Attaignant, 1556.
(20) Orchésographie d'Arbeau, ch. Mém. des mouvements pour les basses danses.
(21) Voyage d'Anacharsis, par Barthélemy, ch. Musique.
(22) Orchésographie d'Arbeau, où l'on voit qu'il vivait au XVIᵉ siècle.
(23) Ballet de Beaujoyeulx déjà cité.
(24) Cette expression se trouve souvent dans les pièces de théâtre du XVIᵉ siècle.
(25) Ballets cités dans les notes de la station précédente et dans celle-ci.
(26) Danican Philidor recueillit en 1680, par ordre et aux dépens de Louis XIV, quatre volumes d'airs de danse du XVIᵉ siècle. Cette précieuse collection s'est perdue. Heureusement M. Fétis en avait fait copier le 1ᵉʳ vol. où l'on trouve des airs à plusieurs parties de rebec, instrument le plus à l'usage des ménestriers.
(27) Orchésographie de Thoinot-Arbeau, chap. Branles.
(28) *Ibidem*, chap. De la courante.
(29) *Ibidem*, chap. Branle des Lavandières.
(30) *Ibidem*, chap. Branle des sabots.
(31) *Ibidem*, chap. Branle des chevaux.
(32) *Ibidem*, chap. Branle des ermites.
(33) Ballet comique de la royne, par Beaujoyeux.

LE SPECTRE DE SAINT-DENIS, Station LXXIX.

(1) Il est incontestable, d'après plusieurs actes qui sont en ma possession, que longtemps avant la fin du XVIe siècle certaines classes de notaires prenaient le titre de conseiller du roi. Je conviendrai cependant que ce bon notaire au Châtelet, dont les fumées des vins du dessert avec celles de la vanité n'étaient pas dissipées, peut avoir anticipé de quelques années sur son titre de conseiller du roi; mais en même temps qu'il n'est pas sûr qu'il ait anticipé, car dans mon recueil in-f° d'actes originaux des notaires de Paris et de toutes les provinces de la France, XIVe, XVe, XVIe, XVIIe et XVIIIe siècles je vois que la qualité qu'ils prennent ne concorde pas toujours avec la chron. des ord. et des règl. qu'on trouve insérés dans leur histoire.

(2) Hommes illustres français de Brantôme, *Vie de Henri II.*

(3) Les choses horribles contenues en une lettre envoyée à Henri de Valois par un enfant de Paris, Paris, Grégoire, 1589. — Victoire obtenue à Tours à l'encontre du tyran, etc., en laquelle ont été ruinés les principaux capitaines mignons et sangsues de la France, Paris, Millot, 1589, etc.

(4) Apologie pour Hérodote, par H. Estienne, 1566. Hist. gén. de d'Aubigné.

(5) *Annales rerum gallicarum a Gaguino, Suppl. Velleio, art. Concil. Pisan.*

(6) Louis XII et François Ier, par M. Rœderer, Paris, Bossange, 1825 : Hist. composée sur les histoires et mémoires du temps.

(7) *Pauli Jovi Hist. sui temporis,* Venise 1553, et Mém. de Du Bellay, 1546.

(8) *Ibidem.*

(9) *Concordata inter papam Leonem X et Franciscum I, anno 1517.*

(10) Histoire d'Espagne, par Ferreras, année 1521.

(11) Hist. de Marseille, par Ruffi, liv. 6, ch. 6, Charles V devant Marseille.

(12) La grant danse macabré, Lyon, 1499.

(13) Registres du parlement de Dijon, Entrée des rois, Conseil secret, XVIe siècle.

(14) Histoire de France, Histoire d'Allemagne, *Guerres de religion.*

(15) Histoire d'Espagne, par Ferreras, année 1553.

(16) De l'apparition des esprits, par dom Calmet, t. 2, où il est dit que cet auteur était espagnol et vivait au milieu du XVIe siècle.

(17) Histoires prodigieuses, par Boyestuau, Paris, 1567.

(18) Trésor d'histoires admirables, par Goulard, Genève, Crespin, 1620.

(19) Histoire de France, par Dupleix, *Règne de Henri II.*

(20) Histoire de François Ier et François II.

(21) Recueil des choses mémorables avenues en France sous les règnes de Henri II, François II, etc., année 1560.

(22) Contrat de mariage de François II avec Marie Stuart.

(23) Encore au traité de Versailles de 1783, le roi d'Angleterre prenait le titre de roi de France; il ne le prend plus.

(24) Recueil des états généraux, par Quinet, déjà cité, *États d'Orléans.*

(25) Hist. de France, par Mézeral, Paris, Thierry, 1683, *Règne de Charles IX.*

(26) *Ibidem, Règne de Henri III.*

(27) Disc. au roi sur la conf. tenue à Fontainebleau, par Bertaut, Paris, 1600.

(28) Louis XII et François Ier, ouvrage où M. le comte Rœderer a sévèrement gourmandé les historiens d'avoir confondu avec un roi bonhomme le bon et grand roi Louis XII, où cette haute et belle statue royale qu'il a si amoureusement taillée paraît plus haute et plus belle quand on se souvient que c'est lui qui, dans la plus célèbre journée de notre histoire, a donné la main, à la descente du trône, au dernier roi de l'ancienne France.

(29) Voyez les notes de la station *le Pensionnaire de Villepreux.*

TABLE DES STATIONS.

		Pages.
Station Ire.	L'Arrivée en France.	1
— II.	Les Auberges françaises.	2
— III.	Les Grands hommes de la Chalosse.	5
— IV.	Le Crieur de Montauban.	6
— V.	Les Bohémiens français.	11
— VI.	Les Chemins de la France.	13
— VII.	Les Postes françaises.	16
— VIII.	Les Voitures françaises.	19
— IX.	Les Rivières de la France.	21
— X.	Les Canaux de la France.	24
— XI.	Le Chasseur des Cévennes.	25
— XII.	Le Pécheur des Cévennes.	55
— XIII.	Les Cadets français.	42
— XIV.	Les Vanteries françaises.	47
— XV.	Les Étudiants de Montpellier.	51
— XVI.	Le Garde-Malade de Montpellier.	55
— XVII.	Le Parisien de Montpellier.	59
— XVIII.	Le Latiniste de Montpellier.	64
— XIX.	Le Pénitent d'Avignon.	67
— XX.	Le Bourgeois de Nîmes.	71
— XXI.	L'Avocat de Toulouse.	81
— XXII.	Le Jurisconsulte de Toulouse.	92
— XXIII.	Le Clerc du jurisconsulte de Toulouse.	96
— XXIV.	Le Procureur de Toulouse.	97
— XXV.	Le Clerc du procureur de Toulouse.	104
— XXVI.	Le Maire de Rabastens.	108
— XXVII.	Le Capiscol de Gaillac.	110
— XXVIII.	Les Deux scelleurs d'Albi.	112
— XXIX.	Le Bourgeois de Rodès.	115
— XXX.	Le Vieux écolier de Saint-Flour.	120
— XXXI.	Les Habits français.	156
— XXXII.	Les Paysans de la France.	158
— XXXIII.	La Civilité française.	147
— XXXIV.	Le Clergé français.	156
— XXXV.	Le Colloque de Poissy.	158
— XXXVI.	Les Deux époux de Mâcon.	159
— XXXVII.	La Famille champenoise.	169
— XXXVIII.	L'Oncle de Mareuil.	176

TABLE DU XVIᵉ SIÈCLE.

		Pages.
Station XXXIX.	La Nièce de Châtillon.	185
— XL.	Les Amendes.	188
— XLI.	Le Pedescaux de Metz.	191
— XLII.	La Capitale de la France.	212
— XLIII.	La Boutique de Calais.	222
— XLIV.	L'Écrivain de Calais.	226
— XLV.	Le Vielleur d'Amiens.	232
— XLVI.	Les Noms propres français.	250
— XLVII.	L'Épée française.	253
— XLVIII.	Les Calculs de Chartres.	257
— XLIX.	Le Concierge de Rambouillet.	268
— L.	Les Prisons de la France.	274
— LI.	Le Concierge de Meudon.	276
— LII.	Le Chevalier de Melun.	279
— LIII.	Les Aumônes françaises.	281
— LIV.	Les Hôpitaux de la France.	284
— LV.	Le Sergent de Valogne.	289
— LVI.	Le Confrère de Chaillot.	291
— LVII.	Le Pensionnaire de Villepreux.	299
— LVIII.	L'Imprimerie et la Librairie françaises.	306
— LIX.	Le Libraire de Paris.	311
— LX.	Les Hommes illustres de la France.	324
— LXI.	Le Bourgeois de Gonesse.	325
— LXII.	Le Maréchal de Gorze.	328
— LXIII.	Le Fils du maréchal de Gorze.	335
— LXIV.	Les Comédiens français.	341
— LXV.	La belle Lyonnaise.	358
— LXVI.	La Vie domestique du roi de France.	369
— LXVII.	Les Ateliers français.	384
— LXVIII.	Le Tourmenteur de Paris.	415
— LXIX.	Les Plaines de Fleuri.	419
— LXX.	Les Coteaux de Fleuri.	421
— LXXI.	Les Vallons de Fleuri.	425
— LXXII.	Le Rieur de Montargis.	429
— LXXIII.	Les Peintres français.	437
— LXXIV.	Les Sculpteurs français.	445
— LXXV.	Les Graveurs français.	445
— LXXVI.	Les Architectes français.	448
— LXXVII.	Les Musiciens français.	450
— LXXVIII.	Les Danseurs français.	457
— LXXIX.	Le Spectre de Saint-Denis.	464
— LXXX.	Le Départ de France.	474

www.ingramcontent.com/pod-product-compliance
Lightning Source LLC
Chambersburg PA
CBHW051319230426
43668CB00010B/1083